Studien zur Wirtschaftspolitik

Herausgegeben vom
Forschungsinstitut für Wirtschaftspolitik
an der Universität Mainz e.V.

Band 78

PETER LANG
Frankfurt am Main · Berlin · Bern · Bruxelles · New York · Oxford · Wien

Dominik Wallau

Effizienzfördernde Reformen im Gesundheitswesen

Analytischer Vergleich der gesetzlichen Unfall- und Krankenversicherung

PETER LANG
Europäischer Verlag der Wissenschaften

Bibliografische Information Der Deutschen Bibliothek
Die Deutsche Bibliothek verzeichnet diese Publikation in der Deutschen Nationalbibliografie; detaillierte bibliografische Daten sind im Internet über <http://dnb.ddb.de> abrufbar.

Zugl.: Mainz, Univ., Diss., 2003

D 77
ISSN 1438-7433
ISBN 3-631-52280-0

www.peterlang.de

Meinen Eltern

Vorwort

Die vorliegende Dissertation entstand während meiner Tätigkeit als wissenschaftlicher Mitarbeiter am Forschungsinstitut für Wirtschaftspolitik an der Universität Mainz e.V. Grundlage der Arbeit ist ein im Auftrag des Ministeriums für Wirtschaft, Verkehr, Landwirtschaft und Weinbau des Landes Rheinland-Pfalz erstelltes Gutachten. Dieses wurde im Juni 2003 überreicht und anschließend vom Fachbereich Rechts- und Wirtschaftswissenschaften der Johannes Gutenberg-Universität Mainz als Dissertation angenommen.

Die Erstellung des Gutachtens wurde im Herbst 2003 von einer breiten gesellschaftlichen Diskussion über Möglichkeiten zur Reform der Gesetzlichen Krankenversicherung begleitet. Diese mündete schließlich in der Verabschiedung des Gesetzes zur Modernisierung des Gesundheitswesens durch den Deutschen Bundestag, das am 1. Januar 2004 in Kraft getreten ist. Von den dadurch hervorgerufenen Änderungen in der Gesetzlichen Krankenversicherung konnten zwar noch einige wichtige, wenn auch nicht mehr alle Eingang in die vorliegende Studie finden, da diese Ende August 2003 als Dissertation eingereicht wurde.

Mein Dank gilt allen, die zum Gelingen der Arbeit beigetragen haben. Mein Doktorvater, Universitätsprofessor Dr. Hartwig Bartling, hat die Gutachtenerstellung betreut und mit vielen wertvollen Hinweisen und Anregungen begleitet. Bedanken möchte ich mich auch beim Zweitgutachter der Dissertation, Universitätsprofessor Dr. Werner Zohlnhöfer, für dessen Engagement und Diskussionsbereitschaft, durch die viele wichtige Verbesserungsvorschläge in die Arbeit eingeflossen sind. Ich danke auch dem Geschäftsführer des Forschungsinstituts, Dr. Frank Fichert, für seine immerwährende fachliche und kollegiale Unterstützung. Darüber hinaus spreche ich meinen zahlreichen Interviewpartnern für ihre Unterstützung durch die Bereitstellung von Expertenwissen meinen Dank aus.

Ein herzliches Dankeschön geht an meine ehemaligen Institutskollegen für die sehr angenehme Zusammenarbeit und freundliche Arbeitsatmosphäre. Zu guter Letzt danke ich meiner Familie und besonders meinen Eltern, die mir meine berufliche Ausbildung ermöglicht und während der Forschungstätigkeit unermüdlichen Beistand geleistet haben. Ihnen ist diese Arbeit gewidmet.

Mainz, im Februar 2004 Dominik Wallau

Inhaltsverzeichnis

Abbildungsverzeichnis

Tabellenverzeichnis

Verzeichnis der Übersichten im Anhang

Abkürzungsverzeichnis

ÄA	Ärzteabkommen (Vertrag Ärzte/Unfallversicherungsträger)
Abs.	Absatz
AEV	Arbeiter Ersatzkassen-Verband
a. F.	alte Fassung
AHB	Anschlußheilbehandlung
AKV	Allgemeine Krankenversicherung
AOK	Allgemeine Ortskrankenkasse
AU	Arbeitsunfähigkeit
Bd.	Band
BG	Berufsgenossenschaft
BGSW	Berufsgenossenschaftliche Stationäre Weiterbehandlung
BIP	Bruttoinlandsprodukt
BK	Berufskrankheit
BKK	Betriebskrankenkasse
BMA	Bundesministerium für Arbeit und Sozialordnung
BMG	Bundesministerium für Gesundheit
BPflV	Bundespflegesatzverordnung
BZgA	Bundeszentrale für gesundheitliche Aufklärung
bzw.	beziehungsweise
d. h.	das heißt
DMP	Disease Management Programm
DRG	Diagnosis Related Groups
EAP	Erweiterte Ambulante Physiotherapie
EBM	Einheitlicher Bewertungsmaßstab
EDV	Elektronische Datenverarbeitung
et al	et alii
etc.	et cetera

f.	folgende
ff.	fortfolgende
GKV	Gesetzliche Krankenversicherung
(g)GmbH	(gemeinnützige) Gesellschaft mit beschränkter Haftung
GMG	Gesundheitssystemmodernisierungsgesetz
GOÄ	Gebührenordnung für Ärzte
GRG	Gesundheitsreformgesetz
GRV	Gesetzliche Rentenversicherung
GSG	Gesundheitsstrukturgesetz
GUV	Gesetzliche Unfallversicherung
HAM	Hausarztmodell Frankfurt/Main
h. M.	herrschende Meinung
HMO	Health Maintenance Organization
ICD	International Classification of Diseases
i. d. R.	in der Regel
i. e. S.	im engen Sinne
i. H.	in Höhe
i. S.	im Sinne
IVE	Integrierte Versorgungsgemeinschaft Elbe-Jeetzel
i. V. m.	in Verbindung mit
Jg.	Jahrgang
k. A.	keine Angaben
Kap.	Kapitel
KBV	Kassenärztliche Bundesvereinigung
KHG	Krankenhausfinanzierungsgesetz
KV	Kassenärztliche Vereinigung
KVdR	Krankenversicherung der Rentner
MdE	Minderung der Erwerbsfähigkeit
MDK	Medizinischer Dienst der Krankenkassen
Mio.	Millionen

MQ Herdecke	Medizinische Qualitätsgemeinschaft Modell Herdecke
MQR	Medizinische Qualitätsgemeinschaft Rendsburg
Mrd.	Milliarden
o. ä.	oder ähnliches
ÖGD	Öffentlicher Gesundheitsdienst
o. J.	ohne Jahresangabe
O.K.-Fälle	Ohne Krankenhaus-Fälle
o. V.	ohne Verfasserangabe
PKV	Private Krankenversicherung
POS	Point of Service Organization
PPO	Preferred Provider Organization
RdNr.	Randnummer
RPN-K	Regionales Praxisnetz Kiel
RSA	Risikostrukturausgleich
RVO	Reichsversicherungsordnung
S.	Seite
SGB	Sozialgesetzbuch
SMD	Sozialmedizinischer Dienst (Bundesknappschaft)
TK	Techniker Krankenkasse
u. a.	unter anderem
u. U.	unter Umständen
v. a.	vor allem
VdAK	Verband der Angestellten-Krankenkassen
Vol.	volume
vs.	versus
z. T.	zum Teil

Einleitung

1 Problemüberblick und Untersuchungsziel

Nach der jüngsten Anhebung der Beitragssätze durch zahlreiche Kassen der Gesetzlichen Krankenversicherung (GKV) wird im Laufe des Jahres 2003 ein Anstieg des durchschnittlichen Beitragssatzes von gegenwärtig 14,4 % auf rund 15 % befürchtet.[1] Trotz zahlreicher Reformversuche in den letzten Jahren ist es nicht gelungen, das politisch angestrebte Ziel der Beitragssatzstabilität zu erreichen. Somit spielt das Gesundheitswesen bei der aktuellen Debatte zur Reform der Sozialversicherungssysteme eine zentrale Rolle. Sowohl die Grundsätze der Finanzierung als auch der Leistungsbereich stehen dabei zur Diskussion.

Als einzigem Zweig des Sozialversicherungssystems ist es bislang der Gesetzlichen Unfallversicherung (GUV) gelungen, die Beitragssätze in den letzten 30 Jahren konstant zu halten. Dies ist um so bemerkenswerter, als im Vergleich zur GKV weite Teile des Versichertenkreises übereinstimmen, viele Leistungen gleichartig sind und die Versicherungszweige einander teilweise überlappen. Daher liegt es nahe, zu untersuchen, worauf die unterschiedliche Beitragsentwicklung zurückzuführen ist. Als mögliche Ansatzpunkte kommen dafür ein Kosten- und ein Strukturvergleich in Frage.

Beim ersten Ansatz, dem **Kostenvergleich** zwischen der GKV und der GUV, wäre eine nähere Untersuchung der Behandlungsprozesse bei kostenträchtigen Verletzungen und Erkrankungen, die in beiden Sozialversicherungszweigen vorkommen, aufschlußreich. So könnten Erkenntnisse über die (relative) Effizienz der Versichertenversorgung gewonnen werden. Diese Vorgehensweise ruft jedoch Schwierigkeiten hervor. Zum einen besteht das Problem der qualitativen Bewertung unterschiedlicher Behandlungsmethoden. Es ist denkbar, daß eine kostenintensive Behandlung ein qualitativ besseres Ergebnis ermöglicht und beispielsweise aufgrund von ausbleibenden Wiedererkrankungen oder erhöhter Lebensqualität des Patienten nach der Behandlung zu einem zufriedenstellenderen Ergebnis führt als eine kostengünstigere Behandlung. Zudem wäre - im Sinne einer Kosten-Nutzen-Abwägung - zu entscheiden, ob lediglich eine medizinisch ausreichende, zweckmäßige und wirtschaftliche Behandlung, die sich im Rahmen des Notwendigen bewegt, geboten werden soll[2], oder ob statt dessen der Heilungserfolg „mit allen geeigneten Mitteln“[3] anzustreben ist. Zum anderen muß an dieser Stelle auf die unzureichende Datenverfügbarkeit in der GKV hin-

---

[1] Vgl. Mihm, A. [2003b].

[2] Vgl. § 12 SGB V.

[3] § 1 Nr. 2 SGB VII.

gewiesen werden, die einer Untersuchung dieser Art im Wege steht. Auf die Defizite in diesem Bereich wird jedoch noch vertiefend eingegangen.[4]

Die aufgezeigten Probleme des Kostenvergleichs sind ausschlaggebend dafür, daß in dieser Arbeit dem zweiten Vergleichsansatz, dem **Strukturvergleich**, der Vorzug gegeben wird. Dieser setzt bei einer Analyse der einzelnen Versorgungsbereiche an und konzentriert sich - mittels qualitativer Aussagen - auf die Effizienz der Leistungserbringung. Im Mittelpunkt stehen dabei die Strukturen in den Versicherungszweigen und die davon ausgehenden Anreizwirkungen auf die Versicherten, Leistungserbringer und Versicherungsträger. Einen besonderen Stellenwert nehmen die Übergänge zwischen den Versorgungssektoren ein.

Untersuchungsziel ist es somit, durch eine vergleichende Analyse der Strukturen von GUV und GKV - sowie unter Einbeziehung der Erkenntnisse aus einzelnen Modellvorhaben - effizienzfördernde Strukturelemente in der GUV zu identifizieren und darauf aufbauend Handlungsempfehlungen für das Gesundheitswesen abzuleiten. Dabei richten sich die Handlungsempfehlungen in erster Linie an die GKV, ergänzend lassen sich jedoch auch einzelne Verbesserungspotentiale in der GUV benennen.

2 Vorgehensweise und Aufbau der Arbeit

Die vorliegende Studie ist in vier Hauptteile gegliedert. Als Einstieg in das Untersuchungsthema sind im Teil I die wesentlichen Prinzipien und Elemente der Gesetzlichen Kranken- und der Gesetzlichen Unfallversicherung vorgestellt. Im Anschluß daran erfolgt eine Gegenüberstellung der Leistungskataloge der beiden Systeme und darauf aufbauend eine Übersicht über die Organisationsstrukturen zunächst in der Kranken- und dann in der Unfallversicherung.

Im Teil II ist der Zusammenhang zwischen den Beiträgen zur Sozialversicherung und den Lohnnebenkosten und damit die Problematik steigender Kassenbeiträge erörtert. Außerdem wird auf die volkswirtschaftliche Bedeutung des Gesundheitswesens eingegangen, die eine differenzierte Betrachtung der Beiträge zur Krankenversicherung erforderlich macht. Vor diesem Hintergrund wird die Ausgabenentwicklung in beiden Sozialversicherungszweigen bis zum Jahr 1970 zurückverfolgt und verglichen. Bevor dann zur näheren Analyse möglicher Ursachen für die Ausgaben- und Beitragssatzanstiege v. a. in der GKV übergegangen wird, sind strukturelle Unterschiede zwischen der GKV und der GUV dargestellt.

4 Vgl. Kapitel C 2.3.4.3 im Teil III dieser Arbeit.

Teil III ist der Analyse der Anreizstrukturen zunächst in der Gesetzlichen Unfallversicherung gewidmet. Besondere Aufmerksamkeit kommt den Anreizen für die Versicherten, die Leistungserbringer und die Unfallversicherungsträger zu. In der Analyse zeigen sich Vorteile des GUV-Systems, so daß es im weiteren als „Benchmark" für die GKV genutzt wird. Doch sind auch Schwachpunkte im System vorhanden, die genauer betrachtet werden. Insbesondere der fehlende Wettbewerb zwischen den Unfallversicherungsträgern legt die Vermutung vorhandener Ineffizienzen nahe.

Analog sind anschließend die Anreizstrukturen in der Gesetzlichen Krankenversicherung analysiert. Hier wird ebenfalls auf Fehlanreize im Bereich des Versichertenverhaltens eingegangen. Aber auch die Problematik einer unkoordinierten Leistungserbringung zwischen der vertragsärztlichen Versorgung, der stationären Versorgung und der Rehabilitation sowie die beschränkten Möglichkeiten der Kassen, diesen Mängeln entgegenzuwirken, werden untersucht. Angesichts dieser Defizite in der medizinischen Versorgung sind in den letzten Jahren zahlreiche Bemühungen unternommen worden, die als ungeeignet erkannten GKV-Strukturen aufzubrechen und damit Ineffizienzen abzubauen. Um dieses Ziel zu erreichen, wurden Modellvorhaben, Strukturverträge und vereinzelte Modelle zur integrierten Versorgung entwickelt, um zumindest auf regionaler Ebene oder für abgegrenzte medizinische Indikationen neue Versorgungsstrukturen zu erproben. Einige dieser Modellvorhaben werden beispielhaft in dieser Studie vorgestellt und kritisch bewertet.

Auf der Grundlage der vorangegangenen Analyse der Strukturen der Unfall- und der Krankenversicherung sowie der Auswertung innovativer Versorgungsmodelle in der GKV sind im Teil IV Handlungsempfehlungen für eine Neugestaltung des Gesundheitssystems erarbeitet. Sie konzentrieren sich auf drei zentrale Aspekte: (1) einer bedarfsgerechten Lenkung und Betreuung der Versicherten während des gesamten Behandlungsverlaufs, (2) einer verstärkten Zusammenarbeit der Leistungsanbieter zum gegenseitigen Nutzen und (3) der Einräumung größerer Gestaltungsspielräume für die Krankenkassen, um ihnen eine zielgerechte Überwachung des Behandlungsgeschehens zu ermöglichen. Ergänzend dazu werden die Schaffung eines Preis- und Qualitätswettbewerbs zwischen den Versicherungsanbietern sowie die Stärkung der Eigenverantwortung der Versicherten empfohlen.

Teil I: Grundsätze, Leistungen und Strukturen der Gesetzlichen Krankenversicherung und der Gesetzlichen Unfallversicherung

A Grundsätze der Gesetzlichen Krankenversicherung und der Gesetzlichen Unfallversicherung

1 Grundsätze der Gesetzlichen Krankenversicherung

Das System der GKV dient dem umfassenden Schutz der Versicherten vor Krankheit. Nach dem Krankenversicherungsrecht ist Krankheit definiert als „der regelwidrige Körper- und Geisteszustand ..., dessen Eintritt entweder allein die Notwendigkeit einer Heilbehandlung oder zugleich oder ausschließlich Arbeitsunfähigkeit zur Folge hat“[5]. Neben der Beseitigung von Gesundheitsstörungen bietet die GKV weitere Leistungen an, die in keinem unmittelbaren Zusammenhang mit einer Krankheit stehen. Dazu gehören Präventionsangebote und krankheitsfremde Leistungen, wie das Mutterschaftsgeld, Schwangerschaftsabbrüche und das Sterbegeld. Zu erwähnen sind auch Leistungen, die als familienpolitische Elemente charakterisiert werden können, etwa Leistungen zur Herbeiführung von Schwangerschaften und das Krankengeld bei Erkrankung des Kindes.[6]

Mit dem der GKV zugrundeliegenden **Versicherungsprinzip** wird das Ziel verfolgt, den einzelnen gegen das finanzielle Risiko im Krankheitsfall abzusichern. Dazu werden in der GKV nach dem **Umlageverfahren** Beiträge erhoben und zur Deckung der Ausgaben für die Behandlung kranker Versicherter verwendet. Die Mitgliedschaft in einer Gesetzlichen Krankenkasse richtet sich nach der Höhe des Einkommens und der Art der Erwerbstätigkeit und ist für weite Teile der Bevölkerung verpflichtend (**Zwangsmitgliedschaft**). Den Kern des Versicherungsschutzes bilden die präventive Komponente zur Erhaltung der Gesundheit und die kurative Komponente zur Wiederherstellung oder Verbesserung der Gesundheit der Versicherten. Die GKV stellt somit eine **Krankheitskostenvollversicherung** dar, d. h. die Versicherten genießen einen umfangreichen Schutz im Krankheitsfall, haben allerdings keinen Einfluß auf den Umfang des Leistungskatalogs. Die Inanspruchnahme der Leistungen richtet sich nach der Bedarfssituation der Versicherten (**Bedarfsprinzip**).[7] Dabei stützt sich die

---

5 SCHULIN, B. [1994], § 20 RdNr. 84. Arbeitsunfähigkeit liegt vor, wenn der Versicherte nicht in der Lage ist, seine bisherige Erwerbstätigkeit oder eine gleichwertige Tätigkeit auszuüben, oder dies nur auf die Gefahr hin tun kann, seinen Zustand zu verschlimmern. Vgl. dazu ebenda, § 20 RdNr. 50.

6 Vgl. SACHVERSTÄNDIGENRAT FÜR DIE KONZERTIERTE AKTION IM GESUNDHEITSWESEN [1995], S. 60 ff.

7 Vgl. NEUMANN, L.; SCHAPER, K. [1998], S. 188.

GKV auf das **Solidaritätsprinzip**, das im Vergleich zu anderen Sozialversicherungszweigen besonders stark ausgeprägt ist und sich nicht nur in einer gemeinschaftlichen Beitragsfinanzierung niederschlägt, sondern auch in einer dadurch erreichten mehrfachen Umverteilung von gesunden zu kranken Mitgliedern, von Mitgliedern mit hohem Einkommen zu Mitgliedern mit niedrigem Einkommen, von jungen zu älteren Mitgliedern, von ledigen zu verheirateten Mitgliedern und von kinderlosen zu kinderreichen Familien.[8]

Neben dem Solidaritätsprinzip steht in der GKV das **Sachleistungsprinzip** im Vordergrund. Dies ist der Grundstein für die sog. Dreiecksbeziehung Versicherter-Krankenkasse-Leistungserbringer, in der die Krankenkassen die Verantwortung für die Versorgung der Versicherten mit Gesundheitsleistungen übernehmen. Dafür schließen sie mit den Leistungserbringern Verträge ab und kommen für die Vergütung der erbrachten Leistungen auf. Die Versicherten zahlen Beiträge an ihre Krankenkasse und haben damit Zugang zum gesamten Leistungsangebot, allerdings nur in der Form, daß sie die Leistungen in natura beanspruchen und empfangen können. Das Prinzip der Kostenerstattung kommt hier - von wenigen Ausnahmen abgesehen - nicht zur Anwendung.[9]

Die grundsätzlich großzügige Regelung des Krankenversicherungsschutzes findet ihre Grenze im sog. **Wirtschaftlichkeitsgebot**. Nach § 12 Abs. 1 SGB V gilt: Die „Leistungen müssen ausreichend, zweckmäßig und wirtschaftlich sein; sie dürfen das Maß des Notwendigen nicht überschreiten". Demnach sind die Leistungserbringer und die Träger der GKV verpflichtet, eine ausreichende Versorgung sicherzustellen und diese effizient zu erbringen.

2 Grundsätze der Gesetzlichen Unfallversicherung

Leitgedanke der GUV ist die Ablösung der Haftungspflicht der Unternehmen für die gesundheitliche Unversehrtheit ihrer Arbeitnehmer während der Arbeitszeit (**Prinzip der Haftungsersetzung**). Im Falle einer Schädigung des Arbeitnehmers tritt der Arbeitgeber als Anspruchsgegner hinter den Träger der Unfallversicherung zurück. Damit wird einerseits eine Überforderung kleinerer Betriebe durch hohe Haftungsansprüche unfallverletzter Arbeitnehmer verhindert, andererseits der Betriebsfrieden gestärkt, da Streitfragen im Zusammenhang mit Versicherungsfällen nicht mehr direkt zwischen Arbeitgeber und Arbeitnehmer

---

8 Vgl. ALBECK, H. [1997], S. 95.

9 Für nähere Ausführungen zum Sachleistungsprinzip vgl. BREYER, F.; ZWEIFEL, P.; KIFMANN, M. [2003], S. 388; SCHULENBURG, J. V. D.; GREINER, W. [2000], S. 37 f. sowie SCHULIN, B. [1994], § 3 RdNr. 158 ff.

ausgetragen werden müssen.[10] Gleichzeitig wird die **Einhaltung des sozialen Schutzprinzips**, nach dem der Arbeitnehmer „unabhängig vom Verschulden ... gegen Gefahren, die in einem inneren Zusammenhang mit der versicherten (betriebsdienlichen) Tätigkeit stehen“[11], geschützt werden soll, auf die Träger der Unfallversicherung übertragen.

Auch in der GUV kommt das **Solidaritätsprinzip** zum Ausdruck: Nicht mehr das Einzelunternehmen muß für Unfallschäden aufkommen, sondern die Unternehmen kommen gemeinsam für die Kosten der Unfallfolgen auf.[12] Aufgrund des Entschädigungscharakters ist der Leistungsumfang der GUV erheblich größer als der in der GKV, allein schon deshalb, weil die Leistungseinschränkungen entfallen. Dennoch nimmt auch in der GUV das **Wirtschaftlichkeitsgebot** einen hohen Stellenwert ein. Darüber hinaus gilt auch hier das **Sachleistungsprinzip**.

Ein wesentlicher Unterschied zur GKV liegt im **Kausalitätsprinzip**. Danach ist nicht das Vorliegen einer Gesundheitsbeeinträchtigung an sich ausschlaggebend für die Leistungsgewährung, sondern die Ursache der Gesundheitsschädigung. Die Träger der Unfallversicherung sind nur dann zur Leistung verpflichtet, wenn nachgewiesen werden kann, daß ein Arbeitsunfall oder eine Berufskrankheit die Gesundheitsbeeinträchtigung verursacht hat. Damit konzentrieren sich die Versicherungsfälle der GUV auf Gesundheitsschäden, die durch Arbeitsunfälle und diesen gleichgestellte Unfälle sowie durch Berufskrankheiten ausgelöst wurden. Unter einem Arbeitsunfall ist ein infolge einer versicherten Tätigkeit eintretender Unfall zu verstehen. Als Unfall gilt „ein zeitlich begrenztes, von außen auf den Körper einwirkendes Ereignis, das zum Gesundheitsschaden oder zum Tod führt und sich längstens innerhalb einer Arbeitsschicht zugetragen hat.“[13] Die versicherte Tätigkeit umfaßt neben der Arbeitstätigkeit alle weiteren Tätigkeiten, die den Interessen des Unternehmens dienen.[14] Dem Arbeitsunfall gleichgestellt sind Unfälle, die sich auf dem Weg von und zur Arbeit ereignen.[15] Unter Berufskrankheiten sind Krankheiten zu verstehen, die sich ein Arbeitnehmer bei der Ausführung einer versicherten Tätigkeit zugezogen hat.

---

10 Vgl. SCHULIN, B. [1996], § 5 RdNr. 51 ff.

11 SCHULIN, B. [1996], § 5 RdNr. 43.

12 Dabei sind nur Körperschäden von der Gesetzlichen Unfallversicherung gedeckt. Hierunter fallen nach § 8 Abs. 3 SGB VII auch Beschädigungen von Körperersatzstücken und Hilfsmitteln. Sachschäden werden nach § 13 SGB VII nur im Rahmen gewährter Nothilfe ersetzt. Vgl. SCHULIN, B. [1996], § 5 RdNr. 195.

13 BUNDESMINISTERIUM FÜR ARBEIT UND SOZIALORDNUNG [1998b], S. 395.

14 Vgl. dazu ausführlicher BROCK, G. [1995], S. 249 ff.

15 Im folgenden wird nur noch auf Arbeitsunfälle Bezug genommen, wobei dann davon auszugehen ist, daß Wegeunfälle diesen gleichstehen und somit nicht eigens erwähnt werden.

3 Versicherte Personenkreise

Die Versicherungspflicht in der **Gesetzlichen Krankenversicherung** erstreckt sich auf mehrere Personengruppen. Die größte Gruppe ist die der Arbeitnehmer, deren regelmäßiges Arbeitsentgelt die Beitragsbemessungsgrenze nicht übersteigt. Darüber hinaus fallen gegen Entgelt beschäftigte Auszubildende, Rentner, Studenten, selbständige Künstler, Publizisten, Landwirte, Arbeitslose und in Jugendhilfe-, Behinderten- und Rehabilitationseinrichtungen tätige Personen, Rehabilitanden sowie behinderte Menschen unter die Pflichtversicherung. Zusätzlich besteht die Möglichkeit zur freiwilligen Versicherung in einer Gesetzlichen Krankenkasse. Besonderes Kennzeichen der GKV ist, daß nicht nur die beitragspflichtigen Mitglieder versichert sind, sondern auch ihre Familienangehörigen, soweit sie kein eigenes sozialversicherungspflichtiges Einkommen erzielen. Die Familienversicherung besteht ohne zusätzliche Beitragszahlung.[16] Insgesamt waren im Jahr 2000 rund 71,3 Mio. Personen versichert, das entspricht einem Anteil von etwa 86 % an der Wohnbevölkerung in Deutschland.[17] Die Leistungsausgaben der GKV betrugen im Jahr 1999 rund 123 Mrd. Euro.

In der **Gesetzlichen Unfallversicherung** ist der Kreis der Versicherten in absoluten Zahlen ähnlich groß: Kraft Gesetzes sind alle abhängig Beschäftigten in Arbeits-, Dienst- oder Lehrverhältnissen (unabhängig vom Einkommen), Arbeitslose, Heimarbeiter, Landwirte, Schüler, Auszubildende, Studenten sowie Personen, die im öffentlichen Interesse tätig sind, versichert. Insgesamt standen 1999 rund 75,6 Mio. Versicherte unter dem Versicherungsschutz der GUV. Hierbei ist allerdings zu berücksichtigen, daß diese Ziffer zahlreiche Doppelzählungen enthält.[18] Der Umfang der gesamten Leistungsausgaben der GUV im Jahr 1999 war deutlich geringer als in der GKV: Er betrug 9,6 Mrd. Euro.[19]

---

16 Die Regelungen zur Mitgliedschaft in der GKV finden sich in §§ 5-10 SGB V. Zu detaillierten Ausführungen siehe SCHULIN, B. [1994], §§ 16-18.

17 Quelle: AOK BUNDESVERBAND (URL: http://www.aok.de/bundesverband/index.htm, Stand: 19.12.2001) und BUNDESMINISTERIUM FÜR ARBEIT UND SOZIALORDNUNG [2001b], Reihe 2.1.

18 Damit ist die in der öffentlichen Diskussion häufig gezogene Schlußfolgerung, daß etwa 92 % der Gesamtbevölkerung in der GUV versichert sind, falsch. Die hier angegebenen Zahlen stammen aus: STATISTISCHES BUNDESAMT [2001], Reihe 19.3.2 und BUNDESVERBAND DER UNFALLKASSEN [2001], S. 16. Die einschlägigen Gesetzesregelungen sind die §§ 2-6 SGB VII. Detailliertere Ausführungen zur Mitgliedschaft in der GUV finden sich in SCHULIN, B. [1996], §§ 14-21.

19 Vgl. STATISTISCHES BUNDESAMT [2001], Reihe 19.3.4.

4 Aufbau der Gesetzlichen Krankenversicherung und der Gesetzlichen Unfallversicherung

Die **GKV** bestand im Jahr 2002 aus insgesamt 357 Gesetzlichen Krankenkassen. Davon waren 288 Betriebskrankenkassen, 25 Innungskrankenkassen, 13 landwirtschaftliche Krankenkassen, 17 Ortskrankenkassen und 12 Ersatzkrankenkassen. Außerdem gibt es noch die See-Krankenkasse und die Bundesknappschaft.[20] Alle Krankenkassen sind Selbstverwaltungskörperschaften des öffentlichen Rechts, die ihre Aufgaben selbständig, aber unter staatlicher Aufsicht durchführen. Ihre innere Struktur besteht aus einem Verwaltungsrat und einem Vorstand. Der Verwaltungsrat ist paritätisch mit Vertretern der Arbeitgeber und der Versicherten besetzt; er ist für den Beschluß der Satzung verantwortlich. Zu seinen weiteren Tätigkeiten gehören u. a. die Festlegung des Haushaltsplans, die Vertretung der Krankenkassen gegenüber dem Vorstand und die Überwachung des Vorstands. Dieser wiederum vertritt die Krankenkasse nach außen und übernimmt Leitungs- und Organisationsaufgaben.

Die Kassen schließen sich auf Landesebene zu Landesverbänden zusammen, die wiederum Bundesverbände bilden.[21] Die Dachorganisationen der Krankenkassen sind ebenfalls Körperschaften des öffentlichen Rechts und haben die Strukturen der Krankenkassen übernommen. Sie erfüllen gesetzlich zugewiesene Aufgaben allgemeiner Natur, die für alle Mitgliedskassen gelten. Dazu gehört beispielsweise der Abschluß von Rahmenempfehlungen mit den Leistungserbringern oder über die Zulassungsbedingungen von Heil- und Hilfsmitteln, der Abschluß der Bundesmantelverträge und Vereinbarungen zur Vergütungsanpassung. Darüber hinaus sind die Spitzenverbände der Krankenkassen dafür zuständig, den Bundesausschuß der Ärzte und Krankenkassen sowie die Schiedsämter zu berufen. Zudem dienen die Bundesverbände der Abstimmung und Zusammenarbeit der Krankenkassen untereinander, der Bündelung der Interessen der Mitgliedskassen bei der Vertretung nach außen und der Unterstützung der Krankenkassen bei der medizinischen Versorgung der Versicherten.[22]

---

20 Vgl. STATISTISCHES BUNDESAMT [2003], Reihe 19.2.1.

21 Dies gilt allerdings nur für die Betriebs-, Orts- und Innungskrankenkassen. Die Ersatzkassen, landwirtschaftliche Kassen, Bundesknappschaft und die See-Krankenkasse haben keine Landesverbände. Für diese übernehmen die jeweiligen Bundesverbände die Aufgaben der Landesverbände. Vgl. BUNDESMINISTERIUM FÜR ARBEIT UND SOZIALORDNUNG [2000], S. 190.

22 Vgl. BUNDESMINISTERIUM FÜR ARBEIT UND SOZIALORDNUNG [1998b], S. 221 ff., BRACKMANN, K. [2001], Bd. 1/2, 5. Teil.

Im Gegensatz zur GKV, bei der die historisch bedingte regionale, berufliche und betriebliche Gliederung seit der Einführung des Kassenwettbewerbs[23] an Bedeutung verloren hat, sind die Träger der GUV streng nach Gewerbezweigen voneinander getrennt.[24] Nach § 114 SGB VII gibt es derzeit 35 gewerbliche Berufsgenossenschaften einschließlich der See-Berufsgenossenschaft, 20 landwirtschaftliche Berufsgenossenschaften und die Unfallversicherungsträger der öffentlichen Hand.[25] Als Körperschaften des öffentlichen Rechts haben die Träger der Unfallversicherung die typische Binnenstruktur mit Vertreterversammlung, Vorstand und Geschäftsführung. Der Vertreterversammlung gehören höchstens 60 Mitglieder an. Die Verteilung der Mitgliederposten erfolgt paritätisch zwischen Vertretern der Arbeitgeber und der Versicherten. Die Vertreterversammlung ist zur Normsetzung befugt. Dies schließt die Satzung, Dienstordnung, Unfallverhütungsvorschriften und den Gefahrtarif ein. Daneben ist sie für die Festlegung des Haushaltsplans verantwortlich. Der Vorstand, der gleichfalls paritätisch besetzt ist, vertritt die Berufsgenossenschaft gerichtlich und außergerichtlich. Ferner obliegt ihm die Verwaltungsbefugnis. Der Vorstandsvorsitzende hat bei Beschlüssen des Vorstands und der Vertreterversammlung ein Beanstandungsrecht mit aufschiebender Wirkung. Die laufenden Verwaltungsgeschäfte führt schließlich der Geschäftsführer, wobei er sich gegebenenfalls an Richtlinien des Vorstands orientieren muß.[26]

Auch in der Unfallversicherung schließen sich die Berufsgenossenschaften zu Bundesverbänden zusammen, die aber nicht Körperschaften des öffentlichen Rechts sind, sondern eingetragene Vereine. Der Hauptverband der gewerblichen Berufsgenossenschaften bildet auf Landesebene unselbständige Unterorganisationen.

5 Finanzierungsverfahren

Sowohl die GKV als auch die GUV sind als Umlagesysteme organisiert. Während die Finanzierung der Krankenversicherung dem im Sozialversicherungssystem üblichen Verfahren der einkommensproportionalen und formal hälftigen

---

23 Seit der Einführung der Wahlfreiheit der Krankenkasse für alle Mitglieder im Jahr 1996 herrscht Wettbewerb zwischen den Krankenkassen um die Versicherten, vgl. BESKE, F.; HALLAUER, J. F. [1999], S. 80. Aufgrund der stark eingeschränkten Möglichkeit zur Leistungsgestaltung wird der Kassenwettbewerb fast ausschließlich über den Beitragssatz ausgetragen.

24 Vgl. PLATZ, R.; GEIBERGER, H. [1990], S. 1621.

25 Dazu zählen die Ausführungsbehörden des Bundes, die Unfallkassen der Länder, Gemeindeunfallversicherungsverbände und Unfallkassen der Gemeinden, die Eisenbahn-Unfallkasse, Unfallkassen für Post und Telekom und die Feuerwehrunfallkassen.

26 Vgl. SCHULIN, B. [1996], § 54 RdNr. 135 ff.

Beitragszahlung durch Arbeitgeber und Arbeitnehmer bis zu einer gegebenen Beitragsbemessungsgrenze folgt, weicht die GUV in ihrer Finanzierung hiervon ab.[27] Hier erfolgt die Beitragszahlung alleine durch die Arbeitgeber. Die Höhe des Beitrags ist an zwei unternehmensspezifische Faktoren geknüpft: zum einen an die Lohnsumme im Unternehmen, zum anderen an die Gefahrklasse. Über den zweiten Faktor wird versucht, dem Unfallrisiko im betroffenen Unternehmen gerecht zu werden. Gefahrklassen werden i. d. R. nach Gewerbezweigen getrennt bestimmt und richten sich nach der Höhe der Entschädigungsleistungen im jeweiligen Gewerbezweig im Verhältnis zu der Lohnsumme in den Unternehmen des Gewerbezweigs.[28]

Ein weiterer Unterschied zwischen GUV und GKV ist die Anwendung des Prinzips der nachträglichen Bedarfsdeckung bei der GUV.[29] Die Beiträge werden somit erst nach Ablauf des Geschäftsjahres ermittelt. Darüber hinaus können die Berufsgenossenschaften Beitragszuschläge und -nachlässe vorsehen - je nach Anzahl und Schwere der im abgelaufenen Geschäftsjahr angezeigten Arbeitsunfälle.[30] Dadurch können die Träger der Unfallversicherung Bemühungen der Unternehmen zur Erhöhung der Arbeitssicherheit belohnen und das Unterlassen solcher Maßnahmen sanktionieren. Diese Besonderheit des Finanzierungssystems soll als Kontroll- und Lenkungsmechanismus zur Erhöhung des Arbeitsschutzes in den Betrieben wirken.[31]

B Leistungskataloge der Gesetzlichen Krankenversicherung und der Gesetzlichen Unfallversicherung

1 Überblick

In diesem Kapitel werden die Leistungskataloge der GKV und der GUV in der gebotenen Kürze dargestellt. Dabei werden die Leistungen unterteilt in drei Bereiche: (1) Prävention, (2) Akutbehandlung und Rehabilitation sowie (3) Geld-

---

27 Vgl. BESKE, F.; HALLAUER, J. F. [1999], S. 94. Hier muß angemerkt werden, daß die Beitragsbemessungsgrenze nur für Pflichtversicherte gilt. Bei freiwillig Versicherten richten sich die Beitragssätze laut § 240 Abs. 1 SGB V nach der „gesamten wirtschaftlichen Leistungsfähigkeit" des Versicherten. Die Beiträge sind in der Satzung der Krankenkassen festgelegt. Außerdem entfällt die hälftige Entrichtung der Beiträge bei freiwillig Versicherten: Sie zahlen ihre Beiträge komplett selbst.

28 Vgl. SCHULIN, B. [1996], § 58 RdNr. 34 ff.

29 Vgl. PLATZ, A. [1991], S. 2437

30 Im folgenden wird - soweit nicht ausdrücklich von den gewerblichen Berufsgenossenschaften die Rede ist - der Ausdruck „Berufsgenossenschaften" der Einfachheit halber stellvertretend für alle Unfallversicherungsträger verwendet.

31 Vgl. COENEN, W.; MEFFERT, K. [1996], S. 48.

leistungen. In jedem dieser drei Bereiche werden zunächst die Leistungen der GKV, dann die der GUV beschrieben. Anschließend werden diese jeweils einander gegenübergestellt. Allerdings beschränkt sich die Untersuchung auf solche Leistungen, die miteinander vergleichbar sind. Sonstige Leistungen, z. B. die künstliche Befruchtung oder die Soziotherapie der GKV und die Pflegeleistungen der GUV, werden hier nicht berücksichtigt. Sie sind aber der Vollständigkeit halber in einer zusammenfassenden Übersicht der Leistungen der GKV und der GUV am Ende des Kapitels aufgeführt.[32]

Die Darstellungen der Leistungskataloge werden um eine Erläuterung der Strukturen und der Organisation der Leistungserbringung in den beiden Sozialversicherungszweigen ergänzt. Diese dient als Grundlage für die im Teil III vorgenommene Untersuchung der daraus erwachsenden Fehlanreize und für die im Teil IV vorgeschlagenen Handlungsempfehlungen zu deren Beseitigung.

2 Prävention

2.1 Vorbemerkungen

Präventionsleistungen lassen sich in drei Gruppen unterteilen: Die **primäre Prävention** knüpft am gesunden Menschen an und soll in der GKV das Entstehen einer Krankheit durch Gesundheitsförderung und in der GUV das Eintreten eines Arbeitsunfalls oder einer Berufskrankheit verhindern. Dagegen ist bei der **sekundären Prävention** von einer bereits vorliegenden Krankheit auszugehen, die allerdings in einem frühen Stadium bekämpft oder deren Verschlimmerung verhindert werden soll. Die **tertiäre Prävention** beinhaltet die Behandlung einer fortgeschrittenen Krankheit oder Behinderung. Ziel ist es, neben der Beseitigung der Gesundheitsstörung selbst, auf die Verhinderung eventuell daraus erwachsender Beeinträchtigungen von Körperfunktionen und Gesundheit hinzuwirken.[33]

2.2 Präventionsleistungen der Gesetzlichen Krankenversicherung

Im Laufe der letzten Jahrhunderte ist es zu einem grundlegenden Wandel der Krankheitsbilder gekommen. Während früher Infektionskrankheiten dominierten, steht heute immer mehr die Bekämpfung von chronischen Zivilisationskrankheiten im Vordergrund. Daher hat sich nicht nur das Leistungsbild der

---

[32] Siehe Abbildung 8.

[33] Vgl. BESKE, F.; HELLAUER, J. F. [1999], S. 45 ff.; SACHVERSTÄNDIGENRAT FÜR DIE KONZERTIERTE AKTION IM GESUNDHEITSWESEN [1994], S. 114; SCHULIN, B. [1994], § 6 RdNr. 161.

Prävention verändert, sondern auch die diesem Bereich gewidmete Aufmerksamkeit erhöht.[34]

Dennoch ist eine Gesundheitsberatung durch einen Arzt, der mit den persönlichen Lebensumständen eines Individuums vertraut ist, nicht ausdrücklich im Leistungskatalog der GKV verankert.[35] Zwar schließen die Leistungen der Krankenversicherung im Präventionsbereich sowohl die primäre als auch die sekundäre Prävention ein, wobei in § 1 SGB V ausdrücklich auf die Eigenverantwortung der Versicherten verwiesen wird. Doch wird nicht an eine individuelle ärztliche Beratung angeknüpft. Aufgabe der Krankenkassen im Bereich der Primärprävention ist es vielmehr, den allgemeinen Gesundheitszustand der Bevölkerung zu verbessern, d. h. das Eintreten von schweren Krankheiten generell zu verhindern, und dabei insbesondere auf die Beseitigung der durch soziale Ungleichheit bedingten Gesundheitsunterschiede hinzuarbeiten (§ 20 Abs. 1 SGB V). Darüber hinaus ist die Unterstützung von Selbsthilfegruppen und -organisationen in begrenztem Umfang erlaubt (§ 20 Abs. 4 SGB V).

Um eine lediglich punktuelle Prävention zu vermeiden, sind Empfehlungen zu prioritären Handlungsgebieten von den Spitzenverbänden der Krankenkassen gemeinsam und einheitlich erlassen worden (nach § 20 Abs. 1 Satz 3 und Abs. 4 Satz 2 SGB V). Besonderes Augenmerk fällt Kindern zu: Für diese werden Maßnahmen zur Zahnprophylaxe (§§ 21-22 SGB V) und Maßnahmen gegen Krankheiten, die einer gesunden körperlichen und seelischen Entwicklung des Kindes im Wege stehen, angeboten (§ 26 SGB V). Hier sind weiterhin ambulante Vorsorgemaßnahmen und stationäre Vorsorgekuren - auch für Erwachsene - zur Abwendung einer Schwächung der Gesundheit (§§ 23-24 SGB V) zu erwähnen.

Diese nicht-betrieblichen Präventionsanstrengungen werden durch Aktivitäten der Krankenkassen im Bereich der betrieblichen Gesundheitsförderung ergänzt. Allerdings sind ihre Kompetenzen in diesem Bereich beschränkt. Hauptaufgabe der Kassen ist die Unterstützung der Berufsgenossenschaften durch die Übermittlung von Erkenntnissen zu Zusammenhängen zwischen betrieblichen Arbeitsbedingungen und Berufskrankheiten. Eigene Projekte zur betrieblichen

---

34 Vgl. BRACKMANN, K. [2001], Bd. 1, 1. Teil, Kap. 1, S. 6 f.

35 Vgl. SACHVERSTÄNDIGENRAT FÜR DIE KONZERTIERTE AKTION IM GESUNDHEITSWESEN [1995], S. 67.

Gesundheitsförderung dürfen durchgeführt werden, soweit sie das vorgegebene Budget nicht überschreiten.[36]

Zur sekundären Prävention zählen die Leistungen zur Früherkennung von Krankheiten. Solche Gesundheitsuntersuchungen sollen der Erkennung von Herz-Kreislauf- und Nierenerkrankungen, Zuckerkrankheit sowie Krebserkrankungen dienen und eine möglichst früh ansetzende und damit wirksamere Behandlung ermöglichen.[37] Darüber hinaus gelten die bereits erwähnten Untersuchungen bei Kindern bis zum sechsten Lebensjahr nach § 26 SGB V als Früherkennungsmaßnahmen.[38]

2.3 *Präventionsleistungen der Gesetzlichen Unfallversicherung*

Ganz anderer Natur, aber von nicht minderer Bedeutung, sind die Präventionsleistungen der GUV. Diese sind auf die Vermeidung eines Arbeitsunfalls oder einer Berufskrankheit ausgerichtet und sollen für einen besseren Arbeitsschutz sorgen. Sie haben Vorrang vor den Leistungen nach Eintritt des Versicherungsfalls.[39] Die Unfallverhütung läßt sich unterteilen in den innerbetrieblichen und den überbetrieblichen Arbeitsschutz, je nachdem, wer bei der Unfallverhütung tätig wird.

Die Träger der Unfallversicherungen werden zusätzlich zu den Arbeitgebern tätig, die nach dem Arbeitsschutzgesetz verpflichtet sind, sowohl die Gefährdungen der Beschäftigten zu beurteilen und zu dokumentieren als auch Maßnahmen des Arbeits- und Gesundheitsschutzes durchzuführen (innerbetrieblicher Arbeitsschutz).[40] Der überbetriebliche Arbeitsschutz wird im „dualen System", d. h. im

---

36 Vgl. § 20 Abs. 3 SGB V. Damit ist § 20 Abs. 2 SGB V ein Kompromiß: Während bis zum Inkrafttreten des Beitragsentlastungsgesetzes am 01. Januar 1997 die Krankenkassen eigenständig Projekte zur betrieblichen Gesundheitsförderung durchführen konnten, wurde dies wegen wiederholten Mißbrauchs solcher Projekte als Marketingmaßnahmen eingestellt. Erst seit der Gesundheitsreform 2000 ist die heutige Fassung des § 20 SGB V in Kraft, nach der Kassen wieder im Bereich der betrieblichen Gesundheitsförderung tätig sein können. Vgl. dazu BINDZIUS, F. [1998], S. 268; DRUPP, M. [1998], S. 50 f. und das gemeinsame Rundschreiben der Spitzenverbände der Krankenkassen zu leistungsrechtlichen Vorschriften: Gesetz zur Reform der gesetzlichen Krankenversicherung ab dem Jahr 2000 (GKV-Gesundheitsreformgesetz 2000), S. 7, URL: http://www.vdak.de/ gkv2000leistung.htm (Stand: 02.08.2002).

37 Vgl. STATISTISCHES BUNDESAMT [1998], S. 392.

38 Eine genauere Auflistung der Untersuchungen findet sich in BRACKMANN, K. [2001], Bd. 1, 1 Teil, Kap. 1, S. 95.

39 Vgl. BROCK, G. [1995], S. 105.

40 Zum innerbetrieblichen Arbeitsschutz zählen beispielsweise die Bereitstellung von Arbeitsschutzmitteln, die Aufklärung der Arbeitnehmer sowie die Bestellung von Betriebsärzten, Fachkräften für Arbeitssicherheit und - ab einer Anzahl von 20 Arbeitnehmern - von Sicherheitsbeauftragten.

Nebeneinander von Unfallversicherungsträgern und staatlicher Aufsicht durchgeführt und obliegt somit den technischen Aufsichtsdiensten der Berufsgenossenschaften und den staatlichen Gewerbeaufsichtsämtern.[41] Der Tätigkeitsschwerpunkt der Berufsgenossenschaften besteht in der Aufklärung und Beratung von Arbeitgebern und Arbeitnehmern. Darüber hinaus sind die Träger der Unfallversicherung dazu verpflichtet, Vorschriften zur Arbeitssicherheit zu erlassen und deren Einhaltung zu überwachen.[42] Die staatlichen Gewerbeaufsichtsämter führen die Überwachung der Arbeitsschutzvorschriften durch und sind bei Verstößen ebenso wie die Unfallversicherungsträger befugt, Verwarnungen auszusprechen, Bußgelder zu verhängen oder Strafanzeige zu erstatten. Die Besichtigung von Betrieben nehmen die Gewerbeaufsichtsämter gemeinsam in Absprache mit den Berufsgenossenschaften vor.[43]

Seit dem Übergang der RVO in das SGB VII im Jahr 1997 zählt auch die Verhütung arbeitsbedingter Gesundheitsgefahren zum Präventionsauftrag der Unfallversicherungsträger.[44] Damit ist der Präventionsauftrag erheblich erweitert worden, bleibt aber im Umfang hinter der betrieblichen Gesundheitsförderung der Krankenkassen zurück, da er nicht auf die umfassende „Förderung personaler, organisatorischer und sozialer Ressourcen"[45] ausgerichtet ist. Dennoch tragen die Unfallversicherungsträger im Vergleich zu den Krankenversicherungsträgern die Erstverpflichtung zur betrieblichen Prävention.

2.4 *Gegenüberstellung der Präventionsleistungen*

Bei der Gegenüberstellung der Präventionsleistungen der GUV und der GKV wird unmittelbar klar, daß es sich um sehr unterschiedliche Schwerpunkte handelt, so daß ein Vergleich nur bedingt zweckmäßig ist.

Vor dem Hintergrund eines sich wandelnden Krankheitsspektrums von infektiösen Erkrankungen hin zu chronischen Erkrankungen - dem eine eindimensional auf somatische Beschwerden ausgerichtete Akutmedizin immer weniger gerecht wird - und eines Anstiegs der Lebenserwartung sowie der damit einher-

---

41 Vgl. BROCK, G. [1995], S. 156. Die Schwerpunkte der Tätigkeit der technischen Aufsichtsbeamten der Berufsgenossenschaften und der Beamten der Gewerbeaufsicht unterscheiden sich darin, daß erstere für die Arbeitnehmer im Unternehmen zuständig sind, wohingegen letztere für die Sicherheit im Verhältnis des Unternehmens zur Umwelt, Bevölkerung etc. (z. B. Emission von Gefahrstoffen etc.) Sorge tragen.

42 Kern der Vorschriften bilden die sog. Unfallverhütungsvorschriften, vgl. BROCK, G. [1995], S. 107 und S. 158 ff.

43 Vgl. BUNDESMINISTERIUM FÜR ARBEIT UND SOZIALORDNUNG [1998b], S. 391 f.

44 Vgl. §§ 1 und 14 SGB VII.

45 ZWINGMANN, B. [1998], S. 118.

gehenden demographischen Entwicklung, nimmt die Bedeutung der Prävention zu. Dies gilt um so mehr, wenn man Schätzungen berücksichtigt, nach denen gegenwärtig nahezu die Hälfte der Bevölkerung in Deutschland unter mindestens einer chronischen Erkrankung leidet.[46] Insgesamt wird vermutet, daß diese Krankheiten mehr als zwei Drittel der Versorgungsausgaben in der GKV auf sich vereinen.[47]

Angesichts dieser Problematik ist die Forderung nach einer Aufwertung der Stellung der Prävention zur Vermeidung zukünftiger Behandlungskosten im Gesundheitswesen nicht neu. Zwar lassen sich den Präventionsmaßnahmen indirekte Kostenvorteile zuordnen, wenn sie einen frühen Eintritt von Krankheiten verhindern und damit Arbeitsunfähigkeit und Produktivitätseinbußen vermeiden helfen.[48] Allerdings ist der Effekt einer prospektiven Kostensenkung im Bereich der Kuration nicht gewährleistet. Dies beruht darauf, daß ein eindeutiger Zusammenhang zwischen dem Vorhandensein von Risikofaktoren und dem Krankheitsausbruch nicht immer gegeben ist.[49] Zunächst erhöhen Präventionsmaßnahmen die Ausgaben im Gesundheitswesen, ohne daß es zu unmittelbaren Entlastungseffekten kommt. Ihre Wirkung entfalten Präventionsmaßnahmen meist erst nach zeitlicher Verzögerung, d. h., sie führen insbesondere im Alter zu einer Erhöhung der Lebensqualität und verzögern den Eintritt chronischer Krankheiten. Somit wird das Erkrankungsrisiko nicht beseitigt, sondern lediglich verschoben. Es ist aber nicht ausgeschlossen, daß statt der verhinderten Krankheit eine andere und u. U. teurere Krankheit eintreten kann.

Die Stärkung der Prävention kann sich auf die Verhaltens- und Verhältnisprävention konzentrieren. Unter ersterer werden individuelle Verhaltensänderungen hin zu gesundheitsbewußtem Verhalten (mehr Sport, gesunde Ernährung, weniger Konsum von Genußmitteln etc.) verstanden, während die Verhältnisprävention auf die gesundheitsgerechte Gestaltung der sozialen, technischen und organisatorischen Umweltbedingungen ausgerichtet ist. Dazu gehören z. B. Verbesserungen in der Organisation am Arbeitsplatz, Möglichkeiten zur Streßvermeidung etc. Da jedoch viele Krankheitsursachen außerhalb des eigentlichen

---

46 Vgl. SCHWARTZ, F. W. et al. [1999], S. 21. Dies hat den SACHVERSTÄNDIGENRAT FÜR DIE KONZERTIERTE AKTION IM GESUNDHEITSWESEN veranlaßt, eine Untersuchung des Versorgungsgeschehens bei ausgewählten chronischen Erkrankungen in Deutschland durchzuführen. In die Analyse wurden ischämische Herzerkrankungen, zerebrovaskuläre Erkrankungen, obstruktive Lungenerkrankungen, Rückenleiden, onkologische Erkrankungen, depressive Störungen und Zahn-, Mund- und Kieferkrankheiten einbezogen. Vgl. SACHVERSTÄNDIGENRAT FÜR DIE KONZERTIERTE AKTION IM GESUNDHEITSWESEN [2001b].

47 Vgl. ROSENBROCK, R. [2002], S. 15.

48 Vgl. DRUPP, M. [1998], S. 44 und SACHVERSTÄNDIGENRAT FÜR DIE KONZERTIERTE AKTION IM GESUNDHEITSWESEN [1994], S. 117.

49 Vgl. OBERENDER, P.; HEBBORN, A.; ZERTH, J. [2002], S. 140 f.

Gesundheitswesens liegen, wie bei Sportunfällen, sind die Umsetzung und die Überwachung von Präventionsmaßnahmen schwierig.[50] Ihr Erfolg hängt letztlich von der persönlichen Einsicht des Betroffenen ab. Die Reichweite von Sanktionsmöglichkeiten ist begrenzt. Überdies würden Sanktionen eine starke Einschränkung der individuellen Lebensführung bedingen. Daher müssen Präventionsanstrengungen auf wenige Krankheitsbilder mit volkswirtschaftlichem und medizinischem Gewicht und/oder auf besonders gefährdete Zielgruppen konzentriert werden. Tabelle 1 gibt eine Übersicht über Präventions- und Gesundheitsförderungsangebote verschiedener Träger.

Beim Arbeitsschutz hingegen sind bereits mit dem Erlaß von Unfallverhütungsvorschriften durch die Unfallversicherungsträger und deren Beratungstätigkeiten beeindruckende Ergebnisse in Form einer stark sinkenden Anzahl von Versicherungsfällen erzielt worden.[51] Allerdings spielt sich die Präventionstätigkeit unter anderen Rahmenbedingungen ab als in der GKV. Es wird eine bestimmte Zielgruppe - die Arbeitgeber und die Beschäftigten des Betriebs - angesprochen, so daß auch eine Überwachung der Maßnahmen und eine Sanktionierung bei Verstößen leichter fallen. Darüber hinaus ist der Zusammenhang zwischen der Beseitigung der Risikofaktoren und der Unfallwahrscheinlichkeit deutlich stärker ausgeprägt als bei allgemeinen Krankheiten, so daß gerade die Arbeitgeber ein eigenes Interesse an der Befolgung von Arbeitsschutzmaßnahmen haben, da dadurch Störungen des Arbeitsablaufs vermieden werden können.

Der entscheidende Unterschied zwischen den Präventionsanstrengungen in der GUV und der GKV liegt zum einen in der Ausrichtung auf eine abgegrenzte Zielgruppe und zum anderen im Einsatz finanzieller Anreize. Eine Beitragssatzsenkung im Falle erfolgreicher Unfallvermeidung und eine Beitragssatzerhöhung bei Unfallmeldung stärken zusätzlich das Interesse des Beitragszahlers zur Befolgung der Präventionsmaßnahmen, wenn eine Wirksamkeit dieser Maßnahmen erkennbar ist. Gerade der letzte Punkt ist bei vielen potentiellen Präventionsprogrammen in der GKV nicht gegeben. Doch können die Krankenkassen im Bereich der betrieblichen Gesundheitsförderung ähnlich erfolgreiche Programme wie die Berufsgenossenschaften durchführen, wie im Teil III C 2.1 gezeigt wird.

[50] So müßte beispielsweise gegen die Luft- und Wasserverschmutzung vorgegangen oder der Kauf von Zigaretten verboten werden, vgl. SACHVERSTÄNDIGENRAT FÜR DIE KONZERTIERTE AKTION IM GESUNDHEITSWESEN [1994], S. 122.

[51] Vgl. SCHULIN, B. [1996], § 40 RdNr. 130 ff.

Tabelle 1: Etablierte Themenfelder und Angebote von Prävention und Gesundheitsförderung

Themenfelder	Angebote	Träger
Krankheitsbezogen Früherkennung bei Kindern/Jugendlichen	Neugeborenenscreening (in verschiedenen Bundesländern etabliert, z. B. auf Stoffwechseldefekte)	GKV
Früherkennung bei Krebserkrankungen	Bei Männern: äußere Geschlechtsorgane, Prostata, Haut und Darm Bei Frauen: Geschlechtsorgan, Brust, Haut, Darm	GKV
Früherkennung von Schwangerschaftskomplikationen	Vorsorgeuntersuchungen Kurse zur Geburtsvorbereitung	GKV
Chronische Erkrankungen (z. B. Asthma, Diabetes)	Schulungsmaßnahmen	GKV
Infektionskrankheiten (z. B. AIDS, Geschlechtskrankheiten, Hepatitis Behandlung)	Aufklärungsprogramm kostenlose Impfungen gegen relevante Erkrankungen (z. B. Diphterie, Tetanus, Poliomyelitis etc.)	diverse Träger GKV, ÖDG[i]
Krebs	Einzel- und Gruppenprophylaxe	GKV
Bereichsbezogen Ernährung(-szusätze)	Jod (Schilddrüsenerkrankungen), Kalzium, Vitamin D (Wachstumsstörungen, Rachitis), Fluor (Zahnerkrankungen) Kurse zur Gewichtsreduktion, gesunde Ernährung, Einzelberatung	diverse freiwillige Träger diverse Träger, auch GKV
Bewegung	Kurse mit Bewegungsangeboten, Rückenschule, Sportangebote etc.	z. T. GKV
Stressbewältigung	Kurse zum Stressmanagement und Entspannungsmethoden	z. T. GKV
Sucht	Suchtvorbeugungsprogramme in der Schule, am Arbeitsplatz, in der Jugendhilfe	BZgA[ii]
Gesundheitsschutz	Infektionsschutz, Hygienekontrollen, Trinkwasserüberprüfungen, Lebensmittelhygiene und Lebensmittelkontrolle, Gesundheitsverträglichkeitsprüfungen, Überwachung öffentlicher Einrichtungen und Anlagen, Umwelthygiene	ÖGD
Arbeitsschutz	„integrierter Arbeitsschutz" durch Arbeitgeber (betrieblicher Arbeitsschutz, ArbeitsSchG) und gesetzliche Unfallversicherung „ergänzende Maßnahmen" durch GKV Reduktion physikalisch-chemischer sowie psychosozialer „arbeitsbedingter Gesundheitsgefährdung" auf Basis systematischer Gefährdungsanalysen mit transparenten und partizipativen Verfahren	GUV GKV
Unfälle, besonders Unfälle in Beruf und Schule	Überprüfung der Produktsicherheit, Kontrolle der betrieblichen Unfallverhütungsmaßnahmen, Information und Kurse zur Sicherheit am Arbeitsplatz (Arbeitsschutz), Sicherheitsmaßnahmen in der Schule	GUV, Arbeitgeber
Unfälle im Verkehr	(straßen-)bauliche Veränderungen, Schulungsmaßnahmen, Information	verschiedene Träger

[i] ÖGD - Öffentlicher Gesundheitsdienst
[ii] BZgA - Bundeszentrale für gesundheitliche Aufklärung

Quelle: In Anlehnung an SACHVERSTÄNDIGENRAT FÜR DIE KONZERTIERTE AKTION IM GESUNDHEITSWESEN [2001a], S. 77f.

3 Akutbehandlung und Rehabilitation

3.1 *Vorbemerkungen*

Im folgenden werden die Leistungen der GKV und der GUV im Bereich der Akutbehandlung und der Rehabilitation einander gegenübergestellt. Ziel der Akutbehandlung in der GKV ist die medizinische Bekämpfung einer Krankheit, d. h. bei Eintritt des Versicherungsfalls „die zur Heilung oder Linderung der Krankheit sowie zum Ausgleich von ausgefallenen geistigen oder körperlichen Funktionen erforderlichen Mittel und Maßnahmen zur Verfügung zu stellen“[52]. Dagegen zielt die Rehabilitation darauf ab, „Fähigkeitsstörungen und soziale Beeinträchtigungen abzuschwächen, die als Auswirkungen einer Krankheit oder eines Unfalls auftreten“[53]. Mithin stehen Leistungen zur Wiedereingliederung des Rehabilitanden durch Verhinderung einer Pflegebedürftigkeit oder Behebung einer Behinderung im Vordergrund. Man unterscheidet zwischen der medizinischen, beruflichen und sozialen Rehabilitation[54], wobei die GUV als einziger Zweig der Sozialversicherung alle drei Rehabilitationsformen abdeckt. Die GKV beschränkt sich dagegen nach § 40 Abs. 1 Nr. 6 SGB V auf Leistungen der medizinischen Rehabilitation sowie auf ergänzende Leistungen nach § 43 SGB V.

3.2 *Leistungen der Gesetzlichen Krankenversicherung*

3.2.1 *Leistungskatalog*

Die Krankenbehandlung in der **GKV** wird in § 27 Abs. 1 SGB V präzisiert, wobei sie in die ambulante, stationäre und rehabilitative Behandlung unterteilt ist. Im Mittelpunkt der ambulanten Behandlung steht die vertragsärztliche Versorgung. Daneben werden die Versorgung mit Arznei-, Verband-, Heil- und Hilfsmitteln, häusliche Krankenpflege und Haushaltshilfe, Krankenhausbehandlung, medizinische und ergänzende Leistungen zur Rehabilitation sowie Belastungserprobung und Arbeitstherapie aufgelistet.

§§ 28 bis 30 SGB V regeln die ambulante ärztliche Behandlung einschließlich der Psychotherapie und die zahnärztliche Behandlung, die auch die Versorgung mit Zahnersatz und die kieferorthopädische Behandlung umfaßt. Unter der ärztlichen Behandlung sind die notwendigen und zweckmäßigen Maßnahmen zur Verhütung, Früherkennung und Behandlung von Krankheiten nach den Regeln der ärztlichen Kunst zu verstehen. Entsprechend ist die zahnärztliche Behand-

---

52 BRACKMANN, K. [2001], Bd. 1, 2. Teil, Kap. 2, S. 74.

53 STATISTISCHES BUNDESAMT [1998], S. 414.

54 Vgl. BESKE, F.; HALLAUER, J. F. [1999], S. 196. Die dort aufgeführte schulische Rehabilitation wird hier als Teil der beruflichen Rehabilitation aufgefaßt.

lung definiert, mit dem Unterschied, daß diese auf Zahn-, Mund- und Kiefererkrankungen beschränkt ist und die konservierende Zahnbehandlung beinhaltet. Insgesamt entfielen auf die ärztliche Behandlung im Jahr 1999 rund 17,2 % der Leistungsausgaben, das entspricht 21,3 Mrd. Euro. Im selben Jahr beliefen sich die Leistungsausgaben für die zahnärztliche Versorgung und Zahnersatz auf 10,9 Mrd. Euro (8,9 %).[55]

Zwar sind nur approbierte (Zahn-)Ärzte zur (zahn-)ärztlichen Behandlung berechtigt[56], doch können diese - falls erforderlich - nach § 73 Abs. 2 SGB V Hilfeleistungen anderer Personen anordnen und weitere Leistungen verordnen.[57] Dazu gehört die Verordnung von Arznei-, Verband-, Heil- und Hilfsmitteln.[58] Der Umfang der Leistungsausgaben für Arzneimittel betrug im Jahr 1999 18,5 Mrd. Euro, für Heil- und Hilfsmittel 9,7 Mrd. Euro.[59] Während bei den Arznei-, Verband- und Heilmitteln die Beseitigung von Gesundheitsbeeinträchtigungen im Vordergrund steht, konzentriert sich die Versorgung mit Hilfsmitteln auf den Ausgleich eines körperlichen Funktionsdefizits. Ziel ist die Befriedigung alltäglicher Grundbedürfnisse, wozu auch die Teilnahme am gesellschaftlichen Leben zählt. Im Unterschied zu der Arznei-, Verband- und Heilmittelversorgung ist nicht nur die Anschaffung eines Hilfsmittels im Leistungsrecht verankert, sondern auch die Ingangsetzung, Instandhaltung und gegebenenfalls ein Ersatz des Hilfsmittels.

Ein weiterer Bestandteil der Krankenbehandlung ist die häusliche Krankenpflege. Diese wird nach § 37 Abs. 1 und 2 SGB V in zwei Fällen erbracht. Zum

---

55 Vgl. dazu KASSENÄRZTLICHE BUNDESVEREINIGUNG [2001], Abb. G3.

56 Seit 1999 sind auch Psychologische Psychotherapeuten, Kinder- und Jugendlichenpsychotherapeuten, soweit sie zur psychotherapeutischen Behandlung zugelassen sind, an der Leistungserbringung beteiligt; vgl. BRACKMANN, K. [2001], Bd. 1, 2. Teil, Kap. 2, S. 96.

57 Zur begrifflichen Unterscheidung zwischen „Anordnung“ und „Verordnung“ vgl. SCHULIN, B. [1994], § 22 RdNr. 46.

58 Unter **Arzneimitteln** sind alle Mittel, die durch Einwirkung auf den inneren menschlichen Organismus zu einer Heilung, Linderung und Verhütung einer Krankheit, eines Körperschadens, eines Leidens oder eines krankhaften Beschwerdens führen, zu verstehen. Sie dienen ferner der Bekämpfung, Abwehr und Beseitigung von Krankheitserregern und körperfremden Stoffen (vgl. SCHULIN, B. [1994], § 22 RdNr. 153). **Heilmittel** wirken dagegen äußerlich auf den Körper ein und unterstützen oder sichern den Heilungsprozeß. Häufiges, aber nicht zwingendes Kennzeichen von Heilmitteln ist ihre Sächlichkeit. Neben der in § 30 SGB VII aufgelisteten physikalischen Therapie und der Sprach- und Beschäftigungstherapie gehören auch Bruchbänder, Massagen, Bäder und Krankengymnastik zu dieser Gruppe (vgl. ebenda, § 22 RdNr. 241 ff.). Die Eigenschaft der Sächlichkeit weisen auch die **Hilfsmittel** auf. SCHULIN definiert diese als „Gegenstände, die nach einem Heilungsprozeß zum Ausgleich eines vor allem körperlichen Funktionsdefizits angewendet werden“ (ebenda, § 22 RdNr. 270). Somit dienen Hilfsmittel der orthopädischen Behandlung des Stütz- oder Bewegungsapparates, gleichen Fehlbildungen bei Körperteilen aus oder unterstützen ihre Funktion.

59 Vgl. KASSENÄRZTLICHE BUNDESVEREINIGUNG [2001], Abb. G3.

einen, wenn eine Krankenhausbehandlung geboten wäre, aber nicht durchführbar ist, oder diese verkürzt oder gar vermieden werden kann (Krankenhausersatzpflege). Zum anderen kommt die häusliche Krankenpflege in Betracht, wenn sie für die Sicherung des ärztlichen Behandlungsziels notwendig ist (Behandlungssicherungspflege). Der Umfang beider Leistungen ist nicht identisch. Die Krankenhausersatzpflege, auch als Anreiz zur Vermeidung oder Verkürzung der kostenintensiven Krankenhausbehandlung gedacht, besteht aus der ärztlichen Behandlung, Behandlungspflege, Grundpflege und hauswirtschaftlicher Versorgung.[60] Die Behandlungssicherungspflege hingegen ist begrenzt auf die Behandlungspflege, jedoch können die Krankenkassen die Grundpflege und hauswirtschaftliche Versorgung als Mehrleistung in die Satzung aufnehmen. Voraussetzung für die Genehmigung der häuslichen Krankenpflege ist, daß keine im Haushalt des Versicherten lebende Person die Krankenpflege übernehmen kann.

Letzteres muß auch für die Gewährung einer Haushaltshilfe nach § 38 SGB V vorliegen, wenn der Versicherte selber nicht dazu in der Lage ist. Dies ist der Fall, wenn der Versicherte eine ambulante oder stationäre Vorsorgekur, häusliche Krankenpflege, Leistungen der medizinischen Rehabilitation oder Rehabilitationsleistungen für Mütter in Anspruch nimmt. Allerdings muß im Haushalt des Versicherten ein Kind unter zwölf Jahren leben. Eine Haushaltshilfe wird ebenfalls bestellt, wenn das Kind behindert oder auf Hilfe angewiesen ist.

Gemessen an ihrem Anteil an den Leistungsausgaben ist die stationäre Behandlung in der GKV die bedeutendste Leistung. Sie erstreckt sich auf die überaus komplexe Leistungserbringung im Krankenhaus und machte mit 42,3 Mrd. Euro im Jahr 1999 einen Anteil von fast 35 % der Leistungsausgaben aus.[61] Die stationäre Behandlung kann die Ausprägungen der voll- oder teilstationären sowie der vor- oder nachstationären Behandlung annehmen. Ferner besteht die Möglichkeit, eine ambulante Operation in einem Krankenhaus durchführen zu lassen. Die Leistung richtet sich nach der Art und Schwere der Erkrankung und beinhaltet neben der ärztlichen Behandlung auch die Versorgung mit Arznei-, Verband-, Heil- und Hilfsmitteln, Pflege sowie Unterkunft und Verpflegung. Die umfassendste Form der Krankenhausbehandlung ist die vollstationäre Behandlung. Der Anspruch hierauf besteht nur nachrangig zur ambulanten ärztlichen Versorgung, zur teil-, vor- oder nachstationären Krankenhausbehandlung sowie

---

[60] Die Grundpflege bezieht sich auf Verrichtungen des täglichen Lebens wie Körperpflege und Nahrungsaufnahme, während die Behandlungspflege nicht-ärztliche Heilhilfsleistungen wie Verabreichung der Medikamente, Verbandswechsel etc. betrifft. Vgl. dazu SCHULIN, B. [1994], § 22 RdNr. 321 f.

[61] Zur Komplexität der Leistungserbringung im Krankenhaus vgl. BREYER, F.; ZWEIFEL, P.; KIFMANN, M. [2003], S. 329 ff. Zur Höhe der Ausgaben für stationäre Leistungen siehe die Angaben im Anhang A 2.5.

zur häuslichen Krankenpflege, und er setzt eine ärztliche Verordnung voraus.[62] Der Unterschied zwischen voll- und teilstationärer Behandlung liegt im Ausmaß der Eingliederung des Patienten in das Krankenhaus. Teilstationäre Behandlung impliziert eine geringe Eingliederung und kann sich z. B. auf die Behandlung in Tages- oder Nachtkliniken beschränken.[63] Dagegen geht eine vorstationäre Behandlung einem vollstationären Krankenhausaufenthalt voraus und dient der Vorbereitung eines solchen. Die nachstationäre Behandlung dient der Sicherung des Behandlungserfolges im Anschluß an einen Krankenhausaufenthalt. Die beiden zuletzt aufgeführten Leistungsarten schließen Unterkunft und Verpflegung aus und erfolgen parallel zur ambulanten vertragsärztlichen Versorgung. In Ergänzung dazu können Krankenhäuser auch ambulante Operationen durchführen. Diese dienen der Vermeidung stationärer Krankenhausaufenthalte, sind aber beschränkt auf die Operationen, die im nach § 115b SGB V von den Spitzenverbänden der Krankenkassen, der Deutschen Krankenhausgesellschaft und der Kassenärztlichen Bundesvereinigung (KBV) aufgestellten Katalog aufgelistet sind.

Zusätzlich besteht Anspruch auf die Bezuschussung der stationären Behandlung in Hospizen i. S. des § 39a SGB V, allerdings nur, soweit es sich um palliativ-medizinische oder -pflegerische Leistungen handelt. Die Bezuschussung wird nur solchen Versicherten gewährt, die nicht mehr ambulant, in ihrem Haushalt oder ihrer Familie versorgt werden können, deren Krankheit unheilbar ist und die daher mit einer begrenzten Lebenserwartung rechnen müssen.[64]

Nach dem Krankenversicherungsrecht sind die Leistungen der medizinischen Rehabilitation, der Arbeitstherapie und der Belastungserprobung zwar Bestandteil der Krankenbehandlung, aber von den Maßnahmen der Akutversorgung zu trennen.[65] Der Ansatzpunkt für die Trennung zwischen Akutbehandlung und Rehabilitationsbehandlung ist das Behandlungsziel: Während die Maßnahmen der kurativen Behandlung der Beseitigung der eigentlichen Erkrankung dienen, setzt die Rehabilitation bei der Behebung der Folgen der Krankheit an. Ziel ist es, die Leistungsfähigkeit des Patienten soweit zu verbessern oder wiederherzustellen, daß dieser seine Eigenständigkeit im Alltag und Beruf wahren kann.[66] Die Rehabilitationsleistungen lassen sich in solche der ambulanten und stationä-

---

62 Vgl. § 39 Abs. 1 Satz 2 SGB V.

63 Vgl. dazu BRACKMANN, K. [2001], Bd. 1, 2. Teil, Kap. 2, S. 148 f. und Bd. 3, § 33 RdNr. 5 sowie SCHULIN, B. [1994], § 22 RdNr. 363.

64 Vgl. BRACKMANN, K. [2001], Bd. 1, 2. Teil, Kap. 2, S. 162 ff. für ausführlichere Informationen zum Anspruch auf Versorgung in stationären Hospizen.

65 Vgl. § 40 SGB V.

66 Vgl. VERBAND DEUTSCHER RENTENVERSICHERUNGSTRÄGER [2001], S. 8.

ren Rehabilitation unterteilen. Leistungen der ambulanten Rehabilitation sind zu gewähren, wenn vorherige ambulante oder stationäre medizinische Versorgungsmaßnahmen nicht ausreichend sind, um die Folgen einer Krankheit zu beseitigen. Erst wenn die ambulante Rehabilitation ergebnislos bleibt oder von vorneherein als nicht ausreichend anzusehen ist, wird auf die stationäre Rehabilitation zurückgegriffen. In jedem Fall ist die Rehabilitation vor einer drohenden Pflegebedürftigkeit nach dem Grundsatz „Prävention und Rehabilitation vor Pflege“ durchzuführen.[67]

Die rehabilitativen Leistungen der GKV unterliegen jedoch weiteren Einschränkungen. Es muß zunächst feststehen, daß kein Anspruch gegenüber einem anderen Rehabilitationsträger vorliegt (§ 40 Abs. 4 SGB V). Dies betrifft insbesondere die Gesetzliche Rentenversicherung (GRV). Zudem bedarf es für ihre Gewährung einer ärztlichen Begründung sowie einer Überprüfung durch den Medizinischen Dienst der Krankenkassen (MDK).[68]

3.2.2 Regulierung des Leistungskatalogs

3.2.2.1 Vorbemerkungen

Angesichts kontinuierlicher und z. T. starker Ausgabenanstiege, die einerseits in Ausweitungen des Leistungskatalogs der GKV und andererseits in den noch zu vertiefenden systemimmanenten Fehlanreizen zur Ausweitung der Inanspruchnahme von Leistungen begründet sind, hat der Gesetzgeber in den vergangenen Jahrzehnten eine Kostendämpfungspolitik betrieben. Daher ist nicht nur der Grundsatz der Beitragssatzstabilität gesetzlich verankert[69], sondern auch der Versuch unternommen worden, das Wirtschaftlichkeitsgebot durch weitere Eingriffe zu stärken. Diese Regulierungen erfolgen über Leistungsbegrenzungen, stärkere Eigenbeteiligungen der Versicherten, bis hin zum Ausschluß von Leistungen. Dadurch kommt es zu einem schleichenden Abweichen von der Krankheitskostenvollversicherung. Im folgenden werden einige dieser Regulierungsmaßnahmen beispielhaft aufgelistet. Dabei ist zu beachten, daß die aufgeführten Zuzahlungsregelungen und Leistungsausschlüsse erst mit der Vollendung des 18. Lebensjahres des Versicherten greifen. Darüber hinaus dienen Härtefallregelungen nach den Vorschriften §§ 61 und 62 SGB V einer Vermeidung der finanziellen Überforderung chronisch Kranker und sozial benachteiligter Versicherter.

---

67 Vgl. SCHULIN, B. [1994], § 6 Rdnr. 179.

68 Diese Prüfung durch den MDK darf in Ausnahmefällen (z. B. bei Verlängerungsanträgen der Rehabilitation, bei Anschlußrehabilitation) unterbleiben, vgl. BRACKMANN, K. [2001], Bd. 1, 2. Teil, Kap. 2, S. 202 f.

69 Dies erfolgte mit dem Gesundheitsreformgesetz 1989. Siehe § 71 SGB V.

3.2.2.2 Beschränkung der Leistungen

Die wichtigsten Leistungsregulierungen in der GKV erfolgen durch den Erlaß von Richtlinien nach § 92 Abs. 1 SGB V. Diese Kompetenz steht den Bundesausschüssen der Ärzte bzw. Zahnärzte und Krankenkassen zu.[70] An erster Stelle ist hier die Richtlinie zur Bedarfsplanung zu nennen. In dieser wird die angestrebte Arztdichte im Verhältnis zur Einwohnerzahl einer Region festgelegt und damit das Ausmaß der erlaubten Neuzulassungen bestimmt. Ferner werden Richtlinien zu sämtlichen Leistungen wie der ärztlichen und zahnärztlichen Behandlung, der Verordnung von Arznei-, Verband-, Heil- und Hilfsmitteln, Krankenhausbehandlung, häuslicher Krankenpflege, der medizinischen Rehabilitation und ergänzenden Leistungen sowie zur Einführung neuer Untersuchungs- und Behandlungsmethoden erlassen. Die Richtlinien dienen der Stärkung des Wirtschaftlichkeitsprinzips, präzisieren unter Beachtung der geltenden Gesetze die einzelnen Leistungen und enthalten Leistungsvoraussetzungen, Leistungsausschlüsse sowie Handlungsvorgaben für Leistungserbringer.[71]

Darüber hinaus sind Bemühungen zur Eindämmung des Kostenanstiegs durch die Einführung sektoraler Budgets getroffen worden. Die Ausgaben in den budgetierten Leistungssektoren sollen nur in dem Maße steigen, in dem die Einnahmen der GKV zunehmen. Bei einer Überschreitung der Budgets greift ein Kollektivregreß der Leistungserbringer.[72]

Im Zusammenhang mit der Begrenzung des Leistungsangebots der GKV ist auch die Einführung von Festbeträgen für Arznei- und Hilfsmittel zu sehen.[73] Sie geben eine an durchschnittlichen Tages- oder Einzeldosen oder anderen Vergleichsgrößen ausgerichtete Höchstgrenze an, bis zu der die Krankenkassen die Kosten der Arzneimittel übernehmen.[74] Ziel dieser Festbeträge ist es, eine Steuerung der Arzneimittelnachfrage zu bewirken, indem die Patienten dazu veranlaßt werden, auf die Verschreibung günstigerer Medikamente zu achten, sowie einen

---

70 Diese Ausschüsse werden nach § 91 SGB V von den Kassen(zahn)ärztlichen Bundesvereinigungen und den Spitzenverbänden der Krankenkassen gemeinsam gebildet. Vgl. BRACKMANN, K. [2001], Bd. 1/2, 5. Teil, Kap.1, S. 101 f.

71 Vgl. zu den Richtlinien auch SCHULIN, B. [1994], § 32 RdNr. 10 ff.

72 Allerdings wurde das Arzneimittelbudget im Jahr 2002 aufgehoben. An dessen Stelle ist die „Aut-idem"-Regelung getreten, nach der die Ärzte nur noch Wirkstoffe verschreiben sollen und die Apotheker verpflichtet sind, den Patienten das kostengünstigste Präparat zu geben. Darüber hinaus ist beabsichtigt, Zielvereinbarungen bei der Arzneimittelverschreibung einzuführen. Der Kollektivregreß soll dann durch ein Bonussystem und durch einen Individualregreß abgelöst werden. Vgl. o. V. [2001] und MIHM, A. [2002].

73 Dies geschah im Rahmen des Gesundheitsreformgesetzes 1989, vgl. SCHULIN, B. [1994], § 1 RdNr. 149.

74 Vgl. BRACKMANN, K. [2001], Bd. 1, 2. Teil, Kap. 2, S. 42 f.

stärkeren Preiswettbewerb zwischen den Arzneimittelherstellern zu fördern.[75] Für die Festlegung der Festbeträge werden die Medikamente in drei Gruppen nach denselben Wirkstoffen, pharmakologisch-therapeutisch vergleichbaren Wirkstoffen und pharmakologisch-therapeutisch vergleichbarer Wirkung eingeteilt.

3.2.2.3 Stärkung der Eigenbeteiligung

Die Eigenbeteiligungen der Versicherten dienen der Stärkung der Eigenverantwortung und sollen darüber hinaus zu einer finanziellen Entlastung der Krankenkassen führen. Dies wurde beispielsweise durch die nach der Packungsgröße gestaffelten Zuzahlungen zu Arznei- und Verbandmitteln erreicht. Z. T. bestanden auch bei Heil- und Hilfsmitteln Zuzahlungsregelungen. Inzwischen leisten die Versicherten zu allen beanspruchten Leistungen Zuzahlungen i. H. von 10 % des Abgabepreises, maximal jedoch 10 Euro. Ferner verdienen die Zuschüsse zum Zahnersatz und zu kieferorthopädischen Leistungen Beachtung: Bei erstgenannten ist die Höhe der Bezuschussung von der Inanspruchnahme der Prophylaxeleistungen und von der erkennbaren Zahnpflege, die sich beide in regelmäßigen und dokumentierten Zahnarztbesuchen niederschlagen sollen, abhängig.[76] Bei kieferorthopädischen Leistungen muß der Patient 20 % der Kosten zunächst selber tragen. Diese werden erst bei Abschluß der Behandlung erstattet. Damit wird dem vorzeitigen Abbruch einer kieferorthopädischen Behandlung entgegengewirkt.

Weitere Beispiele für Selbstbeteiligungen sind die Zuzahlungen zu stationären Leistungen, die je Behandlungstag im Krankenhaus oder in einer rehabilitativen Einrichtung, maximal jedoch für 14 Behandlungstage, in Höhe eines gesetzlich bestimmten Betrages anfallen.

3.2.2.4 Ausschluß von Leistungen

Von der Leistungspflicht ausgeschlossen sind nach § 34 Abs. 1 SGB V alle nicht verschreibungspflichtigen Arzeimittel und sog. „Bagatellmedikamente“[77], die bei Erkältungskrankheiten Anwendung finden, Schmerzmittel, Abführmittel, Mund- und Rachentherapeutika sowie Arzneimittel gegen Reisekrankheiten.

---

75 Vgl. SCHULIN, B. [1994], § 22 RdNr. 179.

76 Genauere Angaben finden sich bei BRACKMANN, K. [2001], Bd. 1, 2. Teil, Kap. 2, S. 110 f. und S. 115 f. sowie im Gesetz unter § 30 Abs. 1 und 2 SGB V. Siehe auch SACHVERSTÄNDIGENRAT FÜR DIE KONZERTIERTE AKTION IM GESUNDHEITSWESEN [1995], S. 70 ff.

77 BESKE, F.; HALLAUER, J. F. [1999], S. 90.

Unwirtschaftliche Arzneimittel[78] und Medikamente, die nur bei geringfügigen Gesundheitsstörungen verschrieben werden, können nach § 34 Abs. 2 und 3 SGB V per Rechtsverordnung des Bundesgesundheitsministers ebenfalls von der Arzneimittelversorgung ausgeschlossen werden. Gleiches gilt für Hilfsmittel. In Ergänzung dazu kommen nach § 33 Abs. 1 SGB V Gebrauchsgegenstände des täglichen Lebens nicht als Hilfsmittel in Betracht.[79] Ferner ist die kieferorthopädische Behandlung nur bis zur Vollendung des 18. Lebensjahres des Versicherten Bestandteil des Leistungskatalogs der Krankenkassen, es sei denn, es liegen schwere Kiefermißbildungen vor, die erst nach Abschluß des natürlichen Wachstumsprozesses behoben werden können.[80]

3.3 Leistungen der Gesetzlichen Unfallversicherung

Die Leistungen der **GUV** auf dem Gebiet der Akutbehandlung und der Rehabilitation entsprechen weitestgehend denen der GKV. Nach § 27 SGB VII umfaßt die Heilbehandlung durch die GUV die Erste Hilfe nach einem Arbeitsunfall, ärztliche und zahnärztliche Behandlung einschließlich der Versorgung mit Zahnersatz, die Versorgung mit Arznei-, Verband-, Heil- und Hilfsmitteln, häusliche Krankenpflege, Behandlung in Krankenhäusern und Rehabilitationseinrichtungen sowie Leistungen zur medizinischen Rehabilitation. Im Jahr 1999 wurden insgesamt 2,2 Mrd. Euro für die Heilbehandlung ausgegeben.[81] Diese soll frühzeitig nach Eintritt des Versicherungsfalls einsetzen. Sie muß außerdem schnell und sachgemäß gewährleistet werden und hat „mit allen geeigneten Mitteln"[82] zu erfolgen. Ferner werden Maßnahmen zur beruflichen und sozialen Rehabilitation sowie ergänzende Leistungen erbracht.

Die Versorgung mit Arznei-, Verband-, Heil- und Hilfsmitteln ist unentgeltlich und erfolgt nach den Vorschriften des SGB VII nur auf ärztliche Verordnung.[83]

---

78 Ein Medikament gilt als unwirtschaftlich, wenn es für die Therapie unnötige Bestandteile enthält, wenn seine Wirkung auf Grund mehrerer enthaltener Wirkstoffe nicht genau vorhersehbar ist oder ein therapeutischer Nutzen nicht nachgewiesen ist. Vgl. BRACKMANN, K. [2001], Bd. 1, 2. Teil, Kap. 2, S. 122.

79 Diese Vorschrift gilt auch für Heilmittel. Hier haben die Krankenkassen allerdings einen Kostenanteil zu übernehmen, wenn ein therapeutischer Nutzen eines Heilmittels gegenüber einem allgemeinen Nutzen im Vordergrund steht. Vgl. BRACKMANN, K. [2001], Bd. 1, 2. Teil, Kap. 2, S. 131.

80 Vgl. § 28 Abs. 2 SGB V.

81 Vgl. STATISTISCHES BUNDESAMT [2001], Reihe 19.3.4. Zu den Ausgaben der Heilbehandlung gehören die Kosten der ambulanten Heilbehandlung, Heilanstaltspflege, Zahnersatz und sonstige Heilbehandlungskosten.

82 § 26 Abs. 1 SGB VII.

83 Vgl. §§ 29-31 SGB VII.

Zuzahlungen der Versicherten werden nicht verlangt, allerdings sind die Festbeträge nach dem Krankenversicherungsrecht zu berücksichtigen. Für den Fall, daß der Heilerfolg nicht ohne einem Mittel, für das ein Festbetrag vorliegt, erreicht werden kann, hat der behandelnde Arzt das erforderliche Präparat zu verordnen und dem Unfallversicherungsträger die Notwendigkeit zu erläutern. Hierbei ist eine Ausnahme zu berücksichtigen: Die Festbeträge gelten nicht, wenn ein Hilfsmittel nach § 27 Abs. 2 SGB VII bei einem Arbeitsunfall beschädigt wird oder verlorengeht.[84]

Der Rechtsanspruch auf Hilfsmittel beschränkt sich auf solche, die wirtschaftlich sind. Doch ist der Leistungsanspruch umfassender als in der GKV, da in § 31 SGB VII der Ausschluß der Leistungspflicht für Hilfsmittel, die als allgemeine Gebrauchsgegenstände des täglichen Lebens gelten, fehlt. Für die Gewährung eines Hilfsmittels kommt es vielmehr darauf an, daß es der Beseitigung oder Milderung der gesundheitlichen Folgen eines Arbeitsunfalls oder einer Berufskrankheit dient. Dies schließt auch Gebrauchsgegenstände des täglichen Lebens ein, wenn diese „wegen der Art der Verletzung oder Erkrankung einer besonderen Ausgestaltung bedürfen“[85]. Außerdem sind Hilfen und andere Entschädigungsleistungen im Leistungskatalog aufgenommen, die zwar der Überwindung der Folgen des Versicherungsfalls dienen, aber nicht unmittelbar Behinderungen oder Funktionsbeeinträchtigungen am Körper des Versicherten darstellen.[86]

Für den Fall, daß eine Krankenhausbehandlung geboten, aber nicht durchführbar ist, eine Verkürzung der Krankenhausbehandlung durch vorher- oder nachgehende Behandlung zu Hause oder gar eine Vermeidung der Krankenhausbehandlung möglich ist, kann dem Versicherten häusliche Krankenpflege gewährt werden.[87] Diese erstreckt sich auf die zur Beseitigung der Unfallschäden oder der Berufskrankheit notwendige ärztliche Behandlung und schließt auch die auf ärztliche Verordnung zu erbringende Grund- und Behandlungspflege ein. Bedingung für die häusliche Krankenpflege ist, daß der Heilerfolg nicht gefährdet wird. Ferner muß feststehen, daß die Krankenpflege keiner weiteren im Haushalt des Verletzten oder Erkrankten lebenden Person zugemutet werden kann.[88]

Die Regelungen zur stationären Behandlung in Krankenhäusern oder in Rehabilitationseinrichtungen als Folge eines Arbeitsunfalls oder einer Berufskrankheit

---

84 Vgl. BRACKMANN, K. [2001], Bd. 3, § 31 RdNr. 12.

85 Ebenda, § 31 RdNr. 9.

86 Vgl. § 31 Abs. 2 SGB VII und SCHULIN, B. [1996], § 44 RdNr. 28 f. Dazu zählen sogar Entschädigungsleistungen für Kleider- und Wäscheverschleiß bei bestimmten Gesundheitsschäden.

87 Vgl. § 32 Abs. 1 SGB VII.

88 Vgl. BRACKMANN, K. [2001], Bd. 3, § 32 RdNr. 7 ff.

sind in § 33 SGB VII festgelegt. Danach wird die Krankenhausbehandlung voll- oder teilstationär erbracht und umfaßt alle Leistungen, die im Rahmen des Versorgungsvertrages mit dem Krankenhaus vereinbart worden sind. Dazu zählen insbesondere ärztliche Behandlung, Arznei-, Verband-, Heil- und Hilfsmittel, Pflege sowie Unterkunft und Verpflegung. Dabei lehnt sich das Unfallversicherungsrecht an die Definition von Krankenhäusern und Rehabilitationseinrichtungen nach § 107 SGB V an.[89] Grundsätzlich steht dem Versicherten die Wahl des Krankenhauses frei, soweit nicht eine besondere unfallmedizinische Behandlung erforderlich ist. Dann wird der Patient in eine besondere Einrichtung eingewiesen.[90]

Neben der medizinischen Rehabilitation, die Bestandteil der Heilbehandlung ist, gewährt die GUV auch Leistungen zur Teilhabe am Arbeitsleben, die berufliche Rehabilitation. Diese Leistungen dienen dazu, die Erwerbsfähigkeit verletzter oder an einer Berufskrankheit erkrankter Versicherter „entsprechend ihrer Leistungsfähigkeit zu erhalten, zu verbessern, herzustellen oder wiederherzustellen und ihre Teilhabe am Arbeitsleben möglichst auf Dauer zu sichern“[91]. Somit geht es um die Erhaltung des bisherigen Arbeitsplatzes, aber auch um die Unterstützung zur Erlangung einer neuen Tätigkeit, falls die Fortführung der bisherigen Tätigkeit ausscheidet. Die Leistungen der Berufshilfe werden als Sach- und Dienstleistungen erbracht und sollen möglichst frühzeitig einsetzen, wobei nach § 33 Abs. 4 SGB IX Persönlichkeitsmerkmale des Versicherten wie Eignung, Neigungen und seine bisherige Tätigkeit ebenso beachtet werden müssen wie die Lage am Arbeitsmarkt. Es werden allerdings nur Leistungen erbracht, die der

---

89 Dort sind auch die Unterschiede zwischen beiden Institutionen aufgelistet. Krankenhäuser und Rehabilitationseinrichtungen unterscheiden sich in ihrer Zielsetzung und in ihrer Organisation voneinander. Während Krankenhäuser „darauf eingerichtet sind, vorwiegend durch ärztliche und pflegerische Hilfeleistung Krankheiten der Patienten zu erkennen, zu heilen, ihre Verschlimmerung zu verhüten, Krankheitsbeschwerden zu lindern oder Geburtshilfe zu leisten“ (§ 107 Abs. 1 Nr. 3 SGB V), liegt das Ziel der Rehabilitationseinrichtungen darin, „den Gesundheitszustand der Patienten nach einem ärztlichen Behandlungsplan vorwiegend durch Anwendung von Heilmitteln einschließlich Krankengymnastik, Bewegungstherapie, Sprachtherapie oder Arbeits- und Beschäftigungstherapie, ferner durch andere geeignete Hilfen, auch durch geistige und seelische Einwirkungen, zu verbessern und den Patienten bei der Entwicklung eigener Abwehr- und Heilungskräfte zu helfen“ (§ 107 Abs. 2 Nr. 2 SGB V). Somit steht die Pflege in einer Rehabilitationseinrichtung gleichwertig neben der ärztlichen Behandlung, während sie im Krankenhaus eine eher zweitrangige Rolle spielt. Organisatorisch untersteht ein Krankenhaus „fachlich-medizinisch ständiger ärztlicher Leitung“ (§ 107 Abs. 1 Nr. 2 SGB V), während eine Rehabilitationseinrichtung „fachlich-medizinisch unter ständiger ärztlicher Verantwortung“ (§ 107 Abs. 2 Nr. 2 SGB V) steht. Vgl. BRACKMANN, K. [2001], Bd. 3, § 33 RdNr. 8 und BUNDESMINISTERIUM FÜR ARBEIT UND SOZIALORDNUNG [1998b], S. 220. Nähere Ausführungen zu Rehabilitationseinrichtungen finden sich im Kapitel C 1.4 in diesem Teil der Arbeit.

90 Vgl. § 33 Abs. 3 SGB V und BRACKMANN, K. [2001], Bd. 3, § 33 RdNr. 9. Vgl. dazu auch Abschnitt C 2.3 in diesem Teil der Arbeit.

91 § 33 Abs. 1 SGB IX.

Behebung der Schäden eines Versicherungsfalls dienen sollen.[92] Dazu gehören insbesondere Umschulungs-, Aus- und Fortbildungsmaßnahmen, Maßnahmen zur beruflichen Anpassung, Leistungen in Behindertenwerkstätten, eventuell anfallende Kosten für Unterkunft und Verpflegung sowie Zahlungen an den Arbeitgeber. Darüber hinaus besteht die Möglichkeit einer Teilförderung der Berufshilfe durch die Unfallversicherungsträger. Dies ist dann der Fall, wenn der Versicherte eine höherwertige Tätigkeit anstrebt, die aber nicht zwingend für eine berufliche Rehabilitation ist.[93]

Eine weitere Ausprägung der Rehabilitation bildet die soziale Rehabilitation mit den ergänzenden Leistungen, die eine Teilhabe am gesellschaftlichen Leben erleichtern sollen. Dazu zählen u. a. Hilfen zur Ermöglichung der Verständigung mit der Umwelt, zur Freizeitgestaltung, zur Teilnahme am gesellschaftlichen und kulturellen Leben und zur Erhaltung und Förderung der körperlichen, geistigen und seelischen Beweglichkeit. Zu diesen Maßnahmen gehören auch der Rehabilitationssport, die Wohnungs- und Kraftfahrzeughilfe, Hilfe im Haushalt, Reisekosten sowie Kinderbetreuungskosten. Ferner ist ein Ausgleich für besondere psychische und körperliche Belastungen der Versicherten und deren Angehörigen vorgesehen.[94]

3.4 Gegenüberstellung der Leistungen im Bereich von Akutbehandlung und Rehabilitation

Obwohl die in den beiden vorhergehenden Abschnitten betrachteten Leistungen der untersuchten Sozialversicherungszweige einander stark ähneln, unterschieden sie sich in ihrem Umfang. Die GKV ist deutlich stärker durch regulierende Eingriffe des Gesetzgebers gekennzeichnet als die GUV. Außer auf systemimmanente Mißbrauchsmöglichkeiten ist dies darauf zurückzuführen, daß die in der GKV Versicherten ausdrücklich für ihre Gesundheit mitverantwortlich sind. Dagegen erbringt die GUV Entschädigungsleistungen für einen Arbeitsunfall oder eine Berufskrankheit. Es wäre unbillig, vom Arbeitnehmer einen Eigenanteil für die Behandlung der Folgen eines Berufsunfalls zu verlangen.

Zwar gilt das Wirtschaftlichkeitsprinzip auch für die GUV, doch ist der Zusatz, die Heilbehandlung habe „mit allen geeigneten Mitteln" (§ 26 Abs. 2 SGB VII) zu erfolgen, von erheblicher Bedeutung für ihren Leistungskatalog. So auch in der ärztlichen und zahnärztlichen Behandlung: Beim Einsatz neuer Unter-

---

92 Vgl. BRACKMANN, K. [2001], Bd. 3/1, § 35 RdNr. 19.

93 Vgl. § 35 Abs. 3 SGB VII und BRACKMANN, K. [2001], Bd. 3, § 35 RdNr. 17.

94 Vgl. BRACKMANN, K. [2001], Bd. 3, § 39 RdNr. 11 f.

suchungs- und Behandlungsmethoden zeigt sich, daß die Ärzte bei der Behandlung eines Versicherungsfalles der GUV größere Freiräume haben, da sie nicht an die Richtlinien des Bundesausschusses der Ärzte und Krankenkassen zur Einführung neuer Untersuchungs- und Behandlungsmethoden gebunden sind, wie dies bei der Behandlung einer Krankheit nach dem Krankenversicherungsrecht der Fall ist.[95] Besonders augenfällig ist das breitere Leistungsspektrum der GUV bei der Versorgung mit Zahnersatz und bei der kieferorthopädischen Behandlung sowie bei der Versorgung mit Arznei- und Heilmitteln. Auch bei den Hilfsmitteln läßt sich eine großzügigere Versorgung der Versicherten feststellen. Es wurde bereits erwähnt, daß nach dem Krankenversicherungsrecht nur diejenigen Hilfsmittel unter die Leistungspflicht der Krankenkassen fallen, die nicht der Befriedigung alltäglicher Grundbedürfnisse dienen. Weitere Auswirkungen der Erbringung einer Behandlung „mit allen geeigneten Mitteln" ist der Verzicht auf sämtliche Leistungseinschränkungen (mit Ausnahme der Festbeträge), Zuzahlungen der Versicherten und die zeitliche Begrenzung von Leistungen.[96]

Wesentliche Unterschiede in den Leistungskatalogen von GKV und GUV finden sich auch in der Krankenhausbehandlung und der Behandlung in Rehabilitationseinrichtungen. Bereits die Tatsache, daß diese beiden Leistungsarten im Unfallversicherungsrecht in einer Vorschrift abgehandelt werden, zeigt die enge Verflechtung von kurativer Medizin und Rehabilitation. Im Krankenversicherungsrecht wird streng zwischen einer Krankenhausbehandlung und einer Behandlung in einer Rehabilitationseinrichtung getrennt. Letztere kommt danach nur in Betracht, wenn die Wiederherstellung der Gesundheit des Versicherten mit anderen Mitteln nicht erreicht werden kann. Im Unfallversicherungsrecht wird die Unterscheidung zwischen Krankenhaus und Rehabilitationseinrichtung zwar aus dem Krankenversicherungsrecht übernommen (§ 33 Abs. 2 SGB VII), für die Behandlung des Patienten kommt es aber lediglich darauf an, daß die Einrichtung für die zu erbringende unfallmedizinische Behandlung geeignet ist.[97] Ähnlich wie in der GKV ist der Versicherte bei der Wahl des Krankenhauses frei. Diese Wahlfreiheit wird jedoch de facto eingeschränkt, da bei besonderen Berufskrankheiten und bei schweren Arbeitsunfällen, die eine besondere unfallmedizinische Behandlung erfordern, nur ausgewählte Krankenhäuser zur Behandlung zugelassen sind. Dann kann die Berufsgenossenschaft bestimmen, in welche „besondere Einrichtung"[98] der Versicherte gebracht wird. Auf dieses

---

95 Vgl. ebenda, Bd. 3, § 28 RdNr. 8.

96 Zu den Leistungsbegrenzungen in der GKV siehe die obigen Ausführungen im Kapitel B 3.2.2.

97 Vgl. BRACKMANN, K. [2001], Bd. 3, § 33 RdNr. 8.

98 § 33 Abs. 3 SGB VII.

Merkmal der GUV sowie auf ihre besonderen unfallmedizinischen Heilverfahren wird im Kapitel C 2.3 (Teil I dieser Arbeit) vertiefend eingegangen.

Neben der medizinischen Rehabilitation ist die GUV auch für die berufliche und soziale Wiedereingliederung verletzter Versicherter verantwortlich.[99] Die GKV übernimmt demgegenüber nur Leistungen der medizinischen Rehabilitation. Aufgrund fließender Übergänge zwischen den drei Teilbereichen der Rehabilitation kann es aber vorkommen, daß auch Leistungen zur beruflichen oder sozialen Rehabilitation von den Krankenkassen erbracht werden. Im Falle von psychisch Kranken sind Maßnahmen zur sozialen Rehabilitation unerläßlich, da die Krankheit sehr eng mit der sozialen Einbindungsbedürftigkeit der Kranken verwoben ist und ein Heilerfolg ohne entsprechende Vorkehrungen nicht erreicht werden kann.[100]

4 Geldleistungen

4.1 Leistungen der Gesetzlichen Krankenversicherung

4.1.1 Krankengeld

Liegt Arbeitsunfähigkeit i. S. der GKV infolge einer Krankheit vor oder wird der Versicherte auf Kosten der Krankenkasse stationär behandelt, so hat er Anspruch auf Krankengeld, sofern dieser Anspruch nicht auf Grund der Entgeltfortzahlung durch den Arbeitgeber ruht.[101] Der Anspruch auf Krankengeld entsteht auch, wenn der Versicherte seiner Arbeit zur Beaufsichtigung, Pflege oder Betreuung eines erkrankten Kindes fernbleiben muß. Das Kind darf das zwölfte Lebensjahr noch nicht abgeschlossen haben, muß selbst gesetzlich krankenversichert sein und es darf keine andere im Haushalt des Versicherten lebende Person zur Übernahme der Betreuung, Pflege oder Beaufsichtigung des Kindes in der Lage sein. Krankengeld wird in diesem Fall je Kind für höchstens zehn Tage, bei Alleinerziehenden für 20 Tage im Jahr gewährt. Bei mehr als zwei Kindern

---

99 Dies entspricht dem ganzheitlichen Ansatz „alles in einer Hand", vgl. HIERHOLZER, G.; GRODZKI, T. [1995], S. 490.

100 Vgl. SCHULIN, B. [1994], § 22 RdNr. 410 und § 6 RdNr. 177.

101 Für die Gewährung von Krankengeld spielt kommt es nicht auf die Art der Krankenhausbehandlung an oder ob die Behandlung in einer Vorsorge- oder Rehabilitationseinrichtung erbracht wird. Entscheidend ist, daß die Behandlung auf Kosten der Krankenkasse erfolgt, vgl. BRACKMANN, K. [2001], Bd. 1/1, 2. Teil, Kap. 3, S. 8 ff. und § 49 Abs. 1 SGB V. Die Ausgaben für Krankengeld beliefen sich im Jahr 1999 auf 7,1 Mrd. Euro. Das entspricht etwa 5,8 % der Gesamtleistungsausgaben. Siehe auch Anhang A 2.5.

stehen dem Versicherten 25 Tage, Alleinerziehenden entsprechend 50 Tage im Jahr zu.[102]

Der Anspruch auf Krankengeld kann nach § 44 Abs. 2 SGB V für freiwillig versicherte Mitglieder der Krankenkassen in der Satzung abweichend geregelt werden und zwar in der Form, daß der Anspruch auf Krankengeld eingeschränkt oder gar ausgeschlossen wird.

Das Krankengeld dient dazu, einen Lohnausfall zu ersetzen und wird auf der Grundlage des Regelentgelts berechnet. Dazu werden das regelmäßige Arbeitsentgelt und Arbeitseinkommen des Versicherten herangezogen, soweit es die Beitragsbemessungsgrenze nicht überschreitet. Das Krankengeld beträgt 70 % des Regelentgelts, jedoch nicht mehr als 90 % des zuletzt verdienten Nettoarbeitsentgelts.[103] Bei Beziehern von Arbeitslosengeld, Arbeitslosenhilfe, Unterhaltsgeld, Kurzarbeitergeld oder Winterausfallgeld entspricht das Krankengeld nach § 47b SGB V der Höhe der zuvor empfangenen Lohnersatzleistung.

Krankengeld wird zwar grundsätzlich für unbegrenzte Zeit gewährt, für Arbeitsunfähigkeit infolge derselben Krankheit jedoch nur für die Dauer von 78 Wochen innerhalb eines Dreijahreszeitraums. Der Bezugszeitraum von 78 Wochen wird bei einer hinzutretenden Krankheit nicht verlängert. Somit liegt in den beiden wichtigsten Fällen doch eine zeitliche Begrenzung des Bezugs von Krankengeld vor.[104] Bei einer Überschreitung dieser zeitlichen Begrenzung entfällt der Anspruch auf Krankengeld. Für bestimmte Gruppen wird der Anspruch auf Krankengeld gekürzt oder er entfällt ganz.[105]

4.1.2 Sonstige Geldleistungen

Über die zuvor beschriebenen Leistungen hinaus gewähren die Krankenversicherungen Mutterschafts- und Entbindungsgeld. Hierauf wird jedoch mangels vergleichbarer Leistungen in der GUV nicht weiter eingegangen. Eine weitere, allerdings auslaufende Geldleistung in der GKV stellt das Sterbegeld dar.

---

102 Vgl. SCHULIN, B. [1994], § 23 RdNr. 128 ff.

103 Vgl. BUNDESMINISTERIUM FÜR ARBEIT UND SOZIALORDNUNG [1998b], S. 190.

104 Vgl. BRACKMANN, K. [2001], Bd. 1/1, 2. Teil, Kap. 3, S. 126/15.

105 Eine Kürzung des Krankengeldes wird bei Bezug von Leistungen der Alterssicherung für Landwirte, Renten wegen teilweiser Erwerbsminderung, Berufsunfähigkeit, Teilrenten wegen Alter, Knappschaftsausgleichsleistungen sowie vergleichbaren Leistungen vorgenommen, vgl. § 50 Abs. 2 SGB V. Der Anspruch auf Krankengeld entfällt bei Empfängern von Renten wegen voller Erwerbsminderung, Erwerbsunfähigkeit oder Vollrente wegen Alter, Ruhegehalt, Vorruhestandsgeld i. S. von § 50 Abs. 1 SGB V sowie von ähnlichen Leistungen.

Neuere Bemühungen des Gesetzgebers zur Vermeidung weiterer Beitragssatzerhöhungen in der GKV schlagen sich im Bereich der Geldleistungen nieder. Zum einen ist die Herausnahme des Krankengeldes aus der paritätischen Finanzierung durch Arbeitgeber und Arbeitnehmer geplant: In Zukunft sollen die Arbeitnehmer allein für das Krankengeld aufkommen. Zum anderen ist eine Streichung oder eine Finanzierung sonstiger Geldleistungen aus Steuermitteln vorgesehen. Das Sterbegeld soll vorzeitig aus dem Leistungskatalog der Versicherungen gestrichen werden.[106]

4.2 Leistungen der Gesetzlichen Unfallversicherung

4.2.1 Verletztengeld

Versicherte, die arbeitsunfähig sind oder wegen einer Maßnahme der Heilbehandlung einer ganztägigen Erwerbstätigkeit nicht nachgehen können, haben Anspruch auf Verletztengeld. Dies gilt allerdings nur, wenn der Versicherte unmittelbar vor Eintritt der Arbeitsunfähigkeit oder vor Beginn der Heilbehandlung Anspruch auf Arbeitsentgelt, Arbeitseinkommen oder auf Lohnersatzleistungen hatte.[107] Keinen Anspruch auf Verletztengeld haben somit Kinder und Schüler, die vor dem Eintritt des Versicherungsfalls keiner Erwerbstätigkeit nachgegangen sind und somit keinen Einkommensausfall zu verkraften haben. Die Träger der Unfallversicherung zahlten im Jahr 1999 587 Mio. Euro Verletztengeld an Anspruchsberechtigte.

Ähnlich wie beim Krankengeld liegt nach § 45 Abs. 3 SGB VII ein zusätzlicher Tatbestand für die Zahlung des Verletztengeldes vor, wenn ein Versicherter zwar nicht selbst durch einen Versicherungsfall der Unfallversicherung geschädigt ist, wohl aber sein Kind. Danach muß es nach ärztlichem Zeugnis für den Heilprozeß erforderlich sein, daß der Versicherte seiner Arbeit fernbleibt, um das Kind zu pflegen, zu beaufsichtigen und zu betreuen.[108] Das Kind darf das zwölfte Lebensjahr nicht abgeschlossen haben und es darf keine weitere im Haushalt des Versicherten lebende Person die Betreuung des Kindes übernehmen

---

106 Vgl. BUNDESMINISTERIUM FÜR GESUNDHEIT UND SOZIALE SICHERUNG [2003c]. Die Eckpunkte für das aktuelle Reformvorhaben finden sich unter URL: http://www.bmgs.bund.de/downloads/Eckpunktepapier.pdf (Stand: 25.07.2003).

107 Vgl. § 45 Abs. 1 Nr. 2 SGB VII. Mit Ersatzleistungen sind gemeint: Krankengeld, Verletztengeld, Übergangsgeld, Unterhaltsgeld, Arbeitslosengeld, Arbeitslosenhilfe, Kurzarbeitergeld, Versorgungsgeld, Winterausfallgeld und Mutterschaftsgeld.

108 Es kommt nicht darauf an, daß die Person, die das Kind beaufsichtigt, in der Unfallversicherung versichert ist. Entscheidend ist, daß die Person ihrer Arbeit nicht nachgehen kann, weil das Kind durch einen Versicherungsfall der GUV geschädigt worden ist. Vgl. dazu BRACKMANN, K. [2001], Bd. 3/1, § 45 RdNr. 26.

können. Die Dauer des Anspruchs auf Verletztengeld richtet sich nach dem entsprechenden Anspruch auf Krankengeld.[109]

Die Funktion des Verletztengeldes liegt ebenfalls im Lohnersatz. Damit wird klar, daß der Anspruch auf Verletztengeld nur bei ausbleibender Entgeltfortzahlung entsteht.[110] Der Bezug von Verletztengeld ist zeitlich nicht begrenzt, sondern endet erst mit dem Ende der Arbeitsunfähigkeit oder mit Beginn der beruflichen Rehabilitation. Das Verletztengeld beträgt 80 % des Regelentgelts, darf jedoch das Nettoentgelt des Versicherten nicht übersteigen.[111]

4.2.2 Übergangsgeld

Für die Dauer der beruflichen Rehabilitation kommt dem Versicherten - solange er an der Ausübung einer ganztägigen Erwerbstätigkeit gehindert ist - ein Übergangsgeld zu. Die Berechnung orientiert sich an den Regelungen zur Ermittlung des Verletztengeldes. Im Unterschied zum Verletztengeld kommt es beim Anspruch auf Übergangsgeld nicht auf die Arbeitsunfähigkeit an, sondern allein auf die Teilnahme an berufsfördernden Leistungen, so daß auch Nichterwerbstätige, z. B. Kinder, Empfänger von Übergangsgeld sein können. Die Höhe des Übergangsgeldes richtet sich nach dem Verletztengeld. Leistungsempfänger erhalten 68 % des Verletztengeldes als Übergangsgeld. Falls der Leistungsempfänger mindestens ein Kind oder einen erwerbslosen Ehepartner hat, erhält er 75 % des Verletztengeldes.[112]

---

109 Siehe dazu die Ausführungen zum Krankengeld unter Abschnitt B 4.1.1.

110 Weiter gezahltes Entgelt wird nach den Vorschriften des § 52 SGB VII auf das Verletztengeld angerechnet.

111 Für Versicherte, die bei einer versicherten Tätigkeit als Unternehmer einen Versicherungsfall erleiden, ist das Regelentgelt schwierig zu ermitteln. Daher wird der Jahresarbeitsverdienst von Unternehmern fiktiv in der Satzung des Unfallversicherungsträgers festgesetzt. Als Verletztengeld wird dann der 450. Teil des fiktiven Jahresarbeitsverdienstes je Kalendertag ausgezahlt. Vgl. BRACKMANN, K. [2001], Bd. 3/1, § 47 RdNr. 48 und § 47 Abs. 5 SGB VII.

112 Vgl. § 46 Abs. 1 Nr. 1 und 2 SGB IX. In Sonderfällen ist nach § 48 SGB IX zu verfahren. Danach wird das Übergangsgeld auf Basis von 65 % „des auf ein Jahr bezogenen tariflichen oder, wenn es an einer tariflichen Regelung fehlt, des ortsüblichen Arbeitsentgelts .., das für den Wohnsitz oder gewöhnlichen Aufenthaltsort der Leistungsempfänger gilt" ermittelt. Der Leistungsempfänger erhält 68 % dieser Berechnungsgrundlage, falls kein Arbeitsentgelt ermittelbar ist, die obigen Berechnungsverfahren zu einem niedrigeren Übergangsgeld führen würden oder der letzte Tag des Bemessungszeitraums bei Beginn der Leistungen zur Berufshilfe länger als drei Jahre zurückliegt.

4.2.3 Sonstige Geldleistungen

Unter die sonstigen Geldleistungen fällt - ähnlich wie in der GKV - das Sterbegeld, auf das hier aber nicht weiter eingegangen wird. Darüber hinaus zählen Rentenleistungen an Verletzte und Hinterbliebene zu den Geldleistungen der Unfallversicherung.

Im Gegensatz zum Verletzten- und Übergangsgeld sind Rentenleistungen nach § 26 Abs. 3 SGB VII nachrangig zu gewähren, d. h., solange davon auszugehen ist, daß mit Rehabilitationsleistungen eine Wiedereingliederung des Verletzten oder zumindest eine Besserung seines Gesundheitszustands erreichbar ist, sind Renten nicht zu erbringen.[113] Dennoch dominieren die Renten die Leistungen der GUV mit einem Anteil von fast 60 % des Leistungsbudgets. Das entsprach im Jahr 1999 fast 6 Mrd. Euro.[114] Die Berechnung der Renten erfolgt nach dem Prinzip der abstrakten Schadensberechnung. Ersetzt wird nicht ein konkreter wirtschaftlicher Nachteil, sondern die durch den Versicherungsfall hervorgerufene Minderung der Erwerbsfähigkeit (MdE).[115] Ausgehend von der individuellen Erwerbsfähigkeit des Versicherten vor Eintritt des Versicherungsfalls wird ihre prozentuale Minderung festgestellt und durch eine Rentenzahlung ausgeglichen - auch dann, wenn es durch die MdE zu keinem tatsächlichen Einkommensverlust kommt. Bei einer Vollrente, d. h. einer MdE von 100 %, werden zwei Drittel der Berechnungsgrundlage, des Jahresarbeitsverdienstes, ausgezahlt.[116] Ansonsten bemißt sich die Rente nach dem entsprechenden prozentualen Anteil der MdE an der Vollrente.

4.3 Gegenüberstellung der Geldleistungen

Gegenstand dieses Unterkapitels ist der Vergleich von Verletzten- und Krankengeld, da das Sterbegeld in dieser Untersuchung nicht ins Gewicht fällt und die weiteren Geldleistungen mangels Gegenstücken in der jeweils anderen Versicherung nicht miteinander vergleichbar sind.

---

113 Dies entspricht dem Grundsatz „Reha vor Rente“.

114 Vgl. STATISTISCHES BUNDESAMT [2001], Reihe 19.3.4.

115 Unter der Erwerbsfähigkeit wird die „Eignung des Versicherten [verstanden] .., sich unter Ausnutzung der Arbeitsgelegenheiten, die sich ihm nach seinen gesamten Kenntnissen und körperlichen wie geistigen Fähigkeiten im ganzen Bereich des wirtschaftlichen Lebens bieten, einen Erwerb zu verschaffen“. Siehe dazu SCHULIN, B. [1996], § 40 Rdnr. 10.

116 Jedoch sind Mindest- und Höchstgrenzen zu berücksichtigen, vgl. LAMPERT, H.; ALTHAMMER, J. [2001], S. 255 f. Unter dem Jahresarbeitsverdienst wird die Summe aller Arbeitsentgelte und Arbeitseinkommen des Versicherten in den letzten zwölf Kalendermonaten vor Eintritt des Versicherungsfalls verstanden.

Das Kranken- und das Verletztengeld ähneln einander insofern, als beide eine Lohnersatzfunktion in den Fällen erfüllen, in denen die Versicherten auf Grund des Eintritts eines Versicherungsfalles an der Ausübung ihrer Erwerbstätigkeit gehindert sind. Ferner lehnt sich das Unfallversicherungsrecht in mehreren Punkten an die Regelungen zum Krankengeld an. So werden beide Geldleistungen auf der Grundlage des Regelentgelts berechnet. Hier ergeben sich aber grundlegende Unterschiede in der Ermittlung des Regelentgelts. Das Unfallversicherungsrecht führt häufig zu einem höheren Auszahlungsbetrag, da die Berechnungsbasis für das Verletztengeld breiter ist als die des Krankengeldes. Während im Krankenversicherungsrecht nur das Arbeitsentgelt - soweit es der Beitragsberechnung unterliegt - bis höchstens zur Beitragsbemessungsgrenze herangezogen wird, wird im Unfallversicherungsrecht das gesamte Arbeitsentgelt bis zum Höchstjahresverdienst zugrunde gelegt. Weitere Unterscheidungen betreffen die relative Höhe des Kranken- bzw. Verletztengeldes. Während das Krankengeld 70 % des Regelentgelts, jedoch nicht mehr als 90 % des letzten Nettoverdienstes beträgt, beläuft sich das Verletztengeld auf 80 % des Regelentgelts und kann dem vollen Nettoentgelt entsprechen. Ferner fehlt beim Verletztengeld eine zeitliche Befristung, wie sie beim Krankengeld verwirklicht ist, allerdings nur so lange mit der Wiedererlangung der Arbeitsfähigkeit zu rechnen ist. Ähnlich wie im Abschnitt zur Akutbehandlung und Rehabilitation läßt sich auch hier die umfangreichere Leistung der GUV mit dem Argument des vollen Ausgleichs einer während einer versicherten Tätigkeit eintretenden Gesundheitsbeeinträchtigung begründen.

Das Krankengeld kann darüber hinaus aus einem bisher nicht angesprochenen Grund entzogen werden, und zwar dann, wenn die Krankenkasse den Versicherten nach den Regelungen des § 51 SGB V dazu auffordert, einen Antrag auf Rehabilitationsleistungen oder auf Rentenzahlung zu stellen. Falls der Versicherte eine Frist von zehn Wochen verstreichen läßt, kann die Krankenkasse die Zahlung des Krankengeldes einstellen. Somit existiert mit § 51 SGB V ein Mittel, mit dessen Hilfe der Mißbrauch des Krankengeldes verhindert werden kann, indem Versicherte an den zuständigen Sozialversicherungsträger verwiesen werden.

C Organisation der Leistungserbringung in der Gesetzlichen Krankenversicherung und der Gesetzlichen Unfallversicherung

1 Organisation der Leistungserbringung in der Gesetzlichen Krankenversicherung

1.1 Vorbemerkungen

Gegenstand dieses Abschnitts ist die Organisation der Leistungserbringung in der GKV. Während im vorherigen Kapitel der Inhalt der Leistungskataloge dargestellt wurde, stehen nun die Strukturen, die die Rahmenbedingungen der Leistungserbringung bestimmen, im Vordergrund. Dabei konzentriert sich die Betrachtung auf die Hauptbereiche entlang der medizinischen Behandlungskette - der vertragsärztlichen und der stationären Versorgung sowie der Rehabilitation - unter Einbeziehung der jeweiligen Vergütungssysteme. Obwohl die rehabilitative Versorgung in der GKV unter rein quantitativen Gesichtspunkten nur eine untergeordnete Rolle spielt, ist sie doch wesentlicher Bestandteil einer erfolgreichen Behandlung schwerer Krankheiten und Verletzungen. Gerade hier können sich institutionelle Abgrenzungen der Sektoren nachteilig auswirken.

Die explizite Untersuchung der Erbringung von Gesundheitsleistungen durch Angehörige weiterer nicht-ärztlicher Gesundheitsberufe wie Masseure, Krankengymnasten, Logopäden etc. würde in vielfältige Details ausufern und ist daher nicht zweckmäßig. Darüber hinaus erfolgt die Erbringung solcher Leistungen in den meisten Fällen auf ärztliche Verordnung im Rahmen der medizinischen Behandlung. Sie ist eng mit der Strukturierung und Integration der Leistungserbringung in den großen Hauptbereichen entlang der Behandlungskette verknüpft. Von Bedeutung ist in diesem Zusammenhang auch das Informations- und Leistungsangebot der Krankenkassen und deren Möglichkeiten zur Lenkung der Versicherten bei der Inanspruchnahme solcher „Nebenleistungen".

Im Anschluß an die Darstellung der GKV-Organisation folgt die entsprechende Darstellung der GUV-Organisation. Eine kurze Gegenüberstellung bildet den Abschluß des Kapitels. Aufbauend auf dieser Gegenüberstellung erfolgt die Analyse der Strukturen und ihrer jeweiligen Schwächen im Teil III dieser Arbeit.

1.2 Organisation der ambulanten vertragsärztlichen Versorgung

1.2.1 Viereckbeziehung in der vertragsärztlichen Versorgung

Die vertragsärztliche Versorgung spielt sich im wesentlichen in einem Beziehungsviereck zwischen den Versicherten, den Krankenkassen, den niedergelassenen Vertragsärzten und den Kassenärztlichen Vereinigungen (KV), den Selbstverwaltungsorganen der Vertragsärzte, ab (siehe Abbildung 1).[117] Der Versicherte führt seine Krankenkassenbeiträge an eine Krankenkasse ab und erhält dafür einen umfassenden Krankenversicherungsschutz, der nicht nur die unmittelbare ärztliche Behandlung, sondern auch vom Arzt verordnete Leistungen, z. B. Medikamente oder Krankenhausbehandlung, einschließt. Die Versicherten können den sie behandelnden Vertragsarzt frei wählen. Die Gesundheitsdienstleistung erbringt der Vertragsarzt, der als Mitglied seiner KV weder einen Vergütungsanspruch gegenüber dem Versicherten noch gegenüber dessen Krankenkasse hat. Verantwortlich dafür ist die Zwischenschaltung der KV in die Beziehung zwischen Krankenkassen und Ärzten. Diese tritt für die Gewährleistung und Sicherstellung der vertragsärztlichen Versorgung gegenüber den Trägern der GKV ein und verhandelt mit diesen über die - im weiteren Verlauf dieses Kapitels näher erläuterte - Gesamtvergütung für erbrachte ärztliche Leistungen, die anschließend an die KV-Mitglieder verteilt wird.

Abbildung 1: Beziehungsviereck in der vertragsärztlichen Versorgung

Quelle: In Anlehnung an BESKE, F.; HALLAUER, J. F. [1999], S. 118 und BUNDESMINISTERIUM FÜR ARBEIT UND SOZIALORDNUNG [1998b], S. 202.

[117] Vgl. SCHMITT, J. [1990], S. 120.

Die Teilnahme an der vertragsärztlichen Versorgung ist nur zugelassenen oder ermächtigten Ärzten erlaubt.[118] Die Zulassung wird von den Zulassungsausschüssen i. S. des § 96 SGB V, die von den Landesverbänden der Kranken- und Ersatzkassen sowie den regional gegliederten Kassenärztlichen Vereinigungen für den jeweiligen Bezirk der KV gebildet werden, erteilt. Bei der vertragsärztlichen Versorgung wird zwischen hausärztlicher und fachärztlicher Versorgung differenziert. Die Tätigkeit des Hausarztes dürfen nur Allgemeinärzte, praktische Ärzte (d. h. Ärzte ohne Gebietsbezeichnung) sowie Kinderärzte und Internisten ohne Schwerpunktbeschreibung, soweit sie zugelassen sind, ausüben. Dies schließt die kontinuierliche ärztliche Betreuung des Patienten unter Kenntnis seines persönlichen Umfeldes, die Koordination und Dokumentation der gesamten Behandlung sowie die Einleitung oder Durchführung präventiver und rehabilitativer Maßnahmen ein.[119] Als Fachärzte gelten die Ärzte mit einer Gebietsbezeichnung. Obwohl die Trennung der vertragsärztlichen Versorgung nicht mit einem Primärarztsystem, bei dem der Patient vor einem Facharztbesuch zunächst seinen Hausarzt aufsuchen muß, gleichzusetzen ist, laufen aktuelle Reformvorhaben auf eine strengere Trennung dieser beiden Bereiche und auf eine Stärkung der Hausarztfunktion nach den Grundsätzen des sog. Gatekeeper-Modells hinaus.[120]

1.2.2 Sicherstellung der vertragsärztlichen Versorgung

Die Ausgestaltung der vertragsärztlichen Versorgung ist nach § 72 SGB V gemeinsame Aufgabe der Krankenkassen, der Psychotherapeuten sowie der Vertragsärzte und -zahnärzte. Verhandlungen werden aber nicht direkt zwischen diesen Parteien geführt, sondern über die jeweiligen Verbände auf Landes- oder Bundesebene. Während die Krankenkassenverbände den ihnen obliegenden Sicherstellungsauftrag mit dem Abschluß von Verträgen mit den Kassenärztlichen Vereinigungen erfüllen, haben letztere alleine für die Durchführung des Sicherstellungsauftrags zu sorgen. Sie sind verpflichtet, „eine ausreichende,

---

[118] Die Zulassung beschränkt sich auf niedergelassene Ärzte. Ermächtigungen werden anderen Ärzten (z. B. Krankenhausärzten) und ärztlich geleiteten Einrichtungen für einen begrenzten Zeitraum und in beschränktem Umfang erteilt und dies nur, falls eine ausreichende ärztliche Versorgung anderweitig nicht sichergestellt werden kann. Vgl. dazu und zu den Voraussetzungen für die Zulassung SCHULIN, B. [1994], § 32 RdNr. 78 ff. und BESKE, F.; HALLAUER, J. F. [1999], S. 126 ff.

[119] Vgl. BRACKMANN, K. [2001], Bd. 1/1, 2. Teil, Kap.1, S. 86 ff.

[120] Vgl. LAMPERT, H.; ALTHAMMER, J. [2001], S. 254. Siehe dazu auch BRACKMANN, K. [2001], Bd. 1/1, 2. Teil, Kap. 1, S. 90 f. und die aktuelle Diskussion über die Reformvorschläge des Bundesgesundheitsministeriums zu der Neugestaltung des Hausarztmodells nach dem „Lotsensystem". Auf dieses Thema wird am Ende dieser Arbeit gesondert eingegangen (siehe im Teil IV Kap. B 6).

zweckmäßige und wirtschaftliche vertragsärztliche Versorgung der Versicherten sicherzustellen" und „die Gewähr dafür zu übernehmen, daß die vertragsärztliche Versorgung den gesetzlichen und vertraglichen Anforderungen entspricht"[121]. Gemeint sind in erster Linie die Anforderungen des § 70 SGB V, nach dem die Versorgung bedarfsgerecht, gleichmäßig und dem allgemein anerkannten Stand der medizinischen Erkenntnisse entsprechend ausgestaltet sein soll. Damit sind die Kassenärztlichen Vereinigungen zuständig für die Erfüllung dieser Vorschriften und führen gegebenenfalls disziplinarische Maßnahmen durch.[122] Zum Sicherstellungsauftrag gehört auch die Verantwortung für eine ausreichende Notdienstversorgung.

Den Kern der vertragsärztlichen Versorgung bilden die **Bundesmantelverträge**, die unter Beachtung der Vorgaben des SGB V zwischen der Kassenärztlichen Bundesvereinigung (KBV) und den Spitzenverbänden der Kranken- und Ersatzkassen ausgehandelt werden. Sie enthalten Regelungen zur Organisation der Leistungserbringung, soweit sie bundesweit einheitlich gelten sollen, die Richtlinien der Bundesausschüsse nach § 92 SGB V und den Einheitlichen Bewertungsmaßstab (EBM).[123] Auf Landesebene, d. h. zwischen den Landesverbänden der Krankenkassen und den Kassenärztlichen Vereinigungen, werden dann für das betroffene Bundesland die **Gesamtverträge** ausgehandelt. Sie enthalten als allgemeinen Teil die Bundesmantelverträge und ergänzen diese um regionale Besonderheiten der vertragsärztlichen Versorgung. Hauptgegenstand der Gesamtverträge ist die Vereinbarung des Vergütungssytems und die Höhe der Gesamtvergütung, die von den einzelnen Krankenkassen an die Kassenärztlichen Vereinigungen zu entrichten ist.[124] Mit dieser zweistufigen Gestaltung der vertragsärztlichen Versorgung ist es möglich, auf regionale Besonderheiten der Versorgungsstrukturen einzugehen.

Die Gesamtverträge mit den darin enthaltenen Bundesmantelvertägen sind Kollektivverträge, d. h., sie werden von den Krankenkassenverbänden mit den Kassenärztlichen Vereinigungen abgeschlossen und gelten für alle ihre Mitglieder. Der Abschluß von Verträgen zwischen einzelnen zugelassenen Ärzten und einzelnen Krankenkassen ist nicht vorgesehen. Diese strenge Regelung ist aber durch die Reformgesetzgebung aufgelockert worden. Mit dem 2. GKV-Neuordnungsgesetz 1997 wurden Möglichkeiten zur stärkeren „Individualisierung" und Weiterentwicklung der vertragsärztlichen Versorgung und der Stär-

---

121 BRACKMANN, K. [2001], Bd. 1/2, 5. Teil, Kap. 1, S. 97.

122 Vgl. BESKE, F.; DRABINSKI, T.; WOLF, J. [2002], S. 35 ff.

123 Auf den EBM wird im weiteren Verlauf der Arbeit eingegangen, vgl. den folgenden Abschnitt 1.2.3 und C 2.3.2.2 im Teil III dieser Arbeit.

124 Vgl. BOßMANN, A.; ZALEWSKI, T. [2000], S. 14.

kung der Selbstverwaltung der Krankenkassen durch die Einführung von Modellvorhaben und Strukturverträgen eingeführt.[125]

Modellvorhaben dienen der Erprobung neuer Verfahrens-, Organisations-, Finanzierungs- und Vergütungsformen der Leistungserbringung (sog. Strukturmodelle). Sie können auch zur Durchführung neuer Leistungen zur Verhütung und Früherkennung von Krankheiten sowie zur Krankenbehandlung eingesetzt werden, soweit dies von den Bundesausschüssen nicht ausgeschlossen worden ist (sog. Leistungsmodelle).[126] Die Rahmenbedingungen für Modellvorhaben können die Spitzenverbände der Krankenkassen mit der KBV in den Bundesmantelverträgen festlegen; die konkrete Ausgestaltung erfolgt in Verträgen zwischen den einzelnen Krankenkassen oder deren Verbänden und einzelnen oder Gruppen von Vertragsärzten, wobei nach § 63 Abs. 3 SGB V von den allgemeinen vertraglichen Regelungen der Leistungserbringung in der GKV abgewichen werden kann. Modellvorhaben sind daher nicht notwendigerweise Bestandteil der Gesamtvergütungen. Die Initiativen für Modellvorhaben können auch von den Kassenärztlichen Vereinigungen ausgehen. Voraussetzungen für ihre Durchführung sind die Einhaltung des Prinzips der Beitragssatzstabilität sowie die wissenschaftliche Begleitung und Auswertung der Projekte. Darüber hinaus ist ihre Laufzeit auf acht Jahre befristet. Beispiele für Modellvorhaben sind die Entwicklung und Implementierung von Leitlinien für die hausärztliche Praxis, regionale Optimierung der Diabetikerversorgung, Verbesserung des Qualitätsmanagements durch Einführung von Qualitätsaudits oder der Einsatz der neuen Medien in der gesundheitlichen Aufklärung. Aber auch komplett neue Versorgungsstrukturen sind im Rahmen von Modellvorhaben auf lokaler Ebene aufgebaut worden.[127]

Strukturverträge sind hingegen unbefristet, an das geltende Leistungserbringungsrecht gebunden und immer Bestandteil der Gesamtvergütungen. Strukturverträge sollen neue Gestaltungsformen der Versorgungs- und Vergütungsstrukturen erschließen, wobei der vom Versicherten gewählte Hausarzt oder ein Verbund von Hausarzt- und Facharztpraxen im Mittelpunkt stehen. Durch die verstärkte Kooperation der partizipierenden Ärzte sollen Wirtschaftlichkeitsreserven ausgeschöpft und die Versorgungsqualität erhöht werden. Neue Vergütungsstrukturen können in der Vereinbarung von Budgets bestehen. Diese können für die gesamte Leistung, einschließlich der vom Arzt verordneten und veranlaßten,

---

[125] Die einschlägigen Gesetzesvorschriften sind zu den Modellvorhaben §§ 63 ff SGB V und zu den Strukturverträgen § 73a SGB V. Siehe auch Kapitel B 6 im Teil IV dieser Arbeit zu geplanten weiteren Reformschritten.

[126] Vgl. § 63 Abs. 4 SGB V.

[127] Auf einige dieser Vorhaben wird im Verlauf der Arbeit noch vertiefend eingegangen. Siehe dazu Kapitel D 4 und 5 im Teil III dieser Arbeit.

oder nur für bestimmte Teile vereinbart werden. Die Budgets sind Bestandteil der Gesamtvergütung, die Verantwortung wird aber in die Hände der teilnehmenden Vertragsärzte gelegt, wobei der Grundsatz der Beitragssatzstabilität zu wahren ist.[128] Ähnlich wie bei den Modellvorhaben können die Spitzenverbände der Krankenkassen und die KBV die Rahmenbedingungen für Strukturverträge in den Bundesmantelverträgen festlegen.[129] Im Unterschied zu den Modellvorhaben sind die Strukturverträge jedoch stark vereinheitlicht, da sie zum einen nur zwischen den Landesverbänden der Krankenkassen und den Kassenärztlichen Vereinigungen abgeschlossen werden können - sie gelten somit nur kassenartenübergreifend und nicht kassenartenindividuell. Dies bedeutet, daß Kassen oder Kassenverbände unterschiedlicher Arten nicht miteinander kooperieren dürfen.[130] Der Grund hierfür ist darin zu sehen, daß bei Modellvorhaben der Erprobungscharakter im Vordergrund steht, während Strukturverträge eine intensivere Kooperation der Haus- und Fachärzte auf regionaler Ebene zum Ziel haben.[131] Zum anderen besteht bei Modellvorhaben die Möglichkeit zum Abschluß von Verträgen mit ausgewählten - auch einzelnen - Leistungserbringern. Dazu zählen auch Krankenhäuser.[132]

1.2.3 Vergütung vertragsärztlicher Leistungen

Es wurde bereits darauf hingewiesen, daß Vertragsärzte keinen Vergütungsanspruch gegenüber den Versicherten oder den Krankenkassen haben. Mit der Zwischenschaltung der KV richtet sich der Honoraranspruch gegen diese.

In den auf Länderebene vereinbarten Gesamtverträgen zwischen den Landesverbänden der Krankenkassen und den Kassenärztlichen Vereinigungen wird für die beteiligten Krankenkassen die Höhe der Gesamtvergütung bestimmt. Die Gesamtvergütung stellt den Betrag dar, den die Krankenkassen mit befreiender Wirkung für alle im Abrechnungszeitraum erbrachten vertragsärztlichen Leistungen an die zuständige KV zahlen.[133] Deren Höhe wird durch die Zahlung

---

128 Vgl. § 73a SGB V.

129 Vgl. zur Gegenüberstellung von Modellvorhaben und Strukturverträgen BOßMANN, A.; ZALEWSKI, T. [2000], S. 19 ff. und BUNDESMINISTERIUM FÜR ARBEIT UND SOZIALORDNUNG [1998b], S. 208.

130 Vgl. SCHMEINCK, W. [1997], S. 19.

131 Vgl. WINDTHORST, K. [2002], S. 37.

132 Vgl. WILLE, E. [1999], S. 139 und OBERENDER, P.; HEBBORN, A.; ZERTH, J. [2002], S. 95. Die Möglichkeit zum Abschluß von Modellvorhaben zwischen Krankenkassen und einzelnen Ärzten besteht allerdings erst seit der Umsetzung der Gesundheitsreform 2000. Bis dahin mußten die KV eingeschaltet werden, wenn die vertragsärztliche Versorgung von einem Modellvorhaben berührt war.

133 Vgl. BESKE, F.; HALLAUER, J. F. [1999], S. 120 und SCHULIN, B. [1994], § 32 RdNr. 94.

einer Kopfpauschale je Kassenmitglied bestimmt. Diese Pauschalen werden seit dem Jahr 1991 entsprechend der Veränderung der Grundlohnsumme fortgeschrieben.[134] Seit dem Gesundheitsreformgesetz 2000 ist die Gesamtvergütung nach § 85 Abs. 4a SGB V aufgespalten in einen Anteil für die hausärztliche und einen für die fachärztliche Versorgung.[135] Die Höhe der arztgruppenspezifischen Anteile orientiert sich an der Anzahl der Mitglieder der KV und an einem arztgruppenspezifischen Regelleistungsvolumen, das wiederum von Faktoren wie der Altersstruktur und der Anzahl der Versicherten, der Fallwerte, der Fallzahlen und dem Ziel der bedarfsgerechten Versorgung beeinflußt wird.[136]

Vor der Verteilung der Gesamtvergütung an die Vertragsärzte erfolgt eine eingehende Überprüfung der Wirtschaftlichkeit und der Plausibilität der Arztabrechnungen durch die KV im Rahmen des Gewährleistungsauftrags.[137] Die individuelle Vergütung je Arzt ermittelt sich durch Heranziehung des in den Bundesmantelverträgen enthaltenen EBM. Darin sind sämtliche abrechnungsfähige ärztliche Leistungen mit entsprechender Punktezuordnung aufgelistet. Hier ist eine Differenzierung zwischen hausärztlich, fachärztlich und gemeinsam erbrachten Leistungen vorgenommen worden (§ 87 Abs. 2a SGB V). Jede erbrachte Leistung wird bei der Abrechnung mit der zugehörigen Punktzahl bewertet. Der Punktwert ergibt sich dann aus der Division der Gesamtvergütung durch die Summe der von allen Mitgliedern der Kassenärztlichen Vereinigung abgerechneten Punkte.[138] Die gegenwärtige Praxis sieht vor, daß für die meisten abrechenbaren Standardleistungen ein Praxisbudget besteht.[139] Der Umfang des Budgets richtet sich nach der Arztgruppe und der Fallzahl je Praxis. Für jeden Fall werden nur die Punkte bis zu einer bestimmten Höhe berücksichtigt. Damit soll ein stabiler Punktwert erreicht werden, aber trotzdem auf unterschiedliche Praxiskosten der verschiedenen Arztgruppen und auf unterschiedliche Praxisgrößen eingegangen werden können.[140] Neben dem Praxisbudget liegen Zusatz-

---

134 Vgl. KÖHLER, A. [2000].

135 Dabei werden psychotherapeutische Leistungen aus dem fachärztlichen Honoraranteil vergütet.

136 Vgl. LAMPERT, H.; ALTHAMMER, J. [2001], S. 246.

137 Die Überprüfung der Wirtschaftlichkeit erfolgt durch eine Gegenüberstellung der abgerechneten Leistungen mit statistischen Vergleichswerten, z. B. den abgerechneten Leistungen aller Ärzte der KV. Die Plausibilitätsüberprüfung soll verhindern, daß Leistungen in ungebührlichem Ausmaß abgerechnet werden. Dies geschieht, indem zunächst ermittelt wird, wieviele Leistungen im Abrechnungszeitraum unter Berücksichtigung z. B. der zeitlichen Begrenzung oder des vorhandenen Praxispersonals erbracht werden können. Dann werden die abgerechneten Leistungen diesen Richtwerten gegenübergestellt. Vgl. SYDOW, U. [2001], S. 37 ff. und BESKE, F.; HALLAUER, J. F. [1999], S. 124.

138 Vgl. PRINZ, A.; VOGEL, A. [2001].

139 Vgl. SACHVERSTÄNDIGENRAT FÜR DIE KONZERTIERTE AKTION IM GESUNDHEITSWESEN [1997], S. 371 f.

140 Zu den Praxisbudgets vgl. ebenda.

budgets vor; bestimmte Leistungen werden von einer Budgetierung gezielt ausgenommen. Dies ist beispielsweise bei solchen Leistungen der Fall, deren Erbringung ausdrücklich gefördert wird.

Die Honorarverteilung bei neuen Versorgungsformen (z. B. Modellvorhaben) kann Abweichungen von den hier dargestellten Regelungen enthalten, solange die Beitragssatzstabilität gewahrt bleibt, d. h., in bestimmten Bereichen sind Mehraufwendungen erlaubt, wenn diese durch Einsparungen in anderen Bereichen ausgeglichen werden. Da Strukturverträge Bestandteil der Gesamtverträge sind, werden hier lediglich Gesamt- oder Teilbudgets vereinbart, je nach Grad der Verantwortungsübertragung an die teilnehmenden Ärzte. Somit sind Teile der Gesamtvergütung zweckgebunden, so daß die an den Strukturverträgen beteiligten Leistungserbringer Anspruch auf Auszahlung des vereinbarten Budgets ohne Anwendung von Punktabstaffelungen oder anderen Instrumenten der Honorarverteilung haben.[141]

1.3 Organisation der stationären Versorgung

1.3.1 Dreiecksbeziehung in der stationären Versorgung

Anders als bei der ambulanten Versorgung ist das Beziehungsgeflecht zwischen Versicherten, Krankenkassen und Leistungserbringern in der stationären Versorgung als Dreiecksbeziehung einzustufen. Hier liegt kein „Angebotsmonopol" der Kassenärztlichen Vereinigungen vor, so daß Verträge mit den einzelnen Krankenhäusern abgeschlossen werden müssen.[142] Dies wird in Abbildung 2 veranschaulicht.

Die Versicherten haben einen zeitlich unbegrenzten Anspruch auf Krankenhausbehandlung, sofern der Heilerfolg nicht durch ambulante ärztliche Behandlung erreicht werden kann. Die stationäre Behandlung wird vom behandelnden Vertragsarzt verordnet. Dieser wählt die zwei nächstgelegenen, für die in Betracht kommende Behandlung geeigneten Krankenhäuser aus, zwischen denen der Versicherte frei wählen darf. Allerdings beschränkt sich die Auswahl der Krankenhäuser auf zugelassene Krankenhäuser i. S. des § 108 SGB V und muß unter Berücksichtigung des Verzeichnisses stationärer Leistungen und Entgelte getroffen werden. Dieses ist von den Landesverbänden der Krankenkassen, den Kassenärztlichen Vereinigungen und den Landeskrankenhausgesellschaften so zu erstellen, daß die Entgelte miteinander verglichen werden können, damit der Vertragsarzt einen Überblick über geeignete und günstige Krankenhäuser be-

---

141 Vgl. SYDOW, U. [2001], S. 52 f.

142 Vgl. SCHULENBURG, J. V. D.; GREINER, W. [2000], S. 187.

kommen kann.[143] Der Versicherte schließt für die Behandlung einen Dienstvertrag mit dem Krankenhaus seiner Wahl ab, wobei die Krankenkasse die Leistungspflicht des Versicherten übernimmt.

Abbildung 2: Beziehungsdreieck in der stationären Versorgung

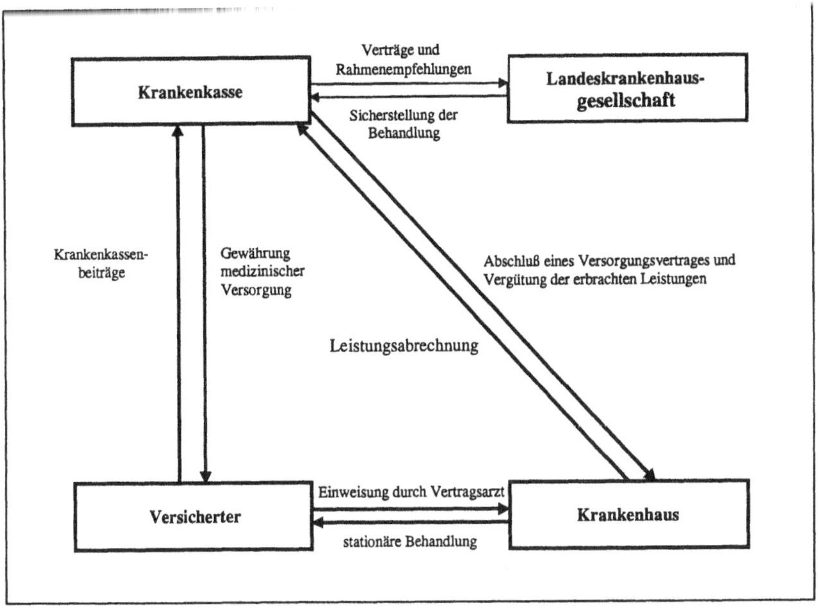

Quelle: Eigene Darstellung.

Die Sicherstellung der stationären Behandlung wird in einem dreistufigen Beziehungsgeflecht zwischen den Trägern der GKV und den Leistungserbringern erfüllt.[144] Auf der obersten Ebene, der Landesebene, werden zwischen den Landesverbänden der Krankenkassen und den Vereinigungen der Krankenhäuser oder der Landeskrankenhausgesellschaften[145] Verträge nach § 112 SGB V geschlossen, allerdings unter Beachtung der Rahmenempfehlungen der Spitzenverbände der Krankenkassen und der Deutschen Krankenhausgesellschaft. In den

[143] Vgl. BRACKMANN, K. [2001], Bd. 1, 2. Teil, Kap. 2, S. 158. Allerdings erübrigt sich dieses Preisverzeichnis mit der Einführung des neuen pauschalierten Vergütungssystems im Krankenhaus. Siehe dazu Abschnitt C 1.3.2.3.

[144] Die drei Beziehungsebenen werden detailliert beschrieben in SCHMITT, J. [1990], S. 176 ff.

[145] Nach § 108a SGB V ist die Landeskrankenhausgesellschaft ein Zusammenschluß mehrerer Träger zugelassener Krankenhäuser in einem Bundesland. Die Landeskrankenhausgesellschaften schließen sich auf Bundesebene zur Deutschen Krankenhausgesellschaft zusammen.

zweiseitigen Verträgen werden allgemeine Regelungen vereinbart, um sicherzustellen, daß die Krankenhausbehandlung den Grundsätzen des SGB entspricht. Die konkrete Erlaubnis zur Erbringung der Krankenhausbehandlung wird aber erst mit der Zulassung zur stationären Behandlung erteilt. Zugelassen sind nach § 108 SGB V Hochschulkliniken, Plankrankenhäuser und Krankenhäuser, die einen Versorgungsvertrag mit den Landesverbänden der Krankenkassen abgeschlossen haben. Der Versorgungsvertrag kann von den Landesverbänden der Krankenkassen gemeinsam gekündigt werden, wenn das Krankenhaus unwirtschaftlich arbeitet oder wenn kein Bedarf für das Krankenhaus mehr besteht. Die Kündigung kann auch für einzelne Krankenhausabteilungen ausgesprochen werden.[146] Schließlich ist auf der dritten und letzten Ebene der konkrete Behandlungsfall Gegenstand der Beziehung zwischen der Krankenkasse des Versicherten und dem behandelnden Krankenhaus, die auch die Vergütung der Leistungen einschließt. Hierauf wird im nächsten Abschnitt näher eingegangen.

1.3.2 Finanzierung und Entgeltsystem im Krankenhaussektor

1.3.2.1 Duale Finanzierung im Krankenhaussektor

Im Bereich der Krankenhausversorgung spielt die Politik eine noch größere Rolle als in den anderen Bereichen des Gesundheitswesens.[147] Aufgrund der dualen Finanzierung durch die Länder und die Krankenkassen ist die Politik unmittelbar in die Sicherstellung der Krankenhausversorgung eingebunden, und zwar in doppelter Hinsicht: zum einen über die staatliche Kapazitätsplanung, zum anderen über die Finanzierung der Investitionen aus Steuermitteln.[148]

Nach § 2 Nr. 2 KHG enthalten die Investitionskosten die Kosten der Errichtung von Krankenhäusern, der Anschaffung von Wirtschaftsgütern mit Ausnahme der Verbrauchsgüter sowie die Wiederbeschaffungskosten von Anlagegütern. Durch die Übernahme eines Teils dieser Kosten durch die Länder soll eine wirtschaftliche Existenzsicherung für die Krankenhäuser erreicht werden, die Grundlage für eine flächendeckende und bedarfsgerechte Versorgung der Bevölkerung sein soll.[149]

Diese Zuwendung öffentlicher Mittel erfolgt entweder pauschal oder durch Einzelförderung und zwar jeweils auf Antrag des Krankenhausträgers. Voraus-

---

146 Vgl. § 110 SGB V und BUNDESMINISTERIUM FÜR ARBEIT UND SOZIALORDNUNG [1998b], S. 219.

147 Vgl. HERDER-DORNEICH, P. [1994], S. 888 ff.

148 Vgl. SAUERLAND, D. [1999], S. 277.

149 Vgl. JANSSEN, D. [1999], S. 61.

setzung für die öffentliche Förderung ist die Aufnahme in den Landeskrankenhausplan und in das Investitionsprogramm des zuständigen Landes.[150] Im Rahmen der Einzelförderung nach § 9 Abs. 1 und 2 KHG werden gezielt Investitionen der Krankenhäuser zur Krankenhauserrichtung und der Anschaffung von Wirtschaftsgütern (außer Verbrauchsgütern) unterstützt. Auch die Wiederbeschaffung von Anlagegütern mit einer durchschnittlichen Nutzungsdauer von über drei Jahren kann aus Mitteln einer Einzelförderung finanziert werden. Im Unterschied dazu wird bei der Pauschalförderung nach § 9 Abs. 3 KHG ein fixer jährlicher Betrag zur freien Verwendung der Krankenhäuser im Rahmen der Zweckbindung der Fördermittel bereitgestellt. Diese liegt in der Wiederbeschaffung kurzlebiger Anlagegüter sowie in kleinen baulichen Maßnahmen. Die Höhe des Förderbetrags richtet sich auch nach der Bettenzahl, jedoch sollte dies kein ausschließliches Kriterium sein.[151]

Das von den Gesetzlichen Krankenkassen aufgebrachte Krankenhausbudget ist zur Deckung der laufenden Betriebskosten bestimmt. Seit dem Beschluß eines mittel- bis langfristigen Übergangs von der dualen Finanzierung zur monistischen Finanzierung sind auch Durchbrechungen des Prinzips der Dualistik erkennbar. Hierzu gehören die in § 18b KHG verankerte Deckung der Rationalisierungsinvestitionen und der Instandhaltungskosten durch die Leistungsvergütung, soweit sie nicht vom Land übernommen werden.[152] Eine vollständige Abkehr von der Dualistik steht derzeit im Widerspruch zum Grundsatz der Beitragssatzstabilität und scheitert an einer ausstehenden Einigung über Ausgleichsmechanismen für die Investitionskostenverlagerungen zuungunsten der Krankenkassen. Zudem ist nicht klar, wie die Investitionskosten den einzelnen Krankenkassen zugerechnet werden sollten.[153]

1.3.2.2 Mischsystem der Krankenhausvergütung

Die Vergütung der Krankenhausleistungen befindet sich derzeit in einer Transformationsphase hin zu einer zunehmend leistungsbezogenen Ausrichtung. Dieser Wandel wurde mit dem GSG 1993 und der darin enthaltenen Abschaffung des Selbstkostendeckungsprinzips eingeleitet. Bestand zuvor ein „Anspruch der Krankenhäuser auf Deckung der für das folgende Jahr vorauskalkulierten Selbst-

[150] Vgl. §§ 8 f. KHG.

[151] Vgl. dazu detaillierter DEUTSCHE KRANKENHAUSGESELLSCHAFT [2002], S. 2 ff.

[152] Vgl. § 17 Abs. 4b KHG.

[153] Hierzu gibt es zwei Möglichkeiten: Die erste besteht aus einem Preisaufschlag je Behandlungstag im Krankenhaus. Die zweite erfordert die Einrichtung eines bundesweiten Fonds, in den alle Krankenkassen einzahlen, wobei sich die Einzahlungen nach der Mitgliederzahl richten. Vgl. PFAFF, M.; WASSENER, D. [1995], S. 119 f.

kosten eines sparsam wirtschaftenden Krankenhauses“[154], wurde nach einer Übergangsphase zum Jahreswechsel 1995/96 ein neues Vergütungssystem aus pauschalierten Sonderentgelten und Fallpauschalen sowie aus krankenhausindividuellen Abteilungs- und Basispflegesätzen installiert.[155]

Fallpauschalen decken alle Leistungen zur Behandlung eines Falles innerhalb einer fixierten Verweildauer ab. Hierfür werden die Patienten in verschiedene Fallgruppen eingeteilt, wobei sich die Diagnose oder die Therapie als mögliche Differenzierungskriterien eignen. **Sonderentgelte** dagegen vergüten nur einen Teil der Krankenhausleistungen und setzen bei den Operations- und Laborleistungen sowie den verabreichten Arzneimitteln an. Daher wird eine Vergütung mit Sonderentgelten durch Basispflegesätze und Abteilungspflegesätze - die jedoch nur zu höchstens 80 % angesetzt werden dürfen - ergänzt.[156] Ähnlich wie beim EBM und der Gesamtvergütung werden die Fallpauschalen und die Sonderentgelte bundeseinheitlich in Punktzahlen festgeschrieben, die monetäre Bewertung erfolgt dann auf Landesebene.[157] Die Kalkulation der Fallpauschalen und Sonderentgelte beruht auf einer Kostenerhebung für vorgegebene Fälle in einer Stichprobe von zehn Krankenhäusern.[158]

Da aber nicht alle Leistungen der Krankenhäuser mit den Fallpauschalen und Sonderentgelten abgedeckt werden, verhandeln die Krankenhäuser mit den Krankenkassen über ein Restbudget für die damit abzugeltenden individuellen **Abteilungs- und Basispflegesätze**. Erstere beziehen sich auf ärztliche und pflegerische Leistungen der einzelnen Abteilungen des Krankenhauses. Letztere vergüten Leistungen, die nicht den Fachabteilungen zugeordnet werden können, da sie nicht ärztlicher oder pflegerischer Natur sind. Das sind neben den Verwaltungskosten die Kosten für Unterkunft und Verpflegung.[159] Ebenfalls im Restbudget enthalten sind die Pflegesätze für teilstationäre Leistungen, die in einem Verzeichnis nach § 112 Abs. 2 Nr. 2 SGB V zusammengestellt sind.[160]

Die vor- und nachstationären Leistungen werden abweichend von den oben dargestellten Regelungen der Bundespflegesatzverordnung vergütet, da sie nicht pflegesatzfähig sind. Für solche Leistungen gelten auf Bundesebene fixierte abteilungsbezogene Pauschalen. Dabei werden die Pauschalen für vorstationäre

---

154 § 4 Abs. 2 KHG a. F., zitiert nach JANSSEN, D. [1999], S. 64.

155 Zur Erläuterung der einzelnen Vergütungsformen vgl. PFAFF, M.; WASSENER, D. [1995], S. 85 ff. und KEUN, F. [2001], S. 55 ff.

156 Vgl. § 14 Abs. 2 BPflV.

157 Vgl. PFAFF, M.; WASSENER, D. [1995], S. 87 f.

158 Vgl. JANSSEN, D. [1999], S. 66.

159 Vgl. KEUN, F. [2001], S. 69 und STATISTISCHES BUNDESAMT [1998], S. 478.

160 Vgl. BRACKMANN, K. [2001], Bd. 1, 2. Teil, Kap. 2, S. 159 und KEUN, F. [2001], S. 79.

Leistungen je Behandlungs*fall* erhoben, für nachstationäre Leistungen je Behandlungs*tag*. Bei ambulanten Operationen richtet sich die Vergütung der Leistungen nach dem zwischen den Spitzenverbänden der Krankenkassen, der Deutschen Krankenhausgesellschaft und der KBV vereinbarten Katalog ambulant durchführbarer Operationen (§ 115b Abs. 1 SGB V). Die Vergütung gilt einheitlich für Vertragsärzte und Krankenhausärzte und wird direkt von den Krankenkassen gezahlt.[161] Auch belegärztliche Leistungen werden außerhalb der Bundespflegesatzverordnung nach den Regeln des Vertragsarztwesens vergütet.[162]

Ziel des 1996 eingeführten Vergütungssystems war neben der Erschließung von Wirtschaftlichkeitspotentialen die Erhöhung der Kosten- und Leistungstransparenz im Krankenhaus. Aufgrund der Abrechnung auf der Basis von krankenhausindividuellen und tagesgleichen Pflegesätzen war es nicht möglich, die Krankenhausleistung hinreichend genau abzubilden und leistungsgerecht zu vergüten. Zwar bietet der Indikator „Pflegetag" gegenüber anderen Operationalisierungsmöglichkeiten von Krankenhausleistungen erhebliche Vorteile, da die Gesamtkosten eines Krankenhauses leicht auf die Pflegetage verteilt werden können, ohne daß eine Kostenzuordnung auf unterschiedliche Behandlungsfälle notwendig ist. Es zeigt sich jedoch, daß die Verteilung der Gesamtkosten eines Krankenhauses auf Pflegetage nicht verursachungsgerecht ist, da höchst unterschiedliche Leistungen mit einem einheitlichen Satz abgegolten werden.[163] Während einige Krankenhausleistungen, wie die „Hotelleistungen", die in allen Abteilungen ähnlich sein dürften, sehr gut über dieses Verfahren abgebildet werden, besteht bei den aufnahmespezifischen Leistungen das Problem, daß diese mit der Fallzahl variieren und nicht mit der Anzahl der Pflegetage. Darüber hinaus kann im Einzelfall nicht nachgeprüft werden, ob die erbrachten Leistungen medizinisch notwendig oder angemessen waren. Bei diagnosespezifischen Leistungen kann ein möglicher Kausalzusammenhang zwischen der Diagnose und den Pflegetagen bestehen (je schwerwiegender die Diagnose, um so länger der Krankenhausaufenthalt), doch ist auch hier der Behandlungsaufwand stark einzelfallabhängig. Eine weitere Schwäche der tagesgleichen Pflegesätze ist, daß sie einen konstanten Fallkostenverlauf implizieren, der erwiesenermaßen nicht der Realität entspricht. I. d. R. liegt im Krankenhaus ein degressiver Kostenverlauf vor mit hohen Kosten bei der Patienteneinweisung und in den ersten Tagen, die dann abfallen und kurz vor der Entlassung wieder leicht ansteigen.

---

161 Vgl. KEUN, F. [2001] S. 77 f. und PFAFF, M.; WASSENER, D. [1995], S. 134 f. Siehe auch Abschnitt D 2 im Teil III dieser Arbeit.

162 Vgl. § 121 Abs. 3 SGB V.

163 Vgl. dazu HAMM, W. [1982], S. 23 ff. und JANSSEN, D. [1999], S. 50 f.

Mit der Einführung von Fallpauschalen und Sonderentgelten wurden die Pflegetage als Kostenträger im Krankenhaus teilweise abgelöst und durch Behandlungsfälle ersetzt. Diese können die Heterogenität der Krankenhausleistungen deutlich besser abbilden und fördern die Leistungstransparenz im Krankenhaus. Zudem wird die Verursachungsgerechtigkeit der Leistungsvergütung erhöht. Aufgrund der bundeseinheitlichen Festlegung der Punktrelationen für Leistungen, die über Fallpauschalen und Sonderentgelte vergütet werden, erübrigen sich die Bemühungen, „Preisvergleichslisten" der Krankenhäuser und der darin erbrachten Leistungen mitsamt zugehöriger Entgelte nach Vorgabe von § 39 Abs. 3 SGB V zu erstellen. Dies gilt zumindest für die Leistungen, die pauschal vergütet werden. Es hat sich allerdings herausgestellt, daß diese Vergleichslisten bislang nur im Rheinland umgesetzt worden sind. Zudem können diese Listen mit Blick auf die Schwächen des auf tagesgleichen Pflegesätzen beruhenden Krankenhausvergütungssystems, das keine Rückschlüsse auf die Wirtschaftlichkeit der Leistungserbringung erlaubt, ihren Zweck nicht erfüllen, da sie keine die Wirtschaftlichkeit des Krankenhauses abbildende Entscheidungsstütze für den einweisenden Arzt darstellen.[164]

Von einem Fallpauschalensystem wird im Idealfall eine Reihe von Effekten ausgelöst, die auf eine Effizienzstärkung im Krankenhaus hinauslaufen und die anhand der Abbildung 3 veranschaulicht werden.[165] Die darin abgebildete Kostenkurve zeigt den typischen Kostenverlauf je Krankenhauspatient. Die Kurve steigt kontinuierlich an, wird allerdings mit zunehmender Anzahl der Pflegetage flacher. Der Schnittpunkt mit der linear ansteigenden Erlöskurve der tagesgleichen Pflegesätze kennzeichnet den Break-Even-Punkt, der den aus wirtschaftlicher Perspektive frühestmöglichen Entlassungszeitpunkt des Patienten aus dem Krankenhaus darstellt. Beim Übergang zu einem Fallpauschalen-System wird nur noch eine pauschale Vergütung gezahlt, die durch die horizontale Erlöskurve dargestellt wird.

Mit der Fallpauschale wird ein aus Krankenhaussicht externer Preis für einen Behandlungsfall, der sich an medizinischen Kriterien orientiert, vorgegeben. Zu einem **Preiseffekt** kommt es, weil das Krankenhaus in einem solchen Festpreissystem nicht mehr in der Lage ist, unter dem Deckmantel eines tagesgleichen Pflegesatzes die Leistungserbringung unnötig auszuweiten und eine möglichst lange Verweildauer zu erzielen. Vielmehr wird es zu einer effizienzsteigernden Leistungserbringung gezwungen. Die Leistungserbringung muß nun dem Preis angepaßt werden und nicht umgekehrt. Dadurch, daß die Fallpauschale auf medizinisch indizierten Verweildauern basiert und der Break-Even-Punkt nach

164 Vgl. JANSSEN, D. [1999], S. 23.

165 Vgl. auch RÜSCHMANN, H.-H. et al. [2000], S. 23 ff.

vorne verschoben wird, besteht ein Anreiz zur Vermeidung unnötiger Pflegetage. Mithin kommt es zu freiwerdenden Krankenhausbetten (**Kapazitätseffekt**). Im Zusammenhang mit der effizienteren Leistungserbringung werden die Krankenhäuser versuchen, die Überkapazitäten - sofern sie nicht abgebaut werden - auszulasten. Aufgrund der vorgegebenen Preise treten die Leistungserbringer in einen intensiveren Qualitätswettbewerb (**Qualitätseffekt**, nicht in Abbildung 3 erkennbar). Durch den Anreiz, Gewinne zu erwirtschaften, aber auch Verluste zu vermeiden, kommt es zu Spezialisierungen, die zu Fallzahlerhöhungen und zu einer Stückkostendegression führen können. Dies löst eine weitere Verlagerung der Kostenkurve aus (**Fallzahleffekt**), die wiederum die oben beschriebenen Wirkungszusammenhänge durch eine Intensivierung des Qualitäts- und Preiswettbewerbs erneut anstößt.

Abbildung 3: Erhoffte Effekte eines Fallpauschalen-Systems

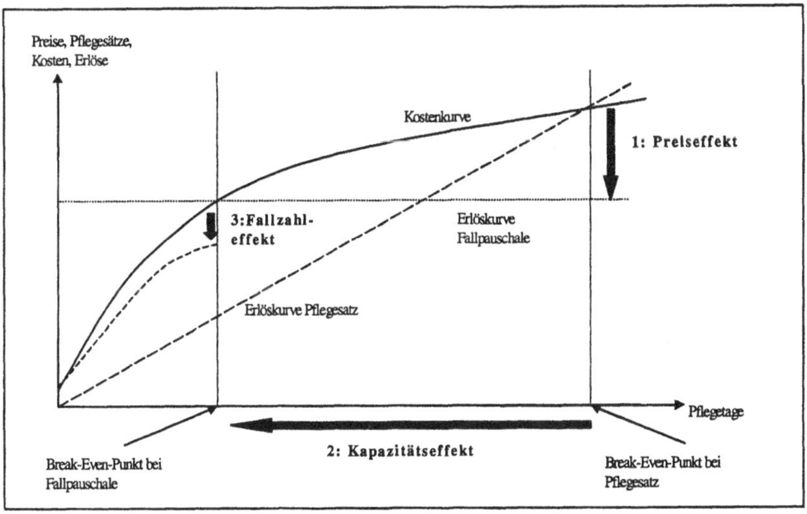

Quelle: Eigene Darstellung in Anlehnung an RÜSCHMANN, H.-H. et al. [2000], S. 24.

Trotz der Vorteile eines pauschalierten und an der Fallzahl orientierten Vergütungssystems sind einige Nachteile zu beachten. Als Konsequenz des erhöhten Drucks zur wirtschaftlichen Leistungserbringung kann es zu einer zu frühzeitigen Entlassung von Patienten kommen, die dann ambulant oder in einer rehabilitativen Einrichtung zunächst noch akutmedizinisch versorgt werden müssen („quicker and sicker"). Hiervon sind insbesondere kostenintensive Fälle betroffen, deren Pauschalen nicht die anfallenden Kosten decken und die daher der Gefahr einer Risikoselektion ausgesetzt sind. Gleichzeitig besteht der Anreiz, einfacher zu behandelnde Patienten einer höheren und damit ertragreicheren Pauschale zuzuordnen.[166] Darüber hinaus ist eine Vergütung nach Fallpauschalen nicht notwendigerweise mit dem Ende des Ausgabenanstiegs in der stationären Versorgung gleichzusetzen. Vielmehr werden die Krankenhäuser angeregt, die Fallzahlen (unnötigerweise) zu erhöhen, da dies sich positiv auf die Höhe des verhandelten Budgets auswirkt. Die Fallzahlen können über Verlegungen und Wiedereinweisungen künstlich erhöht werden. Da dies i. d. R. mit einer kürzeren Verweildauer einhergehen kann, wird diese Entwicklung häufig irrtümlich als erhöhte Wirtschaftlichkeit gedeutet.[167] Auf die Schwächen der Vergütungsreform im Krankenhaussektor wird im weiteren Verlauf der Studie noch genauer eingegangen.[168]

1.3.2.3 Einführung eines vollpauschalierten Vergütungssystems

Da nur ein geringer Teil der Krankenhausleistungen mit Fallpauschalen und Sonderentgelten abgegolten werden kann und diese außerdem durch Zu- und Abschläge individualisiert werden können - zusätzlich zu den ohnehin individuell bestimmbaren Abteilungs- und Pflegesätzen -, ist eine durchgehend leistungsorientierte Vergütung noch nicht erreicht, so daß weiterhin die Restbudgets und die Pflegetage als Abrechnungseinheit vorherrschen. Aus diesem Grund ist die Einführung eines vollständig pauschalierten Vergütungssystems vorgesehen.[169] Seit dem 1. Januar 2003 dürfen die Krankenhäuser freiwillig die Abrechnung nach Diagnosis Related Groups (DRG) vornehmen, seit Anfang 2004 ist das neue Abrechnungssystem für alle Krankenhäuser in Deutschland verbindlich, doch wird es zunächst budgetneutral angewendet. Von 2005 bis 2007 werden die Krankenhausbudgets stufenweise an ein landeseinheitliches Vergütungsniveau angeglichen.[170]

Kern des DRG-Systems ist die Zuordnung sämtlicher Behandlungsfälle zu medizinisch und unter Kostenaspekten homogenen Gruppen.[171] Die Gruppenzuordnung basiert auf einer Hauptdiagnose, die sich primär nach den wichtigsten Organsystemen richtet. Die nächste Unterteilung betrifft die Prozedur der Be-

---

166 Vgl. JANSSEN, D. [1999], S. 70 f. und PFAFF, M.; WASSENER, D. [1995], S. 99 ff.

167 Vgl. JANSSEN, D. [1999], S. 52 f.

168 Vgl. Kapitel C 2.3.2.3 im Teil III dieser Arbeit.

169 Vgl. GERSTER, F. [2001] sowie KEUN, F. [2001], S. 19 ff. und S. 82 ff.

170 Vgl. EGNER, U.; VERBARG, A. [2001]. Siehe auch URL: http://www.krankenhaus-aok.de/m01/m01_01/ m01_01_02/index.html (Stand: 03.04.2003).

171 Zur Struktur der in Deutschland angewendeten australischen DRG-Klassifikation vgl. LÜNGEN, M.; LAUTERBACH, K. [2002], S. 29 ff.

handlung (chirurgischer Eingriff oder konservative Behandlung). Neben dieser medizinischen Gruppierung wird eine „ökonomische" Gruppierung zur Ermittlung der Fallschwere vorgenommen. Dazu wird auf eventuell vorhandene Nebendiagnosen oder Komplikationen sowie auf weitere Informationen, wie das Alter und das Geschlecht des Patienten, die Verweildauer im Krankenhaus, Entlassungsstatus und gegebenenfalls benötigte künstliche Beatmung, zurückgegriffen. Diese Informationen ermöglichen die Abbildung unterschiedlicher Schweregrade der Erkrankung und den daraus resultierenden Mehraufwand.

Die Bewertung der einzelnen DRGs erfolgt über die Bildung von Relativgewichten. Diese drücken den durchschnittlichen Aufwand eines Behandlungsfalls in Relation zu einem Basisfallwert, der sog. Base-Rate, aus und werden als Ergebnis einer Kostenkalkulation in den Krankenhäusern ermittelt. Der Basisfallwert stellt dabei keine spezifische Krankenhausleistung dar, sondern bildet eine statistische Referenzleistung ab, die i. d. R. aus den Durchschnittskosten aller DRGs ermittelt wird.[172] Es ist vorgesehen, die Relativgewichte und den Basisfallwert bundeseinheitlich festzulegen. Gegebenenfalls können landesbezogene regionale Leistungsunterschiede in der Krankenhausversorgung im Basisfallwert berücksichtigt werden. Damit ist es möglich, das von den Fallpauschalen und Sonderentgelten bereits bekannte Verfahren der landesbezogenen Punktwerte beizubehalten.[173] Auf der Basis der Relativgewichte läßt sich der Case Mix, der als Summe der Gewichtungen aller abgerechneten DRGs definiert ist, berechnen.[174] Er drückt die Krankenhausleistung in einem Abrechnungsjahr aus und ist bei der Budgetbestimmung von Bedeutung.[175]

Das DRG-System baut auf einer umfangreichen empirisch-methodologischen Grundlage auf, in die alle Krankenhäuser in Deutschland einbezogen werden sollen. Dafür müssen zunächst einheitliche und praktikable Kodierrichtlinien gefunden werden, die eine sachgerechte Zuordnung der Patienten zu den DRG-

---

[172] Dies wird in den meisten DRG-Systemen so gehandhabt. Es gibt jedoch auch nicht durchschnittswertbasierte Systeme, wie das in Frankreich angewendete GHM („Groupes Homogènes de Malades"), das eine komplikationslose Geburt als Base-Rate heranzieht. Vgl. ACKERMANN, T.; SCHMITHAUSEN, D. [2001].

[173] Vgl. LÜNGEN, M.; LAUTERBACH, K. [2002], S. 38.

[174] Hier wird zur Vereinfachung davon ausgegangen, daß sich der Case Mix aus den Relativgewichten ergibt. Tatsächlich werden zu dessen Berechnung jedoch die Effektivgewichte herangezogen, worunter die an besonders kurze oder lange Verweildauern angepaßten Relativgewichte zu verstehen sind. Vgl. KEUN, F. [2001], S. 88 f.

[175] Da der Case Mix jedoch nur ein absolutes Maß ist und sowohl ein großes Krankenhaus mit vielen leichten Fällen als auch eine kleine Spezialklinik mit wenigen schweren Fällen einen vergleichbaren Wert als Case Mix aufweisen können, ist es sinnvoller, den Case Mix Index zu ermitteln, der einen Hinweis auf die durchschnittliche Schwere und Kostenträchtigkeit der Fälle eines Krankenhauses gibt. Dieser Index wird durch die Division des Case Mix durch die Anzahl der Behandlungsfälle berechnet. Vgl. FISCHER, W. [2001].

Gruppen ermöglichen. Zudem ist in den Krankenhäusern der Aufbau eines Dokumentationssystems, verbunden mit einer Kostenkalkulation, erforderlich. Ziel ist es, zu den Fallkosten aus den zentral zusammengeführten Daten der Krankenhäuser bundesweit gültige Relativgewichte und einen einheitlichen Basisfallwert zu ermitteln. Durch jährliche Überarbeitungen der DRGs durch das Institut für das Entgeltystem im Krankenhaus gGmbH soll eine hohe Anpassungsfähigkeit des Abrechnungssystems erzeugt werden, die beispielsweise Innovationen in der Medizintechnik in die Krankenhausvergütung einfließen läßt. Parallel zum Aufbau einer Datenbasis für Relativgewichte und Basisfallwerte muß eine schrittweise Umstellung der individuellen Krankenhausbudgets vorgenommen werden, um eventuell unzumutbare Erlösveränderungen zu vermeiden.

Da der Aufbau einer zuverlässigen Datenbasis zeitaufwendig ist, wird bei der Einführung der neuen Vergütungssystematik eine mehrjährige Übergangsphase benötigt. Wie bereits erwähnt wurde, war die fakultative DRG-Abrechnung zum Jahr 2003 möglich, seit 2004 ist sie verbindlich. In diesen Jahren werden die Umstellungen jedoch budgetneutral erfolgen, d. h. das Krankenhausbudget wird nach den Grundsätzen der alten Bundespflegesatzverordnung berechnet, die Abrechnung über DRGs erfolgt dazu parallel als Simulation. Dadurch müssen die Krankenhäuser ihren Case Mix ermitteln und Kostenkalkulationen durchführen, so daß die Relativgewichte und Basisfallwerte auf der Grundalge einer sich kontinuierlich verbessernden Datenlage bestimmt werden können. Ab dem Jahr 2005 entfallen die Abrechnung und die Budgetermittlung nach den bisherigen Regeln, allerdings wird bis zum Jahr 2007 ein krankenhausindividueller Basisfallwert der Budgetermittlung zugrunde gelegt, der sich aus der Division des Krankenhausbudgets durch den Case Mix errechnet. In dieser Konvergenzphase wird eine Annäherung an den (regional) einheitlichen Basisfallwert durchgeführt.[176] Dies erfolgt durch die jährlichen Aktualisierungen der bundesweit gültigen Relativgewichte, die sich in den Ermittlungen der einzelnen Case Mix niederschlagen.

Mit dem DRG-System kommt es somit zu einem gewissen Automatismus bei der Ermittlung der Krankenhausbudgets. Abbildung 4 faßt diesen Prozeß der DRG-Einführung und Anwendung schematisch zusammen. Das derzeitige Budgetverhandlungsverfahren über Höhe und Menge der erbrachten Leistungen wird damit obsolet, da sich das Budget stets aus der Multiplikation des Basisfallwertes mit dem krankenhausindividuellen Case Mix ergibt.[177] Lediglich vorhersehbare Fallzahlsteigerungen müssen verhandelt werden.

---

176 Zu den folgenden Ausführungen vgl. insbesondere KEUN, F. [2001], S. 89 ff.

177 Vgl. VERA, A.; LÜNGEN, M. [2002], S. 640.

Dadurch wird die Krankenhausvergütung über ein sehr anpassungsfähiges System abgewickelt. Dies macht einen der Hauptvorteile des DRG-Systems gegenüber den gegenwärtigen Fallpauschalen und Sonderentgelten aus. Da das DRG-System auf einer empirisch-methodologischen Grundlage basiert, werden die Relativgewichte nicht wie die gegenwärtigen Fallpauschalen und Sonderentgelte einzeln ausgehandelt, sondern jährlich anhand des jeweils aktuellen Datenmaterials neu ermittelt. Willkürliche Änderungen einzelner DRGs sind damit nicht möglich.[178]

Da die DRGs zu einer einheitlichen Vergütungsgrundlage von Behandlungsfällen führen, ist es notwendig, für bestimmte Fälle Zu- bzw. Abschläge zuzulassen. Dies erscheint insbesondere bei solchen Strukturmerkmalen einzelner Krankenhäuser, die sich nicht durch eine erhöhte Effizienz der Leistungserbringung beeinflussen lassen, sinnvoll. Dazu zählen die in § 17b KHG genannten Tatbestände der Teilnahme des Krankenhauses an der Notfallversorgung, der Betrieb von Ausbildungsstätten und die Sicherstellung einer flächendeckenden Versorgung durch die Vorhaltung von Leistungen, die durch die Pauschalen nicht kostendeckend erfüllt werden kann.[179] Neben diesen strukturbezogenen Besonderheiten einzelner Krankenhäuser müssen auch Regelungen für das Vorgehen bei „Ausreißern" getroffen werden. Dies sind Behandlungsfälle, die deutlich längere Verweildauern aufweisen oder erheblich höhere Kosten verursachen als der Durchschnitt der vergleichbaren Fälle. Um eine Unterversorgung solcher Fälle zu verhindern, müssen Ausgleichsregelungen gefunden werden, die jedoch nicht in eine unerwünschte Leistungsausweitung durch einen zu großzügigen Ausgleich münden dürfen. Daher wäre eine Aufteilung der von Ausreißern im Vergleich zu „Normalfällen" verursachten Mehrkosten zwischen Leistungs- und Kostenträgern sinnvoll. Dies könnte durch die Gewährung eines Zuschlags zu den zusätzlichen Behandlungskosten der Leistungserbringer erfolgen.[180]

Zusammenfassend läßt sich festhalten, daß die mit dem DRG-System angestrebten Veränderungen darauf ausgerichtet sind, die Rahmenbedingungen für eine betriebswirtschaftliche Krankenhausführung zu verbessern. Dazu wird in dreifacher Weise die Datentransparenz erhöht: (1) Krankenhausleistungen lassen sich durch die Bildung medizinisch homogener Fallgruppen besser als bisher beschreiben, (2) diese Leistungen lassen sich sachgerechter bewerten, da den Fallgruppen ein durchschnittlicher Ressourcenverbrauch zugeordnet wird und (3) die differenzierte Berücksichtigung der Patientenzusammensetzung (Case Mix) erlaubt einen besseren Vergleich der Leistungsstruktur des einzelnen Hauses und

---

178 Vgl. LEBER, W.-D.; SCHLOTTMANN, N.; V. STACKELBERG, J.-M. [2000].

179 Vgl. dazu ausführlicher WASEM, J.; VINCENTI, A. [2001].

180 Vgl. GÜNSTER, C. [2001].

seines Beitrags zur Versorgung einer Region oder einer Bevölkerungsgruppe mit anderen Krankenhäusern.[181]

Abbildung 4: Schematische Darstellung der DRG-Einführung

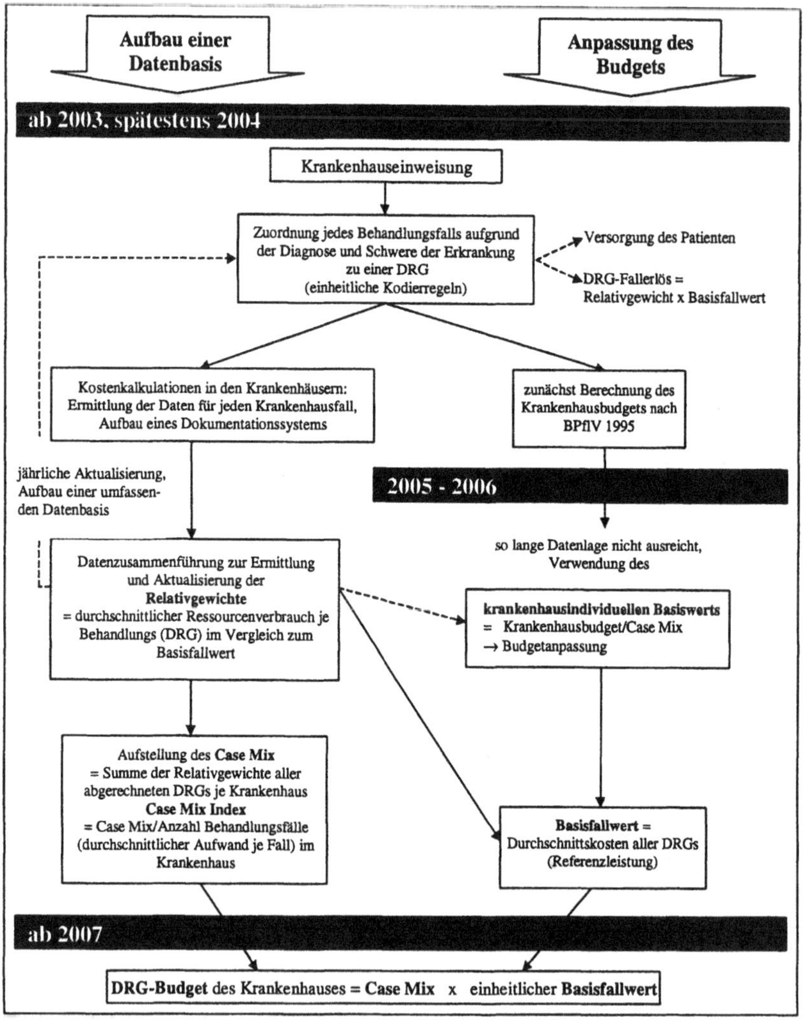

Quelle: Eigene Darstellung.

[181] Vgl. SCHRÄDER, W.; DUDEY, S. [2001].

1.4 Organisation der Rehabilitation

1.4.1 Besonderheit des gegliederten Rehabilitationssytems

Anders als bei der akutmedizinischen Versorgung ist die Rehabilitation aufgrund ihres breiten Leistungsspektrums nicht ausschließlich primäre Aufgabe der Gesetzlichen Krankenversicherung. Vielmehr ist die Verantwortlichkeit für die Rehabilitation im sog. gegliederten System auf mehrere Sozialversicherungszweige aufgeteilt, wie Tabelle 2 verdeutlicht. Dies gilt auch für die medizinische Rehabilitation, die sowohl zum Leistungsangebot der GKV als auch der GRV zählt. Tatsächlich ist die GKV - gemessen sowohl am Ausgabenvolumen als auch an der Fallzahl - nur der zweitgrößte Träger medizinischer Rehabilitationsleistungen und erbringt nach § 40 Abs. 4 SGB V solche nachrangig zu den Rentenversicherungsträgern. Die Abgrenzung der beiden Sozialversicherungszweige beruht auf unterschiedlichen mit medizinischen Rehabilitationsleistungen angestrebten Zielen. Die Krankenversicherung ist darum bemüht, eine drohende Behinderung abzuwenden oder eine vorhandene auszugleichen und Pflegebedürftigkeit zu vermeiden. In erster Linie wird also auf eine Gefährdung der Gesundheit infolge von Krankheit abgestellt. In der Rentenversicherung steht darüber hinaus die Erhaltung oder die bestmögliche Wiederherstellung der Erwerbsfähigkeit des Versicherten im Vordergrund.[182] Mithin ist im Falle der häufig vorkommenden Übereinstimmung der versicherungsrechtlichen Leistungsvoraussetzungen für medizinische Rehabilitationsleistungen auf die persönlichen Leistungsvoraussetzungen abzustellen, also darauf, ob die Erwerbsfähigkeit von der Gesundheitsbeeinträchtigung dauerhaft betroffen ist oder nicht. Ferner muß eine Erfolgsaussicht der vorgesehenen Maßnahmen bestehen.[183]

---

182 Vgl. SCHULIN, B. [1999], § 7 RdNr. 16. Vgl. auch SPYRA, K.; HANSMEIER, T.; MÜLLER-FAHRNOW, W. [2002], S. 174 f.

183 Vgl. GRIGOLEIT, H.; SCHLIEHE, F.; WENIG, M. [1998], S. 4-19 ff. und SCHULIN, B. [1994], § 9 RdNr. 38.

Tabelle 2: Gegliedertes System der Rehabilitation: Anzahl der Leistungen nach Trägerschaft und Art der Leistung im Jahr 1995[i)]

	Gesetzliche Kranken-ver-sicherung	Gesetzliche Unfallver-sicherung	Gesetzliche Rentenver-sicherung	Kriegsopfer-versorgung/ Kriegsopfer-fürsorge	Arbeits-förderung	Sozial-hilfe	Insgesamt
Leistungen insgesamt	446.193	109.477	974.911	60.636	369.728	52.022	2.012.967
Anteil an Gesamtzahl	22,2 %	5,4 %	48,4 %	3,0 %	18,4 %	2,6 %	100,0 %
Medizinische Leistungen	446.193	80.790	896.239	16.143		10.994	1.450.359
Anteil an Gesamtzahl	30,8 %	5,6 %	61,8 %	1,1 %		0,8 %	100,0 %
Berufsfördernde Leistungen		20.971	78.672	704	369.728	803	470.878
Anteil an Gesamtzahl		4,5 %	16,7 %	0,1 %	78,5 %	0,2 %	100,0 %
Leistungen zur sozialen Eingliederung		7.716		43.789		40.225	91.730
Anteil an Gesamtzahl		8,4 %		47,7 %		43,9 %	100,0 %

i) Die Daten aus der Abbildung sind zwar - mangels weiterer Aktualisierungen der zugrundeliegenden Statistik - aus dem Jahr 1995. Trotz der Budgetierungen der Ausgaben der Rentenversicherungsträger für Rehabilitation durch das „Gesetz zur Umsetzung des Programms für mehr Wachstum und Beschäftigung in den Bereichen der Rentenversicherung und der Arbeitsförderung" sowie dem „Arbeitsrechtlichen Gesetz zur Förderung von Wachstum und Beschäftigung" aus dem Jahr 1996, das einen deutlichen Rückgang der Reha-Ausgaben einleitete, ist davon auszugehen, daß sich zumindest die relativen Aussagen der Tabelle zwischenzeitlich nicht bedeutend verändert haben. Zum Inhalt der beschlossenen Gesetze vgl. GRIGOLEIT, H.; SCHLIEHE, F.; WENIG, M. [1998], S. 3-45 ff. Zu den Auswirkungen der Gesetze vgl. REISTER, M. [2000], S. 273 ff.

Quelle: Eigene Darstellung nach STATISTISCHES BUNDESAMT [1995].

1.4.2 Dreiecksbeziehung in der rehabilitativen Versorgung

Die strukturellen Regelungen im Bereich der Rehabilitation unterscheiden sich von denen im ambulanten und im stationären Sektor. Die Sicherstellung der medizinischen Rehabilitation erfolgt nach § 111 SGB V durch den gemeinsamen Abschluß von Versorgungsverträgen zwischen den Landesverbänden der Krankenkassen, den Verbänden der Ersatzkassen und den Rehabilitationseinrichtungen. Die Verträge gelten für alle Mitgliedskassen. Den Kollektivverträgen auf Landesebene können auch die Landesverbände der Krankenkassen aus anderen Bundesländern beitreten, sofern dafür ein Bedarf besteht. Der Vertragsabschluß hat darüber hinaus im Einvernehmen mit der für die Krankenhausplanung des jeweiligen Bundeslandes zuständigen Behörde zu erfolgen.[184] Anders als im Krankenhausbereich und in der ambulanten ärztlichen Versorgung sind keine dritten Parteien eingebunden, wie die Länder oder die Kassenärztlichen Vereinigungen. Die Sicherstellung ist somit alleinige Pflicht der Gesetzlichen Krankenkassen (siehe Abbildung 5).

Abbildung 5: Beziehungsdreieck in der rehabilitativen Versorgung

Quelle: Eigene Darstellung.

[184] Vgl. SCHULIN, B. [1994], § 22 RdNr. 48 ff.

Auch in der medizinischen Rehabilitation in der Rentenversicherung ist die Sicherstellung alleinige Aufgabe der Rentenversicherungsträger. Dennoch unterscheidet sich die Sicherstellung der medizinischen Rehabilitation in der GKV deutlich von der sog. Strukturverantwortung in der GRV. Die Rentenversicherungsträger sind mit einem weitaus größeren Handlungsspielraum ausgestattet und neben dem Abschluß von Versorgungsverträgen zum Unterhalt von Eigeneinrichtungen befugt. Damit tragen die Rentenversicherungsträger nicht nur die Strukturverantwortung, sondern sind auch an der gemeinsamen Entwicklung von Behandlungskonzepten und Leitlinien mit den Leistungserbringern beteiligt.[185] Die Krankenkassen sind nach § 140 Abs. 2 SGB V nur ausnahmsweise berechtigt, eigene Einrichtungen zu führen. Eine Ausnahme von diesem Grundsatz bildet die Bundesknappschaft, die u. a. fünf eigene Rehabilitationskliniken besitzt.

Da die Gesetzlichen Krankenkassen auf den Abschluß von Versorgungsverträgen mit Rehabilitationseinrichtungen angewiesen sind, kommt es zu parallelen Verhandlungen zwischen den Rentenversicherungsträgern und der Krankenkassen mit den Rehabilitationseinrichtungen.[186] Zur Teilnahme an der Rehabilitation der Krankenkassen kommen nach § 107 Abs. 2 SGB V i. V. m. § 111 SGB V nur solche Einrichtungen in Frage, die unter ständiger ärztlicher Verantwortung stehen. Darin unterscheiden sich die zugelassenen Rehabilitationseinrichtungen von Krankenhäusern der Akutbehandlung. Es gibt jedoch weitere Unterscheidungsmerkmale: Zum einen ist der Anteil des ärztlich-pflegerischen Personals deutlich geringer als im Krankenhaus. Statt dessen sind Berufsgruppen wie Krankengymnasten, Masseure, Psychologen, Logopäden, Diätassistenten und Sozialarbeiter - also ein insgesamt interdisziplinär zusammengesetztes Team, das sich mit den Krankheitsfolgen und deren Behebung auseinandersetzt - stärker vertreten. Dies entspricht dem primär außermedizinischen Aufgabenspektrum der Rehabilitation. Zum anderen ist die räumliche Ausstattung in höherem Maße auf Übungsbehandlungen wie Krankengymnastik ausgerichtet, d. h. es sind Räumlichkeiten für sportliche und gymnastische Aktivitäten sowie für Gruppenübungen vorhanden.[187] In Rehabilitationszentren zur ambulanten Rehabilitation fehlen die Unterkünfte für Patienten ganz. Dagegen reicht die medizinisch-technische Ausstattung von Rehabilitationskliniken durchaus an die eines Akutkrankenhauses heran.

---

185 Vgl. SCHLIEHE, F.; ZOLLMANN, P. [1994], S. 74.

186 Vgl. SCHULIN, B. [1994], § 9 RdNr. 47.

187 Zur Übungsbehandlung gehören beispielsweise Krankengymnastik, Bewegungstherapie, Sprachtherapie oder Arbeits- und Beschäftigungstherapie.

Aufgrund der dezentralisierten Strukturverantwortung der Rentenversicherungsträger und der fehlenden Beteiligung der Länder an der Sicherstellung der Versorgung in der GKV ergeben sich im Vergleich zum Krankenhaussektor erhebliche Unterschiede in der Struktur der Vorsorge- und Rehabilitationseinrichtungen. So war im Jahr 2000 der Anteil der Rehabilitationseinrichtungen, die sich in privater Trägerschaft befanden, mit 58 % vergleichsweise hoch gegenüber 22 % im Krankenhausbereich. Dies kann auf niedrigere Markteintrittsschranken durch die nicht vorhandene staatliche Investitionsförderung zurückzuführen sein. Noch deutlicher wird die Position der privaten Einrichtungen beim Vergleich der Zahl der Betten: Während im Krankenhausbereich der Anteil der Betten in Einrichtungen in privater Trägerschaft 7 % ausmachte, betrug dieser Anteil in den Vorsorge- und Rehabilitationseinrichtungen beinahe 68 %. Von den öffentlichen Einrichtungen waren im Jahr 2000 rund 101 Rehabilitationseinrichtungen (einschließlich vier Einrichtungen für Kinderheilbehandlungen) in der Hand der Rentenversicherungsträger.[188] Hierzu kommen die Einrichtungen der Bundesknappschaft und der Berufsgenossenschaften sowie der Gebietskörperschaften, so daß sich die Gesamtzahl der öffentlichen Rehabilitationseinrichtungen auf insgesamt 214 summierte, dies entspricht einem Anteil von etwa 15 % aller Einrichtungen - gegenüber 37 % bei den Krankenhäusern.

Als weiterer Unterschied zum Krankenhausbereich ist die Ausgestaltung der Vergütung zu erwähnen. Zusätzlich zu den Versorgungsverträgen werden mit jeder Krankenkasse Vergütungsverträge abgeschlossen.[189] Somit unterliegt die Ausgestaltung der Vergütung für Rehabilitationsleistungen der Verhandlungsfreiheit zwischen den Leistungsanbietern und den Krankenkassen, ist also im Gegensatz zu der angestrebten Vereinheitlichung der Vergütung im Krankenhausbereich völlig dezentralisiert. I. d. R. werden „Quasi-Fallpauschalen“[190] vereinbart, die sich aus dem Produkt eines tagesgleichen Pflegesatzes mit einer indikationsspezifischen durchschnittlichen Rehabilitationsdauer ergeben. Diese Pauschalen sind deutlich weniger differenziert als die DRGs, so daß eine Abbildung der Fallschwere kaum erfolgt.[191] Entscheidend ist jedoch, daß die Pflegesätze sowohl die Sach- als auch die Kapitalkosten der Einrichtung decken müssen, mithin für Rehabilitations- und Vorsorgeeinrichtungen das Prinzip der monistischen Finanzierung Anwendung findet.

---

188 Vgl. VERBAND DEUTSCHER RENTENVERSICHERUNGSTRÄGER [2002], S. 20.

189 Vgl. § 111 Abs. 5 SGB V. Siehe auch SACHVERSTÄNDIGENRAT FÜR DIE KONZERTIERTE AKTION IM GESUNDHEITSWESEN [1995], S. 96.

190 EGNER, U.; VERBARG, A. [2002], S. 2.

191 Es gibt jedoch vereinzelt Projekte, in denen differenzierte Rehabilitationsfallpauschalen ermittelt werden. Siehe im Teil III dieser Arbeit das Kapitel D 5.3.

Tabelle 3: Anzahl der Krankenhäuser sowie der Vorsorge- und Rehabilitationseinrichtungen im Jahr 2000

Allgemeine Krankenhäuser[i]	Anzahl insgesamt	Anteil in %	Bettenzahl	Anteil in %	Patientenzahl	Anteil in %
private	446	22,3	38.966	7,4	1.160.549	6,9
öffentliche	744	37,1	283.537	54,2	9.359.687	55,5
freigemeinnützige	813	40,6	200.611	38,3	6.340.395	37,6
Summe	**2.003**	**100,0**	**523.114**	**100,0**	**16.860.631**	**100,0**

[i] Hierbei sind die sonstigen Krankenhäuser (Krankenhäuser mit ausschließlich psychiatrischen undneurologischen Betten und reine Tages-Nachtkliniken ausgeschlossen). Mit ihnen läge die Gesamtzahl der Krankenhäuser bei 2.242.

Vorsorge und Rehabilitations-einrichtungen	Anzahl insgesamt	Anteil in %	Bettenzahl	Anteil in %	Patientenzahl	Anteil in %
private	808	58,0	128.502	67,7	1.341.283	65,3
öffentliche	214	1,4	27.453	14,5	359.292	17,5
freigemeinnützige	371	26,6	33.867	17,8	354.275	17,2
Summe	**1.393**	**100,0**	**189.822**	**100,0**	**2.054.850**	**100,0**

Quelle: STATISTISCHES BUNDESAMT [2000] und VERBAND DEUTSCHER RENTENVERSICHERUNGSTRÄGER [2002]. Eigene Darstellung.

1.4.3 Gestuftes System der Rehabilitation

1.4.3.1 Vorbemerkungen

Die Erbringung der medizinischen Rehabilitation erfolgt idealerweise nach dem Grundsatz „ambulant vor stationär" in einem gestuften System. Während in der Rentenversicherung traditionell stationäre Leistungen überwiegen, ist die Krankenversicherung primär für ambulante Angebote zuständig. In der GKV können aber auch stationäre Rehabilitationsleistungen erbracht werden, falls Art und Schwere der Erkrankung dies verlangen.[192]

[192] Vgl. § 15 SGB VI zur Rentenversicherung und § 40 Abs. 2 SGB V zur Krankenversicherung.

1.4.3.2 Ambulante und teilstationäre Rehabilitation

Sofern die Erfolgsaussichten dadurch nicht verringert werden, sind Rehabilitationsmaßnahmen ambulant oder teilstationär zu erbringen. Die Übergänge zwischen diesen beiden Rehabilitationsformen sind fließend und es besteht keine offizielle Abgrenzung. Gelegentlich wird auf das Kriterium der Arbeitsunfähigkeit abgestellt: Während bei der ambulanten Rehabilitation die tägliche Behandlungsdauer begrenzt ist und somit eine Erwerbstätigkeit prinzipiell neben der Rehabilitation ausgeübt werden könnte, nimmt die teilstationäre Rehabilitation sechs bis acht Stunden je Behandlungstag in Anspruch, so daß eine Berufstätigkeit während der Leistungsinanspruchnahme ruhen muß.[193]

Die Ziele der ambulanten Rehabilitation entsprechen denen der stationären Rehabilitation und sind auf den Ausgleich, zumindest aber auf eine Minderung der krankheitsbedingten Fähigkeitseinschränkungen und Behinderungen sowie auf die dauerhafte Integration des Patienten ausgerichtet. Sie ist keinesfalls als eine ambulante Fortsetzung der Akutbehandlung aufzufassen und wird für eine Dauer von höchstens 20 Behandlungstagen erbracht. Verlängerungen sind nur aus medizinischen Gründen möglich, Wiederholungen frühstens nach einem Zeitraum von vier Jahren gestattet.[194] Die Durchführung erfolgt i. d. R. in Rehabilitationszentren, die sich auf Physiotherapie bei Erkrankungen der Muskeln, des Skeletts und des Bindegewebes spezialisiert haben. Ambulante Maßnahmen können aber auch in Sonderabteilungen von Rehabilitationskliniken erbracht werden. Teilstationäre Rehabilitation wird dagegen in Tageskliniken erbracht. Diese unterscheiden sich von den Rehabilitationskliniken lediglich durch das Fehlen der „Hotelleistungen", bieten aber im Bereich der Diagnostik und der Therapie ein ähnlich umfassendes Leistungsspektrum.[195]

Einheitliche Indikationen für eine ambulante medizinische Rehabilitation sind in der GKV derzeit nicht vorhanden. Es kann jedoch festgehalten werden, daß sich die ambulante Rehabilitation besonders für Erkrankungen eignet, die mit Fähigkeitsstörungen verbunden sind, die anhaltend und wiederholt auftreten, wechselnde Behandlungsformen benötigen (sog. Intervallbehandlung) und die aufgrund begrenzter Behinderungen gezielt bekämpft werden können. Als Voraussetzung für die Leistungsdurchführung muß ein Erfolgspotential der Rehabilitationsmaßnahmen vorhanden sein. Dies kann nur gelingen, wenn der Patient eine aktive Kooperationsbereitschaft und -fähigkeit an den Tag legt. Der Patient muß aber auch über die notwendige Mobilität verfügen. Zudem sollte die Reha-

---

193 Vgl. BUSCHMANN-STEINHAGE, R. [1998], S. 98.

194 Vgl. § 40 Abs. 3 SGB V.

195 Vgl. BUSCHMANN-STEINHAGE, R. [1998], S. 98 f.

bilitationseinrichtung in einer zumutbaren Entfernung vom Wohnort des Patienten liegen. Darüber hinaus muß eine häusliche Betreuung des Rehabilitanden gewährleistet sein, wenn dieser nicht in der Lage sein sollte, sich selbst zu versorgen.[196]

Ambulant durchgeführte Rehabilitationsleistungen bieten sich als Ergänzung oder als Substitut für bestimmte stationäre Rehabilitationsmaßnahmen an. Darüber hinaus können sie sowohl eine stationäre Akutbehandlung im Krankenhaus als auch eine stationäre Rehabilitationsmaßnahme verkürzen und damit zu einer Flexibilisierung der Rehabilitationsgestaltung und deren Anpassung an die Bedürfnisse und Wünsche der Patienten beitragen. Die Vorteile der ambulanten Rehabilitation liegen darin, daß die Therapie lebensnah und unter realistischen Bedingungen durchgeführt werden kann, was auch unter dem Aspekt der Überwachung und der Umsetzung nach Abschluß der Rehabilitation relevant ist. Ferner können die Leistungen wohnortnah erbracht werden, so daß die Patienten in ihrer gewohnten Umgebung bleiben. Teilweise ist eine Unterbrechung der Berufstätigkeit dann umgehbar. Dies ist von Bedeutung, wenn das soziale Umfeld zur Überwindung der Krankheitsschäden beitragen kann, beispielsweise indem Familienangehörige in die Therapie einbezogen werden. Des weiteren ist eine enge zeitliche Anbindung an die Krankenhausbehandlung und eine Vernetzung der Rehabilitation mit anderen lokalen gesundheitlichen und sozialen Einrichtungen möglich.[197]

1.4.3.3 Stationäre Rehabilitation

Die stationäre medizinische Rehabilitation wird in Rehabilitationskliniken erbracht, die i. d. R. in traditionellen Kurorten angesiedelt sind.[198] Das Ziel solcher Rehabilitationsangebote ist es, Funktionsstörungen zu überwinden oder abzuschwächen und den Patienten an den Umgang mit seiner Behinderung zu gewöhnen sowie ihn dabei zu unterstützen. Da Leistungen der stationären Rehabilitation gegenüber der ambulanten und teilstationären Rehabilitation nur nachrangig gewährt werden dürfen, müssen besondere Voraussetzungen zu ihrer Genehmigung erfüllt sein. Dazu zählt neben der besonderen Schwere der Erkrankung, verbunden mit einer stark eingeschränkten Mobilität des Patienten, das Vorliegen eines Hilfe- und Pflegebedarfs durch geschultes Personal. Die

---

[196] Vgl. BÜRGER, W.; KOCH, U. [1999a] und GRIGOLEIT, H. [1998], S. 113 f.

[197] Vgl. BÜRGER, W. et al. [2002], S. 93 und GRIGOLEIT, H. [1998], S. 111 f.

[198] Dies ist darauf zurückzuführen, daß die ersten Rehabilitationskliniken für Tuberkulose-Patienten errichtet wurden. Diese wurden meist in klimatisch bevorzugten Orten gebaut. Vgl. HAUPT, E.; DELBRÜCK, H. [1998], S. 38.

Intensität der Behandlung muß so hoch sein, daß sie unter ständiger ärztlicher Verantwortung erfolgen sollte. Darüber hinaus kann eine labile psychische Verfassung des Rehabilitanden eine stationäre Behandlung notwendig machen.[199]

Die Vorteile der stationären Rehabilitation liegen z. T. in den Besonderheiten der Rehabilitationskliniken begründet, die ein überregionales Einzugsgebiet haben und sich daher auf selten vorkommende Krankheiten spezialisieren können. Hierbei können bei bestimmten Indikationen auch ortsgebundene Heilmittel (z. B. Thermen) eine Rolle spielen. Darüber hinaus ist es bei manchen Patienten für den Rehabilitationserfolg von Vorteil, wenn sie aus ihrer gewohnten Umgebung herausgelöst werden. Zusätzlich ist davon auszugehen, daß Maßnahmen in traditionellen Kurorten eher auf die Akzeptanz der Patienten stoßen, als wenn sie wohnortnah durchgeführt werden.[200]

Eine besondere Form der stationären Rehabilitation ist die Anschlußheilbehandlung (AHB). Diese ist zu Beginn der neunziger Jahre eingeführt worden, um eine bessere Verzahnung der akutmedizinischen und der rehabilitativen Versorgung zu sichern. Dies sollte einerseits dem Wohle des Patienten dienen, indem lange Wartezeiten bis zur Aufnahme in eine Rehabilitationsklinik vermieden und eine frühzeitige Zuführung zur ganzheitlichen Rehabilitationstherapie zur Verhinderung schlechterer Heilerfolge erreicht werden konnte. Andererseits wurde eine Entlastung des stationären Sektors angestrebt. Die AHB soll möglichst unmittelbar an eine Krankenhausbehandlung, spätestens jedoch 14 Tage nach deren Abschluß, beginnen. Aufgrund der Schwere der Erkrankungen wird sie in besonders spezialisierten Rehabilitationskliniken durchgeführt. Voraussetzungen für die Einleitung dieses Verfahrens sind eine abgeklungene Akutphase und Wundheilung sowie eine abgeschlossene Frühmobilisation.[201] Der Patient muß in einem transportfähigen Zustand und selbsthilfefähig sein.[202]

Bei der AHB handelt es sich nicht um eine besondere Rehabilitationsleistung, sondern um ein besonderes Verfahren, das auf eine einfachere und damit schnellere Einleitung der Rehabilitation ausgerichtet ist. Im Rahmen des sog. *Direktverfahrens* leitet das Akutkrankenhaus mit Zustimmung des Patienten die AHB

---

199 Vgl. GRIGOLEIT, H.; SCHLIEHE, F.; WENIG, M. [1998], S. 6-26 f.

200 Vgl. HAUPT, E.; DELBRÜCK, H. [1998], S. 39.

201 Der Begriff der Frühmobilisation ist nicht inhaltsgleich mit dem der Frührehabilitation. Erstere bezeichnet eine an eine Akutbehandlung anschließende Behandlung zur Aktivierung des Patienten. Sie ist Bestandteil der Krankenhausbehandlung und eine Voraussetzung für die Einleitung medizinischer Rehabilitationsmaßnahmen. Die Frührehabilitation hingegen ist davon zu trennen und von ihrer Aufgabenstellung her der Rehabilitation zuzuordnen. Dies kann man am Behandlungskonzept ausmachen. Vgl. VERBAND DEUTSCHER RENTENVERSICHERUNGSTRÄGER [1992], S. 170.

202 Vgl. SCHLIEHE, F.; RÖCKELEIN, E. [1998], S. 88.

ein. Dafür nimmt das Krankenhaus Kontakt zu einer geeigneten Klinik auf und organisiert die Weiterbehandlung. Im *Schnellverfahren* leitet der Rehabilitationsträger die AHB ein. Dies setzt voraus, daß sich der Krankenhausarzt noch während der Krankenhausbehandlung mit der zuständigen Krankenkasse in Verbindung setzt, die dann eine in Frage kommende Rehabilitationseinrichtung aussucht. Auf diese Weise verringern die Krankenhäuser ihre organisatorischen Aufgaben, wobei gleichzeitig davon ausgegangen werden kann, daß die Krankenkassen einen besseren Überblick über potentielle Rehabilitationskliniken haben.

2 Organisation der Leistungserbringung in der Gesetzlichen Unfallversicherung

2.1 Vorbemerkungen

Nachdem bisher die Organisationsstrukturen in der Gesetzlichen Krankenversicherung detailliert dargelegt wurden, ist dieses Kapitel der Leistungserbringung im Rahmen der Gesetzlichen Unfallversicherung gewidmet. Dabei ist die Beibehaltung der Unterscheidung nach Versorgungsbereichen - wie es in den GKV-Strukturen möglich ist - problematisch, da die Trennung zwischen vertragsärztlicher, stationärer und rehabilitativer Versorgung in der GUV nicht üblich ist. Ausschlaggebend ist vielmehr der einzelne Patient und seine Gesundheitsbeeinträchtigung, deren Art und Schwere die notwendige Behandlung auf einer angemessenen Versorgungsstufe bestimmt. Wie im folgenden zu sehen ist, ermöglichen organisatorische Besonderheiten eine im Vergleich zur GKV intensivere Betreuung des Patienten, eine höhere Durchlässigkeit der Sektorengrenzen und damit eine gesteigerte Kontinuität der Behandlung.

Auch in der GUV sind bei der Analyse der Beziehungen zwischen Unfallversicherungsträgern, Versicherten und Leistungserbringern mehrere Ebenen zu berücksichtigen. Die Sicherstellung der Heilbehandlung ist Aufgabe der Träger der Unfallversicherung: Sie sind nach § 26 Abs. 5 und § 34 SGB VII hierfür allein zuständig. Tabelle 4 gibt einen Überblick über die Anzahl der zu den Berufsgenossenschaftlichen Heilverfahren zugelassenen Leistungserbringer. Die Durchführung einer konkreten Behandlung wird über einen privatrechtlichen Vertrag zugunsten des Versicherten abgewickelt.[203] Anders als bei der vertragsärztlichen Versorgung in der GKV besteht der Vergütungsanspruch der Leistungserbringer direkt gegenüber dem Unfallversicherungsträger.[204] Hierauf wird

---

[203] Vgl. SCHMITT, J. [1990], S. 295.

[204] Vgl. auch Abbildung 6.

im Abschnitt C 2.4 eingegangen. Zunächst werden jedoch die unterschiedlichen Verfahren der Heilbehandlung erläutert.

Tabelle 4: Übersicht über die an den Berufsgenossenschaftlichen Heilverfahren teilnehmenden Leistungserbringer[i)]

D-Ärzte, davon in eigener Praxis in zugelassenen Krankenhäusern[ii)] in nicht-zugelassenen Krankenhäuser[ii)]	3.610 2.301 781 528
H-Ärzte	3.382
Zugelassene Krankenhäuser[ii)]	763
BG-Kliniken, davon Unfallkliniken Kliniken für Berufskrankheiten	11 9 2
BG-Sonderstationen[iii)]	9
BG-Unfallbehandlungsstellen[iii)]	3

i) Stand: 31.12.2002

ii) Mit „zugelassenen Krankenhäusern“ werden die Krankenhäuser bezeichnet, die am Verletzungsartenverfahren teilnehmen.

iii) Siehe hierzu die Ausführungen in Abschnitt C 2.3.3.

Quelle: LANDESVERBAND HESSEN-MITTELRHEIN UND THÜRINGEN DER GEWERBLICHEN BERUFSGENOSSENSCHAFTEN, Mainz.

2.2 *Allgemeine Heilbehandlung*

Die allgemeine unfallmedizinische Heilbehandlung wird in § 10 des Vertrags zwischen der KBV und den Unfallversicherungsträgern, dem Ärzteabkommen (ÄA), definiert als „die ärztliche Versorgung einer Unfallverletzung, die nach Art und Schwere weder eines besonderen personellen, apparativ-technischen Aufwandes noch einer spezifischen unfallmedizinischen Qualifikation des Arztes bedarf.“ Die Allgemeine Heilbehandlung kommt bei etwa 80 % der zu behandelnden Arbeitsunfälle zur Anwendung und bedarf keiner gesonderten Einleitung.[205] Zu ihrer Durchführung sind alle an der vertragsärztlichen Versorgung teilnehmenden Ärzte berechtigt, somit gilt hier der Grundsatz der freien Arztwahl nach § 76 SGB V.

---

205 Vgl. § 12 Abs. 2 ÄA. Dies ist kein anzustrebendes Ziel, sondern ein Erfahrungswert, vgl. BRUNNER, W. [1997], S. 54.

Abbildung 6: Beziehungsdreieck in der Gesetzlichen Unfallversicherung

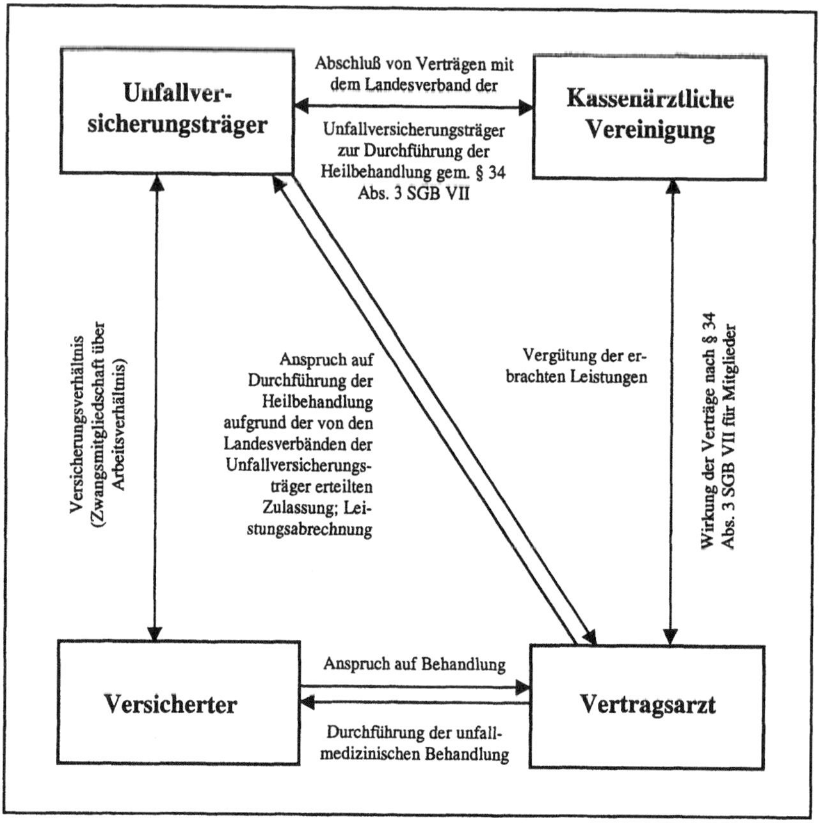

Quelle: Eigene Darstellung in Anlehnung an KATER, H.; LEUBE, K. [1997], Vor § 34 RdNr. 15f.

2.3 *Besondere Heilbehandlung*

2.3.1 *Vorbemerkungen*

Bei der Besonderen Heilbehandlung ist aufgrund der Art und Schwere der Verletzung eine Behandlung durch einen Facharzt mit unfallmedizinischer Qualifikation erforderlich. Die Träger der GUV haben für die Besondere Heilbehandlung eigens Berufsgenossenschaftliche Heilverfahren entwickelt, an denen nur bestimmte Ärzte und Krankenhäuser beteiligt sind. Die Kriterien für die Zulassung der Ärzte, Krankenhäuser und weiterer Leistungsanbieter legen der Hauptverband der gewerblichen Berufsgenossenschaften, der Bundesverband der Unfallkassen und der Verband der landwirtschaftlichen Berufsgenossenschaften für ihre jeweiligen Mitglieder fest.[206] Die Zulassung erfolgt durch die Landesverbände der gewerblichen Berufsgenossenschaften. Diese die Besondere Heilbehandlung kennzeichnende Einschränkung der Wahl des Heilverfahrens und der freien Arztwahl wird damit gerechtfertigt, daß sie eine effektive und wirtschaftliche Behandlung im Interesse des Versicherten ermöglicht.[207] Vorherrschend ist der Grundsatz der Gewährleistung einer sachgemäßen fachärztlichen Versorgung unmittelbar nach Eintritt der Verletzung.[208]

2.3.2 *Ambulante Behandlung im Rahmen des D- und des H-Arztverfahrens*

Das bekannteste und zugleich wichtigste Berufsgenossenschaftliche Heilverfahren ist das **Durchgangsarztverfahren** (D-Arztverfahren). Der D-Arzt ist in den meisten Fällen die erste Anlaufstelle für Unfallverletzte. Er untersucht die Verletzten und legt den weiteren Behandlungsverlauf für den Träger der Unfallversicherung verbindlich fest.[209] Falls eine Allgemeine Heilbehandlung zur Beseitigung des Gesundheitsschadens des Patienten ausreicht, verweist der D-Arzt den Verletzten an seinen Hausarzt. Im Falle der Besonderen Heilbehandlung entscheidet der D-Arzt, ob sie stationär oder ambulant erfolgen muß; soweit er kann, führt er sie selber durch. Darüber hinaus überwacht und dokumentiert der D-Arzt die gesamte Heilbehandlung, auch bei Weiterleitung des Verletzten an Fachärzte oder Krankenhäuser, und erstattet dem Versicherungsträger Bericht.[210] Grundsätzlich müssen alle Unfallverletzten beim D-Arzt vorgestellt werden, es sei denn, die durch den Arbeitsunfall ausgelöste Arbeitsunfähigkeit liegt nur am Unfalltag vor und die Behandlungsdauer beträgt weniger als eine Woche. Die Vorstellungspflicht gilt auch bei Wiedererkrankungen der Verletzten und falls ein behandelnder Arzt Heilmittel verordnet, da dies nur dem D-Arzt gestattet

---

206 Vgl. KATER, H.; LEUBE, K. [1997], Vor § 34 RdNr. 3 und § 34 RdNr. 3 ff.

207 Vgl. RÖMER, W. [1990], S. 34.

208 Vgl. HAUCK, K.; NOFTZ, W. [2001], K § 34 RdNr. 22.

209 Vgl. SCHULIN, B. [1996], § 44 RdNr. 67.

210 Vgl. SCHULIN, B. [1996], § 44 RdNr. 64 ff. Siehe auch Kapitel III B 2.4.3. Die Berichtspflicht schließt eine Eingangsberichterstattung ein, in der der Unfallversicherungsträger über die Verletzungen des Versicherten aufgeklärt wird. Darüber hinaus ist der D-Arzt verpflichtet, jegliche Änderungen im Behandlungsprozeß zu melden (sog. „spontane" Berichterstattung) sowie auf Aufforderung der BG Bericht zu erstatten.

ist.[211] Beim Vorliegen isolierter Augen- und Hals-Nasen-Ohren-Verletzungen muß der Patient unverzüglich einem Augen- bzw. HNO-Arzt vorgestellt werden, es sei denn, dies erübrigt sich nach der Erstbehandlung.[212] Die Stellung des D-Arztes und seine Bedeutung im Berufsgenossenschaftlichen Heilverfahren wird in Abbildung 7 verdeutlicht. Die Zulassung zum D-Arzt erteilt der zuständige Landesverband der gewerblichen Berufsgenossenschaften. Der Arzt muß niedergelassener Chirurg sein oder als solcher in einem Krankenhaus arbeiten und sowohl das Vorhandensein fachlicher Voraussetzungen - insbesondere auf dem gesamten Gebiet der Unfallmedizin - als auch eine gewisse Ausstattung in seiner Praxis nachweisen.[213]

Darüber hinaus gibt es weitere am Besonderen Heilverfahren beteiligte Ärzte, die sog. **H-Ärzte**. Diese sind von der Vorstellungspflicht beim D-Arzt befreit, können aber nur bei den in § 35 ÄA aufgeführten Verletzungen die Besondere Heilbehandlung durchführen.[214] Die Inanspruchnahme eines H-Arztes scheidet beim Vorliegen bestimmter Verletzungen (siehe unten unter Verletzungsartenverfahren) und einer Berufskrankheit sowie bei isolierten Augen- oder HNO-Verletzungen aus. Eine Behandlung durch den H-Arzt kommt allerdings nur dann in Betracht, wenn dieser gleichzeitig der Hausarzt des Unfallverletzten ist; die Weiterleitung von Patienten an H-Ärzte ist damit nicht möglich.[215] Anders als beim D-Arzt erfolgt die Zulassung zum H-Arzt nur auf Antrag. Dabei müssen die Landesverbände der gewerblichen Berufsgenossenschaften das Vorliegen vorgegebener fachlicher Voraussetzungen berücksichtigen.

---

211 Vgl. § 26 ÄA. Andere Ärzte dürfen Heilmittel nur mit vorheriger Genehmigung des Unfallversicherungsträgers verordnen. Darüber hinaus besteht ein Verbot zur Verordnung von Hilfsmitteln. Hiervon sind allerdings Seh- und Hörhilfen ausgenommen. Vgl. dazu §§ 19 ff. ÄA.

212 Vgl. § 26 Abs. 2 und § 39 Abs. 1 und 2 ÄA.

213 Vgl. HAUCK, K.; NOFTZ, W. [2001], K § 34 RdNr. 24. Zu den Zulassungsvoraussetzungen siehe auch Tabelle 12.

214 Die Fälle, in denen ein H-Arzt die Behandlung übernehmen kann, sind im Anhang A 1.1 aufgelistet.

215 Vgl. HAUCK, K.; NOFTZ, W. [2001], K § 34 RdNr. 34.

Abbildung 7: Schematische Darstellung des Durchgangsarztverfahrens

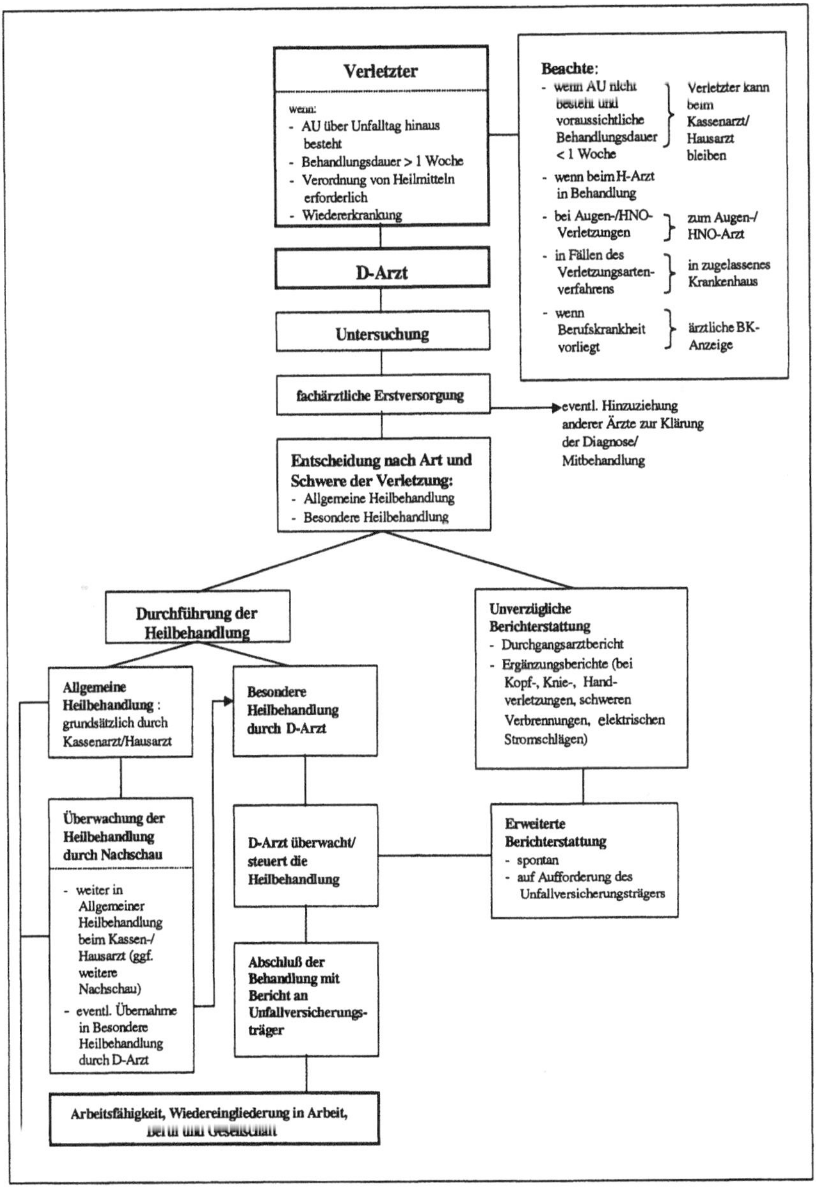

Quelle: In Anlehnung an SPIER, R.; LEUFTINK, D.; JAPTOK, H.-J. [2001], S. 111.

Etwas anders ist das Vorgehen beim Vorliegen einer **Berufskrankheit**. Falls der behandelnde Arzt eine Erkrankung auf die berufliche Tätigkeit seines Patienten zurückführt, hat er den Verdacht auf eine Berufskrankheit dem Unfallversicherungsträger zu melden. Dieser prüft die Anzeige in einem Feststellungsverfahren[216] und teilt dann dem Arzt mit, ob und wann eine Behandlung des Erkrankten zu erfolgen hat. Beim Vorliegen von Hautkrankheiten wird das **Hautarztverfahren** eingeleitet. Hierbei geht es primär um die Prävention berufsbedingter Hauterkrankungen.[217]

2.3.3 Stationäre Behandlung im Rahmen des Verletzungsartenverfahrens sowie in BG-Kliniken und Sondereinrichtungen

Das **Verletzungsartenverfahren** greift bei Vorliegen bestimmter, in einem Katalog zusammengestellter Verletzungen.[218] Unfallverletzte werden ohne vorherige Untersuchung durch einen D-Arzt sofort in eine stationäre Einrichtung eingeliefert. Innerhalb des Verletzungsartenverfahrens gibt es eine weitere Unterteilung, in der diejenigen Krankenhäuser hervorgehoben werden, die gute Voraussetzungen zur Behandlung von Schädel-Hirn-Verletzungen bieten.[219] Voraussetzung für die Zulassung zum Verletzungsartenverfahren sind „besondere chirurgisch-fachliche, bauliche und organisatorische Anforderungen"[220]. Die Zulassung zum Verfahren erfolgt durch Vertragsabschluß der Einrichtung mit dem Landesverband der gewerblichen Berufsgenossenschaften. Entscheidend hierfür sind neben einer entsprechenden räumlichen und sächlichen Ausstattung des Krankenhauses das Vorhandensein qualifizierter Ärzte und Fachkräfte. Die Zulassung von Krankenhäusern zum Verletzungsartenverfahren ist an die Person des Arztes - und damit an seine Erfahrung - gebunden.[221] Daher erfüllt der als D-Arzt zugelassene Chefarzt der Klinik die Lenkungsaufgaben des D-Arztes.

Aufgrund der Art und Schwere der Verletzungen im Verletzungsartenkatalog ist das Verletzungsartenverfahren i. d. R. mit einem stationären D-Arztverfahren

---

216 Dabei geht es in erster Linie darum, zu prüfen, ob die angezeigte Krankheit in der Berufskrankheiten-Liste enthalten ist und ob ein ursächlicher Zusammenhang mit der Berufstätigkeit des Erkrankten besteht, oder ob die vorliegende Krankheit wie eine Berufskrankheit zu behandeln ist, vgl. BROCK, G. [1995], S. 285. Im Jahr 2000 wurden lediglich 18.689 von 81.542 angezeigten Verdachtsfällen von den Unfallversicherungsträgern als Berufskrankheiten anerkannt (siehe Tabelle 11). Vgl. auch SCHULIN, B. [1996], § 39.

217 Vgl. BRUNNER, W. [1997], S. 75.

218 Das Verletzungsartenverzeichnis ist im Anhang A 1.2 abgedruckt.

219 Vgl. BRUNNER, W. [1997], S. 84.

220 HIERHOLZER, G.; GRODZKI, T. [1995], S. 491.

221 Vgl. SCHULIN, B. [1996], § 44 RdNr. 69 ff.

gleichzusetzen. In den Fällen, in denen eine ambulante Behandlung ausreicht, kann der behandelnde D-Arzt diese anstelle der stationären Versorgung einleiten.[222] Die Entscheidung liegt im Ermessen des Arztes und ist nicht durch Richtlinien o. ä. standardisiert, sondern wird vom Gesundheitszustand des Patienten sowie von seinem persönlichen Hintergrund (z. B. vorhandene häusliche Betreuung) im Einzelfall abhängig gemacht.

Das Netz der zum Verletzungsartenverfahren zugelassenen Krankenhäuser wird durch eine Reihe von BG-Unfallkliniken, Unfallbehandlungsstellen und Sonderstationen ergänzt (siehe die Zusammenstellung der Sondereinrichtungen in Tabelle 5). Während die Sonderstationen auf die Behandlung von Unfallverletzten spezialisierte Abteilungen in Krankenhäusern sind, die nicht unter der Trägerschaft der Berufsgenossenschaften stehen, werden unter den Behandlungsstellen Ambulatorien mit Rehabilitationszentren verstanden. Diese befinden sich in der Trägerschaft der Berufsgenossenschaften, ebenso wie die BG-Unfallkliniken, wo Versicherte eingewiesen werden, wenn die Behandlung der Patienten mit Komplikationen verbunden ist oder eine besonders schwere Gesundheitsstörung vorliegt.[223] Dort wird eine hochspezialisierte Behandlung mit der erforderlichen apparativen Ausstattung und qualifiziertem Fachpersonal bereitgestellt, wobei einige Kliniken auf Spezialgebiete ausgerichtet sind. Behandlungsschwerpunkte stellen Querschnittslähmungen, schwere Brandverletzungen sowie Hand-, Neuro- und plastische Chirurgie dar. Des weiteren konzentrieren sich zwei BG Kliniken auf die Kuration von Berufskrankheiten. Zusätzlich dazu führen die Kliniken das Durchgangsarzt- und das Verletzungsartenverfahren durch. Darüber hinaus besteht auch die Möglichkeit zur Nachbehandlung von Patienten mit Funktionsstörungen an den Gliedmaßen.

Mit ihren eigenen Einrichtungen streben die Berufsgenossenschaften das Ziel an, die Qualität ihrer Leistungen zu verbessern und aufgrund des Erfahrungsreichtums der dort behandelnden Ärzte sicherzustellen, daß die Behandlung den vorgeschriebenen Ansprüchen entspricht. Ferner sind die BG-Kliniken unter dem Gesichtspunkt der Forschung und Ausbildung auf dem Gebiet der Unfallmedizin zu betrachten. So bestehen Kooperationen der BG-Kliniken Bochum und Tübingen mit den jeweiligen Universitäten.[224]

---

[222] Vgl. SPIER, R.; LEUFTINK, D.; JAPTOK, H.-J. [2001], S. 113.

[223] Diese Einrichtungen befinden sich im Eigentum der Berufsgenossenschaften und werden ohne öffentliche Zuschüsse unterhalten. Modernisierungsmaßnahmen und Erweiterungsinvestitionen werden aus Rücklagemitteln finanziert. Vgl. BRUNNER, W. [1997], S. 87. Siehe auch die Informationsbroschüre der VEREINIGUNG BERUFSGENOSSENSCHAFTLICHER KLINIKEN [2000].

[224] Vgl. HIERHOLZER, G.; ERBEN, L. [1996], S. 71.

Tabelle 5: Aufstellung der BG-Kliniken, Sonderstationen und Unfallbehandlungsstellen

BG-Unfallkliniken	**BG-Sonderstationen**	**BG-Unfall-behandlungsstellen**
Unfallkrankenhaus **Berlin**-Marzahn	Friederikenstift Hannover, Sonderstation für Schwerstunfallverletzte, **Bad Münder-Hachmühlen**	Unfallbehandlungsstelle der Berufsgenossenschaften **Berlin** e.V
Bergmannsheil Berufsgenossenschaftliche Kliniken **Bochum**	Berufsgenossenschaftliche Sonderabteilung für Plastische und Wiederherstellungschirurgie am St. Markus-Krankenhaus **Frankfurt/Main**	Berufsgenossenschaftliche Behandlungsstelle **Bremen** (2x)
Berufsgenossenschaftliche Unfallklinik **Duisburg**-Buchholz	Friederikenstift **Hannover**, Unfallklinik des Friederikenstifts und Unfallchirurgische Klinik	
Berufsgenossenschaftliche Unfallklinik **Frankfurt/Main**	Sonderstation an der Stiftung Orthopädische Universitätsklinik **Heidelberg**	**BG-Kliniken für Berufskrankheiten**
Bergmannstrost Berufsgenossenschaftliche Kliniken **Halle/Saale**	Berufsgenossenschaftliche Sonderstation für Schwerunfallverletzte Evang. Stift St. Martin **Koblenz**	Klinik für Berufskrankheiten **Bad Reichenhall**
Berufsgenossenschaftliches Unfallkrankenhaus **Hamburg**	BG-Sonderstation für Schwerunfallverletzte der Anstalten „Lichtenau“ e.V., Orthopäd. Klinik und Rehazentrum der Diakonie, **Lichtenau**	Berufsgenossenschaftliche Klinik für Berufskrankheiten **Falkenstein**
Berufsgenossenschaftliche Unfallklinik **Ludwigshafen**	Berufsgenossenschaftliche Sonderstation für Schwerunfallverletzte im Klinikum **Minden**, Unfallchirurgische Klinik	
Berufsgenossenschaftliche Unfallklinik **Murnau**	Kliniken Dr. Erler, Sonderstation, GmbH **Nürnberg**	
Berufsgenossenschaftliche Unfallklinik **Tübingen**		

Quelle: Eigene Darstellung nach VEREINIGUNG BERUFSGENOSSENSCHAFTLICHER KLINIKEN [2000].

2.3.4 Übungsbehandlung

Ein weiteres Leitbild des Berufsgenossenschaftlichen Heilverfahrens - neben der Behandlung „mit allen geeigneten Mitteln“ - ist die Leistungserbringung „aus einer Hand“[225]. Dies gilt auch für die stationäre Heilbehandlung im Krankenhaus und die anschließende Heilbehandlung in einer Rehabilitationseinrich-

[225] HIERHOLZER, G.; GRODZKI, T. [1995], S. 490.

tung. Anders als in der Krankenversicherung ist in der Unfallversicherung die Trennung zwischen Krankenhäusern und Rehabilitationseinrichtungen weniger streng.[226] Vielmehr wird angestrebt, die Behandlung und die postakute Mobilisation und Stabilisierung möglichst in einem Krankenhaus in einem Umfang zu erbringen, daß sich eine weitere stationäre Behandlung und Nachbehandlung erübrigt. Lediglich bei speziellen Verletzungen wie Kopf- und peripheren Nervenverletzungen, die in Funktionsstörungen der Gliedmaßen münden können, sollte eine Nachbehandlung in den BG-Kliniken oder Sonderstationen eingeleitet werden.[227]

Die Unfallversicherungsträger haben ein dreistufiges Netz an Rehabilitationsangeboten entwickelt, das nach einer Behandlung im Akutkrankenhaus greifen soll.[228] Die Behandlungsintensität steigt von Stufe zu Stufe innerhalb des Netzes. Eine Reihenfolge der Verordnung ist nicht zwingend vorgegeben. Über sie ist vielmehr in jedem Einzelfall neu vom verordnenden D- oder H-Arzt zu entscheiden. Die einzelnen Verfahren werden im folgenden erläutert:

(1) **Basis-/Standardtherapie**: Der Schwerpunkt dieser Therapie liegt auf der Krankengymnastik, Massage und der physikalischen Therapie. Sie dient dazu, die Beweglichkeit und Funktionsfähigkeit von verletzten oder betroffenen Gelenken wiederherzustellen, Muskeln zu stärken und Schmerzen zu lindern. Sie kann nur vom behandelnden D- oder H-Arzt für eine Dauer von 14 Tagen verordnet werden. Danach ist eine Kontrolluntersuchung fällig, in der ein eventuell vorhandener Bedarf einer Therapieverlängerung oder aber ein Therapiewechsel festgestellt werden kann. Eine Verlängerung der Basistherapie über vier Wochen hinaus ist nur mit Begründung gegenüber dem Kostenträger möglich.

(2) **Erweiterte Ambulante Physiotherapie** (EAP): Hier handelt es sich ebenfalls um eine ambulante Rehabilitationsmaßnahme, die zwar dieselben Leistungen wie die Standardtherapie umfaßt, diese allerdings nicht isoliert, sondern kombiniert zur Anwendung kommen. Die EAP ist auf die Rehabilitation von Verletzungen des Bewegungs- und Stützapparats ausgerichtet. Dies schließt konkret Bewegungsbehandlungen nach komplexen Gelenkverletzungen oder Ersteifungen, bei Muskelschwächen und -funktionsstörungen, bei frühzeitig erkennbarem Stillstand eines anfänglichen Funktionsgewinns dank einer Standardtherapie sowie bei einer koordinativen Leistungsschwäche, insbesondere infolge von zentralen Nervenverletzungen, ein.

---

226 Diese Unterscheidung ist im SGB V unter § 107 Abs. 1 (Krankenhäuser) und Abs. 2 (Vorsorge- und Rehabilitationseinrichtungen) festgeschrieben.

227 Vgl. SCHMITT, K.-H. [1990], S. 624.

228 Vgl. SPIER, R.; LEUFTINK, D.; JAPTOK, H.-J. [2001], S. 138.

Bei der EAP stehen somit überwiegend schwere Verletzungen im Mittelpunkt. Die Entscheidung zu ihrer Einleitung ist mit einer Abwägung zwischen deutlich höheren Kosten einerseits und höherer Wirtschaftlichkeit andererseits verbunden. Diese äußert sich in Form von verkürzten Arbeitsunfähigkeitszeiten, besserem Heilerfolg und geringeren Folgekosten, insbesondere Rentenzahlungen.[229] Auch hier hängt die Einleitung der EAP von einer Verordnung des behandelnden Arztes, die einer Zustimmung des Unfallversicherungsträgers bedarf, ab. Nach zwei Wochen ist eine Nachuntersuchung beim Arzt vorgeschrieben, eine längere Durchführung der Maßnahme über einen Monat hinaus muß begründet werden. Damit wird versucht, ersten Anzeichen für einen Mißbrauch dieser Therapieform, die sich in starken Ausgabenanstiegen äußern, entgegenzuwirken.

(3) **Berufsgenossenschaftliche Stationäre Weiterbehandlung** (BGSW): Das dritte Verfahren zur Übungsbehandlung ist speziell für solche Patienten entwickelt worden, für die eine ambulante Rehabilitation nicht in Frage kommt. Es ist mit dem nachstationären Verfahren der Anschlußheilbehandlung (AHB), das in der Kranken- und Rentenversicherung für solche Fälle angewendet wird, vergleichbar. Patienten mit schweren Gesundheitsstörungen sollen danach im unmittelbaren Anschluß an eine akutstationäre Behandlung in spezialisierten Rehabilitationseinrichtungen auf Belastungen in Alltag und Beruf vorbereitet werden.[230]

Das BGSW wurde im Jahr 1990 als Reaktion auf Bemühungen des Gesetzgebers zur Verkürzung der Krankenhausverweildauer und zur Förderung der ambulanten Rehabilitation eingeführt. Um gute Rehabilitationsergebnisse und eine nahtlose Weiterbehandlung nach einem akutstationären Krankenhausaufenthalt zu sichern, haben die Unfallversicherungsträger dieses eigenständige Verfahren entwickelt, das in ausgewählten Rehabilitationskliniken sowie in BG-Unfallkliniken durchgeführt wird. Die BGSW wird dann eingeleitet, wenn der Chefarzt oder D-Arzt in dem zum Verletzungsartenverfahren zugelassenen Krankenhaus dies für vorteilhaft hält, weil die Behandlung in einer Rehabilitationseinrichtung ein besseres Heilergebnis erwarten läßt - sei es aufgrund der Art und Schwere der Verletzung oder weil das zugelassene Krankenhaus nicht über die notwendigen Strukturen verfügt. Die Einleitung der BGSW ist auch dann sinnvoll, wenn eine ambulante Nachbehandlung zwar ausreichen würde, die persönlichen und häuslichen Verhältnisse des Versicherten dies jedoch nicht erlauben.[231]

---

229 Vgl. BRUNNER, W. [1997], S. 80. Lange Arbeitsunfähigkeitszeiten erhöhen unmittelbar die Kosten des Unfallversicherungsträgers, da diese während der Ausfallzeiten des Versicherten für Lohnersatzleistungen und Sozialversicherungsbeiträge aufkommen müssen.

230 Vgl. GRIGOLEIT, H.; SCHLIEHE, F.; WENIG, M. [1998], S. 10-9 ff.

231 Vgl. SPIER, R.; LEUFTINK, D.; JAPTOK, H.-J. [2001], S. 142.

Das BGSW-Verfahren steht Patienten mit allen Verletzungen offen, wenn der Arzt dieses Verfahren verordnet.[232] Es ist jedoch insbesondere für Verletzungen des Stütz- und Bewegungsapparats, Schädel-Hirnverletzungen und periphere Verletzungen konzipiert.[233] Prinzipiell entspricht es dem AHB-Verfahren, allerdings sind zwei wesentliche Unterschiede festzuhalten:[234]

- Die Einleitung der BGSW ist - anders als beim AHB-Verfahren - nicht obligatorisch, sondern liegt im Ermessen des D-Arztes im Krankenhaus. Voraussetzungen sind, daß der Patient rehabilitationsfähig und frühmobilisiert ist.
- Der Grundsatz der Rehabilitation „aus einer Hand“ wird dadurch eingehalten, daß die BGSW-Einrichtungen - sofern es sich dabei nicht um eine BG-Klinik oder Sonderstation handelt - zur Rücküberweisung des Versicherten nach Abschluß der Rehabilitationsmaßnahme an den einweisenden Arzt verpflichtet sind, der eine Nachschau vornimmt. Somit behält der D-Arzt - wie auch schon bei den beiden vorherigen Rehabilitationsverfahren - den Überblick über den gesamten Behandlungsverlauf.

Im Anschluß an die BGSW kann bei Bedarf eine ambulante Weiterbehandlung in Form einer EAP oder Standardtherapie eingeleitet werden. Dies ist jedoch von den Besonderheiten des Einzelfalls abhängig.

2.4 *Vergütung der Leistungserbringer*

Im Unterschied zur Regelung in der GKV haben die Leistungserbringer in der GUV einen direkten Vergütungsanspruch gegenüber den Trägern der Unfallversicherung. Die Verbände der Leistungserbringer sind zwar Vertragspartner der Verbände der Unfallversicherung bei der Sicherstellung der Versorgung der Versicherten, spielen aber bei der Verteilung der Honorare keine Rolle. Dies bringt Abweichungen von den Regelungen des Krankenversicherungsrechts mit sich.[235]

Die Vergütung der ärztlich erbrachten Leistungen richtet sich in der GUV nach dem - auf der Grundlage der Gebührenordnung für Ärzte (GOÄ)[236] erstellten -

---

232 Dazu benötigt er keine vorherige Zustimmung des Unfallversicherungsträgers.

233 Vgl. SPIER, R.; LEUFTINK, D.; JAPTOK, H.-J. [2001], S. 142.

234 Vgl. SCHMITT, K.-H. [1990], S. 627 f.

235 Zu den weiteren Ausführungen vgl. BRUNNER, W. [1997], S. 135 ff.

236 Die GOÄ ist die Abrechnungsgrundlage für ärztliche Leistungen in der privaten Krankenversicherung.

Gebühren- und Leistungsverzeichnis, der UV-GOÄ.[237] Der EBM kommt hier nicht zur Geltung. Die UV-GOÄ enthält einen umfassenden Leistungskatalog und ordnet jeder Leistung die entsprechende Vergütung zu, wobei zwischen der Vergütung der Leistung im Rahmen der Allgemeinen und im Rahmen der Besonderen Heilbehandlung differenziert wird. Mit dieser Vergütung sind sämtliche Kosten, einschließlich der Praxiskosten für die Anwendung von Instrumenten und Apparaten, abgegolten.[238] Soweit erbrachte Leistungen nicht im UV-GOÄ enthalten sein sollten, berät eine ständige Gebührenkommission über die Bewertung dieser Leistung.[239]

Das Entgeltsystem für Leistungen in den Krankenhäusern, die zum Verletzungsartenverfahren zugelassen sind, ist aufgeteilt in Regelungen zur ambulanten und zur stationären Leistungserbringung. Für erstere gilt ein eigens entwickelter Krankenhaus-Nebenkostentarif, der zwischen den Spitzenverbänden der Unfallversicherungsträger und der Deutschen Krankenhausgesellschaft vereinbart wurde. Dieser orientiert sich in seinem Aufbau an der GOÄ und lehnt sich daher an eine Einzelleistungsvergütung an. Dagegen richtet sich das Entgelt für stationäre Leistungen an der GKV aus: Nach § 54 ÄA gelten die Regelungen der Bundespflegesatzverordnung - mithin kommt hier das Mischsystem aus Fallpauschalen, Sonderentgelten und Pflegesätzen zur Anwendung, spätestens seit dem Jahr 2004 werden die Leistungen mit DRG-Pauschalen abgegolten. Belegärztliche Leistungen werden gesondert nach der UV-GOÄ abgerechnet.

Die ambulanten ärztlichen Leistungen in BG-Kliniken werden über Pauschalen abgegolten, während für die Sachkosten der Krankenhaus-Nebenkostentarif maßgeblich ist. Für stationäre Leistungen werden für die jeweilige Klinik in Anlehnung an die Bundespflegesatzverordnung Behandlungs- und Nebenkostentarife beschlossen. Die Vergütung erfolgt in Form von tagesgleichen Pflegesätzen und wird auch nach der verbindlichen Einführung des DRG-Systems zumindest für GUV-Patienten so bleiben.

3 Gegenüberstellung der Leistungsorganisation

Abbildung 8 faßt noch einmal die Leistungen der GKV und der GUV übersichtsartig zusammen. Obwohl nicht alle Leistungen von beiden Sozialversicherungszweigen erbracht werden, kann eine Schnittmenge identifiziert werden, die

---

237 Derzeit gilt die im Mai 2001 in Kraft getretene UV-GOÄ 2001.

238 Die UV-GOÄ 2001 ist abrufbar unter URL: http://www.aerzteblatt.de/download/files/X0000789.pdf (Stand: 18.12.2001).

239 Vgl. § 52 ÄA.

einen Strukturvergleich zwischen der Gesetzlichen Krankenversicherung und der Gesetzlichen Unfallversicherung sinnvoll und geeignet erscheinen läßt.

Neben einigen Gemeinsamkeiten sind aber auch grundlegende Strukturunterschiede in den betrachteten Versicherungszweigen bereits im vorliegenden Kapitel zu Tage getreten. Sie werden im folgenden aufgelistet:

- **Unterschiede in der Sicherstellung der medizinischen Versorgung**: Die Sicherstellung in der GKV im vertragsärztlichen Bereich ist durch die Zusammenarbeit der Ärzte, Zahnärzte und der Krankenkassen gekennzeichnet. Als Konsequenz hieraus ergibt sich im Krankenversicherungsrecht die spezifische Beziehung zwischen den Verbänden der Krankenkassen und den Vertretern der Leistungserbringer, v. a. den Kassen(zahn)ärztlichen Vereinigungen, die den Sicherstellungs- und Gewährleistungsauftrag ausführen. Dies resultiert in einer Verpflichtung der Krankenkassenverbände zum Abschluß von Kollektivverträgen mit allen zugelassenen Vertragsärzten und dem einheitlichen und gemeinsamen Abschluß von Versorgungsverträgen mit Krankenhäusern sowie Vorsorge- und Rehabilitationseinrichtungen, die dann für alle Krankenkassen gleichermaßen gelten.

  Dagegen fällt die Versorgungssicherstellung in der Unfallversicherung ausschließlich den Trägern der Unfallversicherung zu, d. h. die Verbände der Unfallversicherungsträger tragen hierfür die alleinige Verantwortung. Dies ermächtigt sie zur Festlegung besonderer, von den Leistungserbringern zu erfüllenden Anforderungen, die von den Bestimmungen des Krankenversicherungsrechts abweichen können. Auch die Vereinbarung der Verfahren der Besonderen Heilbehandlung und die Erlaubnis zur Führung eigener Einrichtungen gehen auf den alleinigen Sicherstellungsauftrag zurück.[240]

- **Einschränkung der freien Arztwahl bei Besonderer Heilbehandlung**: Anders als die Gesetzlichen Krankenkassen sind die Unfallversicherungsträger nicht an Kollektivverträge gebunden. Für die Versicherten bedeutet dies jedoch eine Einschränkung der freien Arzt- und Krankenhauswahl. Zudem ist der Zugang zu weiteren medizinischen Leistungen beschränkt, oder positiv ausgedrückt: Er wird vom D-Arzt gesteuert. Weitergehend als beim Hausarzt und ähnlich einem Gatekeeper bestimmt i. d. R. der D-Arzt den Behandlungsablauf, d. h., er zieht Spezialisten heran, nimmt die Ein-

---

[240] Dies ist den Gesetzlichen Krankenkassen nur in drei gesetzlich verankerten Fällen gestattet: Die Krankenkassen dürfen erstens nach § 140 Abs. 1 SGB V am 01. Januar 1989 bestehende Eigeneinrichtungen weiterführen. Zweitens geht aus § 140 Abs. 2 SGB V hervor, daß Eigeneinrichtungen gegründet werden dürfen, wenn die Aufgaben der Gesundheitsvorsorge und Rehabilitation anderweitig nicht durchgeführt werden können, und drittens, falls der Sicherstellungsauftrag nach § 72a SGB V auf die Krankenkassen übergeht.

weisung in ein Krankenhaus oder eine andere Sondereinrichtung vor, verordnet Heil- und Hilfsmittel und überwacht und dokumentiert die Behandlung. Die Pflicht zur Vorstellung beim D-Arzt besteht darüber hinaus bei Wiedererkrankungen und falls die Behandlungsdauer die Frist von einer Woche überschreitet. Mithin kommt dem D-Arzt eine steuernde und kontrollierende Funktion zu.

- **Aktivere Rolle der Unfallversicherungsträger:** Anders als die Träger der Krankenversicherung sind die Berufsgenossenschaften stark in das Behandlungsgeschehen eingebunden. Hierfür sorgt die Berichterstattungspflicht der D- und H-Ärzte. Auch die Aufstellung der Verletzungsartenliste, die maßgeblich für die Einleitung des Verletzungsartenverfahrens ist, gehört zu den Gestaltungsmöglichkeiten der BG. Ähnlich wirkt auch die Berufskrankheitenliste: Eine Behandlung auf Kosten der Träger der Unfallversicherung ist - etwas vereinfacht dargestellt - nur dann möglich, wenn die angezeigte Krankheit in dieser Liste enthalten ist. Vergleichbare Standards für Diagnose und Therapie sind in der GKV nur unzureichend vorhanden und werden vom Sachverständigenrat für die Konzertierte Aktion im Gesundheitswesen schon seit langem gefordert.[241] Auch die Erteilung der Zulassung zu den verschiedenen Heilverfahren stärkt die Rolle der Unfallversicherungsträger. Da kein Rechtsanspruch auf die Bestellung zum D-Arzt besteht, können sich die Landesverbände der gewerblichen Berufsgenossenschaften in dieser Frage an dem von ihnen gesehenen Bedarf orientieren, was zugleich zu einer stärkeren Kontrolle der zu den Heilverfahren zugelassenen Leistungserbringer durch die Berufsgenossenschaften führt.[242] Von Relevanz ist hier auch die fehlende Zwischenschaltung der KV und die direkte Leistungsabrechnung mit den Berufsgenossenschaften.

Nach dieser zusammenfassenden Darstellung der Besonderheiten der GUV wird im nachfolgenden Kapitel der Untersuchungsschwerpunkt auf die Ausgabenentwicklung in der GKV und der GUV gelegt. Im Anschluß daran werden einige Probleme beim Vergleich dieser beiden Zweige des Sozialversicherungssystems erläutert.

---

241 Vgl. SACHVERSTÄNDIGENRAT FÜR DIE KONZERTIERTE AKTION IM GESUNDHEITSWESEN [1994], S. 140 ff.

242 Vgl. RÖMER, W. [1990], S. 52 f.

Abbildung 8: Übersicht über die Leistungen der GKV und der GUV

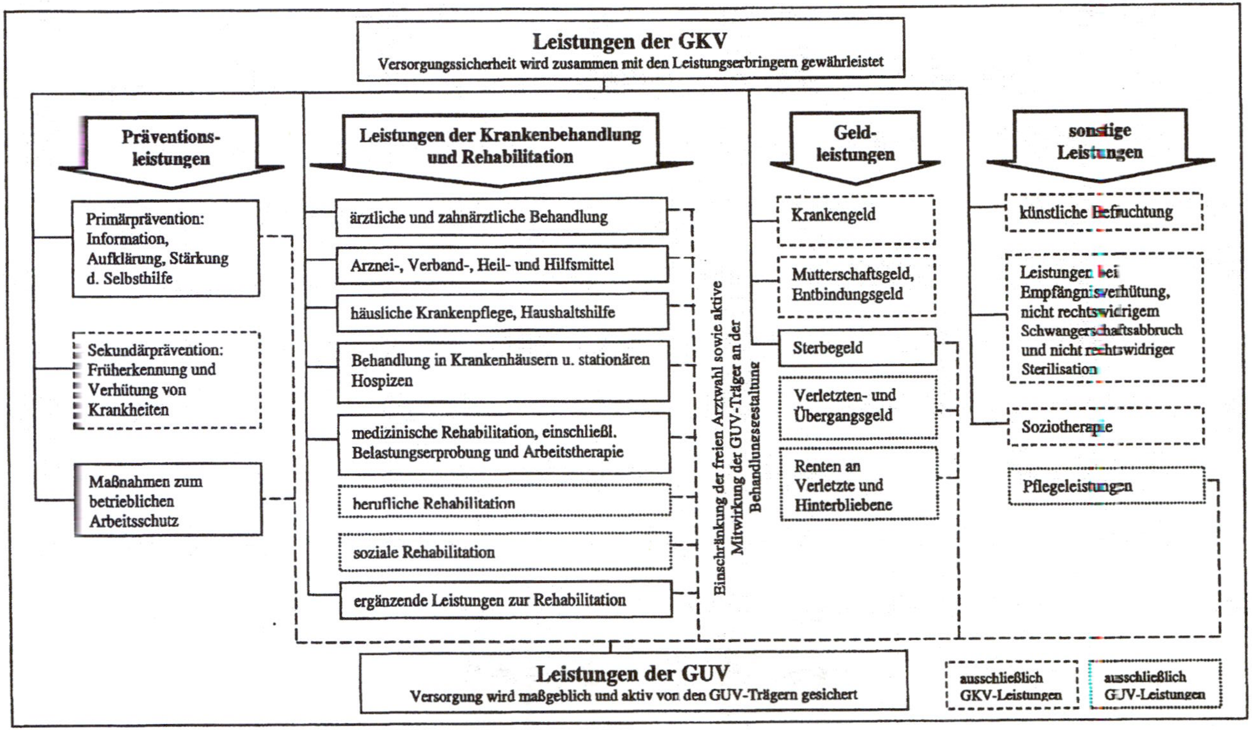

Quelle: Eigene Darstellung.

Teil II:
Bedeutung der Beiträge zur Gesetzlichen Krankenversicherung und zur Gesetzlichen Unfallversicherung für die Höhe der Lohnnebenkosten

A Vorbemerkungen

Nachdem im bisherigen Verlauf der Arbeit ein Überblick über die Leistungen und Strukturen der Gesetzlichen Kranken- und Unfallversicherung gegeben wurde, folgt nun eine Darstellung der Bedeutung der Krankenversicherung und der Unfallversicherung aus einer stärker makroökonomischen Perspektive. Die Relevanz der GKV beruht einerseits auf gesellschaftlichen Veränderungen in Richtung einer verstärkten Gesundheitsorientierung bei gleichzeitig verlängerter Lebenserwartung der Bevölkerung. Daher kann das Gesundheitswesen als ein wichtiger Wachstumsmarkt mit entsprechenden Beschäftigungsmöglichkeiten dargestellt werden. Andererseits ergeben sich aus den hohen und weiter ansteigenden lohnbezogenen Beitragssätzen beschäftigungspolitische Probleme. Diese werden durch eine Belastung des Faktors Arbeit und durch eine Verringerung der Nettoeinkommen, die wiederum zu einer Schmälerung der privaten Konsummöglichkeiten führen, hervorgerufen.

Die wachsende Bedeutung des Gesundheitswesens schlägt sich in einem eindrucksvollen Wachstum der Ausgaben der GKV nieder. Auch in der Unfallversicherung kann man auf einen - wenn auch deutlich schwächeren - Ausgabenanstieg in den letzten Jahrzehnten zurückblicken. Die Entwicklung in den verschiedenen Leistungsgebieten während der letzten drei Jahrzehnte wird im Anschluß an die folgenden Ausführungen zu den Lohnnebenkosten behandelt. Abschließend werden strukturelle Merkmale der GKV und GUV, die die auseinander strebenden Ausgabenverläufe zumindest teilweise erklären, analysiert.

B Zusammenhang zwischen den Beiträgen zur Gesetzlichen Krankenversicherung und zur Gesetzlichen Unfallversicherung, der Abgabenbelastung sowie den Lohnnebenkosten

In Deutschland läßt sich für die vergangenen drei Jahrzehnte ein konstanter Anstieg der Abgabenbelastung der privaten Haushalte und Unternehmen verzeichnen. Eine nähere Untersuchung dieser Belastung kann anhand der Unterteilung der Abgaben in Steuern und Sozialversicherungsbeiträge erfolgen. Wie aus Abbildung 9 hervorgeht, ist die Steuerquote - der Anteil der Steuern am Bruttoinlandsprodukt (BIP) - seit dem Jahr 1960 mit leichten Schwankungen relativ konstant geblieben, während für die Sozialabgabenquote[243] im selben Zeitraum ein ansteigender Verlauf von 10,4 % im Jahr 1960 auf geschätzte 19 % im Jahr 2002 erkennbar ist.[244]

Abbildung 9: Entwicklung der Steuer- und Sozialabgabenquote (1960 - 2002)[i)]

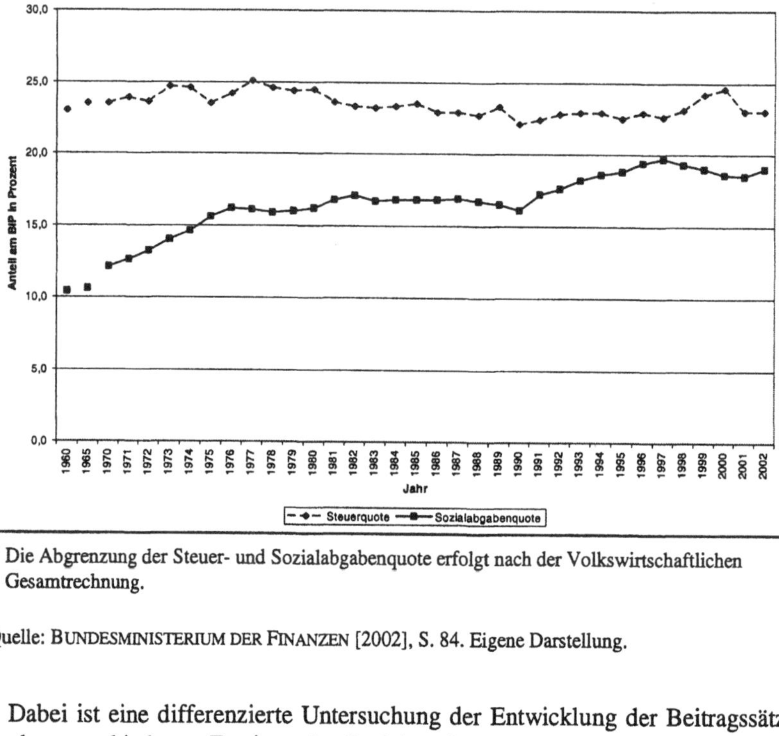

i) Die Abgrenzung der Steuer- und Sozialabgabenquote erfolgt nach der Volkswirtschaftlichen Gesamtrechnung.

Quelle: BUNDESMINISTERIUM DER FINANZEN [2002], S. 84. Eigene Darstellung.

Dabei ist eine differenzierte Untersuchung der Entwicklung der Beitragssätze in den verschiedenen Zweigen der Sozialversicherung lohnend: Die Gesetzliche Kranken- und die Gesetzliche Rentenversicherung weisen eine weitgehend parallele Entwicklung der Beitragssätze mit starken Steigerungen zu Beginn der siebziger Jahre und einigen wenigen, jedoch nicht dauerhaften Senkungen als Konsequenz der seit 1977 von den jeweiligen Bundesregierungen verfolgten Kostendämpfungspolitik auf. Trotz dieser vereinzelten Abgabensenkungen ist eine klare Zunahme der Abgabenbelastung erkennbar, wenn auch der Beitragssatz zur GRV weiterhin den der GKV übersteigt. Mitverantwortlich für die Zunahme der

---

243 Diese drückt - analog zur Steuerquote - den Anteil der Sozialabgaben am BIP aus.

244 Vgl. BUNDESMINISTERIUM DER FINANZEN [2002], S. 84. Der Wert für das Jahr 2002 entstammt einer Schätzung vom Juni 2002.

Beitragssätze sind einerseits die demographische Entwicklung und der anhaltende Anstieg der Lebenserwartung in Deutschland, andererseits die Verringerung der Einnahmebasis der Sozialversicherungen durch Arbeitslosigkeit und Schwarzarbeit. Dadurch kommt es auch zu einer Zunahme des Beitragssatzes der Arbeitslosenversicherung, der sich entsprechend der Entwicklung der Arbeitslosigkeit in Deutschland verhält: Nach jeder Rezessionsphase sinkt er nicht mehr auf das Ausgangsniveau zurück. Damit schlägt sich die strukturelle Arbeitslosigkeit auch im Beitragssatz zur Arbeitslosenversicherung nieder.[245] Auch die im Jahr 1994 gegründete Gesetzliche Pflegeversicherung als fünfte Säule des Sozialversicherungssystems blieb in den vergangenen Jahren von den obigen Entwicklungen nicht verschont. Hier stieg der Beitragssatz von 1 % im Jahre 1995 auf 1,7 % im Jahr 2002 an. Einzig die Gesetzliche Unfallversicherung weist einen auffälligen Rückgang des Beitragssatzes auf, wie aus Tabelle 6 hervorgeht.[246] Allerdings ist der dort ausgewiesene Beitragssatz nur ein durchschnittlicher Wert. Da die Unfallversicherung nach Branchen untergliedert ist, ergeben sich unterschiedliche Belastungen der Unternehmen je nach Branchenzugehörigkeit. Insbesondere Branchen, die vom Strukturwandel besonders betroffen sind oder eine hohe Unfallhäufigkeit aufweisen, beispielsweise das Baugewerbe, haben eine vergleichsweise hohe Belastung durch die Beiträge zur GUV.

Anhand dieser Rahmendaten ist ersichtlich, daß der Anstieg der Sozialabgabenquote eine zunehmende Belastung für die privaten Haushalte und die Unternehmen bedeutet. Da die Lohneinkommen den Ansatzpunkt für die Sozialversicherungsbeiträge bilden, schmälert ein Anstieg der Beiträge zur Sozialversicherung das verfügbare Einkommen der privaten Haushalte, was mit negativen Leistungsanreizen verbunden sein kann. Gleichzeitig wird aufgrund der (formal) paritätischen Finanzierung des größten Teils der Sozialversicherungssysteme durch Arbeitgeber und Arbeitnehmer im Zuge einer Erhöhung der Sozialversicherungsbeiträge für die Arbeitgeber der Faktor Arbeit im Vergleich zum Faktor Kapital stärker belastet.[247]

---

245 Vgl. SACHVERSTÄNDIGENRAT FÜR DIE KONZERTIERTE AKTION IM GESUNDHEITSWESEN [1996], S. 36.

246 Vgl. auch FINK, O. [1998], S. 149.

247 Vgl. OBERENDER, P.; HEBBORN, A.; ZERTH, J. [2002], S. 5.

Tabelle 6: Entwicklung der Beitragssätze zur Sozialversicherung seit 1970

Beitragssätze in Prozent[i]	**1970**	**1980**	**1990**[ii]	**1995**	**1996**	**1997**	**1998**	**1999**	**2000**	**2001**	**2002**	**2003**[iii]
Gesetzliche Rentenversicherung	17,0	18,0	18,7	18,6	19,2	20,3	20,3	19,7	19,3	19,1	19,1	19,5
Gesetzliche Krankenversicherung (allgem. Beitragssatz)	8,20	11,37	12,53	13,16	13,48	13,58	13,62	13,60	13,57	13,61	14,00	14,40[iv]
Arbeitslosenversicherung	1,3	3,0	4,3	6,5	6,5	6,5	6,5	6,5	6,5	6,5	6,5	6,5
Gesetzliche Pflegeversicherung[v]	-	-	-	1,0	1,7	1,7	1,7	1,7	1,7	1,7	1,7	1,7
Gesetzliche Unfallversicherung (durchschnittl. Beitragssatz der gewerbl. Berufsgenossenschaften)[vi]	1,38	1,46	1,36	1,46	1,42	1,40	1,36	1,33	1,31	1,31	k.A.	k.A.
Insgesamt (ohne Unfallversicherung)	26,5	32,37	35,53	39,26	40,88	42,08	42,12	41,50	41,07	40,91	41,30	42,10

[i] Arbeitgeber- und Arbeitnehmerbeitrag zusammen.
[ii] Bis 1990 (einschließlich) nur altes Bundesgebiet.
[iii] Werte am 1. Januar.
[iv] Geschätzt.
[v] Ab 1995.
[vi] Der durchschnittliche Beitragssatz wird ermittelt aus dem Verhältnis der Umlageforderungen der Berufsgenossenschaften zu dem der Beitragsberechnung zugrunde gelegten Entgelt.

Quelle: INSTITUT DER DEUTSCHEN WIRTSCHAFT [2003], S. 76, HAUPTVERBAND DER GEWERBLICHEN BERUFSGENOSSENSCHAFTEN [2001], Übersicht 33ff. und HAUPTVERBAND DER GEWERBLICHEN BERUFSGENOSSENSCHAFTEN [2002], S. 56. Eigene Darstellung.

Dies schlägt sich nieder in einer Erhöhung der Lohnneben- bzw. der Personalzusatzkosten, die als „alle Arbeitskosten, denen keine tatsächlich geleistete Arbeitszeit gegenübersteht“[248], definiert sind. Zu den Personalzusatzkosten gehören sowohl gesetzliche als auch tarifliche und betriebliche Leistungen, die in den Tabellen 7 und 8 aufgeführt werden. Daraus geht z. B. hervor, daß die Lohnnebenkosten im Produzierenden Gewerbe in den alten Ländern im Jahr 2001 bei 81,2 % und in den neuen Ländern bei 68,3 % der Arbeitsentgelte für geleistete Arbeit lagen. Die große Differenz zwischen den neuen und den alten Ländern ist v. a. auf Unterschiede in den tariflichen und betrieblichen Zusatzkosten zurückzuführen. Im westdeutschen Dienstleistungsgewerbe lag nach Tabelle 8 die Personalzusatzkostenquote im selben Jahr bei durchschnittlich 80 %, allerdings sind

[248] SACHVERSTÄNDIGENRAT FÜR DIE KONZERTIERTE AKTION IM GESUNDHEITSWESEN [1996], S. 42. Vgl. auch FINK, O. [1998], S. 15 ff. und SCHRÖDER, C. [2002].

die Schwankungen in den einzelnen Dienstleistungsbereichen groß und reichen von 68,9 % im Großhandel bis zu 101, 7 % im Bankgewerbe.[249]

Diese Darstellung wird jedoch dadurch verzerrt, daß die Werte lediglich auf die Entgelte für geleistete Arbeit bezogen werden und nicht auf die Bruttolöhne. Viele der aufgelisteten Personalzusatzkosten sind jedoch bereits in den Bruttolöhnen der Beschäftigten enthalten, z. B. das Urlaubsgeld und Sonderzahlungen wie das 13. Monatsgehalt. Bezogen auf die Bruttolöhne muß somit von einer deutlich geringeren Personalzusatzkostenquote ausgegangen werden als den beiden Tabellen entnommen werden kann.[250]

Dennoch verdeutlichen die Tabellen 7 und 8, daß die Sozialversicherungsbeiträge den größten Einzelposten unter den Personalzusatzkosten ausmachen. Von 1992 bis 2001 ist ihr Anteil an den Personalzusatzkosten leicht gestiegen, wobei sie ihren vorläufigen Höhepunkt im Jahr 1998 erreichten und seitdem leicht gesunken sind.[251] Allerdings ist seit dem Jahr 2001 wieder ein Ansteig der Sozialversicherungsbeiträge zu verzeichnen. Es läßt sich jedoch festhalten, daß die gesetzlichen Lohnnebenkosten im Gegensatz zu den tariflichen und betrieblichen Lohnnebenkosten, bei denen die Arbeitgeber einen größeren Gestaltungsspielraum haben, im Jahr 2001 einen höheren Anteil an den Personalzusatzkosten einnehmen als noch zehn Jahre zuvor. Verantwortlich sind hierfür in erster Linie die Sozialversicherungsbeiträge.[252]

Vom Anstieg der Personalzusatzkosten sind insbesondere personalintensive Branchen betroffen. Allerdings spielt die Höhe der Einkommen der Arbeitnehmer in den einzelnen Wirtschaftszweigen eine wichtige Rolle, da die Beitragsbemessungsgrenze dazu führt, daß die effektiven Beitragssätze bei Einkommen über der Bemessungsgrenze sinken.[253] Tendenziell ist dann der Anteil der Sozialversicherungsbeiträge der Arbeitgeber an den gesamten Arbeitskosten im Bank- und Versicherungsgewerbe geringer als im Einzel- und Großhandel sowie im produzierenden Gewerbe. Darüber hinaus spielt auch die Unternehmensgröße

---

249 Mangels Daten für das ostdeutsche Dienstleistungsgewerbe beschränkt sich die Betrachtung hier auf die alten Länder. Vgl. SCHRÖDER, C. [2002].

250 Vgl. SACHVERSTÄNDIGENRAT FÜR DIE KONZERTIERTE AKTION IM GESUNDHEITSWESEN [1996], S. 42.

251 Dieser Rückgang ist u. a. zurückzuführen auf die Senkung der Beiträge zur Gesetzlichen Rentenversicherung (GRV), die durch eine Erhöhung der Mehrwertsteuer im Jahr 1998 sowie durch die Zuführung von Finanzmitteln zur GRV aus den Einnahmen der sog. „Öko-Steuer" seit dem Jahr 1999 gegenfinanziert wurde.

252 Vgl. FINK, O. [1998], S. 69 f.

253 Vgl. SACHVERSTÄNDIGENRAT FÜR DIE KONZERTIERTE AKTION IM GESUNDHEITSWESEN [1996], S. 257 sowie SACHVERSTÄNDIGENRAT FÜR DIE KONZERTIERTE AKTION IM GESUNDHEITSWESEN [1997], S. 271 ff.

eine Rolle bei der Höhe des Anteils der Sozialbeiträge an den Arbeitskosten. Dies ist darin begründet, daß in größeren Unternehmen tendenziell mehr Arbeitnehmer über der Versicherungspflichtgrenze liegen, so daß für diese die Sozialversicherungsbeiträge maximal bis zur Beitragsbemessungsgrenze anfallen. Außerdem bieten größere Unternehmen ihren Mitarbeitern zusätzlich zu den gesetzlichen Sozialleistungen betriebliche Sozialleistungen, was ebenfalls den Anteil der Sozialversicherungsbeiträge an den Lohnnebenkosten zunächst reduziert. Somit sind mittelständische Unternehmen von Erhöhungen der Sozialabgaben besonders stark betroffen.[254]

In der öffentlichen Diskussion wird argumentiert, daß steigende Sozialversicherungsbeiträge und Lohnnebenkosten einen Teufelskreis aus sinkender Beschäftigung und weiter ansteigenden Sozialabgaben in Gang setzen: Je weiter letztere ansteigen, um so weniger Einkommen steht den Haushalten zum Konsum zur Verfügung. Die Unternehmen, insbesondere jene mit arbeitsintensiven Produktionsverfahren, sehen sich gleichzeitig höheren Lohnnebenkosten gegenüber, denen sie mit einer Verringerung der Beschäftigung beizukommen versuchen, was wiederum dazu führt, daß die Einnahmebasis der Sozialversicherungen geschmälert wird. Daraus erwächst erneut die Notwendigkeit eines Anstiegs der Beiträge - womit der Ausgangspunkt des Teufelskreises wieder erreicht wäre.[255] Zudem erwachsen nach Meinung des Sachverständigenrats für die Konzertierte Aktion im Gesundheitswesen weitere Probleme durch hohe Sozialabgaben:[256] Die damit einhergehenden geringeren Nettoverdienste mindern nicht nur die individuelle Leistungsbereitschaft und fördern die Schattenwirtschaft, es steht auch zu befürchten, daß die Inanspruchnahme der Leistungen der Sozialversicherungen zunimmt, da einerseits die Versicherten eine Gegenleistung für ihre als Zwangsabgaben empfundenen Beitragszahlungen erwarten und andererseits die Unternehmen betriebliche Sozialleistungen durch gesetzliche Sozialleistungen ersetzen könnten. Darüber hinaus wirken sich die hohen Sozialabgaben mit Blick auf die internationale Wettbewerbsfähigkeit des Standorts Deutschland nachteilig aus.

---

[254] Vgl. SACHVERSTÄNDIGENRAT FÜR DIE KONZERTIERTE AKTION IM GESUNDHEITSWESEN [1996], S. 256 f.

[255] Dieser Zusammenhang zwischen den Sozialversicherungsbeiträgen und der Beschäftigung ist jedoch nicht unumstritten. Entgegen der herrschenden Meinung sehen BAUER und RIPHAHN nur eine sehr geringe Auswirkung von Beitragssatzsteigerungen auf die Beschäftigungssituation in Deutschland. Auch das Deutsche Institut für Wirtschaftsforschung bezweifelt, daß die Entwicklung der Lohnkosten als Ursache für die steigende Arbeitslosigkeit in Deutschland angesehen werden kann. Vgl. BAUER, T.; RIPHAHN, R. [1998] und BREYER, F. et al. [2001], S. 41 ff.

[256] Zu den folgenden Ausführungen vgl. SACHVERSTÄNDIGENRAT FÜR DIE KONZERTIERTE AKTION IM GESUNDHEITSWESEN [1996], S. 57.

Tabelle 7: Personalzusatzkosten im Produzierenden Gewerbe[i] (in Prozent des Entgelts für geleistete Arbeit) alte Länder/neue Länder

Personalzusatzkosten	**1992**	**1993**	**1994**	**1995**	**1996**	**1997**	**1998**	**1999**	**2000**	**2001**
Gesetzliche Personalzusatzkosten	**35,4/34,6**	**35,4/k.A.**	**36,3/36,0**	**36,2/35,9**	**37,7/37,7**	**38,3/38,4**	**38,3/38,4**	**37,9/38,2**	**37,4/37,8**	**37,1/37,8**
Sozialversicherungsbeiträge der Arbeitgeber (einschl. Unfallversicherung)	25,4/26,2	25,4/k.A.	26,5/27,2	26,6/27,3	28,1/28,3	29,2/29,5	29,3/29,6	28,8/29,1	28,5/28,7	28,4/28,9
Bezahlte Feiertage	4,5/3,7	4,5/k.A.	4,5/3,7	4,1/3,3	5,0/4,6	5,0/4,6	5,0/4,6	5,0/4,6	5,0/4,6	5,0/4,6
Entgeltfortzahlung im Krankheitsfall	5,1/3,9	5,1/k.A.	5,0/4,3	5,1/4,5	4,2/3,7	3,7/3,2	3,6/3,1	3,7/3,4	3,5/3,4	3,3/3,2
Sonstige gesetzliche Personalzusatzkosten[ii]	0,4/0,8	0,4/k.A.	0,4/0,8	0,4/0,8	0,4/1,1	0,4/1,1	0,4/1,1	0,4/1,1	0,4/1,1	0,4/1,1
Tarifliche und betriebliche Personalzusatzkosten	**45,0/31,7**	**45,1/k.A.**	**43,9/31,8**	**43,9/34,0**	**44,3/30,2**	**43,5/29,7**	**43,5/29,7**	**43,7/29,9**	**43,9/30,4**	**44,1/30,5**
Urlaub einschl. Urlaubsgeld	19,3/13,6	19,3/k.A.	19,3/13,9	19,2/15,8	18,8/15,6	18,6/15,4	18,6/15,4	18,6/15,4	18,6/15,4	18,6/15,4
Sonderzahlungen	9,2/3,9	9,2/k.A.	8,3/4,0	8,5/4,2	8,8/4,0	8,4/3,8	8,4/3,8	8,3/3,8	8,3/4,0	8,3/4,0
Betriebliche Altersversorgung	7,4/0,7	7,4/k.A.	7,1/0,7	7,1/0,8	7,7/1,2	7,6/1,2	7,6/1,3	7,7/1,5	7,7/1,7	7,7/1,7
Vermögensbildung	1,3/0,1	1,3/k.A.	1,2/0,2	1,2/0,2	1,1/0,3	1,1/0,3	1,1/0,3	1,1/0,3	1,1/0,3	1,1/0,4
Sonstige Personalzusatzkosten	7,8/13,4	7,9/k.A.	8,0/13,0	7,9/13,0	7,9/9,1	7,8/9,0	7,8/8,9	8,0/8,9	8,2/9,0	8,4/9,0
Insgesamt	**80,4/66,3**	**80,5/k.A.**	**80,2/67,8**	**80,1/69,9**	**82,0/67,9**	**81,8/68,1**	**81,8/68,1**	**81,6/68,1**	**81,3/68,2**	**81,2/68,3**

[i] Unternehmen mit zehn und mehr Beschäftigten.
[ii] Mutterschutz- und Schwerbehindertengesetz sowie Insolvenzausfallgeld.

Quelle: SCHRÖDER, C. [2002].

Tabelle 8: Personalzusatzkosten im westdeutschen Dienstleistungsgewerbe[i] (in Prozent des Entgelts für geleistete Arbeit)

	Großhandel		**Einzelhandel**		**Kreditgewerbe**		**Versicherungs-gewerbe**	
Personalzusatzkosten	**1992**	**2001**	**1992**	**2001**	**1992**	**2001**	**1992**	**2001**
Gesetzliche Personalzusatzkosten	**31,4**	**33,5**	**33,0**	**34,9**	**33,5**	**35,2**	**32,7**	**35,8**
Sozialversicherungsbeiträge der Arbeitgeber (einschl. Unfallversicherung)	22,8	25,8	24,0	27,0	24,2	27,0	23,1	26,9
Bezahlte Feiertage	4,4	5,0	4,2	4,7	4,6	5,2	4,8	5,2
Entgeltfortzahlung im Krankheitsfall	3,9	2,3	4,4	2,7	4,2	2,5	4,5	3,1
Sonstige gesetzliche Personalzusatzkosten [ii]	0,3	0,4	0,4	0,5	0,5	0,5	0,3	0,6
Tarifliche und betriebliche Personalzusatzkosten	**34,8**	**35,4**	**33,4**	**34,5**	**64,5**	**66,5**	**61,4**	**65,5**
Urlaub einschl. Urlaubsgeld	16,2	15,8	17,1	17,4	15,1	15,1	19,1	20,1
Sonderzahlungen	8,7	8,2	7,8	7,9	19,2	20,1	15,2	14,3
Betriebliche Altersversorgung	3,5	4,2	2,1	2,2	14,7	16,3	15,2	17,1
Vermögensbildung	1,1	0,9	0,8	0,9	2,0	1,9	1,5	1,7
Sonstige Personalzusatzkosten	5,3	6,3	5,6	6,1	13,5	13,1	10,4	12,3
Insgesamt	**66,2**	**68,9**	**66,4**	**69,4**	**98,0**	**101,7**	**94,1**	**101,3**

[i] Unternehmen mit zehn und mehr Beschäftigten.
[ii] Mutterschutz- und Schwerbehindertengesetz sowie Insolvenzausfallgeld.

Quelle: SCHRÖDER, C. [2002].

Gleichwohl dürfen vor diesem Hintergrund die Vorteile eines umfassenden Sozialversicherungssystems im allgemeinen und der Gesetzlichen Krankenversicherung im besonderen nicht vernachlässigt werden. Neben der Sicherung des sozialen Friedens wirkt die GKV als „Hauptakteur“ des Gesundheitswesens auf die „Erhaltung, Wiederherstellung und Förderung der Gesundheit“ hin. Darüber hinaus trägt das Gesundheitswesen „mit seinen Dienstleistungen zur volkswirtschaftlichen Wertschöpfung mit den entsprechenden Wirkungen auf den Arbeitsmarkt bei“[257]. Nach Erhebungen des Statistischen Bundesamtes waren im Jahr 1994 fast zwei Millionen Personen unmittelbar im Gesundheitswesen als Ärzte, Zahnärzte, Apotheker oder in sonstigen Gesundheitsberufen beschäftigt.[258] Diese Aufstellung berücksichtigt jedoch nicht das gesamte Beschäftigungspotential des Gesundheitssektors, da mehrere Zulieferbranchen nicht mit einbezogen sind. So werden die Beschäftigten im Produzierenden Gewerbe (z. B. pharmazeutische Industrie, Medizintechnikherstellung), im Handel (Pharmagroßhandel, Sanitätsfachhandel), in der Pflege und Rehabilitation, in den Verwaltungen der Krankenkassen und Ministerien, des öffentlichen Gesundheitsdienstes sowie in sonstigen Dienstleistungsbereichen (z. B. Softwareherstellung, Reinigung, Verpflegung) in der obigen Aufstellung nicht erfaßt. Insgesamt schätzt der Sachverständigenrat für die Konzertierte Aktion im Gesundheitswesen die Gesamtzahl der Beschäftigten im Gesundheitssektor im Jahr 1993 auf etwa 4,2 Mio. Diese Schätzung entspricht in etwa der Aufstellung des Statistischen Bundesamtes, das für das Jahr 2000 etwa 4,1 Mio. Beschäftigte im Gesundheitswesen auswies (siehe Tabelle 9).[259] Bei 40,3 Mio. Erwerbspersonen im Mai 2000 waren somit beinahe 10 % der Erwerbstätigen im Gesundheitswesen beschäftigt.[260] Ein Vergleich mit der Beschäftigungsentwicklung in anderen Branchen zeigt, daß im Zeitraum von 1993 bis 1996 einzig das Gesundheitswesen eine positive Entwicklung vorweisen konnte, während etwa in den Bereichen Energiewirtschaft, Bergbau, Chemie, Maschinenbau und Einzelhandel Beschäftigung abgebaut wurde.[261]

---

[257] Ebenda, S. 211.

[258] Vgl. ebenda, S. 216. Zu den sonstigen Gesundheitsberufen zählen u. a. Heilpraktiker, Krankenschwestern und -pfleger, Masseure, pharmazeutisch-technische Assistenten, Sprechstundenhelfer und therapeutische Berufe.

[259] Vgl. STATISTISCHES BUNDESAMT, Gesundheitsberichterstattung des Bundes, URL: http://www.gbe-bund.de/oowa62/ExpSrv620/WS0000000097569/_XWD_FORMPROC?TARGET=&PAGE=_XWD_1&OPINDEX=12&HANDLER=_XWD_CUBE.SETPGS&DATACUBE=_XWD_15&D.000=3720&D.734=4520 (Stand: 06.01.2003).

[260] Quelle: STATISTISCHES BUNDESAMT [2001], Reihe 6.2.

[261] Vgl. OBERENDER, P.; HEBBORN, A.; ZERTH, J. [2002], S. 161 f.

Tabelle 9: Anzahl der Beschäftigten im Gesundheitswesen nach Berufen im Jahr 2000

Gesundheitsberufe	**Anzahl der Beschäftigten (1.000)**
Gesundheitsdienstberufe	2.143
Ärzte	295
Zahnärzte	63
Apotheker	53
Übrige Gesundheitsdienstberufe	1.732
Soziale Berufe	259
Gesundheitshandwerker/innen	135
sonstige Gesundheitsfachberufe	90
andere Berufe im Gesundheitswesen	1.464
Insgesamt	**4.090**

Quelle: Eigene Darstellung in Anlehnung an STATISTISCHES BUNDESAMT, GESUNDHEITSBERICHTERSTATTUNG DES BUNDES.

Angesichts der prognostizierten demographischen Entwicklung und des medizinisch-technischen Fortschritts ist davon auszugehen, daß die Inanspruchnahme medizinischer Dienstleistungen weiter zunehmen wird. Insbesondere im stationären Bereich schlägt sich die Alterung der Bevölkerung in Form häufigerer Krankenhauseinweisungen und längerer Verweildauern nieder. Aber auch im ambulanten Bereich ist eine Zunahme der Behandlungsintensität zu erwarten. Gleiches gilt für Pflegedienste. Dies kann mit einer Zunahme des Beschäftigungspotentials im Gesundheitssektor verbunden sein. Das Deutsche Institut für Wirtschaftsforschung geht daher von einer Beschäftigungszunahme bis zum Jahr 2050 von etwa 610.000 Personen bei konstanten Ausgabenprofilen und von etwa 340.000 Personen bei verminderter Morbidität aus. Hierbei werden jedoch gesamtwirtschaftliche Rückkopplungseffekte, die durch höhere Beitragssätze und damit einhergehende Nachfragerückgänge nach anderen Produkten auftreten, nicht berücksichtigt, so daß realistisch von geringeren Beschäftigungsauswirkungen ausgegangen werden muß.[262]

Mithin ist eine differenzierte Bewertung der Beitragssatzsteigerungen zur Sozialversicherung angebracht. Insbesondere in der GKV, wo zusätzliche Mittel aus Beitragssatzsteigerungen zum größten Teil der Schaffung zusätzlicher Nachfrage nach Gesundheitsleistungen dienen und nur zu einem geringen Anteil in

262 Vgl. BREYER, F. et al. [2001], S. 107 f.

Form von Finanztransfers (Krankengeld) an die privaten Haushalte fließen, können positive Effekte auftreten.[263] Zwar können negative Rückkopplungseffekte aus einer Schmälerung der verfügbaren Einnahmen der privaten Haushalte und aus einer Senkung der Beschäftigtenzahlen aufgrund erhöhter Arbeitskosten oder Verlagerungen der Produktionstätigkeit ins Ausland teilweise ausgeglichen oder gar überkompensiert werden.[264] Dieser positive Effekt ist allerdings insofern zu relativieren, als eine Ausweitung der Gesundheitsausgaben als Folge einer freiwilligen Konsumentscheidung der privaten Haushalte einer (zwangsweisen) Erhöhung der Lohnnebenkosten und einer Belastung des Faktors Arbeit - insbesondere unter Berücksichtigung der sich ergebenden Anreizwirkungen für Arbeitgeber und Arbeitnehmer - vorzuziehen ist.

C Untersuchung der Ausgabenentwicklung in der Gesetzlichen Krankenversicherung und der Gesetzlichen Unfallversicherung

1 Vorbemerkungen

Ziel dieses Kapitels ist es, einen Überblick über die Ausgabenhöhe und –struktur der Unfallversicherung im Vergleich zur Krankenversicherung zu vermitteln. Neben dem bloßen Volumen der Ausgaben und deren Verteilung auf die einzelnen Leistungsbereiche wird - auch vor dem Hintergrund des anhaltenden Aufwärtstrends in der GKV-Beitragssatzentwicklung - detailliert auf die Ausgabenentwicklung in den vergangenen drei Jahrzehnten v. a. in den Bereichen der Prävention, der ambulanten und der stationären Versorgung eingegangen.

Anschließend werden im Kapitel D Eigenschaften der GKV und der GUV aufgezeigt, die für die unterschiedlichen Ausgabenverläufe in den beiden betrachteten Sozialversicherungssystemen mitentscheidend sind. Es handelt sich hierbei um strukturelle Merkmale, die bei einer direkten Gegenüberstellung der GKV und der GUV beachtet werden sollten, um Fehlinterpretationen zu vermeiden.

[263] Es zeigt sich, daß die Ausgaben für Krankengeld im Jahr 2000 nur 5,6 % der GKV-Leistungsausgaben ausmachten. Vgl. dazu JACOBS, K.; SCHELLSCHMIDT, H. [2002], S. 16.

[264] Vgl. SACHVERSTÄNDIGENRAT FÜR DIE KONZERTIERTE AKTION IM GESUNDHEITSWESEN [1996], S. 235 ff.

2 Entwicklung der Gesamtausgaben

Die Gesamtaufwendungen der Gesetzlichen Krankenversicherung beliefen sich im Jahr 1999 auf knapp 131 Mrd. Euro.[265] Im Vergleich dazu betrugen die Gesamtaufwendungen der Gesetzlichen Unfallversicherung im selben Jahr 13,5 Mrd. Euro.[266] Der größte Teil dieser Gesamtaufwendungen entfällt mit 11,4 Mrd. Euro auf die gewerblichen Berufsgenossenschaften, so daß diese mit einem Anteil von 84 % der Gesamtaufwendungen den wichtigsten Bestandteil der GUV ausmachen.

Aussagekräftiger als die absolute Höhe des Ausgabenvolumens ist dessen Entwicklung in den letzten Jahrzehnten, da in den beiden untersuchten Sozialversicherungszweigen erhebliche Unterschiede bestehen.[267] Zwar ist ein Anstieg der Gesamtausgaben sowohl in der GUV als auch in der GKV zu beobachten, allerdings entwickelten sich die Gesamtausgaben immer weiter auseinander, da die Ausgabenanstiege in der GKV die Zuwachsraten in der GUV teilweise um mehr als das Doppelte übersteigen. Hier spielt die Ausweitung des Leistungskatalogs der GKV und die Vergrößerung des Versichertenkreises im Jahre 1972, die sich in einem hohen Ausgabenwachstum während der siebziger Jahre niederschlagen, eine wichtige Rolle. Erst seit der Kostendämpfungspolitik, die im Jahre 1977 einsetzte, konnten v. a. in den neunziger Jahren in Folge des GSG 1993 und der Spargesetze in den Jahren 1996 und 1997 die Ausgabenanstiege - trotz des einmaligen Zuwachses durch die Wiedervereinigung im Jahr 1990 - gesenkt werden.[268] Dennoch weist die GUV nach wie vor einen deutlich geringeren Ausgabendruck auf. Hier waren die Gesamtaufwendungen zwischen 1997 und 1999 sogar leicht rückläufig, was auf ein schwächeres Wachstum der Leistungsausgaben, v. a. aber auf sinkende Vermögensaufwendungen, zurückgeführt werden kann.[269]

---

265 Dieser Wert versteht sich ohne die Zahlungen im Rahmen des Risikostrukturausgleichs.

266 Dieser Wert beziffert die gesamten Aufwendungen der Unfallversicherung mit Ausnahme der Schülerunfallversicherung, die im Jahr 1999 mit einem Gesamtaufwendungsvolumen von 0,36 Mrd. Euro einen vernachlässigbaren Anteil von gerade 2,64 % an den restlichen GUV-Ausgaben ausmachte. Die Schülerunfallversicherung wird daher im weiteren Verlauf dieser Untersuchung nicht mehr berücksichtigt.

267 Siehe Tabelle 10. Ausführlichere Tabellen finden sich im Anhang 2 zur Krankenversicherung und Anhang 3 zur Unfallversicherung.

268 Mit den Spargesetzen sind das Gesetz zur Stabilisierung der Krankenhausausgaben, das 1. und 2. GKV-Neuordnungsgesetz sowie das Beitragsentlastungsgesetz gemeint.

269 Die „Vermögensaufwendungen und sonstige Ausgaben“ in der **Unfallversicherung** setzen sich zusammen aus umlageunwirksamen Aufwendungen (hauptsächlich Abschreibungen), Defiziten der eigenen Unternehmen, Beitragsausfällen und -nachlässen, Zuführungen zu den Betriebsmitteln, dem Finanzausgleich sowie aus dem Insolvenzgeld, wobei letzteres mit etwa 42 % im Jahr 1999 den größten Einzelposten ausmachte. Allerdings ist die Zahlung des Insolvenzgelds eine

Tabelle 10: Übersicht über die Ausgabenentwicklung in GKV und GUV[270]

Angaben in Mrd. Euro	1970	1980	1990	1995	1999	2000
Gesetzliche Krankenversicherung						
Leistungsausgaben	12,2	43,9	68,6	117,0	123,2	125,9
Verwaltungs- und Verfahrenskosten	0,6	1,9	3,7	6,1	7,1	7,3
Vermögensaufwendungen und sonstige Ausgaben	0,05	0,06	0,07	11,3	14,0	k.A.
- davon Ausgaben für Risikostrukturausgleich	k.A.	k.A.	k.A.	10,4	13,5	13,9
Gesamtausgaben (ohne Risikostrukturausgleich)	12,9	45,9	72,4	124,0	130,9	k.A.
Mittlere Veränderung der Gesamtausgaben in %	-	13,56 %	4,66 %	11,35 %	1,37 %	k.A.
Gesetzliche Unfallversicherung						
Leistungsausgaben	2,0	4,5	6,0	9,2	9,6	9,7
- davon Heilbehandlung	0,3	0,8	1,2	2,0	2,2	2,2
- davon Rentenzahlungen	1,3	3,1	3,8	5,5	5,7	5,7
Verwaltungs- und Verfahrenskosten	0,2	0,4	0,7	1,2	1,3	1,3
Vermögensaufwendungen und sonstige Ausgaben	0,6	1,3	1,8	3,1	2,7	2,7
Geamtausgaben	2,8	6,3	8,6	13,5	13,5	13,7
Mittlere Veränderung der Gesamtausgaben in %	-	8,55 %	3,18 %	9,49 %	0,4 %	1,42 %

Quelle: BMA, BMG. Eigene Darstellung.

Aufgabe, die nicht mit den eigentlichen Aufgaben der Unfallversicherungsträger zusammenhängt. Die Berufsgenossenschaften übernehmen jedoch die Erhebung und Auszahlung des Insolvenzgeldes, um eine schnelle und unkomplizierte Handhabung zu gewährleisten. In der **Krankenversicherung** entfällt der größte Teil der Vermögensaufwendungen und sonstigen Ausgaben auf den Finanzausgleich, v. a. auf den Risikostrukturausgleich zwischen den Kassen. Ähnlich wie bei den Unfallversicherungsträgern fallen zudem Defizite der Eigenbetriebe, Beitragsrückzahlungen, Schuldzinsen etc. hierunter.

270 In dieser Tabelle und den folgenden Abbildungen sind die neuen Länder ab dem Jahr 1991 miterfaßt.

Im folgenden Abschnitt werden die Leistungsausgaben genauer durchleuchtet. Dabei steht zunächst die Ausgabenentwicklung im Präventionsbereich im Vordergrund. Nach einer eingehenden Betrachtung der Ausgabendynamik im ambulanten und stationären Sektor wird eine Untersuchung des Verhältnisses der beiden kurativen Versorgungsbereiche zueinander vorgenommen.

3 Entwicklung der Leistungsausgaben

3.1 Entwicklung der Leistungsausgaben insgesamt

Nicht nur in der Summe übersteigen die Ausgaben für Leistungen in der GKV die Leistungsausgaben in der GUV - im Jahr 1999 überstiegen sie in der GKV die GUV-Ausgaben um mehr als das Zwölffache -, auch bei der Verteilung der Ausgaben zeigen sich deutliche Unterschiede. In der GKV vereint die Krankenhausbehandlung mit 35 % den größten Anteil der Ausgaben auf sich. Die ambulante ärztliche Behandlung einschließlich der zahnärztlichen Betreuung und der Versorgung mit Zahnersatz bildet den zweitgrößten Posten, knapp vor der Versorgung mit Arznei-, Heil- und Hilfsmitteln. Lohnersatzleistungen (Krankengeld) machen 6 % der Ausgaben aus, wohingegen die Rehabilitation, Leistungen bei Schwangerschaft oder Mutterschaft (je 2 %) zusammen mit den Präventionsleistungen (1 %) eine vergleichsweise vernachlässigbare Größe darstellen.

Die Leistungsausgaben in der GUV werden von Rentenzahlungen dominiert, die fast zwei Drittel des Ausgabenvolumens ausmachen. Dem folgen - wenngleich mit großem Abstand - die Ausgaben für stationäre Behandlung (9 %). Bei der ambulanten Heilbehandlung summieren sich die Kosten auf 8 % der Leistungsausgaben und liegen damit gleichauf mit den Kosten für Präventionsleistungen. Ähnlich wie das Krankengeld vereint das Verletztengeld einen Anteil von 6 % der Ausgaben auf sich. Mit 3 % fällt die berufliche Rehabilitation nicht sonderlich ins Gewicht, für sie gibt es aber kein äquivalentes Gegenstück in der GKV.[271]

---

[271] Siehe hierzu Abbildung 10.

Abbildung 10: Verteilung der Leistungsausgaben in GKV und GUV im Jahr 1999

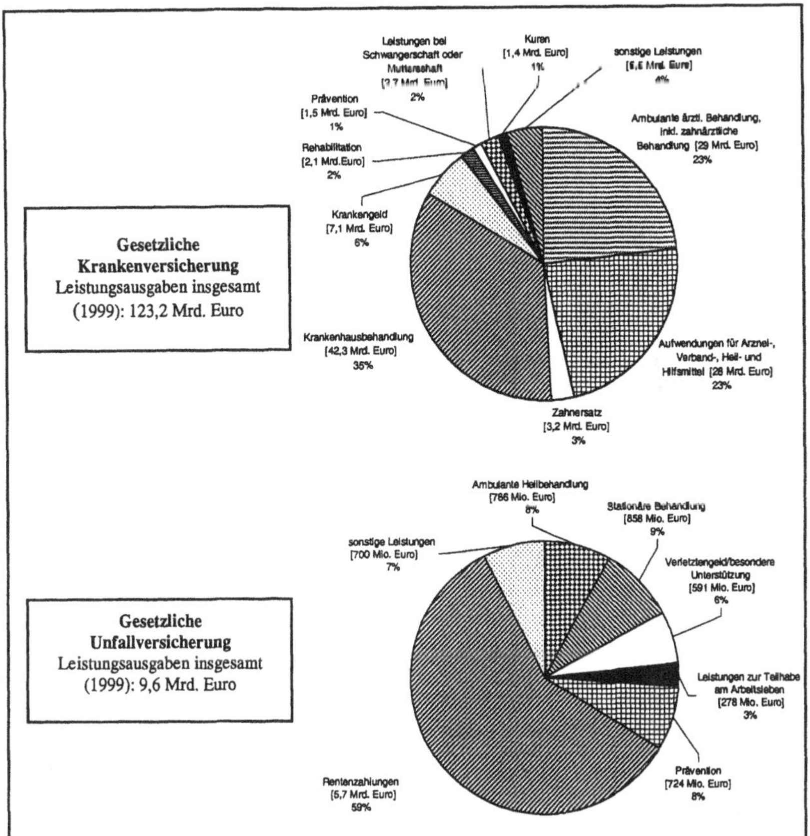

Quelle: Eigene Darstellung nach BMA und BMG.

Diese Leistungsgegenüberstellung enthält jedoch einige Verzerrungen, auf die im weiteren Verlauf des Kapitels eingegangen wird. Hier steht zunächst eine Untersuchung der Entwicklung der Leistungsausgaben im Mittelpunkt. Der in den letzten 30 Jahren beobachtete kontinuierliche Anstieg der Leistungsausgaben in beiden Sozialversicherungszweigen zeichnet sich in der Unfallversicherung nicht nur durch einen geringeren, sondern auch durch einen gleichmäßigeren Ausgabenzuwachs als in der Krankenversicherung aus (siehe Abbildung 11). Die Auswirkungen der Reformgesetze v. a. in den Jahren 1993 und 1997, die sich in deutlichen Ausgabenrückgängen äußern, sind in der Entwicklung der Leistungsausgaben in der Krankenversicherung deutlich zu erkennen. Dies hängt mit den in der GKV wiederholt vorgenommenen Einschränkungen des Leistungsumfangs - beispielsweise die Einführung der Festbeträge und der Zuzahlungen bei Arzneimitteln, die Kürzung des Krankengeldes und der zeitlichen Begrenzung der Rehabilitationsleistungen sowie die Einschränkung der Kostenübernahme bei Zahnersatzleistungen - zusammen.

Abbildung 11: Entwicklung der Leistungsausgaben in GKV und GUV (1975 - 2000)

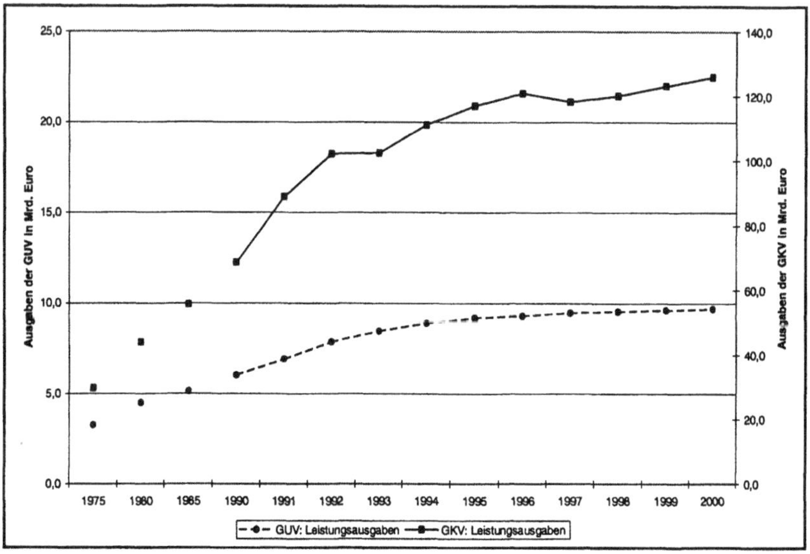

Quelle: BMA, BMG. Eigene Darstellung.

Aufgrund der geringen Aussagekraft der absoluten Kostenbeträge ist es aufschlußreicher, die indexierten Ausgabenentwicklungen zu analysieren. Bezogen auf das Basisjahr 1975 (siehe Abbildung 12) zeigt sich ein stärkerer Ausgabenzuwachs in der GKV als in der GUV, der sich bereits vor der Wiedervereinigung abzeichnete. Gleichwohl gelang es, durch die staatlichen Eingriffe die Wachstumsraten etwas zu verringern. Vor allem aus Abbildung 13, in der das Jahr 1991 als Bezugsjahr gewählt wurde, geht hervor, daß sich die Entwicklung der Leistungsausgaben auf vergleichbarem Niveau bewegt. Dies wurde aber nur dadurch ermöglicht, daß die Kostendämpfungsmaßnahmen wiederholt zu Rückgängen der Leistungsausgabenentwicklung in der GKV geführt haben, die aufgrund der höheren Ausgabensteigerungen jedoch nach wenigen Jahren wieder ausgeglichen wurden. Mithin konnte das Wachstum der GKV-Leistungsausgaben nicht nachhaltig verringert werden.

Anders hingegen in der GUV. Hier erkennt man ab dem Jahr 1993 zwar keinen Rückgang der Ausgaben, aber immerhin eine deutliche Abflachung der Ausgabenkurve (siehe Abbildung 11). Diese Entwicklung ist um so erstaunlicher, wenn man bedenkt, daß der Leistungskatalog der Unfallversicherung stetig erweitert wurde, z. B. durch die Neuaufnahme von Erkrankungen in den Berufskrankheitenkatalog.[272] Derartige Erweiterungen des Leistungskatalogs wurden vollzogen, ohne daß die Unfallversicherungsträger von den parallel durchgeführten kostendämpfenden Eingriffen in den GKV-Leistungskatalog - mit Ausnahme der Festbeträge für Arznei- und Heilmittel - profitieren konnten.[273] Ferner wurden im Rahmen der Wiedervereinigung den Unfallversicherungsträgern die Versicherungsfälle aus den neuen Ländern willkürlich nach Geburtsdaten der Versicherten und nicht nach Branchenzuständigkeit zugeteilt, um einen schnellen, wirksamen und unkomplizierten Übergang zu vollziehen. Dies war mit einer Durchbrechung des Versicherungsprinzips innerhalb der Branchenzuständigkeit der Berufsgenossenschaften verbunden, da nicht ausgeschlossen werden konnte, daß Berufsgenossenschaften, die einen normalerweise sehr unfallarmen Bereich betreuten, mit kostenintensiven Fällen aus Gewerbezweigen mit hohem Unfallrisiko konfrontiert wurden. Zwar war mit der Ausdehnung der Zuständigkeit der Unfallversicherungsträger auf das Beitrittsgebiet auch ein erhöhtes Beitragsaufkommen verbunden, allerdings konnte dies aufgrund der schlechten Wirtschaftslage in den neuen Ländern die gestiegenen Leistungsausgaben nicht ausgleichen. Die Problematik des Auseinanderklaffens von Beitragseinnahmen und Leistungsausgaben bestand zwar auch in der GKV, allerdings nicht in solch starkem Ausmaß. Hinzu kommt, daß die Sicherheitsvorkehrungen in den ostdeutschen Betrieben zum Zeitpunkt der Wiedervereinigung nicht den berufsgenossenschaftlichen Standards entsprachen.[274]

---

272 Vgl. HAUPTVERBAND DER GEWERBLICHEN BERUFSGENOSSENSCHAFTEN [1993], S. 35 f. Danach wurden allein im Jahr 1988 vier neue Berufskankheiten anerkannt. Die letzte Ausweitung der BK-Liste fand im August 2002 statt, vgl. FRANKFURTER ALLGEMEINE ZEITUNG, Nr. 188 (15. August 2002), S. 12.

273 Wobei bei den Arznei- und Hilfsmitteln in der GUV die Festbeträge einfacher umgangen werden können als in der GKV.

274 Expertengespräch mit Herrn BÄDER, Herrn WIRTHL und Herrn GÖRG (LANDESVERBAND HESSEN-MITTELRHEIN UND THÜRINGEN DER GEWERBLICHEN BERUFSGENOSSENSCHAFTEN, Mainz) am 09.09.2002.

Abbildung 12: Entwicklung der indexierten Leistungsausgaben in GKV und GUV (1975 = 100)

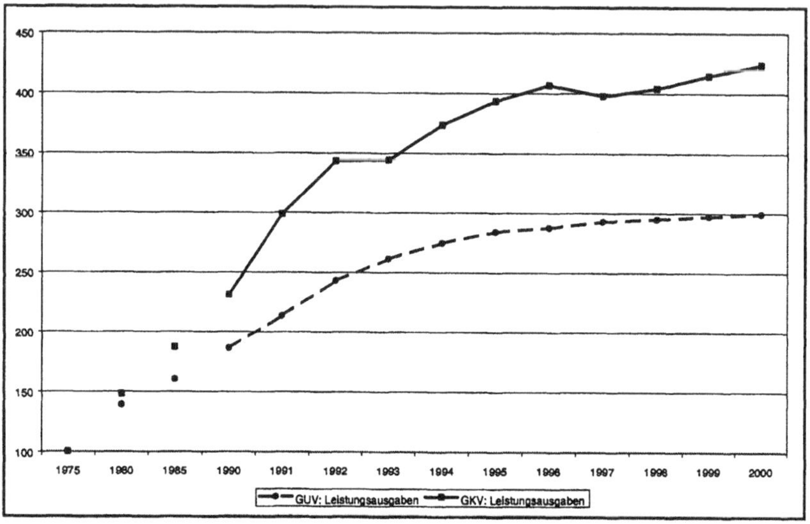

Quelle: BMA, BMG. Eigene Darstellung.

Abbildung 13: Entwicklung der indexierten Leistungsausgaben in GKV und GUV (1991 = 100)

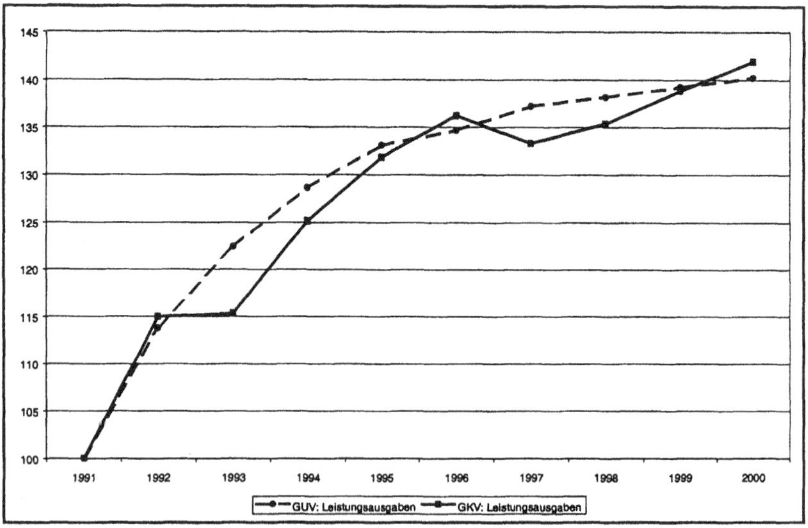

Quelle: BMA und BMG. Eigene Darstellung.

3.2 Entwicklung der Ausgaben für Prävention

Bevor das Augenmerk auf die medizinischen Versorgungsbereiche in der GKV und der GUV gelenkt wird, lohnt sich ein Blick auf die Präventionsausgaben, wo ebenfalls deutliche Entwicklungsunterschiede zwischen den Versicherungszweigen zu Tage treten (siehe Abbildung 14).[275] Während das absolute Niveau in beiden Versicherungszweigen zunächst ähnlich gering ist, klaffen ab 1980 die Ausgaben bis etwa 1993 weit auseinander, um sich in den Jahren 1993 und 1997 kurzfristig etwas anzunähern. Obwohl die Ausgaben in der GKV deutlich über denjenigen in der GUV liegen, ist der Abstand zwischen den Ausgabenniveaus sehr viel geringer als bei den Heilbehandlungsausgaben, wie im folgenden noch zu zeigen sein wird. Dies erklärt sich teils bereits aus dem geringen Anteil der Präventionsausgaben an den gesamten Leistungsausgaben der Krankenkassen und ist ein Indiz für die vornehmlich kurative Ausrichtung der GKV.

Abbildung 14: Entwicklung der Präventionsausgaben in GKV und GUV (1975 - 1999)

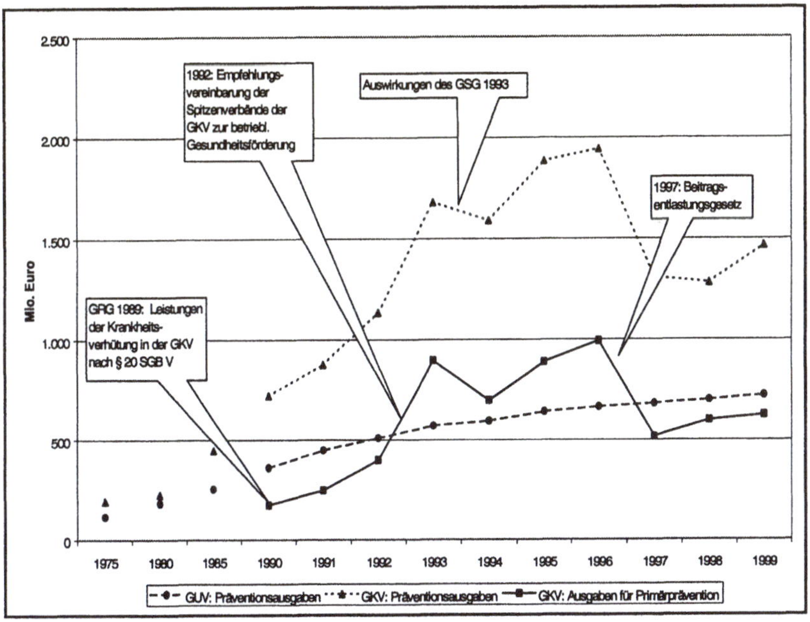

Quelle: BMA, BMG. Eigene Darstellung.

---

275 Der Vergleich auf dem Gebiet der Prävention setzt aufgrund von Unzulänglichkeiten des statistischen Datenmaterials v. a. in der GKV erst mit dem Jahr 1975 ein.

Abbildung 15: Entwicklung der indexierten Präventionsausgaben (1975 = 100)

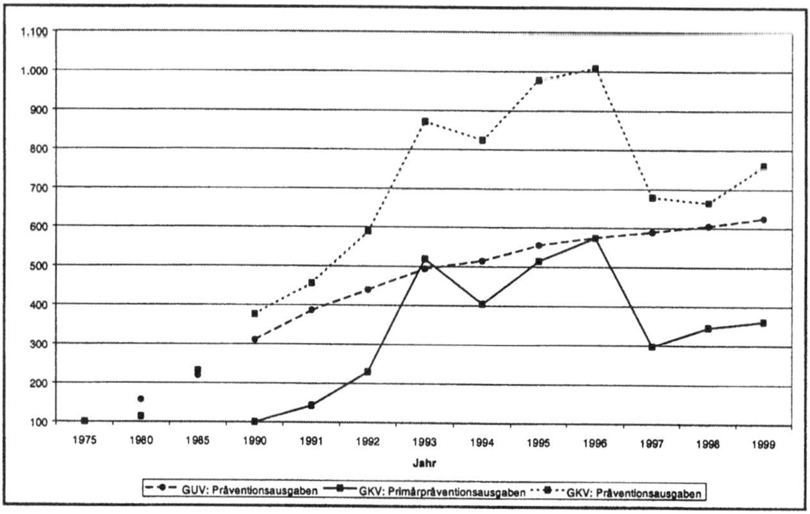

Quelle: BMA, BMG. Eigene Darstellung.

Abbildung 16: Entwicklung der indexierten Präventionsausgaben (1991 = 100)

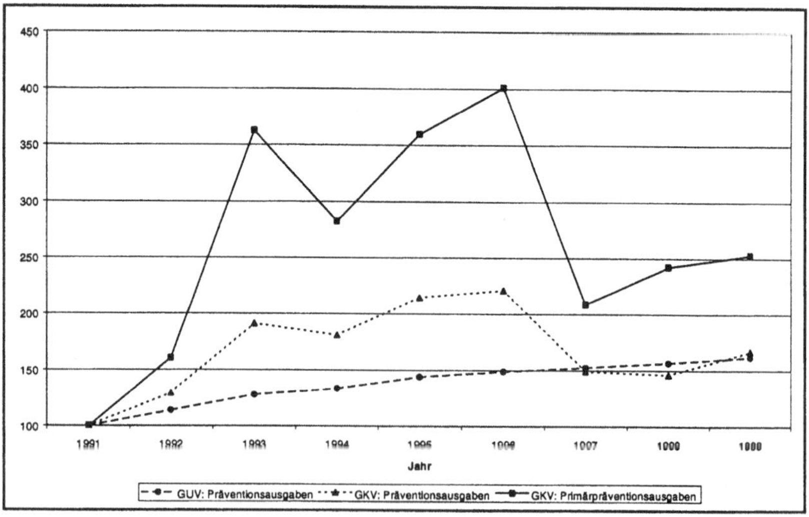

Quelle: BMA, BMG. Eigene Darstellung

Für eine genauere Untersuchung ist eine Differenzierung des Präventionsausgabenblocks erforderlich. Da in der GUV in erster Linie primäre Prävention betrieben wird, sind damit die oben zusammengefaßten Aufwendungen der Gesetzlichen Krankenkassen nicht direkt vergleichbar. Die Ausgaben der Kassen für Früherkennungsmaßnahmen sind als Sekundärprävention einzustufen und somit aus dem Kostenblock zur Primärprävention herauszufiltern. Das sich ergebende Bild unterscheidet sich von der Ausgangssituation durch die spätere Aufnahme der Primärprävention in den GKV-Leistungskatalog.[276] Dies ist bedingt durch die Entwicklung der Gesetzeslage, die auch für die starken Schwankungen der Ausgaben in der GKV verantwortlich ist. Während die Unfallversicherungsträger seit 1975 ihre Maßnahmen zur Vorbeugung von Unfällen und Berufskrankheiten gleichmäßig ausbauen, steigern die Krankenversicherungsträger ihre primäre Präventionstätigkeit Anfang der neunziger Jahre mit Wachstumsraten von jährlich über 40 %.[277] Wie man in den Abbildungen 15 und 16 erkennt, erhöhte sich das Ausgabenniveau in der GKV während der neunziger Jahre wesentlich stärker als in der Unfallversicherung. Bei einer Betrachtung indexierter Werte ab dem Jahr 1975 bleibt die GKV-(Primär-)Prävention bis auf die Jahre 1993 und 1996 hinter der GUV-Prävention zurück, nicht jedoch ohne starken Schwankungen zu unterliegen.

Aus Abbildung 16 geht hervor, daß der größte Einfluß auf die Schwankungen der Präventionsausgaben in der GKV von der primären Krankheitsverhütung ausgeht. Nachdem im Jahr 1992 eine Empfehlungsvereinbarung der Spitzenverbände der GKV zur betrieblichen Gesundheitsförderung in Zusammenarbeit mit den Unfallversicherungsträgern verabschiedet worden war, setzte eine starke Aktivität in diesem Bereich ein, was durch die fehlende Ausgabenbegrenzung gefördert wurde. In der Folge des GSG 1993 und der Budgetierung wichtiger Leistungsbereiche kam es zu einem Rückgang der Ausgaben für die Krankheitsverhütung. Allerdings hielten die Ausgabenrückgänge nicht lange vor, da bereits 1996 der ehemalige Höchststand von 1994 übertroffen wurde. Im Zuge der Ausweitung der Kassenwahlfreiheit für die Versicherten wurden Präventionsangebote als Marketingmaßnahmen zur Versichertenbindung intensiv genutzt. Mit dem Beitragsentlastungsgesetz und der Beschneidung der primären Präventionstätigkeiten der Krankenkassen kam es jedoch im Jahr 1997 zu einem erneuten und größeren Ausgabenrückgang, der allerdings nur zwei Jahre anhielt. Aktuellere Daten liegen nicht vor, da aber im Zuge der Gesundheitsreform 2000 eine Option der Gesetzlichen Krankenkassen zur Durchführung von Maßnahmen der

---

[276] Die Zuständigkeit der Krankenkassen für die Krankheitsverhütung wurde erst mit der Einführung des § 20 SGB V durch das GRG 1989 verankert. Vgl. BELLWINKEL, M. [1998], S. 265.

[277] Die Änderungsrate zwischen den Jahren 1992 bis 1993 beträgt sogar 125 %. Siehe Anhang A 2.6.

betrieblichen Gesundheitsförderung - wenn auch budgetiert - wieder eingeführt wurde, ist ein erneuter Ausgabenanstieg nicht ausgeschlossen.

Die Wirkungen der Präventionsmaßnahmen in der GKV sind - wenn überhaupt - nur sehr schwer nachzuweisen. Dagegen sind Anzeichen einer erfolgreichen Präventionspraxis in der GUV erkennbar, wobei die Auswirkungen des Beitritts der neuen Länder zum Bundesgebiet und ein daraus resultierender vorübergehender Anstieg der Versicherungsfälle ab dem Jahr 1991 berücksichtigt werden muß. Dennoch läßt sich bei den Arbeitsunfällen ein kontinuierlicher Rückgang ab dem Jahr 1992 beobachten (siehe Abbildung 17).

Abbildung 17: Entwicklung der Arbeitsunfälle in der GUV (1985 - 2000)

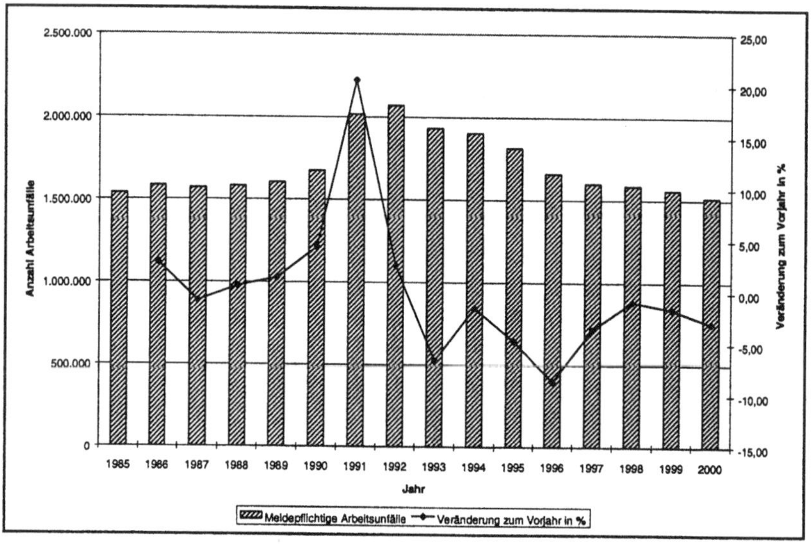

Quelle: BMA. Eigene Darstellung.

Auch vor der Wiedervereinigung zeigten sich die positiven Auswirkungen der Prävention darin, daß in den achtziger Jahren das Niveau der Unfallhäufigkeit in den alten Ländern größtenteils deutlich unter dem Niveau der siebziger Jahre lag.[278] Einschränkend muß darauf hingewiesen werden, daß die positive Entwicklung bei den Arbeitsunfällen nicht allein am Rückgang der absoluten Zahlen festgemacht werden darf, sondern an der Entwicklung der Unfälle je 1.000 Vollarbeiter ausgerichtet werden muß, da dies Verzerrungen beispielsweise durch

[278] Vgl. Tabelle A 3.1 im Anhang.

vermehrte Teilzeitbeschäftigungsverhältnisse vermeidet.[279] Doch bleibt die Tendenz zu einer geringeren Unfallhäufigkeit auch dann noch erhalten.

Abbildung 18: Entwicklung der Berufskrankheiten in den gewerblichen Berufsgenossenschaften (1985 - 2000)

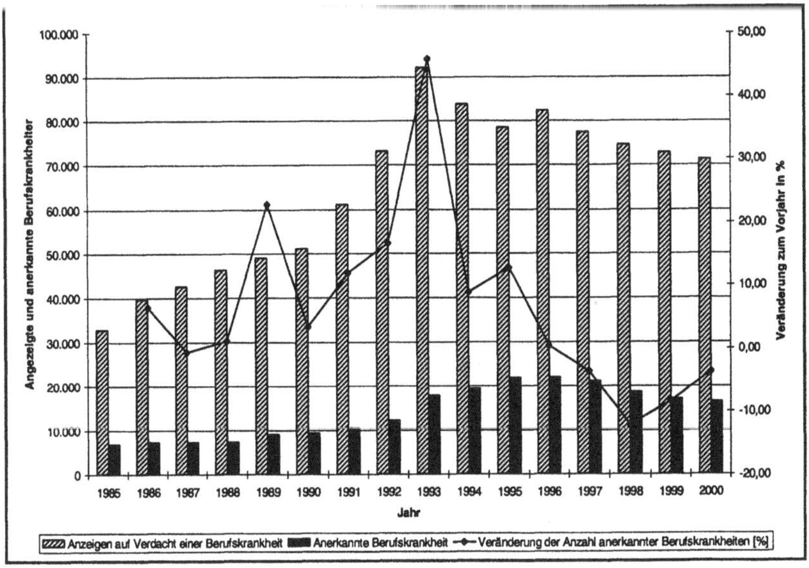

Quelle: BMA. Eigene Darstellung.

Auch bei den Berufskrankheitenfällen ist ein Abwärtstrend erkennbar (siehe Abbildung 18): Sowohl die Zahl der angezeigten Verdachtsfälle als auch die der tatsächlich anerkannten Krankheiten sinkt ab 1996 bzw. 1995 kontinuierlich.[280] Anders als die Berufsunfälle, zeigt die Entwicklung der Berufskrankheiten jedoch mehr Unregelmäßigkeiten. Dies hängt einerseits mit den zeitlichen Verzögerungen zwischen Verdachtsanzeige und offizieller Anerkennung, andererseits mit der ständigen Erweiterung des Berufskrankheitenkatalogs zusammen. Wie im Abschnitt D 4.2 erläutert wird, sind bei vielen Berufskrankheiten lange Latenzzeiten zu beachten, so daß die Ursachen für angezeigte Berufskrankheiten

---

279 Unter einem Vollarbeiter wird eine Vollzeitarbeitskraft verstanden.

280 Die Betrachtung beschränkt sich hier auf die gewerblichen Berufsgenossenschaften. Dies liegt darin begründet, daß die statistische Erfassung der auf Berufskrankheiten zurückgehenden Versicherungsfälle dort umfassender ist als bei den restlichen Unfallversicherungsträgern. Diese Einschränkung ist auch damit zu rechtfertigen, daß im Jahr 1999 etwa 88 % aller anerkannten Berufskrankheiten auf Versicherte der gewerblichen Berufsgenossenschaften entfielen. Quelle: Eigene Berechnungen nach BMA.

lange zurückliegen können. Folglich sind die Erfolge von Schutzmaßnahmen nicht immer kurzfristig erkennbar.

Weitestgehend außerhalb des unmittelbaren Wirkungsbereichs der berufsgenossenschaftlichen Prävention liegen die Wegeunfälle (siehe Abbildung 19). Die Entwicklung unterliegt daher keinem erkennbaren Trend. Lediglich die Wiedervereinigung hinterläßt ihre Spuren in einem einmaligen Ansteigen der Anzahl der Wegeunfälle ab dem Jahr 1991. Ungeachtet dieses Stufeneffekts ist das Unfallrisiko absolut gesehen deutlich geringer als bei den Arbeitsunfällen.

Abbildung 19: Entwicklung der Wegeunfälle (1985 - 2000)

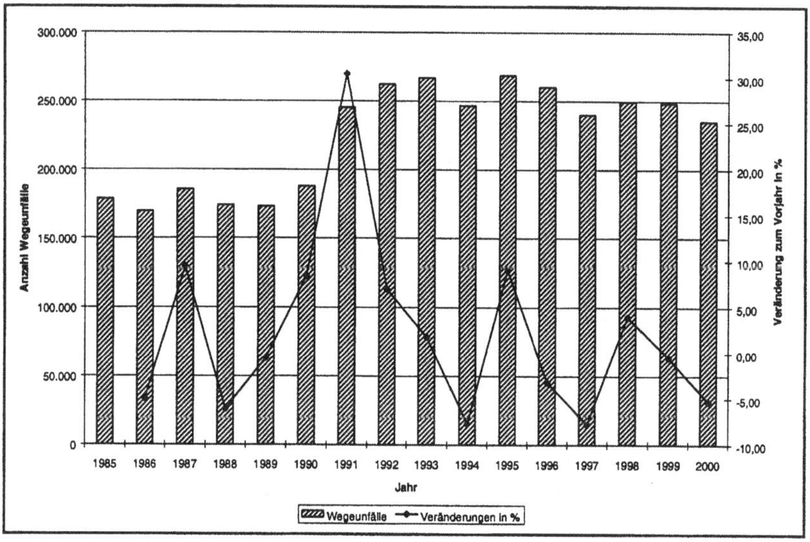

Quelle: BMA. Eigene Darstellung.

Der Rückgang der Versicherungsfälle hat einen positiven Einfluß auf die Entwicklung der Zahl der beruflich bedingten Todesfälle (siehe Abbildung 20). Hier zeigt sich ein deutlicher Rückgang der Todesfallzahlen v. a. bei den Arbeitsunfällen ab 1970, wobei es infolge der Wiedervereinigung zu einer Zunahme zu Beginn der neunziger Jahre kommt. Allerdings setzt sich anschließend der Abwärtstrend bei der Entwicklung der Anzahl der Todesfälle fort. Auffällig ist hier, daß die Anzahl der Todesfälle durch Berufskrankheiten ab dem Jahr 1993 die der tödlichen Arbeitsunfälle übersteigt. Damit wird klar, daß die Berufskrankheiten zunehmend an Bedeutung gewinnen.[281]

Abbildung 20: Entwicklung der Zahl der tödlichen Unfälle und Berufskrankheiten (1970 - 2000)[i)]

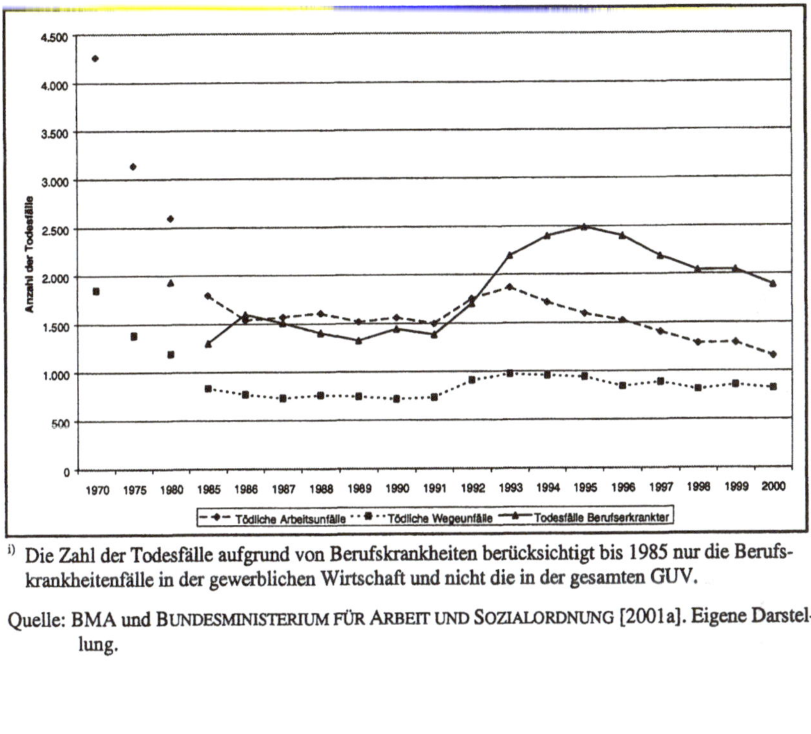

i) Die Zahl der Todesfälle aufgrund von Berufskrankheiten berücksichtigt bis 1985 nur die Berufskrankheitenfälle in der gewerblichen Wirtschaft und nicht die in der gesamten GUV.

Quelle: BMA und BUNDESMINISTERIUM FÜR ARBEIT UND SOZIALORDNUNG [2001a]. Eigene Darstellung.

3.3 Entwicklung der Ausgaben in der ambulanten Versorgung

Eine genauere Untersuchung der Leistungsausgaben in den einzelnen Versorgungssektoren liefert überraschende Ergebnisse. In der ambulanten Heilbehandlung bewegen sich erwartungsgemäß die absoluten Ausgaben der Gesetzlichen Krankenkassen auf wesentlich höherem Niveau als die der Berufsgenossenschaften (siehe Abbildung 21). Die Indexierung der Ausgaben auf das Jahr 1975 ergibt jedoch, daß die Ausgaben für ambulante Heilbehandlung in der GUV stärker angestiegen sind als die für ambulante ärztliche Behandlung in der GKV und seit den neunziger Jahren diese sogar übertroffen haben. Diese Tendenz verstärkt

281 Siehe Kapitel D 4.2 in diesem Teil der Arbeit, in dem die Berufskrankheitenproblematik eingehend erläutert wird.

sich im Zeitablauf, wie man bei der Betrachtung der indexierten Ausgabenwerte für die ambulante ärztliche Versorgung ab dem Basisjahr 1991 erkennt (siehe Abbildung 22 und 23).

Abbildung 21: Entwicklung der Ausgaben im ambulanten Sektor in GKV und GUV (1975 - 2000)

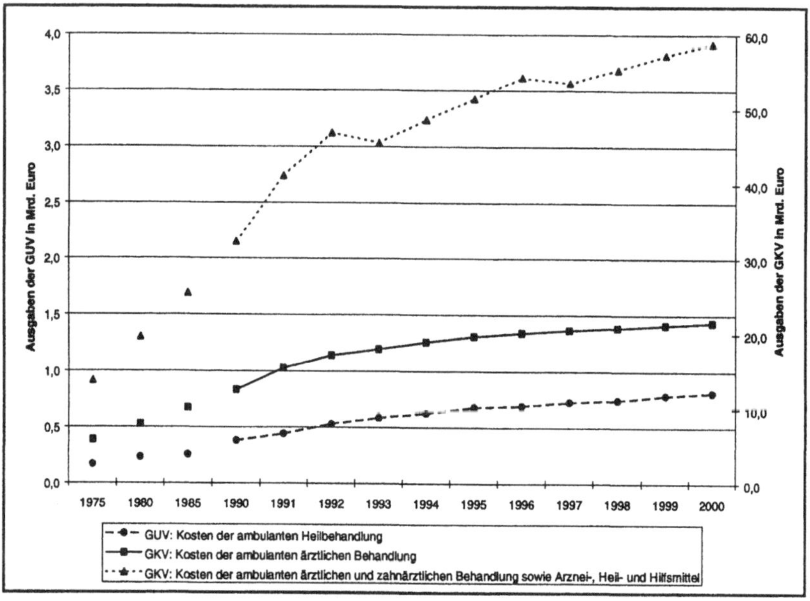

Quelle: BMA, BMG. Eigene Darstellung.

An dieser Stelle muß kritisch angemerkt werden, daß die in der GUV-Statistik erfaßten Ausgaben für ambulante Heilbehandlung umfassender sind als die in dieser Betrachtung gegenübergestellten Ausgaben für ambulante ärztliche Behandlung in der GKV. So sind zum einen in den GKV-Statistiken die Ausgaben für Arznei-, Verband-, Heil- und Hilfsmittel sowie die Kosten zahnärztlicher Behandlung gesondert ausgewiesen, was in den GUV-Statistiken nicht der Fall ist. Zum anderen ist die Heilbehandlung in der GUV anders als in der GKV nicht durch die strikte Abgrenzung der Versorgungssektoren (sog. „vertikale Versäulung"[282]) gekennzeichnet, so daß eine ambulante Heilbehandlung durchaus auch von einem D-Arzt in einem Krankenhaus durchgeführt worden sein kann, wenn dieses zum Verletzungsartenverfahren zugelassen ist und die Art und Schwere

[282] EICHHORN, S.; SCHMIDT-RETTIG, B. [1998], S. 6.

der Verletzung eine ambulante Behandlung erlaubt. Darüber hinaus ist auch die ambulante berufsgenossenschaftliche Rehabilitation (z. B. EAP) in den ambulanten Heilbehandlungskosten enthalten. Diese Verzerrungen lassen sich nicht aus dem vorliegenden Datenmaterial entfernen. Es ist jedoch möglich, die ambulante ärztliche Behandlung in der GKV, die Ausgaben für Arznei-, Verband-, Heil und Hilfsmittel sowie die Kosten der zahnärztlichen Behandlung (exklusive Zahnersatz) zusammenzufassen. Auf die Einbeziehung der ambulanten Rehabilitation in der GKV wird hier verzichtet, da diese selbst mit ihrem Höchstwert im Jahr 1991 nur einen Anteil von 13,79 % an den gesamten Rehabilitationsausgaben erreichte und damit nicht einmal ein halbes Prozent der „erweiterten" ambulanten Behandlungskosten ausmacht. Die vergleichsweise günstigere Ausgabenentwicklung der GKV bleibt jedoch auch bei dieser Gegenüberstellung bestehen, wie aus den Abbildungen 22 und 23 hervorgeht.

Abbildung 22: Entwicklung der indexierten Ausgaben für ambulante Behandlung (1975 = 100)

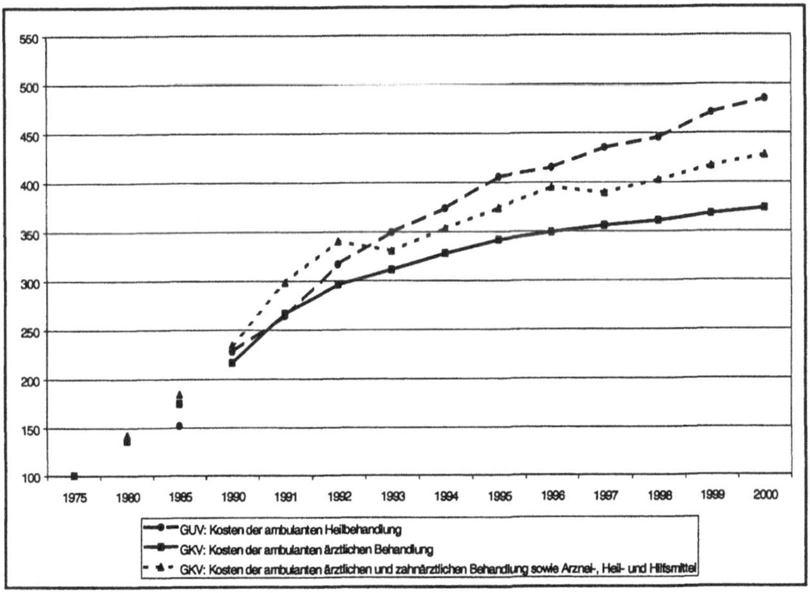

Quelle: BMA, BMG. Eigene Darstellung.

Abbildung 23: Entwicklung der indexierten Ausgaben für ambulante Behandlung (1991 = 100)

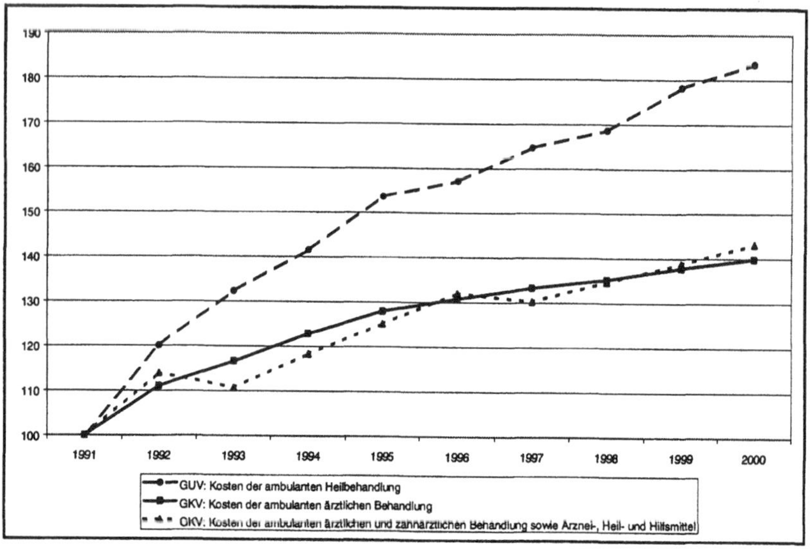

Quelle: BMA, BMG. Eigene Darstellung.

In Abbildung 21 wird die Einbeziehung der zahnärztlichen Versorgung und der Arznei-, Heil- und Hilfsmittel in die Kosten der ambulanten ärztlichen Versorgung durch das höhere Ausgabenniveau, aber auch durch den stärker schwankenden Verlauf der Ausgaben in der GKV erkennbar. Diese Schwankungen sind in erster Linie auf die Arzneimittel, die im Jahr 1999 immerhin ein Drittel der aggregierten ambulanten Heilbehandlungskosten der GKV ausmachen, zurückzuführen, da die Ausgaben hierfür seit dem GSG für den betrachteten Zeitraum budgetiert sind.[283] Zugleich wurden die Arzneimittelpreise herabgesetzt.[284] Für den zweiten, nur leichten Rückgang der Behandlungsausgaben im Jahr 1997 ist

[283] Das Gewicht der *Arzneimittel* in der GKV (etwa 32 % der ambulanten Heilbehandlungskosten) ist deutlich größer als bei den gewerblichen Berufsgenossenschaften (etwa 10 % der ambulanten Heilbehandlungskosten), weshalb Regelungen zur Reduktion der Kosten für Arzneimittel in der GKV deutlichere Auswirkungen haben. Anders verhält es sich mit den Ausgaben für *Hilfsmittel*. Deren Anteil lag im Jahr 1999 bei ca. 18 % der ambulanten Heilbehandlungskosten der gewerblichen Berufsgenossenschaften. Dagegen summierten sich die Ausgaben für *Hilfs- und Heilmittel* in der GKV auf 17 % der ambulanten Behandlungskosten. Einschränkend muß hier erwähnt werden, daß die Werte für die gewerblichen Berufsgenossenschaften auf der Hochrechnung einer Sondererhebung auf Stichprobenbasis erfolgen und daher nur Näherungswerte sind. Quelle: BMG und Anfrage beim HAUPTVERBAND DER GEWERBLICHEN BERUFSGENOSSENSCHAFTEN.

[284] Vgl. BUNDESMINISTERIUM FÜR ARBEIT UND SOZIALORDNUNG [1998b], S. 148.

die in den Neuordnungsgesetzen verankerte Erhöhung der Zuzahlungen der Versicherten zu Arzneimitteln verantwortlich. Die Betrachtung der relativen Ausgabenentwicklung ab dem Jahr 1975 zeigt, daß sich bis zum Jahr 1992 die ambulanten Heilbehandlungskosten der Berufsgenossenschaften und die Ausgaben für ambulante ärztliche Heilbehandlung, zahnärztliche Behandlung und Arznei-, Verband-, Heil- und Hilfsmittel der Krankenkassen fast gleich entwickeln. Ab dem Jahr 1993 steigen die Ausgaben der Berufsgenossenschaften jedoch stärker an als die Ausgaben der Krankenkassen.

Informativ ist auch die Gegenüberstellung der Krankenkassenausgaben für ambulante ärztliche Behandlung einerseits und für ambulante ärztliche und zahnärztliche Behandlung sowie Arznei-, Heil- und Hilfsmittel andererseits. Dabei ist v. a. anhand der Indexierung auf das Jahr 1991 erkennbar, daß letztere trotz wiederholter staatlicher Eingriffe stärker anwachsen als die Ausgaben für die vertragsärztliche Behandlung allein (siehe Abbildung 23). Daraus läßt sich der Schluß ziehen, daß die Arznei-, Heil- und Hilfsmittel zu den treibenden Kostenfaktoren in der GKV zählen, zumal die Kosten der zahnärztlichen Behandlung ohne Zahnersatz in den letzten Jahren vergleichsweise moderat gestiegen sind.[285]

Verzerrend beim Vergleich zwischen GKV und GUV tritt im ambulanten Sektor die ehemals unscharfe Trennung zwischen den beiden Sozialversicherungszweigen hinzu. Bis zu Beginn des Jahres 1991 wurde nicht zwischen Allgemeiner und Besonderer Heilbehandlung in der GUV unterschieden, sondern zwischen Kassenärztlicher und Berufsgenossenschaftlicher Heilbehandlung. Erstere kam - analog zur Allgemeinen Heilbehandlung - für kleine Gesundheitsschäden in Betracht, die Kosten wurden allerdings von den Krankenkassen und nicht von den Berufsgenossenschaften übernommen.[286] Erst mit dem GRG 1989 wurde eine eindeutige Trennung von GKV und GUV durch die konsequente Umsetzung des Kausalitätsprinzips in der GUV, nach dem deren Träger für alle durch einen Arbeitsunfall und eine Berufskrankheit verursachten Gesundheitsbeeinträchtigungen aufkommen muß, mit Wirkung zum 01. Januar 1991 beschlossen. Dadurch konnten auftretende Doppelansprüche der Versicherten vermieden werden.

Für die Unfallversicherungsträger bedeutete dies ein erhöhtes Ausgabenvolumen in der ambulanten Heilbehandlung, was wiederum zur Begründung des

285 Die Tabelle A 2.5 im Anhang 2 verdeutlicht diese Beobachtung anhand der Veränderungsraten zum Vorjahr.

286 Vgl. SCHULIN, B. [1996], § 9 RdNr. 3 ff.

höheren Ausgabenanstiegs in der GUV herangezogen werden kann.[287] Allerdings werden die Auswirkungen dieser genaueren Abgrenzung durch die Aufnahme der neuen Länder in die Versicherungsstatistiken und die damit einhergehenden Ausgabensteigerungen sowohl in der GKV als auch in der GUV überlagert, so daß keine Aussagen über das Ausmaß dieser Ausgabenumverteilung getroffen werden können. Es kann jedoch vermutet werden, daß die Unfallversicherungsträger damit nicht übermäßig belastet, ebenso wenig wie die Krankenversicherungsträger spürbar entlastet wurden, da es sich zumeist nur um „Bagatellfälle" handelte. Diese Schlußfolgerung kann aus der Betrachtung des Anteils der Leistungsausgaben für Hausärzte, die i. d. R. die Allgemeine Heilbehandlung durchführen, gezogen werden. Bei den gewerblichen Berufsgenossenschaften werden Sondererhebungen auf Stichprobenbasis durchgeführt, so daß Näherungswerte für diese Kostenanteile vorliegen: Im Jahr 1999 entfielen auf die Behandlung durch Hausärzte etwa 9 % der Arztkosten und etwa 5 % der ambulanten Heilbehandlungskosten.[288]

3.4 Entwicklung der Ausgaben in der stationären Versorgung

Die Entwicklung der Ausgaben für die stationäre Behandlung (siehe Abbildung 24) bestätigt für sich genommen die These, daß die Unfallversicherung eine günstigere Entwicklung aufweist als die Krankenversicherung. Auffällig bei der Betrachtung der indexierten Ausgabenentwicklung sind zwei Knickpunkte im Zeitverlauf, die beide in der GUV mit stärkeren Ausschlägen verbunden sind als in der GKV. Diese beiden abrupten Rückgänge hängen mit der Reform der Krankenhausvergütung zusammen, von der auch die Berufsgenossenschaften über die zum Verletzungsartenverfahren zugelassenen Krankenhäuser betroffen sind. Zu Beginn des Jahres 1993 wurde das Selbstkostendeckungsprinzip abgelöst und eine strikte Budgetierung der Krankenhausausgaben vorgeschrieben, die zwar den Ausgabenanstieg verlangsamen, aber nicht verhindern konnte.

1995/96 folgte die Einführung eines neuen Vergütungssystems aus Fallpauschalen, Sonderentgelten und Pflegesätzen.[289] Darüber hinaus wurde die strenge Budgetdeckelung im Krankenhaus im Jahr 1996 durch das Stabilisierungsgesetz rückwirkend um ein Jahr verlängert.[290] Dieses bremste in der GKV lediglich den

---

287 Es kann davon ausgegangen werden, daß es sich bei der - ehemals - Kassenärztlichen Versorgung nur um ambulante Behandlungsfälle handelte, da sonst ein Berufsgenossenschaftliches Heilverfahren eingeleitet worden wäre.

288 Quelle: Anfrage beim HAUPTVERBAND DER GEWERBLICHEN BERUFSGENOSSENSCHAFTEN.

289 Zur Entwicklung des Vergütungssystems im Krankenhausbereich siehe Kapitel C 1.3.2 im Teil I dieser Arbeit. Vgl. auch KEUN, F. [2001], S. 46 ff.

290 Vgl. ASMUTH, M.; BLUM, K. [1996], S. 36 f.

Ausgabenanstieg, während die GUV von einer absoluten Kostensenkung profitieren konnte, wenn auch nur vorübergehend. Damit wird die Auseinanderentwicklung der beiden Versicherungszweige, die durch die ohnehin geringeren Wachstumsraten der GUV-Ausgaben hervorgerufen wird, verschärft (siehe Abbildung 25 und 26).

Abbildung 24: Entwicklung der Ausgaben im stationären Sektor in GKV und GUV (1975 - 2000)

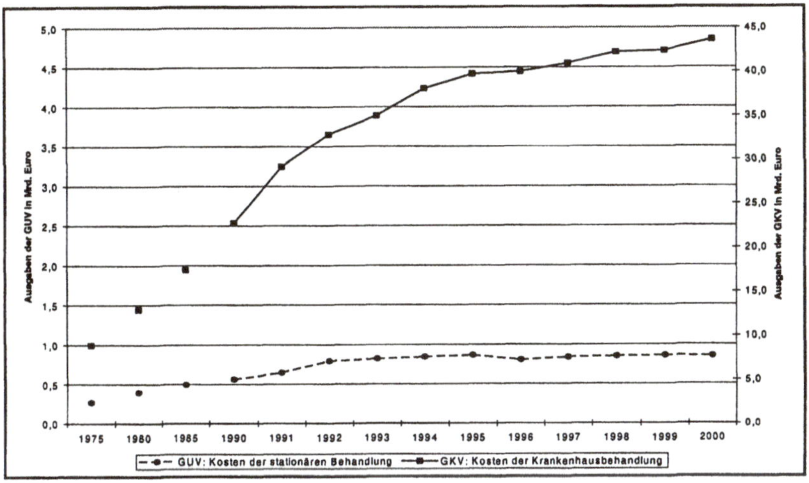

Quelle: BMA, BMG. Eigene Darstellung.

Allerdings muß auch hier eingeräumt werden, daß unterschiedliche statistische Erfassungssysteme die Aussagekraft des Vergleichs einschränken. Den stationären Behandlungskosten in der GUV werden die Kosten der Krankenhausbehandlung in der GKV gegenübergestellt. Demnach ist im ersten Fall die Art der Behandlung entscheidend, während im zweiten Fall der Ort oder eher der Versorgungssektor ausschlaggebend ist. Dies beinhaltet sowohl z. B. ambulante Operationen, die im Krankenhaus durchgeführt werden, als auch vor- und nachstationäre Leistungen. Aufgrund des geringen Ausgabenanteils der ambulant durchgeführten Leistungen im Krankenhaus von 0,34 % im Jahr 1998 fallen diese allerdings kaum ins Gewicht. Ferner wären - wie schon im ambulanten Sektor - die Kosten der stationären Rehabilitation und der Anschlußheilbehandlung zu den Kosten der Krankenhausbehandlung hinzuzurechnen. Dies würde jedoch nur zu einer Erhöhung des ausgewiesenen absoluten GKV-Ausgabenniveaus führen und keinen erkennbaren Einfluß auf die Entwicklung der Ausgaben im stationären Bereich haben.

Abbildung 25: Entwicklung der indexierten Ausgaben im Krankenhaussektor (1975 = 100)

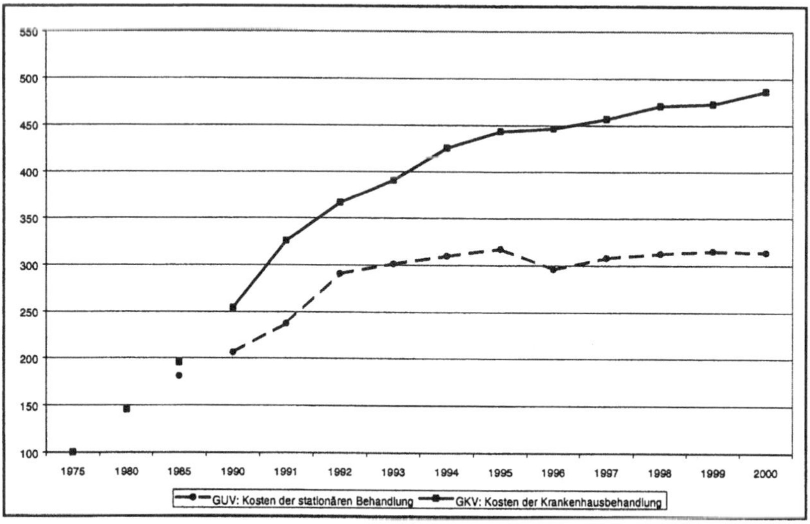

Quelle: BMA, BMG. Eigene Darstellung.

Abbildung 26: Entwicklung der indexierten Ausgaben im Krankenhaussektor (1991 = 100)

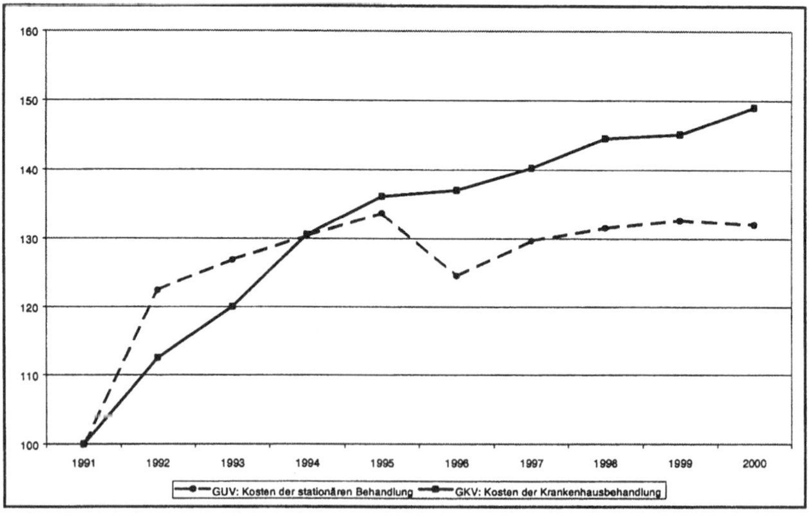

Quelle: BMA, BMG. Eigene Darstellung.

3.5 Entwicklung der Ausgabenverteilung auf die ambulante und die stationäre Versorgung

In diesem ersten Untersuchungsteil wurde gezeigt, daß die Unfallversicherung insgesamt eine geringere Zunahme der Kosten aufweist als die Krankenversicherung. Dahinter verbergen sich unterschiedliche Entwicklungen: Während im stationären Sektor die GUV-Ausgaben langsamer ansteigen als die GKV-Ausgaben, ist bei der ambulanten Behandlung die gegenteilige Entwicklung beobachtbar. Gerade bei der stationären Behandlung können daher nachhaltige Auswirkungen der Vergütungsreformen im Krankenhaus in Form einer erhöhten Wirtschaftlichkeit der Behandlung vermutet werden. Diese Vermutung wird gestützt durch die Beobachtung eines langsameren Anstiegs der Krankenhausausgaben in den Jahren nach einer Vergütungsreform.

Ein wichtiges Unterscheidungsmerkmal zwischen der Kranken- und der Unfallversicherung liegt in der Verteilung der Ausgaben auf die verschiedenen Versorgungssektoren - wobei eine solche Ausgabenzuordnung aufgrund der Datenlage allerdings mit Problemen verbunden ist. Während in der GUV zu Beginn des Untersuchungszeitraums im Jahr 1970 die ambulante und die stationäre Heilbehandlung mit Anteilen von knapp über 20 % der medizinischen Leistungsausgaben (ohne die Rentenzahlungen und die berufsfördernden Leistungen) fast übereinstimmten, entwickelten sich die jeweiligen Anteile bis zum Jahr 1985 auseinander, wobei der Schwerpunkt auf der stationären Behandlung mit einem Anteil von fast 31 % an den Leistungsausgaben lag (siehe Abbildung 27). Der Anteil der ambulanten Heilbehandlung sank dagegen auf rund 16 % ab. Von diesem Zeitpunkt an gewann diese jedoch gegenüber der stationären Heilbehandlung wieder konstant an Bedeutung. Zwar lag im Jahr 2000 der Anteil der stationären Heilbehandlung mit fast 23 % knapp einen Prozentpunkt über dem der ambulanten Heilbehandlung, doch läßt sich diese Entwicklung auf zwei isoliert oder kombiniert auftretende Faktoren zurückführen: Sie kann zum einen darauf beruhen, daß die Arbeitsunfälle und Berufskrankheiten aufgrund von wirksamen Schutzmaßnahmen weniger schwere Behandlungsanlässe hervorgerufen haben. Zum anderen kann eine gezielte Förderung der ambulanten Leistungserbringung für den Anteilszuwachs verantwortlich gemacht werden. Unter der Annahme, daß eine stationäre Behandlung i. d. R. teurer ist als eine ambulante, käme letzteres einer Erschließung von Einsparpotentialen gleich.

Abbildung 27: Entwicklung der Aufteilung der medizinischen Leistungsausgaben auf ambulante und stationäre Heilbehandlung in der GUV (1970 - 2000)[i)]

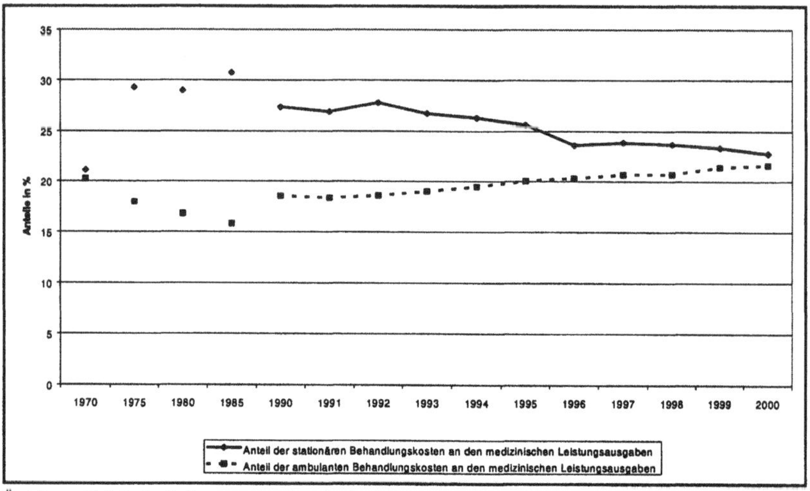

[i)] Als medizinische Leistungsausgaben in der GUV werden hier nur die Leistungsausgaben für die Heilbehandlung herangezogen, d. h. Rentenzahlungen und Leistungen zur Teilhabe am Berufsleben werden bei dieser Betrachtung ausgeschlossen.

Quelle: BMA, BMG. Eigene Darstellung.

In der GKV weist der Ausgabenanteil der reinen ärztlichen Behandlung im ambulanten Sektor eine eher fallende Tendenz auf, während der Arznei-, Heil- und Hilfsmittelverbrauch leicht an Bedeutung gewinnt - nach einem Rückgang im Jahr 1993 aufgrund der bereits erwähnten Preissenkungen für Arzneimittel und der Budgetierung der Ausgaben in diesem Bereich (siehe Abbildung 28). Der Anteil der Ausgaben für Krankenhausbehandlungen wuchs von 25 % im Jahr 1970 auf 34 % im Jahr 2000 und ist damit der größte Einzelleistungsbereich in der GKV, wenn man von der Sammelposition der ambulanten ärztlichen und zahnärztlichen Behandlung sowie den Arznei-, Heil- und Hilfsmitteln absieht. Auffällig ist, daß die Krankenhausausgaben in den Jahren 1992/93 und 1996/97 deutlich anstiegen. Genau in diese Perioden fallen Eingriffe in die Vergütungssysteme im Gesundheitswesen. Mit dem GSG 1993 wurde eine Budgetierung eingeführt mit der Maßgabe, daß die vertragsärztlichen Honorare höchstens im Gleichschritt mit der allgemeinen Lohnentwicklung steigen durften, im Jahr 1996 kam es zu einer Neukodierung des EBM und 1997 zur Einführung der Praxisbudgets. Gleichzeitig wurde - wie bereits erläutert - die Krankenhausvergütung umgestellt.

Abbildung 28: Entwicklung der Aufteilung der Behandlungskosten auf ambulante und stationäre Behandlung in der GKV (1970 - 2000)

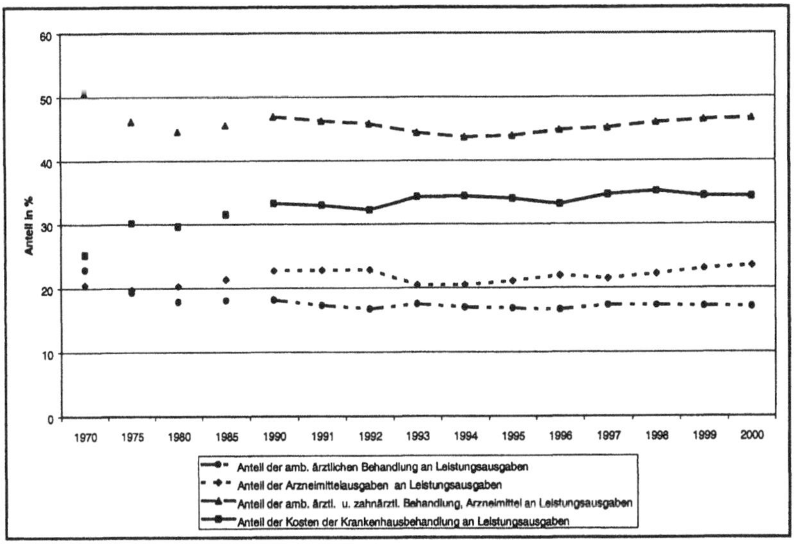

Quelle: BMA, BMG. Eigene Darstellung.

Die Zunahme des Anteils der stationären Behandlung widerspricht zumindest nicht der Annahme, daß Patienten aus dem ambulanten Sektor an den stationären Sektor verwiesen werden, um die vertragsärztlichen Budgets nicht unnötig zu strapazieren. Für diese Vermutung spricht auch, daß der Zuwachs des Anteils der stationären Versorgung nicht von einem sinkenden Anteil der Kosten der ambulanten Versorgung begleitet wird. Dies käme - bei unterstellter Konstanz der Fallzahlen - einer Substitution ambulanter durch stationäre Leistungen gleich, was allerdings angesichts der vorliegenden Entwicklung nicht wahrscheinlich ist, da es in den Jahren 1993 und 1997 sogar zu geringfügigen Zuwächsen der Ausgaben im ambulanten Bereich kam. Vor dem Hintergrund der gegensätzlichen Entwicklung zur GUV kann dies als ein Indiz für eine tendenzielle Überversorgung im Krankenhausbereich und ein Hinweis auf eine insgesamt nicht adäquate Versorgung sein. Beim Vergleich mit der Unfallversicherung ist jedoch Vorsicht geboten, da das Unfallgeschehen in der GUV - wie erläutert - rückläufig ist, wohingegen in der GKV die Leistungsinanspruchnahme bereits wegen der demographischen Entwicklung und des medizinisch-technischen Fortschritts zunimmt.

D Strukturelle Probleme beim Vergleich der Gesetzlichen Krankenversicherung und der Gesetzlichen Unfallversicherung

1 Vorbemerkungen

Die zuvor geschilderten Ausgabenverläufe führen vor dem Hintergrund der Lohnnebenkostenproblematik zu der Frage nach den Gründen für den deutlich mäßigeren Ausgabenanstieg und der damit einhergehenden stabilen Beitragssatzentwicklung in der GUV im Vergleich zur GKV. Ein Grund für die Zunahme des durchschnittlichen Beitragssatzes in der Krankenversicherung wird in der „Erosion der Finanzierungsgrundlagen"[291] gesehen. Während der Anteil der Ausgaben der GKV am BIP seit dem Jahr 1991 fast konstant geblieben ist und im Jahr 2001 bei 7,4 %[292] lag, wuchs der Anteil der GKV-Ausgaben an der Bruttolohn- und -gehaltssumme deutlich stärker.[293] Hieraus kann der Schluß gezogen werden, daß die Beitragsbemessungsgrundlage mit den Ausgaben in der GKV nicht Schritt halten konnte. Als Ursachen hierfür kommen die sinkende Lohnquote infolge hoher Arbeitslosigkeit und niedriger Tarifabschlüsse in Frage. Auch die Steuerpolitik, die die Lohneinkommen benachteiligt, spielt eine Rolle, da diese dazu beiträgt, daß die Attraktivität der Schwarzarbeit zunimmt und die Versicherten sich bei der Einkommenserzielung möglichst auf andere Einkunftsarten konzentrieren. Auch die Umverteilung von Aufgaben und Ausgaben zu Lasten der GKV ist zu berücksichtigen, da damit höhere Ausgaben ohne entsprechende Einnahmenzuwächse von den Krankenkassen übernommen werden müssen. Als Beispiele sei auf die Senkung der Krankenkassenbeiträge für Arbeitslose, die Aussetzung der Netto-Rentenanpassungen und auf Belastungen durch die Sozialversicherungsfreiheit der Aufwendungen für die „Riester-Rente" verwiesen.

Diese Argumente geben zwar Hinweise auf die Abhängigkeit der umlagefinanzierten und lohneinkommensbasierten Sozialversicherungssysteme von der konjunkturellen Entwicklung, beschränken sich allerdings auf die Betrachtung der Einnahmenseite der GKV. Daneben gibt es Probleme auf der Ausgabenseite, die für die deutlich schlechtere Ausgabenentwicklung in der Gesetzlichen Krankenversicherung im Vergleich zur Gesetzlichen Unfallversicherung mitverantwortlich sind und die im weiteren Verlauf dieser Arbeit den Schwerpunkt bilden. Da im Jahr 2000 ein Anteil von knapp 23 % der gesamten Leistungsausgaben der Unfallversicherungsträger auf die medizinische Versorgung der Folgen von

---

291 ROSENBROCK, R. [1999], S. 16. Vgl. auch BREYER, F. et al. [2001], S. 18 ff. und MEINHARDT, V.; SCHULZ, E. [2003], S. 105 ff.

292 Quelle: AOK BUNDESVERBAND.

293 Vgl. BREYER, F. et al. [2001], S. 18 ff.

Unfällen und Berufskrankheiten entfiel, sind zumindest in diesem Bereich die Bedingungen für eine Vergleichbarkeit der betrachteten Sozialzweige insofern gegeben, als Überlappungen bei den Leistungserbringern und den Indikationen vorliegen.

Bevor jedoch mit einem qualitativen Vergleich der beiden Sozialversicherungssysteme begonnen werden kann, muß auf einige grundlegende Unterschiede zwischen der Gesetzlichen Kranken- und der Gesetzlichen Unfallversicherung eingegangen werden. Strukturelle Unterschiede führen dazu, daß die Leistungsinanspruchnahme von verschiedenen Faktoren beeinflußt wird, so daß eine direkte Gegenüberstellung von GKV und GUV anfällig für Fehlinterpretationen ist. Dazu gehören neben den Unterschieden in der Versichertenstruktur die voneinander abweichenden Leistungsindikationen und differierende Prinzipien der Leistungsinanspruchnahme. Diese drei Merkmale haben über die quantitative Entwicklung der Leistungsinanspruchnahme unmittelbaren Einfluß auf die GKV- und GUV-Ausgabenentwicklung und tragen somit maßgeblich zu den hohen Kostensteigerungen in der GKV bei. In den folgenden Ausführungen wird auf diese strukturellen Unterschiede zwischen den beiden betrachteten Sozialversicherungszweigen vertiefend eingegangen.

2 Unterschiede in der Versichertenstruktur

Der große Unterschied zwischen dem jeweiligen Ausgabenvolumen der beiden betrachteten Sozialversicherungszweige erklärt sich bei näherer Untersuchung des Versichertenkreises. Während die GKV mit knapp über 70 Mio. Versicherten rund 90 % der Wohnbevölkerung in Deutschland umfaßt, von der ein Großteil jedes Jahr und häufig mehrmals die Dienste des Gesundheitswesens in Anspruch nimmt, ist die GUV - vereinfacht dargestellt - nur für den erwerbstätigen Teil der Bevölkerung sowie für Schüler und Studenten zuständig, soweit diese einen Arbeitsunfall erleiden oder sich eine Berufskrankheit zuziehen. Im Jahr 2000 belief sich die Anzahl der behandlungspflichtigen Fälle in der GUV, die hier als die Anzahl der meldepflichtigen Arbeitsunfälle und der anerkannten Anzeigen auf Berufskrankheiten definiert wird, auf 1,77 Mio. Dieser absolut eher geringen Zahl von Leistungsfällen standen in der GKV bereits im Jahr 1999 allein im Krankenhaussektor 14,5 Mio. stationäre Behandlungsfälle gegenüber.[294] Vor diesem Hintergrund überraschen die unterschiedlichen Größenordnungen der jeweiligen Ausgaben von GUV und GKV wenig.

[294] Quelle: BMG.

Abbildung 29: Anteile der AKV- und der KVdR-Mitglieder an den Beitragseinnahmen und den Leistungsausgaben (1970 - 2000)

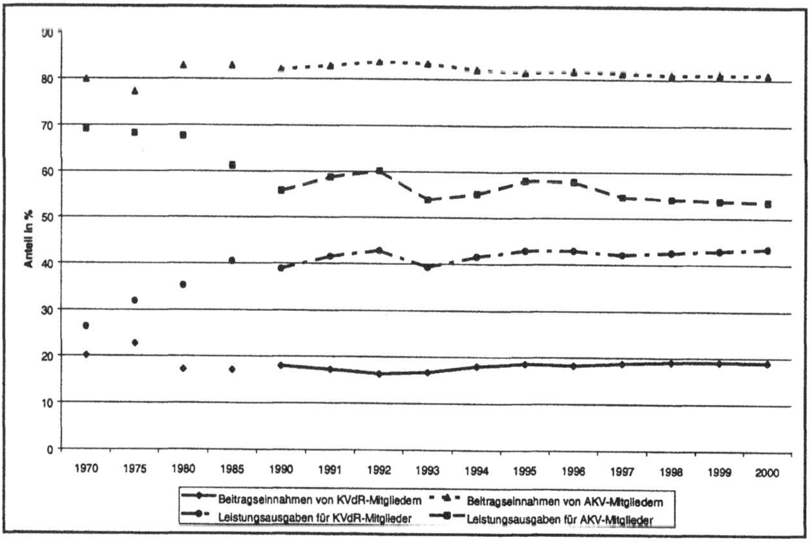

Quelle: BMG. Eigene Darstellung.

Da die Unfallversicherung an die Erwerbstätigkeit anknüpft, wird sie - mit Ausnahme der quantitativ nicht ins Gewicht fallenden und daher vernachlässigbaren Schülerunfallversicherung - nur vom berufstätigen Teil der Bevölkerung beansprucht. Dagegen schließt der Versichertenkreis der GKV auch den wachsenden Anteil älterer Menschen in der Gesellschaft ein. Angesichts der steigenden Lebenserwartung und der anhaltend niedrigen Geburtenrate ist zu befürchten, daß sich die steigende Anzahl von Rentnern als finanzielle Belastung für die Krankenkassen herausstellen wird. Zwar ist das Ausmaß der daraus folgenden Beitragssatzsteigerungen in der GKV umstritten[295], es ist aber erkennbar, daß die Mitglieder der KVdR (Krankenversicherung der Rentner) - gemessen an ihren

[295] Hierzu gibt es zwei Positionen: Nach der *Kompressionsthese* wirkt sich die leistungsfähige Medizin positiv auf die Morbidität im Alter aus, so daß nur kurz vor dem Tode die Inanspruchnahme von Gesundheitsleistungen stark zunimmt. Dagegen besagt die *Medikalisierungsthese*, daß die Morbidität mit steigendem Alter wächst. Infolgedessen kommt es zu einer demographisch bedingten Erhöhung der Gesundheitsausgaben. Unabhängig davon, welche Theorie die Realität besser erfaßt - die demographische Entwicklung führt auf jeden Fall zu einem Beitragsanstieg. Vgl. CASSEL, D. [2001], S. 87 f. Nach Meinung von RAFFELHÜSCHEN, B.; FETZER, S.; MOOG, S. [2001], S. 14. führt die demographische Entwicklung isoliert betrachtet zu einem Beitragssatzanstieg von 3,3 Prozentpunkten bis zum Jahr 2040 gegenüber dem Beitragssatz des Jahres 1999 und 3,6 Prozentpunkten bis zum Jahr 2055.

Beitragszahlungen - einen überdurchschnittlich hohen Anteil der Leistungsausgaben für sich beanspruchen. Im Jahr 1970 waren etwa 26 % der GKV-Mitglieder in der KVdR. Sie kamen für 20 % der Einnahmen auf, verursachten aber 26 % der Leistungsausgaben. Im Jahr 2000 waren dagegen bereits fast 30 % aller GKV-Mitglieder in der KVdR. Auf sie entfielen nur 19 % der Beitragseinzahlungen, hingegen rund 43 % der Leistungsausgaben. Entsprechend umgekehrt verläuft die Entwicklung bei den Mitgliedern der AKV (Allgemeine Krankenversicherung), wie Abbildung 29 verdeutlicht. Das Auseinanderklaffen der Einnahmen von KVdR- und AKV-Mitgliedern zeigt sich auch in Abbildung 30.

Der Trend zu schwindenden Beitragseinnahmen und steigenden Leistungsausgaben in der KVdR (siehe Abbildung 31) ist aber nicht nur auf die Morbiditätsstruktur und die demographische Entwicklung zurückzuführen, sondern auch auf politische Eingriffe. In diesem Zusammenhang ist u. a. auf die Absenkung des Krankenversicherungsbeitrags der Rentenversicherungsträger von 17 % auf 11,8 % im Jahr 1977 und an die Aussetzung der Netto-Rentenanpassung in den Jahren 2000 und 2001 hinzuweisen („Politik der Verschiebebahnhöfe").[296]

Abbildung 30: Gegenüberstellung der Beitragseinnahmen von AKV- und KVdR-Mitgliedern (1970 – 2000)

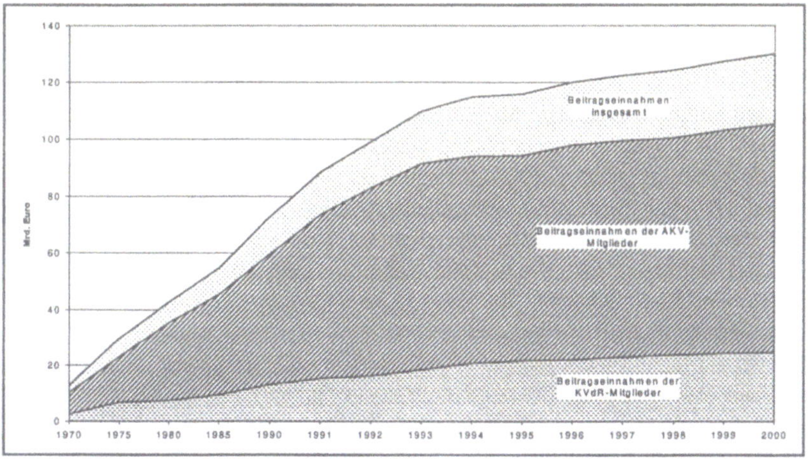

Quelle: BMG. Eigene Darstellung.

[296] Vgl. SAUERBREY, G. [2002], S. 5 f. Danach sind in den vergangenen zehn Jahren der GKV etwa 2,5 Mrd. Euro zugunsten der Renten- und Arbeitslosenversicherung entzogen worden.

Abbildung 31: Entwicklung der Beitragseinnahmen und Leistungsausgaben in der KVdR (1970 – 2000)

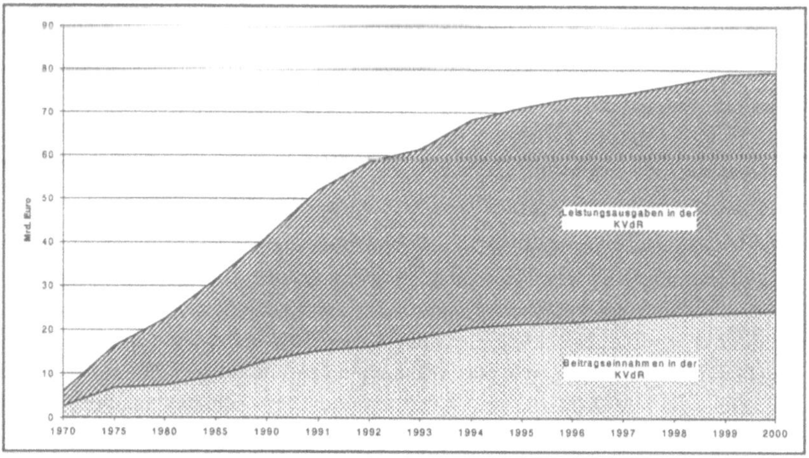

Quelle: BMG. Eigene Darstellung.

Die Unfallversicherungsträger sind bislang von vergleichbaren politischen Eingriffen weitgehend verschont geblieben. Auch bekommen sie die Auswirkungen der demographischen Entwicklung nicht in gleichem Ausmaß wie die Krankenversicherungsträger zu spüren. Letzteres hat damit zu tun, daß Rentner, die sich häufig durch eine erhöhte Morbidität auszeichnen, nicht mehr in den Verantwortungsbereich einer Berufsgenossenschaft fallen, sofern sie nicht wegen einer arbeitsbedingten Gesundheitsschädigung medizinischer Betreuung bedürfen oder eine Verletztenrente erhalten. Zwar macht sich die verlängerte Lebenserwartung auch bei der Rentenzahlung durch die Unfallversicherungsträger bemerkbar und auch die Rentendynamisierung trägt dazu bei, daß die Ausgaben für Renten, die den größten Teil der Leistungsausgaben der Berufsgenossenschaften ausmachen, absolut gesehen weiterhin ansteigen. Doch verlieren aufgrund der wirksamen Präventionsarbeit im Bereich des Arbeitsschutzes die Rentenleistungen langsam an Bedeutung.[297] Während sich also immer weniger Unfälle ereignen und sich die Zahl der Rentenzugänge verringert, verkleinert sich gleichzeitig die Gruppe der Rentenempfänger durch Todesfälle, so daß es - bei einer isolierten Betrachtung und ohne Berücksichtigung der zu erwartenden

[297] Vgl. die Entwicklung der Unfallzahlen in Tabelle A 3.1 im Anhang 3.

Zunahme der Berufskrankheitenfälle - zu immer weniger Rentenfällen kommt.[298] Wie aus Abbildung 32 hervorgeht, ist die Zahl der Rentenzugänge sowohl aus Arbeits- und Wegeunfällen als auch aus Berufskrankheiten in den letzten 30 Jahren gesunken. Lediglich Anfang der neunziger Jahre ist es durch den Beitritt der neuen Länder zu einem Anstieg der Rentenzugänge gekommen, allerdings zeigt sich, daß bereits im Jahr 1998 das Niveau vor der Wiedervereinigung - bezogen auf die Summe der neuen Renten - unterschritten wurde. Sicherlich spielt auch der medizinisch-technische Fortschritt, der nicht nur eine treffendere Krankheitserkennung, sondern auch eine schnellere und bessere Heilung der Versicherten ermöglicht, in diesem Zusammenhang eine Rolle.

Abbildung 32: Entwicklung der Rentenzugänge in der GUV (1970 - 2000)

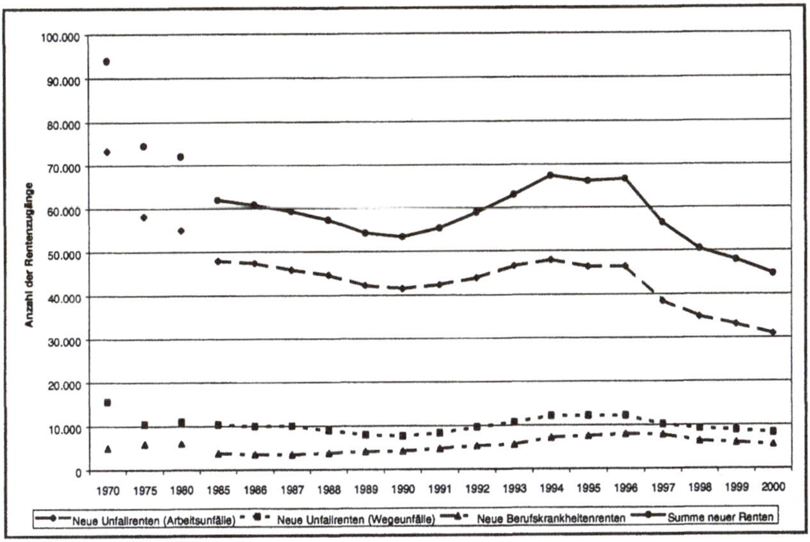

Quelle: BMA. Eigene Darstellung.

Aus Abbildung 33 geht hervor, daß seit 1975 der Anteil der Rentenzahlungen an den Leistungsausgaben von 68,5 % um rund zehn Prozentpunkte bis zum Jahr 2000 gesunken ist. Hingegen nahm die Bedeutung der Behandlungskosten im selben Zeitraum von 15,55 % auf 22,91 % zu, die der Präventionsausgaben ebenfalls von 3,58 % auf 7,85 %.

---

[298] Expertengespräch mit Herrn BÄDER, Herrn WIRTHL und Herrn GÖRG (LANDESVERBAND HESSEN-MITTELRHEIN UND THÜRINGEN DER GEWERBLICHEN BERUFSGENOSSENSCHAFTEN, Mainz) am 09.09.2002.

Abbildung 33: Anteile der Ausgaben für Renten, Heilbehandlung und Prävention an den Leistungsausgaben der Unfallversicherungsträger (1975 - 2000)

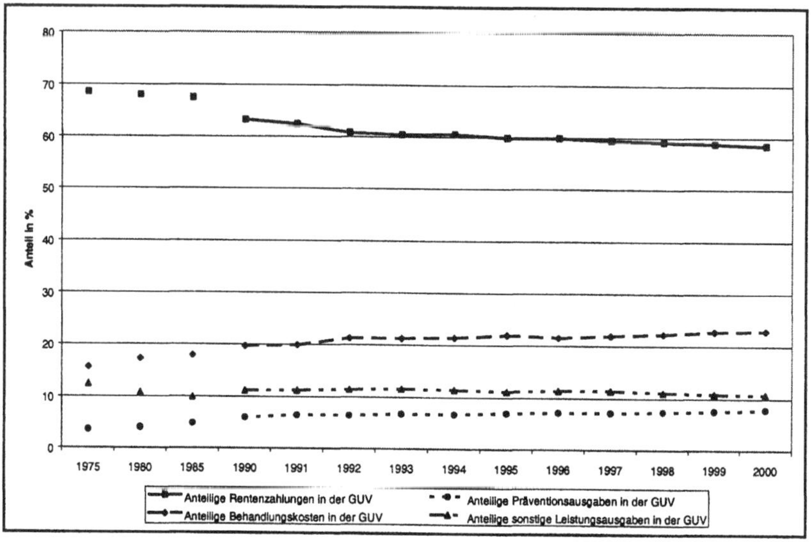

Quelle: BMA. Eigene Berechnung.

3 Unterschiede in den Leistungsindikationen

Eng mit der Versichertenstruktur verknüpft ist das Spektrum der Indikationen, die in den Leistungsbereich der Unfall- bzw. der Krankenversicherung fallen. Da die Unfallversicherung auf arbeitsbedingte Gesundheitsschäden konzentriert ist, kann eine Fokussierung auf bestimmte medizinische Fachgebiete festgestellt werden. Den Schwerpunkt bei den Arbeitsunfällen stellt das Gebiet der Unfallchirurgie dar. Dies erkennt man schon daran, daß nur Chirurgen mit dem Schwerpunktbereich der Unfallchirurgie zum D-Arzt zugelassen werden können.[299] Etwas diversifizierter ist das Spektrum der Berufskrankheiten. Außerdem erlaubt die Gliederung der Unfallversicherung in Berufszweige, sich auf branchenspezifische Erkrankungen zu konzentrieren und zu spezialisieren. Damit können nicht nur Unfall- und Krankheitsursachen aufgrund der Kenntnis der Bedingungen in den versicherten Betrieben schneller erkannt, sondern es kann

[299] Vgl. SPIER, R.; LEUFTINK, D.; JAPTOK, H.-J. [2001], S. 99 und die Tabelle 12 zu den Zulassungsvoraussetzungen der Berufsgenossenschaften.

auch auf Erfahrungen bei der Behandlung der Gesundheitsschäden zurückgegriffen werden (z. B. Auswahl des Leistungserbringers, der Therapiemaßnahmen etc.).

Die Krankenkassen müssen sich demgegenüber mit der gesamten Bandbreite der medizinischen und psychologischen Indikationen auseinandersetzen. Wachsende Bedeutung erlangen dabei chronische Erkrankungen, die mit den Methoden der Akutmedizin nicht adäquat behandelt werden können und auf die nach Meinung von Experten das deutsche Gesundheitswesen nur unzureichend vorbereitet ist.[300] Dabei stellen chronische Krankheiten eine große Belastung für die Gesetzliche Krankenversicherung dar, weil fast die Hälfte aller Patienten in Deutschland an einer chronischen Krankheit erkrankt ist. Diese Krankheiten verursachen schätzungsweise drei Viertel aller direkten Krankheitskosten.[301] Trotz dieser Probleme werden Über-, Unter- oder gar Fehlversorgungen bei der Betreuung von chronisch Erkrankten festgestellt. In der Literatur werden sechs Mängel in der Versorgung genannt:[302]

1. Die Versorgung im Gesundheitssystem fokussiert auf die akutmedizinische Behandlung, die keine langfristige und kontinuierliche Behandlung in unterschiedlichen Krankheitsphasen kennt.
2. Konzentration auf somatische (körperliche) Belastungen und weniger auf den Einfluß psychosozialer, umwelt- und verhaltensbezogener Faktoren.
3. „Aktiv/Passiv"-Problematik: Vorherrschend ist das Bild des Patienten als passiver Empfänger von medizinischen Leistungen. Dies hat allerdings bei vielen Krankheiten einen negativen Effekt und kann durch eine aktivierende Behandlung des Patienten vermieden werden.
4. Vernachlässigung der Prävention.
5. Vernachlässigung der Rehabilitation.

---

300 Vgl. ROSENBROCK, R. [2002], SACHVERSTÄNDIGENRAT FÜR DIE KONZERTIERTE AKTION IM GESUNDHEITSWESEN [2001b], S. 35 ff.

301 Vgl. SCHWARTZ, F. W. et al. [1999], S. 21 und SACHVERVERSTÄNDIGENRAT FÜR DIE KONZERTIERTE AKTION IM GESUNDHEITSWESEN [2001b], S. 33. Bei dieser Einschätzung werden die Ergebnisse einer US-amerikanischen Untersuchung aus dem Jahr 1995 auf Deutschland übertragen. Für Deutschland gibt es keine systemübergreifende Untersuchung dieser Art, aber es läßt sich festhalten, daß der Anteil der chronisch Kranken an der Bevölkerung in Deutschland mit dem Anteil an der US-Bevölkerung weitgehend übereinstimmt. Weiterhin gilt, daß etwa 80 % der Krankenhaustage und sogar 83 % der Arzneimittelverschreibungen auf chronisch Kranke entfielen.

302 Vgl. SACHVERSTÄNDIGENRAT FÜR DIE KONZERTIERTE AKTION IM GESUNDHEITSWESEN [2001b], S. 35 ff.

6. Nicht ausreichende Schulung, Information und Partizipation der Patienten und ihrer Angehörigen an der und über die Behandlungsplanung, was einen nachhaltigen Heilerfolg verhindern kann, da die Patienten nicht lernen, als selbstverantwortliche Akteure mit ihrer Erkrankung umzugehen.[303]

Die Ursachen dieser Versorgungsdefizite sind zum einen in der Qualifikation der Leistungserbringer, zum anderen in der Struktur des Gesundheitswesens zu finden. Gerade die mangelnde Integration der Versorgungsbereiche erschwert die kontinuierliche und abgestimmte Behandlung und Betreuung chronisch Kranker. Nicht zuletzt ist zu bemängeln, daß in einem System, in dem die Bedeutung pauschalierter Vergütungen zunimmt, chronisch Erkrankte aus der Sichtweise eines auch am wirtschaftlichen Erfolg seiner Tätigkeit interessierten Arztes als „schlechte Risiken" angesehen werden, da sie einen großen Behandlungsaufwand verursachen, der möglicherweise die zu erwartende Vergütung ausschöpft oder gar übersteigt.[304]

4 Unterschiede in der Leistungsinanspruchnahme

4.1 Finalitätsprinzip versus Kausalitätsprinzip

Zwar kann davon ausgegangen werden, daß aufgrund der unterschiedlichen Behandlungsaufträge in der GUV („Heilbehandlung mit allen geeigneten Mitteln") und der GKV (ausreichende, zweckmäßige und wirtschaftliche Leistungen im Rahmen des medizinisch Notwendigen), verbunden mit dem Entschädigungscharakter der Leistungen bei Arbeitsunfällen und Berufskrankheiten, der Umfang der Leistungen in der Unfallversicherung deutlich höher ist als in der Krankenversicherung. Hierbei ist jedoch zu berücksichtigen, daß das dem jeweiligen Leistungsanspruch zugrundeliegende Prinzip der Leistungsinanspruchnahme ebenfalls für die unterschiedliche Entwicklung der Ausgaben in GUV und GKV verantwortlich gemacht werden kann. Während in der GKV jeder Versicherte im Bedarfsfall Leistungen der Krankenversicherung in Anspruch nehmen kann (Finalitätsprinzip), erfolgt in der Unfallversicherung die Leistungsgewährung streng nach dem Kausalitätsprinzip. Damit ist in zweifacher Hinsicht eine Einschränkung der Leistungspflicht der Unfallversicherungsträger im Vergleich zur GKV möglich: Zum einen kommen Arbeitsunfälle wesentlich seltener vor als

---

303 Im Unterschied zu Punkt 3 geht es hier nicht um die Wahl einer Therapiemethode, die auf eine Passivierung des Patienten hinausläuft (z. B. aktivierende Pflege vs. Bettruhe), sondern um die Gestaltung des Alltags mit der Krankheit, beispielsweise durch die aktive Mitwirkung des Kranken, der sich als „Ko-Produzent" seiner Gesundheit versteht, der sich seiner Erkrankung bewußt ist und gezielt Leistungen in Anspruch nimmt.

304 Vgl. ROSENBROCK, R. [2002], S. 17 f.

„normale" Erkrankungen, zum anderen werden intensive Bemühungen unternommen, um die Anzahl der Arbeitsunfälle so niedrig wie möglich zu halten. Dabei wird auf die Unterstützung durch die Gewerbeaufsicht und auf hoheitliche Maßnahmen, wie die Bußgeldverhängung bei Verstoß gegen Unfallverhütungsvorschriften, zurückgegriffen. Lediglich die Wegeunfälle können nicht direkt von den Unfallversicherungsträgern und Arbeitgebern beeinflußt werden, was sich auch darin äußert, daß diese im Zeitverlauf deutlichen Schwankungen unterliegen (siehe dazu die Veränderungsraten im Anhang A.3.1), während die Zahl der Arbeitsunfälle kontinuierlich zurückgeht, wie bereits dargestellt wurde.

4.2 Mängel des Kausalitätsprinzips bei Berufskrankheiten

Obwohl das Kausalitätsprinzip einen unkontrollierten Anstieg der Leistungsinanspruchnahme durch die Versicherten eindämmen kann und somit eine bessere Kostenkontrolle erlaubt als in der GKV, erweist es sich bei den Berufskrankheiten als problematisch für die Leistungsbegründung in der GUV und für die Leistungsabgrenzung zwischen GKV und GUV. Dies kann damit begründet werden, daß im deutschen Sozialversicherungssystem seit der Durchsetzung des Finalitätsprinzips für über 90 % der Erkrankten die Krankheitsursache als Voraussetzung für die Leistungserbingung durch die Sozialversicherungsträger nicht mehr ausschlaggebend ist. Dies führt dazu, daß die Ursachen für Berufskrankheiten in der Arbeitswelt systematisch unterbewertet werden, da sie für die Leistungserbringung in der GKV nicht relevant sind.[305] Damit geht einher, daß Berufskrankheiten häufig nicht als solche erkannt werden, womit es zu einer Unterschätzung von Gesundheitsgefährdungen am Arbeitsplatz kommen kann.

Hinzu treten Defizite bei der Ausgestaltung des Berufskrankheitenrechts, die darauf beruhen, daß Berufskrankheiten rechtlich nach § 8 SGB VII den Arbeitsunfällen gleichgestellt werden. Anders als bei einem Arbeitsunfall, bei dem eine Krafteinwirkung in Sekundenschnelle einen Gesundheitsschaden hervorruft, liegt den Berufskrankheiten oft eine länger anhaltende Einwirkung von krankheitserregenden Stoffen zugrunde. Darüber hinaus sind die Folgen dieser Einwirkungen, d. h. das Auftreten von Gesundheitsschäden, bei vielen Berufskrankheiten erst nach Latenzzeiten von bis zu mehreren Jahrzehnten erkennbar (sog. „Dreißigjahresregel").[306] Solch lange Perioden bringen Beweisschwierigkeiten für die Betroffenen mit sich, da die Vorschriften für die Anerkennung von Berufskrankheiten einerseits einen lückenlosen Nachweis der Einwirkung krankheitserregender Stoffe in zeitlicher, quantitativer und qualitativer Hinsicht und andererseits

[305] Vgl. WOITOWITZ, H.-J. [1989], S. 150.

[306] Vgl. WOITOWITZ, H.-J. [2000], S. 364.

eine Abgrenzung und Gewichtung der Ursachenfaktoren nach betrieblicher und freizeitlicher Einwirkung voraussetzen. Dies ist nicht nur für den Arzt und den Patienten, sondern auch für den zuständigen Unfallversicherungsträger, der sich nach dem Amtsermittlungsprinzip einschalten muß, problematisch, da solche Nachweise für bis zu 40 Jahre zurückliegende Tätigkeiten nur in seltenen Fällen vollständig erbracht werden können.[307]

Darüber hinaus gilt im Berufskrankheitenrecht das Listenprinzip, d. h. die Bundesregierung bestimmt per Rechtsverordnung, welche Krankheit als Berufskrankheit anzusehen ist. Die Liste der Berufskrankheiten ist aber mit zahlreichen Vorbehalten hinsichtlich der verursachenden Tätigkeiten, Ursachen und Diagnosen versehen.[308] Dazu gehören beispielsweise auch die erforderlichen Merkmale einer „generellen Geeignetheit" und „Gruppentypik" einer Berufskrankheit, d. h. die Feststellung einer Erkrankung im Einzelfall genügt nicht, sondern es müssen mehrere gleichgelagerte Fälle vorliegen.[309] Bei der Geeignetheit spielt auch eine Rolle, daß nicht bei allen Stoffen eine schädigende Wirkung mit Sicherheit nachgewiesen ist. Alleine beim Berufskrebs gibt es 23 sog. K1-Stoffe, bei denen gesicherte Kenntnisse über eine krebserzeugende Wirkung vorliegen, allerdings gibt es derzeit weitere 110 K2-Stoffe, bei denen aufgrund von Langzeittierversuchen eine krebserzeugende Wirkung vermutet wird.[310] Es ist davon auszugehen, daß noch nicht die gesamte Bandbreite der gefährdenden Stoffe erkannt ist. Hinzu kommt, daß viele Berufskrankheiten in der Berufskrankheitenliste nur durch die Einwirkung eines schädlichen Stoffs in der Form „Erkrankung durch..." vorgegeben sind. Vom Mediziner wird dann ein - häufig nicht vorhandenes - umfassendes chemisch-analytisches Wissen über unterschiedlichste chemische Verbindungen und deren Wirkungen verlangt, was einer erfolgreichen Erkennung von Berufskrankheiten im Wege stehen kann.[311]

Erschwerend kommt die Auslegung unbestimmter Rechtsbegriffe in den einschlägigen Vorschriften des SGB VII hinzu. So ist beispielsweise nicht eindeutig bestimmt, was unter einer „wesentlichen Einwirkung" gesundheitsschädigender Stoffe zu verstehen ist. Aufgrund der Multikausalität von Berufskrankheiten, insbesondere bei Berufskrebserkrankungen, müssen häufig mehrere Einwirkungen quantitativ und qualitativ voneinander abgegrenzt werden. Dabei müssen die beurteilenden Ärzte enge sozialrechtliche Rahmenbedingungen beachten, so daß oftmals Einwirkungen aus der freizeitlichen Sphäre, z. B. (Passiv-)Rauchen oder

---

307 Vgl. WOITOWITZ, H. J. [1989], S. 146 und S. 150 f.

308 Vgl. WOITOWITZ, H.-J. [2001], S. 265.

309 Vgl. § 9 Abs. 1 SGB VII und WOITOWITZ, H.-J. [2001], S. 266.

310 Vgl. WOITOWITZ, H.-J. [2002a], S. 312 f.

311 Vgl. WOITOWITZ, H.-J. [1986], S. 145.

Umwelteinflüsse, Überhand nehmen gegenüber den Einwirkungen aus dem (ehemaligen) Arbeitsumfeld des Erkrankten.

Diese Schwierigkeiten bei der Feststellung der haftungsbegründenden und haftungsausfüllenden Kausalität[312] und die Eingrenzung der möglichen Berufserkrankungen auf die in der Berufskrankheitenliste aufgeführten Diagnosen können leicht in eine Ablehnung der Anerkennung einer Berufskrankheit münden. Dies hat dann zur Folge, daß die Kosten für die Behandlung einer Berufskrankheit und die finanzielle Entschädigung einer eventuell dauerhaften Minderung der Erwerbsfähigkeit nicht von den Unfallversicherungsträgern übernommen werden muß, sondern auf die GKV und GRV übertragen werden. Gerade die Rentenzahlungen und eventuelle Leistungen an Hinterbliebene bei tödlichem Verlauf insbesondere von Krebserkrankungen bedeuten eine finanzielle Entlastung der Berufsgenossenschaften. Vor dem Hintergrund der Problematik der Latenzzeiten und des wachsenden Erkenntnisstands der Forschung, der sich - wenn auch mit zeitlicher Verzögerung - in einer Ausweitung der Berufskrankheitenliste niederschlägt, ist ein Anwachsen der Bedeutung der Berufskrankheiten zu erwarten.[313]

Insofern darf vermutet werden, daß die Berufsgenossenschaften derzeit einen Teil der in ihren Verantwortungsbereich fallenden Kosten nicht tragen müssen, was aber eher den Rahmenbedingungen und den daraus erwachsenden Abgrenzungsproblemen zuzuschreiben ist, als einem möglichen Bestreben der Unfallversicherungsträger, diesen Ausgaben auszuweichen. Vielmehr läßt sich beobachten, daß die gewerblichen Berufsgenossenschaften einen im Vergleich zur Anzahl der Berufskrankheitenfälle überproportional hohen Teil ihrer Leistungsausgaben für die Behandlung von solchen Krankheiten aufbringen müssen: Obwohl der Anteil der auf (anerkannten) Berufskrankheiten beruhenden behandlungspflichtigen Versicherungsfälle im Jahr 2000 bei 1,1 % lag, entfielen auf die Berufskrankheiten - soweit überhaupt eine klare Trennung von den Ausgaben für Unfälle möglich ist - rund 30 % der Präventionsausgaben und rund 16 % der Ausgaben für Entschädigungsleistungen (Heilbehandlung, berufliche Rehabilitation und gegebenenfalls Rentenzahlungen).[314]

Eine Quantifizierung der Dunkelziffer der nicht anerkannten Berufskrankheiten ist hingegen nicht möglich. Tabelle 11 vermittelt jedoch einen Überblick über die angezeigten, anerkannten und tatsächlich mit einer Rente entschädigten

---

312 Vgl. WOITOWITZ, H.-J. [2002b], S. 86.

313 Vgl. Expertengespräch mit Herrn BÄDER, Herrn WIRTHL und Herrn GÖRG (LANDESVERBAND HESSEN-MITTELRHEIN UND THÜRINGEN DER GEWERBLICHEN BERUFSGENOSSENSCHAFTEN, Mainz) am 09.09.2002.

314 Quelle: Anfrage beim HAUPTVERBAND DER GEWERBLICHEN BERUFSGENOSSENSCHAFTEN.

Fälle von Berufskrankheiten. Dieser Tabelle kann auch entnommen werden, daß nicht nur die Anzahl der angezeigten Verdachtsfälle auf Berufskrankheit eine rückläufige Entwicklung aufweist, sondern auch der Anteil der anerkannten Berufskrankheiten und der gewährten Berufskrankheitenrenten, der ohnehin nicht einmal ein Drittel der anerkannten Fälle ausmacht.[315] Es kann vermutet werden, daß das Potential der anerkennungsfähigen Berufskrankheiten deutlich unterschritten wird - zum Vorteil der Unfallversicherungsträger. Dies läßt sich auch unter Hinzuziehung von Studien aus den USA zur Abschätzung des Risikos einer Krebsgefährdung am Arbeitsplatz verdeutlichen, wenn man davon ausgeht, daß sich die technologischen Arbeitsbedingungen in Deutschland und den USA nicht wesentlich voneinander unterscheiden.[316]

Tabelle 11: Übersicht über anzeigte und anerkannte Fälle von Berufskrankheiten (1995 - 2000)

	1995	1996	1997	1998	1999	2000
Angezeigte Verdachtsfälle	91.561	93.861	88.797	85.787	83.738	81.542
Anerkannte Fälle von Berufs-krankheiten	24.298	24.274	23.432	20.734	19.402	18.689
Anteil an den Verdachstfällen	26,5 %	25,7 %	26,4 %	24,4 %	23,2 %	22,9 %
Neue Berufskrankheitsrenten	7.587	8.005	7.867	6.379	5.993	5.570
Anteil neuer Renten an der Gesamtzahl der anerkannten Berufskrankheitenfälle	31,2 %	33,0 %	33,6 %	30,8 %	30,9 %	29,8 %

Quelle: BUNDESMINISTERIUM FÜR ARBEIT UND SOZIALORDNUNG [2001a], S. 88f. Eigene Berechnungen.

315 Bei dieser Kennziffer ist eine Einschränkung dahingehend zu machen, daß die in einem Jahr anerkannten Berufskrankheiten und neuen Rentenfälle aufgrund der Dauer des Anerkennungsverfahrens von bis zu zwei Jahren nicht ausschließlich dem jeweiligen Jahr zugerechnet werden können. Allerdings dürfte diese Ungenauigkeit nicht schwerwiegend sein. Vgl. auch WOITOWITZ, H.-J. [2001], S. 263.

316 Vgl. WOITOWITZ, H.-J. [1989], S. 138 f. und RÖSLER, J.; WOITOWITZ, H.-J.; RÖDELSPERGER, K. [1994], S. 462.

Teil III: Effizienzanalyse zentraler Strukturelemente der Gesetzlichen Krankenversicherung und der Gesetzlichen Unfallversicherung

A Vorbemerkungen

Während die bisherigen Kapitel den Schwerpunkt auf eine Deskription der betrachteten Versicherungssysteme setzen, geht es in diesem Teil der Studie um die Auswirkungen der Organisationsstrukturen in der GKV und der GUV auf die Effektivität und Effizienz der Leistungserbringung. Dabei werden die aus den Strukturen resultierenden Anreize der am Versicherungssystem beteiligten Gruppen (1) Versicherte, (2) Leistungsanbieter (Ärzte, Krankenhäuser, sonstige Einrichtungen) und (3) Versicherungsträger untersucht. Als Ergebnis dieser Untersuchung lassen sich einige positive Elemente aus der Berufsgenossenschaftlichen Heilbehandlung identifizieren, die in dieser Form nicht in der Krankenversicherung erkennbar sind und deren Übernahme zu einem Abbau von Fehlanreizen und Mißständen beitragen könnte. Insofern kann das System der Unfallversicherung als Orientierungsstütze für eine Strukturreform der Gesetzlichen Krankenversicherung dienen, wenn auch nicht uneingeschränkt.

Im nachfolgenden Kapitel werden die Vorzüge und die Nachteile der Anreizstrukturen in der GUV dargestellt. Daran schließt sich eine entsprechende Untersuchung der GKV an. Dabei sind auch einige umgesetzte Ansätze zur Überwindung der Fehlanreize vorgestellt und kritisch auf ihr Problemlösungspotential hin gewürdigt. Aus den Stärken und Schwächen der verglichenen Systeme werden dann Handlungsempfehlungen für eine Strukturreform in der GKV abgeleitet. Diese werden im abschließenden Teil der Studie erläutert.

B Analyse zentraler Strukturelemente der Gesetzlichen Unfallversicherung

1 Vorbemerkungen

Die Berufsgenossenschaftlichen Heilverfahren zeichnen sich durch drei Kernelemente aus: Erstens wird jeder Patient von einem ausgewählten Arzt für die Dauer der ganzen Heilbehandlung im Sinne eines sog. Case Management begleitet und betreut. Unter dem Case Management, auch Fallmanagement, wird die Betreuung eines Kranken von einem Case Manager während des gesamten Krankheitsverlaufs verstanden. Zweitens erfolgt die Auswahl dieser Case Manager durch die Landesverbände der gewerblichen Berufsgenossenschaften. Diese sind damit zusammen mit den Unfallversicherungsträgern unmittelbar an der

Entwicklung und Ausgestaltung der speziellen Berufsgenossenschaftlichen Heilverfahren sowie an der Führung und Einbindung von Eigeneinrichtungen beteiligt. Zudem zeichnet sich drittens die Leistungserbringung im Auftrag der Berufsgenossenschaften durch einen engen Kontakt zwischen Leistungserbringern und Berufsgenossenschaften aus. Dazu werden nicht nur Abrechnungsunterlagen ausgetauscht, sondern auch das ärztliche Berichtswesen eingesetzt. Dies ermöglicht es den Unfallversicherungsträgern, Eingriffe in den Behandlungsverlauf vorzunehmen und Qualitätssicherungsmaßnahmen durchzuführen.[317]

Die Berufsgenossenschaftlichen Heilverfahren schöpfen die Spielräume, die den Unfallversicherungsträgern in § 26 Abs. 5 und § 34 SGB VII eingeräumt sind, weitestgehend aus. Danach haben sie nicht nur für eine möglichst frühzeitig einsetzende, sondern auch für eine sachgemäße Heilbehandlung „mit allen geeigneten Mitteln"[318] zu sorgen. Sie sind ermächtigt, spezielle Verfahren der Heilbehandlung zu bestimmen und die daran teilnehmenden Leistungsanbieter auszuwählen. Mit den unterschiedlichen Heilverfahren wird versucht, den Unfallverletzten und Erkrankten eine auf die Art und Schwere der Gesundheitsbeeinträchtigung zugeschnittene Heilversorgung zu gewährleisten. Anders als in den übrigen Bereichen der Sozialversicherung sind die Träger der GUV sowohl für die medizinische als auch für die berufliche und die soziale Rehabilitation verantwortlich. Dies entspricht dem Prinzip „alles aus einer Hand", das dazu anhalten soll, die ärztliche Behandlung und die verschiedenen Rehabilitationsbereiche möglichst frühzeitig miteinander zu verzahnen.[319]

Bevor jedoch diese Kernelemente des unfallversicherungsrechtlichen Systems näher erläutert werden, wird zunächst auf den Bereich der Prävention, der jeder Leistungsinanspruchnahme zeitlich vorausgeht und in der GUV offenbar eine hohe Wirksamkeit zeigt, eingegangen. Die hohe Effektivität der Unfallverhütung läßt sich auch auf eine systembedingte Interessenübereinstimmung zwischen Arbeitgebern und Unfallversicherungsträgern zurückführen.

---

317 Diese Elemente lassen sich alle auf das Managed Care-Konzept zurückführen, vgl. BONVIE, H.; HILDEBRANDT, H. [1997], S. 153. Zum Konzept des Managed Care siehe Kapitel D 3 in diesem Teil der Arbeit.

318 § 1 Nr. 1 und § 26 Abs. 2 SGB VII.

319 Vgl. NEHLS, J. [2000], S. S278.

2 Besondere Strukturelemente in der Gesetzlichen Unfallversicherung

2.1 Interesse der Arbeitgeber an einer wirksamen Prävention

Ziel der Gesetzlichen Unfallversicherung ist zum einen der Schutz des Arbeitnehmers vor den Folgen beruflich bedingter Gesundheitsschäden (soziales Schutzprinzip). Zum anderen liegt ihre Aufgabe in der Übernahme der Haftungsverpflichtung des Arbeitgebers gegenüber dem geschädigten Arbeitnehmer.[320] Damit obliegt die Beitragsentrichtung in der GUV alleine den Arbeitgebern. Gleichzeitig sehen sich diese zu einem gewissen Grad einer risikoäquivalenten Beitragssatzgestaltung gegenüber. Dies wird dadurch erreicht, daß die Unfallversicherungsträger einerseits die Unternehmen entsprechend der Unfallgefahr des zugehörigen Gewerbezweigs in Gefahrklassen einordnen.[321] Da hierbei jedoch die Unfallhäufigkeit im einzelnen Unternehmen keine Auswirkungen auf den Beitragssatz hat, werden andererseits über das Beitragsausgleichsverfahren nach § 162 SGB VII Zuschläge oder Nachlässe auf die Beitragszahlung auferlegt bzw. eingeräumt oder Prämien gewährt. Dies erfolgt unter Berücksichtigung des betrieblichen Unfallgeschehens und soll die Unternehmen zu einer intensiveren Unfallverhütung anhalten, indem wirksame Präventionsbemühungen belohnt und unterlassene Schutzvorkehrungen negativ sanktioniert werden können. Damit wird der nivellierende Effekte der Gefahrklassen, der dadurch entsteht, daß die Unfallanfälligkeit der Branche und nicht des einzelnen Unternehmens der Beitragsberechnung zugrunde gelegt wird, abgemildert.[322] Allerdings sind Höchst- und Untergrenzen der Zuschläge und Nachlässe zu beachten, damit eine Durchbrechung des Versicherungsprinzips vermieden wird.[323]

Der Beitragsausgleich kann sich nach der Anzahl, der Schwere oder nach den Kosten der angezeigten Unfälle richten. Möglich ist auch eine Kombination aus diesen Richtgrößen. Dabei treten allerdings Probleme auf, da eine Orientierung an der Anzahl der Unfälle eine Differenzierung nach leichten und schweren Unfällen nicht erlaubt und bei den beiden anderen Kriterien Bewertungsschwierigkeiten überwunden werden müssen.[324] Bei der Gewährung von Prämien sind

---

[320] Vgl. BROCK, G. [1995], S. 3.

[321] Zu den Gefahrtarifen in der Beitragssatzberechnung vgl. SCHULIN, B. [1996], § 58 RdNr. 34 ff. Danach werden die einzelnen Unternehmenszweige nach ihrer Unfallträchtigkeit unterschiedlichen Gefahrklassen zugeordnet.

[322] Damit soll das Unfallgeschehen im Einzelbetrieb ein individualisierender Faktor in der Beitragsermittlung sein, die sonst von der Lohnsumme und der branchenspezifischen Gefahrklasse abhängt.

[323] Vgl. SCHULZ, U. [1996], S. 155.

[324] Vgl. BENZ, M. [1995], S. 1903 f. und SCHULIN, B. [1996], § 58 RdNr. 72 ff.

diese nach der Wirksamkeit der Unfallverhütungsmaßnahmen zu staffeln, was jedoch mangels objektiver Kriterien der Wirksamkeitsmessung bei Präventionsmaßnahmen kaum in die Praxis umgesetzt werden kann.[325]

Das Interesse des Arbeitgebers an individuellen Präventionsbemühungen beruht also zum einen darauf, daß er mit der Vermeidung von Arbeitsunfällen Betriebsstörungen und daraus erwachsende zusätzliche Kosten umgehen will, zum anderen weil er sich Beitragsnachlässe von der Berufsgenossenschaft für seine Präventionsbemühungen erhofft. Auf den ersten Blick scheint es eine Interessenübereinstimmung zwischen Arbeitgebern und den Berufsgenossenschaften zu geben, da letztere ebenfalls ein geringes Niveau der Ausgaben für die medizinische Versorgung von Unfallfolgen und langjährigen Rentenzahlungen anstreben. Hierbei spielt der Druck der Arbeitgeber zur Sicherung eines möglichst niedrigen Beitragssatzniveaus in den paritätisch besetzen Selbstverwaltungsgremien der Unfallversicherungsträger eine Rolle. Da jedoch das Prinzip der Zwangsversicherung den Berufsgenossenschaften eine gesicherte Einnahmequelle beschert, ist dieses Interesse bei den Berufsgenossenschaften geringer ausgeprägt als bei den Arbeitgebern. Die Problematik der Monopolstellung der Berufsgenossenschaften wird im Abschnitt B 3.5 erneut aufgegriffen und vertieft.

2.2 *Case Management in den Berufsgenossenschaftlichen Heilverfahren*

Im Fallc eines Arbeitsunfalls wird ein Berufsgenossenschaftliches Heilverfahren eingeleitet. Nach der Erstversorgung, die häufig noch am Unfallort erfolgt, suchen die Unfallverletzten i. d. R. einen D-Arzt auf. Dies ist nur dann nicht erforderlich, wenn die Arbeitsunfähigkeit nicht über den Unfalltag hinaus anhält oder die Behandlung die Dauer von einer Woche unterschreitet. Dadurch soll nach dem Prinzip der Rechtzeitigkeit die Einleitung einer fachärztlichen, insbesondere einer unfallmedizinischen Notfallversorgung möglichst schnell erfolgen und keine Zeit durch die Zwischenschaltung eines Primärarztes verloren gehen.[326]

Der D-Arzt ist der zentrale Akteur im berufsgenossenschaftlichen Behandlungsprozeß.[327] Er entscheidet darüber, ob die Art und Schwere der Verletzung eine Besondere Heilbehandlung erfordert oder ob eine Allgemeine Heil-

---

[325] Vgl. BENZ, M. [1995], S. 1904.

[326] Expertengespräch mit Herrn BÄDER, Herrn WIRTHL und Herrn GÖRG (LANDESVERBAND HESSEN-MITTELRHEIN UND THÜRINGEN DER GEWERBLICHEN BERUFSGENOSSENSCHAFTEN, Mainz) am 09.09.2002. Vgl. auch PROBST, J. [1991], S. 77.

[327] Vgl. auch Abbildung 7 zur Lenkungsfunktion des D-Arztes.

behandlung durch einen zur vertragsärztlichen Behandlung zugelassenen Arzt genügt. Auch der H-Arzt kann diese Rolle übernehmen, für die Besondere Heilbehandlung jedoch nur in den Fällen, in denen der H-Arzt zugleich der Hausarzt des Verletzten ist und zudem eine der in § 35 ÄA aufgeführten Verletzungen vorliegt.[328] Sonst übernimmt der H-Arzt die Allgemeine Heilbehandlung.[329] Im Falle der Allgemeinen Heilbehandlung wird der D-Arzt den Patienten an einen Vertragsarzt weiterleiten, nicht jedoch ohne einen abschließenden Nachschautermin zu vereinbaren.[330] Der D-Arzt entscheidet zwar über die Zuweisung eines Falles zur Allgemeinen und Besonderen Heilbehandlung, greift dabei aber nicht in die Therapiefreiheit des Vertragsarztes ein. Damit gibt er dem Vertragsarzt keine Handlungsanweisungen, überwacht jedoch die Behandlung und kann gegebenenfalls eine Allgemeine Heilbehandlung abbrechen und den Patienten der Besonderen Heilbehandlung zuführen. Damit werden die beim Vertragsarzt aufgrund der nicht-budgetierten Einzelleistungsvergütung vorliegenden Fehlanreize zur Erbringung medizinisch unnötiger Leistungen tendenziell eingeschränkt.

Die Allgemeine Heilbehandlung ist für etwa 80 % der Unfälle ausreichend.[331] Für die verbleibenden 20 % der Fälle führt der D-Arzt die Besondere Heilbehandlung durch. Er ist dabei - soweit er die notwendige Kompetenz aufweist - für die gesamte Behandlung des Verletzten verantwortlich, andernfalls ist der D-Arzt gehalten, weitere Fachärzte seiner Wahl zur Klärung der Diagnose oder zur Mitbehandlung hinzu zu ziehen. In einer solchen Situation leitet der D-Arzt auch weiterhin den Behandlungsablauf. Darüber hinaus verordnet er Arznei-, Heil- und Hilfsmittel. Letztere dürfen mit Ausnahme von Seh- und Hörhilfen nur von D- und H-Ärzten verschrieben werden, so daß Vertragsärzte zu diesem Zweck ihre unfallverletzten Patienten beim D-Arzt vorstellen müssen. Ferner ist der D-Arzt bei Bedarf für die Einleitung von Maßnahmen zur stationären Behandlung, zur an die Akutbehandlung anschließenden medizinischen und beruflichen Rehabilitation sowie zur häuslichen Krankenpflege verantwortlich.[332] Auch hier gilt analog zur Übergabe des Patienten an einen Vertragsarzt zur Allgemeinen Heilbehandlung, daß der D-Arzt eine Nachschauuntersuchung vornehmen bzw. sich vergewissern muß, daß die Maßnahmen zur beruflichen Reha-

---

[328] Siehe Anhang A 1.1.

[329] Nachfolgend wird jedoch nur noch auf den D-Arzt Bezug genommen, da sich die Aufgaben des H-Arztes nicht von denen des D-Arztes unterscheiden - bis auf die Einschränkung, daß die H-Ärzte nur bei bestimmten Verletzungen tätig werden dürfen.

[330] Vgl. SPIER, R.; LEUFTINK, D.; JAPTOK, H.-J. [2001], S. 102.

[331] Vgl. ebenda, S. 91.

[332] Zu den Aufgaben des D-Arztes vgl. HANSIS, M. [1988], S. 106, MÜLLER, K. H. [1997], S. 277 und SPIER, R.; LEUFTINK, D.; JAPTOK, H.-J. [2001], S. 101.

bilitation angemessen sind. Dabei ist zu beachten, daß diese Aufgaben in Absprache mit dem Unfallversicherungsträger und - vor der Einleitung der beruflichen Rehabilitation - mit dem Berufshelfer erfolgen sollten.[333]

Die Berufshelfer sind Sachbearbeiter des Unfallversicherungsträgers, die den Erkrankten oder Verletzten möglichst frühzeitig aufsuchen und mit dem Patienten die Chancen zur Rückkehr an den bisherigen Arbeitsplatz erörtern. Dazu benötigen sie umfassende Kenntnisse des Sozialversicherungsrechts und des Unfallversicherungsrechts im besonderen, aber auch medizinisches und berufskundliches Wissen, das es ihnen ermöglicht, die Besonderheiten des Einzelfalls korrekt einzuschätzen.[334] Gegebenenfalls werden Maßnahmen zur Umschulung oder Fortbildung besprochen. Der Kontakt zum Berufshelfer wird in aller Regel im sog. Sammelbesuchsverfahren geknüpft, bei dem ein Berufshelfer die zum Berufsgenossenschaftlichen Heilverfahren zugelassenen Krankenhäuser in regelmäßigen Abständen besucht und dabei mit allen BG-Patienten Kontakt aufnimmt, auch wenn diese sich in der Obhut einer anderen BG befinden.[335] Sollte sich dabei die Notwendigkeit einer beruflichen Rehabilitation herausstellen, informiert der Berufshelfer die zuständige Berufsgenossenschaft, die dann über ihren Berufshelfer die persönliche Betreuung des Patienten übernimmt.[336]

Lediglich bei isolierten Augen- und Hals-Nasen-Ohrenverletzungen, bei der Inanspruchnahme eines H-Arztes sowie beim Vorliegen der im Verletzungsartenkatalog aufgelisteten Verletzungen ist eine Vorstellung der Patienten beim D-Arzt nicht erforderlich. Der Chefarzt in einem zum Verletzungsartenverfahren zugelassenen Krankenhaus kann seit der Neufassung des Ärzteabkommens im Jahr 2001 entscheiden, ob die Behandlung stationär oder ambulant erfolgt.[337] Zuvor war das Verletzungsartenverfahren grundsätzlich mit einer stationären Behandlung gleichzusetzen. Damit können im Krankenhaus auch ambulante Leistungen erbracht und die apparativen Einrichtungen und Infrastrukturen eines Krankenhauses genutzt werden, ohne daß die Kosten einer vollstationären Unterbringung anfallen.

---

[333] Dies wird durch das Berichtswesen, auf das im weiteren Verlauf des Abschnitts eingegangen wird, sichergestellt. Vgl. PROBST, J. [1991], S. 78 f. und SPIER, R.; LEUFTINK, D.; JAPTOK, H.-J. [2001], S. 103 f.

[334] Vgl. SCHULIN, B. [1996], § 45 RdNr. 39.

[335] Vgl. SCHULIN, B. [1996], § 45 RdNr. 38 ff.

[336] Expertengespräch mit Herrn BÄDER, Herrn WIRTHL und Herrn GÖRG (LANDESVERBAND HESSEN-MITTELRHEIN UND THÜRINGEN DER GEWERBLICHEN BERUFSGENOSSENSCHAFTEN, Mainz) am 09.09.2002.

[337] Vgl. § 37 Abs. 2 ÄA.

Zusammenfassend läßt sich festhalten, daß der D-Arzt die Rolle eines Case Managers erfüllt, da er die treibende Kraft bei der Gestaltung des Behandlungsverlaufs ist und dies für die gesamte Dauer der Arbeitsunfähigkeit bleibt. Auch eine Patientenbetreuung über die Periode der Arbeitsunfähigkeit hinaus ist denkbar, beispielsweise falls regelmäßige Nachuntersuchungen vorgenommen werden müssen. Die Hinzuziehung weiterer Ärzte, die gegebenenfalls notwendige Einweisung in ein Krankenhaus oder eine Spezialeinrichtung, die Einleitung einer ambulanten oder stationären Anschlußbehandlung nach einer akutmedizinischen Behandlung (z. B. EAP oder BGSW) sowie die Feststellung des Bedarfs an Rehabilitationsmaßnahmen zur beruflichen Reintegration zählen zu seinen wichtigsten Aufgaben. Auch die Nachschau bei einer „auswärtigen" Behandlung dient dazu, daß der D-Arzt den Versicherten nicht „aus den Augen verliert". Das Ziel, den möglichst frühzeitigen Zugang der Versicherten zu Spezialisten zu gewährleisten und die Sektorengrenzen zu überwinden, wird erreicht, indem der D-Arzt im Rahmen seiner zentralen Lenkungsfunktion die notwendigen Maßnahmen veranlassen und den erforderlichen Informationsaustausch zwischen den beteiligten Leistungsanbietern übernehmen soll. Der D-Arzt fungiert als Schaltzentrale des Behandlungsverlaufs. Bei ihm werden Informationen zum Patienten gesammelt und ausgewertet. Darauf aufbauend werden die erforderlichen Maßnahmen zur Integration des Versicherten in sein berufliches und soziales Umfeld eingeleitet.

Bei der Behandlungsverlaufsgestaltung ist der D-Arzt frei, doch muß er Rücksicht auf die Wünsche und Bedürfnisse des Patienten nehmen, da die „compliance" - das Einverständnis des Patienten zur Durchführung einer Maßnahme und dessen aktive Mitwirkung, die auf der Einsicht der Notwendigkeit der Behandlung beruht - ein wichtiger Faktor für den Erfolg einer Heilbehandlung ist. Darüber hinaus ist der D-Arzt gehalten, die Heilbehandlung in enger Rücksprache mit dem zuständigen Unfallversicherungsträger vorzunehmen. Dies ist dahingehend zu verstehen, daß die Berufsgenossenschaften dem Arzt einerseits mit Informationen und Ratschlägen unterstützend zur Seite stehen, aber andererseits kontrollierend als „Herr des Verfahrens" agieren. Auf die Rolle der Unfallversicherungsträger wird noch vertiefend eingegangen (siehe Abschnitt B 2.4).

2.3 Auswahl der Leistungserbringer

Die Berufsgenossenschaftlichen Heilverfahren zeichnen sich durch die bereits erläuterte zentrale Stellung des D-Arztes aus, der die Patienten durch das Gesundheitswesen lotst. Eine freie Arztwahl der Versicherten ist nur im Falle der Allgemeinen Heilbehandlung gegeben. Bei der Besonderen Heilbehandlung ist die Arztwahl des Verletzten nach § 28 Abs. 4 SGB VII auf die eigens zu den

Heilverfahren zugelassenen Ärzte und Einrichtungen beschränkt. Insofern verfügen die Berufsgenossenschaften über ein eigenes Netz von Leistungsanbietern.

Die Auswahlkriterien für die Teilnahme an den Berufsgenossenschaftlichen Verfahren werden von den Unfallversicherungsträgern bestimmt. Da die gezielte Auswahl der Leistungserbringer der Sicherung eines hohen Qualitätsniveaus in der Versorgung von Unfallverletzten dienen soll, stehen neben einer entsprechenden räumlichen und sächlichen Ausstattung der Einrichtungen das Vorhandensein qualifizierter Ärzte und Fachkräfte im Vordergrund.[338] Insbesondere die Zulassung von Krankenhäusern zu den speziellen Heilverfahren ist an die Person des im Krankenhaus tätigen D-Arztes - und damit an seine Erfahrung - gebunden. Dies äußert sich nicht nur darin, daß der Arzt eine bestimmte Fachausbildung erfolgreich bestanden haben muß, sondern auch eine nachweisbare mehrjährige Praxiserfahrung in unfallmedizinischen Krankenhausabteilungen. Auch muß die Zahl der im Krankenhaus behandelten Verletzten groß genug sein, daß der behandelnde Arzt in der Lage ist, fortlaufend unfallmedizinische Erfahrungen zu sammeln. Es wird davon ausgegangen, daß diese Schwelle bei 50 Behandlungsfällen pro Jahr erreicht ist.[339]

Somit orientieren sich die Berufsgenossenschaften an dem Grundsatz, daß mit steigender Erfahrung oder Spezialisierung die Qualität und die Effizienz der Leistungserbringung zunehmen.[340] Auch die spezialisierten BG-Kliniken lassen auf ein hohes Maß an Erfahrung mit besonders kritischen Verletzungen bzw. Erkrankungen schließen. Entsprechend hat der Hauptverband der gewerblichen Berufsgenossenschaften eine gesonderte Liste von Krankenhäusern erstellt, die besondere Voraussetzungen zur Behandlung von Schädel-Hirn-Verletzungen bieten. Durch regelmäßige Überprüfungen der Zulassungskriterien, durch die ständige Berichterstattung der Ärzte an die Berufsgenossenschaften sowie durch die Verpflichtung der Leistungserbringer zur regelmäßigen Teilnahme an Fortbildungsmaßnahmen wird die Einhaltung eines hohen Versorgungsniveaus im Sinne der Unfallversicherungsträger gewährleistet. Auch über den Entzug der Zulassung zum D-/H-Arzt und damit auch zum Verletzungsartenverfahren wird gegebenenfalls direkt von den Landesverbänden entschieden.[341]

---

338 Diese Kriterien sind auszugsweise in der Tabelle 12 zusammengestellt.

339 Vgl. BRUNNER, W. [1997], S. 83.

340 Vgl. ebenda und FOCUS [2001], S. 11. Darin heißt es beispielsweise, daß die Qualität des Mammographie-Screening steigt, je mehr Aufnahmen ein Radiologe pro Jahr macht. Zur Auswirkung einer Spezialisierung der Leistungserbringer vgl. ZWEIFEL, P.; BREUER, M. [2002b], S. 38, und RÜSCHMANN, H.-H. et al. [2000], S. 26 ff.

341 Gründe für den Entzug der Zulassung sind im Anforderungskatalog zum D-Arztverfahren aufgelistet, vgl. HAUCK, K.; NOFTZ, W. [2001], Anhang I zu K § 34.

Aufgrund der beschriebenen Netzbildung liegt es nahe, die Berufsgenossenschaften als „Health Maintenance Organization“ (HMO), einer in den USA geläufigen Organisationsform im Gesundheitswesen, die eine Verknüpfung von Versicherungs- und Versorgungsfunktion vornimmt und zu diesem Zweck Eigeneinrichtungen unterhält oder Ausschließlichkeitsverträge mit Leistungserbringern abschließt, zu betrachten.[342] Diese Gleichsetzung ist jedoch fraglich, weil folgende Einwände zu beachten sind:

- Die Netzbildung zur Sicherstellung der unfallmedizinischen Versorgung erfolgt nicht durch einzelne Berufsgenossenschaften, sondern ist Aufgabe der Landesverbände der gewerblichen Berufsgenossenschaften. Sie gewährleisten durch die Vergabe der Zulassungen an ausgewählte Leistungsanbieter in ihren Wirkungsbereichen die besondere Berufsgenossenschaftliche Versorgung. Damit sind die D- und H-Ärzte sowie die zugelassenen Krankenhäuser zur Leistungserbringung für alle Berufsgenossenschaften zugelassen und nicht bloß für einzelne Unfallversicherungsträger.

- Gegen die Einstufung einer Berufsgenossenschaft als HMO spricht ferner, daß die Zulassung zu den BG-Heilverfahren nicht mit der Verpflichtung der Leistungsanbieter verbunden ist, die Heilbehandlung soweit wie möglich innerhalb des „Netzes“ durchzuführen. Dies wird schon daran deutlich, daß nicht Vertreter aller notwendigen Fachgebiete eine Zulassung zum D-Arzt erhalten, sondern nur Chirurgen mit dem Schwerpunkt der Unfallchirurgie. Damit kann die Versorgung bereits dann nicht mehr innerhalb des Netzes gewährleistet werden, wenn isolierte Verletzungen der Augen oder im HNO-Bereich vorliegen. Vielmehr dürfen die D-Ärzte auf Kosten der Unfallversicherungsträger auf die Unterstützung weiterer Ärzte ihrer Wahl zurückgreifen, ohne jedoch die Leitung des Heilverfahrens aufzugeben. Somit ist die Absicht, die in den Berufsgenossenschaftlichen Heilverfahren mit der Netzbildung verfolgt wird, weniger die Koordination der Behandlung, als vielmehr die Sicherung eines Qualitätsstandards durch die Auswahl qualifizierter Ärzte und Krankenhäuser. Die Koordination der Behandlung wird vom zuerst angesteuerten D-Arzt übernommen. Darüber hinaus schränkt die Vernetzung die Arztwahl der Patienten ein.

- Ein weiteres Merkmal, durch das sich ein HMO-Ärztenetz vom BG-Netz unterscheidet, ist die Kommunikation und die Kooperation zwischen den Leistungserbringern. Diese findet nicht statt, wenn der D-Arzt keinen Spezialisten zur Klärung der Diagnose oder zur Mitbehandlung hinzuzieht.

---

[342] Eine ausführlichere Darstellung der HMO folgt im Abschnitt D 3.2.1 (Teil III).

Tabelle 12: Auszug aus den Anforderungen der gesetzlichen Unfallversicherungsträger zur Beteiligung an den Berufsgenossenschaftlichen Heilverfahren nach § 34 SGB VII

D-Arztverfahren	H-Arztverfahren	Verletzungsartenverfahren
Fachliche Befähigung		**Personelle Ausstattung**
- Facharztbezeichnung Chirurgie mit Schwerpunkt Unfallchirurgie - Als niedergelassener Chirurg oder fachlich und fachlich-organisatorisch weisungsfrei als solcher in einem Krankenhaus tätig - Erfahrungen im D-Arzt-Berichtswesen und Gutachtenerstellung sowie bei der Einleitung beruflicher und sozialer Rehabilitationsmaßnahmen - Teilnahme an einem Seminar zur Einführung in die Durchgangsarzttätigkeit vor weniger als zwei Jahren - Ausübung einer unfallchirurgischen Tätigkeit nach der Facharzt-Weiterbildung, die nicht länger als drei Jahre unterbrochen ist.	- Mind. zwei Jahre unfallmedizinische Tätigkeit in einer mit einem D-Arzt besetzten Krankenhausabteilung seit der Approbation (davon max. 6 Monate bei einem niedergelassenen D-Arzt oder einer orthopädischen Klinik) - Erfahrungen in der Dokumentation und Gutachtenerstellung, der Einleitung v. beruflicher und sozialer Rehabilitationsmaßnahmen - Kenntnisse in der erforderlichen Röntgentechnik und –diagnostik - Teilnahme an einem Seminar zur Einführung in die H-Arzt-Tätigkeit - Ausübung einer unfallmedizinischen oder operativ-orthopädischen Tätigkeit nach der Approbation, die nicht länger als drei Jahre unterbrochen ist.	- **Chefarzt oder leitender Arzt** muß Facharztbezeichnung Chirurgie mit Schwerpunkt Unfallchirurgie führen - Mind. drei Jahre in der unfallchirurgischen Abteilung eines Krankenhauses tätig sein - Weiterbildungsbefugnis im Schwerpunktbereich Unfallchirurgie (mind. zwei Jahre) - Zulassung zum D-Arzt - **Ärztliche Mitarbeiter:** mind. ein weiterer Facharzt der Chirurgie mit Schwerpunktbezeichnung Unfallchirurgie - Fachärztliche anästhesiologische Versorgung und intensivtherapeutische Betreuung muß am Krankenhaus möglich sein - Ständige Dienstbereitschaft - **Nichtärztliche Mitarbeiter:** genügend Physiotherapeuten; Assistenten für Röntgen- und Labortätigkeiten in ständiger Dienstbereitschaft; Schreibkräfte für Berichterstattung

Fortsetzung Tabelle 12

D-Arztverfahren	H-Arztverfahren	Verletzungsartenverfahren
Personelle Austattung		
- Mind. zwei ständig anwesende medizinische Assistenzkräfte, davon mind. eine mit abgeschlossener Ausbildung	- Zwei medizinische Assistenzkräfte	
Sächliche Ausstattung (u. a.)		
- Zugänglich und ausgestattet für nicht gehfähige Unfallverletzte - Ausreichende Untersuchungs- und Behandlungsräume sowie - Zwei Eingriffräume für invasive Eingriffe - Geräte, Vorrats- und Sterilisationsraum, Aufbereitungsbereich - Ruheraum für Patienten - Röntgenraum	- Zwei Eingrifträume für invasive Eingriffe - Röntgenanlage - Sterilisationsmöglichkeit - Ausreichende Ausstattung mit Instrumenten für die Behandlung von Unfallverletzten	- Hubschrauberlandemöglichkeit - Reanimations- und Schockraum - Besondere Eingriffsräume nur für die Ambulanz - OP-Abteilung mit Anästhesieeinheiten, Überwachungsgeräten und Ausrüstung zur Schockbekämpfung und Wiederbelebung sowie radiologisch bildgebende Einrichtungen - Intensivstation - Jederzeitige Röntgenmöglichkeiten - Zentrale Sterilgutversorgung - Ständig dienstbereites Labor - Zweckentsprechend eingerichtete und ausgestattete Physiotherapie

Quelle: HAUPTVERBAND DER GEWERBLICHEN BERUFSGENOSSENSCHAFTEN: Merkblätter zu den Anforderungen zur Beteiligung am H-Arzt, D-Arzt- und Verletzungsartenverfahren (Stand: 1. Mai 2001). Eigene Zusammenstellung.

Qualitätszirkel, Arbeitsgruppen oder Konsilien zum Erfahrungsaustausch oder zur Einholung einer Zweitmeinung sind nicht vorhanden oder gehen allein auf die Initiative des behandelnden Arztes zurück. Somit handelt es sich strenggenommen nicht um ein Netz von Leistungserbringern, die zum Wohl des Patienten und zum gegenseitigen Vorteil zusammenarbeiten. Der „Netz-Zusammenhalt" wird durch den D-Arzt als Bindeglied zwischen den im Einzelfall beteiligten Leistungserbringern hergestellt. Aufgrund der bereits angesprochenen Einzelleistungsvergütung sind die Anreize der Ärzte jedoch eher gegen eine Kooperation mit anderen Spezialisten gerichtet, da die ärztliche Zusammenarbeit die Möglichkeiten der eigenen Leistungsausweitung einschränken könnte.

2.4 *Aktive Beteiligung der Unfallversicherungsträger am Berufsgenossenschaftlichen Heilverfahren*

2.4.1 *Vorbemerkungen*

Neben dem D-Arzt in seiner Funktion als Case Manager spielen auch die Unfallversicherungsträger eine wichtige Rolle in den BG-Heilverfahren. Sie sind - anders als die Gesetzlichen Krankenkassen - nicht bloß als Finanzmittelverwalter anzusehen, sondern aktiv an der Leistungserbringung beteiligt. Möglich wird dies über einen intensiven Datenaustausch zwischen den Leistungserbringern und den Versicherungsträgern. Dieser Abschnitt dient dazu, zunächst die Vorschriften zum Datenschutz und die daraus resultierende Datentransparenz in der GUV darzustellen, die anschließend daran erläuterten Berufsgenossenschaftlichen Berichtswesen zugrundeliegen.

2.4.2 *Datentransparenz in der Gesetzlichen Unfallversicherung*

Die Vorschriften zum Schutz von Sozialdaten sind im SGB VII im Vergleich zu den anderen Sozialgesetzbüchern, v. a. zum SGB V, deutlich flexibler ausgestaltet und räumen den Berufsgenossenschaften den Zugang zu umfangreichen Informationen ein. Dies hat zum einen damit zu tun, daß die gesetzlichen Vorschriften nicht so detailliert sind wie im Krankenversicherungsrecht. Zum anderen ist zu berücksichtigen, daß die Konstruktion der Unfallversicherung gegenüber der Krankenversicherung erhebliche Unterschiede aufweist: Während in der GKV jedes Mitglied und gegebenenfalls dessen beitragsfrei mitversicherte Familienmitglieder mit Beginn des Krankenversicherungsschutzes erfaßt werden, erfährt der Unfallversicherungsträger erst beim Vorliegen eines konkreten Versicherungsfalls vom individuellen Leistungsberechtigten. Da ein Versicherungsfall in der GUV seltener eintritt als eine Krankheit in der GKV, ist somit das Problem des möglichen Sozialdatenmißbrauchs in der GUV deutlich geringer.[343] Entscheidend für die flexibleren Datenschutzvorschriften im SGB VII dürfte jedoch sein, daß die Unfallversicherungsträger bei der Übertragung der sie betreffenden Vorschriften der RVO in das Sozialgesetzbuch im Jahr 1997 erheblichen Druck zur Durchsetzung ihrer Interessen ausgeübt haben. Davon zeugen wichtige Zugeständnisse an die Berufsgenossenschaften, beispielsweise bei der Einholung von Auskünften über den Unfallgeschädigten bei Krankenkassen und Ärzten.[344]

Allerdings erfordert auch der Auftrag der Träger der Unfallversicherung, „mit allen geeigneten Mitteln" die Wiederherstellung der Gesundheit des Versicherten anzustreben, einen größeren Handlungsspielraum. Da die Unfallversicherungsträger nach § 26 Abs. 5 SGB VII maßgeblich an der Steuerung des Heilverlaufs beteiligt sind, ist die Übermittlung versichertenbezogener Daten an die BG eine notwendige Voraussetzung, um dieser Aufgabe nachkommen zu können. Dies ist im Einklang mit dem Erforderlichkeitsgrundsatz, so daß die Träger der Unfallversicherung berechtigt sind, die Daten direkt bei den Leistungserbringern zu erheben. Der Umweg über die KV entfällt - auch bei der Leistungsabrechnung. Diejenigen Ärzte und Zahnärzte, die an einem besonderen Berufsgenossenschaftlichen Heilverfahren nach § 34 SGB VII teilnehmen, sind nach § 201 SGB VII verpflichtet, sämtliche Angaben über den Versicherten und seinen Zustand, die für die Heilbehandlung entscheidend sind, an die BG weiterzuleiten. Auch die Gründe, die das Einleiten eines Besonderen Heilverfahrens bedingen, sind mitzuteilen. Falls ein Versicherter lediglich im Rahmen der Allgemeinen Heilbehandlung behandelt wird, besteht die Auskunftspflicht der Leistungserbringer nur auf Verlangen des Unfallversicherungsträgers.[345] Zu beachten ist, daß der Betroffene über die Erhebung und Speicherung seiner Sozialdaten informiert werden muß und daß solche Daten nicht ohne sein Einverständnis an den Unfallversicherungsträger übermittelt werden können. Letzteres gilt allerdings nicht bei den speziellen Berufsgenossenschaftlichen Heilverfahren und bei der Meldung eines Verdachts auf Berufskrankheit, da in solchen Fällen nach § 202 Abs. 1 SGB VII eine unverzügliche Meldung an die zuständige Berufsgenossenschaft vorgesehen ist.

Das Informationsrecht der BG erstreckt sich auch auf die Einholung von Auskünften zu früheren Erkrankungen des Versicherten bei vorbehandelnden Ärzten oder der Krankenkasse des Versicherten. Dieses Auskunftsrecht ist allerdings

343 Vgl. KRANIG, A. [1998], S. 37 f.

344 Vgl. ebenda, S. 40 f.

345 Vgl. § 203 Abs. 1 SGB VII.

nach § 199 Abs. 3 SGB VII gestuft, d. h. zunächst sind Informationen beim Betroffenen selbst einzuholen. Bei vorbehandelnden Ärzten und Krankenkassen ist erst anzufragen, wenn vermutet werden kann, daß ein ursächlicher Zusammenhang zwischen der versicherten Tätigkeit und dem schädigenden Ereignis vorliegt oder wenn der Versicherte sein Einverständnis hierzu gegeben hat.[346] In diesem Zusammenhang ist aber auf die vergleichsweise schlechte Datenlage der Krankenkassen sowie auf die begrenzte Aufbewahrungsfrist der Sozialdaten in der GKV hinzuweisen. Letzteres ist gerade für Berufskrankheiten, die sich durch ihre langen Latenzzeiten auszeichnen, von großer Bedeutung.[347]

Auch im Rahmen von Forschungsvorhaben zur Erkennung, Vorbeugung und Rehabilitation von Berufskrankheiten dürfen personenbezogene Daten erhoben werden - allerdings nur, soweit das Forschungsvorhaben nicht mit anonymisierten Daten durchgeführt werden kann und nur nach vorheriger Genehmigung durch die zuständige Bundes- oder Landesbehörde. Darüber hinaus ist das Forschungsvorhaben organisatorisch und räumlich von den übrigen Aufgaben der BG zu trennen.[348]

Eine weitere datenbezogene Besonderheit der GUV im Vergleich zur GKV ist die gesetzlich verankerte Erlaubnis zur Einrichtung einer zentralen Datenbank nach § 204 SGB VII.[349] Diese kann bei einem Unfallversicherungsträger oder einem Verband der Unfallversicherungsträger eingerichtet werden und Daten zu Vorsorgemaßnahmen, Arbeits- und Wegeunfällen, Berufskrankheiten sowie zur Rehabilitation von Versicherten enthalten. Sinn und Zweck dieser übergreifenden Datenbank ist es, die Bearbeitung von Fällen zu erleichtern, indem die Unfallversicherungsträger bei Bedarf auf bereits gemachte Erfahrungen im Umgang mit bestimmten Situationen zurückgreifen können. Darüber hinaus soll die Prävention durch eine solche Datenbank gestärkt werden, da aus der Häufigkeit von Unfällen oder Berufskrankheiten die Notwendigkeit von Unfallvermeidungsmaßnahmen abgeleitet werden kann. Die erfaßten Daten müssen anonymisiert sein, enthalten aber Daten über den Familienstand des Versicherten, den ausgeübten Beruf, den Arbeitgeber sowie Angaben zur Diagnose und zum Erfolg getroffener Behandlungsmaßnahmen.[350]

---

346 Dies ist das sog. „gestufte Ermittlungsverfahren", vgl. HAUCK, K.; NOFTZ, W. [2001], K § 199, S. 11 f. und KRANIG, A. [1998], S. 41.

347 Vgl. den Abschnitt zum Kausalitätsprinzip bei Berufskrankheiten (Teil II, Kapitel D 4.2). Die Datenlage der Krankenkassen ist im Abschnitt C 2.3.4.3 (Teil III) erläutert.

348 Vgl. § 206 SGB VII.

349 Vgl. ZIEGELMAYER, U. [2000], S. 144.

350 Vgl. § 204 Abs. 2 SGB VII.

2.4.3 Berufsgenossenschaftliches Berichts- und Kontrollwesen

In seinem „dualen Rechtsverhältnis"[351] ist der D-Arzt einerseits gegenüber dem Unfallverletzten verpflichtet, alle notwendigen Maßnahmen zur Erzielung eines optimalen Behandlungsergebnisses vorzunehmen. Andererseits hat er gegenüber der berufsgenossenschaftlichen Verwaltung dafür zu sorgen, daß der von ihm erstellte Behandlungsplan den medizinischen Erfordernissen entspricht und eingehalten wird.[352]

Als Überwachungsinstrument der Unfallversicherungsträger über die mit weitreichenden Vollmachten ausgestatteten D-Ärzte dient das engmaschige Berichtswesen. Dieses besteht aus der Unfallmeldung und einer Erstdokumentation, mit der die zuständige Berufsgenossenschaft unverzüglich über die vorliegenden Gesundheitsschäden informiert wird. Bei besonderen Verletzungen ist ein Ergänzungsbericht fällig.[353] Darüber hinaus erfolgt eine „spontane Berichterstattung", die dem Unfallversicherungsträger während des Heilverfahrens Aufschluß geben soll über Veränderungen im Behandlungsprozeß, z. B. über Diagnoseänderungen, das Auftreten von Komplikationen, eine Verlegung des Patienten, die Notwendigkeit häuslicher Krankenpflege sowie den Abbruch der Heilbehandlung durch den Versicherten oder sonstige mangelnde Mitwirkung des Verletzten.[354] Anhand dieser Berichterstattung können sich die Berufsgenossenschaften zeitnah in das Behandlungsgeschehen einschalten und den D-Arzt gegebenenfalls beratend unterstützen, aber auch einen Mißbrauch verhindern, wenn die Leistungen über die vorgeschriebene Maximalversorgung hinausgehen. Zur Erfüllung dieser Aufgaben stehen den Sachbearbeitern in den berufsgenossenschaftlichen Verwaltungen für medizinische Fragen beratende Ärzte zur Seite. Diese führen ihre Beratungstätigkeit i. d. R. nebenamtlich aus.[355]

Das Berichtswesen ist das wichtigste Element eines mehrstufigen direkten und indirekten Überwachungskonzepts der Unfallversicherungsträger über die an den Berufsgenossenschaftlichen Heilverfahren beteiligten Leistungsanbieter sowie über die Qualität der Leistungserbringung.[356] Die unmittelbare individuelle

---

351 MÜLLER, K. H. [1997], S. 270.

352 Vgl. WELLER, S. [1991], S. 83.

353 Dies ist der Fall bei Knie-, Hand- und Kopfverletzungen mit Gehirnbeteiligung, schweren Verbrennungen und Stromunfällen, vgl. MÜLLER, K. H. [1997], S. 271 und SPIER, R.; LEUFTINK, D.; JAPTOK, H.-J. [2001], S. 103.

354 Vgl. § 16 ÄA.

355 Es werden jedoch auch vereinzelt hauptamtlich beratende Ärzte eingesetzt, beispielsweise bei der BG Nahrungsmittel und Gaststätten in Mannheim (Anfrage beim LANDESVERBAND HESSEN-MITTELRHEIN UND THÜRINGEN DER GEWERBLICHEN BERUFSGENOSSENSCHAFTEN).

356 Zu den folgenden Ausführungen vgl. KAISER, V.; BILOW, H. [1997], S. 206 ff.

Überprüfung der ärztlichen Leistungen erfolgt durch die Berufsgenossenschaften - gegebenenfalls unter Hinzuziehung eines beratenden Arztes - anhand der Arztberichte. Bei Vorliegen von Mängeln kann der Behandlungsverlauf durch direkte Anweisungen der Berufsgenossenschaften korrigiert werden. Spätestens dann, wenn der Patient von einem anderen Leistungserbringer behandelt wird, werden Behandlungsmethode und -erfolge des vorher eingeschalteten Arztes oder Krankenhauses bewertet, und zwar unabhängig davon, ob der Arztwechsel auf Initiative des Patienten, der Verwaltung oder des bisherigen Arztes vorgenommen wurde.

Die nachfolgend aufgeführten Überwachungsansätze beruhen hingegen auf einer mittelbaren Kontrolle der ärztlichen Leistungserbringer. So können die Berufsgenossenschaften die Behandlung ausgewählter und erfahrungsgemäß problematischer Verletzungsarten (z. B. körperferne Speichenbrüche) auf ihre Ergebnisqualität untersuchen, sie können aber auch die Resultate ganzer Heilverfahren wie der Erweiterten Ambulanten Physiotherapie (EAP) oder der Berufsgenossenschaftlichen Stationären Weiterbehandlung (BGSW) auswerten. Daraus können dann Behandlungsleit- oder -richtlinien abgeleitet werden. Darüber hinaus erfolgt am Ende einer medizinischen Behandlung immer dann eine Einzelfallprüfung, wenn ein Gutachten zur Feststellung eines Rentenanspruchs erstellt werden soll. Ähnliches gilt, wenn eine Behandlung vom Versicherten als mangelhaft angesehen wird und dieser vor dem Sozialgericht klagt. Schließlich ist auf die Selbstkontrolle und Überwachung durch die Leistungserbringer hinzuweisen. Diese kann innerhalb eines Krankenhauses, aber auch von den Ärzten untereinander durchgeführt werden. Hier muß allerdings eingeräumt werden, daß die beiden letztgenannten indirekten Kontrollmechanismen auch im Rahmen der GKV wirksam sein können. Außerdem lassen sich sozialmedizinische Gutachten im Auftrag der Krankenkassen vom MDK zur Überprüfung der Notwendigkeit bestimmter Leistungen erstellen.

Das Berichtswesen spielt aber auch bei der Entwicklung und Auswertung neuer Behandlungsverfahren eine entscheidende Rolle. Als Beispiel hierfür kann auf die Entwicklung eines neuen Berufsgenossenschaftlichen Heilverfahrens, das die Einbindung von ärztlichen und psychologischen Psychotherapeuten bei psychischen Gesundheitsschäden erproben soll, verwiesen werden. In diesem Projekt, das auf Initiative der Landesverbände Südwestdeutschland, Rheinland-Westfalen sowie Hessen-Mittelrhein und Thüringen der gewerblichen Berufsgenossenschaften in den Jahren 2002 und 2003 als Modellvorhaben erprobt wird, werden die Grundlagen für die Beteiligung von Psychotherapeuten an den Berufsgenossenschaftlichen Heilverfahren geschaffen.[357] Dazu gehört u. a. die Erarbeitung eines Anforderungs- und Qualifikationsprofils an die Psychotherapeuten und die Entwicklung von geeigneten Maßnahmen zur Behandlung von Unfallfolgen. Ferner soll ein Verzeichnis qualifizierter Therapeuten erstellt werden. Die psychotherapeutische Betreuung, die sowohl ambulant als auch stationär erbracht werden kann, dient der Vermeidung von Beeinträchtigungen des Rehabilitationserfolges durch - eventuell chronische - unmittelbare psychische Traumata sowie psychoreaktive Störungen infolge einer körperlichen Gesundheitsbeeinträchtigung. Das neue Heilverfahren kann durch den D-/H-Arzt oder durch den zuständigen Unfallversicherungsträger eingeleitet werden.

Gerade in der Erprobungsphase ist die Berichtspflicht der Psychotherapeuten wichtig, damit die Berufsgenossenschaften eine gründliche Evaluation neuer Heilverfahren vornehmen können. Im vorgenannten Modellversuch wird jeder Behandlungsfall statistisch erfaßt und ausgewertet. Dabei geht es zum einen um die Überwachung der Psychotherapeuten, zum anderen um mögliche Verbesserungen der Behandlungsqualität und -ergebnisse bei den Patienten.

Trotz der Vorteile des Berichts- und Meldewesens und den daraus für die Berufsgenossenschaften erwachsenden Möglichkeiten zur aktiven Einschaltung in den Behandlungsprozeß, erweist sich das Berichtswesen als nicht ganz manipulationsresistent, wie die nachfolgenden Ausführungen verdeutlichen.

2.4.4 Probleme des Berichts- und Kontrollwesens

Damit die Berufsgenossenschaften ihrer Rolle als „Herr des Verfahrens" gerecht werden und eine wirksame Kontrolle über das Heilverfahren ausüben können, müssen drei Voraussetzungen erfüllt sein. Die Berichterstattung muß erstens unverzüglich, vollständig und sorgfältig erfolgen. Sie muß zweitens objektiv, d. h. frei von verharmlosenden oder dramatisierenden Umschreibungen sein. Drittens muß sichergestellt sein, daß die D-Ärzte weitere Spezialisten zu Rate ziehen, wenn sie bei der Klärung der Diagnose und der Behandlung an die Grenzen ihres Kompetenzbereichs stoßen.[358]

Die Grundentscheidung, dem D-Arzt umfangreiche Vollmachten bei der Durchführung seiner medizinischen Aufgaben einzuräumen, ist allerdings auch

---

357 Diese Ausführungen beruhen auf einem Vortrag von Herrn WIRTHL (LANDESVERBAND HESSEN-MITTELRHEIN UND THÜRINGEN DER GEWERBLICHEN BERUFSGENOSSENSCHAFTEN, Mainz) zum Thema: Das Modellverfahren „Einbindung von ärztlichen und psychologischen Psychotherapeuten bei psychischen Gesundheitsschäden" aus Sicht der Verwaltung, gehalten auf der Unfallmedizinischen Tagung am 09.11.2002 in Mainz.

358 Vgl. LEUFTINK, D. [1991], S. 90 f.

mit Problemen verbunden. Die Position der Berufsgenossenschaften ist bereits im Verhältnis zum Leistungserbringer geschwächt, da sie i. d. R. nicht den ersten Kontakt zum Unfallverletzten bzw. zum Berufserkrankten haben. Allerdings bewegen sich die Unfallversicherungsträger hier auf einem schmalen Grat zwischen einer im Notfall gebotenen unmittelbar einsetzenden Heilbehandlung und einer umfangreichen Unterrichtung und darauf beruhender Kontrolle und Lenkung des Behandlungsablaufs durch die BG-Verwaltung.

In der Praxis zeigt sich, daß die obigen Voraussetzungen für eine Heilverfahrensüberwachung durch die Berufsgenossenschaften nicht immer erfüllt sind.[359] Insbesondere zeitliche Verzögerungen bis zum Eintreffen der Erstdokumentation und ungenaue Angaben zu den Gesundheitsbeeinträchtigungen erschweren die Überwachung des Heilverfahrens. Es gibt Anzeichen dafür, daß rund ein Drittel aller Berichte mit Mängeln behaftet ist und Ergänzungsberichte häufig nicht erstattet werden.[360] Ähnlich sieht es bei der spontanen Berichterstattung aus, die aus Zwischenberichten besteht und eine wesentliche Komponente der berufsgenossenschaftlichen Verfahrenssteuerung darstellt.[361] Auch die Berufshelfer sind auf eine umfassende Informationsweitergabe durch den Durchgangsarzt angewiesen, damit Gefährdungen der Erwerbsfähigkeit rechtzeitig erkannt und soweit wie möglich erfolgreich beseitigt werden können.[362] Eine lückenhafte Berichterstattung führt jedoch dazu, daß das Gesamtbild eines Behandlungsfalls unter Umständen erst bei der Vorlage des Rentengutachtens bekannt wird - und damit zu einem Zeitpunkt, zu dem es für rechtzeitige und wirksame Eingriffe zu spät sein kann. In solchen Fällen wird das Prinzip „Rehabilitation vor Rente“ untergraben, da Rentenzahlungen an einer dauerhaften Minderung der Erwerbsfähigkeit (MdE) anknüpfen, die u. U. bei einer umfangreicheren oder rechtzeitigen Dokumentation des Behandlungsverlaufs und darauf aufbauenden zielführenden Maßnahmen hätte vermieden werden können. Dies ist weder im Interesse des Verletzten noch im Interesse der Leistungserbringer und der Unfallversicherungsträger, für die solche Fälle mit einem Vertrauensverlust verbunden sind.[363]

Ein weiteres Problem stellt die Hinzuziehung weiterer Ärzte zur Klärung der Diagnose und zur Mitbehandlung dar. In einem System mit Einzelleistungsvergütung hat ein Leistungsanbieter - also auch ein D-Arzt - den Anreiz, möglichst

---

359 Zu den Mängeln im Berufsgenossenschaftlichen Berichtswesen vgl. SCHWERDTFEGER, U. [1996], S. 27 ff.

360 Expertengespräch mit Herrn LEUFTINK (LANDESVERBAND SÜDWESTDEUTSCHLAND DER GEWERBLICHEN BERUFSGENOSSENSCHAFTEN, Heidelberg) am 02.10.2002.

361 Vgl. LEUFTINK, D. [1991], S. 90.

362 Vgl. MÜLLER, K. H. [1997], S. 275 f.

363 Vgl. SCHWERDTFEGER, U. [1997], S. 29. Vgl. beispielhaft auch HANSIS, M. [1988], S. 107 ff.

viele Leistungen selbst zu erbringen, so daß die Hinzuziehung der fachlichen Kompetenz weiterer Spezialisten - selbst wenn dies auf Kosten der Berufsgenossenschaften möglich wäre - hinausgezögert oder auch umgangen wird. Dies kann dazu beitragen, daß die Ernsthaftigkeit von Verletzungen verkannt und deren korrekte Behandlung verschleppt wird. Ferner wird die mangelnde Kenntnis der Leistungserbringer über verschiedene Heilverfahrensarten, insbesondere für solche, die sich an die Akutbehandlung der Patienten anschließen, beklagt. Dies alles kann für den betroffenen Patienten mit Nachteilen in Form einer langwierigen und ergebnislosen Behandlung oder gar mit ausbleibenden Heilerfolgen verbunden sein.[364]

2.4.5 *Maßnahmen zur Beseitigung der Probleme im Berichtswesen*

Zur Vermeidung der beschriebenen Mängel und zur Stärkung ihrer Position im Heilverfahren werden von den Berufsgenossenschaften Gegenmaßnahmen ergriffen, von denen im folgenden einige ausgewählte Ansätze erläutert sind.

Eine Möglichkeit, gegen die Gefahr der möglichen Fehlbehandlung und der unterlassenen Hinzuziehung von weiteren Fachärzten zur Klärung der Diagnose oder zur Mitbehandlung vorzugehen, ist die Vorgabe von Behandlungsleitlinien oder -richtlinien, an denen sich die D-Ärzte orientieren können bzw. an die sie sich halten müssen. Beides wird von den Berufsgenossenschaften genutzt und dient der Qualitätssicherung im Berufsgenossenschaftlichen Heilverfahren, wovon nicht nur die Patienten, sondern auch die Unfallversicherungsträger profitieren können. Behandlungsleitlinien gibt der Hauptverband der gewerblichen Berufsgenossenschaften in Form von sog. „Denkschriften“ für schwere Unfallfolgen und Verletzungen, z. B. Querschnittslähmungen und Schädel-Hirnverletzungen, Verbrennungen etc., heraus.[365] Solche Behandlungsleitlinien sind jedoch für den behandelnden Arzt nicht verbindlich, sondern können vielmehr nur als Orientierungsstütze und Ratgeber dienen. Gleiches gilt auch für die Sachbearbeiter in den BG-Verwaltungen, die auf die „Hinweise zur Überwachung des Heilverfahrens“ der Landesverbände der gewerblichen Berufsgenossenschaften zurückgreifen sollen.[366]

Bei ausgewählten Verletzungen ist vorgesehen, daß die Behandlung nur in eigens dafür zugelassenen Einrichtungen vorgenommen werden darf. Dies ist der Fall beim Verletzungsartenverfahren, durch das sichergestellt werden soll, daß

---

364 Vgl. SCHWERDTFEGER, U. [1997], S. 28 ff. und SPIER, R.; LEUFTINK, D.; JAPTOK, H.-J. [2001], S. 291.

365 Vgl. MEHRHOFF, F.; WEBER-FALKENSAMMER, H. [2000], S. 107.

366 Vgl. LEUFTINK, D. [1991], S. 89.

die Behandlung in einem Krankenhaus mit einer entsprechenden personellen und sächlichen Ausstattung erfolgt (siehe Tabelle 12 zu den Zulassungsvoraussetzungen).[367] Diese Vorschrift kann zwar nicht die Defizite im Berichtswesen abstellen, jedoch ist sie dazu geeignet, einer verzögerten Vorstellung der Verletzten bei einem Spezialisten aufgrund einer Fehlbehandlung durch einen überforderten D-Arzt, die durch die Einzelleistungsvergütung tendenziell gefördert wird, vorzubeugen.

In eine ähnliche Richtung weisen die Modellprojekte zu Handverletzungen und körperfernen Speichenbrüchen. Zu den sog. „kleinen Handverletzungen" wurde an der Berufsgenossenschaftlichen Unfallklinik Ludwigshafen eine Studie bei Patienten mit der Diagnose „Schnittwunde, Prellung, Distorsion etc." durchgeführt.[368] Es zeigte sich, daß bei auswärtiger Primärbehandlung, bei der kein Handchirurg zur Mitbehandlung hinzugezogen wurde, die Schwere der Verletzungen in rund 60 % der Fälle unterschätzt wurde. Die Studie ergab, daß die Folgen der inadäquaten Primärbehandlung nur in 17 % der Fälle durch eine spätoperative Versorgung beseitigt werden konnten, wohingegen bei 29 % eine Änderung der Therapie erforderlich war - was allerdings mit einer Verlängerung der Behandlungsdauer oder einer Verschlechterung des Therapieerfolgs verbunden war. Bei 28 % war keine erfolgversprechende Behandlung mehr möglich. Das Kollektiv der Patienten mit einer auswärtigen Primärbehandlung wies zusätzlich eine erheblich längere Gesamtbehandlungsdauer und Arbeitsunfähigkeit gegenüber einem Patientenkollektiv, das eine Primärbehandlung durch einen Spezialisten in der Unfallklinik Ludwigshafen erhalten hat, auf. Darüber hinaus war die verbleibende MdE nach abgeschlossener Sekundärbehandlung höher als im Vergleichskollektiv. Somit äußert sich die falsche Primärbehandlung nicht nur in einer höheren Kostenbelastung für die Unfallversicherungsträger in Form von Verletztengeld und Unfallrente, sondern auch in einer höheren volkswirtschaftlichen Belastung durch längere Arbeitsunfähigkeitszeiten.

Insgesamt wurden durchschnittliche Mehrkosten für Verletztengeld und Unfallrente von rund 13.800 Euro pro Patient ermittelt. Für das Kollektiv von 90 arbeitsunfallverletzten Patienten mit auswärtiger Primärbehandlung summierten sich diese Mehrausgaben auf fast 1,22 Mio. Euro allein in den Jahren 1991/1992.[369] In die gleiche Richtung wies eine Hamburger Studie aus dem Jahr 1998. Sie ergab, daß aufgrund der Kombination von Fehldiagnosen und zeitlichen Verzögerungen in der Unfallmeldung an den Versicherungsträger eine

---

367 Siehe den Abdruck des Verletzungsartenverzeichnisses im Anhang A 1.2.

368 Vgl. WITTEMANN, M. et al. [1994].

369 Vgl. ebenda, S. 1006 f.

Vorstellung beim Handchirurgen durchschnittlich erst nach fast sieben Monaten erfolgte.[370]

Da rund 45 % aller unfallchirurgischen Behandlungen Handverletzungen betreffen und diese mit etwa 20 % die meisten neuen Unfallrenten verursachen, sind die Ergebnisse der genannten Studien von großer Bedeutung.[371] Aus diesem Grunde wurde vom Landesverband Südwestdeutschland der gewerblichen Berufsgenossenschaften ein Modellprojekt initiiert, das bei Handverletzungen mit einer Behandlungsdauer oder anhaltender Arbeitsunfähigkeit von mehr als zehn Tagen eine Vorstellung bei einem Handchirurgen vorschreibt.[372] Damit soll Problemen durch eine verspätete oder unterlassene Vorstellung des Patienten beim Handchirurgen vorgebeugt werden.

Einen anderen Ansatz wählte der Landesverband Berlin, Brandenburg und Mecklenburg-Vorpommern: Hier wurden die Mitarbeiter der BG-Verwaltungen darauf geschult, die eingehenden D-Arztberichte insbesondere im Hinblick auf handchirurgische Verletzungen genauer zu untersuchen und gegebenenfalls Maßnahmen einzuleiten. Dabei stellte sich in der Pilotphase des Projekts von November 1999 bis Ende Oktober 2000 heraus, daß bei rund 31,4 % der eingehenden Berichte eine Überweisung des Verletzten in die Abteilung für Hand-, Replantations- und Mikrochirurgie des Unfallkrankenhauses Berlin, in die Unfallbehandlungsstelle der Berufsgenossenschaften in Berlin oder an einen anderen niedergelassenen Handspezialisten empfohlen wurde. In 1,1 % der Berichtsfälle wurde eine sofortige stationäre Behandlung eingeleitet. Etwa 10 % der Berichte wurde mit der Bitte um genauere Auskünfte an den behandelnden Arzt zurückgeschickt. Die erneute Vorlage bei den berufsgenossenschaftlichen Verwaltungen ergab, daß bei 28,6 % dieser Fälle ein Eingriffspotential seitens der Verwaltung gesehen wurde.[373] Diese Ergebnisse belegen den großen Eingriffsbedarf bei handchirurgischen Verletzungen.

Ein weiteres Beispiel für die Qualitätssicherung der Berufsgenossenschaften ist das ebenfalls vom Landesverband Südwestdeutschland der gewerblichen Berufsgenossenschaften initiierte Modellprojekt zu körperfernen Speichenbrüchen, die gleichfalls einen bedeutenden Anteil der Verletzungen infolge von

---

370 Vgl. EISENSCHENK, A. et al. [2001], S. 65.

371 Vgl. SPIER, R.; LEUFTINK, D.; JAPTOK, H.-J. [2001], S. 144 und EISENSCHENK, A. et al. [2001], S. 65.

372 Vgl. SPIER, R.; LEUFTINK, D.; JAPTOK, H.-J. [2001], S. 144 f.

373 Bei 17 % der Fälle wurde eine ambulante Behandlung durch einen Handspezialisten und bei fast 12 % eine stationäre Behandlung eingeleitet. Vgl. EISENSCHENK, A. et al. [2001], S. 68 f.

Arbeitsunfällen ausmachen.[374] Hier wurden im Jahr 1995 Arbeitsunfälle, die mit Frakturen am Unterarm verbunden waren, anhand der D-Arztberichte ausgewertet. Besonderes Augenmerk wurde dabei in der ersten Projektphase auf eine einheitliche Dokumentation der verschiedenen Frakturtypen gelegt. Diese wurden nach neun Hauptgruppen unterteilt. Erfaßt wurden auch das Alter der Verletzten und die Art der Behandlung (operativ oder konservativ). In der anschließenden Projektphase wurden die Erfolge unterschiedlicher Behandlungsmethoden analysiert. Die Bewertung erfolgt anhand einer Punkteskala. Von Interesse waren dabei auch die anfallenden Behandlungskosten und die durchschnittliche Arbeitsunfähigkeitsdauer sowie die Dauer des stationären Aufenthalts. Darüber hinaus sollen in einer dritten Projektstufe bestimmte Auffälligkeiten, beispielsweise die ähnliche Behandlungsdauer bei konservativer und operativer Behandlung, die vergleichsweise hohe MdE-Anerkennung bei guten Behandlungsergebnissen sowie die vergleichsweise schlechten Endergebnisse bei einfachen Frakturen, durchleuchtet werden. Dieses Projekt wurde auch auf den Zuständigkeitsbereich weiterer Landesverbände der gewerblichen Berufsgenossenschaften ausgeweitet und soll zum einen über Unterschiede in den Verhaltensweisen von niedergelassenen Ärzten und Klinikchirurgen sowie zum anderen über Möglichkeiten zur Erzielung eines bestmöglichen Behandlungserfolges neue Erkenntnisse liefern.

Lag der Schwerpunkt der bisherigen Ausführungen eher auf Vorgaben für die beteiligten Leistungserbringer zur Verbesserung der Behandlungsergebnisse, so knüpft das folgende Projekt bei den berufsgenossenschaftlichen Verwaltungen an. Zusammen mit dem Landesverband Südwestdeutschland der gewerblichen Berufsgenossenschaften wurde von der BG Nahrungsmittel und Gaststätten ein Konzept zur Überwachung und Steuerung des Heilverfahrens entwickelt. Den Kern des Konzepts bildet - in Anlehnung an ihren Entwickler - die sog. „Weller-Datenbank“, die diagnosebezogene Erfahrungswerte zur Behandlungsdauer von Patienten enthält. Unterschiedliche Schweregrade der Gesundheitsbeeinträchtigungen werden berücksichtigt. Anhand dieser Daten wird eine terminbezogene Kontrolle der Leistungserbringer durchgeführt, indem der BG-Sachbearbeiter bei der Fallbearbeitung auf Überprüfungstermine hingewiesen wird. Falls eine Überschreitung des prognostizierten Endtermins der Behandlung vorliegt, wird der behandelnde Arzt um eine Begründung gebeten. Je nach Entwicklung des Heilverlaufs können die BG-Sachbearbeiter anhand der bisherigen Dokumentation zusammen mit dem beratenden Arzt eingreifen und korrigierend lenken, indem beispielsweise die Vorstellung beim Spezialisten oder die Einweisung in eine

[374] Zu diesem Modellprojekt vgl. RADEK, E.; WENTZENSEN, A.; LEUFTINK, D. [1998] und LEUFTINK, D.; WENTZENSEN, A. [1999].

BG-Klinik veranlaßt wird.[375] Eine vergleichbare dialoggestützte Überwachung und Steuerung des Heilverfahrens wurde auch von der Bau BG Rheinland und Westfalen entwickelt.[376]

Das Ziel solcher Datenbanken ist die Förderung der aktiven Kommunikation zwischen der BG-Verwaltung und den behandelnden Ärzten. Dadurch soll die Qualität des Heilverfahrens erhöht werden, beispielsweise indem Komplikationen im Heilverlauf besser und schneller erkannt werden und wirksamer dagegen vorgegangen werden kann. Darüber hinaus ist das Programm zur Überwachung und Steuerung des Heilverfahrens darauf ausgerichtet, das Berichtswesen sowie die aktive und zeitnahe Heilverfahrenssteuerung durch die BG-Mitarbeiter zu stärken. Die Umsetzung dieser Ziele kann sich auch in einer Senkung der Arbeitsunfähigkeitszeiten und der stationären Verweildauern und damit in einer Kostensenkung für die Unfallversicherungsträger niederschlagen.[377] Erste Auswertungen der BG Nahrungsmittel und Gaststätten bestätigen diese Erwartungen und verdeutlichen, daß im Berufsgenossenschaftlichen Heilverfahren Potentiale zur Effizienzsteigerung vorhanden sind: Die Datensätze aus dem Jahr 1994 wiesen bei Nutzung des Dialogverfahrens eine kürzere Arbeitsunfähigkeit von durchschnittlich nur acht Tagen und geringere Fallkosten auf. Die Kosten der ambulanten Heilbehandlung konnten um 12 % gesenkt werden.[378] Von diesen Ergebnissen profitieren nicht nur der betroffene Unfallversicherungsträger, sondern auch die Mitgliedsbetriebe durch verkürzte Arbeitsunfähigkeitszeiten und potentiell geringere Beitragslasten. Mittlerweile haben etwa zwei Drittel aller Berufsgenossenschaften die dialoggestützte Kontrolle der Leistungserbringer in ihre Steuerung und Überwachung des Heilverfahrens integriert. Eine Übertragung auf die gesamte Unfallversicherung ist zu erwarten.[379]

Mit einer ähnlichen Absicht wie beim Konzept der „Weller-Datenbank", das zur Stärkung der Kontrolle der Leistungserbringer durch die berufsgenossenschaftliche Verwaltung beitragen soll, erprobt die Verwaltungs-BG ein dialogisches Reha-Management.[380] Dieses geht über die Weller-Datenbank hinaus, da das dialogische Reha-Management eine möglichst frühzeitige Einbindung aller Beteiligten in den Behandlungsprozeß anstrebt und es nicht bei der bloßen Überprüfung der Behandlungsdauer beläßt. Im Vordergrund steht beim Ansatz der

---

375 Vgl. HAX, P.-M.; RÖMER, W. [1995], S. 179 f. und EMMERICH, N. [1996], S. 21 ff.

376 Vgl. WARRING, V.; WESKOTT, V. [1997].

377 Vgl. ebenda, S. 257.

378 Vgl. WEIS, N. [1995], S. 178 ff. und EMMERICH, N. [1996], S. 24 ff.

379 Expertengespräch mit Herrn LEUFTINK (LANDESVERBAND SÜDWESTDEUTSCHLAND DER GEWERBLICHEN BERUFSGENOSSENSCHAFTEN, Heidelberg) am 02.10.2002.

380 Vgl. FROESE, E. [2002], S. 123 ff.

Verwaltungs-BG der dialogische Aspekt, der dazu beitragen kann, mögliche Konflikte mit den Leistungserbringern, die auf ein konfrontatives und rein steuerndes Kontrollverfahren zurückzuführen sind, zu vermeiden.

Ziel ist es, über eine enge Verzahnung der eingeschalteten Leistungsbereiche eine möglichst nahtlose Behandlung zu erreichen. Dafür soll sich die Berufsgenossenschaft in den Fällen, in denen die Genesung und die Wiedereingliederung des Verletzten erfahrungsgemäß problematisch sein können, möglichst frühzeitig in den Behandlungsprozeß einschalten. Nachdem die Notwendigkeit des Reha-Managements anhand der Eigenschaften des Einzelfalls festgestellt worden ist, kommt es zu einer raschen persönlichen Kontaktaufnahme zwischen Reha-Manager und dem Betroffenen einerseits sowie dem behandelnden Arzt andererseits.[381] Dabei soll die ausschließlich auf den Informationen und Vorgaben des Durchgangsarztes beruhende Verfahrensbegleitung der BG durch eine aktive Partizipation des Unfallversicherungsträgers abgelöst werden. In persönlichen Gesprächen soll ein Rehabilitationsplan erstellt werden, der im weiteren Behandlungsverlauf bei Bedarf überarbeitet und angepaßt wird. Durch den unmittelbaren Austausch zwischen dem Unfallversicherungsträger und dem Arzt wird eine Offenlegung und indirekt auch eine Kontrolle der geplanten Behandlungsschritte erreicht.

Im Unterschied zum derzeit üblichen und in den obigen Ausführungen erläuterten Verfahren wird das Berichtswesen durch die persönliche Kontaktaufnahme zwischen der BG und den Leistungserbringern z. T. ersetzt. Dadurch sollen Manipulationsmöglichkeiten beseitigt und zeitlichen Verzögerungen vorgebeugt werden. Der Rehabilitationsmanager kann sich vielmehr aktiv in den Behandlungsprozeß einschalten und den behandelnden Arzt mit Ratschägen und Erfahrungen aus zurückliegenden Fällen unterstützen. Darüber hinaus wird der Patient - soweit dies möglich ist - aktiv in den Entscheidungsprozeß eingebunden.[382] Zudem soll der Unfallversicherungsträger seine Kompetenz in organisatorischen Fragen nutzen und die Leistungserbringer von solchen Aufgaben entlasten.

Eine Untersuchung der Auswirkungen des intensivierten Austauschs der Verwaltungs-BG wurde in den Ländern Nordrhein-Westfalen, Sachsen, Sachsen-

[381] Das dialogische Reha-Management kommt in erster Linie bei den 5 bis 8 % schwersten Fällen zur Anwendung. Dies sind Fälle, bei denen erfahrungsgemäß Komplikationen beim Heilprozeß auftauchen oder die Wiedereingliederung des Versicherten problematisch sein kann. (Expertengespräch mit Herr FROESE (VERWALTUNGS-BG, Hamburg) am 17.06.2003).

[382] Hiervon können wichtige psychologische Effekte auf den Heilerfolg beim Patienten ausgehen. Da dem Verletzten der Eindruck vermittelt wird, eine entscheidende Rolle bei der Erreichung des Heilerfolgs zu spielen, kann mit einer besseren Kooperation des Patienten gerechnet werden. Darüber hinaus können seine konkreten Vorstellungen und Wünsche berücksichtigt werden.

Anhalt und Thüringen vorgenommen.[383] Dabei standen die Wirkungen auf die Kosten und die Qualität der Behandlung im Vordergrund. Tatsächlich wurden bei den untersuchten Fällen Kosteneinsparungen in Höhe von durchschnittlich 10.000 Euro pro Fall erzielt. Die Einsparungen setzen sich zusammen aus einem unmittelbaren Rückgang der direkten Behandlungskosten in Höhe von etwa 3.500 Euro und einer um 114 Tage verkürzten Arbeitsunfähigkeitsdauer, wodurch die Auszahlungen für Verletztengeld um rund 6.800 Euro reduziert werden konnten. Diese Verkürzung der Arbeitsunfähigkeitsphase beruht auf einer Verbesserung der Verzahnung an den Übergängen zwischen den Leistungserbringern, wodurch längere Überbrückungsphasen vermieden werden konnten. Auffällig sind darüber hinaus das Fehlen von Ausreißerfällen bei den Behandlungskosten und der Behandlungsdauer sowie das deutliche Absenken des Niveaus der anerkannten Erwerbsfähigkeitsminderungen, was die Zahlung hoher Renten oder gar die Entstehung von Rentenansprüchen vermeidet. Dies läßt auf eine höhere Ergebnisqualität der Behandlungen schließen.

Trotz dieser positiven Ergebnisse, die das Potential eines intensiven Rehabilitationsmanagements eindrucksvoll belegen, ist darauf hinzuweisen, daß die Bewertung der Untersuchungsergebnisse unter Berücksichtigung von Einschränkungen erfolgen muß. Dazu zählt zum einen die Beschränkung der Auswertung auf eine Diagnose, nämlich die isolierten und geschlossenen Brüche des Fersenbeins. Zum anderen ist auf die geringen Stichprobenumfänge hinzuweisen: Verglichen wurden die Behandlungskosten und -ergebnisse von lediglich 29 Patienten ohne Reha-Management aus dem Jahr 2000 und von 20 Patienten mit Reha-Management aus dem Jahr 2001. Angesichts der Grundgesamtheit von jährlich etwa 150 bis 200 Fällen werden Zweifel an der Repräsentativität der Stichproben geäußert.[384] Darüber hinaus darf vermutet werden, daß es sich bei der Verwaltungs-BG eher um weniger schwere Verletzungen handeln dürfte als bei einer BG im verarbeitenden Gewerbe, beispielsweise der Bau BG. Obwohl diese Einschränkungen gegen eine Verallgemeinerung der dargestellten Ergebnisse sprechen, zeigt die vorliegende Untersuchung, daß kostenreduzierende Wirkungen durch ein intensives Reha-Management möglich sind. V. a. die Verzahnung und die Verkürzung der Behandlungsdauer und der Arbeitsunfähigkeitszeiten führen zur Erschließung von Kosteneinsparpotentialen. Aus diesem Grund ist die Ausweitung des Projekts und die Übertragung auf andere Berufsgenossenschaften beabsichtigt.

Die aufgeführten Bemühungen der Unfallversicherungsträger zur Erschließung von Kostensenkungspotentialen tragen sicherlich dazu bei, daß der Ausgabenan

383 Zu den Ergebnissen des dialogischen Reha-Managements vgl. FROESE, E.; WENZEL, G. [2003].

384 Expertengespräch mit Herrn FROESE (VERWALTUNGS-BG Hamburg) am 17.06.2003.

stieg in der GUV verglichen mit dem in der GKV mäßig ausfällt (siehe Teil II Kapitel 3). Dennoch sind weitere Maßnahmen zur Stärkung der Rolle der Unfallversicherungsträger vorstellbar. So könnte die zeitliche Verzögerung bei der Übermittlung des D-Arztberichts durch die Abkehr von der Papierform und eine Hinwendung zur elektronischen Kommunikation unter Beachtung von Sicherheitsvorkehrungen verringert werden. Damit würden Erfassungsvorgänge bei den Berufsgenossenschaften entfallen und eine Heilverfahrenskontrolle bereits vor dem Eingang des D-Arztberichts eingeleitet. In ersten Projekten wird bereits die Nutzung der Neuen Medien zur Übermittlung von Formularen und Rechnungen zwischen den D-Ärzten und den Berufsgenossenschaften erprobt.[385] Auch die Versendung von elektronischen Bilddateien wäre in Betracht zu ziehen, da dies Informationsdefizite bei den BG-Sachbearbeitern und den beratenden Ärzten zumindest teilweise ausgleichen könnte.[386]

2.5 Einfluß der Berufsgenossenschaftlichen Heilverfahren auf die Verwaltungs- und Verfahrenskosten

Nach den obigen Ausführungen stellt sich die Frage, ob aufgrund des umfangreichen Berichtswesens der Leistungserbringer in der GUV und der darauf beruhenden Überwachung und Steuerung des Heilverfahrens durch die BG-Verwaltungen die relative Höhe der Verwaltungskosten in der GUV diejenige in der GKV übersteigt. Wie der Abbildung 34 entnommen werden kann, entwickelten sich die Anteile der Verwaltungs- und Verfahrenskosten an den Gesamtausgaben in beiden Sozialversicherungszweigen im Zeitverlauf weitestgehend parallel. Allerdings machen die Verwaltungs- und der Verfahrenskosten in der GUV einen höheren Anteil der Gesamtaufwendungen aus, da sie im Jahr 1999 mit 9,37 % fast doppelt so hoch wie in der GKV (mit 5,48 %) lagen.

Dieses Ergebnis stützt zwar die obige Vermutung, daß die Steuerungs- und Überwachungstätigkeiten der Unfallversicherungsträger höhere Kosten verursachen, muß aber durch eine genauere Untersuchung der Verwaltungskosten im Hinblick auf ihre jeweilige Zusammensetzung ergänzt werden. Dabei muß eine Unterscheidung zwischen ausgaben- und einnahmenbezogenen Verwaltungskosten getroffen werden. Während bei den Gesetzlichen Krankenkassen aufgrund der z. T. hohen Versichertenfluktuation und der individuellen Betreuung eines jeden Mitglieds und seines Arbeitgebers, insbesondere bei Beginn und Ende der Mitgliedschaft, Verwaltungskosten zum Beitragseinzug anfallen, ist der Aufwand zum Beitragseinzug in der Unfallversicherung wesentlich geringer, da

385 Vgl. o. V. [2003c].

386 Vgl. HAX, P.-M.; RÖMER, W. [1995], S. 182 f.

er über den Arbeitgeber pauschal für alle versicherten Arbeitnehmer abgewickelt wird. Allerdings ist hierbei darauf zu achten, daß die Krankenkassen ein weniger kompliziertes Beitragseinzugsverfahren haben. Die Unfallversicherungsträger müssen im Gegensatz dazu eine aufwendige Beitragsberechnung durchführen, gegen die zudem viele Unternehmen Widerspruch einlegen.[387] Hierbei spielt auch die umstrittene Eintreibung des Insolvenzgeldes durch die Berufsgenossenschaften eine wichtige Rolle.

Abbildung 34: Entwicklung der Anteile der Verwaltungs- und der Verfahrenskosten an den Gesamtausgaben in der GKV und der GUV (1975 - 1999)

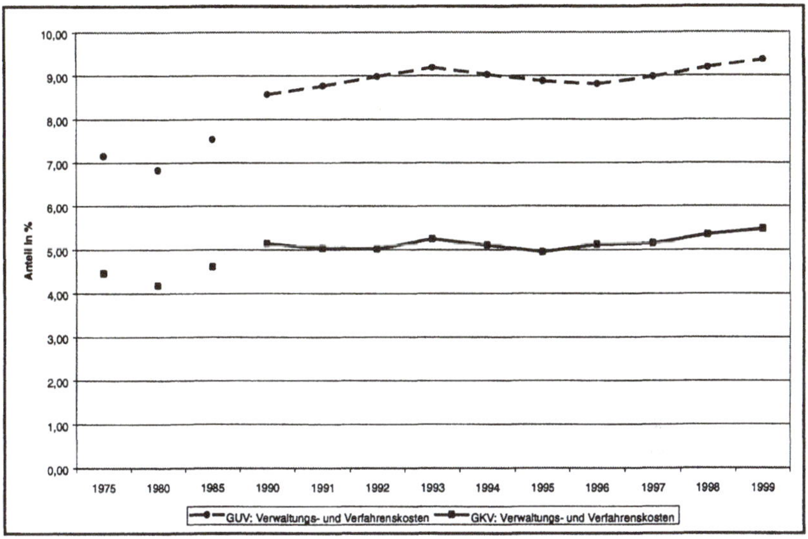

Quelle: BMA, BMG. Eigene Darstellung.

Während der medizinischen Behandlung ist der verwaltungsmäßge Aufwand in der GUV deutlich größer als in der GKV. Zum einen erfolgt die Abrechnung direkt mit den Leistungserbringern - dies übernehmen in der GKV zumindest im ambulanten Bereich die Kassenärztlichen Vereinigungen -, zum anderen überprüfen die Berufsgenossenschaften jeden Versicherungsfall, für den eine Besondere Heilbehandlung erforderlich ist. Mangels genauerer Daten kann zur Aufteilung des Aufwandes für die Beitragseintreibung und ihre Verwendung allerdings keine Aussage getroffen werden.

---

387 Expertengespräch mit Herrn FROESE (VERWALTUNGS-BG Hamburg) am 17.06.2003.

Eine weitere Unterteilung der Verwaltungskosten im Jahr 1999 ergibt, daß sowohl in der GKV als auch in der GUV die Personalkosten mit etwa 70 % der Verwaltungs- und Verfahrenskosten in der GKV und 64 % in der GUV den größten Anteil einnehmen (siehe Tabelle 13). Davon entfällt jeweils der überwiegende Teil auf Löhne, Gehälter und Versicherungsbeiträge für das Personal, der Rest wird für Versorgungsaufwendungen, Beihilfen und Fürsorgeleistungen aufgewendet.[388]

Den zweitgrößten Posten bilden die sächlichen Verwaltungskosten, deren Anteile der Tabelle 13 entnommen werden können. Während in der GKV die allgemeinen Sachkosten der Verwaltung (Geschäftsbedarf, Post- und Fernmeldeentgelte, Bücher, Reisekosten etc.) und die Kosten der Bewirtschaftung und Unterhaltung von Gebäuden, Grundstücken, Fahrzeugen und beweglichen Einrichtungen etwa gleichgewichtig sind, machen in der GUV letztere einen mehr als doppelt so hohen Anteil im Vergleich zu den allgemeinen Sachkosten der Verwaltung aus. Dies ist vermutlich auf die Einrichtungen in berufsgenossenschaftlicher Trägerschaft, insbesondere die BG-Kliniken und Unfallbehandlungsstellen, zurückzuführen. Darüber hinaus ist bemerkenswert, daß die Kosten für Werbemaßnahmen, die hauptsächlich in der GKV aufgrund der dort vorhandenen Kassenwahlfreiheit anfallen, bei ca. 1 % der Gesamtkosten liegen und damit nicht besonders ins Gewicht fallen.

Als weiterer Posten der Verwaltungskosten sind die Vergütungen an andere für Verwaltungsleistungen zu erwähnen. Deren Anteile in GUV und GKV betragen etwa 7 %. Alle weiteren gegenüberstellbaren Positionen sind quantitativ unbedeutend, da ihre jeweiligen Anteile nicht über einen Prozentpunkt hinausgehen.

[388] Hier zeigt sich ein Unterschied in der Personalstruktur der beiden Sozialversicherungssysteme: Während in den Gesetzlichen Krankenkassen etwa 7 % der Verwaltungskosten auf die Bezüge der Beamten entfielen, betrug der Anteil an Verwaltungskosten für die Gehaltszahlungen der Angestellten und hauptamtlichen Vorstandsmitgliedern rund 45 %. Bei den Berufsgenossenschaften hingegen fallen etwa 20 % der Personalkosten für Beamte an und 26 % für Angestellte. Entsprechend sind in der GUV die Versorgungsaufwendungen, Beihilfen, Unterstützungen und Fürsorgeleistungen höher als in der GKV, wenn auch nur um knapp 2,5 Prozentpunkte.

Tabelle 13: Unterteilung der Verwaltungs- und Verfahrenskosten in GKV und GUV im Jahr 1999

Anteile an den gesamten Verwaltungs- und Verfahrenskosten in Prozent	GKV	GUV	
		einschl. der Kosten für die Unfalluntersuchung und der feststellung der Entschädigung	ohne die Kosten für die Unfalluntersuchung und der Feststellung der Entschädigung
Dienstbezüge, Löhne, Gehälter, Versicherungsbeiträge	63,50	54,4	57,98
Versorgungsaufwendungen, Beihilfen, Unterstützungen und Fürsorgeleistungen	7,04	9,65	10,29
Persönliche Verwaltungskosten	70,54	64,05	68,27
Grundstücke, Gebäude, Fahrzeuge und bewegliche Einrichtungen	11,52	14,38	15,33
Allgemeine Sachkosten der Verwaltung	10,25	6,17	6,58
Sachliche Verwaltungskosten	21,77	20,55	21,91
Aufwendungen der Selbstverwaltung	0,26	0,77	0,82
Vergütungen an andere für Verwaltungsleistungen	7,09	7,66	8,17
Kosten der Rechtsverfolgung	0,25	0,64	0,69
Kosten der Ausschüsse und Schiedsämter	0,09	-	-
Kosten der Unfalluntersuchung und Feststellung der Entschädigung	-	6,18	0[ii]
Vergütung für Rentenauszahlungen	-	0,13	0,14
Vergütungen an andere für den Beitragseinzug	-	0,00	0,00
Von anderen erstattete Verwaltungskosten	18,15[i]	-	-

[i] Anteil an den Brutto-Verwaltungskosten.
[ii] Als Annahme.

Quelle: BMA, BMG. Eigene Berechnungen.

Ergänzend zu der fehlenden Trennung zwischen einnahmen- und ausgabenbezogenen Verwaltungskosten gibt es noch zwei weitere Kostenblöcke in dieser Verwaltungskostenaufteilung, die einem direkten Vergleich zwischen GKV und GUV entgegenstehen. Dies sind erstens die Kosten der Unfalluntersuchung und der Feststellung der Entschädigung, die ausschließlich bei den Berufsgenossenschaften anfallen. Sie schlagen dort mit 6 % zu Buche. Eine Ausklammerung dieser Ausgaben aus der Betrachtung, die damit gerechtfertigt werden könnte, daß sie GUV-spezifisch sind, ändert wenig an der Aufteilung der GUV Verwaltungskosten. Während sich die Abstände zwischen den persönlichen und den sächlichen Verwaltungskosten verringern, läßt sich keine konkrete Aussage zu der geäußerten Vermutung ableiten, daß die Behandlungssteuerung und -überwachung bei den Unfallversicherungsträgern einen bedeutenden Anteil der Verwaltungskosten ausmacht. Auffällig ist jedoch, daß trotz der geringen Anteile in beiden Sozialversicherungszweigen die Kosten der Rechtsverfolgung in der GUV fast den dreifachen Anteil der Kosten in der GKV ausmachen.[389] Zusammen mit dem hohen Anteil der Ausgaben für Unfallfeststellung und Entschädigung liegt der Schluß nahe, daß die Unfallversicherungsträger einen größeren Aufwand für die Überprüfung ihrer Zuständigkeit und die Höhe der Leistungen aufwenden müssen. Dies ist bedingt durch die Systemkonstruktion, daß die Unfallversicherung nur bei betriebsbedingten Gesundheitsschäden eingreift (Kausalitätsprinzip).

Darüber hinaus entstehen Verzerrungen beim Vergleich zwischen den beiden Verwaltungs- und Verfahrenskostenblöcken durch die von anderen an die Krankenkassen erstatteten Verwaltungskosten, die diese beispielsweise für den Beitragseinzug für die Renten- und Pflegeversicherung oder für die Abrechnung von Vorleistungen, z. B. für die Berufsgenossenschaften, erhalten. Diese Aufgaben führen zu einer Aufblähung des Verwaltungsapparates der Krankenkassen und machen fast ein Fünftel der Brutto-Verwaltungskosten aus.

Aufgrund dieser Verzerrungen können weitergehende Aussagen zum Vergleich von GKV und GUV hinsichtlich ihrer Verwaltungsausgaben nicht getroffen werden. Es läßt sich jedoch festhalten, daß das Niveau der Verwaltungs- und Verfahrenskosten in der GUV über dem in der GKV liegt und daß ein nennenswerter Teil der Aufwendungen der Berufsgenossenschaften auf die Untersuchung von Unfällen und Erkrankungen zurückgeht. Dazu gehören auch Untersuchungen der Ursachen von Berufskrankheiten sowie die Ermittlung der Höhe von Rentenzahlungen.

---

389 Dies kann jedoch damit zusammenhängen, daß die Berufsgenossenschaften bei der Anerkennung von Berufskrankheiten und bei der Feststellung eines Rentenanspruchs sowie der Berechnung der Rentenzahlungen öfters Streitfragen austragen müssen.

3 Probleme im System der Gesetzlichen Unfallversicherung

3.1 Vorbemerkungen

Die obigen Kernelemente des GUV-Systems tragen dazu bei, daß das Ausmaß der Ineffizienzen in der Leistungserbringung begrenzt werden kann, weil die Berufsgenossenschaften die Patienten von ausgewählten qualifizierten Leistungsanbietern durch das Gesundheitssystem lenken lassen und zusätzlich die Lenkung durch die Leistungserbringer direkt überwachen können. Gleichwohl weist das GUV-System ernst zu nehmende Anreize der Versicherten bzw. der Patienten und der Ärzte zur Ausweitung der Leistungsinanspruchnahme sowie darüber hinaus effizienzhemmende Strukturmängel auf.

3.2 Anreize der Versicherten zur Ausweitung der Leistungsinanspruchnahme

Der einzelne Versicherte, der Arbeitnehmer, ist in vollem Umfang gegen Personenschäden versichert, selbst wenn er einen Arbeitsunfall mitverursacht oder verschuldet hat.[390] Lediglich bei Unfällen, die durch unterlassene Schutzvorkehrungen vom Arbeitgeber oder von Arbeitskollegen vorsätzlich oder durch grobe Fahrlässigkeit verursacht wurden, wird dem Unfallversicherungsträger ein Rückgriffsrecht nach § 110 SGB VII eingeräumt, jedoch nicht gegenüber dem Geschädigten.[391] Damit ist ein Sanktionsmittel gegen verantwortungsloses Verhalten im Unternehmen gegeben. Hauptzweck dieser Vorschrift ist die „erzieherische Funktion im Hinblick auf die Unfallverhütung“[392].

Dies hindert die Versicherten dennoch nicht daran, eine überbordende Inanspruchnahme von Leistungen anzustreben, v. a. da die Leistungen der Berufsgenossenschaften Entschädigungscharakter haben und den Versicherten ein über das medizinisch Notwendige hinausgehender Leistungsanspruch zusteht.[393] Allerdings übt das Kausalitätsprinzip eine Filterfunktion aus und stellt sicher, daß nur die Kosten für die Versorgung solcher Verletzungen von den Berufsgenossenschaften übernommen werden müssen, die in einem ursächlichen inneren Zusammenhang zwischen der betrieblichen Tätigkeit und dem Arbeitsunfall oder der Berufskrankheit sowie den daraus resultierenden Gesundheitsschäden

---

390 Vgl. WAGNER, K.-P. [1995], S. 769.

391 Vgl. MARSCHNER, A. [1996], S. 2092.

392 SCHULIN, B. [1996], § 6 RdNr. 211. Allerdings ist hier zu beachten, daß die Betriebshaftpflichtversicherung solche Regreßpflichten übernimmt, so daß der Unternehmer von den finanziellen Belastungen eines Regresses befreit ist. Ob es dann zu der gewünschten „erzieherischen“ Wirkung bei den Arbeitgebern kommt, ist fraglich.

393 Vgl. KELLER, W. [2000], S. 461.

stehen.[394] Anders als beim Bedarfsprinzip der GKV ist damit das Aufsuchen eines Arztes aus beliebigen subjektiven Gründen auf Kosten des Kollektivs der Versicherungsmitglieder nicht möglich. Sofern jedoch das Kausalitätsprinzip erfüllt ist, sind die Patienten in der GUV an der Erbringung und Finanzierung der Leistungen in keiner Weise beteiligt. Noch mehr als in der Krankenversicherung bleibt damit der Preis als Steuerungsinstrument der Nachfrage nach medizinischen Leistungen wirkungslos. Dies wird dadurch verstärkt, daß der Versicherte alle Leistungen erhalten soll, die einer bestmöglichen Wiederherstellung seiner Gesundheit dienlich sind. Das Wirtschaftlichkeitsgebot ist von einem Unfallversicherungsträger daher großzügiger auslegbar als von einer Gesetzlichen Krankenkasse.

3.3 Anreize der Ärzte zur Ausweitung der Leistungserbringung

Aus der im Vergleich zur GKV großzügigeren Versorgung von Versicherten können Fehlanreize für die Ärzte zur Ausweitung der Leistungserbringung erwachsen. Unter Ausnutzung der asymmetrischen Informationsverteilung zwischen Ärzten, Patienten und Versicherungsträgern über die Erbringung von Leistungen sowie über deren Notwendigkeit, Angemessenheit und Wirksamkeit besteht die Möglichkeit, daß der behandelnde Arzt die Nachfrage seiner Patienten so beeinflußt, daß es zu einer Nachfrage nach nicht notwendigen Maßnahmen kommt. Der gesetzlich verankerte Anspruch auf eine möglichst vollständige Gesundheitswiederherstellung macht die Versicherten anfällig für diese angebotsinduzierte Nachfrage - v. a. dann, wenn die in Aussicht gestellten Leistungen nicht schädlich und die Versicherten weder über die Beitragsaufbringung noch augrund spürbarer Selbstbeteiligungen die Kosten mittragen müssen.[395]

Dieser möglichen Fehlentwicklung stehen jedoch die im Vergleich zu den Gesetzlichen Krankenkassen deutlich aktivere Beteiligung der Unfallversicherungsträger am Behandlungsprozeß und die direkte Abrechnung mit den Leistungserbringern entgegen. Gleichzeitig gibt es zwei Systemausprägungen, die eine überbordende Leistungserbringung fördern, zumal davon ausgegangen werden kann, daß dem Sachbearbeiter in der BG-Verwaltung nicht immer die notwendigen Informationen über einen konkreten Versicherungsfall vorliegen.

---

394 Vgl. WAGNER, K.-P. [1995], S. 769.

395 Eine der wenigen Leistungseinschränkungen, die von der GKV in die GUV übertragen wurde, ist die Festbetragsregelung bei Arznei- und Verbandmitteln (§ 29 Abs. 1 und § 31 Abs. 1 SGB VII).

Zum einen ist die ärztliche Versorgung in der GUV - wie bereits erläutert - durch die zentrale Stellung des Durchgangsarztes stark an ein **Gatekeeper-system** angelehnt.[396] Der D-Arzt führt die Besondere Heilbehandlung selbst durch oder er zieht Fachärzte oder Spezialkliniken zu Hilfe. In jedem Fall erfüllt er eine Gatekeeper-Funktion, da er den Behandlungsverlauf einleitet und durch Nachuntersuchungen überwacht.[397] Die Patienten verfügen aufgrund der eingeschränkten Arztwahl nur über begrenzte Möglichkeiten, die Hinzuziehung anderer Ärzte zu beeinflussen.

Zum anderen kann das ärztliche Verhalten von **finanziellen Anreizen** bestimmt werden. Die Beziehung zwischen den Unfallversicherungsträgern und den Leistungserbringern kann als eine Prinzipal-Agenten-Beziehung aufgefaßt werden, bei der der behandelnde Arzt als Agent sein Interesse an der Erzielung eines möglichst hohen Einkommens vor die Interessen des Prinzipals (Unfallversicherungsträger) stellen kann. Dessen Zielfunktion ist hingegen auf eine möglichst effiziente Leistungserbringung ausgerichtet, an deren Ende die effektive Wiedereingliederung der Verletzten in Beruf und Gesellschaft steht. Die reine Einzelleistungsvergütung nach der UV-GOÄ ohne Budgetierung steht dem Fehlanreiz der künstlichen Nachfrageschaffung in der ambulanten Heilbehandlung nicht entgegen.[398] Eine längere Bindung des Verletzten oder des Erkrankten an den Arzt ist aus dessen Sicht vorteilhaft, da dieser jede im Auftrag einer BG erbrachte Leistung vor dem Hintergrund der sich verschlechternden Vergütung in der vertragsärztlichen Versorgung dazu nutzen kann, um sein Einkommen außerhalb seines vertragsärztlichen Budgets zu erhöhen, zumal sich auch medizinisch unnötige Leistungen mit dem umfassenden Heilauftrag der Unfallversicherung zur vollständigen Wiedereingliederung des Verletzten begründen lassen. Dies trifft gleichermaßen auf Vertragsärzte, die an der Allgemeinen Heilbehandlung beteiligt sind, und auf D-Ärzte bei der Durchführung der Besonderen Heilbehandlung zu. Allerdings hat die Einzelleistungsvergütung den Vorteil, daß die Wahrscheinlichkeit von „Patientenverschiebungen" in den stationären oder ambulanten Sektor aus budget-taktischen Überlegungen in der GUV geringer ausfallen dürfte als in der GKV.

---

396 Zum Durchgangsarztverfahren vgl. BONVIE, H.; HILDEBRANDT, H. [1997], S. 153 f. und MEHRHOFF, F.; WEBER-FALKENSAMMER, H. [2000], S. 106 f.

397 Damit kommt dem D-Arzt eine „Drehscheiben- und Steuerungsfunktion" zu (WESKOTT, V. [1997], S. 177). Vgl. auch BRUNNER, W. [1997], S. 58 ff. und S. 104 ff.

398 Eine Budgetierung der Leistungsausgaben wäre mit dem gesetzlichen Heilauftrag „mit allen geeigneten Mitteln" nicht zu vereinbaren.

3.4 *Partielle Wettbewerbsverzerrungen zwischen zugelassenen Krankenhäusern und BG-Kliniken*

Die zum Verletzungsartenverfahren zugelassenen Krankenhäuser und die BG-Kliniken bedürfen einer differenzierten Betrachtung, da sie sich hinsichtlich ihrer Trägerschaft und Vergütungssysteme voneinander unterscheiden. Während in den Kliniken mit Zulassung zum Verletzungsartenverfahren die Investitionskosten nach dem Verfahren der dualen Finanzierung z. T. von den Ländern finanziert und die Betriebskosten nach den Regeln der Bundespflegesatzverordnung vergütet werden - d. h. seit 2004 hat auch hier das DRG-System Einzug gehalten -, sind die BG-eigenen Einrichtungen als Sonderfälle zu betrachten. Sie fallen nach § 3 Abs. 1 Nr. 4 KHG nicht unter den Anwendungsbereich des KHG und können somit nicht im Rahmen der staatlichen Investitionsfinanzierung gefördert werden.[399] Die aus der dualen Krankenhausfinanzierung erwachsenden Schwächen eines unwirtschaftlichen Umgangs mit „fremden" Investitionsmitteln einerseits und eines Investitionsstaus aufgrund der Finanzlage der Länder andererseits treffen also nicht auf diese Einrichtungen zu.[400] Gleichwohl sind die BG-Kliniken in die Behandlung von Notfällen und von schweren Krankheiten und Verletzungen - auch bei Patienten, die nicht in den Zuständigkeitsbereich der Unfallversicherung fallen - voll integriert. Dies führt dazu, daß der Anteil der GUV-Patienten in den BG-Kliniken weniger als die Hälfte aller Patienten ausmacht: Im Jahr 2001 fielen im Durchschnitt nur 37,3 % der Klinikpatienten in die Zuständigkeit eines Unfallversicherungsträgers.[401]

Auch bei der Leistungsvergütung ergeben sich grundlegende Unterschiede zwischen den zugelassenen Krankenhäusern und den BG-Kliniken. Die Kliniken im Verletzungsartenverfahren werden aufgrund der Veränderungen in der Bundespflegesatzverordnung zu einer erhöhten Wirtschaftlichkeit in der Leistungserbringung gezwungen. Für die Vergütung in den BG-Kliniken ist eine Sonderregelung in Kraft, nach der Vergütungstarife in Anlehnung an das KHG und die BPflV mit der einzelnen BG-Klinik abgeschlossen werden.[402] Die Einführung

---

[399] Die Finanzierung von Investitionen übernehmen vielmehr die Berufsgenossenschaften selbst. Dazu bilden die an der jeweiligen BG-Klinik beteiligten Berufsgenossenschaften Trägervereine. Einen Sonderfall stellt hier die BG-Unfallklinik in Duisburg dar, die direkt von lediglich zwei BG betrieben wird.

[400] Vgl. HAMM, W. [1982], S. 10 ff. und GOEDEREIS, K. [1999], S. 129 ff. Siehe auch vertiefend Abschnitt C 2.3.2.3.

[401] Quelle: Anfrage bei der VEREINIGUNG BERUFSGENOSSENSCHAFTLICHER KLINIKEN. Dieser Wert variiert aber zwischen den einzelnen BG-Kliniken. So führt beispielsweise die Anbindung der BG-Unfallklinik in Tübingen an das dortige Universitätsklinikum dazu, daß der Anteil der GUV-Patienten in Tübingen niedriger ausfällt als z. B. in den beiden Kliniken für Berufskrankheiten.

[402] Vgl. BRUNNER, W. [1997], S. 136 f.

des DRG-Systems betrifft die BG-Kliniken nur insofern, als die Behandlung von Kassenpatienten nach DRGs vergütet werden, die Behandlung von BG-Patienten hingegen weiterhin nach Tagessätzen. Da die BG-Kliniken aufgrund ihres hohen Spezialisierungsgrads i. d. R. Behandlungsfälle mit besonders ernsten Erkrankungen und Verletzungen zugewiesen bekommen, hoffen die berufsgenossenschaftlichen Einrichtungen auf individuelle Anpassungen der pauschalierten Entgelte, um eine Unterversorgung der Kassenpatienten im Vergleich zu den BG-Patienten, deren Behandlung weiterhin nach tagesgleichen Pflegesätzen vergütet wird, zu vermeiden.[403] Diese Anpassungen der Vergütungsvereinbarungen mit den BG-Kliniken könnten von diesen genutzt werden, um die Pauschalen möglichst hoch anzusetzen und sie damit den vorliegenden Kostenstrukturen anzupassen. Dies gilt insbesondere für die krankenhausindividuell vereinbarten Pflegesätze. Der Antrieb zur wirtschaftlichen Leistungserbringung würde - da dieses Verfahren einem Schritt zurück in Richtung Kostendeckungsprinzip gleichkommt - geschwächt. Dabei darf nicht übersehen werden, daß die BG-Kliniken im Eigentum der Unfallversicherungsträger stehen, d. h. letztere übernehmen die finanzielle Verantwortung für die Krankenhäuser. Sie sind aber gleichzeitig an der Aufrechterhaltung eines eigenen Netzes an Kliniken und Sonderstationen interessiert, da sie aufgrund der unfallchirurgischen Ausrichtung der eigenen Krankenhäuser eine qualitativ hochwertige medizinische Betreuung sicherstellen wollen, um das Ziel des berufsgenossenschaftlichen Heilauftrags - die nachhaltige Wiedereingliederung der Verletzten zur Senkung oder Vermeidung von längerfristigen Rentenzahlungen - möglichst gut zu erfüllen. Auch vor diesem Hintergrund lassen sich überhöhte Pauschalvergütungen durchsetzen.

Es ist daher naheliegend zu vermuten, daß es aufgrund der unterschiedlichen Finanzierungsstrukturen zu Wettbewerbsverzerrungen zwischen den BG-eigenen Einrichtungen und den allgemeinen Krankenhäusern kommen kann. Allerdings ist zweifelhaft, ob die Eigeneinrichtungen der Berufsgenossenschaften unmittelbar in den Wettbewerb der Krankenhäuser eingebunden sind, da sie aufgrund ihrer fachlichen Ausrichtung nicht an der Grundversorgung der Allgemeinbevölkerung teilnehmen. Auch dies kann den Druck zur Wirtschaftlichkeit mindern - zum Nachteil der Kostenträger.

---

[403] Vgl. o. V. [2003d].

3.5 *Fehlender Wettbewerb in der GUV: Die Berufsgenossenschaft als Monopolist*

Das potentielle Ausmaß der in den vorangehenden Abschnitten erläuterten Möglichkeiten für einen unwirtschaftlichen Umgang mit Beitragsgeldern wird dadurch eingeschränkt, daß die Unfallversicherungsträger mit dem Berichts- und Meldewesen sowie mit der Möglichkeit zur Sanktionierung von Leistungserbringern über ein Instrumentarium zur Verhinderung von Mißbräuchen verfügen. Dennoch kann nicht gewährleistet werden, daß das Potential dieser Instrumente ganz ausgeschöpft wird.[404] Auch die oben erwähnten Maßnahmen der Berufsgenossenschaften zur Verbesserung der Effizienz der Heilverfahren deuten darauf hin, daß auf diesem Gebiet noch Verbesserungspotential besteht.[405] Der Grund hierfür kann darin liegen, daß die Beitragszahler gegenüber den Unfallversicherungsträgern kein wirksames Druckmittel zum sparsamen Umgang mit Beitragsmitteln haben, da sie über die Zwangsmitgliedschaft an den für sie zuständigen Unfallversicherungsträger gebunden sind.[406] Speziell von Unternehmensseite wird kritisiert, daß die Unfallversicherungsträger - geschützt durch ihre Monopolstellung - eine bürokratische Eigendynamik entwickelt haben und den Mitgliedsunternehmen häufig willkürliche und im Verhältnis zu ihrem Nutzen oftmals überzogene Maßnahmen zum Arbeitsschutz vorschreiben.[407]

Grundsätzlich ist der Druck zur Sparsamkeit bei den Berufsgenossenschaften eingeschränkt, weil die Finanzierung der erbrachten Leistungen im Umlageverfahren nach dem Prinzip der nachträglichen Bedarfsdeckung gesichert ist, d. h. die Mitgliedsunternehmen entrichten ihre Beiträge nach Ablauf eines Geschäftsjahres.[408] Die Berufsgenossenschaften treten somit als Monopolisten in den ihnen zugeordneten Gewerbezweigen auf. Da die Beiträge zur Unfallversicherung von der Unfallhäufigkeit und von der Lohnsumme der Mitgliedsunternehmen abhängen, sind Berufsgenossenschaften in schrumpfenden Wirtschaftssektoren (z. B. Schiffsbau und Bergbau) gezwungen, höhere Beiträge zu erheben als Berufsgenossenschaften in anderen Wirtschaftszweigen. Dies hängt damit zusammen, daß trotz des Beschäftigungs- und Umsatzrückgang die Altlasten aufgrund des hohen Unfall- und Krankheitsrisikos fortbestehen. Daraus resultieren große Unterschiede der durchschnittlichen Beitragssätze zwischen den einzelnen Berufsgenossen-

---

404 Die Sanktionierung von Leistungserbringern erfolgt über die Verhängung von Bußgeldern und kann bei schwerwiegenden Fällen mit dem Entzug der Zulassung zur Berufsgenossenschaftlichen Versorgung enden.

405 Vgl. oben im Abschnitt B 2.4.5.

406 Zu diesem Abschnitt vgl. auch HABERMANN, G. [2001].

407 Vgl. ebenda und O. V. [2002a] sowie O. V. [2003a].

408 Vgl. SCHULIN, B. [1996], § 58 RdNr. 6 ff.

schaften. Für die Unternehmen in schrumpfenden Branchen kommt somit als zusätzliche Belastung zu ihrer ohnehin schwierigen Situation ein höherer BG-Beitragssatz hinzu.[409]

Ähnlich wie in der privaten Unfallversicherung könnte eine wettbewerbliche Gestaltung der GUV in der Form umgesetzt werden, daß die Pflichtversicherung der Unternehmen durch eine Versicherungspflicht mit freier Auswahl unter den Versicherungsanbietern abgelöst wird. Denkbar wäre auch der Abschluß mehrerer Verträge mit verschiedenen Versicherungen, die für jeweils unterschiedliche Abteilungen oder Bereiche eines Unternehmens (z. B. Verwaltung vs. Fertigung) gelten. Die Beitragsberechnung würde bei Wettbewerb dann aber nicht nach Lohnsumme und Gefahrklassen erfolgen, sondern nach der konkreten Unfallgefahr im Unternehmen, also vollständig nach äquivalenztheoretischen Gesichtspunkten.[410] Dabei sollte vor Abschluß eines Versicherungsvertrags dem Versicherungsträger die Möglichkeit gegeben werden, das Unternehmen zu inspizieren, um sich auf Gesundheitsgefahren einstellen zu können und Präventionsmaßnahmen zu entwickeln, deren Nichteinhaltung gegebenenfalls sanktioniert werden könnte.

Eine wettbewerbliche Gestaltung der GUV bietet gegenüber der gegenwärtigen monopolisierten Form zwei wesentliche Vorteile. Erstens würden die Anreize der Unfallversicherungsträger zu einer effizienten Leistungserbringung deutlich steigen, da im Falle zu hoher Beiträge die Gefahr einer Abwanderung der versicherten Unternehmen zu einem Konkurrenzunternehmen bestünde. Die Versicherungen wären dazu gezwungen, die Präferenzen der Unternehmen besser zu berücksichtigen. Zweitens würde die risikoäquivalente Prämiengestaltung zu einer Stärkung des Interesses der Arbeitgeber und der Versicherungen zur Unfallvermeidung führen. Im Gegensatz zur gegenwärtigen Situation besteht dann eine echte Interessenübereinstimmung zwischen Versicherungsnehmern und Versicherungsgebern, da beide eine Verringerung der Zahl der Unfälle und deren Folgekosten anstreben.

Es sind jedoch auch Probleme bei der Liberalisierung der Unfallversicherung zu beachten. Diese betreffen in erster Linie Altlasten, wie die Verletztenrenten, auf die ein Verletzter Anspruch bis an sein Lebensende hat, auch wenn der Arbeitgeber im Zuge der Wettbewerbseinführung seinen Unfallversicherungsträger wechselt. Für die Übergangsphase müßten Zwischenlösungen gefunden werden, damit es nicht zu außergewöhnlichen Belastungen einzelner Berufsgenos-

---

409 Vgl. MOLSEN, C. [2001], S. 20.

410 Ansonsten würde auch in der GUV das aus der GKV bekannte Problem der adversen Selektion drohen, gegen das mit einem wettbewerbshemmenden Risikostrukturausgleich vorgegangen werden müßte.

senschaften kommt. Neben den Altlasten fällt auch den Berufskrankheiten aufgrund ihrer langen Latenzzeiten und der oftmals schwierigen Ursachenfeststellung eine besondere Rolle zu. Problematisch wird dies, wenn bei einem Arbeitnehmer aufgrund einer anhaltenden Berührung mit gesundheitsgefährdenden Stoffen eine Berufskrankheit ausbricht. Wenn ein Versicherungswechsel des Arbeitgebers während der gesundheitsgefährdenden Exposition des Arbeitnehmers stattgefunden hat, müssen mehrere Versicherungsträger die Verantwortung für die Versorgung des Versicherten übernehmen. Analog zur Aufteilung von Altlasten müssen hier Regelungen zur Abgrenzung der Leistungspflicht getroffen werden.

Darüber hinaus werfen Fragen der gegenwärtigen Zusammenarbeit der Unfallversicherungsträger Probleme auf. Es ist zu bezweifeln, ob die gemeinsame Datenbank der Berufsgenossenschaften nach § 204 SGB VII fortbestehen würde, wenn zwischen den Trägern der Unfallversicherung Wettbewerb herrscht. Damit gingen Synergie-Effekte durch einen gegenseitigen Erfahrungsaustausch verloren. Hier wäre zu prüfen, ob die Verbände der Versicherungsträger die Aufgaben der Datensammlung und –verarbeitung übernehmen könnten. Denkbar wären auch Kooperationen der Versicherungsträger auf diesem Gebiet. Auch die Branchenkenntnisse, die sich die Berufsgenossenschaften über die Konzentration auf einen Gewerbezweig angeeignet haben, wären nicht mehr zwangsläufig vorhanden. Es ist jedoch auch nicht auszuschließen, daß sich Versicherungsträger auf bestimmte Branchen spezialisieren.

Im Vergleich zur Gesetzlichen Krankenversicherung ist die Einführung von Wettbewerb zwischen den Versicherungsträgern in der Gesetzlichen Unfallversicherung vergleichsweise einfach zu handhaben, da hier über Unfallverhütungsmaßnahmen eine Möglichkeit des Mitgliedsunternehmens besteht, Einfluß auf die risikoäquivalente Versicherungsprämie zu nehmen. Die Sicherstellung der beiden Leitprinzipien, nämlich die Haftungsersetzung für die Unternehmen und der Schutz der Arbeitnehmer vor arbeitsbedingten Gesundheitsschäden, kann auch in einem wettbewerblichen Rahmen gewährleistet werden. Zudem lassen die zusätzlichen Effizienzanreize ein Wettbewerbsmodell grundsätzlich vorteilhaft erscheinen.

4 Zwischenfazit

Zum Abschluß der Untersuchung wesentlicher Strukturelemente in der Gesetzlichen Unfallversicherung kann die GUV als ein weitgehend in sich geschlossenes System aus Prävention, Kuration und Rehabilitation bezeichnet werden. Das unmittelbar vom zuständigen D-Arzt und mittelbar von der BG durchgeführte

Case Management hilft, die Grenzen zwischen den ambulanten und stationären Versorgungssektoren zu überbrücken und stellt den einzelnen Patienten mit seinen Bedürfnissen in den Mittelpunkt des Geschehens. Die Ärzte, die aufgrund einer gesonderten Auswahl durch die Landesverbände der gewerblichen Berufsgenossenschaften zur Teilnahme an den Heilverfahren berechtigt sind, unterliegen einer permanenten Kontrolle durch die Unfallversicherungsträger, die somit in den gesamten Heilprozeß zumindest indirekt involviert sind.

Daraus ergibt sich ein wesentlicher Vorteil für die Betreuung der Versicherten. Über die Auswertung der Arbeitsunfälle und Berufskrankheiten sowie der Behandlung der Verletzungen lassen sich Rückschlüsse auf Defizite im Präventionsbereich ziehen, die dann gezielt behoben werden können. Hier kann das umfangreiche Datenmaterial der Berufsgenossenschaften zum Wohl der Versicherten eingesetzt werden.

Dennoch lassen sich auch Probleme feststellen. Dazu zählt v. a. der Mangel an Wettbewerbsdruck zwischen den Unfallversicherungsträgern, wodurch das Wirtschaftlichkeitsprinzip seitens der Berufsgenossenschaften geschwächt wird. Auch der Druck zur Durchführung einer wirksamen Prävention, die der Vermeidung von Unfällen und Berufskrankheiten und damit die Entstehung von Leistungsausgaben verhindert, ist nicht hinreichend stark ausgeprägt, da die Zwangsmitgliedschaft der Unternehmen in der Berufsgenossenschaft eine gesicherte Finanzierung der Leistungsausgaben garantiert.

C Analyse zentraler Strukturelemente der Gesetzlichen Krankenversicherung

1 Vorbemerkungen

Das System der medizinischen Versorgung in der GKV ist ein auf die Kuration fixiertes System, das auf einem sequentiell ablaufenden Krankheitsbild basiert. Nach dem traditionellen Modell des sequentiellen Krankheitsverlaufs (siehe Abbildung 35), wird das Gesundheitswesen als „Reparaturbetrieb", dessen Stationen vom Versicherten im Krankheitsfall nacheinander durchlaufen werden, angesehen. Im Krankheitsfall wird der Versicherte kuriert, wobei er nach Möglichkeit auf der adäquaten Versorgungsstufe behandelt werden sollte. Eventuell durchläuft er anschließend ein Rehabilitationsprogramm, nach dessen Abschluß er im Regelfall das Gesundheitswesen „verlassen" kann. Bei der nächsten Erkrankung beginnt diese Behandlungskette wieder von vorne. Im Falle einer schweren und unheilbaren Krankheit oder im hohen Alter empfängt der Patient Pflegeleistungen der Gesetzlichen Pflegeversicherung.[411]

Abbildung 35: Traditionelles Modell des sequentiellen Krankheitsverlaufs

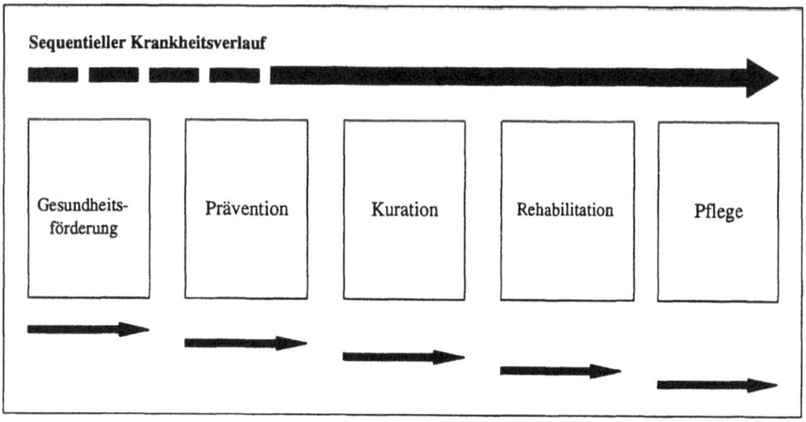

Quelle: Eigene Darstellung in Anlehnung an SCHWARTZ, F. W.; HELOU, A. [2000], S. 134.

Vor dem Hintergrund der demographischen Entwicklung und der wachsenden Bedeutung von chronischen Krankheiten ist dieses Modell nicht mehr zeitgemäß, da es keine sachgerechte medizinische Versorgung von chronisch Kranken und multi-morbiden älteren Menschen gewährleisten kann. Diese Gruppen benötigen keine sequentielle, sondern eine parallele und gleichzeitig multi-sektorale Versorgung. Während der Kuration einer Krankheit müssen Rehabilitationsmaßnahmen möglichst frühzeitig eingeleitet sowie bereits Maßnahmen zur Vorbeugung von Folgeerkrankungen getroffen werden. Mithin ist eine Verzahnung der verschiedenen Leistungssektoren im Gesundheitswesen von zunehmender Bedeutung (siehe Abbildung 36).

---

411 Vgl. SCHWARTZ, F. W.; HELOU, A. [2000], S. 134 f. Siehe auch SACHVERSTÄNDIGENRAT FÜR DIE KONZERTIERTE AKTION IM GESUNDHEITSWESEN [2001b], S. 36 f.

Abbildung 36: Modell der Gleichzeitigkeit und Verzahnung bei nicht-sequentiellen chronischen Krankheitsverläufen

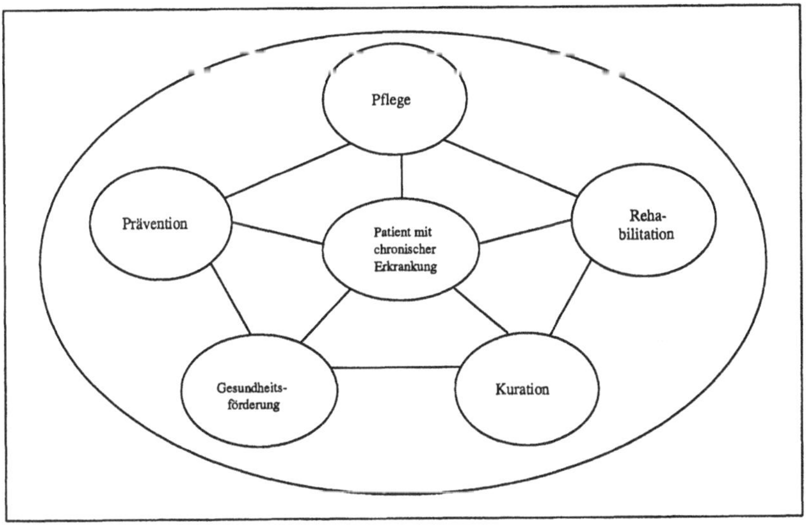

Quelle: SCHWARTZ, F. W.; HELOU, A. [2000], S. 135.

Ergänzend zu dieser Trennung der Versorgungsbereiche, die sich auch innerhalb der Kuration fortsetzt (Trennung von ambulanter und stationärer Versorgung), sind Systemausgestaltungen, die zu Fehlanreizen bei den Akteuren führen und einerseits einer wirtschaftlichen Leistungserbringung, andererseits einer sparsamen Leistungsinanspruchnahme im Wege stehen, zu beachten. Im Unterschied zur GUV sind die im vorangehenden Kapitel hervorgehobenen drei Merkmale - Case Management, direkte Auswahl der Leistungserbringer durch die Versicherungsträger und die aktive Beteiligung der Versicherungsträger am Behandlungsgeschehen - in der Gesetzlichen Krankenversicherung deutlich schwächer ausgeprägt. Dadurch kommt es hier zu systemimmanenten Effizienzminderungen in der Versorgung der Versicherten. Eine korrigierende Institution, wie sie durch die Überwachungs- und Lenkungstätigkeit der Berufsgenossenschaften in der GUV gegeben ist, fehlt in der Gesetzlichen Krankenversicherung. Die Krankenkassen sind nicht mit den dafür notwendigen Kompetenzen ausgestattet.

In diesem Kapitel werden zunächst die Mängel in den Strukturen der GKV dargestellt. Dabei lehnt sich der Gang der Untersuchung an die Analyse der Unfallversicherung an, d. h. zuerst wird der Bereich der Prävention erläutert. Hier ergeben sich deutliche Unterschiede zur GUV. Im Anschluß daran werden die Ursachen für das unkoordinierte Leistungsangebot in der GKV, die auch eine Analyse der Krankenkassen und ihrer beschränkten Handlungsmöglichkeiten einschließt, erörtert. Im Kapitel D wird zu einer kritischen Darstellung mehrerer Ansätze zur Überwindung der im folgenden geschilderten Probleme übergegangen.

2 Anreizstrukturen in der Gesetzlichen Krankenversicherung

2.1 Eingeschränkte ökonomische Anreize zur Prävention

In der Gesetzlichen Krankenversicherung erweist sich die Umsetzung eines wirksamen Präventionsprogramms als weitaus schwieriger als in der Gesetzlichen Unfallversicherung. Dies hängt zum einen damit zusammen, daß die Ursachen für Krankheiten deutlich vielfältiger sind als in der GUV, da hier nicht allein auf arbeitsbedingte schädigende Gesundheitseinwirkungen zu achten ist, sondern auf sämtliche Umwelteinflüsse und zusätzlich auf das individuelle Verhalten des Versicherten. Die Umsetzung von Präventionsmaßnahmen ist somit von jedem einzelnen Versicherten selbst abhängig, wobei es an praktikablen Überwachungs- und Sanktionsmechanismen seitens der Krankenkassen mangelt. Außerdem ist selbst bei einer aktiven und regelmäßigen Partizipation an gesundheitsfördernden Maßnahmen ein Erfolg der Präventionsanstrengungen nicht vorhersehbar.

Zwar müßten gerade die Krankenkassen ein Interesse an einer Stärkung der Prävention haben, da sie aus finanziellen Gesichtspunkten am meisten von der Krankheitsvermeidung profitieren würden. Doch sind die Anreize zur konsequenten Umsetzung von Präventionsprogrammen begrenzt. Dies hat zum einen mit der dargestellten Ungewißheit über Auswirkungen und Ausgestaltung von Präventionsmaßnahmen zu tun, zum anderen beruht es auf der gesetzlich verankerten Budgetierung der Ausgaben in diesem Bereich des Gesundheitswesens.[412] Das Gesetz bietet Möglichkeiten zur stärkeren Zusammenarbeit mit den Arbeitgebern und den Trägern der GUV über die Maßnahmen zur betrieblichen Gesundheitsförderung sowie mit den Rentenversicherungsträgern über die Förderung von Selbsthilfegruppen mit Schwerpunkten im Bereich der Tertiärprävention, doch bestehen weiterhin systemimmanente Fehlanreize, die das Interesse der Krankenkassen an einer wirksamen Prävention abschwächen können. Dies ist v. a. auf den Wettbewerb zwischen den Krankenkassen zurückzuführen. Für sie besteht das Risiko, daß sie viel in die Gesundheitsförderung eines Versicherten

---

[412] Vgl. § 20 Abs. 3 und 4 SGB V.

„investieren“, den Versicherten jedoch an einen Konkurrenten verlieren und damit die Früchte ihrer Präventionsbemühungen nicht ernten können.

Aus der Sicht des Versicherten ist grundsätzlich ein Anreiz zu einer gesunden Lebensführung gegeben, doch wird dieser kaum durch ökonomische Anreize gefördert, da im Falle einer Erkrankung die Krankheitsursache nicht zur Begründung des Leistungsanspruchs herangezogen wird. Ebensowenig wird dieser Leistungsanspruch bei selbstverschuldeten Gesundheitsbeeinträchtigungen gekürzt.

Die Einführung eines unmittelbar an die Vorbeugung selbst anknüpfenden und die Versicherten motivierenden Präventionsbonus für die Versicherten ist allerdings nur bei solchen Maßnahmen empfehlenswert, bei denen der Zusammenhang zwischen einer Krankheitsvorbeugung oder -früherkennung und dem Ausbleiben der Krankheit erkennbar ist. Ein derart eindeutiger Zusammenhang ist in der Medizin allerdings sehr selten. Beispielsweise ist ein Nichtraucher nicht automatisch gegen Lungenkrebs immun, da auch zahlreiche Umwelteinflüsse die Krankheit auslösen können. Allerdings weisen Nichtraucher gegenüber Rauchern ein deutlich geringeres Krebsrisiko auf, so daß Prävention hier dennoch sinnvoll erscheint.

In den Bereichen, in denen ein Zusammenhang zwischen dem Krankheitsrisiko und dem individuellen Verhalten gegeben ist, liegt es nahe, den Leistungskatalog bei Nichtteilnahme an Präventionsprogrammen einzuschränken. Beispielhaft kann die Zahnprophylaxe erwähnt werden, die in Kindergärten und Schulen, mithin von einer geschlossenen Zielgruppe, erfolgreich durchgeführt wird. Darüber hinaus kann eine regelmäßige individuelle Zahnpflege einfach nachgewiesen werden. Die gegenwärtige Regelung zu Zahnersatzleistungen läuft darauf hinaus, den regelmäßigen Zahnarztbesuch durch einen höheren Zuschuß bei der Leistungsinanspruchnahme zu belohnen. Damit wird eine unterlassene Zahnpflege durch eine Kürzung des Zuschusses zum Zahnersatz sanktioniert.[413] In diesem Zusammenhang spielt auch eine Rolle, daß es sich beim Zahnersatz nicht um eine lebensnotwendige Leistung handelt, so daß eine Leistungsbeschränkung vertretbar ist.[414]

---

[413] Vgl. SACHVERSTÄNDIGENRAT FÜR DIE KONZERTIERTE AKTION IM GESUNDHEITSWESEN [1995], S. 70 ff.

[414] Allerdings sind hierbei mögliche Trittbrettfahrerprobleme zu beachten. Wenn eine Krankheitsbehandlung aus moralischen Gründen - wie die Behandlung von Lungenkrebs bei Rauchern - nicht ausgeschlossen werden kann, ist davon auszugehen, daß die Anreize zur Prävention geschwächt werden. Hier würde aber ein risikoäquivalenter Beitragssatz eventuell Abhilfe schaffen.

Ein weiteres Beispiel, das in einer betrieblichen Umgebung umgesetzt wird, ist das Projekt „Prospektiver Beitragsbonus“ der AOK Niedersachsen.[415] Dieses Projekt ist unternehmensbezogen und wird bei erfolgreicher Umsetzung mit einem finanziellen Bonus in Höhe von einem Zwölftel des Jahresbeitrags belohnt. Der Bonus wird je zur Hälfte an das Unternehmen und an die dort beschäftigten AOK-Mitglieder ausgezahlt. Beim „Prospektiven Beitragsbonus“ handelt es sich um ein ganzheitliches Projekt, das organisatorische, personale und soziale Aspekte berücksichtigt, die bei der Bestimmung des Betriebsklimas eine Rolle spielen. Es werden sowohl verhaltens- als auch verhältnispräventive Ansätze umgesetzt. Im Mittelpunkt steht die Frage, ob das Betriebsklima in einem positiven Zusammenhang mit dem subjektiven Wohlbefinden der Mitarbeiter steht. Darauf aufbauend soll eine mögliche Korrelation zwischen dem Betriebsklima und dem Krankenstand im Unternehmen überprüft werden.

Da der Bonus prospektiv gewährt wird und die teilnehmenden Betriebe sich jedes Jahr erneut bewerben müssen, wird ein Anreiz für eine kontinuierliche und nachhaltige Projektteilnahme gesetzt. Es ist davon auszugehen, daß der Bonus nur in den ersten Jahren diese Anreizfunktion ausübt; in späteren Jahren ist bei erfolgreichem Projektverlauf davon auszugehen, daß der langfristige Projektnutzen in Form von geringen Fehlzeiten, einem besseren Betriebsklima und - darauf aufbauend - von Wettbewerbsvorteilen den finanziellen Vorteil der Bonusgewährung überwiegt.[416]

Obwohl derzeit noch keine genauen Auswertungsergebnisse vorliegen, läßt sich nach einer Projektlaufzeit von zwei Jahren aus ersten veröffentlichten Zwischenergebnissen ein deutlicher Zusammenhang zwischen dem subjektiven Wohlbefinden und den Beziehungen zu den Kollegen sowie zur Gestaltung der Organisation festhalten. Darüber hinaus ist eine klare Korrelation zwischen dem Krankenstand und den kollegialen Beziehungen zu erkennen.[417] Die AOK Niedersachsen erhofft sich von dem Projekt u. a. eine Senkung der Unfallzahlen und des Krankenstands und somit positive Auswirkung auf die Leistungsausgaben.[418] Es wird geschätzt, daß bei bestimmten Leistungen wie der vertragsärztlichen Versorgung und dem Arzneimittelverbrauch rund 10 % eingespart werden können.[419] Andere AOK Landesverbände leiten ähnliche Projekte in die Wege: In

---

415 Vgl. DRUPP, M.; OSTERHOLZ, U. [2001] für einen Überblick über das Projekt „Prospektiver Beitragsbonus“.

416 Vgl. DRUPP, M. [2001], S. 41.

417 Diese ersten Zwischenergebnisse aus dem Jahr 1998 beruhen auf Mitarbeiterbefragungen. Die Ergebnisse sind in DRUPP, M.; OSTERHOLZ, U. [1998], S. 360 ff. veröffentlicht.

418 Vgl. DRUPP, M. [2001], S. 39.

419 Expertengespräch mit Herrn H.-J. GÖRRES (AOK NIEDERSACHSEN) am 18.07.2002.

Hessen läuft das Projekt in einer Pilotphase an und in Rheinland-Pfalz werden Vorbereitungen für eine Übertragung getroffen.[420]

Obwohl sich das Projekt an ein Unternehmen als Ganzes mit der Gesamtheit seiner Beschäftigten wendet, ist ein hoher Anteil an AOK-Versicherten notwendig, um das Interesse sowohl der AOK als auch des Unternehmens an der Projektteilnahme zu wecken.[421] Bei kleineren Unternehmen übersteigt der Konzeptionsaufwand den Nutzen aus dem Projekt. Darüber hinaus ist die Projektdurchführung von einem professionellen Management abhängig, so daß auch insoweit eine gewisse Betriebsgröße vorausgesetzt werden muß.[422]

Die hier dargestellten Beispiele zeigen, daß Präventionsmaßnahmen, bei denen die Versicherten über finanzielle Anreize angehalten werden, die Krankheitsvorbeugung vorzunehmen, empfehlenswert sein können - aber nur, wenn ein gesicherter Zusammenhang zwischen der Vorbeugung und dem Ausbleiben der Krankheit gegeben ist. Aufgrund der Unsicherheit der Präventionserfolge wird allerdings davor gewarnt, die Erwartungen, die in den Bereich der Prävention gesetzt werden, zu hoch zu schrauben. Für die Wirksamkeit von Präventionsmaßnahmen gibt es keine Gewähr. Falls einer bestimmten Krankheit vorgebeugt wird, so heißt das nicht, daß der Eintritt einer anderen Krankheit ausgeschlossen werden kann und tatsächlich Kostenersparnisse auftreten.

2.2 *Anreize der Versicherten zur Ausweitung der Nachfrage nach Gesundheitsleistungen*

Die Anreize der Versicherten werden im Gesundheitswesen zu wesentlichen Teilen von der Finanzierungsseite des Systems beeinflußt. Die Beitragsbemessung ist nicht am individuellen Erkrankungsrisiko ausgerichtet, sondern an der finanziellen Leistungsfähigkeit des Krankenkassenmitglieds, die sich nach der Höhe des Lohneinkommens bemißt. Bei den Pflichtmitgliedern werden Einkommen aus abhängiger Beschäftigung bis zur Beitragsbemessungsgrenze herangezogen. Dabei wird die Hälfte der Beiträge - zumindest formal - vom Arbeit-

420 Vgl. DRUPP, M. [2001], S. 41.

421 Für Unternehmen ist der Bonus umso höher, je mehr AOK-Versicherte unter den Beschäftigten sind. Auch für die AOK rentiert sich das Projekt um so mehr, je mehr AOK-Beschäftigte teilnehmen, da sich die erwarteten positiven Auswirkungen des Projekts auf eine größere Versichertengesamtheit verteilen.

422 Expertengespräch mit Herrn H.-J. GÖRRES (AOK NIEDERSACHSEN) am 18.07.2002.

geber übernommen.[423] Lediglich freiwillig Versicherte müssen der Beitragsberechnung ihre „gesamte wirtschaftliche Leistungsfähigkeit"[424] zugrunde legen, was die Einbeziehung weiterer Einkunftsarten beinhaltet. Dafür steht allen Versicherten - einschließlich der beitragsfrei mitversicherten Familienangehörigen der Mitglieder - das gesamte Leistungsangebot, das über alle Gesetzlichen Krankenkassen hinweg weitgehend einheitlich ist, zur Verfügung.[425]

Dieses Finanzierungssystem der Sozialversicherung bringt Probleme mit sich, die zu einer Erosion der Einnahmen der GKV führen. Zum einen ist die Entwicklung der Einnahmen in der GKV abhängig von der gesamtwirtschaftlichen Situation: Bei einer rückgängigen Lohnsumme aufgrund von steigender Arbeitslosigkeit sinken die Beitragseinnahmen. Bei Beibehaltung des Leistungsumfangs müssen dann die Beitragssätze erhöht werden. Dies setzt zum einen den im Teil II erwähnten „Teufelskreis" aus sinkenden Kasseneinnahmen, steigenden Beitragssätzen und sinkenden Haushaltseinkommen sowie steigender Arbeitslosigkeit in Bewegung. Zum anderen besteht aus Versichertensicht der Anreiz, die Beitragszahlung - beispielsweise durch ein Ausweichen auf sozialversicherungsfreie Beschäftigungsverhältnisse oder Einkünfte - zu umgehen.[426] Insbesondere bei Personen mit einem Einkommen oberhalb der Versicherungspflichtgrenze besteht der Anreiz, in die private Krankenversicherung (PKV) abzuwandern. Damit gehen gerade einkommensstarke Versicherte verloren, v. a. dann, wenn dieser Schritt mit einer Beitragsentlastung für die wechselnden Mitglieder verbunden ist.[427]

Da die Beitragszahlungen nicht am individuellen Erkrankungsrisiko, sondern allein an der Höhe der sozialversicherungspflichtigen Einkommen anknüpfen (Durchbrechung des Äquivalenzprinzips) und bis auf wenige Ausnahmen einen Vollversicherungsschutz mit nur geringer Selbstbeteiligung garantieren[428],

---

[423] Die hälftige Beitragsübernahme durch die Arbeitgeber führt dazu, daß die Arbeitnehmer einer „Lohnillusion" unterliegen, d. h. sie betrachten die Beitragszahlung als Zuschlag zu ihrem Einkommen. Dabei ist dieser eigentlich als einbehaltener Lohnbestandteil anzusehen. Die Beitragslast in Form von hohen Lohnnebenkosten tragen letztlich die Arbeitnehmer.

[424] Vgl. § 240 Abs. 1 SGB V.

[425] Die Begriffe Mitglied und Versicherter deuten auf eine unterschiedliche Beziehung zu der Krankenkasse hin: Mitglieder erhalten ihren Versichertenstatus durch die Beitragszahlung, während Versicherte auch ohne Beitragszahlung versichert sein können, jedoch keine Mitglieder sind. Dies ist z. B. bei Familienversicherten der Fall. Vgl. dazu ausführlich SCHULIN, B. [1994], § 19 RdNr. 13 ff.

[426] Vgl. PIMPERTZ, J. [2002a], S. 25 ff.

[427] Vgl. OBERENDER, P.; FLEISCHMANN, J. [2002], S. 71.

[428] Die in bestimmten Bereichen vorgesehenen Selbstbeteiligungen sind im Teil I, Kapitel B 3.2.2 aufgelistet.

werden die Versicherten zu Moral Hazard und Freifahrerverhalten verleitet.[429] **Moral Hazard** äußert sich durch das Unterlassen von Präventionsanstrengungen und dem bewußten in Kauf nehmen von Gesundheitsrisiken. An dieser Stelle sei darauf hingewiesen, daß jeder Versicherte an sich einen Anreiz zur Krankheitsvorbeugung hat, da Krankheit allgemein als ein nicht wünschenswerter Zustand angesehen wird. Dieser Anreiz wird allerdings aus ökonomischer Sicht durch die fehlende Eigenverantwortung und den weitreichenden Versicherungsschutz im Falle eines Krankheitseintritts nicht systematisch gefördert. Statt dessen werden die entstehenden Kosten der Gesundheitsschäden durch Abwälzung auf die Versichertengemeinschaft sozialisiert. Sie fallen dann zwar in Form von Beitragssatz-erhöhungen auf den Einzelnen zurück, allerdings sind diese Mehrkosten für den einzelnen Versicherten nur marginal, verglichen mit den gesamten Kosten der Leistungsinanspruchnahme.

Dagegen beschreibt das **Freifahrerverhalten** die übermäßige Leistungsinanspruchnahme nach Eintritt einer Erkrankung.[430] Die Entkoppelung von Beitragszahlung und Leistungsinanspruchnahme führt zusammen mit dem Sachleistungsprinzip dazu, daß Patienten im Leistungsfall alle Leistungen quasi zum Nulltarif bekommen und keine direkte Kosten-Nutzen-Abwägung anstellen müssen. Die Steuerungsfunktion des Preises kann sich im Gesundheitswesen somit nicht entfalten. Vielmehr betrachten die Versicherten die Prämienzahlungen an die Krankenkasse als „sunk costs" und achten kaum bzw. gar nicht auf die anfallenden Kosten der beanspruchten Leistungen, zumal den Versicherten eine detaillierte Leistungsabrechnung vorenthalten wird. Es kommt somit zu einer preisunelastischen Nachfrage nach Gesundheitsleistungen. Dieses Anspruchsdenken wird durch die weiter steigenden Beitragssätze und durch die freie Arztwahl (Ermöglichung des sog. „Ärzte-Hopping") gefördert. Außerdem ist diese „Nullkostenmentalität" mit rationalem Handeln vereinbar: Da der einzelne Patient weiß, daß im Regelfall die Kosten der ärztliche Behandlung vom Versicherungskollektiv getragen werden, führt eine übermäßige Leistungsinanspruchnahme nur zu einer marginalen Prämienerhöhung beim einzelnen Versicherten.[431] Und schließlich ist der ökonomische Anreiz zur Prävention oder die Sanktionierung

[429] Vgl. OBERENDER, P.; FLEISCHMANN, J. [2002], S. 40 ff. Häufig wird auch von ex-ante- und ex-post-Moral Hazard gesprochen.

[430] Vgl. ARROW, K. [1963], S. 961, BREYER, F. [1984b], S. 280 und S. 303 sowie BREYER, F.; ZWEIFEL, P.; KIFMANN, M. [2003], S. 208.

[431] Vgl. BARTLING, H. [1983], S. 9, OBERENDER, P.; FIBELKORN-BECHERT, A. [1998], S. 102, PIMPERTZ, J. [2002a], S. 42 f. und S. 244 f. sowie SACHVERSTÄNDIGENRAT ZUR BEGUTACHTUNG DER GESAMTWIRTSCHAFTLICHEN ENTWICKLUNG [1997], S. 243.

bei unterlassener Prävention - trotz gesetzlicher Verankerung der Eigenverantwortung der Versicherten für ihre Gesundheit[432] - nicht gegeben.

Diese Anreize zur Ausweitung der Nachfrage nach Gesundheitsleistungen schlagen sich - wie bereits im Teil II verdeutlicht wurde - auch in der Entwicklung der Leistungsausgaben in der GKV nieder. Anders als in der Unfallversicherung kann das Nachfrageverhalten der Versicherten kaum wirksam reguliert werden. Allerdings ist die Verantwortung für die starken Ausgabenanstiege in der GKV nicht allein bei den Versicherten zu suchen. Probleme im Bereich der Leistungserbringung tragen ebenfalls zur Verschwendung knapper Ressourcen im Gesundheitswesen bei. Diese Fehlentwicklungen sind im folgenden Abschnitt dargestellt.

2.3 Unkoordiniertes Leistungsangebot als Problem

2.3.1 Vorbemerkung

Die medizinische Versorgung in der GKV ist durch die „vertikale Versäulung der Versorgungssektoren"[433], nämlich der vertragsärztlichen Versorgung, des Krankenhaussektors und der Rehabilitation gekennzeichnet. Diese institutionelle Trennung der Versorgungsbereiche führt zu einer Abschottung der einzelnen Bereiche voneinander und wird durch eine räumliche, organisatorische und finanzielle Trennung herbeigeführt. Dadurch unterscheiden sich die Anreizstrukturen der Leistungserbringer in den einzelnen Sektoren voneinander, so daß nicht nur Interessengegensätze vorliegen, sondern sich die Eigeninteressen der Leistungsanbieter vor die Interessen der Patienten und der Solidargemeinschaft schieben. Hierin liegen die Hauptursachen für Ineffizienzen bei der Leistungserbringung in der GKV.

Im folgenden werden die Schnittstellenprobleme zwischen den medizinischen Versorgungssektoren eingehend untersucht. Zunächst steht die mangelnde Verzahnung von ambulanter und stationärer Akutbehandlung im Vordergrund. Dabei werden die Anreizstrukturen der Vertragsärzte analysiert. Anschließend wird auf die Anreizmechanismen im Krankenhaussektor übergegangen. Bevor die Probleme beim Übergang von der Akutbehandlung zur Rehabilitation erläutert werden, sind die Folgen der Schnittstellenproblematik im Bereich der Kuration kurz dargestellt.

---

[432] Vgl. § 1 SGB V.

[433] EICHHORN, S.; SCHMIDT-RETTIG, B. [1998], S. 25.

2.3.2 Mangelnde Verzahnung von ambulanter und stationärer Versorgung

2.3.2.1 Vorbemerkungen

Die Zweiteilung der Akutbehandlung in ambulante und stationäre Leistungserbringung ist sowohl aus medizinischer als auch aus ökonomischer Sicht zu kritisieren:[434] Medizinisch führt eine strenge Grenzziehung zwischen den beiden Versorgungsbereichen zwangsläufig zu einer diskontinuierlichen Behandlung - mit allen damit verbundenen Nachteilen wie Informationsdefiziten, Therapieunterbrechungen und damit auch der Gefahr des Wirkungsverlustes. Ökonomisch ist zu bemängeln, daß ein erhöhter Kommunikationsaufwand erforderlich ist, um die Abtrennung zu überwinden. Darüber hinaus kommt es in beiden Sektoren zu einer parallelen und überdimensionierten Vorhaltung von Kapazitäten, insbesondere von medizintechnischen Großgeräten.

2.3.2.2 Anreize der Ärzte zur Ausweitung des Leistungsangebots

Die Beziehung zwischen den Patienten und den behandelnden Ärzten gestaltet sich als klassische **Prinzipal-Agent-Beziehung**: Der Versicherte als Prinzipal sichert sich über die Beitragszahlungen an seine Krankenkasse die Dienste des Arztes, der als Sachwalter für seine Gesundheit fungiert. Aufgrund der **asymmetrischen Informationsverteilung** zwischen Arzt und Patient über die Qualität, Effizienz und Effektivität der Leistung besteht das Risiko, daß der behandelnde Arzt Eigeninteressen in seinen Entscheidungen mitberücksichtigt. Die perfekte Sachwalterbeziehung, bei der das Wohlergehen des Patienten im Vordergrund steht, droht sich damit in eine nicht-perfekte Sachwalterbeziehung, die auf die Erhöhung des Einkommens des Arztes ausgerichtet ist, zu verwandeln.[435] Dabei erweitert die zentrale Rolle des Arztes als „Torhüter zum Gesundheitswesen" seine Möglichkeiten zur Einflußnahme auf die Nachfrage der Patienten nach Gesundheitsdienstleistungen und -gütern.[436] Schließlich bietet der Arzt seinen Patienten nicht nur die eigenen Leistungen an, sondern er verordnet auch Arznei- und Hilfsmittel sowie Dienste anderer Leistungserbringer (z. B. Krankenhäuser, Pflegedienste, Krankengymnasten). Diese **angebotsinduzierte Nachfrage** ermöglicht es dem Arzt, ein von ihm angestrebtes Zieleinkommen zu er-

---

434 Vgl. SACHVERSTÄNDIGENRAT FÜR DIE KONZERTIERTE AKTION IM GESUNDHEITSWESEN [1994], S. 165.

435 Vgl. PRINZ, A.; VOGEL, A. [2001].

436 Vgl. BREYER, F. [1984a], S. 415.

reichen.[437] Eine Kontrolle durch den Patienten ist durch dessen Anreize zum Freifahrerverhalten und durch den Vertrauensgutcharakter von Gesundheitsgütern erheblich eingeschränkt.[438]

Die entscheidende Determinante dieser Anreizstrukturen ist in der Vergütung der zugelassenen Ärzte zu sehen. Die Preise für ärztliche Behandlung - ausgedrückt durch die Leistungsgewichtung mit Entgeltpunkten - sind einheitlich im EBM festgelegt. Da die Gesamtvergütungen in zentralen Verhandlungen zwischen den Kassenärztlichen Vereinigungen und den Krankenkassen ausgehandelt werden, herrscht zwischen den einzelnen Ärzten kein marktlicher Preiswettbewerb. Dadurch fehlt der Antrieb, die „Preise“ bei der Leistungserbringung durch eine höhere Wirtschaftlichkeit zu senken. Dieser Zustand wird durch den eingeschränkten Marktzugang über die Zulassungsvergabe durch die KV und durch den Kontrahierungszwang der Krankenkassen gesichert, so daß ineffiziente Leistungserbringer vor dem Ausscheiden aus dem Markt geschützt sind.[439] Obwohl das Problem des „Hamsterradeffekts“[440] mit der Einführung von Praxisbudgets durch das zweite Neuordnungsgesetz im Jahr 1997 vermindert wurde, liegt innerhalb des Budgets eine Einzelleistungsvergütung vor. Allerdings erhält ein Arzt je Quartal und je behandelten Patienten eine Punktmenge, deren Umfang zwar abhängig vom jeweiligen Fachgebiet des Arztes, aber unabhängig von der vorgenommenen Behandlung ist.[441] Für den Arzt ist es daher im Zuge der Einkommensmaximierung sinnvoll, das Praxisbudget auszuweiten und ganz auszuschöpfen. Da das Praxisbudget von der Zahl der Patienten abhängt, kommt es - anders als bei der Einzelleistungsvergütung, wo die Leistungsausweitung den Schlüssel zur Einkommensmaximierung bildet - zu einem stärkeren Wettbewerb um Patienten.[442]

---

437 BARTLING spricht hierbei vom „Moral Hazard“ durch die Ärzte, vgl. BARTLING, H. [1983], S. 10. Zur Zieleinkommens-Hypothese vgl. BREYER, F. [1984a] und BREYER, F.; ZWEIFEL, P., KIFMANN, M. [2003], S. 312 ff. Allerdings stellt die angebotsinduzierte Nachfrage nur eine von mehreren Erklärungsansätzen für das Phänomen der steigenden Gesundheitsausgaben pro Kopf bei zunehmender Ärztedichte dar. Eine weitere Erklärung, die in Deutschland empirisch zumindest nicht widerlegt werden konnte, ist ein permanenter Nachfrageüberhang bei fixierten Preisen.

438 Vgl. OBERENDER, P.; FLEISCHMANN, J. [2002], S. 49 ff.

439 Vgl. WALTER, J. [2002], S. 161.

440 Mit dem „Hamsterradeffekt“ wird der Teufelskreis der Leistungsausdehnung aufgrund der Einzelleistungsvergütung bezeichnet, der zu einem Punktwertverfall führt. Um dennoch ein möglichst hohes Einkommensniveau zu sichern, ist es dann naheliegend, die Leistungserbringung noch weiter auszudehnen – allerdings auf Kosten des Punktwertes. Vgl. dazu PRINZ, A.; VOGEL, A. [2001].

441 Praxisbudgets gelten allerdings nicht für alle erbrachten Leistungen, sondern nur für fachgruppenspezifische Standardleistungen. Leistungen, deren Erbringung gefördert werden soll, unterliegen keiner Budgetierung.

442 Vgl. PRINZ, A.; VOGEL, A. [2001].

Da das Vergütungssystem einen Preiswettbewerb zwischen den Vertragsärzten ausschließt, kommt es zu einem Qualitätswettbewerb. Dieser wird u. a. über die Praxisausstattung, die in die sog. „Apparatemedizin“ münden kann, geführt: Möglichst moderne medizinische Geräte werden angeschafft, um neue, medizinisch technologische Leistungen anbieten zu können. Mit der modernen Technik soll eine qualitativ hochwertige Leistungserbringung indiziert und eine höhere Patientenbindung an die Arztpraxis erreicht werden. Um jedoch eine möglichst schnelle Amortisation dieser Anschaffungen zu erzielen, sind die Ärzte bestrebt, solche Leistungen häufig und möglichst kostendeckend anzubieten, und zwar unabhängig davon, ob sie medizinisch notwendig oder gesamtwirtschaftlich effizient sind. Dieser Trend zur Maximalversorgung wird „durch die Betonung der kurativen gegenüber der präventiven Medizin und der somatischen gegenüber der psychosomatischen Versorgung“[443] über die Punktgewichtungen für die entsprechenden Leistungen im EBM gefördert.[444] Dabei spielt auch eine wesentliche Rolle, daß der medizinische Fortschritt neue Behandlungsfelder und -methoden erschlossen hat, wodurch mehr Leiden und Krankheiten einer medizinischen Therapie zugänglich werden, so daß ein höheres Niveau an Lebensqualität im Krankheitsfall erreicht werden kann. Diese für sich genommen begrüßenswerte Entwicklung bringt allerdings Probleme mit sich, da sie nicht nur zu höheren Behandlungskosten führt, sondern einen aus ökonomischer Sicht falschen Schwerpunkt setzt: Es werden vornehmlich sog. „add-on“-Technologien entwickelt, während die Anreize zur Schaffung von Substitutionstechnologien nur schwach ausgeprägt sind.[445]

Eine weitere Schwachstelle des ärztlichen Vergütungssystems ist das Fehlen von Anreizen zur Durchführung medizinisch notwendiger, jedoch aufwendiger und teurer Behandlungen, insbesondere wenn die Budgets nahezu ausgeschöpft sind. Dann besteht die Gefahr, daß es zu einer „Antiselektion“ von Patienten (adverse selection) kommen kann, durch die schlechte Risiken in den stationären Sektor „abgeschoben“ werden, um der medizinischen und letztlich auch der finanziellen Verantwortung für solche Patienten auszuweichen.[446] Dies steht jedoch einer Entlastung des stationären Sektors und der Nachrangigkeit stationärer Leistungen entgegen.

---

443 GLAESKE, G. [1997], S. 323. Vgl. auch PIMPERTZ, J. [2001], S. 51 f. und derselbe [2002a], S. 24.

444 Diese „Fehlgewichtungen“ unterschiedlicher vertragsärztlicher Leistungen resultiert aus der Festschreibung der Gebührenordnung über längere Perioden hinweg, was wiederum zu einer Verhaltensänderung der Ärzte führt, da diese bestrebt sind, solche Leistungen anzubieten, die kostendeckend vergütet werden. Vgl. ZOHLNHÖFER, W.; SCHMIDT, P.-G. [1984], S. 9 und S. 18.

445 Vgl. OBERENDER, P.; FIBELKORN-BECHERT, A. [1998], S. 103 ff. und BREYER, F.; ZWEIFEL, P.; KIFMANN, M. [2003], S. 474.

446 Vgl. PRINZ, A.; VOGEL, A. [2001].

Gleichzeitig mangelt es an Anreizen zur Förderung der Prävention, da präventive Leistungen im EBM mit weniger Punkten bewertet werden als kurative.[447] Aus Sicht eines gewinnmaximierenden Arztes ist die Gesunderhaltung der Patienten ebenfalls als unvorteilhaft einzustufen, da hierfür nur wenige Leistungen anrechenbar sind.[448] Dies ist einer der Gründe dafür, daß unter dem gegenwärtigen Vergütungssystem Bemühungen zum Aufbau einer primärärztlichen Versorgung ins Leere stoßen. Die Neufassung des EBM im Jahr 1996 und die jüngere Reformgesetzgebung (erstes und zweites Neuordnungsgesetz 1997, Gesundheitsreformgesetz 2000) haben zwar hausärztlichen Leistungen - v. a. beratende und betreuende Leistungen über einen längeren Zeitraum - im Vergleich zu kurativen Behandlungsleistungen ein stärkeres Gewicht verliehen, allerdings zeigt sich der ambulante Sektor weiterhin als „facharztlastig".[449] Dies zeigt sich nicht nur darin, daß der direkte Zugang zu Spezialisten genauso offen ist wie zum Allgemeinarzt, sondern auch in der Relation von Fachärzten zu Allgemeinärzten. Diese liegt nach wie vor bei etwa 60 % zu 40 % mit einer Tendenz zur weiteren Auseinanderentwicklung. Damit geht eine Gefährdung der ambulanten Grundversorgung einher.[450]

2.3.2.3 *Vorteile und Probleme von Anreizmechanismen im Bereich der Krankenhäuser*

Die Leistungserbringung im Krankenhaus ist durch einen zunehmenden Druck zur Wirtschaftlichkeit gekennzeichnet. Im Mischsystem aus Fallpauschalen, Sonderentgelten und Pflegesätzen (Abteilungs- und Basispflegesatz) werden jedoch nur etwa 25 bis 30 % des Krankenhauserlöses über leistungsorientierte

---

[447] Vgl. WALTER, J. [2002], S. 162 f.

[448] Die Gesunderhaltung der Patienten wird am ehesten in einem System der Kopfpauschalen („capitation") gefördert. Da in einem solchen System jeder Arzt eine Punktmenge bzw. einen Pauschbetrag für jeden bei ihm eingeschriebenen Versicherten erhält, und zwar unabhängig davon, ob der Versicherte krank ist und in Behandlung war oder nicht, maximiert die Gesunderhaltung eines Versicherten die verbleibende Kopfpauschale. Diesem System liegt allerdings ein Anreiz zur Unterversorgung der Patienten zugrunde. Dieser Fehlanreiz kann durch einen wirksamen Wettbewerb zwischen den Leistungserbringern oder durch eine Kontrolle der Ärzte durch die Krankenkassen eingedämmt werden. Allerdings müssen dann auch die Krankenkassen im Wettbewerb stehen, damit ihr Interesse an einer guten Versichertenversorgung gewährleistet ist. Vgl. BONVIE, H.; HILDEBRANDT, H. [1997], S. 151.

[449] Vgl. GLAESKE, G. [1997], S. 328 f. Zur stärkeren Gewichtung hausärztlicher Leistungen und der Trennung von hausärztlichen und fachärztlichen Leistungen im EBM siehe HOBERG, R. [2001].

[450] Vgl. KASSENÄRZTLICHE BUNDESVEREINIGUNG: Grunddaten zur vertragsärztlichen Versorgung in der Bundesrepublik Deutschland 2000/2001, URL: http://www.kbv.de/publikationen/grunddaten.htm, Graphik A 28 (Stand: 11.04.2002) und SACHVERSTÄNDIGENRAT FÜR DIE KONZERTIERTE AKTION IM GESUNDHEITSWESEN [1994], S. 154 ff. Vgl. auch HOBERG, R. [2001], S. 147 ff.

Pauschalen erwirtschaftet, so daß die erhofften Wirkungen der Fallpauschalen ausgeblieben sind.[451] Dies liegt daran, daß die Vergütung nach Pauschalen und Pflegesätzen gemäß dem „Prinzip der kommunizierenden Röhren" eine Quersubventionierung verlustbringender Leistungen ermöglicht hat.[452] Dadurch wurde das Risiko der Verlusterwirtschaftung im Krankenhaus erheblich verringert.

Mit der Einführung des DRG-Systems sind Erwartungen auf erhöhte Anreize zur Wirtschaftlichkeit im Krankenhaus verbunden, da aufgrund der einheitlichen Leistungsbewertung kaum noch auf die Kostensituation des einzelnen Krankenhauses eingegangen wird und die Möglichkeiten zu Kostenverlagerungen über die Pflegesätze praktisch beseitigt werden. Gleichzeitig führt die „Leistungsnähe" der Entgelte zu einer höheren Leistungs- und Kostentransparenz, die sich sowohl intern als auch extern im Vergleich mit anderen Krankenhäusern bemerkbar macht.[453] Dies kann mit einem stärkeren Wirtschaftlichkeitsdruck durch die Krankenkassen einhergehen, wenn diese von den Krankenhäusern Anpassungen verlangen. Damit ist mitunter die Befürchtung verbunden, daß eine Überprüfung der Wirtschaftlichkeit der Abteilungen und der internen Strukturen zu einer Gefährdung der Grundversorgung in ländlichen Regionen führen könnte, da sich die Krankenhäuser auf solche Leistungen konzentrieren, die kostengünstig erbracht werden können. Dies kann in eine Spezialisierung von Krankenhäusern und die Schließung ganzer Abteilungen münden.[454]

Insgesamt rückt das Ziel der Kostendeckung gegenüber dem Ziel der Bedarfsdeckung in den Vordergrund.[455] Daraus ergeben sich Fehlanreize, die sich zu Lasten der Qualität der medizinischen Versorgung auswirken können.[456] Mit der Abkehr von der tageweisen Leistungsvergütung kehrt sich der Anreiz, die Verweildauer im Krankenhaus zu erhöhen, ins Gegenteil um. Ein zu starker Druck zur Verweildauerverkürzung kann allerdings das Wohl des Patienten gefährden. Dies ist dann der Fall, wenn die pauschale Vergütung im Vergleich zum Behandlungsaufwand zu gering ausfällt oder die Kostenstruktur eines Krankenhauses ungünstig ist, so daß es gezwungen ist, einen Patienten frühzeitig zu entlassen, wenn es keinen Verlust erwirtschaften will („quicker and sicker"). Dabei besteht dann die Gefahr, daß der Heilungsprozeß noch nicht abgeschlossen ist und in einer Rehabilitationseinrichtung, bei einem niedergelassenen Arzt oder gar in der Familie des Patienten fortgesetzt werden muß.

---

451 Vgl. TUSCHEN, K. H.; QUAAS, M. [1998], S. 75.

452 Vgl. ACKERMANN, T.; SCHMITHAUSEN, D. [2001].

453 Vgl. PFAFF, M.; WASSENER, D. [1995], S. 101.

454 Vgl. ebenda, S. 103 f.

455 Vgl. BAUKMANN, D. [2000], S. 62 f. und PFAFF, M.; WASSENER, D. [1995], S. 105.

456 Vgl. SPYRA, K.; HANSMEIER, T.; MÜLLER-FAHRNOW, W. [2002], S. 178.

In engem Zusammenhang mit der Verweildauerverkürzung steht der Anreiz zur Risikoselektion.[457] Da sich die Krankenhäuser auf die Erzielung eines Überschusses konzentrieren, haben sie keine Anreize, solche Patienten aufzunehmen und zu behandeln, bei denen dieses Ziel nicht erreicht wird, weil die Behandlung zu kostenintensiv ist. Dies kann auch zum sog. „Case-Upgrading" führen. Darunter ist die bewußt falsche Einordnung von Behandlungsfällen in eine „höhere" Fallgruppe zu verstehen, so daß ein höherer Ertrag bei weniger intensiver Behandlung erzielt werden kann.[458] Diese Vermutung stützt sich auf eine nachgewiesen hohe Inhomogenität innerhalb der einzelnen DRGs in amerikanischen Krankenhäusern. Es ist dann naheliegend, eine Verlagerung von weniger ertragreichen Fallgruppen zu ertragreicheren anzustreben, falls dieser Fehlentwicklung nicht mit einem angemessen untergliederten DRG-System und entsprechenden Kontrollen ein Riegel vorgeschoben wird. Darüber hinaus müssen sich die Krankenkassen und die Leistungserbringer in Abstimmung mit dem MDK auf einheitliche und von allen Beteiligten akzeptierte Abgrenzungskriterien für die Patientenzuordnung zu DRGs einigen, um die Manipulationsanfälligkeit der Patientenzuordnung zu Fallpauschalen zu reduzieren.

Da bei einer leistungsorientierten Vergütung der Krankenhausoutput auf die Zahl der Behandlungsfälle bezogen wird, ergibt sich ein Anreiz zu einer Mengenausweitung. Dies gilt v. a. dann, wenn die Pauschalen sämtliche Kosten des Krankenhauses - auch die Fixkosten - decken müssen. Damit enthält jede vergütete Leistung einen Fixkostendeckungsbeitrag. Mithin ist es für das Krankenhaus von Vorteil, über eine Mengenausweitung eine Fixkostenüberdeckung anzustreben.

Eine Fallzahlerhöhung kann aber auch unter weiteren Gesichtspunkten für das Krankenhaus lohnend sein. Erstens sind die Fallzahlen für die Höhe der Krankenhausbudgets mit ausschlaggebend.[459] Auch die Investitionsförderung kann von der Fallzahl abhängig sein. Zweitens bilden Fallzahlerhöhungen den Ausgangspunkt für die positiv einzuschätzende Erzielung von Skaleneffekten als Folge von Spezialisierungen. Dadurch kommt es zu Größen- und Kostenvorteilen, die im Wettbewerb einen strategischen Vorteil gegenüber den Konkurrenten begründen können. Schließlich ist im Zusammenhang mit dem größeren Wettbewerbsdruck eine Fallzahlerhöhung von Vorteil, wenn sie mit einer Verweildauerverkürzung verbunden ist. Dies kann dann als Ausdruck einer erhöhten

---

457 Vgl. JANSSEN, D. [1999], S. 71.

458 Vgl. PFAFF, M.; WASSENER, D. [1995], S. 100.

459 Vgl. JANSSEN, D. [1999], S. 52, aber auch § 6 Abs. 1 Satz 3 Nr. 1 BPflV. Gerade beim DRG-System fließt die Fallzahl über den Case Mix in die Bemessung des Krankenhausbudgets ein. Siehe dazu auch Abbildung 4.

Wirtschaftlichkeit der Leistungserbringung im Krankenhaus gedeutet werden und ebenfalls Wettbewerbsvorteile begründen. Allerdings kann diese erhöhte Wirtschaftlichkeit eine Fehlinterpretation sein. Da sich die Berechnung der Fallzahlen auf die Anzahl der Patientenzugänge und der Patientenabgänge stützt, ist es für das Krankenhaus naheliegend, diese beiden Kennzahlen zu erhöhen. Um dies zu erreichen, können insbesondere die darin erfaßten krankenhausinternen Verlegungen gesteuert, aber auch über Kooperationsverträge mit anderen Krankenhäusern die externen Verlegungen beeinflußt werden. Auch Wiedereinweisungen wirken sich fallzahlerhöhend aus. Die Senkung der durchschnittlichen Verweildauer ergibt sich dann aus der Gegenüberstellung der erhöhten Fallzahl und der verringerten Verweildauer, ist aber nicht notwendigerweise auf eine tatsächliche Verbesserung der Wirtschaftlichkeit der Leistungserbringung zurückzuführen.[460]

Dem verschärften Wettbewerbs- und Wirtschaftlichkeitsdruck im Bereich der Leistungserbringung steht das System der dualen Finanzierung und der öffentlichen Krankenhausplanung, die weitgehend noch starr an der Bettenzahl orientiert ist, entgegen.[461] Dieses Verfahren der Krankenhauskapazitätsplanung konserviert Überkapazitäten, da die Krankenhauskapazitäten nicht nur extern vorgegeben, sondern von politischen Zielen und der Finanzlage der Länderhaushalte beeinflußt werden können, anstatt sich nur an Bedarfsüberlegungen zu orientieren.[462] Abgesehen davon muß damit gerechnet werden, daß die zuständigen Landesbehörden für die Vergabe der Fördermittel keine hinreichenden Informationen über die Wirtschaftlichkeit und die Dringlichkeit von beantragten Investitionen in den Krankenhäusern haben. Dies schließt Fehlentscheidungen bei der Mittelvergabe nicht aus.[463]

Da der öffentlichen Investitionsförderung das Prinzip der Selbstkostendeckung zugrunde liegt, ist sie mit einer leistungsorientierten Vergütung unvereinbar. Die Beschneidung der unternehmerischen Aufgaben der Krankenhäuser durch die letztlich willkürliche Trennung von Investitions- und Betriebskosten führt zudem dazu, daß Investitionskalkulationen irrelevant werden, da einerseits die Länder die Folgekosten der Investitionen zwar nach § 6 Abs. 1 KHG berücksichtigen, aber letztlich nicht tragen, die Krankenhäuser andererseits die Anschaffungskosten der Investitionsgüter nicht finanzieren müssen.[464] Dies verleitet nicht zu einem sparsamen Umgang mit öffentlichen Fördermitteln, da Kosten-Nutzen-

460 Vgl. JANSSEN, D. [1999], S. 53.

461 Vgl. RÜSCHMANN, H.-H. et al. [2000], S. 30 f.

462 Vgl. BAUKMANN, D. [2000], S. 20 ff.

463 Vgl. HAMM, W. [1982], S. 11 und OBERENDER, P.; FLEISCHMANN, J. [2002], S. 58.

464 Vgl. GOEDEREIS, K. [1999], S. 142 f.

Überlegungen vor Investitionsentscheidungen nicht notwendig sind und eine bessere medizinisch-technische Ausstattung als Vorteil im Krankenhauswettbewerb angesehen wird.[465]

Aufgrund des hohen Kapitalbedarfs für Krankenhausinvestitionen kann die von den Ländern praktizierte Krankenhausplanung als Markteintrittsschranke aufgefaßt werden, die potentielle Wettbewerber vom Markt fern hält, wenn sie ohne öffentliche Investitionsförderung auskommen müssen.[466] Ziel der öffentlichen Investitionsförderung ist die wirtschaftliche Sicherung der Krankenhäuser, die im inzwischen abgelösten Vergütungssystem auch bei unwirtschaftlicher Leistungserbringung möglich war. Gleichwohl zeigt sich, daß aufgrund der schwierigen Finanzsituation der Länder die öffentliche Förderung nicht mit der Entwicklung der Behandlungsausgaben im Krankenhausbereich mithalten konnte, so daß für bedarfsorientierte Erstinvestitionen und für die Wiederbeschaffung von Anlagegütern nach vollendeter Nutzungsdauer nicht genügend Mittel zur Verfügung stehen. Die Konsequenz ist ein Investitionsstau, der mittelfristig zu einem Substanzverlust führen wird.[467] Auch aus diesem Grund wäre der Übergang zu einer monistischen Krankenhausfinanzierung zu befürworten. Dies wäre darüber hinaus mit dem von der pauschalierten Leistungsvergütung ausgelösten Wirtschaftlichkeitsdruck vereinbar und würde ein bedarfsgerechtes Investitionsverhalten in den Krankenhäusern fördern.

2.3.2.4 Konsequenzen der mangelnden Verzahnung zwischen ambulantem und stationärem Sektor

Der zunehmende Druck zur Wirtschaftlichkeit und regulierende Maßnahmen zur Kostendämpfung wie die Budgetierung zwingen die Leistungserbringer zu einer - nach einzelwirtschaftlichem Kalkül durchaus rationalen - stärkeren Rücksichtnahme auf ihre eigenen wirtschaftlichen Interessen, was zu Lasten des Patienten gehen kann und einer effizienten medizinischen Behandlung nicht immer dienlich ist. Weder für die Vertragsärzte noch für die Krankenhäuser besteht der Anreiz, mit dem jeweils anderen Versorgungsbereich zusammenzuarbeiten. Da die Krankenkassen anders als die Berufsgenossenschaften kein eigenes Netz von Leistungserbringern errichten dürfen, beruht die ärztliche Zusammenarbeit unter den gegenwärtigen Rahmenbedingungen zu einem großen Teil auf Eigeninitiative. In diesem System bieten sich vielfältige Gelegenheiten einerseits zur Durchführung von Doppel- und Paralleluntersuchungen aufgrund eines unzurei-

---

465 Vgl. HAMM, W. [1982], S. 12.

466 Vgl. ebenda, S. 17.

467 Vgl. GOEDEREIS, K. [1999], S. 129 ff. und LEBER, W.-D. [2003], S. 187.

chenden Informationsaustauschs der Ärzte und der Krankenhäuser und andererseits zur Weitergabe von Patienten vor Abschluß der Behandlung zur Entlastung des eigenen Budgets. Hierdurch wird jedoch das Prinzip der Nachrangigkeit der stationären Versorgung verletzt.

Neben die unzureichende Kooperation der Leistungserbringer untereinander tritt die mangelnde Steuerbarkeit der Versicherten durch die Gesetzlichen Krankenkassen. Diese können keinen Einfluß darauf ausüben, welche Leistungen von welchem Leistungsanbieter erbracht werden sollen, da die Kassen Kollektivverträge mit den Leistungserbringern bzw. mit deren Interessenverbänden abschließen müssen und die Versicherten die freie Arztwahl beanspruchen können. Abgesehen davon, daß die Krankenkassen - wie noch gezeigt wird - keine effektiven Mittel zur Beeinflussung des Patientenverhaltens haben - aufgrund der schlechten Vergleichbarkeit der Leistungskosten und der Datenintransparenz wären sie nicht einmal in der Lage, Empfehlungen zu geben. Da die Vergütungssysteme nicht aufeinander abgestimmt sind, können auch die Leistungen nicht miteinander verglichen werden. Allein schon die Grundlagen der Leistungskataloge sind voneinander verschieden. Während die vertragsärztliche Versorgung auf dem EBM aufbaut, wo ärztliche Handlungen mit Punkten gewichtet und nachträglich bewertet werden, stützt sich die stationäre Versorgung nach der DRG-Einführung auf eine pauschale Leistungsabrechnung. Diese basiert auf der Zuordnung von Behandlungsfällen zu Diagnosen, denen der ICD-Katalog zugrunde liegt. Die Leistungsbewertung erfolgt anhand von alljährlichen Kostendatenerhebungen. Damit mangelt es bereits an einer einheitlichen Nomenklatur zur Kodierung der durchgeführten Prozeduren.

Aufgrund der faktischen Subventionierung der Leistungserbringung im Krankenhaus durch die öffentliche Förderung von Investitionen kommt es darüber hinaus zu einer Durchbrechung des Äquivalenzprinzips in der Finanzierung, da die Leistungsentgelte im Krankenhaus - anders als im vertragsärztlichen Sektor - keine Investitionskostenanteile enthalten müssen.[468] Dies führt zu Wettbewerbsverzerrungen bei der Gegenüberstellung der Vergütungssysteme des ambulanten und stationären Sektors, weil den Entgeltsystemen in den beiden Versorgungsbereichen unterschiedliche Kalkulationssystematiken zugrunde liegen.[469] Während dieses Problem bei den sektorspezifischen Leistungen irrelevant ist, erlangt es bei solchen Behandlungen Bedeutung, bei denen eine Substitutionsbeziehung zwischen ambulantem und stationärem Sektor besteht - z. B. bei ambulanten Operationen nach § 115b SGB V.

---

468 Vgl. HAMM, W. [1982], S. 15 f.

469 Vgl. LASCHET, H. [2001], S. 75 und SAUERLAND, D. [1999], S. 277.

An der geschilderten Problematik wird auch die DRG-Einführung im Krankenhaus nichts ändern, da sie eine isolierte Reform innerhalb des Krankenhauswesens ist und allein der Erhöhung der Wirtschaftlichkeit in diesem Versorgungssektor dienen soll.[470] Anreize zur Stärkung der integrierten Versorgung werden dadurch nicht geschaffen, es kommt im Gegenteil eher zu Anreizen, die Patienten so schnell wie möglich aus dem Krankenhaus zu entlassen.

Förderlich für eine Intensivierung der Verzahnung von ambulanter und stationärer Versorgung wäre ein Vergütungssystem, das einheitlich in beiden Sektoren anwendbar ist. In den USA werden beispielsweise die ärztlichen Leistungen unabhängig vom Ort der Leistungserbringung (Krankenhaus oder ambulante Praxis) nach einem einheitlichen, dem deutschen EBM ähnlichen Katalog vergütet, wobei die Leistungen über Relativgewichte zueinander in Beziehung gesetzt werden. Ergänzend dazu werden die nicht-ärztlichen Krankenhausleistungen im Rahmen eines DRG-Systems abgegolten.[471]

Aufgrund dieser Problematik der desintegrierten Vergütungsströme in der GKV hat die KBV ein auf das Schweizer Vergütungssystem gestütztes Konzept zur Reform der ärztlichen Leistungsentgelte entwickelt. Danach soll die Leistungskalkulation getrennt nach ärztlichen und technischen Leistungskomponenten erfolgen. Grundlage der ärztlichen Leistung ist der Zeitbedarf zur Durchführung einer Prozedur, die mit einem Kostensatz für die Arbeitszeit bewertet wird. Der Kostensatz kann anhand der erforderlichen Qualifikation des Arztes, dem Schwierigkeitsgrad der Prozedur sowie der zusätzlich benötigten Assistenz modifiziert werden. Die technische Leistung soll die Vorhaltekosten der Praxis oder des Krankenhauses abdecken.[472]

Dies wäre einer von vielen denkbaren Ansätzen zur Vereinheitlichung der Vergütungssystematiken, die unter den gegenwärtigen Strukturen im Gesundheitswesen zu einer besseren Verzahnung der Versorgungsbereiche beitragen könnte. Eine einheitliche Vergütung würde nicht nur in eine höhere Transparenz münden, da klar erkennbar wäre, welche Leistung in welchem Sektor kostengünstiger erbracht werden kann, sondern auch den Wettbewerb, und gleichzeitig auch die Kooperation zwischen den Sektoren stärken. Nur auf diesem Wege wird es möglich sein, vorhandene Überkapazitäten abzubauen und die Möglichkeiten zur Schaffung einer wirtschaftlichen Versorgung auszunutzen. Der Vergleich mit der GUV zeigt, daß Verbesserungspotentiale vorliegen: Wie im Teil II Kapitel C herausgestellt wurde, wachsen dort die Ausgaben nicht nur langsamer als in der

---

470 Vgl. OBERENDER, P.; FLEISCHMANN, J. [2002], S. 162.

471 Vgl. STILLFRIED, D. v. [2001].

472 Vgl. KÖHLER, A.; CASSER, U. [2000], STILLFRIED, D. v. [2001] sowie MUNTE, A.; POPP, W. [2001], S. 113 ff.

GKV, sie weisen auch Unterschiede in der Verteilung auf die einzelnen Versorgungsbereiche auf. Ziel muß es sein, kostenintensive stationäre Eingriffe durch ambulante Behandlungen zu ersetzen. Die notwendigen medizinisch-technischen Voraussetzungen - beispielsweise die Vornahme minimalinvasiver Eingriffe im Rahmen ambulanter Operationen - sind bereits vorhanden.

2.3.3 Mangelnde Verzahnung von akutmedizinischer und rehabilitativer Versorgung

2.3.3.1 Vorbemerkungen

Ähnlich wie die Schnittstelle zwischen ambulanter und stationärer akutmedizinischer Behandlung weist auch der Übergang zwischen der akutmedizinischen und der rehabilitativen Behandlung Verbesserungspotentiale auf. So wurde bereits verdeutlicht, daß eine Vergütung nach Fallpauschalen im Krankenhaus dazu führen kann, daß die Patienten noch vor dem Abschluß der akutmedizinischen Behandlung in eine Rehabilitationseinrichtung verlegt werden, um dadurch den Ressourcenbedarf im Krankenhaus zu reduzieren.

Trotz aller Probleme, die im weiteren Verlauf dieses Abschnitts hervorgehoben werden, zeichnet sich der Rehabilitationsbereich gegenüber dem Krankenhaussektor durch deutlich weniger Wettbewerbshemmnisse aus. Dies beruht darauf, daß eine monistische Finanzierung vorliegt und keine Marktzutrittsschranken durch eine öffentliche Investitionsförderung aufgebaut werden. Auch wird die Kapazitätsplanung nicht durch die Länder reguliert. In der Konsequenz sind erheblich mehr privatwirtschaftliche Träger in der Leistungserbringung tätig als im Krankenhausbereich. Obwohl die Versorgungsverträge gemeinsam und einheitlich für alle Krankenkassen eines Landesverbands geschlossen werden, können die einzelnen Krankenkassen über individuelle Vergütungsverhandlungen zu einem gewissen Grad Einfluß auf die Gestaltung der Behandlung ausüben. Trotz dieser positiven Ansatzpunkte im Vergleich zum Krankenhauswesen lassen sich bei einer Gegenüberstellung der medizinischen Rehabilitation in der Krankenversicherung und der Rehabilitation in der Unfallversicherung drei wesentliche Schwachstellen ableiten. Die erste betrifft die Institutionalisierung der Rehabilitation, die zweite die Einleitung der (medizinisch-)rehabilitativen Behandlung, für die sich aufgrund des gegliederten Systems gleichzeitig mehrere Versicherungsträger als zuständig erweisen. Die dritte Schwachstelle in der GKV-Rehabilitation betrifft deren Durchführung, da es hier Anzeichen für eine mangelnde Bedarfsgerechtigkeit gibt.

2.3.3.2 *Institutionalisierung der Rehabilitation*

Im deutschen Gesundheitssystem spielt die Rehabilitation eine Sonderrolle, da sie als eigenständiger Versorgungsbereich institutionalisiert und dementsprechend von den beiden Bereichen der Akutversorgung, der ambulanten ärztlichen Versorgung und der stationären Krankenhausversorgung, abgegrenzt wird. Einerseits läßt diese Abgrenzung Vorteile erkennen, da die Rehabilitationseinrichtungen eine umfassende interdisziplinäre Behandlung ermöglichen, die bereits vor dem Eintritt einer Behinderung zur Vorsorge einsetzen kann. Darüber hinaus werden in den separierten Einrichtungen zur Rehabilitation durch eine intensive Behandlung die körperlichen und psychosozialen Funktionen der Erkrankten wiederhergestellt, womit die Voraussetzungen für eine schnelle ambulante Weiterbehandlung geschaffen werden.

Andererseits setzen sich mit dieser Abgrenzung die bereits bekannten Probleme der sektoralen Versäulung und der mangelnden Durchlässigkeit der medizinischen Versorgung fort. Dabei ist aus medizinischer Sicht bereits die Trennung von Akutmedizin und Rehabilitation nicht sachgerecht. Der Rehabilitation liegt ein ganzheitliches und interdisziplinäres Konzept zugrunde, das zwar auf denselben medizinisch-wissenschaftlichen Grundlagen basiert wie die Akutmedizin, aber dennoch über diese hinausgeht, da zur erfolgreichen Rehabilitation auch die Integration des Rehabilitanden in sein gesellschaftliches Umfeld angegangen werden muß. Neben medizinischen Aspekten finden pädagogische, berufliche und soziale Aspekte Eingang in einen umfassenden Rehabilitationsplan. Daß die Akutbehandlung somit integraler Bestandteil der Rehabilitation ist und die ambulant tätigen Ärzte und Krankenhäuser das erste Glied einer Rehabilitationskette darstellen, wird vielfach verkannt, da die rehabilitative Behandlung ganz i. S. des Modells des sequentiellen Krankheitsverlaufs meist erst im Anschluß an eine kurative Behandlung einsetzt.[473]

Die institutionellen Bedingungen in der Rehabilitation verhindern eine frühzeitige und bereits parallel zur Akutbehandlung einsetzende Erbringung der entsprechenden Maßnahmen. Dies liegt darin begründet, daß durch die Institutionalisierung eine zusätzliche Schnittstelle im Gesundheitswesen geschaffen wird. Dies ist im Falle der Unfallversicherung völlig unproblematisch, da die Betreuung durch einen Case Manager eine ganzheitliche Betrachtungsweise über alle Grenzen der Versorgungssektoren hinweg nicht nur erlaubt, sondern auch notwendig macht. Darüber hinaus sind die Berufsgenossenschaften nicht nur für die medizinische Rehabilitation des Patienten verantwortlich, sondern auch für die berufliche und soziale Rehabilitation. Zudem tragen sie das finanzielle Risiko

---

[473] Vgl. HAUPT, E.; DELBRÜCK, H. [1998], S. 39 f. und BUSCHMANN-STEINHAGE, R. [1998], S. 106. Siehe auch BUNDESMINISTERIUM FÜR ARBEIT UND SOZIALORDNUNG [1998a], S. 22.

einer nicht erfolgreichen Rehabilitation. Auch dies verringert das potentielle Auftreten von Übergangsproblemen zwischen den verschiedenen Leistungsbereichen, da ein bestmögliches Rehabilitationsergebnis im Interesse des Versicherungsträgers liegt.

2.3.3.3 Probleme bei der Einleitung der Rehabilitation

Anders als bei der Kuration handelt es sich bei der Rehabilitation um ein gegliedertes System, d. h. die Aufgabe der medizinischen, beruflichen und sozialen Rehabilitation wird von mehreren Trägern übernommen. Die Zuweisung der Zuständigkeiten wird nach dem Prinzip der einheitlichen Aufgaben- und Risikozuordnung gehandhabt, d. h. derjenige Rehabilitationsträger ist für die Leistungserbringung verantwortlich, der auch das finanzielle Risiko des Scheiterns der Rehabilitation zu tragen hat.[474] Damit soll das Interesse der Sozialversicherungsträger an einem effizienten und effektiven Leistungsangebot geweckt werden. Die Zuständigkeit für die Erbringung der medizinischen Rehabilitation ist auf die Gesetzliche Renten- und die Gesetzliche Krankenversicherung verteilt, was bereits im Teil I, Kapitel C 1.4.1 im Überblick dargestellt wurde.

Diese Zersplitterung der Zuständigkeiten für die Rehabilitanden auf mehrere Träger und die teilweise enge Verflechtung der verschiedenen Rehabilitationsarten und -träger führt dazu, daß es zu Zuordnungsproblemen kommen kann. Dies ist gerade bei den medizinischen Rehabilitationsleistungen zwischen der GKV und der GRV der Fall. Der doppelte Wechsel beim Übergang von der Akutversorgung in die Rehabilitation ist besonders problemanfällig: Die unterschiedlichen Rehabilitationszielsetzungen der beiden Sozialversicherungsträger führen dazu, daß Schnittstellenprobleme vorprogrammiert sind, da hier nicht nur ein Abstimmungsbedarf zwischen mindestens zwei Leistungserbringern vorausgesetzt wird, sondern auch eine reibungslose Kommunikation zwischen den Versicherungsträgern.

Die GRV schaltet sich in die medizinische Rehabilitation ein, wenn infolge einer Krankheit die Erwerbsfähigkeit des Versicherten beeinträchtigt ist. Demgegenüber hat die GKV die primäre Verantwortung in allen Fällen, in denen die Erwerbsfähigkeit nicht gefährdet ist und bei denen die Akutversorgung im Vordergrund steht. Damit können Unklarheiten in der Zuständigkeit der Rehabilitationsträger nicht ausgeschlossen werden. Diese hängen mit der z. T. unklaren inhaltlichen Trennung von Akutbehandlungen im Krankenhaus und Rehabilita-

---

[474] Vgl. SCHLIEHE, F.; ZOLLMANN, P. [1994], S. 74 und TIEDT, G. [1998], S. 47. Vgl. auch SCHULIN, B. [1994], § 6 RdNr. 37.

tionsbehandlungen zusammen.[475] Im Unterschied zu einer Akutbehandlung kann als Charakteristikum einer medizinischen Rehabilitationsbehandlung „eine auf gewisse Zeit konzipierte Behandlung [gelten], bei welcher das Schwergewicht in der persönlichen Krankheitsbewältigung liegt und die das Verhältnis des Patienten zum sozialen Umfeld, vor allem dem Arbeitsumfeld, einschließt. Es geht also vor allem um die Förderung von kompensatorischen Fähigkeiten“[476]. Als Beispiel für die Trennung von Akutbehandlung und Rehabilitation wird in der Literatur auf die Rehabilitation von Suchterkrankten verwiesen. Danach ist der Entzug im Sinne der Entgiftung Teil der Akutbehandlung, da es hier um die Beseitigung der „Krankheitserreger“ geht. Die Entwöhnung ist bereits als Rehabilitation zu verstehen, da diese auf eine Bewältigung der Abhängigkeit abzielt.

Darüber hinaus kommt nach § 13 Abs. 2 SGB VI die Verantwortung für medizinische Rehabilitationsleistungen den Gesetzlichen Krankenkassen zu, wenn diese während einer Akutbehandlungsphase einer Krankheit anfallen und wenn sie anstelle einer Krankenhausbehandlung erbracht werden sollen. Dies bedeutet jedoch nicht, daß die Rentenversicherungsträger überhaupt keine akutmedizinischen Leistungen erbringen. Im Falle einer interkurrenten Erkrankung, d. h. eines akutmedizinischen Behandlungsbedarfs während einer medizinischen Rehabilitationsphase, fällt die Behandlungszuständigkeit an die GRV. Der Rentenversicherungsträger erbringt dann im Benehmen mit der Krankenkasse Leistungen zur Krankenbehandlung sowie bei Schwangerschaft und Mutterschaft, um einen ununterbrochenen Rehabilitationsverlauf zu sichern.[477] Die getätigten Aufwendungen können von der Krankenkasse erstattet werden, sofern ein primärer Anspruch auf diese Leistungen bestand.

Trotz dieser Abgrenzungsregelungen und trotz gemeinsamer Vereinbarungen zur medizinischen Rehabilitation auf der Ebene der Spitzenverbände der GKV und der GRV bestehen Unklarheiten in Einzelfällen fort, da häufig rehabilitationsbedürftige Gesundheitsgefährdungen und Behinderungen auch mit einer potentiellen Minderung der Erwerbsfähigkeit einhergehen. Dies kann dazu führen, daß beide Versicherungsträger geneigt sein könnten, die Verantwortung für Patienten von sich zu weisen, um ihre finanziellen Belastungen zu begrenzen. Aus Sicht der Krankenkassen besteht der Anreiz, Patienten so früh wie möglich in die Obhut der Rentenversicherungsträger zu geben. Letztere sind daran interessiert, Patienten erst mit möglichst fortgeschrittenem Heilverlauf zu übernehmen. Um zu verhindern, daß Patienten lange auf eine rehabilitative Behandlung warten müssen, besteht im Falle von ungeklärter Zuständigkeit für die Träger der

[475] Vgl. TIEDT, G. [1998], S. 57.

[476] SCHULIN, B. [1994], § 9 RdNr. 41.

[477] Vgl. § 13 Abs. 3 SGB VI.

Rehabilitation eine Vorleistungspflicht. Nach § 14 Abs. 1 SGB IX muß der Rehabilitationsträger, bei dem der Rehabilitand zuerst einen Antrag stellt, binnen 14 Tagen klären, ob er zuständig ist und - falls nicht - gegebenenfalls den Patienten an den zuständigen Rehabilitationsträger weiterleiten.

Neben den Problemen der institutionellen Trennung innerhalb der GKV und der schwierigen Frage der Zuständigkeit der verschiedenen Träger gibt es einen weiteren Grund dafür, daß in der GKV ein geringeres Interesse an einer erfolgreichen Rehabilitation und einer dauerhaften Wiedereingliederung des Versicherten vorliegt. Falls eine nicht oder nicht rechtzeitig erbrachte Rehabilitation in eine nachhaltige Minderung der Erwerbsfähigkeit eines Versicherten mündet, so bedeutet dies sowohl für die GRV als auch für die GUV - jedoch nicht für GKV - eine Belastung in Form einer dauerhaften Rentenzahlung. Soweit das Versicherungsverhältnis des Versicherten in einer Gesetzlichen Krankenkasse nach § 192 SGB V fortbesteht, sind die Renten- und Unfallversicherungsträger nach § 251 und § 255 SGB V zur Weiterzahlung der Krankenversicherungsbeiträge verpflichtet. Da auch die Renten aus der GRV nach § 228 SGB V als beitragspflichtige Einnahmen gelten, erhalten die Krankenkassen weiterhin Versicherungsbeiträge, selbst wenn die Wiedereingliederung eines Rehabilitanden nicht erfolgreich war. Diese Beitragszahlungen sind aufgrund der geringeren Beitragsbemessungsgrundlage der gezahlten Renten zwangsweise niedriger, als wenn die Integration des Versicherten in sein Berufsumfeld geglückt wäre. Die Beitragseinnahmen entfallen aber nicht gänzlich. Außerdem greift hier der Risikostrukturausgleich zwischen den Krankenkassen, da dieser an den Risikofaktoren der Erwerbsfähigkeit und des Rentenbezugs anknüpft. Damit trägt eine Krankenkasse nicht das volle finanzielle Risiko einer erfolglosen oder unterlassenen medizinischen Rehabilitation, was das Interesse an solchen Maßnahmen mindern kann.

Ein Indiz hierfür könnte die geringe Anzahl der Renten- und Rehabilitationsanträge sein, die auf Aufforderung der Krankenkassen gestellt werden.[478] Nach § 51 SGB V sind die Krankenkassen berechtigt, Versicherte, die die Altersgrenze erreicht haben oder deren Erwerbsfähigkeit gefährdet ist, während des Krankengeldbezugs zur Antragsstellung auf medizinische Rehabilitation oder auf Rentenbezug zu drängen. Dazu können die Krankenkassen eine zehnwöchige Frist setzen, nach deren Ablauf der Anspruch auf Krankengeld entfällt.

---

478 Vgl. POTTHOFF, P. et al. [1994], S. 38 f.

2.3.3.4 Probleme bei der Durchführung der Rehabilitation

In der GKV ist nicht nur die Zuständigkeitsaufteilung zwischen der GKV und der GRV ein potentielles Problem, sondern auch der Übergang vom akutstationären Sektor in den rehabilitativen Versorgungsbereich. Die aufwendigen Antragsverfahren, eine unkoordinierte Rehabilitationsplanung sowie eine zeitlich starre und nicht bedarfsgerechte Durchführung der Maßnahmen sind einige Kennzeichen dieser Probleme.[479]

Als Grund dafür kann aufgeführt werden, daß die mit der Kuration i. e. S. befaßten Ärzte oftmals zu wenig rehabilitative Konzepte berücksichtigen und in der Rehabilitation einen nachgelagerten und demnach auch nur ergänzenden Prozeß sehen, der unabhängig von der Akutbehandlung zu betrachten ist. In den Akutkrankenhäusern wird daher seit langem ein Mangel an rehabilitativen Behandlungsschritten und Maßnahmen der Frührehabilitation festgestellt.[480] Dies ist dadurch bedingt, daß nicht nur das entsprechende Fachpersonal in Akutkrankenhäusern unzureichend vertreten ist, sondern auch die räumliche und apparative Ausstattung den Erfordernissen rehabilitativer Maßnahmen nicht gerecht wird. Diese Mängel werden durch eine zu gering ausgeprägte Zusammenarbeit sowohl innerhalb eines Krankenhauses als auch mit externen Leistungsanbietern verstärkt.[481] Zur Überwindung dieser Schwächen werden zwei Lösungsansätze gesehen. Die erste Alternative besteht darin, in den Akutkrankenhäusern organisatorisch eigenständige Rehabilitationseinrichtungen aufzubauen, die dann die Maßnahmen der Frührehabilitation übernehmen. Bei der zweiten Alternative wird auf die Errichtung einer eigenständigen Abteilung verzichtet. Statt dessen wird eine Integration rehabilitativer Behandlungselemente in den akutmedizinischen Behandlungsablauf angestrebt.[482]

Gleichzeitig sind auch die Strukturen der medizinischen Rehabilitation nicht bedarfsgerecht. Nach Meinung von Experten liegen auch in der Rehabilitation Über- und Unterversorgung vor.[483] Zu einer Überversorgung kommt es, wenn

---

479 Vgl. die Leitlinien der Spitzenverbände der Gesetzlichen Krankenkassen für die Weiterentwicklung der Rehabilitation in der Gesetzlichen Krankenversicherung, zitiert nach GRIGOLEIT, H.; SCHLIEHE, F.; WENIG, M. [1998], S. 2-56 f.

480 Vgl. STEINKE, B.; SCHÄFER, G. [1992], S. 170 f.

481 Vgl. KLAES, L. et al. [1998], S. 11 f.

482 Vgl. die Empfehlungen der BUNDESARBEITSGEMEINSCHAFT FÜR REHABILITATION (BAR) zur Weiterentwicklung der Rehabilitation, zitiert nach GRIGOLEIT, H.; SCHLIEHE, F.; WENIG, M [1998], S. 2-77. Siehe auch BUNDESMINISTERIUM FÜR ARBEIT UND SOZIALORDNUNG [1998a], S. 22.

483 Vgl. beispielsweise POTTHOFF, P. et al. [1994], S. 38, SACHVERSTÄNDIGENRAT FÜR DIE KONZERTIERTE AKTION IM GESUNDHEITSWESEN [2001b], S. 38 f. und VERBAND DEUTSCHER RENTENVERSICHERUNGSTRÄGER [2001], S. 3.

Patienten, die eigentlich nicht rehabilitationsbedürftig sind, trotzdem eine solche Behandlung erhalten. Von einer Unterversorgung wird gesprochen, wenn rehabilitationsbedürftige Patienten keine Maßnahmen erhalten.[484] Vor dem Hintergrund der Unterversorgung wird der ambulanten Durchführung von Rehabilitationsmaßnahmen ein größeres Potential zugeschrieben. Hier bestehen Chancen, Rehabilitationsbedürftige, die sich einer stationären Rehabilitation nicht unterzogen haben, zu einer ambulanten Rehabilitation zu bewegen. In einem solchen Fall würde die Flexibilisierung zu einem Abbau der Unterversorgung führen.[485] Während der nicht-stationären Rehabilitation in der Rentenversicherung ein Potential von etwa 10 bis 15 % der Fälle eingeräumt wird, beträgt der geschätzte Anteil der nicht-stationären Rehabilitation in der Krankenversicherung etwa 20 %.[486]

Mehrere Studien zur ambulanten Rehabilitation, die im Auftrag der Spitzenverbände der Gesetzlichen Kranken- und Rentenversicherung gemeinsam durchgeführt wurden, gehen zumindest in den Fachbereichen der Kardiologie (Universität Bielefeld) und der Orthopädie (Universitätsklinikum Hamburg-Eppendorf) davon aus, daß die Ergebnisqualität der ambulanten und der stationären Rehabilitation bei vergleichbaren Patientengruppen und vergleichbarem Behandlungsangebot keine Unterschiede aufweist.[487] Statt dessen lassen sich bei gleicher Qualität der Behandlung Kostenvorteile zugunsten der nicht-stationären Versorgung beobachten.[488] Diese ergeben sich daraus, daß in der ambulanten Rehabilitation keine Unterkunfts- und Verpflegungskosten anfallen, so daß sich der Patient nur in der Rehabilitationseinrichtung aufhält, wenn er tatsächlich Leistungen empfängt. Leistungsfreie Tage müssen somit nicht vergütet werden. Neben diesen verringerten direkten Rehabilitationskosten könnte ein Einsparpotential bei den indirekten Kosten vorliegen. Dies betrifft insbesondere die Zahlung von Kran-

---

484 Vgl. POTTHOFF, P. et al. [1994], S. 38 f.

485 Vgl. VERBAND DEUTSCHER RENTENVERSICHERUNGSTRÄGER [2001], S. 4.

486 Vgl. BÜRGER, W.; KOCH, U. [1999b], S. S13.

487 Beim Modellvorhaben zur kardiologischen Rehabilitation konnte sogar eine deutlich kürzere Behandlungsdauer und damit eine Verkürzung der Arbeitsunfähigkeitszeiten konstatiert werden. Während bei der ambulanten Rehabilitation nach achtwöchiger Behandlung 80 bis 84 % der erwerbstätigen Patienten wieder ihre Arbeitstätigkeit fortsetzen konnten, wurde die 80 %-Marke in der stationären Rehabilitation erst nach sechs Monaten erreicht, und das trotz vergleichbarer Patientenstrukturen. Allerdings waren diese Ergebnisse statistisch nicht signifikant. Vgl. SCHOTT, O. et al. [o. J.], S. 13. Die Vergleichbarkeit der Patienten beruht auf den Kriterien Geschlecht, Alter, Diagnose und Vorerkrankungen, vgl. KÖHLER, T. [2001], S. 3.

488 Neben der Beschränkung der Ergebnisse auf die Indikationsbereiche Kardiologie und Orthopädie ist zu beachten, daß zahlreiche Ausschlußkriterien bei den Patienten zur Anwendung kamen. Dazu zählen neben der Multimorbidität eine mangelnde psycho-physische Belastbarkeit, ein laufendes Rentenantragsverfahren u. a. Somit gelten die Ergebnisse zu Kosteneinsparungen und gleicher Behandlungsqualität nur für einen Teil der Rehabilitanden. Vgl. VERBAND DEUTSCHER RENTENVERSICHERUNGSTRÄGER [2001], Anhang 1.

ken- und Übergangsgeld, die aufgrund kürzerer Wartezeiten vor der Einleitung einer Rehabilitationsmaßnahme und kürzerer Arbeitsunfähigkeitszeiten reduziert werden könnte.[489] Von einer schnelleren Wiederherstellung der Arbeitsfähigkeit würden wiederum die Arbeitgeber der Rehabilitanden aufgrund geringerer Arbeitsablaufsstörungen Nutzen ziehen können.

Trotz dieser Vorteile wird in den Studien auch Verbesserungsbedarf konstatiert. Bemängelt wird eine ausbaufähige Vernetzung und Kooperation mit vor- und nachgelagerten Leistungsanbietern der Behandlungskette. Gerade der Vorteil der Nähe zum Wohnort des Patienten, die eine hohe Behandlungskontinuität sowohl bei der Einleitung der medizinischen Rehabilitation als auch beim Übergang zur Nachsorge erleichtere, werde nicht ausgenutzt. Doch gerade dies ist von großer Relevanz für die Qualität der Behandlung.[490]

Die Ausweitung des Angebots an ambulanter Rehabilitation muß flächendeckend erfolgen, damit eine wohnortnahe Versorgung garantiert werden kann.[491] Gleichzeitig muß davon ausgegangen werden, daß die Schaffung solcher Einrichtungen aus wirtschaftlichen Überlegungen nur in Ballungsgebieten sinnvoll ist. Allerdings ist die Schaffung eines Netzes von Leistungserbringern für die ambulante Rehabilitation mit Problemen behaftet, die v. a. auf die Auswirkungen der Spargesetze für die Rehabilitation der Rentenversicherung zurückgehen. Da die Ausgaben für die GRV-Rehabilitation seit dem Jahr 1997 budgetiert sind, dürfte der Aufbau eines Netzes neuer Einrichtungen ergänzend zum Netz bereits vorhandener Rehabilitationskliniken auf Widerstand stoßen. Dies ist damit zu begründen, daß viele Rehabilitationseinrichtungen unter finanziellem Druck stehen und die Aussicht auf die Substitution stationärer durch ambulante Maßnahmen zu ihrer Schließung und damit zum Verlust von Arbeitsplätzen führen könnte.[492] Daher ist nicht mit einer uneingeschränkten Akzeptanz des Ausbaus der ambulanten Rehabilitation zu rechnen.

---

489 Vgl. BÜRGER, W. et al. [2002], S. 100.

490 Vgl. DIETSCHE, S. et al. [2002], S. 106.

491 Hierbei ist nicht abschließend geregelt, was unter einer wohnortnahen Leistungserbringung zu verstehen ist. Denkbare Kriterien sind die räumliche Entfernung der Rehabilitationseinrichtung vom Wohnort des Patienten oder die Fahrtzeit dahin. Vgl. SCHLIEHE, F.; ZOLLMANN, P. [1994], S. 81.

492 Vgl. GRIGOLEIT, H. [1998], S. 112.

2.3.4 *Fehlende Möglichkeiten der Gesetzlichen Krankenkassen zur aktiven Beteiligung am Behandlungsprozeß*

2.3.4.1 *Vorbemerkungen*

Die in den obigen Ausführungen aufgezeigten Effizienzmängel in der GKV könnten abgeschwächt werden, wenn die Gesetzlichen Krankenkassen eine aktive Rolle im Behandlungsgeschehen einnehmen und als Kontrollinstanz die Versicherten und die Leistungserbringer überwachen würden. Allerdings sind die Kontrollkompetenzen der Krankenkassen im Vergleich zu den Berufsgenossenschaften nicht annähernd so umfangreich ausgestaltet. Hinzu treten Fehlkonstruktionen im GKV-System, die das Interesse der Krankenkassen an einer effizienten Leistungserbringung schwächen, so daß eine mögliche Ausschöpfung von Kostensenkungspotentialen nicht ohne weiteres umgesetzt werden kann.

2.3.4.2 *Systemstrukturen als Hindernis*

Im Rahmen der institutionellen Trennung von Finanzierung, Leistungserbringung und Leistungsinanspruchnahme im Gesundheitswesen übernehmen die Gesetzlichen Kassen die Finanzierungsfunktion. Ähnlich wie im Arzt-Patienten-Verhältnis erweist sich das Verhältnis zwischen der Krankenversicherung und dem Arzt als eine Prinzipal-Agenten-Beziehung, so daß auch die Krankenkassen gegenüber den Leistungserbringern über ein Informationsdefizit hinsichtlich der medizinischen Notwendigkeit und der Wirtschaftlichkeit der durchgeführten Behandlungen verfügen. Problematisch sind auch hier die unterschiedlichen Zielfunktionen: Während Ärzte und Patienten unabhängig von den Kosten auf ein hohes Leistungsniveau bzw. auf die Einkommensmaximierung achten, steht bei den Krankenkassen die Effizienz der Leistungserbringer im Vordergrund.[493]

Zugleich ist die Sicherstellung der vertragsärztlichen Versorgung nicht allein Aufgabe der Gesetzlichen Krankenkassen, sondern wird von der gemeinsamen Selbstverwaltung der Ärzte und Krankenkassen durchgeführt. Dabei besteht für die Krankenkassen Kontrahierungszwang mit allen zugelassenen Ärzten, Krankenhäusern und weiteren Leistungsanbietern. Die Festlegung der Vergütungen erfolgt in zentralen Verhandlungen auf der „Mesoebene“[494], in der vertragsärztlichen Versorgung also zwischen den Landesverbänden der Krankenkassen und den Kassenärztlichen Vereinigungen und im Krankenhausbereich ab 2004 bun-

---

[493] Vgl. SAUERLAND, D. [1999], S. 281 ff.

[494] CASSEL, D. [2000], S. 136.

desweit einheitlich. Damit ähnelt die Marktstruktur im Gesundheitswesen einem bilateralen Monopol.[495]

Eine entscheidende Rolle kommt in diesem Zusammenhang der Stärke der Verhandlungspartner zu. Nur über eine gute Verhandlungsposition der KV können sich die Ärzte eine aus ihrer Sicht angemessene Entlohnung, die sich nicht an einer knappheitsgerechten Leistungsbewertung orientiert, sichern.[496] Die Position der Krankenkassen wird dadurch, daß ihnen Möglichkeiten zur direkten Einflußnahme mit dem Ziel einer effizienten Leistungsbereitstellung fehlen, systematisch geschwächt. Dies ist zum einen darauf zurückzuführen, daß die Versicherten von der freien Arztwahl profitieren, zum anderen, daß es den Krankenkassen aufgrund des Kontrahierungszwangs verwehrt ist, Verträge mit einzelnen ausgewählten Anbietern von Gesundheitsleistungen abzuschließen, um dadurch auf eine effiziente Leistungserbringung hinzuwirken. Es fehlen strategische Instrumente zur individuellen Ausgestaltung der Absatz- und Beschaffungsseite, die für eine Profilierung im Wettbewerb um die Versicherten notwendig wären[497]: Da der Leistungskatalog gesetzlich vorgeschrieben und somit - bis auf einige wenige Satzungsleistungen - weitgehend einheitlich ist, ist es den Krankenkassen untersagt, verschiedene Leistungspakete zu unterschiedlichen Tarifen anzubieten. Auch die Regelungen zur Vergütung der Leistungserbringer sind größtenteils einheitlich festgeschrieben. Damit wird die Erprobung neuer Versorgungsformen zusätzlich erschwert. Zwar konnte mit der jüngeren Reformgesetzgebung der Handlungsspielraum der Krankenkassen im Bereich der Modellvorhaben, Strukturverträge und integrierten Versorgungsformen erweitert werden, doch sind diese Vorschriften restriktiv, da auch hier der Grundsatz eines gemeinsamen und einheitlichen Vorgehens der Krankenkassen mehrfach betont wird.[498]

Aufgrund der beschränkten Möglichkeiten zur Einflußnahme der Krankenkassen auf ihre individuelle Wettbewerbssituation verbleibt ihnen als einziger Gestaltungsparameter im Wettbewerb um die Versicherten die Höhe des Beitragssatzes. Da dieser aufgrund des Diskriminierungsverbots und des Kontrahierungszwangs einzig von der Risikostruktur der Versicherten abhängt und letztere aufgrund der - inzwischen weitgehend aufgehobenen - Kassenzuweisung in erheblichem Maße historisch gewachsen ist, bestehen Unterschiede in der Risiko-

---

495 Vgl. SAUERLAND, D. [1999], S. 278 f. und WILLE, E. [1999], S. 135.

496 Vgl. PIMPERTZ, J. [2001], S. 48.

497 Vgl. SACHVERSTÄNDIGENRAT ZUR BEGUTACHTUNG DER GESAMTWIRTSCHAFTLICHEN ENTWICKLUNG [1997], S. 48 f.

498 Vgl. CASSEL, D. [1999], S. 218 und SCHMEINCK, W. [1999], S. 214. Der Grundsatz „gemeinsam und einheitlich" findet sich an mehreren Stellen im Gesetz, u. a. in §§ 20, 23, 35, 40, 65, 73, 140d und 140e SGB V.

mischung der Versicherten.[499] Daher liegen systembedingte Beitragssatzunterschiede vor, die nicht mit Unterschieden in der Effizienz des Leistungsangebots zusammenhängen. Mit dem Risikostrukturausgleich (RSA) wird versucht, solche Differenzen der Beitragssätze abzubauen, indem unterschiedliche Risikomerkmale der Versicherten kassenübergreifend kompensiert werden sollen. Gegenstand des Ausgleichs sind nicht morbiditätsbezogene Risiken, sondern exogene Faktoren außerhalb des Einflußbereichs der Krankenkassen und der medizinischen Versorgung.[500] Damit sollen die Kassen mit einer ähnlichen Ausgangsbasis versehen werden, so daß sie in einen verzerrungsfreien Wettbewerb der Versorgungs- und Vergütungsformen treten können.[501]

Erweiterungen des RSA wie die Schaffung eines solidarischen Risikopools zur Teildeckung der Aufwendungen für besonders kostenintensive Fälle oder die Förderung von Disease Management Programmen (DMP) und die geplante unmittelbar morbiditätsorientierte Ausrichtung des RSA ab dem Jahr 2007 lassen den RSA zu einem reinen Finanzausgleich verkommen. Die Anreize zur Schaffung einer effizienten Struktur der Leistungserbringung können geschwächt werden, indem beispielsweise Behandlungsprogramme für chronisch Kranke weniger zum Zwecke einer verbesserten Versorgung der Versicherten entwickelt werden, sondern eher zum Erhalt von Ausgleichsmitteln im Rahmen des RSA. Diese Finanzmittel würden dann zweckentfremdet zur Beitragssatzsenkung eingesetzt anstatt in eine verbesserte Patientenversorgung zu fließen.[502]

Zwar soll der RSA den Wettbewerb anfachen, doch führt er dazu, daß die Anreize zur Verbesserung der Versichertenversorgung verwässert werden. Die Entwicklung von Konzepten zur effizienten und qualitativ hochwertigen Versorgung beispielsweise von chronisch Kranken und eine idealerweise daraus resultierende Verbesserung der Risikostruktur kommt über erhöhte Abgaben an den RSA einer Bestrafung der innovativen Krankenkassen gleich.[503] Gleichzeitig wird die Risikoselektion gefördert, da Versicherte bei Kassen mit höheren Bei-

---

[499] Die Ortskrankenkassen sind als „Auffangkassen" für Sozialhilfeempfänger hinsichtlich ihrer Risikostruktur immer noch gegenüber anderen Kassen benachteiligt. Vgl. dazu PIMPERTZ, J. [2002a], S. 120 und S. 239 sowie SACHVERSTÄNDIGENRAT FÜR DIE BEGUTACHTUNG DER GESAMTWIRTSCHAFTLICHEN ENTWICKLUNG [1997], S. 246.

[500] Die auszugleichenden Risikomerkmale sind Alter, Geschlecht, Berufs- und Erwerbsfähigkeitsstatus, beitragspflichtige Einnahmen sowie die Anzahl der beitragsfrei mitversicherten Familienangehörigen. Vgl. auch WILLE, E. [1999], S. 123 ff. und SACHVERSTÄNDIGENRAT ZUR BEGUTACHTUNG DER GESAMTWIRTSCHAFTLICHEN ENTWICKLUNG [1997], S. 246 f.

[501] Hier zeigt sich allerdings, daß ein RSA nur dann konsequent ist, wenn den Krankenkassen tatsächlich ein größerer Spielraum zur Vertragsgestaltung gegeben wäre.

[502] Zur Kritik an der Neugestaltung vgl. PAQUET, R. [2001], S. 14 aber auch SACHVERSTÄNDIGENRAT ZUR BEGUTACHTUNG DER GESAMTWIRTSCHAFTLICHEN ENTWICKLUNG [1997], S. 247.

[503] Vgl. ZWEIFEL, P.; BREUER, M. [2002a], S. 8.

trägen aufgrund einer schlechteren Risikostruktur weniger Anreize haben, die Kasse zu wechseln, weil die Beitragssätze über den RSA künstlich einander angeglichen werden.[504] Solange jedoch die Beitragserhebung am Lohneinkommen anstatt am individuellen Krankheitsrisiko ansetzt, ist der Risikostrukturausgleich unabdingbar, da er sich aus der Logik des Systems ergibt.[505]

2.3.4.3 Mangelnde Datentransparenz als Hindernis

2.3.4.3.1 Vorbemerkungen

Die Bedeutung eines Informationssystems wird in der Literatur allgemein anerkannt, da die Kenntnis der Versicherungsträger über die Leistungsinanspruchnahme ihrer Versicherten sowie die Ergebnisse medizinischer Untersuchungen und Behandlungen Grundvoraussetzung für die aktive Kontrolle und für lenkende Eingriffe in die Patientenversorgung ist. Nur wenn die Versicherungsträger das Behandlungsgeschehen verfolgen können, sind sie in der Lage, eine sich abzeichnende Fehlversorgung zu verhindern und für effiziente Strukturen zu sorgen. Somit stehen die datenschutzrechtlichen Bestimmungen in einem engen Zusammenhang mit den Kontroll- und Handlungsmöglichkeiten sowohl der Berufsgenossenschaften als auch der Krankenkassen und spielen bei der Gestaltung der Versorgungsstrukturen eine wichtige Rolle.[506]

Im vorangehenden Kapitel B in diesem Teil der Arbeit wurde verdeutlicht, daß die Unfallversicherungsträger Zugang zu allen notwendigen Daten in der Patientenversorgung haben. Dagegen sehen sich die Krankenversicherungsträger auch in diesem Bereich Einschränkungen gegenüber. Dem Aufbau eines sektorübergreifenden Informationssystems steht erneut das Hauptproblem des Gesundheitswesens, die vertikale Versäulung der Versorgungssektoren, entgegen. Die dadurch erzeugten personellen, organisatorischen und finanziellen Schnittstellenprobleme wirken sich auch auf den Datenfluß zwischen den Sektoren aus. PREUß beschreibt die Problematik wie folgt:

> *„Die vorhandenen Systeme im häuslichen Pflegebereich, im ambulanten Versorgungssektor und auf der Ebene der stationären Versorgung sind üblicherweise fragmentiert, nicht untereinander kompatibel und vorwiegend auf die Analyse der Vergangenheit ausgerichtet. Ihr Nutzungsschwerpunkt liegt bei der Beherrschung von abrechnungstechnischen Prozeduren. Eine Unterstützung von medizinischen Abläufen oder die*

---

[504] Vgl. ZWEIFEL, P.; BREUER, M. [2002b], S. 22.

[505] Siehe hierzu auch das Kapitel B 7 („Weiterer Reformbedarf") im Teil IV der Arbeit.

[506] Vgl. die Zusammenfassung in ZIEGELMAYER, U. [2000], S. 10 ff.

Entscheidungsunterstützung im Rahmen klinischer Abläufe und Verläufe stellen eher die Ausnahme dar. Folglich sind die bestehenden Systeme wenig geeignet, Daten zu liefern, die einfach und eindeutig für klinische oder ökonomische Analysen zu interpretieren sind.“[507]

2.3.4.3.2 Probleme der Nutzung von Abrechnungsdaten

Ein grundsätzliches Problem der Datenerfassung und -aufarbeitung im deutschen Gesundheitswesen ist somit der Fokus auf Abrechnungsdaten. Diese eignen sich nur bedingt zur Kontrolle der Leistungserbringer, da sie keinen Aufschluß über medizinische Sachlagen geben. Ergebnisse von Patientenuntersuchungen sind nicht Bestandteil einer Abrechnung. Die Verfügbarkeit solcher Daten wäre aber eine Grundvoraussetzung zur Überprüfung der Qualität, der Angemessenheit und letztlich auch der Wirtschaftlichkeit der medizinischen Versorgung.

Darüber hinaus ist es schwierig, die tatsächlichen Kosten medizinischer Leistungen und ihre Veränderungen zu erfassen und zu beurteilen. Nicht nur verlieren Preismechanismen auf dem Markt für Gesundheitsleistungen aufgrund zahlreicher Regulierungen nahezu vollständig ihre Wirkung, weil zentrale Verhandlungen zwischen Körperschaften an ihre Stelle treten. Auch die Ersetzung fester Preise durch Punkte mit variablem und ex-ante unbekanntem Wert läßt keinen eindeutigen Schluß auf die exakten Kosten der Leistungserbringung im Gesundheitswesen zu.[508] Hinzu kommt, daß die Vergütungssysteme in den unterschiedlichen Sektoren nicht übereinstimmen, so daß ein sektorübergreifender Vergleich nicht möglich ist. Im ambulanten Sektor wird über sog. „floatende“ Punktwerte abgerechnet, d. h. der Punktwert ist für den Großteil der EBM-Leistungen nicht fixiert, sondern hängt von der Anzahl der insgesamt erbrachten Leistungen ab. Da diese Systematik in der GUV nicht zur Anwendung kommt, sondern jede erbringbare Leistung von vorneherein mit einem festen Euro-Betrag versehen ist, können die Abrechnungen der ambulanten Leistungserbringer in den beiden Sozialversicherungszweigen nur bedingt einander gegenübergestellt werden.

Auch im stationären Bereich wird ein einheitlicher Vergütungsansatz vermißt, obschon hier die Einführung des DRG-Systems Abhilfe schaffen wird. Bisher war ein Bezug zwischen der Leistungsvergütung und den Kosten der Leistungserbringung nicht herstellbar. Zwar wurde den Sonderentgelten und Fallpauschalen bundesweit dieselbe Punktgewichtung zugeordnet, allerdings unter-

---

507 PREUß, K.-J. [1997], S. 259 f.

508 Vgl. NEUBAUER, G. [1999], S. 28. Siehe auch ZOHLNHÖFER, W.; SCHMIDT, P.-G. [1984] zur Problematik der Verhandlung von „Preisen“ für vertragsärztliche Leistungen.

schieden sich die Punktwerte zwischen den Ländern.[509] Zudem deckten diese Pauschalen nur etwa 25 bis 30 % des Erlösvolumens im Krankenhaus ab, da ihre Anzahl begrenzt war.[510] Die übrigen 70 bis 75 % wurden über krankenhausindividuelle tagesgleiche Pflegesätze vergütet, die nach dem Erlösabzugsverfahren von einem auf der Basis des jeweiligen Vorjahresbudgets fortgeschriebenen Restbudgets subtrahiert wurden.[511] Budgetüber- und -unterschreitungen werden nach § 11 Abs. 8 und § 12 Abs. 4 BPflV nur zu einem bestimmten Anteil vergütet, stehen also noch weniger in einem Zusammenhang mit den tatsächlich im Krankenhaus entstandenen Kosten. Ein Vergleich der Krankenhausbehandlungskosten und der Wirtschaftlichkeit der Leistungserbringung mehrerer Krankenhäuser sowie zwischen GKV- und GUV-Patienten wurde durch das Finanzierungsmischsystem erschwert. Die fehlende Trennung von pauschalierten Entgelten und dem Restbudget verminderten die Gewinnchancen und das Verlustrisiko des Krankenhauses.

Gleichzeitig kommen für die GKV- und GUV-Patienten unterschiedliche Vergütungsverfahren zur Anwendung, so daß ein direkter Vergleich zwischen GKV und GUV nur bedingt möglich ist.[512] Dies stellt aber bereits *innerhalb* der GUV ein Problem dar: Während in den zum Verletzungsartenverfahren zugelassenen Krankenhäusern stationäre Leistungen nach den Vorschriften der BPflV vergütet werden, finden für erbrachte Leistungen in den BG-Kliniken tagesgleiche Pflegesätze Anwendung.

2.3.4.3.3 Auswirkungen des Datenschutzes

Zusätzlich zu der Problematik, daß Abrechnungsdaten allein nicht zur Überwachung der Leistungserbringung geeignet sind, gibt es ein weiteres Hindernis bei der Gewinnung von zuverlässigen Behandlungsdaten: die Vorschriften zum Datenschutz. Im SGB V regelt das zehnte Kapitel den Schutz der Leistungs- und Versichertendaten. Danach ist die Erhebung und Speicherung von Sozialdaten nur in begrenztem Umfang erlaubt und nur so weit, wie dies zur Erfüllung der gesetzlich zugewiesenen Aufgaben notwendig ist (Erforderlichkeitsgrundsatz). Besonderem Schutz unterliegen versichertenbezogene Daten über ärztliche und ärztlich verordnete Leistungen. Diese dürfen nur in bestimmten Fällen von den

---

509 Vgl. KEUN, F. [2001], S. 51.

510 Vgl. TUSCHEN, K. H.; QUAAS, M. [1998], S. 75.

511 Vgl. NEUBAUER, G. [1999], S. 27.

512 Expertengespräch mit Herrn BÄDER, Herrn WIRTHL und Herrn GÖRG (LANDESVERBAND HESSEN-MITTELRHEIN UND THÜRINGEN DER GEWERBLICHEN BERUFSGENOSSENSCHAFTEN, Mainz) am 9.09.2002.

Krankenkassen analysiert werden, zu denen nach § 284 Abs. 1 SGB V die Abrechnung mit den Leistungsanbietern, die Wirtschaftlichkeitsuntersuchungen der Leistungserbringung sowie die Prüfung der Leistungspflicht und Leistungsgewährung einschließlich der Verfahren bei Kostenerstattung und bei Härtefällen gehören.

Die gesetzlichen Regelungen bieten nur stark eingeschränkte Möglichkeiten zur Überwachung oder Steuerung der Leistungserbringung durch die Krankenkassen. Während diese von den Krankenhäusern (§ 301 SGB V) und Apotheken (§ 300 SGB V) umfangreiche Abrechnungsdaten übermittelt bekommen, die auch Aufschluß über den Versicherten und die durchgeführten bzw. empfangenen Leistungen geben, sind die übermittelten Daten von den sonstigen Leistungserbringern (z. B. für Heil- und Hilfsmittel) nicht so umfangreich.[513] Dies hängt damit zusammen, daß aufgrund der Vielzahl von Leistungserbringern, darunter auch vielen kleineren, eine elektronische Datenübermittlung wie bei den Apotheken nicht konsequent umgesetzt wird und folglich ein erheblicher Erfassungsaufwand bei den Krankenkassen anfällt.[514]

Noch ungünstiger aus Sicht der Krankenkassen ist der Datentransfer in der ambulanten vertragsärztlichen Versorgung. Hier fehlt der Versichertenbezug ganz. In der zahnärztlichen Versorgung fehlt sogar der Bezug zum behandelnden Zahnarzt.[515] Verantwortlich hierfür ist die Zwischenschaltung der KV in den Abrechnungsprozeß zwischen den Ärzten und den Gesetzlichen Krankenkassen. Während die KV alle relevanten Daten von den zugelassenen Ärzten erhalten, leiten sie diese nur quartalsweise in überarbeiteter Form an die Kassen weiter.[516] Auf separaten Datenträgern werden Abrechnungsunterlagen und Unterlagen zur Prüfung der Leistungspflicht übermittelt. Die **Abrechnungsunterlagen** enthalten eine anonymisierte und fallbezogene Aufstellung der abgerechneten EBM-Positionen und Behandlungstage sowie den zugehörigen Fallwert. Außerdem werden die Diagnosen im Klartext und nach Einführung des ICD-Schlüssels kodiert weitergegeben. Zur **Prüfung der Leistungspflicht** erhalten die Krankenkassen eine Aufstellung darüber, welche Versicherten welchen Arzt aufgesucht haben, den Behandlungszeitraum und den Fallwert. Dabei werden jedoch keine durchgeführten Untersuchungen und getroffenen Diagnosen berücksichtigt. Aus diesen Datenquellen können die Krankenkassen zwar erkennen, welche

513 Zu der Datenübermittlung der Krankenhäuser an die Krankenkassen nach § 301 SGB V siehe ZIEGELMAYER, U. [2000], S. 20 ff.

514 Vgl. SCHOLZ, H. [2001], S. 23.

515 Vgl. ebenda.

516 Die Abrechnungsdaten der niedergelassenen Ärzte umfassen neben dem Arztnamen die Versichertennummer, die Krankenkassennummer, das Behandlungsdatum, die erbrachten Leistungen (EBM-Ziffern) und die nach ICD verschlüsselten Diagnosen.

Leistungen pro Abrechnungsfall erfaßt wurden, allerdings nicht, aus welchem Grund und für welchen Versicherten.[517] Dafür wäre eine Zusammenführung der Datenträger, die den Krankenkassen von den Kassenärztlichen Vereinigungen übermittelt werden, notwendig. Nach dem „Vertrag zum Datenaustausch auf Datenträgern" zwischen den Spitzenverbänden der Gesetzlichen Krankenkassen und der KBV ist eine solche Maßnahme nicht nur verboten, sondern durch technische Vorkehrungen der KV zu verhindern.[518]

Rückschlüsse auf versichertenbezogene vertragsärztliche Leistungen könnten auch aus der Zusammenführung der Abrechnungsdaten zu ärztlich verordneten Leistungen - insbesondere Arzneimittel und Krankenhausbehandlung - gezogen werden. Aber hier ist ebenfalls ein Zusammenführungsverbot der Daten festgelegt. Nach § 297 Abs. 4 SGB V dürfen die Datengruppen zu ärztlich erbrachten und ärztlich verordneten Leistungen nur für die weiter unten erläuterten Wirtschaftlichkeitsprüfungen nach § 106 SGB V kombiniert werden, soweit sie versichertenbezogen sind. Infolgedessen ist das Nachvollziehen einer Patientenkarriere - beispielsweise eine stationäre Operation mit anschließender Rehabilitationsbehandlung und ambulanter ärztlicher Nachsorge mit weiteren Arzneimittelverschreibungen - unmöglich.

Als weiteres Hindernis für die Schaffung von Daten- und Leistungstransparenz erweist sich das Auseinanderfallen von Versicherten und Fall. Da sich die von der KV an die Krankenkassen transferierten Daten nur auf Abrechnungsfälle beziehen, werden Wiedererkrankungen oder Folgeerkrankungen als ein neuer Fall aufgenommen, obwohl es sich um denselben Versicherten handelt. Damit geht der Zusammenhang zwischen Erst- und Folgebehandlung(en) verloren, was Untersuchungen zum Behandlungsablauf und zum Erfolg von Behandlungsmethoden seitens der Krankenversicherungsträger verhindert. Dies stellt gerade bei chronischen Erkrankungen ein großes Problem beim Aufbau einer dauerhaften Patientenbetreuung dar. Erschwerend kommt für die Krankenkassen hinzu, daß der quartalsweise Datentransfer ein zeitnahes Eingreifen der Krankenkassen in die ambulante ärztliche Behandlung ohnehin unmöglich macht. Gleichzeitig sind die Kassenärztlichen Vereinigungen nur dazu verpflichtet, die Daten aus den vergangenen zwei Jahren zur Verfügung zu stellen, d. h. langwierigere Krankheiten und Problemfälle können nicht hinreichend nachvollzogen werden.

---

517 Zu den weitergeleiteten Ärztedaten aus den Abrechnungsunterlagen und zur Prüfung der Leistungspflicht vgl. den Vertrag über den Datenaustausch auf Datenträgern zwischen der KBV und den Spitzenverbänden der Gesetzlichen Krankenkassen, Abschnitt 1 § 1 und § 3. URL: http://www.kbv.de/publikationen/ 569.htm#infos (Stand: 21.03.2003).

518 Siehe dazu Abschnitt 1 § 5 des Vertrags (siehe Fußnote 517).

Die bereits erwähnten **Wirtschaftlichkeitsprüfungen** umfassen die Auffälligkeits- und Einzelfallprüfungen (§§ 106 Abs. 2 Nr. 1 und 296 SGB V) sowie die Zufälligkeitsprüfungen (§§ 106 Abs. 2 Nr. 2 und 297 SGB V). Für die Durchführung der **Auffälligkeitsprüfung** stellen die Kassenärztlichen Vereinigungen den Gesetzlichen Krankenkassen Informationen zur Leistungsabrechnung der Ärzte im Vergleich zur jeweiligen Arztgruppe bereit. Dazu zählen die Anzahl der abgerechneten Behandlungsfälle, der durchschnittliche Fallwert und der Gesamtfallwert. Darüber hinaus wird die Häufigkeit der abgerechneten Leistungspositionen aufgelistet. In Ergänzung zur Untersuchung der ärztlich erbrachten Leistungen wird für jeden Arzt eine Statistik zu den von ihm verordneten Leistungen, den Überweisungen ins Krankenhaus oder an andere Ärzte, Feststellungen von Arbeitsunfähigkeit und sonstige veranlaßte Leistungen wie die Nutzung von Großgeräten erstellt.

Diese Datenübermittlungen werden jeweils mit den Durchschnittswerten für die jeweilige Arztgruppe im selben Abrechnungsquartal verglichen. Neben einer solchen Horizontalprüfung im Vergleich zum Durchschnitt der Fachgruppe werden auch Vertikalprüfungen durchgeführt, d. h. die Durchschnittswerte des geprüften Arztes aus vier Abrechnungsquartalen werden miteinander verglichen. Der Schwerpunkt der Auffälligkeitsprüfungen ist auf die Leistungserbringung der Ärzte gerichtet. Deren Leistungsmengen werden in Bezug zu einer statistisch definierten Wirtschaftlichkeitslinie gesetzt, d. h. der Maßstab der Wirtschaftlichkeit selber ergibt sich nur aus einem Durchschnitt.[519] Bei der Auffälligkeitsprüfung werden lediglich Ausschläge von diesem Durchschnitt erfaßt, d. h. es ermöglicht zwar die Identifizierung von Ausreißern, erlaubt jedoch keine Aussage darüber, ob das Versorgungsniveau allgemein zu hoch oder zu niedrig sein könnte. Durch die Beschränkung der Betrachtung auf ganze Behandlungsfälle ist eine Zuordnung von Punkten oder Kosten zu bestimmten Diagnosen nicht möglich.[520] Ausgewiesen werden die Durchschnittswerte nach Kassenmitgliedern, Rentnern und Familienangehörigen sowie nach der Summe dieser drei Gruppierungen.[521]

Unter die Auffälligkeitsprüfungen fallen auch die Richtgrößenprüfungen für Arznei- und Heilmittel, die auf Landesebene nach Arztgruppen vereinbart werden. Ab bestimmten Überschreitungen der Richtgrößen bzw. Durchschnittswerte können die Ärzte zur Rechenschaft gezogen werden, sofern sie keine Erklärungen für die hohen Abrechnungswerte - insbesondere Praxisbesonderheiten -

---

519 Vgl. ZIEGELMAYER, U. [2000], S. 163.

520 Die Zuordnung von Punkten oder Kosten zu Diagnosen wird derzeit nicht durchgeführt. Einer solchen Prüfung soll die ICD Version 10 zugrunde gelegt werden, wobei auch hier teilweise Mängel vorhanden sind, da die Zuordnung von Gesundheitsbeschwerden zu Diagnosen nicht immer eindeutig ist (Expertengespräch mit Herrn LANBY (KV RHEINHESSEN) am 16.08.2002).

521 Vgl. SYDOW, U. [2001], S. 39.

liefern können.[522] Derzeit machen die Auffälligkeitsprüfungen 90 bis 95 % aller Arztprüfungen der Kassenärztlichen Vereinigungen aus und stellen somit die Regelprüfung dar.[523]

Ferner werden **Einzelfallprüfungen** vorgenommen, bei denen die Behandlung eines Einzelfalls nachkonstruiert wird. Dies ist allerdings mit viel Detailarbeit verbunden und dient nicht der Erfassung diagnosebezogener Behandlungsdaten und -kosten, sondern der einzelfallbezogenen Überprüfung der Wirtschaftlichkeit und Notwendigkeit der ärztlichen Leistungserbringung.

Darüber hinaus sieht das Gesetz **Zufälligkeitsprüfungen** vor, die der Untersuchung der ärztlichen und der ärztlich verordneten Leistungen dienen. Allerdings werden diese Prüfungen bislang nur von wenigen Kassenärztlichen Vereinigungen in Deutschland vorgenommen und dies noch nicht routinemäßig. Sie werden mit arzt- und versichertenbezogenen Daten durchgeführt, allerdings nur in einem Stichprobenumfang von mindestens 2 % der Ärzte pro Quartal.[524] Neben einer im Einzelfall erlaubten Übermittlung versichertenbezogener Daten an die Krankenkassen nach § 298 SGB V bieten die Zufallsstichproben den einzigen Anlaß zur Zusammenführung der Abrechnungsunterlagen zu ärztlichen Leistungen und ärztlichen Verordnungen. Allerdings muß für eine fundierte Auswertung die Datenbasis hinreichend groß sein. Darüber hinaus erfüllen diese Wirtschaftlichkeitsprüfungen lediglich den Zweck, die Ärzte und die von ihnen durchgeführten Maßnahmen zu überprüfen. Auf die Lotsung der Patienten durch das Gesundheitswesen - eigentlich eine Aufgabe der Krankenkassen - sind die Wirtschaftlichkeitsprüfungen nicht ausgerichtet. Daher ist ihr Einsatz zur Unterbindung des „Ärzte-Hoppings“ oder zur Betreuung von Patienten bei einer längeren Behandlung durch mehrere Leistungsanbieter nicht möglich. Erschwerend für die Schaffung von Datentransparenz bei den Krankenkassen kann es sich auswirken, daß die Prüfungen nicht von den Krankenkassen durchgeführt werden, sondern von einem paritätisch besetzten Prüfungsausschuß aus Vertretern der Ärzteschaft und der Landesverbände der Krankenkassen sowie den Verbänden der Ersatzkassen.[525] Diese Prüfungsausschüsse sind bei der zuständigen KV angesiedelt.

---

522 Vgl. BERNER, B. [2001], S. 41.

523 Expertengespräch mit Herrn LANBY (KV RHEINHESSEN) am 16.08.2002.

524 Die KV RHEINHESSEN befindet sich derzeit noch in der Verhandlungsphase mit den Krankenkassen. Gegenstand der Verhandlungen ist auch die Höhe der zu untersuchenden Stichprobe (Expertengespräch mit Herrn LANBY (KV RHEINHESSEN) am 16.08.2002).

525 Vgl. § 106 Abs. 4 SGB V.

Auch für Forschungsvorhaben der Krankenkassen und der KV gelten Einschränkungen bei der Auswertung von Sozialdaten.[526] Neben der erforderlichen Einholung der Genehmigung durch die Aufsichtsbehörden sind die Sozialdaten zu anonymisieren. Jeglicher Bezug zu Versicherten ist zu vermeiden. Leistungserbringer und fallbeziehbare Daten dürfen hingegen ausgewertet werden.

Darüber hinaus dürfen die Krankenkassen Sozialdaten nur so lange aufbewahren, wie sie benötigt werden (§ 84 Abs. 2 SGB X). Feste Fristen werden in § 303 SGB V vorgegeben: Danach sind die Daten nach §§ 292 und 297 SGB V nach zwei Jahren zu löschen. Langfristige Analysen - soweit es sich nicht um ein Forschungsvorhaben handelt - werden dadurch zusätzlich erschwert.

Der Medizinische Dienst der Krankenkassen (MDK), der auf Landesebene als kassenartenübergreifende Beratungsorganisation der Krankenkassen in sozialmedizinischen und pflegefachlichen Fragestellungen errichtet worden ist, kann auch keine umfassenden Informationen über Patientenbehandlungen liefern.[527] Der MDK berät zwar die Krankenkassen in vielen Grundsatzfragen zur Ausgestaltung des Leistungskatalogs und bei Bewertungen neuer Behandlungsmethoden, konzentriert sich dabei aber - ebenso wie bei der Erstellung von Gutachten - auf medizinische Aspekte. Die angestellten Ärzte unterliegen nur ihrem ärztlichen Gewissen. Dennoch wird der MDK auch eingesetzt, um die Krankenkassen bei der Einhaltung des Prinzips der Wirtschaftlichkeit zu unterstützen, und zwar in der Weise, daß Anträge der Versicherten auf Leistungen zur Verhütung, Früherkennung und Bekämpfung von Krankheiten auf ihre Notwendigkeit hin überprüft werden. Dies gilt auch beim Einsatz unkonventioneller Behandlungsmethoden, bei der Vorbereitung oder Verlängerung von Rehabilitationsmaßnahmen und bei Zweifeln der Krankenkassen an der Dauer oder Notwendigkeit von Krankenhausaufenthalten (Fehlbelegungsprüfung). Diese Untersuchungen werden allerdings nicht systematisch, sondern nur einzelfallbezogen durchgeführt. Außerdem dürfen die gewonnenen Erkenntnisse nach ihrer Mitteilung an das Krankenhaus und die Krankenkasse nicht gespeichert werden. Darüber hinaus unterstützt der MDK die Krankenkassen bei der Einführung des DRG-Vergütungssystems und entwickelt eine Prüfroutine im Krankenhaus, mit der neben der Fehlbelegung die korrekte Abrechnung von Fallpauschalen stichprobenartig überwacht werden soll.[528]

Insgesamt wird deutlich, daß es bei der derzeitigen Rechtslage keine Möglichkeit für die Gesetzlichen Krankenversicherungsträger gibt, lenkend in den Be-

---

526 Vgl. § 287 SGB V.

527 Vgl. §§ 275 ff. SGB V.

528 Vgl. zu diesem Abschnitt BUNDESMINISTERIUM FÜR ARBEIT UND SOZIALORDNUNG [2000], S. 194 f. sowie URL: http://www.mds-ev.org/index2.html/ (Stand: 06.09.2002).

handlungsprozeß einzugreifen oder auch nur nachträglich die Leistungsinanspruchnahme durchgehend über die Durchführung von Zufälligkeitsprüfungen mit hinreichend großem Stichprobenumfang zu erfassen und zu kontrollieren, ohne gegen die geltenden Datenschutzbestimmungen zu verstoßen. Angesichts der steigenden Gesundheitsausgaben geben diese Einschränkungen der Möglichkeiten zur Aufgabenerfüllung Anlaß zu Überlegungen, wie der Datentransfermechanismus im Gesundheitswesen verbessert werden kann, um den Krankenkassen einen gezielteren Einsatz der Finanzmittel zu ermöglichen.

Das Bundesgesundheitsministerium erwägt in einem „Eckpunktepapier für ein Datentransparenzgesetz“[529] die Neugestaltung der Datenübermittlung. Danach sollen alle Beteiligten ihre Daten maschinell an eine Vertrauensstelle zur Pseudonymisierung leiten. Anschließend werden die Daten an eine zentrale Datenaufbereitungsstelle übermittelt, die diese - eventuell gegen Entrichtung einer Nutzungsgebühr - den Zugriffsberechtigten zur Auswertung zur Verfügung stellt. Die Einrichtung einer zentralen Datenaufbereitungsstelle würde eine kassen- und sektorenübergreifende Datensammlung für klinische Untersuchungen zur Gewinnung epidemiologischer Erkenntnisse ermöglichen, ohne den Schutz der Sozialdaten zu beeinträchtigen. Allerdings wäre das Problem der zeitnahen Steuerung der Patientenbehandlung nicht gelöst, da die Pseudonymisierung einer Identifizierung der Versicherten im Wege steht. Insofern wird das Eckpunktepapier dieser grundlegenden Forderung der Gesetzlichen Krankenkassen nicht gerecht.[530]

3 Zwischenfazit

Die Unterschiede zwischen den Gesetzlichen Krankenkassen und der Unfallversicherung sind augenfällig. In der GKV kommen die Patienten nicht nur in den Genuß größerer Freiräume, auch die Leistungserbringer können sich einer Kontrolle durch die Krankenkassen weitgehend entziehen. Die Rolle der Krankenkassen ist somit reduziert auf die eines „payers“, d. h. des Finanzmittelverwalters, während die Berufsgenossenschaften als „player“ anzusehen sind, da sie prinzipiell auch die Entscheidungen der Ärzte korrigieren können. In den letzten Jahren sind jedoch in der GKV zahlreiche Modellvorhaben zur Verbesserung der Versorgungsstrukturen durchgeführt worden, um den Krankenkassen größere Kontrollmöglichkeiten im Leistungserbringungsprozeß einzuräumen. Diese Ansätze werden im anschließenden Kapitel eingehend untersucht.

---

[529] Vgl. o. V. [2002b], S. 16 ff.

[530] Expertengespräch mit Herrn BRUST (AOK BUNDESVERBAND) am 01.08.2002.

D Ansätze zur Überwindung effizienzhemmender Strukturen in der Gesetzlichen Krankenversicherung

1 Vorbemerkungen

Zur Überwindung effizienzhemmender Strukturen in der Gesetzlichen Krankenversicherung hat der Gesetzgeber bereits mehrere Anläufe unternommen. Bislang steht jedoch eine grundlegende und übergreifende Änderung der Strukturen aus. Statt dessen war der Schwerpunkt der Maßnahmen zur Beseitigung struktureller Mängel in der GKV zunächst auf die Schnittstelle zwischen ambulanter und stationärer Versorgung gesetzt; erst allmählich wurden die Krankenkassen mit weitergehenden Optionen ausgestattet. Erste Auflockerungsbemühungen wurden mit der Genehmigung dreiseitiger Verträge und Rahmenempfehlungen zwischen den Landesverbänden der Krankenkassen, den Kassenärztlichen Vereinigungen und den Landeskrankenhausgesellschaften nach § 115 SGB V zur Förderung des Belegarztwesens und von Praxiskliniken unternommen.[531] Darüber hinaus ist in § 115 SGB V neben der Möglichkeit des Informationsaustausches zwischen Krankenhäusern und Vertragsärzten die Durchführung der vor- und nachstationären Behandlung (§ 115a SGB V) sowie ambulanter Operationen im Krankenhaus (§ 115b SGB V) angesprochen. Ziel war es, die kostenintensive stationäre Krankenhausbehandlung zu ersetzen oder zu verkürzen, soweit dies den medizinischen Erfordernissen nicht entgegensteht.[532]

Allerdings stellte der Sachverständigenrat für die Konzertierte Aktion im Gesundheitswesen in seinem Sachstandsbericht 1994 fest, daß der Gesetzgeber „die rigide Trennung zwischen dem Bereich der niedergelassenen Ärzte und dem Krankenhaussektor zwar teilweise beseitigt, die in den institutionellen und organisatorischen Strukturen liegenden Interessengegensätze zwischen den beiden Versorgungsbereichen letztlich aber unverändert bestehen lassen“[533] hat. Keiner dieser Ansätze ermöglicht eine kontinuierliche Behandlung, da sich der Arztwechsel weiterhin nicht vermeiden läßt. Ein weitergehender Schritt war daher die Erlaubnis zum Abschluß von Strukturverträgen und Modellvorhaben.[534] Die Krankenkassen haben die Ansätze zur Schaffung innovativer Versorgungsformen - v. a. die Modellvorhaben - in großem Umfang dazu genutzt, um in einzel-

---

531 Belegärzte sind Vertragsärzte, die dazu berechtigt sind, ihre Patienten in ihren Praxen ambulant und in Krankenhäusern, die hierfür eigens sog. Belegbetten bereitstellen, stationär zu versorgen. Hierbei stellen die Krankenhäuser die notwendige technische und pflegerische Infrastruktur zu Verfügung. Praxiskliniken sind Zusammenschlüsse mehrerer Vertragsärzte zur ambulanten und stationären Versorgung ihrer Patienten in den gemeinschaftlichen Praxisräumen.

532 Vgl. SCHULIN, B. [1994], § 22 RdNr. 364 ff.

533 SACHVERSTÄNDIGENRAT FÜR DIE KONZERTIERTE AKTION IM GESUNDHEITSWESEN [1994], S. 169.

534 Zu den Modellvorhaben und Strukturverträgen siehe auch Kapitel C 1.2.2 (Teil I).

nen Regionen oder für vereinzelte Indikationsbereiche Versorgungsstrukturen zu schaffen, die denen der Unfallversicherung ähnlich sind.

Da sich die zahlreichen Projekte jedoch weitestgehend auf den ambulanten Bereich erstrecken, wurde die Integration ganzer Behandlungsketten nicht verwirklicht. Daher wurden im Gesundheitsreformgesetz 2000 mit der Einräumung der Möglichkeit zum Aufbau integrierter Versorgungsformen weitergehende Freiräume für die Krankenkassen in das SGB V aufgenommen. Nach §§ 140a bis 140h SGB V ist es möglich, auf Basis der Rahmenempfehlungen der Spitzenverbände der Krankenkassen und der KBV, freiwillige direkte Vertragsverhandlungen zwischen den Krankenkassen und Leistungserbringern verschiedener Sektoren einzuleiten. Prägendes Kennzeichen einer integrierten Versorgung ist die gemeinsame Verantwortung der Leistungsanbieter in mehreren Sektoren für die Leistungserbringung.[535] Dies kann, muß aber nicht zwingend zu einer Verzahnung der ambulanten und stationären Versorgung führen, sondern kann auch zwei andere beliebige Leistungssektoren in einem geschlossenen Rahmen miteinander verbinden.[536] Eine weitere Besonderheit der integrierten Versorgungsformen ist die Verantwortung der teilnehmenden Leistungserbringer für die Vergütung der Leistungen, z. B. über kombinierte Budgets. Dies kann die finanzielle Verantwortung für das gesamte Leistungsspektrum oder nur für Teile davon bedeuten. Unabhängig von der konkreten Ausgestaltung impliziert der Abschluß eines Vertrags zur integrierten Versorgung somit ein Abweichen vom bestehenden Leistungs- und Vergütungsrecht.[537]

Ziel dieser neuen Versorgungsform ist es, eine bessere Zusammenarbeit von Leistungsanbietern aus verschiedenen Sektoren und eine daraus resultierende wirtschaftlichere Versorgung zum Nutzen von Krankenkassen, Leistungserbringen und Versicherten zur erreichen. Einschränkend ist in § 140b Abs. 3 SGB V geregelt, daß die Leistungserbringung in der integrierten Versorgung keine von den Bundesausschüssen untersagten Untersuchungs- und Behandlungsmethoden einschließen darf. Zur Erhöhung der Attraktivität der integrierten Versorgungsformen können die Krankenkassen Bonuszahlungen sowohl an die Leistungserbringer als auch an die teilnehmenden Versicherten vereinbaren.[538]

---

535 Vgl. WINDTHORST, K. [2002], S. 19.

536 Vgl. § 140a Abs. 1 und WINDTHORST, K. [2002], S. 117.

537 Vgl. § 140b Abs. 4 und § 140c SGB V.

538 Vgl. § 140g SGB V. Die Bonuszahlungen sind jedoch an das Vorliegen bestimmter Voraussetzungen geknüpft. So müssen in beiden Fällen Einsparungen gegenüber der Regelversorgung erzielt werden. Diese Einsparungen stellen die Obergrenze für die Boni an die Leistungserbringer dar. Die Versicherten müssen zudem ein Jahr an der integrierten Versorgung partizipiert haben. Ein Bonus wird jedoch nur dann gewährt, wenn dies in der Satzung der Krankenkasse festgehalten ist. Die Bonuszahlungen an die Versicherten können nach h. M. auch aus anderen Mitteln als

Im Unterschied zu den Modellvorhaben unterliegen integrierte Versorgungsprojekte keiner zeitlichen Befristung. Allerdings ist der Vertragsabschluß zur integrierten Versorgung mit einzelnen Vertragsärzten nicht möglich.[539] Vielmehr dürfen nur Gemeinschaften von Vertragsärzten sowie einzelne Leistungserbringer aus anderen Sektoren als Vertragspartner der Krankenkassen fungieren.

Auch bei der integrierten Versorgung gibt es zwei denkbare Ausgestaltungsalternativen: Es können zum einen indikationsspezifische Modelle entwickelt werden, in denen die Versicherten mit bestimmten Krankheitsbildern durch die Zusammenarbeit der dafür zuständigen Leistungserbringer eine umfassende Versorgung erhalten. Dies wird allgemein als Disease Management Programm bezeichnet. Zum anderen kann eine integrierte Versorgung auch als Alternative zur Regelversorgung aufgebaut werden - dann wird in einem Netz von Leistungserbringern eine umfassende Versorgung angeboten. Diese ist dann nicht nur indikationsspezifisch.[540]

Die nachfolgenden Untersuchungen setzen sich mit einigen innovativen Versorgungsprojekten in der GKV auseinander. Der Schwerpunkt liegt dabei auf den Modellvorhaben, da die Entwicklung der integrierten Versorgungsmodelle in beiden Ausprägungen nur zögernd in Gang kommt, so daß deren Anzahl bisher sehr gering ist und Auswertungsergebnisse noch nicht vorliegen. Zunächst wird jedoch auf das von der Politik sehr stark geförderte Verzahnungsinstrument der ambulanten Operationen eingegangen.

Weitere Möglichkeiten zur besseren Verflechtung von ambulanter und stationärer Versorgung - wie das Belegarztwesen und die Ermächtigung von Krankenhausärzten - sind nicht Gegenstand dieser Arbeit.[541] Diesen Ansätzen kommt in der Praxis keine nennenswerte quantitative Bedeutung zu, obwohl sie grundsätzlich dazu geeignet wären, die Schnittstellenproblematik zwischen ambulanter und stationärer Versorgung zu beseitigen.[542] Bei einer Behandlung durch einen Belegarzt oder durch einen ermächtigten Arzt wird nämlich eine personelle Verzahnung von ambulanter und stationärer Versorgung gewährleistet, so daß Mehrfachuntersuchungen entfallen und keine Hindernisse beim Informationsfluß

---

der erzielten Einsparungen gewährt werden. Vgl. auch WINDTHORST, K. [2002], S. 131 f. und S. 142 f.

539 Vgl. BOßMANN, A.; ZALEWSKI, T. [2000], S. 22 f.

540 Vgl. WINDTHORST, K. [2002], S. 19.

541 Krankenhausärzte können an der vertragsärztlichen Versorgung teilnehmen, wenn sie dazu von den Kassenärztlichen Vereinigungen ermächtigt oder zugelassen sind. Dies ist allerdings nur soweit möglich, als die vertragsärztliche Versorgung nicht anderweitig sichergestellt werden kann. Somit dient dieses Mittel lediglich der Schließung von Versorgungslücken und ist damit nicht als der Regelfall anzusehen.

542 Vgl. HOPPE, J. [1997], S. 151.

zwischen mehreren Leistungsanbietern überwunden werden müssen.[543] Doch verhindern zum einen rechtliche Begrenzungen die Verbreitung dieser Versorgungsformen: Während die Ermächtigung von Krankenhausärzten nur möglich ist, wenn eine anderweitige Sicherstellung der vertragsärztlichen Versorgung ausscheidet, müssen Belegärzte den Schwerpunkt ihrer Tätigkeit weiterhin in der ambulanten Patientenversorgung haben. Gerade bei schwerkranken Patienten, die stationär behandelt werden müssen, können jedoch Belegärzte ohne Unterstützung durch die Krankenhausärzte und das Pflegepersonal keine ausreichende Präsenz am Krankenhaus sicherstellen. Diese Bindung des eigenen Personals mindert allerdings das Interesse der Krankenhäuser am Belegarztwesen.[544] Zum anderen sprechen die mit der belegärztlichen Tätigkeit verbundenen Fehlanreize gegen dieses Verzahnungsinstrument: Da die Belegärzte sowohl im niedergelassenen als auch im stationären Bereich tätig sind, haben sie ein Interesse an einer Erhöhung der stationären Fallzahlen, da dies ihr Einkommen erhöht. Aufgrund dieser Anreize ist nicht davon auszugehen, daß das Belegarztwesen automatisch zu einer Reduzierung der Krankenhausaufenthalte führen wird.[545] Aus diesen Gründen wird auf die Ansätze des Belegarztwesens und der Ermächtigung von Krankenhausärzten im folgenden nicht vertiefend eingegangen.

2 Ambulante Operationen als Instrument zur Verzahnung von ambulantem und stationärem Sektor

2.1 Konzept des ambulanten Operierens

Die Erfahrungen mit ambulanten Operationen reichen weit zurück. Bereits mit dem GSG 1993 wurde im § 115b SGB V den Krankenhäusern die Möglichkeit zur Durchführung ambulanter Operationen eingeräumt. Zuvor war dies nur niedergelassenen Chirurgen gestattet. Durch diese Öffnung der Krankenhäuser wurden eine bessere Verzahnung der ambulanten und stationären Krankenhausbehandlung und damit die Vermeidung einer (personellen) Unterbrechung der Patientenbehandlung angestrebt. Darüber hinaus sollte ein Potential zur Kostensenkung ausgeschöpft werden, indem möglichst viele stationäre Operationen durch ambulante ersetzt und mittelfristig die Krankenhauskapazitäten entsprechend verringert werden sollten.

---

[543] Vgl. LIST, R. [1999], S. 449.

[544] Vgl. FIRNKORN, H.-J. [1997], S. 135 f. Eine Ausnahme hiervon ist gegeben, wenn ein Krankenhaus Auslastungsprobleme hat und daher über die Förderung des Belegarztwesens zumindest kurzfristig einen Kapazitätsabbau vermeiden kann.

[545] Vgl. LIST, R. [1999], S. 450.

Neben diesen gesundheitspolitischen Zielen werden die Vorteile der ambulanten Operationen darin gesehen, daß die Dauer des Heilprozesses verkürzt werden kann, da der Verbleib im gewohnten häuslichen und sozialen Umfeld eine rasche Heilung fördern und sich v. a. beim Patienten psychisch positiv bemerkbar machen kann. Gleichzeitig wird durch die Vermeidung eines längeren Krankenhausaufenthalts das Risiko einer Infektion im Krankenhaus selbst verringert. Eventuell kürzere Heilprozesse können sich zudem vorteilhaft auf die Arbeitsunfähigkeitszeiten auswirken.[546]

Die Durchführung einer ambulanten Operation im Krankenhaus ist an mehrere Voraussetzungen gebunden. Es muß sich erstens um einen im Katalog ambulant durchführbarer Operationen aufgelisteten Eingriff handeln. Dieser Katalog ist zwischen den Spitzenverbänden der Krankenkassen, der KBV und den Krankenhausgesellschaften vereinbart worden. Darin werden auch Maßnahmen zur Qualitätssicherung festgehalten. Zweitens darf das Krankenhaus ambulante Operationen nur in den Fachbereichen anbieten, in denen auch vollstationäre Leistungen durchgeführt werden. Entscheidend ist drittens auch, ob der Patient für eine ambulante Operation geeignet ist. Gerade der soziale Hintergrund muß bei dieser Frage beachtet werden und zwar unabhängig davon, ob es sich um eine krankenhausambulante Operation handelt oder nicht. Falls keine kontinuierliche Betreuung und Pflege des Patienten garantiert werden kann oder Komplikationen auftreten, kommt eine ambulante Operation grundsätzlich nicht in Frage.

Die Vergütung der ambulanten Operationen sollte sowohl für die Krankenhäuser als auch für die Vertragsärzte einheitlich sein. Sie erfolgt nach Maßgabe der Vergütungsregelungen im ambulanten Sektor und unter Hinzuziehung des EBM-Katalogs. Somit gelten die Punktwerte der für die Versicherten zuständigen Kassenärztlichen Vereinigung. Allerdings wird das Prinzip der einheitlichen Vergütung de facto mehrfach durchbrochen. Dies ist bereits dann der Fall, wenn die Landesverbände der Krankenkassen und die Landeskrankenhausgesellschaften andere Punktwerte vereinbaren. Da deutschlandweit mehrere Strukturverträge zwischen den Krankenkassen und den Kassenärztlichen Vereinigungen zur Förderung ambulanter Operationen abgeschlossen wurden, wird vielfach vom Einheitlichkeitsprinzip in der Vergütung abgewichen.

Das Substitutionspotential ambulanter Operationen wird hoch eingeschätzt. Während in den USA mehr als die Hälfte aller Operationen ambulant durchgeführt werden, betrug dieser Anteil in Deutschland im Jahr 1994 nur 31,7 %. Davon entfielen aber nur 0,2 % auf den Krankenhaussektor.[547] Insgesamt wird

---

546 Vgl. ASMUTH, M.; BLUM, K. [1996], S. 18 ff. und PFAFF, M.; WASSENER, D. [1995], S. 133.

547 Vgl. RÜSCHMANN, H.-H. et al. [2000], S. 73.

geschätzt, daß rund 9,6 % aller Krankenhausfälle durch eine ambulante Behandlung ersetzt werden könnten.[548] Dadurch könnte der im Vergleich zur GUV hohe Anteil der Ausgaben für Krankenhausbehandlung deutlich reduziert werden (siehe Abbildung 27 f.).[549] Die Ursachen für diese Diskrepanz liegen an der Ausgestaltung der Finanzierung sowie an der mangelnden Kooperation der Vertragsärzte und der Krankenhäuser. Tabelle 14 vermittelt einen Eindruck über die zögerliche Verbreitung ambulanter Operationen im Krankenhaus.

Tabelle 14: Entwicklung der Ambulanten Operationen im Krankenhaussektor

	1993	1994	1995	1996	1997	1998	1999
Anzahl der ambulanten Operationen im Krankenhaus	k. A	k. A	k. A.	117.776	137.591	171.152	219.493
Ausgaben für ambulante Operationen im Krankenhaus (Mio. Euro)	2,38	10,76	18,51	29,25	42,89	62,75	84,24
				Zum Vergleich:			
Anzahl der Krankenhausfälle	12.627.701	12.819.497	13.416.657	13.560.928	13.898.385	14.321.930	14.528.104
Anzahl der ambulanten Operationen in ambulanten Praxen [i) ii)]	2.218.307	2.400.977	2.634.471	3.715.374	3.867.123	3.734.814	3.837.800

[i)] Die Anzahl der ambulanten Operationen ergibt sich aus der Erfassung der abgerechneten Gebührennummern 80 bis 87 des EBM (bis einschließlich 1995 nur Gebührennummern 80 bis 83). Die im Rahmen von regionalen Sondervereinbarungen erbrachten ambulanten Operationsleistungen sind nicht zwingend in dieser Aufstellung enthalten.

[ii)] Die Angaben beziehen sich bis einschließlich 1995 nur auf die alten Bundesländer einschließlich Berlin-West.

Quelle: BMG, KBV. Eigene Zusammenstellung.

---

548 Vgl. SACHVERSTÄNDIGENRAT FÜR DIE KONZERTIERTE AKTION IM GESUNDHEITSWESEN [1994], S. 168.

549 Hier ist erneut auf die Abgrenzungsschwierigkeiten bei der statistischen Erfassung der Ausgaben für Krankenhausbehandlung bzw. für stationäre Behandlung in der GKV bzw. GUV hinzuweisen. Darüber hinaus ist zu beachten, daß die Konzentration der Unfallversicherung auf das Fachgebiet der Unfallchirurgie das Substitutionspotential der ambulanten Operationen deutlich beeinflussen und eine Gegenüberstellung mit der GKV verzerren kann.

2.2 *Entwicklungen im stationären Sektor*

Wie aus Tabelle 14 hervorgeht, ist die Verbreitung der ambulanten Operationen im stationären Sektor schleppend verlaufen. Verantwortlich hierfür war zunächst die Deckelung der Krankenhausbudgets in den Jahren 1993 bis 1995, die im Jahr 1996 um ein weiteres Jahr verlängert wurde. Dies wirkte der Intention des Gesetzgebers, die ambulant durchgeführten Operationen zu Lasten der stationären Leistungen auszuweiten, entgegen. Da zunächst die Erlöse aus ambulanten Operationen im Erlösabzugsverfahren aus den Krankenhausbudgets vergütet wurden, entstand eine Finanzierungslücke bei den Krankenhäusern. Diese ist darauf zurückzuführen, daß der in der EBM-Vergütung enthaltene Investitionsanteil den Krankenhäusern nicht verblieb. Gleichzeitig sind Investitionen, die nicht unmittelbar der stationären Versorgung dienen, nach § 5 KHG nicht förderfähig. Somit konnten Investitionen im Zusammenhang mit der Erbringung ambulanter Operationen nicht aus den Erlösen derselben finanziert werden.[550]

Darüber hinaus war die Ausdehnung der ambulanten Operationen aufgrund der festen Budgets nur durch eine Substitution stationärer Leistungen möglich. Zusätzlich zu stationären Leistungen konnten ambulante Operationen nur erbracht werden, wenn Verweildauerrückgänge oder sonstige Kosteneinsparungen die zusätzlichen Kosten ausglichen. V. a. im Jahr 1996, als die Budgetierung verschärft und die Ausgleichsmechanismen für Mehr- und Mindererlöse vorübergehend abgeschafft wurden, bestand vor dem Hintergrund zunehmender stationärer Fallzahlen sogar ein Anreiz zum Verzicht auf ambulante Operationen.[551]

Seit der Einführung der Bundespflegesatzverordnung 1995 und deren Inkrafttreten - zunächst unter den Budgetrestriktionen im Jahr 1996 - werden die ambulanten Operationen extrabudgetär vergütet, d. h. die erbrachten ambulanten Leistungen werden unabhängig vom Krankenhausbudget bezahlt. Allerdings sind Leistungsverlagerungen, d. h. die Substitution stationärer Leistungen durch ambulante Leistungen, bei den Budgetverhandlungen zu berücksichtigen. Somit ist der Anreiz zur Durchführung von ambulanten Operationen zwar gegeben, allerdings nur, sofern es sich dabei um Zusatzleistungen handelt.

Die obigen Ausführungen zeigen, daß gleichzeitig zwei Vergütungssysteme die Entgelte für ambulante Operationen im stationären Sektor beeinflussen. Einerseits entfalten die Ausgleichsmechanismen der Bundespflegesatzverordnung über die Krankenhausbudgets ihre Wirkung und sind v. a. in der Anfangs-

---

550 Vgl. ASMUTH, M.; BLUM, K. [1996], S. 28 f., SACHVERSTÄNDIGENRAT FÜR DIE KONZERTIERTE AKTION IM GESUNDHEITSWESEN [1994], S. 167 und TUSCHEN, K. H.; QUASS, M. [1998], S. 26.

551 Vgl. ASMUTH, M.; BLUM, K. [1996], S. 38 f. Die Mehr- und Mindererlöse werden nach § 12 BPflV ausgeglichen.

phase ab 1993 als Hindernis anzusehen. Andererseits schlägt sich auch der Punktwertverfall durch eine Mengenausweitung der ambulanten Operationen über den EBM-Vergütungsmechanismus aus dem ambulanten Sektor im Krankenhausbereich nieder. Die Krankenhäuser standen und stehen somit gleich zwei Unsicherheitsfaktoren bei der Steuerung und Planung des ambulanten Operierens und der damit zusammenhängenden Erlössituation gegenüber.[552] Außerdem wird der Anreiz zur Durchführung ambulanter Operationen im Krankenhaus dadurch geschwächt, daß sich für dieselbe Leistung bei stationärer Erbringung höhere Erträge erwirtschaften lassen. Diese Problematik besteht auch im neuen DRG-Vergütungssystem fort.[553]

Für die Vernachlässigung des ambulanten Operierens im Krankenhaus ist mitentscheidend, daß bei Operationen lediglich die Behandlungsoptionen ambulant oder vollstationär gegeben sind. Diese sind jeweils mit einer anderen Vergütungsweise verbunden. Da aber eine Reihe von Leistungen - auch potentielle ambulante Operationen - im Grenzbereich zwischen diesen beiden Extremen liegen - d. h. bei ihnen bietet sich eine kurze stationäre Krankenhausaufnahme im Anschluß an eine Operation zum Zwecke der Beobachtung oder auf Wunsch des Patienten an -, wäre eine weitere leistungsorientierte Differenzierung des Vergütungssystems sinnvoll. In solchen Fällen wird nicht das vollstationäre Leistungsspektrum benötigt, sondern meist nur pflegerische Leistungen, Unterkunft und Verpflegung.[554] Hier bietet die Einführung von DRGs eine Chance, eine leistungsgerechtere Vergütung im Krankenhaussektor einzuführen und zahlreiche Fälle als „Tagesfälle" zu klassifizieren. Schätzungen zufolge wird davon ausgegangen, daß 30 bis 40 % aller Krankenhausfälle als solche Tagesfälle einzustufen sind.[555] Durch eine ausdifferenziertere Leistungsvergütung könnten den Krankenhäusern Anreize zur Substitution stationärer Leistungen gegeben werden. Voraussetzung ist, daß auch hier das „Case-Upgrading" unterbunden werden kann.

---

552 Vgl. ASMUTH, M.; BLUM, K. [1996], S. 330.

553 Beispielhaft sei diese Problematik anhand von zwei Fällen verdeutlicht. Eine Eileiterunterbindung kostet bei stationärer Durchführung im Krankenhaus etwa 1.800 Euro, bei ambulanter Durchführung hingegen rund 980 Euro. Bei der ambulanten Behandlung werden aber nur 387 Euro vergütet, während die stationäre Behandlung kostendeckend vergütet wird. Vgl. KLEMM, H. [2000], S. 98. Weitere Veränderungen gehen mit der Einführung des DRG-Systems einher. Während nach der alten Bundespflegesatzverordnung eine Leistenbruch-Operation die Krankenkasse 2.040 Euro kostet, wird dies auf der Basis von DRGs um 31 % auf 2.670 Euro steigen. Die ambulante Durchführung schlägt mit 669 Euro zu Buche und ist somit für die Krankenhäuser unter finanziellen Gesichtspunkten weitaus weniger attraktiv. Vgl. O. V. [2003e].

554 ASMUTH/BLUM sprechen hier von der sog. Kurzzeitchirurgie, vgl. ASMUTH, M.; BLUM, K. [1996], S. 334 ff.

555 Vgl. BUNDESVERBAND AMBULANTES OPERIEREN [o. J.].

Somit können von den DRGs gegensätzliche Wirkungen ausgehen: Einerseits können sie weiterhin die Ausbreitung der krankenhausambulanten Operationen verhindern, weil eine stationäre Behandlung nach wie vor höher vergütet wird. Andererseits können DRGs gleichzeitig dazu beitragen, daß ambulante Operationen gefördert werden, wenn sie zu einer leistungsgerechteren Vergütung führen und die Krankenhäuser über weniger Manipulationsmöglichkeiten bei der Patientenklassifikation verfügen als bisher.

2.3 Entwicklungen im ambulanten Sektor

Im Gegensatz zu der eher schleppenden Akzeptanz der ambulanten Operationen im stationären Bereich kam es zu einer starken Mengenausweitung bei praxisambulanten Operationen. Hierbei spielt eine Rolle, daß es aufgrund des technischen Fortschritts in der Medizin zu einer generellen Substitution arbeitszeitintensiver Leistungen durch technikintensive Leistungen kommt. Dies geht allerdings mit einem starken Punktwertverfall einher. Obwohl die für die ambulanten Operationen vorgesehenen Teile der Gesamtvergütung nach § 85 Abs. 3a Satz 6 SGB V stärker anstiegen als die Gesamtvergütung insgesamt, konnte diese Anpassung ab dem Jahr 1993 nicht mit dem Mengenzuwachs Schritt halten.[556] Infolge des niedrigen Punktwertes erwies sich die Durchführung ambulanter Operationen für Vertragsärzte als unwirtschaftlich, da sie nicht kostendeckend entlohnt wurde. Zusätzlich zu der geringen Vergütung erscheint die Durchführung von ambulanten Operationen durch niedergelassene Operateure aus weiteren Gründen als ökonomisch zweifelhaft. Dies hängt damit zusammen, daß Vertragsärzte eine kleinere Patientenklientel haben und somit weniger Operationen durchführen können als Ärzte in Praxiskliniken oder Krankenhäusern, was sich auch in der Wirtschaftlichkeit der Operationen und der Erfahrung der Operateure niederschlägt. Es darf daher bezweifelt werden, ob die Durchführung von ambulanten Operationen in Einzelpraxen unter ökonomischen Gesichtspunkten zukunftsfähig ist.

Die Problematik der unrentablen Vergütung im Bereich der ambulanten Operationen hält an, so daß sich die Krankenkassen gezwungen sehen, Strukturverträge mit den Vertragsärzten abzuschließen, um die Erbringung praxisambulanter Operationsleistungen zu fördern. Dadurch sollen unnötige Krankenhauseinweisungen vermieden werden. In mehreren Verträgen zwischen verschiedenen Landesverbänden der Krankenkassen und Kassenärztlichen Vereinigungen werden gezielt indikationsspezifische Operationen gefördert. Dies erfolgt i. d. R. indem Zuschläge zu den aus der budgetierten Gesamtvergütung gezahlten Entgelten für

---

556 Vgl. PFAFF, M.; WASSENER, D. [1995], S. 139.

ambulante Operationen gewährt werden. Alternativ werden ambulant durchgeführte Operationen pauschal mit festen Punktwerten abgegolten. Diese Pauschalen decken auch die Kosten der prä- und post-operativen Leistungen und sind daher als Komplexpauschalen anzusehen. Der Vorteil der Pauschalen liegt aus ärztlicher Sicht darin, daß das finanzielle Risiko der Fallzahlsteigerungen auf dic Krankenkassen abgewälzt wird. Darüber hinaus erhalten die Vertragsärzte für bestimmte Leistungen eine höhere Planungssicherheit, da im Rahmen von Strukturverträgen eine leistungsorientierte und meist fixe Vergütung vereinbart wird. Als Beispiel sei hier die Kassenärztliche Vereinigung Trier erwähnt, die mit allen rheinland-pfälzischen Krankenkassenverbänden mit Ausnahme der AOK einen Strukturvertrag abgeschlossen hat und den beteiligten Ärzten die Wahl zwischen der Zuschlags- und der Komplexpauschaloption einräumt.[557] Solche Verträge zur Förderung stationsersetzender Leistungen lassen sich ebenfalls im Bereich anderer Kassenärztlicher Vereinigungen finden. Die wissenschaftliche Begleitung dieser Strukturverträge konnte jedoch die Vermutung der Substitution stationärer Leistungen durch ambulante Leistungen nicht eindeutig bestätigen. Es ist nicht klar erkennbar, ob die Ausweitung der ambulanten Operationen allein auf die Strukturverträge und die damit gewährleistete feste Vergütung der Vertragsärzte oder auf den unabhängig davon stattfindenden technischen Fortschritt zurückzuführen ist.[558]

2.4 Würdigung des ambulanten Operierens als Instrument zur Verzahnung von ambulantem und stationärem Sektor

Auch zehn Jahre nach der Öffnung der Krankenhäuser für ambulante Operationen haben sich die damit verbundenen Erwartungen nicht erfüllt. Statt dessen macht diese Leistungsart im Krankenhaussektor einen unbedeutenden Anteil aus. Im ambulanten Sektor verhindert das Fehlen einer sicheren und kostendeckenden Vergütung die Ausbreitung der ambulanten Operationen. Insgesamt bleibt ihr Anteil weit hinter dem vermuteten Potential zurück, da es kaum zu einer Substitution stationärer durch ambulante Leistungen kommt.[559] Von einem merklichen Abbau von Krankenhauskapazitäten und einer verbesserten Verzahnung der beiden Versorgungssektoren kann keine Rede sein. Aufgrund des Vergütungsmechanismus im stationären Bereich entstehen für die Krankenkassen sogar Mehrkosten, da die Krankenhäuser bestrebt sind, den „Markt" für ambulante

---

557 Vgl. O. V. [2003f].

558 Dies ist beispielsweise ein Ergebnis der Auswertung des Strukturvertrags zwischen dem VDAK und der KV BAYERN (Anfrage beim VDAK-AEV SIEGBURG am 02.06.2003).

559 Vgl. GERSTE, B. [2001].

Operationen zu erschließen, ohne gleichzeitig auf stationäre Operationsleistungen oder andere Krankenhauskapazitäten und damit auf Budgetanteile verzichten zu müssen.

Die Ursache für die geringe Verbreitung der ambulanten Operationen ist aber nicht nur in den bereits erläuterten Mängeln der Vergütungssysteme zu suchen. Ausschlaggebend ist vielmehr die Abschottung des ambulanten vom stationären Sektor. In den obigen Ausführungen wurde deutlich, daß die Beteiligten die ambulanten Operationen nur dann einsetzen, wenn es sich für sie finanziell lohnt. Dieses Verhalten ist aus einzelwirtschaftlicher Sicht rational, gesamtwirtschaftlich kann es jedoch unzuträglich sein, da die Durchführung von ambulanten Operationen in vielen Fällen einen sinnvollen Ansatzpunkt zur Kosteneinsparung im Gesundheitswesen darstellt. Da jedoch die finanziellen Anreize zu gering sind, kommt es nicht zu einer zielgerichteten Verbreitung dieser Leistungsart. Die mangelnde Kooperation der Leistungserbringer aus unterschiedlichen Versorgungssektoren untereinander und die finanzielle Unabhängigkeit voneinander fördert keine gemeinsamen Anstrengungen zur Erzielung einer höheren Wirtschaftlichkeit in der Patientenversorgung. Im Falle der ambulanten Operationen könnte eine solche Kooperation darin bestehen, daß diese immer dann durchgeführt werden, wenn es sinnvoll und möglich ist und der soziale Hintergrund des Patienten nicht dagegen spricht. Die dadurch erzielten Einsparungen könnten zwischen Krankenhäusern und Vertragsärzten aufgeteilt werden.

An der mangelnden Zusammenarbeit und den schwachen finanziellen Anreizen werden auch die oben erwähnten Strukturverträge nicht viel ändern können. Denn diese beschränken sich weitgehend auf den ambulanten Sektor. Damit wird weder die Substitution stationärer Leistungen im Krankenhaus selbst erreicht, noch wird die Zusammenarbeit zwischen niedergelassenen Ärzten und Krankenhäusern gefördert. Vielmehr wird den Vertragsärzten ein Anreiz zur Mengenausweitung bei ambulanten Operationen gegeben, da ihnen bei der Erbringung dieser Leistungen eine bessere Vergütung zugesichert wird. Ob eine medizinische Rechtfertigung für eine Mengenausweitung vorliegt, ist eine andere Frage. Zwar ist es in den letzten Jahren bei steigenden Fallzahlen zu einem leichten Rückgang der Krankenhauskapazitäten gekommen, doch läßt sich nicht klar beurteilen, ob und gegebenenfalls inwieweit der Kapazitätsabbau auf ambulante Operationen zurückzuführen ist.[560] Es ist eher davon auszugehen, daß die Verweildauerverkürzung, die durch die pauschalierte Vergütung und die strenge Budgetierung der Ausgaben ausgelöst wird, die Hauptdeterminante dieser Entwicklung ist.

---

[560] Vgl. BERNING, R.; ROSENOW, C. [2002], S. 227.

Insgesamt wird das Potential zur Überwindung der strukturellen Probleme im Gesundheitswesen durch die Ermöglichung ambulanter Operationen im Krankenhaus von der Politik überschätzt. Dies bedeutet jedoch nicht, daß ambulante Operationen generell abzulehnen sind. Im Gegenteil: Es handelt sich hierbei um ein Instrument, das - sinnvoll eingesetzt - zu beachtlichen Einsparungen führen könnte. Dafür müßten aber zunächst die Rahmenbedingungen im Gesundheitswesen verändert werden. Erst wenn Krankenhäuser und niedergelassene Ärzte gleichgerichtete Interessen haben, können ambulante Operationen zum Nutzen aller eingesetzt werden. Da unter den derzeitigen Bedingungen eine Zusammenarbeit von Krankenhäusern und Vertragsärzten nicht mit Vorteilen verbunden ist, werden auch ambulante Operationen nicht zielgerichtet zur Verbesserung der Wirtschaftlichkeit der Patientenversorgung durchgeführt, sondern zur Verbesserung der eigenen Einkommenssituation mißbraucht. Auch die Einrichtung eines gemeinsamen Budgets allein für ambulante Operationen (§ 115b Abs. 5 SGB V), in das Teile der Gesamtvergütungen und der Krankenhausbudgets abgeführt werden, ist kritisch zu beurteilen.[561] Zum einen bereitet die Bemessung des Sonderbudgets und der Beiträge der einzelnen Krankenhäuser Schwierigkeiten, da ein zu geringer Budgetansatz in einem zu niedrigen Punktwert resultieren und damit eine Ausweitung der ambulanten Operationen bremsen würde. Ein zu hoher Ansatz könnte dagegen zu einer Überbewertung der ambulanten Operationen zu Lasten anderer Leistungen führen. Außerdem würden Krankenhäuser mit geringem Substitutionspotential benachteiligt, da auch sie zum gemeinsamen Budget beisteuern müßten. Zum anderen könnten die Krankenhäuser der Erbringung medizinisch unnötiger Operationen im vertragsärztlichen Bereich nicht beeinflussen, würden aber über einen niedrigeren Punktwert die Konsequenzen zu spüren bekommen.

Zusammenfassend kann der Schluß gezogen werden, daß ambulante Operationen als Instrument zur Verbesserung der Verzahnung des ambulanten und des stationären Sektors unter den gegebenen Rahmenbedingungen im Gesundheitswesen ungeeignet sind. Dennoch ist das damit verbundene Ziel der Substitution stationärer Leistungen durch ambulante Leistungen sinnvoll und angesichts der Ressourcenknappheit in der GKV notwendig. Von daher sind ambulante Operationen als solche nicht abzulehnen. Es macht jedoch wenig Sinn, sie isoliert anzuwenden. Voraussetzung für den Erfolg dieser Leistungssubstitution ist eine verbesserte Zusammenarbeit der beteiligten Leistungserbringer. Über eine gemeinsame Zielsetzung könnten sowohl die Krankenhäuser als auch die Vertrags-

---

561 Gegenwärtig werden zur Vergütung der praxisambulanten Operationen die Gesamtvergütungen um einen Anteil bereinigt. Krankenhausambulante Operationen werden direkt von den Krankenkassen extrabudgetär finanziert. Insofern werden die ambulanten Operationen aus zwei unterschiedlichen Quellen vergütet. Vgl. ASMUTH, M.; BLUM, K. [1996], S. 344 f.

ärzte von einem wirtschaftlichen Einsatz ambulanter Operationen profitieren. Mögliche Rahmenbedingungen und Beispiele für eine bessere Kooperation der Leistungsanbieter werden im folgenden Abschnitt dargestellt.

3 Managed Care als Konzept zum Aufbau innovativer Versorgungsstrukturen

3.1 Vorbemerkungen

Hinter der Durchführung von Modellvorhaben steht die Absicht, die Wirksamkeit neuer Versorgungsformen innerhalb der GKV zu erproben. Dies kann mit der Einführung neuer Strukturelemente und neuer Vergütungsansätze erfolgen. Die Einschränkung der Handlungsfreiräume der Versicherten und der Ärzte soll Möglichkeiten zur Erreichung einer besseren Kontrolle über die GKV-Ausgaben bieten. Bevor näher auf verschiedene Modellvorhaben eingegangen wird, stehen zunächst die Kernelemente von Managed Care, einem in den USA verbreiteten Konzept zur Beeinflussung der Leistungserbringer und der Versicherten, im Mittelpunkt der Untersuchung.

3.2 Ansatzpunkte für Managed Care

3.2.1 Grundlagen des Managed Care-Konzepts

Generell lassen sich mehrere Ansatzpunkte identifizieren, um die Ausgaben im Gesundheitswesen zu beeinflussen. Diese Ansatzpunkte können bei den Patienten oder den Leistungserbringern liegen. Eine weitere Alternative wäre, die Position der Krankenversicherungsträger zu stärken, was wiederum einer indirekten Einflußnahme auf die Patienten und die Leistungserbringer gleichkommt. Diese Ansätze werden nicht nur z. T. in der Gesetzlichen Unfallversicherung umgesetzt, sondern auch vom Managed Care-Konzept aufgegriffen. Hiermit wird angestrebt, „die Patienten ihrem Persönlichkeits- und Krankheitsartenmuster entsprechend auf der adäquaten Versorgungsebene mit den zur Erreichung des Behandlungsziels notwendigen Leistungen" zu versorgen, „und zwar unter strengster Beachtung der Prinzipien von Wirtschaftlichkeit und Qualität bei der Leistungserstellung"[562]. Im Vordergrund steht also der Gedanke einer Steuerung der Ausgaben für Gesundheitsleistungen, ohne jedoch die Qualität der medizinischen Versorgung der Versicherten zu beeinträchtigen, sondern diese durch eine

---

[562] EICHHORN, S.; SCHMIDT-RETTIG, B. [1998], S. 11.

stärkere Lenkung der Versicherten und eine Kontrolle der Leistungsanbieter effizienter zu gestalten.[563]

Zur Erreichung dieser Ziele steht eine Reihe von Instrumenten zur Verfügung.[564] Dazu gehören die Auswahl von Leistungserbringern und die Schaffung einer strengen Primärarztstruktur, was mit einer engen Kooperation der Leistungsanbieter untereinander verbunden ist. Dies läuft auf die Abschaffung der freien Arztwahl seitens der Versicherten hinaus. Aber auch die Leistungserbringer verzichten auf Teile ihrer autonomen Entscheidungsfreiheit, indem sie sich auf eine Überprüfung und Steuerung der Leistungen durch den Versicherer einlassen, die mittels Qualitätssicherungsmaßnahmen, einem Informationssystem zur Überwachung der ärztlichen Leistungen und Verordnungen sowie der Analyse von Behandlungsergebnissen erfolgen kann. Typischerweise setzen solche Kontrollen der Leistungserbringer vor der Einweisung eines Patienten in ein Krankenhaus und vor seiner Entlassung an. Ergänzend werden abgeschlossene Patientenbehandlungen untersucht. Möglich sind aber auch Untersuchungen der ärztlichen Behandlungen, wenn sich diese als besonders ressourcenintensiv erweisen und sich über einen längeren Zeitraum erstrecken. Darüber hinaus wird häufig auf Behandlungsleitlinien, Case Management und Disease Management Programme (DMP) zurückgegriffen.[565]

Zur Sicherung einer kostengünstigen Patientenversorgung werden von den Versicherungsträgern Vor- und Nachteile medizintechnischer Innovationen im Hinblick auf ihre Kosten und die durch sie ermöglichten Behandlungsresultate gegeneinander abgewogen, bevor die Innovationen zur Nutzung zugelassen werden. Gleiches wird auch bei neuen Arzneimitteln durchgeführt. Damit wird versucht, Kostensteigerungen durch die Einführung medizintechnischer Innovationen ohne großen Nutzen für die Versicherten und die Verschreibung sog. „Me too"-Präparate zu verhindern.[566]

---

563 Vgl. ebenda, S. 10 f.

564 Vgl. hierzu beispielsweise die Darstellung in SEITZ, R.; KÖNIG, H.-H.; STILLFRIED, D. V. [1997], S. 11 ff.

565 Diese drei Begriffe hängen eng miteinander zusammen. Während **Behandlungsrichtlinien** für bestimmte Krankheiten einen Orientierungsleitfaden für die Versorgung bieten, konzentrieren sich **Disease Management Programme (DMP)** zwar ebenfalls auf ein Krankheitsbild, allerdings umfassender, da sie nicht nur die Betreuung nach Eintritt der Krankheit in einem Versorgungssektor beinhalten, sondern eine ganzheitliche Betreuung inklusive Prävention regeln. Dagegen orientiert sich das **Case Management** nicht an einer Krankheit, sondern an einem Erkrankten. Dieser soll durch eine persönliche Betreuung z. B. durch einen Arzt durch das Gesundheitssystem geleitet werden. Mithin können sowohl Behandlungsleitlinien als auch Case Management Bestandteile eines DMP sein.

566 „Me-too"-Präparate sind neue Medikamente, die gegenüber einem Originalpräparat nur eine leicht veränderte Wirkstoffkombination enthalten und daher kein echte medizinische Innovation

Abschließend zeichnet sich Managed Care durch eine anreizorientierte Vergütung der Leistungserbringer, meist mittels Kopfpauschalen oder gar einer Erfolgsbeteiligung, aus. Damit wird angestrebt, das Versicherungsrisiko zumindest partiell auf die Leistungserbringer zu übertragen, um diese zu einer Berücksichtigung ökonomischer Aspekte bei der medizinischen Versorgung ihrer Patienten zu veranlassen.[567]

Hierbei muß angemerkt werden, daß die Definition von Managed Care in der Literatur nicht einheitlich ist. Die konkrete Ausgestaltung von Versorgungsstrukturen muß sich nicht nach den oben aufgeführten Merkmalen richten, sondern ist vielmehr den Versicherern überlassen. In den meisten Managed Care-Modellen finden sich jedoch die Kennzeichen der Vernetzung der beteiligten Behandlungseinrichtungen untereinander sowie die Beteiligung der Leistungserbringer am Versicherungsrisiko der Patienten - womit die Ausrichtung der Versichertenversorgung auf Wirtschaftlichkeitsaspekte betont wird.[568]

Dementsprechend vielfältig sind die Ausprägungen von Managed Care-Organisationen. Insgesamt lassen sich drei Hauptgruppen unterscheiden: Health Maintenance Organizations, Point of Service Organizations und Preferred Provider Organizations. Allen drei Gruppen ist gemeinsam, daß mit ausgewählten Leistungserbringern Verträge abgeschlossen werden. Ihre Ursprünge sind allerdings unterschiedlich. Während die ersten beiden Ausprägungen **versicherungsorientiert** sind, lassen sich Preferred Provider Organizations in der Regel auf Zusammenschlüsse von Leistungsanbietern zurückführen, d. h. sie sind **anbieterorientiert**. Damit unterscheiden sie sich in der Zielsetzung und den Mitteln zur Zielerreichung von den versicherungsorientierten Organisationen. Hierauf wird in den folgenden Ausführungen näher eingegangen.

Health Maintenance Organizations (HMO) setzen sich das Angebot eines umfassenden Versicherungsschutzes zu geringeren Kosten als bei einer herkömmlichen Versicherung mit freier Arztwahl und Einzelleistungsvergütung der Leistungserbringer zum Ziel.[569] Die medizinische Versorgung in einer HMO erfolgt ausschließlich durch die unter Vertrag gestellten Leistungserbringer.

---

darstellen. Allerdings werden „Me-too"-Präparate als Innovationen und damit - im Unterschied zu günstigen Generika-Präparaten - zu hohen Preisen verkauft.

567 Vgl. auch RÜSCHMANN, H.-H.; ROTH, A.; KRAUSS, C. [2000], S. 45 ff.

568 Vgl. LAUTERBACH, K. [1997], S. 169.

569 Der Vergleichsmaßstab ist hier das US-amerikanische Krankenversicherungssystem. Die herkömmliche Versicherung dort ist vergleichbar mit der privaten Krankenversicherung in Deutschland. Die Beiträge werden nach dem Äquivalenzprinzip berechnet, die Versicherten haben freie Arztwahl und rechnen die beanspruchten Leistungen nach dem Kostenerstattungsprinzip mit den Krankenversicherungsträgern ab. Dabei sind Selbstbehalte weit verbreitet. Die Leistungsanbieter werden über eine Einzelleistungsvergütung entlohnt. Vgl. MÜHLENKAMP, H. [2000], S. 16.

Damit werden zwar die Versicherungsfunktion und die Leistungserbringung vereint, doch geht dies zu Lasten der Wahlfreiheit der Versicherten, was sich darin äußert, daß nur solche Leistungserbringer aufgesucht werden dürfen, die mit der HMO einen Behandlungsvertrag abgeschlossen haben oder von dieser als Eigeneinrichtung geführt werden. Außerdem wird auf die Einhaltung des Primärarztprinzips geachtet. Dabei gibt es unterschiedliche Abstufungen von HMOs, wobei die Abgrenzung der Formen problematisch ist, da Mischformen denkbar sind:[570]

- Im **Angestellten-Modell** („Staff Model") bietet der Versicherungsträger die ambulante ärztliche Leistung selber an, da er Träger einer oder mehrerer Gruppenpraxen ist. Die Ärzte in den trägereigenen Gruppenpraxen sind Angestellte der HMOs und erhalten ein fixes Gehalt, das um einen gewinnabhängigen Bonus variieren kann. Die stationäre Behandlung wird - wie auch bei den anderen Ausprägungen einer HMO, die im folgenden noch erläutert werden - durch Behandlungsverträge mit Krankenhäusern sichergestellt, oder es werden eigene Krankenhäuser vorgehalten.

- Im **Gruppenpraxis-Modell** („Group Model") werden keine eigenen Gruppenpraxen betrieben, sondern Exklusivverträge mit bereits bestehenden Gruppenpraxen abgeschlossen. In diesen dürfen dann - wie im Angestellten-Modell - nur Versicherte der zugehörigen HMO behandelt werden. Die Vergütung der Leistungen erfolgt über Kopf- oder Fallpauschalen, womit ein Teil des Kostenrisikos auf die Ärzte abgewälzt wird. Zur Absicherung gegen kostenintensive Fälle werden Rücklagen gebildet, die aus Abschlägen auf die Arzthonorare gespeist werden.

- Das **Netzwerk-Modell** („Network Model") setzt sich von den beiden oberen HMO-Arten ab, da neben den Gruppenpraxen auch Ärzte in eigenen Praxen in die Versichertenversorgung einbezogen werden. Dennoch übernehmen die Ärzte in den Gruppenpraxen weiterhin die Hauptrolle bei der Versorgung der Versicherten. Darüber hinaus gelten hier keine Exklusivverträge mehr, d. h. die Ärzte können sowohl mehreren HMO-Netzwerken angehören als auch Versicherte behandeln, die nicht in einer HMO versichert sind. Auch hier gilt jedoch, daß sich die Versicherten einen Bezugsarzt aussuchen und von diesem möglichst innerhalb des Netzes betreut werden. Die HMO übernimmt dabei die Kontrolle und Koordination der Netzärzte. Die Vergütung erfolgt in diesem Fall über Pauschalentgelte, wobei die Ärzte an Über- und Unterschreitungen dieser vorauskalkulierten

[570] Zu den folgenden Ausführungen vgl. ebenda, S. 31 ff.

Pauschalentgelte, die sich an den geschätzten medizinischen Gesamtkosten orientieren, beteiligt werden.

- Ähnlichkeit mit dem jetzigen System der GKV hat das **Ärzteverbands-Modell** („Individual Practice Association Model", IPA), da sich hier rechtlich selbständige Ärzte - hauptsächlich in Einzelpraxen - zu einem Ärzteverband ähnlich einer Kassenärztlichen Vereinigung zusammenschließen. Der Ärzteverband ist für die Honorarverteilung an die Ärzte zuständig, wobei sich die Honorarhöhe an einer ausgehandelten Gebührenordnung zwischen HMO und IPA orientiert. Die Ärzte werden nach erbrachten Einzelleistungen vergütet, wobei sie einen Abschlag von bis zu 30 % im Vergleich zur herkömmlichen Gebührenordnung hinnehmen müssen. Diese Abschläge werden jedoch am Ende einer Rechnungsperiode in Abhängigkeit vom Erfolg der IPA verteilt. Anders als in Deutschland haben diese Ärzteverbände keine Monopolstellung, so daß der Versicherer (z. B. eine HMO) durchaus mit mehreren Verbänden eine vertragliche Beziehung eingehen kann.

Das Einsparpotential der HMOs beruht auf drei Effekten. Erstens wird über die Gruppenpraxen nicht nur die Kommunikation unter den Ärzten gefördert, sondern es werden auch Skaleneffekte erzielt, beispielsweise durch die gemeinsame Nutzung von Praxisgeräten. Zweitens werden die Ärzte in der Regel mit Pauschalen vergütet, so daß sie einen Anreiz zu einer sparsameren Leistungserbringung haben, da unnötige medizinische Leistungen Kosten verursachen und dies die verbleibenden Pauschalen schmälert. Da außerdem eine erfolgsabhängige Vergütungskomponente verbreitet ist, kann man von sektorübergreifenden Einsparbemühungen ausgehen. Darüber hinaus wird zumindest indirekt die Gesunderhaltung der Patienten gefördert, da dies die Behandlungskosten verringert und sich positiv auf den verbleibenden Teil der Pauschalvergütung auswirkt. Der dritte Einspareffekt gegenüber konventionellen Krankenversicherungen besteht aus der Einschränkung der freien Arztauswahl der Versicherten. Über das strikte Gatekeeping und die damit verbundene stärkere Patientenlenkung wird der direkte Zugang zu Fachärzten und v. a. zu Krankenhäusern erheblich erschwert, womit versucht wird, dem Phänomen des „Ärzte-Hopping" einen Riegel vorzuschieben.

Die unterschiedlichen Ausprägungen der HMOs schlagen sich auch in der Höhe der im Vergleich zu herkömmlichen Krankenversicherungen erzielbaren Einsparungen nieder. Da im Angestellten-Modell die Ärzte Angestellte der HMO sind, haben die Versicherungsträger weiterreichende Möglichkeiten zur Einflußnahme und Kontrolle des Ärzteverhaltens als bei den anderen Modellen. Dies hängt damit zusammen, daß aufgrund der Vergütung durch ein festes Gehalt, das durch eine erfolgsabhängige Komponente ergänzt wird, die Zielfunktion der Ärzte mit der Zielfunktion der HMO hinsichtlich der wirtschaftlichen Zielsetzung übereinstimmt.[571] Die Schaffung von angebotsinduzierter Nachfrage wäre aus ärztlicher Sicht nicht einkommenserhöhend, sondern hätte eher den gegenteiligen Effekt.[572] Beim Netzwerk-Modell und bei einem Ärzteverband ist diese Übereinstimmung der Zielfunktionen nicht zwingend gegeben, weil es durchaus möglich ist, daß einzelne Ärzte überwiegend Nicht-HMO-Versicherte behandeln und daher eine Änderung ihres Behandlungsstils im Sinne der Managed Care-Prinzipien bei der Minderheit der Patienten unwahrscheinlich ist.

Gleichzeitig weisen das Angestellten- und das Gruppen-Modell Nachteile gegenüber dem Netzwerk- und dem IPA-Modell auf. Zum einen muß mit einem viel größeren Startkapital für die Krankenhäuser und Gruppenpraxen gerechnet werden, v. a. beim Angestellten-Modell. Zum anderen ist die Auswahl an Leistungserbringern für die Patienten deutlich geringer. IPA- und Netzwerk-Modelle sind hingegen leicht um anerkannte Spezialisten erweiterbar. Außerdem stehen die Ärzte einer größeren Versichertengemeinschaft gegenüber, da sie nicht ausschließlich die Versicherten einer HMO behandeln. Dies ist auch unter dem Aspekt einer möglichen Risikokonzentration in kleineren HMO positiv zu beurteilen.

Point of Service Organizations (POS): An der Problematik der eingeschränkten Auswahl an Leistungserbringern knüpfen die Überlegungen zur Schaffung von Point of Service Organizations an. Im Kern handelt es sich bei einer POS um eine HMO, da hier der Versicherungsträger mit ausgewählten Ärzten und Krankenhäusern Leistungsverträge abschließt. Anders als bei der Behandlung innerhalb der HMO wird die Wahlfreiheit der Versicherten nicht eingeschränkt, d. h. sie können nach Belieben auch Ärzte außerhalb des Netzes aufsuchen, müssen hierfür jedoch eine höhere Selbstbeteiligung in Kauf nehmen. Damit wird versucht, den Versicherten einen finanziellen Anreiz zu geben, sich innerhalb des Netzes versorgen zu lassen. Es gibt jedoch Ausprägungen der POS, bei der Spezialisten außerhalb des Netzes aufgesucht werden dürfen, allerdings nur nach Überweisung durch einen Netzarzt.[573] Während die Anbieter im HMO-ähnlich

---

[571] Dies bedeutet allerdings nicht, daß die in jedem Unternehmen möglichen Prinzipal-Agent-Probleme im Angestellten-Modell ausgeschlossen sind. So ist denkbar, daß die Leistungserbringer den wirtschaftlichen Eigeninteressen einen höheren Stellenwert einräumen als der Patientenversorgung. Dies kann sich längerfristig zuungunsten der HMO auswirken, weil die Versicherten aufgrund der Unterversorgung die HMO wechseln. Daher sind Unterschiede in den Zielfunkionen der Leistungserbringer und der Versicherungen durchaus denkbar. Allerdings werden ihre Auswirkungen durch die Weisungsgebundenheit der Angestellten geschwächt.

[572] Vgl. AMELUNG, V. [1999], S. 57.

[573] Vgl. ebenda, S. 58.

aufgebauten Teil der POS eine Pauschalvergütung je Fall oder je Patient erhalten, ist für extern erbrachte Leistungen eine Einzelleistungsvergütung vorgesehen.

Da die größere Wahlfreiheit der Versicherten von diesen als großer Vorteil eingeschätzt wird, verlangen POS-Organisationen eine höhere Versicherungsprämie als andere Managed Care-Versicherungsformen. Empirische Studien aus den USA haben jedoch ergeben, daß die Mehrheit der in POS-Organisationen versicherten Patienten die Leistungen innerhalb des Netzes in Anspruch nimmt.[574]

Preferred Provider Organizations (PPO): Im Unterschied zur HMO und zur POS geht die Initiative zur Gründung von PPOs in der Regel von den Leistungserbringern - sowohl ambulanten als auch stationären - aus. Sie reichen historisch gesehen weiter zurück als die versicherungsorientierten Managed Care-Organisationen und dienten ursprünglich weniger der Kostenkontrolle als vielmehr der Verbesserung der Versorgung.[575] Später wurden sie als Reaktion auf bestehende Überkapazitäten oder als Antwort auf HMOs gegründet, so daß die Auswahl der Leistungserbringer nicht immer unter Effizienzgesichtspunkten erfolgt.[576]

Vom Aufbau her ähneln Preferred Provider Organizations den Point of Service Organizations, da hier der Versicherungsträger mit ausgewählten Ärzten - hauptsächlich in Einzelpraxen - und Krankenhäusern Leistungsverträge abschließt. Auch hier ist die Inanspruchnahme der Dienste netzexterner Leistungserbringer gegen eine höhere Selbstbeteiligung der Versicherten möglich. Die Ärzte werden anhand von einzelleistungsorientierten Gebührensätzen vergütet, die Krankenhäuser nach tagesgleichen Pflegesätzen.[577] Aufgrund der Einzelleistungsvergütung übernehmen die Ärzte einer PPO nicht das Versicherungsrisiko der Patienten. Außerdem entfällt die erfolgsabhängige Vergütungskomponente. Zur Sicherung eines großen Versichertenstamms sind die zusammengeschlossenen Ärzte bereit, Abschläge auf ihre Gebührensätze und eine stärkere Kontrolle durch die PPO zu akzeptieren, erhalten sich aber auf diesem Wege die Einzelleistungsvergütung. Über die Abschläge auf die Vergütung können zwar Einsparungen er-

574 Die empirischen Studien kommen zu unterschiedlich hohen Raten der Inanspruchnahme „netzinterner“ Leistungen. Diese beträgt einerseits 90 % (vgl. AMELUNG, V. [1999], S. 59) und liegt andererseits zwischen 65 % und 80 % (vgl. MÜHLENKAMP, H. [2000], S. 44).

575 Vg. AMELUNG, V. [1999], S. 59 f.

576 Vgl. MÜHLENKAMP, H. [2000], S. 43.

577 Vgl. ebenda, S. 43.

Tabelle 15: Übersicht über Managed Care-Organisationen

	Health Maintenance Organization (HMO)				Point of Service Organization (POS)	Preferred Provider Organization (PPO)
	Angestellten-Modell	Gruppenpraxis-Modell	Netzwerk-Modell	Ärzteverbands-Modell (IPA)		
Gründungsinitiative	versicherungsorientiert				versicherungsorientiert	i.d.R. anbieterorientiert
Leistungserbringung	HMO ist Träger von Einrichtungen (Gruppenpraxen oder Krankenhäuser) und schließt Behandlungsverträge mit Krankenhäusern ab	HMO schließt mit Gruppenpraxen und mit Krankenhäusern Behandlungsverträge ab	HMO schließt Verträge mit Gruppen- und Einzelpraxen ab	HMO schließt Behandlungsverträge mit einer oder mehrerer IPA ab	Versicherungsträger schließt Leistungsverträge mit Ärzten und Krankenhäusern ab	Versicherungsträger schließt Leistungsverträge mit Ärzten und Krankenhäusern ab
Status der Leistungserbringer	Leistungserbringer sind Angestellte der HMO	Leistungserbringer sind selbständig, stehen aber unter Exklusivvertrag mit HMO	Leistungserbringer sind selbständig, keine Exklusivverträge mit einer HMO	Selbständige Leistungserbringer schließen sich zu IPA zusammen	Selbständige Leistungserbringer, können auch parallel außerhalb der POS behandeln	Selbständige Leistungserbringer
Wahlfreiheit der Versicherten	Nein, Versorgung nur innerhalb des Netzes durch zugelassene Leistungserbringer				Ja, gegen höhere Selbstbeteiligung auch außerhalb des Netzes	Ja, gegen höhere Selbstbeteiligung auch außerhalb des Netzes
Vergütung der Leistungserbringer	Gehaltszahlungen an Ärzte, erfolgsabhängige Boni	Kopf- oder Fallpauschalen	Kopf- oder Fallpauschalen, orientiert an geschätzten medizinischen Gesamtkosten	Gebührenordnung der IPA: Einzelleistungsvergütung	Netzärzte: Pauschalvergütung; Nicht-Netzärzte: Einzelleistungsvergütung	Einzelleistungsvergütung für Ärzte, tagesgleiche Pflegesätze für Krankenhäuser
Träger des Kostenrisikos	Nur HMO	HMO und Leistungserbringer (Bildung von Rücklagen durch Abschläge von den Honoraren)	Beteiligung der Leistungserbringer an Über- und Unterschreitungen der Pauschalentgelte	HMO und Leistungserbringer (erfolgsabhängige Zuschläge)	Versicherungsträger und Leistungserbringer	Versicherungsträger

Quelle: Eigene Zusammenstellung.

zielt werden, allerdings aus anderen Gründen als bei einer HMO.[578] Es bleibt kritisch anzumerken, daß keinerlei Anreize zur wirtschaftlichen Leistungserbringung der Ärzte vorliegen.

In Tabelle 15 sind noch einmal wichtige Merkmale der verschiedenen Managed Care-Organisationen zusammengestellt.

3.2.2 Beurteilung des Managed Care-Konzepts

Die Vorteile von Managed Care-Konzepten werden im Aufbau neuer Versorgungsstrukturen gesehen. Diese sollen eine wirtschaftliche Betreuung der Versicherten ermöglichen, um den steigenden Ausgaben im Gesundheitswesen zu begegnen. Über eine Vernetzung der Leistungserbringer, die miteinander kooperieren und gegenseitige Unterstützung bei der Behandlung komplizierter Fälle leisten sollen, wird eine weitgehend abgestimmte und einheitliche Therapie innerhalb eines Verbunds von Leistungserbringern angestrebt. Dies kann am konsequentesten umgesetzt werden, wenn möglichst alle Glieder der medizinischen Behandlungskette in das Netz einbezogen sind. Behandlungsabläufe sollen dann zur Sicherung eines bestimmten Qualitätsniveaus abgesprochen und gemeinsam umgesetzt werden. In der Regel sollen die Versicherten dazu angehalten werden, sich nur innerhalb des Netzes zu „bewegen". Damit wird versucht, den Unsicherheitsfaktor „Patientenverhalten", der aus Sicht der Krankenkassen durch die asymmetrische Informationsverteilung zwischen der Kasse und den Versicherten sowie zwischen den Kassen und den Ärzten oder anderen Leistungserbringern hervorgerufen wird, deutlich zu reduzieren.

Die Zusammenarbeit der Leistungserbringer soll dadurch gestärkt werden, daß diese - zumindest teilweise - auch das finanzielle Risiko für die Versorgung der Versicherten übertragen bekommen. Ziel des Netzes ist es, durch die Verknüpfung der medizinischen und der ökonomischen Interessen der Leistungserbringer diese zu einer wirtschaftlicheren Versorgung ihrer Patienten zu veranlassen, ohne daß letztere Qualitätseinbußen in Kauf nehmen müssen. Außerdem soll mit diesem Ansatz die Prävention aufgewertet werden, denn gesunde Versicherte verursachen weniger Kosten als kranke.

Untersuchungen in den USA haben ergeben, daß es in einem an den Managed Care-Prinzipien orientierten Versorgungsgeschehen zu deutlichen Veränderun-

---

578 Vgl. AMELUNG, V. [1999], S. 61.

gen kommt.[579] Im ambulanten Sektor waren keine wesentlichen Unterschiede in der Behandlung aufgrund unterschiedlicher Vergütungsverfahren zu erkennen. Es konnte jedoch bestätigt werden, daß Managed Care-Versicherte häufiger von Primärärzten und seltener von Fachärzten untersucht wurden. Außerdem wurde vermehrt auf kostengünstigere Behandlungsalternativen zurückgegriffen. Im stationären Sektor wurde in früheren Untersuchungen aus dem Zeitraum von 1980 bis 1993 eine verringerte Krankenhauseinweisungsquote bei gleicher Verweildauer und höheren Kosten im ambulanten Sektor festgestellt, was als Hinweis für eine Substitution stationärer durch ambulante Leistungen gewertet werden kann. Während sich dieser Vorteil in der Einweisungshäufigkeit im Laufe der Jahre verringerte, konnte in Studien nach dem Jahr 1993 ein Vorteil für Managed Care-Organisationen hinsichtlich der Verweildauer im Krankenhaus beobachtet werden.

Die Tendenz zu niedrigeren Gesamtkosten ist von allen Managed Care-Formen in den HMOs am stärksten ausgeprägt. Hier wurden Einsparungen zwischen 16 und 34 % gegenüber den konventionellen Krankenversicherungsformen ausgewiesen. Diese beruhen weitgehend auf Mengeneffekten. Es lassen sich aber auch Einsparungen aufgrund von Preiseffekten erkennen. Hier ist insbesondere auf die Kürzungen der Gebührensätze und der Pauschalen der Ärzte hinzuweisen.

---

[579] Bei dieser Überprüfung der Auswirkungen von Managed Care-Organisationen müssen einige wichtige Einschränkungen beachtet werden. Dazu zählt, daß es sich um Einsparungen der Managed Care-Versorgung gegenüber der konventionellen Krankenversicherung in den USA handelt. Diese weist im Vergleich zur GKV in Deutschland höhere Selbstbeteiligungen der Versicherten auf, so daß damit schon ein Anreiz zu einer sparsamen Leistungsinanspruchnahme seitens der Versicherten besteht, wenn man davon ausgeht, daß Selbstbeteiligungen eine steuernde Wirkung entfalten können. Vor diesem Hintergrund könnte erwartet werden, daß die durch Managed Care hervorgerufenen Einsparungen aufgrund der niedrigeren Zuzahlungen in Deutschland höher ausfallen als in den USA.

Darüber hinaus ist nicht auszuschließen, daß die Gründung von Managed Care-Organisationen zu Selbstwahleffekten führen, d. h. einer systematischen oder zumindest verstärkten Abwanderung von informierten guten Risiken zu den neuen Versicherungsorganisationen. Dies könnte dazu führen, daß es zu einer Risikoentmischung kommt, weil schwerkranke oder ältere Versicherte es vorziehen, bei einer konventionellen Versicherung mit freier Arztwahl zu bleiben. Umgekehrt ist aber auch denkbar, daß gerade chronisch Kranke in eine Managed Care-Organisation wechseln, wenn ihr Hausarzt daran teilnimmt. In beiden Fällen ist es problematisch, Effizienzgewinne, die alleine auf Managed Care-Versorgungsprinzipien zurückzuführen sind, zu identifizieren, da Differenzen in den Kosten und Ergebnissen der Versorgung primär in den unterschiedlichen Risikostrukturen begründet sind. Um Verzerrungen in der Beurteilung von Managed Care-Strukturen zu vermeiden, wird hier nur auf die Ergebnisse von Studien zurückgegriffen, in denen die Versicherten vergleichbare Risikostrukturen aufwiesen. Vgl. MÜHLENKAMP, H. [2000], S. 47 ff.

Hinsichtlich der Prozeß- und Ergebnisqualität der Behandlung in Managed Care-Organisationen besteht noch Forschungsbedarf. Amerikanische Studien kommen hier zu widersprüchlichen Ergebnissen über verschiedene Alters- und Krankheitsgruppen hinweg, so daß eine eindeutige Aussage nicht getroffen werden kann.[580]

Die Verknüpfung von medizinischen und ökonomischen Interessen in Managed Care-Organisationen sowie in anderen Organisationseinheiten im Gesundheitswesen enthält jedoch ein nicht unerhebliches Konfliktpotential. Zwar wird der aus der GKV bekannte und durch die einzelleistungsbezogene Vergütung verstärkte Anreiz zur Erbringung möglichst vieler medizinischer Leistungen am Patienten teilweise unterbunden, doch verleitet das ökonomische Eigeninteresse der Leistungsanbieter unter Umständen dazu, den Patienten mit möglichst wenigen Leistungen zu versorgen.[581]

Diese Gefahr kann jedoch durch einen funktionierenden Wettbewerb eingeschränkt werden. Dessen Auswirkungen verhindern, daß ökonomische Anreize den Wunsch der Versicherten nach einer guten medizinischen Versorgung überlagern und verstärkt den Anreiz der Leistungserbringer, bei gegebenen Ausgaben eine möglichst hohe Qualität anzubieten. Dadurch soll eine Unterversorgung der Versicherten vermieden werden - im einfachsten Fall, indem den Versicherten die Möglichkeit eines Netzwechsels eingeräumt wird. Dies setzt allerdings voraus, daß zum einen eine hinreichend große Anzahl von Wettbewerbern mit ausreichend großem Marktanteil vorhanden ist. Zum anderen muß eine zuverlässige und allgemeingültige Qualitätsbeurteilung möglich sein und allen Versicherten zur Verfügung stehen, damit diese sich über Alternativen informieren können. Entscheidend ist, daß die asymmetrische Information zwischen den Versicherten und den Leistungserbringern und/oder Versicherungen abgebaut wird. Erst dann können die Versicherten ihre Wahlrechte gezielt in Anspruch nehmen. Darüber hinaus sind weitere Kontrollmechanismen in das System einer auf Managed Care aufbauenden Krankenversicherung einzubauen:[582] Diese können bei einer Ausgestaltung der ärztlichen Vergütung ansetzen, indem beispielsweise die Verweigerung medizinischer Leistungen sanktioniert wird. Dazu gehören aber auch die gezielte Auswahl qualifizierter Leistungserbringer durch die Krankenversicherungen sowie eine möglichst hohe Transparenz über Managed Care-Netze. Die Versicherten sollen sich möglichst genau informieren können, welche Behandlungsmethoden eingesetzt werden, wie die Strukturen innerhalb der Netze ausgestaltet sind und wie stark die wirtschaftlichen Interessen der Leistungs-

580 Vgl. ebenda, S. 54 f.

581 Vgl. EMANUEL, E.; GOLDMAN, L. [1997], S. 188.

582 Vgl. ebenda, S. 189 ff.

erbringer sind. Darüber hinaus sollten angewendete Richtlinien in Verbundsystemen durch einen unabhängigen Prüfungsausschuß überwacht werden, ebenso wäre an Beschwerdeausschüsse zu denken.

Insgesamt wird deutlich, daß auch Managed Care - obwohl es die Überinanspruchnahme und den Mißbrauch der Sozialversicherungsleistungen durch die Versicherten einschränken kann und geeignet ist, eine wirtschaftlichere Versorgung zu erreichen - nicht frei von Problemen ist, die v. a. das ärztliche Verhalten betreffen. Somit kann Managed Care nicht als First-best-Lösung im Gesundheitswesen bezeichnet werden. Diese Bezeichnung erfordert ein Konzept, das in der Lage ist, sowohl das Verhalten der Patienten als auch das der Leistungserbringer gezielt zu beeinflussen. Verglichen mit dem gegenwärtigen GKV-System ergeben sich in diesen Punkten aus der Anwendung von Managed Care-Elementen deutliche Vorteile - trotz aller damit verbundenen Probleme. Gleichwohl ist zweifelhaft, ob das Konfliktpotential zwischen ökonomischen und medizinischen Interessen der Leistungserbringer im Gesundheitswesen erfolgreich beseitigt werden kann. Aus diesem Grund erscheint es sinnvoll, zumindest einige Elemente des Managed Care in die GKV zu integrieren, um den drängenden Problemen beizukommen.

3.2.3 Managed Care-Elemente in der Gesetzlichen Krankenversicherung

Unter den Rahmenbedingungen des SGB V können in Deutschland nicht alle Managed Care-Elemente umgesetzt werden, schon gar nicht flächendeckend. Dies hängt damit zusammen, daß einige Inhalte von Managed Care nicht mit den Vorgaben des SGB V übereinstimmen. In der nachfolgenden Tabelle 16 sind einige Merkmale der beiden Systeme einander gegenübergestellt, wobei allerdings darauf zu achten ist, daß hier Managed Care in seiner „reinen“ Form, d. h. in einer möglichst konsequenten und nicht nur bruchstückhaften Umsetzung, betrachtet wird.

Im Zuge der Auflockerung der Strukturen im Gesundheitswesen durch die Möglichkeit zur Durchführung von Modellvorhaben ist in Deutschland den **Vernetzungen von Arztpraxen** besondere Aufmerksamkeit widerfahren. Sie stellen eine Möglichkeit zur Koordinierung der ärztlichen Betreuung und zur Schaffung einer Primärarztstruktur dar. Damit kann das Patientenverhalten im Sinne von Managed Care beeinflußt werden. In jedem Fall kann einem Patienten eine zwischen den Ärzten abgestimmte Versorgung innerhalb eines abgegrenzten Netzes geboten werden. Dies ist zur Schaffung einer gewissen Kontrolle über den Patienten, aber auch zur Qualitätssicherung vorteilhaft.

Tabelle 16: Gegenüberstellung von Managed Care-Konzepten und dem gegenwärtigen System der GKV nach SGB V

Managed Care Elemente	Regelungen im SGB V
• Berechnung der Versicherungsprämie nach dem Risiko-Äquivalenzprinzip.	• Die Höhe der Beiträge richtet sich nach dem sozialversicherungspflichtigen Einkommen. • Risikostrukturausgleich (§ 266): Unterschiede zwischen den Krankenkassen werden ausgeglichen.
• Leistungsumfang und Zuzahlungen der Versicherten durch Managed Care-Organisationen individuell gestaltbar.	• Alle Versicherten haben Anspruch auf die gesetzlich vorgegebenen Leistungen, Zuzahlungen der Versicherten sind gesetzlich geregelt.
• Vertragsfreiheit zwischen einzelnen Versicherungen und Leistungserbringern.	• Gesamtverträge (§§ 82-83): die Spitzenverbände der Krankenkassen schließen „gemeinsam und einheitlich" mit den Kassenärztlichen Vereinigungen über Inhalt, Umfang und Vergütung der vertragsärztlichen Versorgung Gesamtverträge ab. Die Vergütung ist als Dienstauflage der Kassenärztlichen Bundesvereinigung im Einheitlichen Bewertungsmaßstab geregelt.
• Konkurrenz sowohl innerhalb der Ärzteschaft als auch zwischen den Versicherungen. Eigenschaften des resultierenden Marktgleichgewichts hinsichtlich der Qualität der Versorgung und Gerechtigkeitsimplikationen sind ex-ante unbestimmt.	• Sicherstellungauftrag (§ 72): Ärzte und Krankenkassen wirken zur Gewährleistung einer ausreichenden, zweckmäßigen und wirtschaftlichen Versorgung unter Berücksichtigung des allgemein anerkannten Standes der medizinischen Erkenntnisse bei angemessener Vergütung der Ärzte zusammen. Die Krankenkassen arbeiten sowohl innerhalb einer Kassenart als auch kassenübergreifend eng zusammen.
• Beschränkung der freien Arztwahl durch Managed Care-Organisation.	• Freie Arztwahl (§ 76): Der Versicherte darf in weiten Grenzen frei zwischen den zur vertragsärztlichen Versorgung zugelassenen Leistungserbringern wählen.
• Zusammenführung der patientenbezogenen Behandlungsdaten und sektorübergreifenden Behandlungspläne durch Versicherungen (Disease Management).	• Personenbezogene und -beziehbare Daten dürfen aus Gründen des Datenschutzes von den Krankenkassen nur in wenigen Fällen erhoben und erfaßt werden (§§ 284ff.). • Behandlungsinformationen, die auf den einzelnen Versicherten zu beziehen sind, liegen den Kassen routinemäßig nur für folgende Bereiche vor: Arbeitsunfähigkeitsbescheinigungen, Arzneiverordnungen, Krankenhausaufnahme- und -entlassung sowie Heil- und Hilfsmittel. Diese Daten dürfen aber nur in bestimmten Fällen zusammengeführt werden.

Quelle: Eigene Darstellung in Anlehnung an SEITZ, R.; JELASTOPULU, E.; KÖNIG, H.-H. [1997], S. 346.

Durch die Schaffung eines separaten Netzbudgets, das aus der Gesamtvergütung herausgetrennt wird, sollen die beteiligten Leistungsanbieter zu einer wirtschaftlichen Ausrichtung ihrer Leistungserbringung - auch zum eigenen Vorteil - angeregt werden. Zwar wird damit das ärztliche Vergütungssystem in der GKV nicht aufgehoben, aber die Ärzte sollen dadurch, daß sie ein eigenes Budget verwalten, über eine sparsame Leistungsabrechnung einen höheren Punktwert für ihre Arbeit erhalten. Dieses Vorgehen kann allerdings auch zu einem niedrigeren Punktwert führen, wenn im Netz viele kranke Versicherte teilnehmen oder sich einzelne Ärzte nicht an die Grundidee halten, so daß verhältnismäßig mehr Leistungen erbracht werden als außerhalb des Netzes. Auch ist das Konzept eines Netzbudgets keine Garantie für eine wirtschaftliche Versorgung. Sie bietet aber eine Chance zum Ausstieg aus dem „Hamsterrad", sofern alle Beteiligten die gleichen Interessen verfolgen.

Versicherungsorientierte Vernetzungsansätze sind im deutschen Krankenversicherungswesen derzeit nicht zu finden, da sie mit der Integration von Leistungsfinanzierung und Leistungserstellung einhergehen.[583] Die Gesetzlichen Krankenkassen sind zwar die Finanziers der Leistungserbringung, jedoch nicht unmittelbar für die Leistungserbringung selbst zuständig, da die Durchführung des Sicherstellungsauftrags den Kassenärztlichen Vereinigungen obliegt. Statt dessen erfahren die anbieterorientierten Netze weite Verbreitung. Hierbei geht der Anstoß zur Kooperation von den Leistungserbringern aus. Es kann zwischen drei Ausprägungsformen differenziert werden (siehe Abbildung 37):

- **Horizontale Vernetzung**: Diese findet auf einer Versorgungsebene statt, d. h. entweder nur im ambulanten oder stationären Sektor, wobei es keine Rolle spielt, ob die Vernetzung Leistungserbringer unterschiedlicher Fachbereiche verbindet oder nicht.
- **Vertikale Vernetzung**: Hierbei wird weiter ausgeholt als bei der horizontalen Vernetzung, da auch andere Versorgungsstufen einbezogen werden, beispielsweise beim Zusammenschluß von Krankenhäusern und Arztpraxen (integrierte Versorgung).
- **Laterale Vernetzung**: Während die beiden obigen Vernetzungsarten Zusammenschlüsse von unmittelbaren Leistungserbringern für die Patienten darstellen, zielen laterale Netze auf die Zusammenarbeit von unmittelbaren und mittelbaren Leistungsanbietern, z. B. der Pharmaindustrie oder Produzenten von Hilfsmitteln, ab. Die Vernetzung von Leistungserbringern mit der Pharmaindustrie und Produzenten von Hilfsmitteln ist in Deutschland

583 Vgl. ROST, M. [2002], S. 127 ff.

Abbildung 37: Überblick über Möglichkeiten institutioneller Vernetzungen

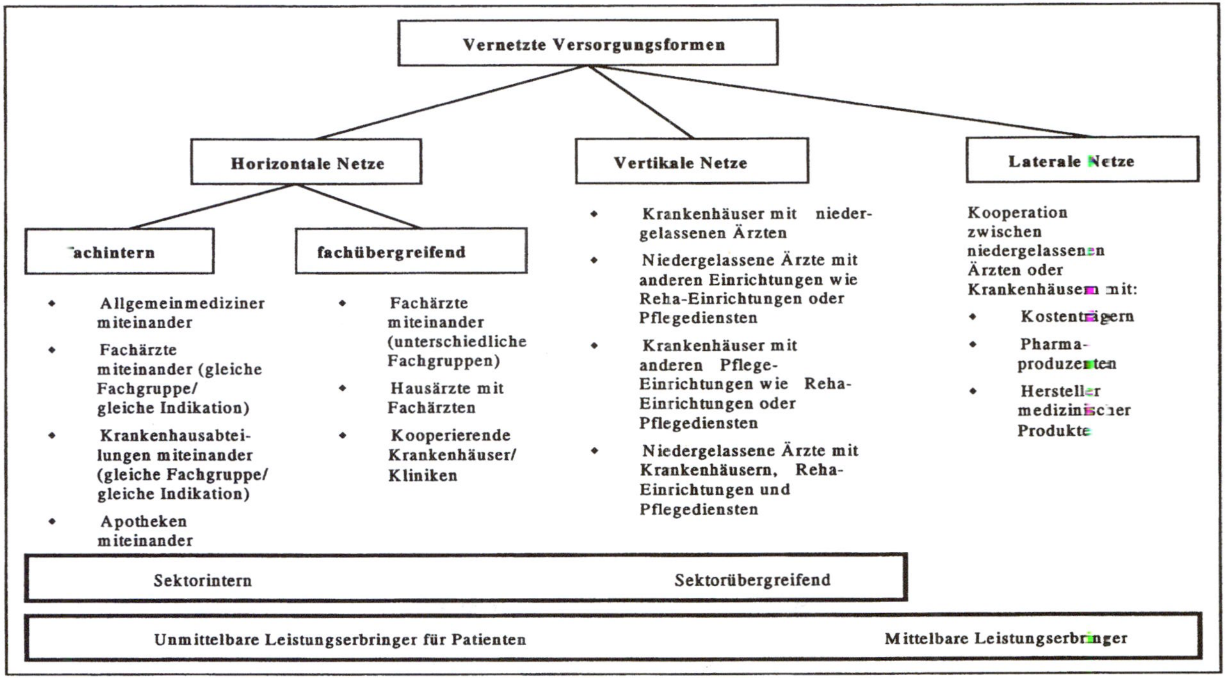

Quelle: Eigene Darstellung in Anlehnung an TSCHEULIN, D.; ROST, M. [2001], S. 347 und LINGENFELDER, M.; KRONHARDT, M. [2001], . 317.

nicht weit verbreitet und wird daher im folgenden nicht betrachtet. Fraglich ist, ob die Beziehungen zwischen den Krankenkassen und den Leistungserbringern als laterale Vernetzungen zu bezeichnen sind. Dies ist jedoch aufgrund der Kollektivverträge und des Kontrahierungszwangs in der GKV zu verneinen. Auch der Verbund der von den Berufsgenossenschaften zugelassenen Leistungserbringer kann nicht als laterale Vernetzung gelten, da nicht die einzelnen Berufsgenossenschaften die Leistungserbringer auswählen, sondern die Landesverbände dies für alle Unfallversicherungsträger in ihrem Zuständigkeitsbereich tun.

Eine Ausnahme von diesen kollektiven Verträgen bildet die Bundesknappschaft, die Träger von stationären Einrichtungen ist und zugleich ein Netz von Knappschaftsärzten bestimmen kann. Darüber hinaus sind die im folgenden dargestellten Modellvorhaben der Krankenkassen als laterale Vernetzungen zu bezeichnen, da hier - zusätzlich zu den Kollektivverträgen - Einzelverträge mit den partizipierenden Ärzten und teilweise auch mit den Krankenhäusern ausgehandelt werden. Beispiele hierfür werden in den folgenden Abschnitten ausführlich erläutert.

Die Ziele, die mit der Gründung von Praxisnetzen verbunden sind, lassen sich in drei Ebenen unterteilen, wie in Abbildung 38 verdeutlicht wird.[584] Auf der ersten Ebene stehen wirtschaftliche Vorteile für die Leistungserbringer, die aus einer gemeinsamen Gerätenutzung, der Stärkung der Einkaufsposition durch Bildung einer Beschaffungsgemeinschaft, durch einen Mitarbeiterpool, organisierte Urlaubsvertretung u. ä. erwachsen können. Hier werden primär „economies of scale und scope“ angestrebt. Ein Nutzen für die Patienten in Form einer besseren Behandlung fällt dagegen in der Regel nicht an.

Die Patienten profitieren erst auf der zweiten Zielebene, die sich auf eine Verbesserung der Qualität der Patientenbehandlung konzentriert. Dem Patienten werden Serviceleistungen angeboten wie erweiterte Bereitschaftsdienste sowie Case Management und Disease Management Programme, die zu einer intensiveren Betreuung des Patienten führen können. Die Leistungserbringer schließen sich in Qualitätszirkeln zusammen, um ein fundiertes Qualitätsmanagement aufzubauen. Damit soll eine rationale Therapie erreicht werden und über eine erhöhte Patientenzufriedenheit sollen diese an das Netz gebunden werden - letztlich stehen damit erneut finanzielle Ziele der Ärzte im Mittelpunkt.

---

[584] Zu den folgenden Ausführungen vgl. MEYER-LUTTERLOH, K. [2001], S. 302 ff.

Abbildung 38: Ziele und Elemente von Vernetzungsansätzen

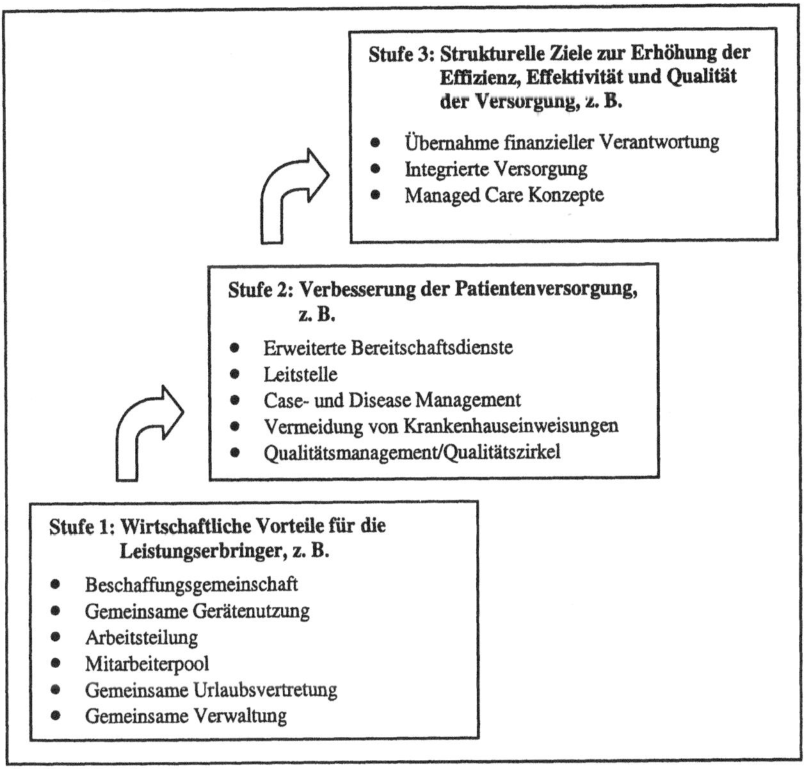

Quelle: Eigene Darstellung in Anlehnung an LINGENFELDER, M.; KRONHARDT, M. [2001], S. 318.

Auf der höchsten und damit anspruchsvollsten Zielebene stehen strukturelle Ziele. Vernetzungsansätze mit solchen Zielen sollen der Erhöhung der Effizienz, Effektivität und Qualität der Versorgung durch die Schaffung innovativer Strukturen dienen. Kennzeichnend für solche Vernetzungen sind u. a. die Integration von Versorgungssektoren, kombinierte Budgets zur Überwindung der Sektorengrenzen und zur Übertragung der finanziellen Verantwortung auf die Leistungserbringer sowie eine Anwendung von weiteren Managed Care-Konzepten.

4 Ansätze zur Schaffung innovativer Versorgungsstrukturen

4.1 Vorbemerkungen

Die in der Gesetzlichen Krankenversicherung umgesetzten Modellvorhaben und Strukturverträge nach §§ 63ff und § 73a SGB V dienen dem Ziel, die Effizienz und Wirtschaftlichkeit der Versorgung durch veränderte Strukturen und Vergütungsformen zu verbessern. Ein einheitliches Grundmuster dieser Ansätze, deren Anzahl auf etwa 500 geschätzt wird, läßt sich allerdings nicht beobachten.[585] In der Mehrzahl der Projekte ist eine verstärkte Zusammenarbeit der Vertragsärzte angestrebt. Damit soll den Versicherten eine koordinierte und qualitativ hochwertige Versorgung, soweit möglich unter Vermeidung von Facharzt- und stationären Krankenhausbehandlungen, angeboten werden. Neben dem Aufbau einer Primärarztstruktur spielen finanzielle Aspekte eine Rolle: Der „wirtschaftliche Alleingang" der Ärzte in Einzelpraxen, der nicht nur für den Patienten aufgrund einer mangelnden Abstimmung und Kommunikation der Leistungsanbieter untereinander nachteilige Auswirkungen haben kann, sondern auch für die Ärzte aufgrund des Punktwertverfalls und der Einkommenseinbußen, die durch den „Hamsterradeffekt" verursacht werden, Probleme mit sich bringt, soll beendet werden. Die Erprobung integrierter Versorgungsmodelle nach den Vorschriften der §§ 140a bis 140h SGB V, die die Defizite der Strukturverträge und Modellvorhaben insbesondere bei der Schaffung sektorübergreifender Versorgungsmodelle beseitigen sollte, verlief hingegen zögerlich und hat bislang nur wenige Initiativen hervorgerufen.

Hinter der Umsetzung zahlreicher neuer Versorgungsformen steckt die Hoffnung der Gesetzlichen Krankenkassen, über eine Vernetzung von Leistungserbringern im Gesundheitswesen einen stärkeren Einfluß auf die Patienten ausüben zu können und insgesamt den Ausgabenanstieg zu bremsen, ohne Qualitätseinbußen bei der Versorgung hinnehmen zu müssen. Dabei stützt man sich auf positive Erfahrungen mit Primärarztstrukturen, die nicht nur in den USA mit den Managed Care-Systemen, sondern auch in Europa, beispielsweise in den Niederlanden, gesammelt wurden.[586]

Eine Studie der OECD hat ergeben, daß Länder, deren Gesundheitswesen auf dem Gatekeeping-Ansatz aufbaut, tendenziell geringere Ausgaben aufweisen als andere Länder. Dabei werden die Einsparungen im Vergleich zu den Ländern ohne Gatekeeping v. a. im stationären Sektor und im Arzneimittelbereich erzielt. Die Studie kommt auch zu dem Ergebnis, daß Gesundheitssysteme, in denen die Ärzte nach dem „Capitation"-Prinzip vergütet werden, d. h. für jeden Versicher-

---

585 Vgl. BUNDESKNAPPSCHAFT [o. J.], S. 17.

586 Vgl. SCHNEIDER, M. [1998].

ten eine Kopfpauschale erhalten, ebenfalls durch ein geringeres Ausgabenniveau als bei einer Einzelleistungsvergütung gekennzeichnet sind.[587] Andere Studien sehen hingegen den Vorteil des Gatekeeping darin, daß von einem geringeren Kostenanstieg in der ambulanten Versorgung ausgegangen werden kann, als wenn der direkte Zugang zur Sekundärversorgung gegeben ist.[588] Ein hohes Einsparpotential durch den Übergang zum Primärarztsystem wird in Deutschland darin gesehen, daß laut einer Studie der Gemeinschaft Fachärztlicher Berufsverbände aus dem Jahr 2001 in Deutschland rund 64 % aller Patienten einen Facharzt ohne Überweisung von einem Hausarzt aufsuchen.[589] Gleichzeitig wird die nachlässige Ausübung der Lotsenfunktion durch die Hausärzte bemängelt, da etwa 16 % der Überweisungsscheine keine weiterführenden Angaben zu den Verdachtsdiagnosen enthielten.[590]

Schließlich geben auch die Beobachtungen aus dem Teil II dieser Arbeit (siehe dort Kapitel C 3.3 und 3.4) Anlaß zur Hoffnung, daß ein Primärarztsystem den Kostenanstieg bremsen kann. Die Gegenüberstellung der GKV und der GUV hat ergeben, daß sich letztere zwar durch einen stärkeren Anstieg der Ausgaben in der ambulanten Versorgung auszeichnet. Dies geht allerdings mit einem deutlich schwächeren Anstieg der Ausgaben im stationären Bereich einher, so daß die Vermutung naheliegt, daß es hier zu einer Substitution von stationären durch ambulante Leistungen kommt. Dies wird durch den sinkenden Anteil der stationären Behandlungskosten im Vergleich zu den ambulanten Behandlungskosten untermauert (siehe Abbildung 27). Eine mögliche Ursache hierfür kann in der Lotsenfunktion des Durchgangsarztes liegen. Dies würde sich auch mit den Ergebnissen der Auswertung der Managed Care-Projekte aus den USA decken.

4.2 Vernetze Praxen

4.2.1 Vorbemerkungen

Die Ausgestaltung der Vernetzung kann anhand von fünf Modulen charakterisiert werden. Diese bilden das „Grundgerüst der Vernetzung"[591] und können in den einzelnen Vernetzungsansätzen unterschiedliche Bedeutung haben. Es han-

---

587 Vgl. OXLEY, H.; MACFARLAN, M. [1994], S. 19 und S. 99 ff.

588 Vgl. DELNOIJ, D. et al. [2000].

589 Vgl. GEMEINSCHAFT FACHÄRZTLICHER BERUFSVERBÄNDE [2001], S. 15 ff. und S. 34 ff. Dieses Ergebnis versteht sich ohne den Anteil der Patientinnen, die einen Gynäkologen aufsuchen, da ein Großteil der Patienten dieser Facharztgruppe (95 %) direkt zum Facharzt geht, ohne vorher einen allgemeinärztlichen Rat einzuholen.

590 Vgl. ebenda, S. 52 ff.

591 SCHWOERER, P.; JELASTOPULU, E. [1998], S. 87.

delt sich um die Module Präsenz, Qualitätssicherung, Kommunikation, gemeinsames Praxismanagement und neue Verträge/neue Aufgabenfelder.[592] Die verbesserte **Präsenz** kommt in erster Linie den Versicherten zugute und kann durch die Einrichtung einer Leitstelle erreicht werden, die den Patienten als erste Anlaufstelle dient und diesen bei der Arztvermittlung, aber auch bei der medizinischen Beratung unterstützen kann. Ferner sind erweiterte Bereitschaftsdienste an Wochenenden und nachts denkbar, die über die Leitstelle koordiniert werden.

Die **Kommunikation** hingegen ist ein zentrales Element der Vernetzung auf ärztlicher Seite. Sie ist eine Grundvoraussetzung für eine intensivierte Zusammenarbeit der Leistungserbringer untereinander und kann beispielsweise durch den Austausch von Patientenunterlagen oder die direkte telefonische Besprechung von Patientenüberweisungen gefördert werden.

Ähnlich verhält es sich mit der **Qualitätssicherung,** die häufig in Form eines Qualitätszirkels umgesetzt wird. Ein solcher Zirkel stellt ein Austauschforum für Ärzte dar, bei dem Fachgespräche und Veranstaltungen zur Weiterbildung der Netzärzte abgehalten, aber auch Behandlungsleitlinien vereinbart werden können. Außerdem bieten sich solche Qualitätszirkel zur Besprechung von Behandlungsfällen an (Einholen einer Zweitmeinung).

Das vierte Modul, das **gemeinsame Praxismanagement**, dient v. a. der Erreichung der wirtschaftlichen Ziele einer Vernetzung und kann - wie bereits erwähnt - vom gemeinsamen Einkauf bis hin zum Mitarbeiterpool und der Urlaubsvertretung reichen.

Abschließend kann den **neuen Verträgen und Aufgabenfeldern** eine wichtige Rolle zugewiesen werden. Dies ist der Fall, wenn das Netz um neue Leistungserbringer erweitert werden soll. Insbesondere die Einbeziehung von Leistungsanbietern aus anderen Sektoren des Gesundheitswesens kann zur Stärkung der Effizienz der Versorgung im Netz beitragen, da hiermit Schnittstellenprobleme über eine verbesserte Koordination und Kommunikation umgangen und Spezialisten, die ebenfalls von einer Vernetzung profitieren wollen, schneller zur Behandlung herangezogen werden können.

Im folgenden wird eine Reihe von Vernetzungsansätzen unterschiedlicher Krankenkassen näher untersucht. Dabei werden die Modellprojekte nach ihrer Vernetzungsintensität und dem Grad der Übernahme finanzieller Verantwortung geordnet, beginnend mit dem Hausarztmodell der AOK Hessen, das auf nur zwei Krankheitsbilder ausgerichtet ist, und endend mit dem Modell „prosper" der Bundesknappschaft, das eine sektorübergreifende Versorgung im Netz ermög-

---

[592] Vgl. ebenda, S. 88 f. und TSCHEULIN, D.; ROST, M. [2001], S. 353 f.

licht. Abschließend wird auf die Integrierte Versorgungsgemeinschaft Elbe-Jeetzel, dem bisher weitreichendsten Vernetzungsansatz, dessen Umsetzung allerdings noch ansteht, eingegangen.

4.2.2 *Das AOK-Hausarztmodell in Frankfurt am Main*

4.2.2.1 *Modellaufbau und Ziele*

Im Mittelpunkt dieses Modellvorhabens der AOK Hessen und der KV Hessen stand die Stärkung der Rolle des Hausarztes in der Patientenversorgung.[593] Für die Diagnosen Diabetes und Herz-Kreislauf-Erkrankungen sollte von April 1997 bis September 1998 im Raum Frankfurt am Main ein Gatekeeping-Ansatz probeweise umgesetzt werden. Das Modell wurde nach der Pilotphase eingestellt. Durch eine zentrale Betreuung und Lenkung des Patienten durch den Hausarzt sollten nicht nur Mehrfachuntersuchungen und unnötige Arzneimittelverschreibungen vermieden, sondern auch der steigenden Zahl von Krankenhauseinweisungen, der zunehmenden Direktinanspruchnahme von Fachärzten und dem damit einhergehenden Punktwertverfall entgegengewirkt werden.

Eine Befragung über den subjektiven Gesundheitszustand der partizipierenden Versicherten ergab, daß der Gesundheitszustand der Patienten im Netz im Vergleich zur Gesamtbevölkerung als schlechter eingeschätzt wurde. Aufgrund dieses Ergebnisses und in Verbindung mit der Annahme, daß die Teilnehmer aufgrund ihrer chronischen Erkrankungen bereits eine Bindung an einen Hausarzt haben, wurde im Modell nur ein „weiches“ Gatekeeping eingeführt, d. h. die Versicherten wurden zwar darum gebeten, sich im Krankheitsfall an ihren Hausarzt zu wenden, waren jedoch nicht dazu verpflichtet und wurden bei Zuwiderhandlung nicht sanktioniert. Dem Hausarzt blieben dann wenig Möglichkeiten, das Patientenverhalten verbindlich zu beeinflussen, und er war auf die Kooperationsbereitschaft der Versicherten angewiesen.[594] Für die umfassende Patientenbetreuung und die Mitarbeit am Hausarztmodell (HAM) erhielten die Ärzte jeweils etwa 255 Euro zusätzlich pro Quartal. Die intensivierten Untersuchungen bei den Patienten wurden mit je 25 Euro für die Eingangs- und Abschlußuntersuchung vergütet. Diese Honorarzahlungen waren unabhängig von der Gesamtvergütung der AOK an die KV Hessen.

Das HAM setzte sich aus drei Hauptelementen zusammen: den Hausarztzirkeln, dem Fallmanagement durch Gesundheitsberater, das von Kranken-

---

[593] Die folgenden Erläuterungen bauen auf dem Auswertungsbericht zum AOK-Hausarztmodell in Frankfurt am Main auf, vgl. AOK HESSEN [1999].

[594] Vgl. AOK BUNDESVERBAND [o. J.], S. 4.

schwestern durchgeführt wurde, und der Analyse von Patientenströmen. Die Hausarztzirkel waren zur Stärkung der Kommunikation unter den beteiligten Ärzten vorgesehen. Dafür wurden insgesamt vier Zirkel gegründet, die durchschnittlich zwei Mal im Quartal zusammenkamen, um Möglichkeiten zur Optimierung der Qualität und Wirtschaftlichkeit der hausärztlichen Versorgung in der Modellregion zu finden. Die von der KV Hessen organisierten Hausarztzirkel boten ein Forum, um das Konzept des HAM vorzustellen, allgemeine medizinische Themen zu besprechen und auf das konkrete Behandlungsgeschehen in den einzelnen Mitgliedspraxen einzugehen.

Das Fallmanagement durch Gesundheitsberaterinnen beruhte auf dem Kontakt der Beraterinnen zu den eingeschriebenen Versicherten einerseits und zu den behandelnden Ärzten andererseits. Die AOK Hessen stellte für diesen Zweck fünf Krankenschwestern mit Berufserfahrung ein. Durch eine i. d. R. telefonische Kontaktaufnahme mit den Versicherten sollte die ärztliche Behandlung unterstützt und eine aktive Mitarbeit des Patienten am Behandlungsgeschehen erreicht werden. Dies sollte durch Schulung und Aufklärung des Versicherten erfolgen, durch Überzeugungsarbeit oder einfach nur durch die Erinnerung an Untersuchungstermine. Ziel war es, den chronisch erkrankten Patienten auf ein Leben mit seiner Krankheit und eine kontinuierliche aktive Mitarbeit bei der Behandlung einzustellen. Darüber hinaus unterstützten die Beraterinnen die Patienten bei der Kontaktaufnahme mit verschiedenen Institutionen oder bei der Vermittlung von Hilfsangeboten. Der Kontakt der Gesundheitsberaterinnen zu den Ärzten konzentrierte sich auf den Austausch von Informationen über den Gesundheitszustand des Patienten. Dabei konnten die Hausärzte über die Gesundheitsberaterinnen einerseits Informationen aus dem privaten Umfeld ihrer Patienten erhalten, die sie sonst nicht erfahren hätten, und andererseits gezielte Hinweise (z. B. eine Aufforderung zum Arztbesuch) an die Patienten weiterleiten. Insofern fungierten die Beraterinnen als verlängerter Arm der behandelnden Ärzte. Darüber hinaus wurde das Fallmanagement durch eine Ernährungsberatung für Patienten mit Gewichts- und Stoffwechselproblemen ergänzt.

4.2.2.2 Kritische Würdigung

Der abschließende Baustein des HAM war die Auswertung des Projekts. Eine Analyse der Auswirkungen des HAM in Frankfurt mittels Längs- und Querschnittsanalysen konnte mangels ausreichender Datenbasis aufgrund der kurzen Projektdauer und zu heterogener Versichertengruppen nicht umgesetzt werden, so daß quantitative Ergebnisse der Studie nicht vorliegen.

Besonders hervorzuheben ist bei diesem Projekt das Fallmanagement durch die Gesundheitsberaterinnen, das sowohl von den Ärzten als auch von den Patienten positiv beurteilt wurde. Ein Fallmanagement in Ergänzung zur ärztlichen Betreuung wurde in dieser Form erstmalig durchgeführt und stieß anfänglich sowohl bei den ärztlichen Leistungserbringern als auch bei den Erkrankten auf Skepsis. Hinzu kam, daß die unterschiedlichen persönlichen Merkmale und Eigenschaften der Herz-Kreislauf-Erkrankten die Arbeit der Gesundheitsberaterinnen erschwerte. Darüber hinaus war ein Fallmanagement dieser Art nicht bei allen Patienten durchführbar, weil entweder ihr Gesundheitszustand so schlecht war, daß er auch mit einem Fallmanagement nicht verbessert werden konnte, oder kein Interesse der Patienten an einer aktiven Mitarbeit bestand. Für die große Mehrheit von 83 % der Patienten erwies sich die Gesundheitsberatung hingegen als sinnvoll, bei 5 % wäre aufgrund eines hohen Maßes an Eigenverantwortung und eines guten Krankheitsverständnisses ein reduziertes Fallmanagement ausreichend gewesen.[595]

Offensichtlich kann diese Form des Case Managements nicht bundesweit eingesetzt werden. Dazu ist sie zu personal- und kostenintensiv. Auch sind die Kompetenzen der Case Manager bei weitem nicht mit denen eines D-Arzt der BG vergleichbar, da das Case Management in keiner Weise bindend ist und sein Erfolg von der Kooperation sowohl der behandelnden Ärzte als auch der Patienten abhängt. Allerdings erscheint eine regionale oder schwerpunktmäßige Umsetzung vor dem Hintergrund der Erfahrungen des Frankfurter Modells sinnvoll, da so die Überschaubarkeit des Case Managements gewährt werden kann. Insbesondere bei chronischen Krankheiten ist das Fallmanagement ausbaufähig. Potentielle Einsatzfelder finden sich im Rahmen von Disease Management Programmen.

4.2.3 Ärztliche Qualitätsgemeinschaft Ried

4.2.3.1 Modellaufbau und Ziele

Die Initiative zu diesem Modellprojekt ging von einer Gruppe niedergelassener Ärzte im hessischen Ried aus.[596] Ein bereits seit dem Jahr 1994 durchgeführter Qualitätszirkel sollte erweitert werden. Neben Verbesserungen in der Versorgungsqualität sollten Einsparpotentiale über eine wirtschaftlichere Arznei- und Heilmitteltherapie, durch die Vermeidung unnötiger Krankenhauseinweisungen und Mehrfachuntersuchungen sowie durch die Verkürzung von Krankenhaus-

---

595 Ein reduziertes Fallmanagement bedeutet eine telefonische Betreuung in größeren Zeitabständen.

596 Für die Ausführungen zur Ärztlichen Qualitätsgemeinschaft Ried vgl. SZECSENYI, J. et al. [1999].

verweildauern erreicht werden. Auch die Erschließung von Wirtschaftlichkeitspotentialen in den Arztpraxen durch eine verbesserte Zusammenarbeit der Leistungserbringer in verschiedenen Sektoren (ambulant, stationär, Pflege, nichtärztliche Heilberufe, Notdienste) sollte zu Einsparungen führen. Damit war die Erwartung verbunden, Honorarerhöhungen zu erzielen. Zu diesem Zweck wurde für die Ärzte in der Ärztlichen Qualitätsgemeinschaft Ried (ÄQR) ein von der Gesamtvergütung getrenntes Honorarbudget zur Verfügung gestellt, das sich an den ausgezahlten Honoraren des Jahres 1995 orientierte. Als Punktwertuntergrenze wurde der durchschnittliche Punktwert in Hessen zugesichert, solange eine verringerte Anzahl von Krankenhauseinweisungen nachgewiesen werden konnte.

Der Startschuß für das Modellprojekt fiel im Frühjahr 1997. Als Vertragspartner konnten der VdAK/AEV und die KV Hessen gewonnen werden. In der Modellregion leben rund 42.000 Einwohner, der Anteil der Ersatzkassenversicherten an den Praxisfällen im Ried lag im Jahr 1997 bei 40 %. Am Modellprojekt nehmen gegenwärtig 37 niedergelassene Ärzte aus unterschiedlichen Fachrichtungen teil, davon sind 24 Allgemeinärzte.[597] Im Zentrum des Projekts steht der Netzvorstand, der die Vertretung nach außen und innen übernimmt. Ferner werden vom Vorstand die Organisation der innernetzlichen Zusammenarbeit und die Kooperation mit externen Leistungserbringern koordiniert. Die Keimzelle des Projekts, die Qualitätszirkel, wurden beibehalten und stehen allen teilnehmenden Ärzten offen.

Wesentlicher Baustein der netzinternen Kommunikation ist die Bildung von Arbeitsgruppen, die neben technischen Aspekten der Praxisvernetzung auch die medizinischen und organisatorischen Gesichtspunkte aufgreifen. Die Arbeitsgruppe *Pharmakotherapie* setzte sich zum Ziel, das Verordnungsverhalten der Ärzte im Ried zu analysieren und darauf aufbauend eine Arzneimittel-Empfehlungsliste für die partizipierenden Ärzte zu erstellen. Dabei standen qualitative Kriterien im Vordergrund. In der Arbeitsgruppe *Fallkonferenzen* wurden „kritische" Krankheitsfälle aus den Netzpraxen besprochen, wobei solchen, in die mehrere Ärzte und sonstige Berufsgruppen eingebunden waren, besonderes Augenmerk zuteil wurde. Auch die Erarbeitung von diagnostischen und therapeutischen Standards wurde in dieser Arbeitsgruppe vorgenommen. Zentrales Thema der Arbeitsgruppe *Krankenhaus* war die Umsetzung der Ziele der ÄQR, die auf eine Vermeidung der Inanspruchnahme von Krankenhausleistungen hinausliefen, ohne jedoch das Krankenhaus als Konkurrenten generell zu meiden.

---

597 Vgl. URL: http://www.aerzte-im-ried.de/mitgl.htm. (Stand: 12.08.2003). Die vertretenen Fachgruppen sind: Allgemeinmedizin, Innere Medizin, Gynäkologie, Orthopädie, Augenheilkunde, Kinderheilkunde, Neurologie, Psychiatrie und Chirurgie.

Insbesondere sollte der Informationsaustausch intensiviert werden, damit Mehrfachuntersuchungen bei Krankenhauseinweisungen reduziert und eine nahtlose Betreuung nach der Krankenhausentlassung garantiert werden kann. Darüber hinaus sollte die prä- und post-stationäre Behandlung in den ambulanten Sektor ausgelagert werden. In der Arbeitsgruppe *Zweitmeinung* wurden quartalsweise alle Krankenhauseinweisungen überprüft. Geplant war, hierdurch eine zeitnahe Kontrolle der einweisenden Ärzte aufzubauen, um im Zukunft unnötige Krankenhauseinweisungen auszuschließen oder zumindest reduzieren zu können.

Eine Neuheit in der ÄQR war das Patientenbuch. Dies wurde jedem Versicherten ausgehändigt und enthielt relevante Informationen über den Patienten, über verschriebene Medikamente, ärztliche Befunde und Mitteilungen sowie Arztberichte. Dieses Heft dient dazu, in Notfällen oder bei ärztlicher Behandlung schnell Aufschluß über den Patienten zu geben, um eine schnellere Diagnostik zu unterstützen und um Fehlbehandlungen zu vermeiden. Die Form eines Hefts wurde aus Datenschutzgründen gewählt: Damit soll jeder Versicherte selbst über den Zugang zu seinen Daten bestimmen können.

4.2.3.2 *Kritische Würdigung*

4.2.3.2.1 *Überblick*

Konkrete Ergebnisse lassen sich für die ÄQR nur schwer aufzeigen. Dies hat zum einen damit zu tun, daß die Auswertungsperiode nur zwei Jahre (I. Quartal 1997 bis I. Quartal 1999) beträgt und auch in diesem Projekt die Datenlage für zuverlässige Aussagen nicht ausreichend ist. Patientenkarrieren waren nicht nachzuvollziehen. Dadurch beschränkt sich die Projektauswertung auf die Erreichung der Netzziele einer wirtschaftlicheren Pharmakotherapie und eines wirtschaftlichen Heilmitteleinsatzes, der Vermeidung von Krankenhausaufenthalten, der Verkürzung von Verweildauern und der Stabilisierung der Honorarentwicklung.

4.2.3.2.2 *Pharmakotherapie und Heilmittelverordnungen*

Ziel des Praxisnetzes ist es, die Ärzte zu einer rationalen Pharmakotherapie zu bewegen. Dies bedeutet, dem Patienten ein seiner Krankheit angemessenes Medikament mit möglichst hoher Wirksamkeit und Qualität unter Beachtung von Wirtschaftlichkeitsaspekten zu verschreiben. Zur Schaffung einer besseren Informationslage sowie zur Selbstkontrolle und -steuerung der Netzärzte erhalten diese quartalsweise einen Verordnungsspiegel, der zum einen das Verordnungsverhalten der gesamten Modellprojektteilnehmer im Vergleich zu einer Kontrollgruppe und zum anderen das eigene Verordnungsverhalten jeweils im aktuellen Quartal und im Zeitablauf abbildet.[598] Damit sollen Anhaltspunkte für einen Vergleich des eigenen Verordnungsverhaltens mit dem der Kollegen sowie für eine Abschätzung der eigenen Verordnungskosten gegeben werden. Anhand der Informationen können die Ärzte einen Individualregreß, der dann greift, wenn die verursachten Arzneimittelkosten die Durchschnittskosten der Kollegen überschreiten, vermeiden. Dadurch, daß die Ärzte einen besseren Vergleichsmaßstab für ihr Arzneimittelverschreibungsverhalten haben, müssen sie einen Individualregreß weniger fürchten, als wenn sie keine Informationen zum Verordnungsgebaren der Kollegen haben. Dies versetzt die Ärzte in die Lage, ihren Patienten auch teure Medikamente verschreiben zu können, wenn dies erforderlich sein sollte. Mangels genauerer Kenntnisse des allgemeinen Verordnungsgeschehens wurde dies bisher oft verweigert, so daß die Patienten zu weiteren überflüssigen und kostenverursachenden Arztbesuchen gezwungen wurden.

Insgesamt ist im Ried die Gesamtzahl der Verordnungen in der Summe leicht gesunken, anders als in der herangezogenen Kontrollgruppe außerhalb des Netzes. Allerdings sind die Verordnungskosten insgesamt in beiden untersuchten Regionen gestiegen, wobei auch hier die Region Ried im Vorteil gegenüber der Vergleichsregion war. Auch der Anstieg der Verordnungskosten je Arzneimittelpatient und der Kosten je Ersatzkassenfall waren im Ried langsamer als in der Kontrollregion.[599]

Eine weitere positive Entwicklung zeichnete sich bei der Rationalität der Pharmakotherapie ab. Die Verordnungstiefe änderte sich in der ÄQR nicht, wohingegen in der Vergleichsregion eine zunehmende Verordnungstiefe beobachtet wurde.[600] Die positive Entwicklung wird im wesentlichen auf die Wirkung der Verordnungsspiegel zurückgeführt: Die Ärzte können anhand von Vergleichen mit ihren Kollegen gezielter Arzneimittel verschreiben, ohne daß der Gesamtsaldo des Netzes negativ beeinflußt wird. Der Anreiz, die Gesamtmedikation aus Angst vor Regreßforderungen auf mehrere Praxen auszuweiten, mithin die Verordnungstiefe zu erhöhen, wird gemindert. Dies hat auch einen eindämmenden Effekt auf das Phänomen des „Ärzte-Hoppings“.

---

598 Dabei erhält der einzelne Arzt Auskunft über seine Verschreibungsrate, die Kosten je Arzneimittelpatient und je Ersatzkassen-Versicherten, die Verteilung der Patienten auf Altersklassen, die Anzahl der Verordnungen je Fall, die Zahl der eingesetzten Präparate sowie eine indikationsbezogene Auflistung der Verordnungen und deren Kosten.

599 Die Arzneimittelkosten je Arzneimittel-Patient drücken die durchschnittlichen Kosten für jeden mindestens mit einem Arzneimittel behandelten Ersatzkassen-Patienten aus. Dagegen sind die Kosten je Ersatzkassen-Fall auf alle Ersatzkassen-Versicherte bezogen, die ärztliche Behandlung, aber nicht unbedingt Arzneimittel in Anspruch genommen haben.

600 Unter der Verordnungstiefe wird die Anzahl der Arztpraxen, die zur Verordnung der benötigten Medikamente aufgesucht werden muß, verstanden.

Die Praxisvernetzung hat ebenfalls einen günstigen Einfluß auf die Qualität der Arzneimittelverordnungen: Zwar konnte im Netz eine überschaubarere Arzneimitteltherapie konstatiert werden, d. h. die Anzahl der insgesamt eingesetzten Präparate ist niedriger als in der Vergleichsregion, doch erweist sich dieses Ergebnis nicht als statistisch signifikant. Die gleiche positive Entwicklung - dies mal mit statistischer Signifikanz - wiederholte sich bei der Mehrfachmedikation, insbesondere bei älteren Patienten. Gleichzeitig konnte der Einsatz medizinisch - und damit auch ökonomisch - umstrittener Medikamente gesenkt werden.

Als Endergebnis läßt sich für den Auswertungszeitraum eine Einsparung von beinahe 440.000 Euro - bezogen auf die Ersatzkassenversicherten im Praxisnetz Ried im Vergleich zu den Ersatzkassenversicherten in der Kontrollregion - festhalten. Dies entspricht einer Einsparung von 8.100 Euro je Praxis und Jahr. Es bleibt allerdings anzumerken, daß dieses Ergebnis ohne den Einsatz einer Arzneimittel-Empfehlungsliste, die von der Arbeitsgruppe Pharmakotherapie erst im Herbst des Jahres 1999 fertiggestellt wurde, zustande gekommen ist, so daß abzuwarten bleibt, ob sich diese Empfehlungsliste in deutlicheren Ergebnissen niederschlagen wird.

Bei den Heilmitteln herrscht eine deutlich schlechtere Datenlage zur Auswertung des Verordnungsgeschehens. Es lassen sich jedoch Entwicklungen feststellen, die im Vergleich zu den Arzneimitteln ein umgekehrtes Bild zeichnen: Die Kosten für Heilmittel steigen je Ersatzkassenfall bei den vernetzten Praxen stärker als bei den Praxen in der Kontrollregion. Dabei ist nicht geklärt, wo die Ursachen für dieses Ergebnis liegen. Es kann an einer unwirtschaftlichen Verordnungsweise liegen, kann jedoch auch für eine Verlagerung von Leistungen aus dem Arzneimittelbereich oder dem stationären Sektor in den Heilmittelbereich sprechen. Ferner kann eine Wandlung des Krankheitsspektrums hierfür ausschlaggebend sein. Da aber eine Zuordnung der verschriebenen Heilmittel zu den Indikationen nicht möglich ist, bleibt diese Frage ebenso wie die Qualität der Verordnungspraxis ungeklärt.

4.2.3.2.3 Krankenhauseinweisungen

Wie bereits mehrfach festgestellt wurde, gilt die strikte Trennung zwischen ambulantem und stationärem Sektor als eine der Hauptursachen für Ineffizienzen im Gesundheitswesen. Aufgrund mangelnder Kommunikation und Kooperation zwischen niedergelassenen Ärzten und Krankenhausärzten und der Abschottung der beiden Sektoren in finanzieller Hinsicht kann es zu einer Fehlversorgung kommen. In der ÄQR sollte die Zusammenarbeit zwischen beiden Sektoren verbessert werden. Durch die Erfassung aller Krankenhauseinweisungsfälle sollte - analog zur Pharmakotherapie - ein Einweisungsspiegel für die niedergelassenen Ärzte und ein Zweitmeinungsverfahren eingeführt werden. Dennoch muß mit einer verbleibenden, nicht abschätzbaren Unvollständigkeit in der Erfassung der Krankenhauseinweisungen gerechnet werden.

Als Ergebnis läßt sich festhalten, daß es im Ried zu einem kaum erwähnenswerten Rückgang der Einweisungsrate um 0,1 % gekommen ist. Daraus geht auch hervor, daß eine „Abschiebung“ von Patienten aus dem ambulanten in den stationären Sektor nicht stattgefunden hat. Gleichzeitig sinkt der von den Fachärzten und Gynäkologen zu verantwortende Anteil der Krankenhauseinweisungen im Vergleich zu den Hausärzten. Auch die Verweildauer der Netzpatienten im Krankenhaus geht zurück. Dies ist jedoch angesichts des deutschlandweit beobachtbaren Trends nicht ausschließlich auf die Regelungen für das Netz zurückzuführen.

Das Zweitmeinungsverfahren ergab einen sehr geringen Anteil von vermeidbaren Krankenhauseinweisungen in Höhe von 1,3 %, so daß das Einsparpotential in diesem Bereich vor dem Modellbeginn zu hoch eingeschätzt wurde. Am Zweitmeinungsverfahren erweist sich der hohe Zeitaufwand, der eine zeitnahe Beeinflussung der Ärzte verhindert, als problematisch. Allerdings ist dieses Verfahren in der Lage, Schwachstellen am Übergang vom ambulanten zum stationären Sektor aufzudecken. So wurden Defizite bei der Krankenhauseinweisung, beispielsweise die stationäre Aufnahme anstatt ambulante Diagnostik oder Verzögerungen bei der Durchführung von Operationen, aber auch Informationsdefizite bezüglich vorhandener ambulanter Behandlungsmöglichkeiten innerhalb des Netzes deutlich. Darüber hinaus gab das Verfahren Einblick in häufige Einweisungssituationen im Netz (z. B. bei welchen Indikationen; wäre eine ambulante Behandlung auch möglich?) und eröffnet somit die Chance, das ärztliche Vorgehen in solchen Fällen - z. B. über die Erarbeitung von Leitlinien - zu optimieren.

4.2.3.2.4 Ärztliche Honorare

Die Entwicklung der Arzthonorare läßt sich nicht eindeutig bewerten, denn unmittelbar vor und während der Projektauswertungsperiode haben mehrere Eingriffe in die ärztlichen Honorarverträge stattgefunden. Diese Eingriffe reichen von der EBM-Novellierung über die Einführung von Praxisbudgets, Fachgruppenhonoraren und der Teilbudgetierung von Gesprächsleistungen bis hin zu der Zusicherung fester Punktwerte für Präventionsleistungen außerhalb des budgetierten Teils der Gesamtvergütung. Darüber hinaus bestand schon vor dem Modellprojekt eine Zusammenarbeit der niedergelassenen Ärzte im Ried, so daß allein dadurch Unterschiede im ärztlichen Verhalten im Vergleich zu der Kontrollregion - mit entsprechenden Auswirkungen auf die Punktwertentwicklung - resultieren könnten. Somit kann nicht eindeutig diagnostiziert werden, ob beispielsweise der stärkere Anstieg der Fallzahlen im Ried und der indexbezogen um einen Prozentpunkt höhere Fallwert im Modellprojekt, der auf die Umsetzung der beabsichtigten intensiveren Patientenbetreuung im ambulanten Sektor hindeutet, allein auf die Vernetzung zurückzuführen ist.

Aussagekräftiger sind hingegen Daten über Entwicklung der Erbringung von Gesundheitsvorsorgeleistungen und Krebsfrüherkennungsuntersuchungen, die im Ried nach der Wiedereinführung der Einzelvergütung für diese Leistungen zunehmen, während sie in der untersuchten Kontrollregion weiter sinken. Diese Ergebnisse können auf eine stärkere Gewichtung der Prävention hinweisen, was sich aber erst längerfristig auswirken würde.

4.2.4 Medizinische Qualitätsgemeinschaft Rendsburg und Regionales Praxisnetz Kiel

4.2.4.1 Modellaufbau und Ziele

4.2.4.1.1 Überblick

Mit diesen beiden Praxisnetzen in Schleswig-Holstein, die sich aufgrund ihrer ähnlichen Zielsetzungen und Modellstrukturen zusammen betrachten lassen, sollte eine wirtschaftlichere und qualitativ hochwertige Patientenversorgung auf angemessener Versorgungsstufe in den Modellregionen erreicht werden.[601] Im Mittelpunkt steht auch hier die Stärkung des ambulanten Sektors durch die Vermeidung medizinisch nicht notwendiger Krankenhauseinweisungen und die Verkürzung von Verweildauern. Dies sollte durch eine rationale Arznei-, Heil- und Hilfsmitteltherapie sowie durch die Reduzierung medizinisch unnötiger Leistungen in Diagnostik und Therapie - z. B. Mehrfachuntersuchungen - ergänzt werden. Dazu war die Stärkung der Kooperation, Kommunikation und Kollegialität der niedergelassenen Ärzte untereinander notwendig. Für die Ärzte wurde darüber hinaus ein stabiler Punktwert zur Bremsung des „Hamsterradeffekts" angestrebt, was als finanzieller Anreiz für eine wirtschaftlichere Leistungserbringung wirken sollte.

---

601 Vgl. den Auswertungsbericht zu den Vernetzten Praxen in Schleswig-Holstein von RÜSCHMANN, H.-H.; ROTH, A.; KRAUSS, C. [2000], der die Grundlage der Ausführungen zur MQR und dem RPN-K bildet.

4.2.4.1.2 Aufbau der Medizinischen Qualitätsgemeinschaft Rendsburg

Dieses Modellprojekt der KV Schleswig-Holstein und des VdAK/AEV basiert auf einer bereits bestehenden engen Zusammenarbeit der Rendsburger Ärzte. Seit der Gründung der Medizinischen Qualitätsgemeinschaft Rendsburg (MQR) im Oktober 1996 schlossen sich bis Ende des Jahres 1997 133 Ärzte aller Fachrichtungen an.

Die interne Organisation des Praxisnetzes orientiert sich mit ihren Gremien der Vollversammlung, dem Leistungsbeirat und dem Vorstand am Aufbau der vertragsärztlichen Selbstverwaltung. Dem Projekt übergeordnet ist die Projektgruppe, in der alle Vertragspartner (KV Schleswig-Holstein, VdAK/AEV, Netzvertreter und wissenschaftliche Begleitung) vertreten sind. Diese Gruppe ist zuständig für Auslegungsfragen beim Modellvertrag und übt Lenkungs- und Kontrollfunktionen aus.

Für den Patienten macht sich das Praxisnetz in erster Linie in der verbesserten Erreichbarkeit der Ärzte bemerkbar. Während der Sprechstundenzeiten übernehmen die Ärzte die Patientenversorgung in ihren Praxen, in den Abendstunden und an Wochenenden steht den Versicherten die zentrale Anlaufpraxis zur Verfügung. Die Arbeit der Anlaufpraxis wird durch einen Bereitschaftsdienst für Hausbesuche der Ärzte außerhalb der Praxisöffnungszeiten ergänzt. Eine weitere Anlaufstelle des Netzes für die Versicherten stellt die Leitstelle dar, die rund um die Uhr besetzt ist. Von hier aus wird der Bereitschaftsdienst gesteuert. Ferner werden Anrufe bei nicht besetzten Praxen hierhin weitergeleitet.[602]

Gleichzeitig unterstützt die Leitstelle die Arbeit der Ärzte. Sie erfüllt in einem gewissen Sinne die Aufgaben eines Lotsen durch das Gesundheitssystem, indem sie die Organisation für den behandelnden Arzt übernimmt, falls der Patient eine Rehabilitationsmaßnahme in Anspruch nehmen, in ein Krankenhaus eingewiesen werden muß oder alternativ einer Kurzbetreuung bedarf. Darüber hinaus wird in der Leitstelle der Pflegedienst koordiniert, was zur Erreichung des Ziels der Reduzierung von Krankenhausverweildauern beitragen soll. Eine weitere Einrichtung des Modellprojekts in Rendsburg ist das Projektbüro. Dieses übernimmt unterstützende und organisatorische Aufgaben.

Die Zusammenarbeit der Ärzte untereinander wird in der MQR über Qualitätszirkel und Netzkonferenzen gefördert. Während erstere dem Austausch über und der Diskussion von alternativen Behandlungsstrategien anhand konkreter Patientendaten dienen sollen (sog. „peer review"-Methode), haben die Netzkonferenzen den Charakter von Arbeitsgruppen zu finanziellen oder organisatorischen

---

602 Außerhalb der Sprechstundenzeiten oder wenn die Praxis z. B. wegen Urlaub geschlossen ist.

Fragestellungen. Auch das Einholen von Zweitmeinungen soll im Praxisnetz gefördert werden. Dies soll in den Fällen erfolgen, in denen eine Krankenhauseinweisung oder eine aufwendige Verordnung notwendig erscheint. Zu diesem Zweck sollen ärztliche Konsilien anberaumt werden. Die Kommunikation der Ärzte soll ferner durch Patientenbegleitbriefe, die bei Überweisungen mitgegeben werden und Informationen über den Patienten und für ihn veranlaßte Maßnahmen enthalten, gefördert werden, um die Durchführung von Doppeluntersuchungen und parallel laufenden Behandlungsstrategien zu verhindern. Eine Kooperation mit Krankenhäusern ist - abgesehen von einer Arbeitsgruppe zum Thema Krankenhaus und der Ausarbeitung eines standardisierten Einweisungsbegleitbriefes - nicht vorgesehen.

Die Vergütung ärztlicher Leistungen erfolgt über ein netzeigenes Budget, das aus den Gesamtvergütungen der Krankenkassen an die KV Schleswig-Holstein abgesondert wird. Das Netzhonorar bemißt sich nach dem ärztlichen Honorar des jeweiligen Vorjahresquartals und wird entsprechend der Punktwertentwicklung in Schleswig-Holstein angepaßt. Innerhalb des Netzbudgets gelten die Vorschriften des EBM und des Honorarverteilungsmaßstabs der KV Schleswig-Holstein weiter. Mit dem netzeigenen „Honorartopf" wird zum einen erreicht, daß die Ärzte, die nicht am Praxisnetz beteiligt sind, von eventuellen Steigerungen der Punktzahlforderungen und damit einhergehenden Punktwertverlusten verschont bleiben. Zum anderen kommen den Netzärzten - und nur diesen - höhere Punktwerte, die auf einer rationaleren Leistungserbringung beruhen, zugute. Die Ersatzkassenverbände unterstützen die MQR durch eine Anschubfinanzierung, die für Netzinfrastrukturinvestitionen bestimmt ist. Ferner übernehmen sie die laufenden Kosten der Anlaufpraxis und leisten darüber hinaus einen zusätzlichen Beitrag zur Punktwertstützung. Daneben ist auch die KV Schleswig-Holstein an der Finanzierung des Modellvorhabens beteiligt. Für die Verpflichtungen, die mit den erläuterten kommunikations- und kooperationsfördernden Leistungen von den teilnehmenden Ärzten übernommen werden, erhalten diese eine Verwaltungskostenpauschale. Ähnlich wird die Teilnahme an Sitzungen der Selbstverwaltungsgremien gesondert vergütet. Schließlich werden die ärztlichen Sonderleistungen zur Netzkommunikation (z. B. Ausstellung von Patientenbegleitbriefen, Arbeitsunfähigkeitsbescheinigungen, Verordnung von Kurzzeitpflege anstelle eines Krankenhausaufenthalts) bei ihrer Erbringung für statistische Zwecke gesondert erfaßt, indem sie mit EBM-Pseudoziffern versehen werden.

Die Teilnahme am Netz ist für die Ärzte und die Versicherten freiwillig. Den Versicherten erwachsen aus diesem Modellprojekt keinerlei Verpflichtungen oder Zwänge. Sie sind auch nicht an die Anweisungen der behandelnden Ärzte gebunden. Allerdings bedeutet dies, daß netzkonformes Verhalten der Patienten nicht finanziell belohnt und somit auch nicht gefördert wird. Hingegen sollen

Einsparungen, die sich im Netz ergeben, an die teilnehmenden Ärzte verteilt werden. Allerdings beschränkt sich dieser Bonus auf den Teil der Einsparungen, der nach dem Vorabzug der Vorschubfinanzierung des VdAK und der KV Schleswig-Holstein sowie der Vorleistungen der Ärzte übrig bleibt. Die verbleibenden Einsparungen werden aufgeteilt in einen Teil für den Bonus für die teilnehmenden Ärzte, einen Teil der dem Honorarbudget zur Punktwertstützung zufließt und einen Teil der für Investitionen in die Netzstruktur vorgesehen ist.

4.2.4.1.3 Aufbau des Regionalen Praxisnetzes Kiel

Das Regionale Praxisnetz Kiel (RPN-K) ist ein Jahr nach der MQR von der AOK Schleswig-Holstein und der KV Schleswig-Holstein ins Leben gerufen worden. An diesem Netz nahmen im vierten Quartal 1998 376 Ärzte teil.

Der Netzaufbau ist weitestgehend identisch mit dem der MQR. Im Unterschied zu dieser sind jedoch fünf Unternetze in einzelnen Stadtgebieten gegründet worden, um angesichts der - im Vergleich zur MQR - größeren Teilnehmerzahl den Austausch und die Kooperation zwischen den Ärzten zu fördern. Anders als beim Rendsburger Modell wird in Kiel keine eigenständige Anlaufpraxis geschaffen, da eine Notfallpraxis bei Projektbeginn bereits bestand. Statt dessen wird in jedem Unternetz eine „alternierende Anlaufpraxis“ im Wechsel bestimmt.

Ein weiterer Unterschied zur MQR liegt in der Netzfinanzierung. Die AOK leistete eine Anschubfinanzierung von knapp 1,8 Mio. Euro im ersten Jahr. In den folgenden Jahren wurden die zusätzliche Unterstützung für Netzkosten (Leitstelle, Qualitätszirkel etc.) und zusätzliche ärztliche Honorare auf der Basis von festgelegten Einsparungspotentialen bestimmt. Dies schließt auch die gesonderte Vergütung der Netzärzte bei sog. „O.K.-Fällen“ (Ohne Krankenhaus-Fälle) ein. Dies sind Fälle, bei denen die Netzärzte Patienten ambulant behandeln, anstatt sie in ein Krankenhaus zu überweisen. Die O.K.-Pauschale dient der gezielten Förderung der Vermeidung von Krankenhauseinweisungen sowie der Vergütung der damit einhergehenden Mehrarbeit bei der ambulanten Patientenbetreuung.

4.2.4.2 Kritische Würdigung

4.2.4.2.1 Auswertung der einzelnen Versorgungsbereiche

Zwar wurden die Ziele der Modellvorhaben, die Struktur- und Prozeßqualität der Versorgung in den Modellregionen bei gleichen oder leicht geringeren Kosten zu erhöhen, erreicht, doch zeigen sich bei der Bewertung der Projekte einige Schwachstellen. Positiv ist zunächst die engere Zusammenarbeit der niedergelassenen Ärzte und die intersektorale Zusammenarbeit zu bewerten. Doch auch die umfassende Datenerhebung verdient Beachtung, da in diesen regional abgegrenzten Projekten erstmals eine Nachverfolgung von Patientenkarrieren über die verschiedenen Versorgungssektoren hinweg möglich wurde. Dazu waren Vereinbarungen zur Datenübermittlung mit dem Landesamt für Datenschutz, der KV Schleswig-Holstein, den Krankenkassen und den Krankenhäusern der betroffenen Regionen erforderlich. Die verschiedenen Abrechnungsbelege wurden vor ihrer Zusammenfügung einheitlich anonymisiert, so daß zwar ein Rückschluß auf die behandelte Person und den Arzt nicht möglich war, wohl jedoch die Einordnung des Falles in eine der beiden Modellregionen und die Zuordnung des Arztes zu einer Fachgruppe.

Anhand von Längs- und Querschnittsanalysen wurden die Auswirkungen der Modellprojekte auf die Behandlungsqualität und die Kostenentwicklung einerseits in Perioden vor Projektbeginn im Vergleich zu Perioden der Projektdurchführung sowie andererseits zwischen den Modellregionen im Vergleich zu strukturell ähnlichen Regionen und zum Land Schleswig-Holstein insgesamt analysiert. Der Untersuchung liegt die Zeitspanne vom ersten Quartal des Jahres 1995 bis einschließlich des vierten Quartals 1998 zugrunde. Dabei wurde die MQR im dritten Quartal 1996 gegründet und das RPN-K im dritten Quartal 1997.

In der Tat zeigen erste Auswertungen der Vernetzungsansätze positive Einsparerfolge: Sowohl im MQR als auch im RPN-K ergeben sich nach Tabelle 17 Kostensenkungen, und zwar in Höhe von 184.000 Euro in Rendsburg und etwa 209.000 Euro in Kiel jeweils im Vergleich zum Land Schleswig-Holstein.[603] Um diese Einsparungen - v. a. im RPN-K - besser beurteilen zu können, wird darauf hingewiesen, daß im Jahre 1998 die Gesamtausgaben der AOK in Schleswig-Holstein bei insgesamt 1,56 Mrd. Euro lagen.[604] Vor diesem Hintergrund können die Einsparungen im Praxisnetz in Kiel als quantitativ nicht sehr bedeutsam eingestuft werden. Es ist jedoch anzumerken, daß sie - ebenso wie die Erfolge des Praxisnetzes in Rendsburg - nur in einer abgegrenzten Region mit einem geringen Anteil der jeweiligen Versichertengesamtheiten erzielt wurden. So versorgt die AOK in Kiel nur etwa 10 % ihrer schleswig-holsteinischen Versicherten.[605]

603 Die Netzerfolge verstehen sich als Summe der Einsparungen in den Bereichen ambulante und stationäre Behandlung sowie Arzneimittel abzüglich der Netzkosten (Leitstelle, medizinische Mehrleistungen). Vgl. RÜSCHMANN, H.-H.; ROTH, A.; KRAUSS, C. [2000], S. 188 ff.

604 Eine Aufstellung der Ausgaben der Ersatzkassen in Schleswig-Holstein im Jahr 1998 ist mangels Datenmaterials nicht möglich.

605 Vgl. RÜSCHMANN, H.-H.; ROTH, A.; KRAUSS, C. [2000], S. 82.

Tabelle 17: Einsparpotentiale der MQR und des RPN-K gegenüber der Vergleichsregion Schleswig-Holstein (ohne Netzregionen)[i)]

	Medizinische Qualitätsgemeinschaft Rendsburg[ii)] alle Angaben in Euro	Regionales Praxisnetz Kiel[iii)] alle Angaben in Euro
Einsparpotential Krankenhaus	570.715,45	658.097,69
Einsparpotential ambulante ärztliche Versorgung	223.369,88	355.027,10
Einsparpotential Arzneimittel	- 49.191,63[iv)]	41.446,56
Summe der Einsparpotentiale	793.907,08	1.054.571,35
Kosten Anlaufstelle und Leitstelle	176.631,77	134.075,83
Kosten medizinische Mehrleistungen	433.064,22	711.339,67
Summe der Netzkosten	609.695,99	845.415,50
Netzerfolg insgesamt (Sparpotential ./. Kosten)	184.211,09	209.155,85

i) Die Vergleichsregionen beziehen sich auf die Versichertengesamtheit der beteiligten Krankenkassen, d. h. beim MQR auf die Ersatzkassenversicherten und beim RPN-K die auf AOK-Versicherten jeweils in Schleswig-Holstein und ohne die beiden Netzregionen.
ii) Kosten-und Einsparpotentiale beziehen sich auf das Jahr 1998.
iii) Kosten und Einsparpotentiale beziehen sich auf das erste Projektjahr, also III/1997 bis III/1998.
iv) Arzneimitteldaten sind nur eingeschränkt verwertbar, da diese auf der Basis der Arzneimittelverordnungen für das zweite Halbjahr 1998 geschätzt werden. Darüber hinaus fand keine Überprüfung der Richtigkeit statt, so daß diese Position bei der Berechnung des Netzerfolgs nicht berücksichtigt wird.

Quelle: Eigene Darstellung in Anlehnung an RÜSCHMANN, H.-H.; ROTH, A.; KRAUSS, C. [2000], S. 189.

In den einzelnen Versorgungssektoren lassen sich unterschiedliche Entwicklungen festhalten: Während in der MQR eine Verringerung der Krankenhausverweildauern bei stabiler Fallzahl und steigender Anzahl von Netzversicherten erreicht wird, ist in Kiel ebenfalls ein Rückgang der Verweildauern zu verzeichnen, allerdings bei einem leichten Anstieg der Fallzahlen und gleichzeitigem

Rückgang der Versichertenzahlen.[606] Allerdings zeigen sich keine Auswirkungen der Praxisnetze auf die Selbsteinweiserquoten, die in Kiel und in Rendsburg höher sind als im übrigen Schleswig-Holstein. Dies ist deswegen problematisch, weil die niedergelassenen Ärzte auf die Selbsteinweiser keinen direkten Einfluß ausüben können. Auch die Entwicklung der O.K.-Fälle im RPN-K blieb im ersten Jahr hinter den Erwartungen zurück: Hier zeigte sich, daß rund 70 % der O.K.-Fälle doch im Krankenhaus behandelt wurden. Dies kann damit zusammenhängen, daß die Meldung und die Anerkennung von O.K.-Fällen noch nicht einheitlich gehandhabt wurden.

Insgesamt ist es problematisch, im Krankenhausbereich Einsparungen zu erzielen, da die Krankenhäuser aufgrund der Budgetregelungen, wonach Leistungsrückgänge mit einer Kappung des Budgets für das folgende Jahr „bestraft" werden, keinen Anreiz haben, Einsparungen zu erwirtschaften. Es wird versucht, das vorgegebene Budget auszufüllen, so daß höchstens von „virtuellen Einsparungen" im Zusammenhang mit der Vermeidung von Krankenhauseinweisungen gesprochen werden kann.

Dagegen zeichnet sich in der vertragsärztlichen Versorgung in beiden Modellregionen eine intensivere ärztliche Betreuung ab: Trotz geringerer Punktzahlforderungen der vernetzten Ärzte ist die Anzahl der Arztkontakte je Fall höher als im Landesdurchschnitt. Gleichzeitig entwickelt sich die Anzahl der Überweisungen v. a. in Rendsburg gleichmäßig und steigt nicht sprunghaft an wie im Landesdurchschnitt nach der Einführung der Praxisbudgets im Jahr 1997. Auch die Kommunikation der Ärzte untereinander hat sich intensiviert, wie die Entwicklung der Arzt- und Überweisungsbegleitbriefe, der Konsilien und die zunehmende Teilnahme an Qualitätszirkeln, zumindest im MQR, belegen. Entgegen den Erwartungen lassen sich im ambulanten Bereich nur wenige Doppeluntersuchungen feststellen, so daß eine große Entlastung des Honorarbudgets durch deren Reduzierung nicht zu erwarten ist. Allerdings sind nur die Doppelleistungen innerhalb der ambulanten Versorgung in dieser Untersuchung einbezogen; die Mehrfachleistungen, die bei der Überschreitung von Sektorengrenzen anfallen, konnten nicht erfaßt werden. Generell läßt sich jedoch in beiden Netzregionen ein leichter Aufwärtstrend bei Doppeluntersuchungen beobachten. Dieser ist möglicherweise in der Einholung von Zweitmeinungen begründet.

Im Arzneimittelbereich läßt sich festhalten, daß das Einsparpotential durch den verstärkten Einsatz von Generikapräparaten nicht ausgeschöpft ist. Dabei darf allerdings der positiv einzuschätzende langsamere Anstieg der Arzneimittelaus-

---

[606] Für das Rendsburger Ergebnis muß einschränkend hinzugefügt werden, daß keine Totalerfassung der Krankenhausfälle vorliegt, sondern nur eine Stichprobe aus fünf Krankenhäusern in der Region für die drei großen Ersatzkassen in den zweiten Halbjahren 1996 und 1998.

gaben im RPN-K im Vergleich zum landesweiten Ausgabenanstieg nicht übersehen werden.

4.2.4.2.2 Schwachstellen in den Netzkonzeptionen

Trotz einiger guter Ansätze zeigt sich, daß mit den Praxisnetzen die Mängel des Systems der GKV in der Patientenlenkung nicht ganz überwunden werden können. Die Ursachen dafür sind vielfältig:

- **Fehlende Einbindung der Versicherten**: Zwar waren die Praxisnetze bewußt auf die Lenkung des Arztverhaltens ausgerichtet, doch sind es letztlich die Versicherten, die sich ihren Weg durch das Gesundheitswesen bahnen und sich nicht an ärztliche Anweisungen gebunden fühlen müssen. Anders als im nachfolgend untersuchten Berliner Praxisnetz geht die Initiative zur Teilnahme am Netz nicht von den Versicherten aus, sondern vom Arzt, der dann über sein Verhalten den Patienten zu lenken trachtet.

  In Rendsburg und Kiel wurden weder die freie Arztwahl eingeschränkt noch finanzielle Anreize zur Lenkung der Patienten im Sinne des Netzes geschaffen. Statt dessen wurde die ärztliche Präsenz durch Bereitschaftsdienste und Notfallpraxen eher erweitert. Dies ist zwar grundsätzlich zu begrüßen, führt aber auch dazu, daß die vermehrte Inanspruchnahme durch die Versicherten gefördert wird - zum Nachteil der Ärzte, die aufgrund der Mehrleistungen mit einem sinkenden Punktwert rechnen müssen.

- **Fehlende Einbindung der Krankenhäuser**: Das Ziel der Vermeidung von Krankenhauseinweisungen ist zunächst gegen die Interessen des Krankenhauses gerichtet und kann sogar den Widerstand der Leistungserbringer im stationären Sektor hervorrufen. Anzeichen dafür gab es in Kiel und Rendsburg zwar nicht, allerdings kann nur eine konsequent integrierte Versorgung zu einer Vermeidung von Doppeluntersuchungen und zur Schaffung einer adäquaten Versorgung der Versicherten führen.

- **Schwache finanzielle Anreize bei konkurrierenden Vergütungssystemen im Gesundheitswesen**: Problematisch sind bei den betrachteten Modellprojekten die finanziellen Anreize, die das Verhalten der Ärzte steuern sollen. Mehrleistungen im Rahmen der Netzarbeit werden - abgesehen von den O.K.-Fällen - lediglich pauschal vergütet. Hierbei muß angemerkt werden, daß im MQR die Patientenbegleitbriefe seit 1999 gesondert vergütet werden, wobei die Verwaltungspauschale reduziert wurde, um einen gezielten Handlungsanreiz zu geben. Daraufhin ist es zu einer Zunahme der Nutzung dieses Mittels der Kommunikationsstärkung zwischen den Ärzten gekommen. Ferner wird der Punktwert durch die Zuführung von Einsparungen zum Honorarbudget gestützt, und zwar unabhängig von der erbrachten ärztlichen Leistung. Dabei ist allerdings zu berücksichtigen, daß erst Anschubfinanzierungen der KV Schleswig-Holstein und der Krankenkassen aus dem Einsparungen gedeckt werden müssen, bevor diese der Punktwerterhöhung zugute kommen. Es ist unwahrscheinlich, daß die Punktwertstützung Steuerungseffekte hervorrufen kann, da zum einen die Gewichtungen der EBM-Leistungen nicht verändert werden und die Einsparungen als Aufschlag auf die Gesamtvergütung im Netz wirken. Zum anderen ist der Stützbetrag nach dem Abzug der Netzkosten ohnehin zu gering, als daß er eine spürbar entlastende Wirkung für die Netzärzte hätte.

Darüber hinaus ist das Konzept der vernetzten Praxen mit den konkurrierenden Vergütungssystemen und den budgetierten Ausgaben in den einzelnen Sektoren nicht vereinbar. So sollen eigentlich Krankenhausbehandlungen substituiert werden. Dies kann jedoch nur funktionieren, wenn das Leistungsniveau im ambulanten Bereich erhöht wird. Da aber gleichzeitig höhere Punktwerte angestrebt („Ausstieg aus dem Hamsterrad") und Mehrleistungen - außer O.K.-Fällen und den Leistungen, die unter die Verwaltungspauschale fallen - nicht gesondert vergütet werden, muß diese Leistungserhöhung aus dem Honorarbudget finanziert werden. Dies wiederum geht zu Lasten des Punktwertes, der nicht genügend gestützt wird. Ähnlich verhält es sich mit zusätzlichen Arzneimittelverschreibungen durch niedergelassene Ärzte, da diese im Falle einer Richtwertüberschreitung kollektiv und individuell haften.

Die Substitution von Krankenhausleistungen beinhaltet ein weiteres Problem: Da die Krankenhausbudgets prospektiv vereinbart werden, wird nach der Bundespflegesatzverordnung den Krankenhäusern im Falle von Mehr- und Mindererlösen von den Krankenkassen ein Ausgleich eingeräumt. Im Falle einer Verlagerung der Leistungen in den ambulanten Sektor ist von einer Budgetunterschreitung auszugehen, so daß die Krankenkassen die Mindererlöse zu 40 % ausgleichen müssen.[607] Damit kann es kurzfristig sogar zu einer Kostenerhöhung für die Krankenkassen kommen, da Substitutionsleistungen nicht nur im Rahmen der Gesamtvergütung für die niedergelassenen Vertragsärzte finanziert werden müssen, sondern zusätzlich - wenn auch nicht zum vollen Satz - durch den Erlösausgleich im Krankenhausbereich. Eine Verringerung der Krankenhauskapazitäten und damit der

[607] Vgl. § 11 Abs. 8 (Abrechnung bei Sonderentgelten und Fallpauschalen) und § 12 Abs. 4 BPflV (Flexibles Budget).

Ausgaben der Krankenkassen für stationäre Behandlungen kann sich erst längerfristig einstellen.

- **Fehlende wirtschaftliche Verantwortung der Beteiligten**: Weder die Ärzte noch die Patienten können für netzinkonformes Verhalten sanktioniert werden. Dabei würde gerade dies die Erfolgsaussichten durch das Einhalten der Netzgrundsätze stärken. Alternativ könnte auch ein professionelles Management, das ein Interesse an einem wirtschaftlichen Erfolg des Modellprojekts hat, das Verantwortungsbewußtsein zumindest seitens der Ärzte fördern. Damit wäre es auch einfacher, unterschiedliche Interessenlagen der Beteiligten miteinander in Einklang zu bringen und klare Zielvorgaben zu setzen.
- **Keine Datenbasis für zeitnahe Steuerung**: Aufgrund zeitlicher Verzögerungen bei der Übermittlung von Leistungsdaten insbesondere bei verordneten Leistungen ist eine zeitnahe Kontrolle und Lenkung der Ärzte durch die Krankenkasse oder die Netzverwaltung auch hier kaum umsetzbar.

Nachfragen bei der KV Schleswig-Holstein haben ergeben, daß die Modelle gegenüber der obigen Darstellung, die sich auf das Jahr 1998 bezieht, nicht weiterentwickelt worden sind. Lediglich im MQR hat es einen kleinen Wandel gegeben, da die Rechtsform in eine Genossenschaft umgewandelt worden ist und ein professionelles Management durch Beteiligung der Sana-Kliniken GmbH, einer privaten Krankenhausbetreibergesellschaft, aufgebaut wurde. Damit ist aber nicht die aktive Einbindung des Rendsburger Krankenhauses in das Netz - ein entscheidender Schritt in Richtung einer integrierten Versorgung - vorgenommen worden.

4.2.5 Berliner Praxisnetz

4.2.5.1 Modellaufbau und Ziele

Einer der ersten Vernetzungsansätze in der GKV war das Berliner Praxisnetz, das im Jahr 1996 von 17 Betriebskrankenkassen (BKK) zusammen mit der KV Berlin initiiert wurde. Im Jahr 1998 schloß sich die Techniker Krankenkasse (TK) dem Netz an, womit die Versichertenzahl rasch von 3.000 auf 18.000 anwuchs.[608] Diesem Praxisnetz gehörten fast 600 der etwa 6.800 niedergelassenen Berliner Ärzte an, die in elf nach Stadtbezirken gegliederte Teams eingeteilt waren. In diesen Teams waren 11 bis 99 Ärzte aus verschiedenen Fachbereichen zusammengefaßt, der Hausarztanteil lag zwischen 21 % und 64 %, womit einige

[608] Vgl. SCHÖNBACH, K.-H. [2000], S. 226.

Netze facharztlastig waren.[609] Die Integration eines Krankenhauses wurde angestrebt, konnte jedoch nicht umgesetzt werden. Mitte des Jahres 2001 ist das ursprünglich auf acht Jahre angelegte Modellprojekt vorzeitig beendet worden, es soll zwar in veränderter Form weitergeführt werden, jedoch mit anderen Vertragspartnern und in einem kleineren Umfang. Hierauf wird im weiteren Verlauf dieses Abschnitts näher eingegangen.

Die Hauptziele des Modellprojekts waren zum einen die Schaffung eines Ärztenetzes, das eine systematische Organisation und Durchführung von Behandlungsprozessen ermöglicht, zum anderen der Aufbau eines eigenständigen Finanzierungssystems sowie die Überwindung der schlechten Datenlage im Gesundheitssystem durch die Entwicklung eines Datenmanagements, das zur Steuerung und Kontrolle der Leistungserbringer geeignet war. Angestrebt wurden eine höhere Qualität und Effizienz der Patientenversorgung, eine intensive Kommunikation und eine enge Kooperation der Ärzte miteinander. Ein straffes Netzmanagement sollte die Einhaltung dieser Ziele überwachen und fördern.

Das „Innenleben" des Netzes wurde von regelmäßigen Sitzungen der regionalen Teams bestimmt. Darüber hinaus wurden Fachgruppentreffen durchgeführt. Darin sollten patientenorientierte Behandlungsabläufe für bestimmte Krankheitsbilder vereinbart werden. Die Sprecher der Teams bildeten den medizinischen Beirat als übergeordnetes Organ des Netzes. Dessen Aufgaben waren die Weiterentwicklung des Netzes und die Festlegung von Qualitätssicherungsprogrammen. Für die Ärzte stand darüber hinaus ein Netzbüro zur organisatorischen Unterstützung bereit. Als weitere Einrichtung des Praxisnetzes ist die Leitstelle zu erwähnen, die sowohl den Ärzten als auch den Versicherten zur Verfügung stand: ersteren zur Weiterleitung an den fachärztlichen Hintergrunddienst bei fachlichen Fragen[610], letzteren zur Weiterleitung an den diensthabenden (Not-)Arzt.

Die Teilnahme der Ärzte am Berliner Praxisnetz war mit Pflichten verbunden: Die Leistungserbringer mußten die Bereitschaft zur Teilnahme an qualitätssichernden Maßnahmen mitbringen sowie am Bereitschaftsdienst aktiv mitwirken. Darüber hinaus waren sie verpflichtet, zum fachärztlichen Hintergrunddienst beizutragen. Für die Übernahme dieser Pflichten sollten die Ärzte mit einem Anteil an den erwirtschafteten Einsparungen belohnt werden.

Vorteile für die Versicherten sollten sich aus dem Netz nicht nur in Form einer abgestimmten Versorgung, sondern auch in Form einer besseren Erreichbarkeit

---

609 Expertengespräch TECHNIKER KRANKENKASSE, Hamburg am 02.07.2002.

610 Dieser wurde jedoch nach kurzer Zeit aus Kostengründen abgeschafft, Expertengespräch mit Frau DREYKLUFT (BERLINER PRAXISNETZ) am 26.08.2002.

der Ärzte außerhalb der normalen Sprechstundenzeiten ergeben. Die Teilnahme am Netz erfolgte über die Einschreibung der Versicherten und die Verpflichtung, im Falle einer Erkrankung zuerst einen Netzarzt aufzusuchen. Arztbesuche außerhalb des Netzes waren nur vorgesehen im Notfall, auf Überweisung eines Netzarztes und falls eine bestimmte Fachgruppe im Praxisnetz unzureichend vertreten war. Für netzkonformes Verhalten sollten auch die Versicherten mit einem Bonus, der aus den erwirtschafteten Einsparungen gespeist werden sollte, belohnt werden. Im Unterschied zu Praxismodellen wie in Kiel, Ried und Rendsburg entscheidet sich in einem Einschreibemodell der Versicherte, ob er zur Einschreibung und damit zur Beachtung der Netzgrundsätze bereit ist. In Praxismodellen verpflichten sich die Ärzten, ihre Patienten innerhalb des Netzes zu behandeln bzw. behandeln zu lassen.

Eine wichtige Besonderheit des Berliner Modellprojekts bildete das kombinierte Budget. Dieses setzte sich aus einem Betrag für jeden eingeschriebenen Versicherten zusammen, der aus der Gesamtvergütung der beteiligten Krankenkassen herausgerechnet wurde. Dabei richteten sich die Budgetbeiträge nach Kriterien, die im Risikostrukturausgleich (RSA) zur Anwendung kommen, so daß der Betrag, der die Leistungsausgaben eines Versicherten decken soll, vom Geschlecht, Alter sowie nach dem eventuellen Berufs- und Erwerbsunfähigkeitsrentenstatus des Versicherten abhängt.[611] Mit diesem Budget übernahm das Praxisnetz die finanzielle Verantwortung für vertragsärztliche und für verordnete Leistungen wie Arznei-, Heil- und Hilfsmittel sowie Krankenhausbehandlungen, häusliche Krankenpflege und Rehabilitation. Darüber hinaus schließt das Budget die Ausgaben für erbrachte Leistungen außerhalb des Netzes ein.[612] Entsprechend sollten Einsparungen - v. a. aus der Substitution von teuren Krankenhausleistungen und aus einer effizienteren Leistungserbringung im ambulanten Bereich - im Netz verbleiben und den Beteiligten (Krankenkassen, Versicherten, Netzärzten) zugute kommen.[613] Lediglich die Kosten für besonders teure Fälle (über 31.000 Euro pro Jahr) wurden weiterhin von den Krankenkassen übernommen, um außergewöhliche Budgetbelastungen, die das Netzergebnis verzerrt hätten, zu vermeiden.

Anhand des kombinierten Budgets war es möglich, durch einen einfachen Vergleich der Soll- mit den Ist-Ausgaben des Praxisnetzes einen standardisierten Vergleich zwischen den Ausgaben für die Versicherten im Praxisnetz und den Ausgaben der beteiligten Kassen außerhalb des Netzes in Berlin anzustellen. Damit war erstmals eine routinemäßige Kontrolle von Gesundheitsausgaben

---

611 Vgl. SCHÖNBACH, K.-H. [2000], S. 228.

612 Vgl. ROBRA, B.-P.; WILLE, E. [2002], S. 109.

613 Vgl. HAUCK, K.; HELBERGER, C. [1998], S. 139 und S. 141.

möglich. Diese sollte durch weitere Leistungsaufstellungen für die Ärzte ergänzt werden, indem jeder Arzt quartalsweise eine Auflistung der von ihm veranlaßten Krankenhauseinweisungen und verschriebenen Arzneimittel erhalten sollte. Anhand dieser Bulletins wurde ein Vergleich des einzelnen Arztes mit dem jeweiligen regionalen Team und dem Netz insgesamt angestrebt.[614]

4.2.5.2 Kritische Würdigung

Im Jahr 1998, als das kombinierte Budget erstmals zur Anwendung kam, wurden von etwa 7,47 Mio. Euro knapp 7,15 Mio. Euro „verbraucht". Daraus ergibt sich eine Unterschreitung des Ausgabenplanwerts um 4,3 %. Die Einsparungen wurden zu fast 70 % an die Krankenkassen verteilt, die diese an die netztreuen Versicherten als Bonus weitergaben. Die restlichen Einsparungen kamen zu gleichen Teilen den Netzärzten und dem Netz selbst für Strukturverbesserungen zugute, wobei die Verteilung der Einsparungen auf die Ärzte nach der Anzahl der behandelten Fälle und nicht zu gleichen Teilen je Arzt erfolgte.[615] Außerdem wurde den Ärzten ein fester Punktwert in Höhe von 5,1 Cent für Sonderleistungen und Tätigkeiten im Rahmen des Netzes, z. B. Bereitschaftsdienste, Konsilien, Teilnahme an Qualitätszirkeln und Überweisungsbegleitschreiben, zugestanden.

Diese Ergebnisse sind vor dem Hintergrund der Tatsache, daß die Netzversicherten ein höheres Durchschnittsalter als die nicht im Netz versicherten Berliner aufweisen, überraschend, da aus einem höheren Alter der Versicherten oft auf ein höheres Morbiditätsrisiko geschlossen wird.[616] Allerdings ließ sich keine stabile Tendenz zur Kostensenkung feststellen, denn bereits im folgenden Jahr wurde ein Defizit von fast 350.000 Euro erwirtschaftet. Dieses ist in erster Linie darauf zurückzuführen, daß die Grenze für die Übernahme des Morbiditätsrisikos durch das Netz von 31.000 Euro auf über 50.000 Euro erhöht wurde, so daß der Anteil der Patienten, deren Krankheitskosten von den beteiligten Krankenkassen übernommen wurde, um mehr als die Hälfte zurückgegangen ist. Diese Veränderung schlägt sich auch darin nieder, daß das Defizit in den Bereichen, die bei der Versorgung schwerer Krankheiten dominieren, nämlich Arzneimittel und Krankenhausleistungen, entstanden ist und nicht in der ambulanten Behandlung.[617]

---

614 Vgl. SCHÖNBACH, K.-H. [2000], S. 232.

615 Vgl. HAUCK, K.; HELBERGER, C. [1998], S. 142.

616 Vgl. SCHÖNBACH, K.-H. [2000], S. 229 und Expertengespräch mit der TECHNIKER KRANKENKASSE Hamburg am 02.07.2002.

617 Expertengespräch mit Frau DREYKLUFT (BERLINER PRAXISNETZ) am 26.08.2002.

Obwohl die Umsetzung des kombinierten Budgets bis auf die Ausnahme einiger BKK gut funktioniert hat und dieses eine einfache Auswertung der Netzarbeit ermöglichte, war das Verfahren der Finanzierung über morbiditätsunabhängige Kopfpauschalen nicht geeignet, um die zu erwartenden Kosten der einzelnen Versicherten abzubilden. Eine Verteilung der Kosten auf einzelne Versicherte und Versichertengruppen sowie auf einzelne Leistungen war nicht möglich; es konnte lediglich die Verteilung der Ausgaben auf die Leistungsbereiche, wie ambulante und stationäre Behandlung sowie Arzneimittel, ausgewiesen werden. Dies wurde insbesondere im Jahr 1999 problematisch, als die Zahlen der abgerechneten Punkte stärker zunahmen als das Budgetvolumen, was zu einem Punktwertverlust von 50 % führte.[618]

Dieser Trend wurde von weiteren Fehlentwicklungen begleitet. So zeigte sich, daß der Anstieg der Fallzahlen im Jahr 1998 zu einem größeren Anteil bei Nicht-Netzärzten als bei Netzärzten zu verzeichnen war. Gleiches gilt für die Punktzahlabrechnungen. Im ersten Quartal des Jahres 1999 wurde mehr als die Hälfte der Fälle von Nicht-Netzärzten behandelt, so daß auch mehr als die Hälfte des Budgets an Nicht-Netzärzte floß. Infolgedessen kamen die erwirtschafteten Einsparungen im Netz nicht allein den Netzärzten und der Punktwertstützung zugute.

Die Ursachen für diese Fehlentwicklungen sind nicht bekannt. Zum einen kann es am Verhalten der Netzärzte liegen, indem sie ihrer Steuerungsfunktion nicht gerecht wurden oder sich selber nicht netzkonform verhielten und zu viele Überweisungen an Ärzte außerhalb des Netzes vornahmen. Zum anderen muß ein Rückschluß auf die Netztreue der Versicherten gezogen werden: Nur 35 % der Versicherten hielten sich an die Vereinbarung, nur im Ausnahmefall Nicht-Netzärzte aufzusuchen.[619] Diese Entwicklung konnte auch durch eine in Aussicht gestellte Beteiligung am Netzgewinn und einer nach dem Geschäftsjahr 1998 erfolgten Bonuszahlung in Höhe von bis zu 61 Euro pro Versicherten nicht geändert werden. Hier wäre zu untersuchen, ob die Aussicht auf einen finanziellen Bonus geeignet ist, um die Änderung von Gewohnheiten bei der Inanspruchnahme von Gesundheitsdienstleistungen herbeizuführen.[620] Ergänzend ist allerdings auf die Berliner Besonderheit einer hohen Krankenhausselbsteinweisungs-

---

618 Vgl. RICHTER-REICHHELM, M. [2000], S. 221 f.

619 Expertengespräch TECHNIKER KRANKENKASSE Hamburg am 02.07.2002.

620 Dies wird beispielsweise vom VdAK bezweifelt (Expertengespräch mit Frau JANN (VDAK-AEV SIEGBURG) am 10.10.2002). Eine Umfrage der Bundesknappschaft unter den Teilnehmern am Gesundheitsnetz „prosper“ hat ergeben, daß die Versicherten Sachprämien einem finanziellen Bonus vorziehen. Vgl. SCHLINGENSIEPEN, I. [2002].

quote von etwa 40 % hinzuweisen.[621] Vor diesem Hintergrund ist die fehlende Integration des stationären Sektors in das Netz kritisch zu beurteilen.[622]

Darüber hinaus ist die Marketingstrategie der beteiligten Krankenkassen zu bemängeln. Diese hat als Schwerpunkt die bessere ärztliche Präsenz im Netz betont und weniger auf das Ziel einer Patientenlenkung und die damit einhergehende Notwendigkeit netzkonformen Verhaltens hingewiesen.[623] Dies wird durch die höhere Anzahl der Arztbesuche bei Nicht-Netzärzten durch TK-Versicherte gegenüber den BKK-Versicherten belegt.[624]

Insgesamt zeigten sich Schwierigkeiten bei der Umsetzung des Netzgedankens. Die Managementfähigkeit eines Netzes von beinahe 600 Ärzten gestaltete sich nicht nur aus räumlicher, sondern auch - trotz der regionalen Teams - aus organisatorischer Sicht als schwierig. Besonders bei der Vereinbarung und Einhaltung von Leitlinien zum Behandlungsablauf zeigte sich das Problem der Einzelpraxen als eigenständige Wirtschaftseinheiten. Diese im ambulanten Sektor des deutschen Gesundheitswesens gängige Organisationsweise, verbunden mit der Therapiefreiheit der Ärzte, ist nicht auf eine Zusammenarbeit mit anderen Leistungserbringern ausgerichtet und stellt sowohl die Ärzte als auch das Gesundheitswesen als Ganzes vor große Herausforderungen. Problematisch erscheint - insbesondere vor dem Wandel der Krankheitsbilder von Infektionskrankheiten zu chronischen Zivilisationskrankheiten, die einer sektorübergreifenden Versorgung bedürfen - die zunehmende Spezialisierung im ambulanten Sektor. Darüber hinaus greift auch hier die schlechte Datenlage: Aufgrund zeitlicher Verzögerungen bei der Übermittlung und Auswertung von Leistungs- und Verordnungsdaten ist die Umsetzung einer unmittelbaren Steuerung und Überwachung durch die Krankenkassen oder die Netzverwaltung nicht möglich, trotz Verbesserungen im Vergleich zur Situation ohne Praxisnetz.

Auch die Kriterien der KV Berlin für die Ärzteauswahl waren kritikwürdig, da sie nur auf das Vorhandensein eines bestimmten Anteils an Versicherten der teilnehmenden Krankenkassen und auf die EDV-Abrechnung mit der KV ausge-

---

621 Expertengespräch BKK BUNDESVERBAND am 15.08.2002.

622 Die Einbindung eines Krankenhauses ist allerdings beabsichtigt. Das Modellvorhaben sollte in seiner ursprünglichen Form im November 2000 vorzeitig aufgelöst werden und dann als integriertes Versorgungsmodell, in das auch Kliniken und Pflegedienste eingeschlossen waren, weitergeführt werden. Expertengespräch mit Frau DREYKLUFT (BERLINER PRAXISNETZ) am 26.08.2002.

623 Dieses Problem zeigte sich auch bei einer Überprüfung der von den eingeschriebenen Versicherten anzugebenden koordinierenden Ärzte, dem ersten Ansprechpartner im Krankheitsfall. Es stellte sich heraus, daß die Mehrzahl der angegebenen Ärzte nicht als Teilnehmer im Praxisnetz aufgeführt war (Expertengespräch Frau DREYKLUFT (BERLINER PRAXISNETZ) am 26.08.2002).

624 Vgl. RICHTER-REICHHELM, M. [2000], S. 223.

richtet waren. Dadurch wurde vielen kleinen Praxen die Teilnahme am Netz ermöglicht, was zum einen bei der Qualitätssicherung problematisch war, zum anderen auch das Erreichen der kritischen Masse an Versicherten erschwerte. Entscheidend ist in diesem Zusammenhang, zu welchem Anteil ein niedergelassener Berliner Arzt sein Honorar aus Netzleistungen bezieht. Erst wenn dieser Anteil relevant wird, kann man davon ausgehen, daß das Interesse an netzkonformem Verhalten des Arztes auch mit ökonomischen Argumenten begründet wird. Bei einem Netz aus etwa 18.000 Versicherten in einer Stadt mit 3,3 Mio. Einwohnern kann davon ausgegangen werden, daß der Anteil des Honorars, der aus der Netzarbeit stammt, nicht gewichtig sein kann. Dies kann damit begründet werden, daß das Praxisnetz nicht auf einen oder wenige Stadtbezirke begrenzt war, so daß die Dichte der Netzversicherten nicht überall hoch gewesen sein kann. Ob dann die durch das kombinierte Budget geschaffenen Anreize zu einer wirtschaftlicheren Leistungserbringung Wirkung zeigen, ist ungewiß. Hier wäre eine Orientierung an der absoluten Fallzahl der Arztpraxen und die Integration größerer Arztpraxen vorteilhaft gewesen.[625]

Ein ähnliches Problem zeigt sich auch bei der beabsichtigten Weiterführung des Projekts. Geplant ist, die Vernetzung auf die Region Spandau/Charlottenburg zu beschränken, das örtliche Krankenhaus einzubeziehen und das Netz auf chronische Krankheiten auszurichten. Eine solche Vernetzung ist jedoch für die bisher beteiligten Krankenkassen nicht interessant, da ihre Versichertenklientel über ganz Berlin verteilt ist. Daher hat bisher nur die Siemens Betriebskrankenkasse Interesse an der Fortführung des Projekts geäußert, da diese Krankenkasse die Mehrzahl ihrer Versicherten in den betroffenen Bezirken Spandau/ Charlottenburg hat. Die anderen Krankenkassen hegen darüber hinaus die Befürchtung einer negativen Risikoselektion.[626] Da der Risikostrukturausgleich (noch) nicht an Morbiditätsstrukturen anknüpft, besteht durch den verstärkten Zustrom sog. „schlechter" Risiken kein ökonomisches Interessen der Krankenkassen an der Versorgung chronisch Kranker, weil diese sehr hohe Kosten verursachen und somit ein „Verlustgeschäft" darstellen.

4.3 Ansätze zur integrierten Versorgung

4.3.1 Vorbemerkungen

Da die Möglichkeiten zur Umsetzung von Modellen zur integrierten Versorgung erst mit der Gesundheitsreform 2000 eingeführt wurden, ist die Anzahl der

---

[625] Expertengespräch mit Frau DREYKLUFT (BERLINER PRAXISNETZ) am 26.08.2002.

[626] Expertengespräch mit Frau DREYKLUFT (BERLINER PRAXISNETZ) am 26.08.2002.

Ansätze, in denen die Leistungsanbieter über die Sektorengrenzen hinweg eine Kooperationsvereinbarung treffen, noch vergleichsweise gering.[627]

Auch hier gibt es verschiedene Ausprägungen, die von der Konzentration auf ein Krankheitsbild - Beispiele sind die Vorhaben der AOK in Rheinland-Pfalz in den Städten Bitburg und Dahn, die sich auf Onkologie Patienten bzw. auf ältere und multimorbide Versicherte spezialisieren - bis hin zur Einbeziehung der gesamten medizinischen Versorgung in einer Region reichen. Dabei kann es darum gehen, den Übergang vom ambulanten zum stationären Sektor zu optimieren, aber auch darum, weitere Schnittstellen zu anderen Gesundheitsberufen zu verbessern oder bestimmte Versorgungslücken, beispielsweise eine nicht angemessene post-stationäre Betreuung, zu schließen. Darüber hinaus kann im Rahmen von integrierten Versorgungsmodellen die Verantwortung für ein kombiniertes Budget auf die beteiligten Leistungsanbieter übertragen werden.

Die folgenden Ausführungen konzentrieren sich auf drei Vorhaben, die sich sowohl in der Reichweite der Integration verschiedener Gruppen von Leistungserbringern wie auch in der Übernahme finanzieller Verantwortung unterscheiden. Da es sich aber um sehr „neue" und z. T. noch nicht gestartete Projekte handelt, sind konkrete Ergebnisse nur begrenzt verfügbar. Es wird aber dennoch deutlich, daß mit diesen Ansätzen neue Versorgungsstrukturen geschaffen werden können, die einen Teil der durch die vertikale Versäulung verstärkten Fehlanreize im Gesundheitswesen überwinden helfen.

4.3.2 Medizinische Qualitätsgemeinschaft Modell Herdecke

Dieses Modellprojekt ist vom VdAK/AEV, der KV Westfalen-Lippe, dem Gemeinnützigen Verein zur Entwicklung von Gemeinschaftskrankenhäusern e.V. und den niedergelassenen Ärzten in der Region Herdecke entwickelt worden. Daran beteiligt sind seit Beginn des Jahres 2000 das Gemeinschaftskrankenhaus Herdecke und 27 niedergelassene Ärzte unterschiedlicher Fachrichtungen in 21 Praxen. Die Projektlaufzeit beträgt acht Jahre.[628]

Die Teilnahme der Ärzte beruht auf einer freiwilligen Entscheidung, ist aber mit der Verpflichtung zur Einhaltung einer selbsterstellten Kodexvereinbarung verbunden. Die Leistungserbringer streben das Ziel einer verbesserten Kommunikation und Kooperation zum einen zwischen den verschiedenen Fachrichtun-

[627] Die BUNDESKNAPPSCHAFT beruft sich auf eine Schätzung der KBV aus dem Jahr 1999 in der von insgesamt vier Projekten in ganz Deutschland ausgegangen wird. Vgl. BUNDESKNAPPSCHAFT [o. J.], S. 17.

[628] Diese Informationen sind dem Merkmalskatalog zum Modellvorhaben Herdecke der VdAK/AEV-Landesbereichsvertretung Westfalen-Lippe (19.09.2002) entnommen.

gen innerhalb der niedergelassenen Ärzteschaft und zum anderen zwischen dem ambulanten und dem stationären Versorgungssektor an. Dies soll zur Vermeidung unnötiger diagnostischer und therapeutischer Leistungen, medizinisch nicht indizierter Krankenhauseinweisungen und einer Verkürzung der Verweildauern beitragen sowie eine Verbesserung der Effizienz der medizinischen Versorgung der Versicherten durch eine höhere Auslastungsquote vorhandener Kapazitäten fördern. Darüber hinaus wird eine rationale und zwischen den Versorgungsbereichen abgestimmte Pharmakotherapie sowie Heil- und Hilfsmittelverordnung angestrebt.[629] Diese Ziele sollen u. a. über den Einsatz von speziellen Leitlinien erreicht werden. Zusammenfassend lassen sich diese Aspekte in drei Hauptziele gruppieren: Erstens soll die Qualität der Behandlung durch eine sektorübergreifende Behandlungskontinuität verbessert werden. Zweitens wird die Erhöhung der Wirtschaftlichkeit der Versorgung angestrebt, also „die richtige Leistung zur richtigen Zeit am richtigen Ort".[630] Und drittens möchten die Beteiligten in der Lage sein, im Netz das Behandlungsgeschehen zielorientiert selbst zu steuern.

Im Unterschied zu den bisherigen Vernetzungsansätzen handelt es sich bei der Medizinischen Qualitätsgemeinschaft Modell Herdecke (MQ Herdecke) um eines der wenigen Modellvorhaben, in das ein Krankenhaus explizit eingebunden ist. Das Ziel der Umgehung unnötiger Krankenhauseinweisungen ist zwar nicht neu und auch ohne die Einbindung eines Krankenhauses erreichbar, ebenso die Nutzung der Krankenhauseinrichtungen und -ausstattungen im Rahmen einer ambulanten Behandlung, doch wird im Modell Herdecke darüber hinaus versucht, die systembedingte Konkurrenz zwischen ambulantem und stationärem Sektor durch eine verstärkte Zusammenarbeit abzubauen. Somit steht in Herdecke die Transformation des stationären Leistungsspektrums im Mittelpunkt, d. h. es sollen nur solche Fälle dem Gemeinschaftskrankenhaus zugeleitet werden, die nicht in gleicher Qualität im ambulanten Sektor behandelt werden können. Die Krankenhauskapazitäten werden damit für Leistungsfälle mit höherem Schweregrad freigehalten. Gleichzeitig soll eine enge Zusammenarbeit mit den niedergelassenen Ärzten die Vermeidung von Krankenhauseinweisungen und die Verkürzung von Verweildauern fördern. Hier sollen gemeinsam erarbeitete Leitlinien zur Krankenhauseinweisung als Orientierungshilfe für die niedergelassenen Ärzte angewendet werden. Intensivere und regelmäßige Fehlbelegungsprüfungen durch den Medizinischen Dienst der Krankenkassen als Teil

---

[629] Zur Definition der rationalen Pharmakotherapie siehe die Ausführungen zum Modellvorhaben im Ried (Kapitel D 4.2.3.2.2 in diesem Teil der Arbeit).

[630] ZIMMERMANN, P. [2001].

der Evaluation sollen unnötige Krankenhausbehandlungsfälle aufdecken und in Zukunft vermeiden helfen.[631]

Das Ziel kürzerer Verweildauern wird über eine engere Zusammenarbeit im prä- und post-stationären Bereich angestrebt: Durch die Einhaltung eines Katalogs vorstationärer Diagnostik, die verstärkt im ambulanten Sektor durchgeführt werden soll, können unnötige Doppeluntersuchungen bei einer Krankenhauseinweisung vermieden, der stationäre Aufenthalt verkürzt und folglich die Fallkosten im Krankenhaus gesenkt werden. Die nachstationäre Behandlung soll ebenfalls weitestgehend auf die teilnehmenden Vertragsärzte übertragen werden, jedoch nach engem Austausch zwischen dem Krankenhaus und dem übernehmenden Leistungsanbieter (beispielsweise ein ambulanter Pflegedienst zusätzlich zur Betreuung durch einen Vertragsarzt). Damit sollen vielfach bemängelte Schnittstellenprobleme überwunden werden.[632] Allerdings bleibt anzumerken, daß eine personelle Verflechtung der niedergelassenen Ärzte mit dem Krankenhaus Herdecke in Form einer Stärkung des Belegarztwesens nicht vorgesehen ist, so daß es bei der Überschreitung von Sektorengrenzen auf jeden Fall zu einem Arztwechsel kommt.[633]

Das Modellvorhaben spricht die Ersatzkassenversicherten in der Region Herdecke an, deren Anteil bei etwa 40 % aller Versicherten liegt.[634] Finanzielle Anreize zur Teilnahme der Versicherten am Projekt gibt es zwar nicht, dafür ist die Teilnahme an der MQ Herdecke freiwillig und sie erfolgt ohne Einschreibung. Die freie Arztwahl ist damit nicht eingeschränkt und es ist nicht vorgesehen, daß die Hausärzte als Primärärzte fungieren sollen, so daß der direkte Zugang zu Fachärzten weiterhin allen Versicherten offensteht. Damit wird den Versicherten eine zwischen den Leistungserbringern abgestimmte und koordinierte Versorgung in Verbindung mit einer effektiven Arzneimitteltherapie angeboten, ohne daß dies mit der Beschneidung der Patientenautonomie, wie dies beim Gatekeeping und Case Management der Fall sein kann, verbunden ist. Allerdings bringt die Einhaltung von Leitlinien auch gewisse Einschränkungen für die Patienten mit sich.

---

631 Diese Prüfung durch den Medizinischen Dienst wird in Herdecke stichprobenweise durchgeführt und nicht wie bisher nur in begründeten Einzelfällen (Expertengespräch mit Herrn Dr. ZIMMERMANN (GEMEINSCHAFTSKRANKENHAUS HERDECKE) am 07.10.2002).

632 Vgl. z. B. SACHVERSTÄNDIGENRAT FÜR DIE KONZERTIERTE AKTION IM GESUNDHEITSWESEN [1994], S. 165.

633 Vgl. Merkmalskatalog zum Modellvorhaben Herdecke der VdAK/AEV-Landesbereichsvertretung Westfalen-Lippe (19.09.2002).

634 Vgl. ebenda.

Darüber hinaus können die beteiligten Versicherten von längeren Sprechstundenzeiten und einer verbesserten ärztlichen Erreichbarkeit in Notfällen profitieren. Auch bei diesem Aspekt steht die Verhinderung von Krankenhauseinweisungen im Vordergrund, da gerade in Notfallsituationen die Selbsteinweisungsrate der Versicherten hoch ist, obwohl viele Notfallpatienten auch ambulant versorgt werden könnten. Eine gezielte Informationspolitik soll im Raum Herdecke die Inanspruchnahme eines ambulanten Bereitschaftsdienstes im Gesundheitsnetz fördern.[635] Zur Stärkung der Patienteninteressen im Versorgungssystem wird die Patientenberatung nach den Möglichkeiten des § 65b SGB V intensiviert. Der Schwerpunkt der Beratung liegt z. Zt. beim Beschwerdemanagement.[636]

In Anlehnung an das Beispiel Ried wird der Verordnungsspiegel zur Arzneimittelverschreibung auf Herdecke übertragen. Danach erhalten auch hier die teilnehmenden Ärzte und das Gemeinschaftskrankenhaus Herdecke quartalsweise Auskunft über ihr Verordnungsverhalten im Vergleich zum Verordnungsverhalten im Netz insgesamt und im Vergleich zu einer Kontrollregion. Eine Ausweitung der Verordnungsspiegel auf den Heil- und Hilfsmittelbereich ist vorgesehen. Darüber hinaus ist die Teilnahme der Ärzte an den in regelmäßigen Abständen stattfindenden Qualitätszirkeln sowie die Mitarbeit an den Arbeitsgruppen zu Fragen der Struktur- und Qualitätsverbesserung vorgesehen. In solchen Zusammenkünften werden die Leitlinien zur Vermeidung von Krankenhauseinweisungen und zur Verweildauerverkürzung sowie zu Verfahrensabsprachen bei chronischen Krankheiten erarbeitet. Auch zur Pharmakotherapie erfolgen ein Austausch und die Erarbeitung von Leitlinien für den ambulanten und stationären Sektor.[637] Des weiteren dient die intensivierte Kommunikation der Leistungserbringer untereinander der Verbesserung der Abgestimmtheit und Kontinuität der Behandlung. Unterstützt wird dieses Ziel durch den Einsatz eines Patientenbuches nach dem Vorbild der ÄQ im Ried sowie durch Patientenbegleitbriefe.

Es wird deutlich, daß dieses Modell weniger unmittelbar bei der Patientenlenkung ansetzt als vielmehr bei der Beeinflussung der Leistungserbringer - mit daraus resultierenden mittelbaren Auswirkungen auf das Patientenverhalten.

---

635 Vgl. ZIMMERMANN, P. [o. J.], S. 2.

636 Expertengespräch mit Herrn Dr. ZIMMERMANN (GEMEINSCHAFTSKRANKENHAUS HERDECKE) am 07.10.2002.

637 Für spezielle Krankheitsbilder sind bereits Empfehlungen ausgearbeitet worden, beispielsweise für Beinvenenthrombose, Fettstoffwechselstörungen, Hypertonie, Herzinsuffizienz. Außerdem wurden Leitlinien zur Antibiotikatherapie ausgearbeitet. Siehe dazu ZIMMERMANN, P.: Wie werden aus Konkurrenten Partner? Vortrag auf dem CMK-Forum „Marktstrategie Gesundheitszentrum“ am 28. November 2001 in Bad Friedrichshall.

Dies erfolgt zum einen über die zielorientierte Selbststeuerung durch die Einhaltung der Ergebnisse der Qualitätszirkel und der Arbeitsgruppen. Zum anderen spielt die Gestaltung der ökonomischen Rahmenbedingungen eine wichtige Rolle. Dazu zählen in erster Linie die finanziellen Anreize für die Leistungsanbieter. Es muß hervorgehoben werden, daß in der MQ Herdecke bislang weder ein integriertes Budget vorgegeben ist, noch eine sektorübergreifende Budgetverantwortung der beteiligten Leistungsanbieter umgesetzt wird. Allerdings wird die Schaffung eines integrierten Budgets bei der Weiterentwicklung des Projekts angestrebt.[638] Derzeit werden das Gemeinschaftskrankenhaus und die niedergelassenen Ärzte weiterhin nach getrennten Budgets vergütet. Das Budget der teilnehmenden Vertragsärzte, das sich an den bisherigen Praxisbudgets vor Projektbeginn zuzüglich einer geringfügigen Erhöhung orientiert, wird aus der Gesamtvergütung herausgerechnet. Innerhalb dieses Budgets wird die Leistungserbringung nicht nach den Punktgewichtungen des EBM abgerechnet. Statt dessen kommen fallzahllimitierte Fallpauschalen zum Einsatz. Damit ist das Ziel des Austritts aus dem „Hamsterrad" verbunden.

Ähnlich sieht es im Gemeinschaftskrankenhaus Herdecke aus. Zwar erfolgt hier nach wie vor die Vergütung nach den Vorschriften der Bundespflegesatzverordnung, d. h. das Mischsystem aus Fallpauschalen, Sonderentgelten und Pflegesätzen wurde Anfang 2004 durch das DRG-System abgelöst, doch wird längerfristig eine schweregradabhängige Vergütung mit Pauschalen angestrebt.[639] Dafür ist allerdings zunächst eine Untersuchung des Fallmix im Krankenhaus und die Simulation unterschiedlicher Entwicklungen des Fallmix erforderlich, v. a. vor dem Hintergrund der angestrebten Erhöhung des Schweregrades der behandelten Indikationen, da dies mit einer kostenintensiveren Behandlung einhergehen kann. Als Ziel soll eine leistungsgerechtere Vergütung im Krankenhaus erreicht werden, so daß Effizienzgewinne erwirtschaftet werden können, die bei der Finanzierung des Projektbudgets Verwendung finden sollen.[640] Dieses ist für die netzinternen Strukturen wie die Finanzierung von Qualitätszirkeln, die Beschaffung von Material etc., aber auch zur Kompensation der Leistungserbringer im ambulanten Sektor für ausgelagerte Behandlungsfälle aus dem Krankenhaus vorgesehen.[641]

Auch bei den Arzneimitteln werden Einsparungen erhofft. Die Entwicklung des Arzneimittelverordnungsverhaltens im Krankenhaus und im Netz der Vertragsärzte wird anhand der Verordnungsspiegel festgehalten und in die Projekt-

---

638 Expertengespräch mit Herrn HAMACHER (VDAK-AEV) am 02.10.2002.

639 Vgl. ZIMMERMANN, P. [2001], S. 210.

640 Vgl. ZIMMERMANN, P. [o. J.], S. 2.

641 Vgl. ebenda und Expertengespräch mit Herrn HAMACHER (VDAK-AEV) am 02.10.2002.

auswertung einbezogen. Allerdings sind die Arzneimittelausgaben in diesem Modellvorhaben nicht budgetiert. Die Ärzte im Netz übernehmen nicht mehr finanzielle Verantwortung als ihre Kollegen, die nicht an der MQ Herdecke teilnehmen, d. h. sie können ebenfalls bei einer Prüfung zum Regreß herangezogen werden. Allerdings können die Netzärzte von ihrem Informationsvorsprung gegenüber Nicht-Netzärzten profitieren, da sie über den Verordnungsspiegel ihr Verordnungsverhalten und dessen Auswirkungen besser abschätzen können. Einsparungen im Arzneimittelverbrauch des Netzes kommen ebenfalls dem Projektbudget zugute.[642]

In der ersten Projektphase vom Jahr 2000 bis 2002 wurde ein zusätzliches Projektbudget gebildet, das sich aus dem geschätzten jährlichen Einsparvolumen bei den Arzneimittelverordnungen und einem entsprechenden Volumen an Kosteneinsparungen durch die Kooperation im Krankenhaus speist. Die Mittel aus dem Projektbudget werden für die Weiterentwicklung des Modells, für den Leistungstransfer aus dem Krankenhaus ins Netz in Form einer Grundpauschale pro Arztpraxis und für die Mitarbeit in Qualitätszirkeln und Arbeitsgruppen in Form eines Zeithonorars verwendet.[643]

Konkrete Ergebnisse zu der Medizinischen Qualitätsgemeinschaft Herdecke liegen bisher noch nicht vor. Es lassen sich jedoch Tendenzentwicklungen erkennen, die ein positives Gesamtbild vermitteln:[644] So ist seit Projektbeginn ein Sinken der Fallzahlen zu beobachten. Damit steigt aus ärztlicher Sicht nicht nur der Fallwert, sondern auch die Intensität der ärztlichen Betreuung, womit das Ziel des Ausstiegs aus dem „Hamsterrad" als erreichbar eingeschätzt werden kann. Die Überprüfung der Fehlbelegungen im Krankenhaus hat ergeben, daß das Potential der Leistungsverlagerung in den ambulanten Sektor bei etwa 10 bis 15 % liegt und damit mit dem vermuteten GKV-Durchschnitt übereinstimmt.[645] Im Arzneimittelbereich läßt sich zwar ein Zuwachs der Ausgaben verzeichnen, allerdings fällt dieser geringer aus als bei der herangezogenen Kontrollgruppe.

---

642 Expertengespräch mit Herrn HAMACHER (VDAK-AEV) am 02.10.2002.

643 Expertengespräch mit Herrn Dr. ZIMMERMANN (GEMEINSCHAFTSKRANKENHAUS HERDECKE) am 07.10.2002.

644 Expertengespräch mit Herrn HAMACHER (VDAK-AEV) am 02.10.2002.

645 Expertengespräch mit Herrn Dr. ZIMMERMANN (GEMEINSCHAFTSKRANKENHAUS HERDECKE) am 07.10.2002.

4.3.3 Gesundheitsnetz „prosper" der Bundesknappschaft

4.3.3.1 Strukturelle Besonderheiten der Bundesknappschaft im Vergleich zu anderen Gesetzlichen Krankenkassen

Da die Bundesknappschaft in organisatorischer Hinsicht den Berufsgenossenschaften ähnelt, ist im Rahmen dieser Arbeit das Modell „prosper" der Bundesknappschaft von besonderem Interesse. Konkret ist die Bundesknappschaft als Krankenkasse des Bergbaus auf einen Gewerbezweig ausgerichtet. Diese Ausrichtung besteht bis heute fort, allerdings ist im Zuge der Einführung des Kassenwettbewerbs die Mitgliedschaft in der Bundesknappschaft nur noch an die Zahlung eines Monatsbeitrags zur knappschaftlichen Rentenversicherung gebunden, also an eine mindestens einmonatige Beschäftigung im Bergbau, wobei auch ehemaligen Beschäftigten des Bergbaus die Mitgliedschaft in der Bundesknappschaft offensteht. Dadurch ist die Konzentration auf Bergbauregionen etwas vermindert, grundsätzlich aber erhalten worden.

Ferner gleicht die Bundesknappschaft in vielen Punkten einer Health Maintenance Organization, da sie nicht nur eine reine Krankenversicherung ist, sondern auch über einen Verbund eigener Leistungserbringer verfügt. Dazu gehören sieben eigene Krankenhäuser und fünf eigene Rehabilitationskliniken sowie ein Netz von etwa 1.400 sog. Knappschaftsärzten.[646] Für diese übernimmt die Bundesknappschaft die Aufgaben einer KV, so daß sie auch den Sicherstellungsauftrag im Rahmen ihrer knappschaftlichen Versorgung innehat.[647] Dieser wird auf den Bundesverband der knappschaftlichen Ärzte übertragen. Die Zulassung zum Knappschaftsarzt ist zum einen abhängig vom Vorliegen der Zulassung zur vertragsärztlichen Versorgung, zum anderen von einer bestimmten Zahl von Knappschaftspatienten je Praxis. Die Vergütung der Knappschaftsärzte für erbrachte Leistungen an Knappschaftsversicherten erfolgt nach einem im Jahr 1986 aufgestellten und seither fortgeschriebenen eigenen Budget. Für die Versicherten bedeutet das Netz der Knappschaftsärzte jedoch keine Einschränkung der freien Arztwahl. Der Anteil der ambulanten Versorgung, der von diesen Ärzten übernommen wird, liegt bei etwa 30 %. In den Knappschaftskrankenhäusern werden zwischen 15 und 50 % der stationären Behandlungsfälle abgewickelt.[648] Dies hängt aber vom Standort des Krankenhauses und dem Anteil der Erwerbstätigen im Bergbau in der jeweiligen Region ab.

---

646 Davon sind 15 % Zahnärzte und die restlichen 85 % allgemeine und praktische Ärzte. Vgl. BUNDESKNAPPSCHAFT [o. J.], S. 11.

647 Expertengespräch mit Herrn MÜLLER (BUNDESKNAPPSCHAFT) am 01.08.2002.

648 Expertengespräch mit Herrn MÜLLER (BUNDESKNAPPSCHAFT) am 01.08.2002.

Ein weiteres Merkmal, das die Bundesknappschaft und Unfallversicherungsträger gemeinsam haben, ist der im Vergleich zu den sonstigen Krankenkassen erweiterte Leistungsbereich. Neben ihrer Aufgabe als Kranken- und Pflegeversicherungsträger für etwa 1,4 Mio. Versicherte ist die Bundesknappschaft auch Rentenversicherungsträger für 1 Mio. Versicherte. Zwar unterscheidet sich die Altersrente von der Verletztenrente der Unfallversicherung in ihrem Zweck und in ihrer Berechnung, aber die Verantwortung der Bundesknappschaft für ihre Versicherten über die kurative Versorgung hinaus und die damit einhergehende Übernahme des vollen finanziellen Risikos stärkt die Anreize zur Schaffung eines reibungslosen Übergangs an den Schnittstellen zwischen den Versorgungssektoren und von der medizinischen zur beruflichen Rehabilitation. Ebenso kann von Synergieeffekten in den organisatorisch und budgetär getrennten Zweigen gesprochen werden, v. a. in den Querschnittsbereichen wie Personal und Rechnungswesen, was wiederum zu Kosteneinsparungen führen kann.[649]

Die Konzentration auf den Bergbau bringt eine geographische Konzentration des Versichertenkreises mit sich. So ist der größte Teil der Knappschaftsversicherten im Ruhrgebiet, im Saarland, aber auch in den Bergbauregionen in den neuen Ländern konzentriert. Es kommt dadurch auch zu einer Häufung von Krankheiten, die besonders bei Beschäftigten im Bergbau auftreten. Beispielsweise machten Herz-Kreislauf-Erkrankungen im Jahr 2000 etwa 33 % aller Erkrankungen in der Bundesknappschaft aus, bösartige Neubildungen etwa 14 %. Im GKV-Durchschnitt machen diese Diagnosen dagegen nur 22 % bzw. 9 % der Krankheitsfälle aus.[650] Vor diesem Hintergrund erscheint die Umsetzung von Disease Management Programmen oder von Behandlungsleitlinien bei solchen Krankheiten sinnvoll. Ebenso kann die Bundesknappschaft Erfahrungen bei der Therapie solcher Erkrankungen in den eigenen Einrichtungen sammeln.

Auch hinsichtlich ihrer Versichertenstruktur weist die Bundesknappschaft eine Besonderheit aus. Neben einem kontinuierlichen Mitgliederschwund ist die Versichertenstruktur dadurch gekennzeichnet, daß sie „rentnerlastig" ist. Hinzu kommt, daß sich diese Situation dadurch verschärft, daß die Abwanderung der AKV-Mitglieder (Mitglieder der Allgemeinen Krankenversicherung) höher ist als die der KVdR-Mitglieder.[651] Die Problematik einer stark „rentnerlastigen" Versichertenstruktur wurde bereits im Kapitel D 2 im Teil II dieser Arbeit erläutert: Es kommt zu einem Auseinanderfallen von Einnahmen und Ausgaben für die versicherten Rentner, so daß ein Großteil der Beitragszahlungen der AKV-Mitglieder der Versorgung der Rentner zufließt (siehe die Abbildun-

---

649 Expertengespräch mit Herrn MÜLLER (BUNDESKNAPPSCHAFT) am 01.08.2002.

650 Expertengespräch mit Herrn MÜLLER (BUNDESKNAPPSCHAFT) am 01.08.2002.

651 Vgl. dazu die Tabelle im Anhang A 4.

gen 29 ff.). Diese Zusatzbelastung für die AKV-Mitglieder und ihre Arbeitgeber ist in der Bundesknappschaft besonders ausgeprägt: Im Jahr 1999 wurde ein Rentneranteil von 80 % an der gesamten Mitgliederschaft festgestellt. Dagegen waren nur 19 % der Mitglieder in der AKV versichert. Tabelle 18 verdeutlicht den Unterschied zu den Ortskrankenkassen und der gesamten GKV:

Tabelle 18: Mitgliederstruktur in Bundesknappschaft, AOK und GKV im Jahr 1999

	Mitglieder-zahl	davon AKV	Anteil in %	davon KVdR	Anteil in %
Bundesknappschaft	1.103.689	213.036	19,30	890.653	80,70
AOK	20.339.836	12.412.730	61,03	7.927.106	38,97
GKV	50.980.348	35.654.171	69,94	15.326.177	30,06

Quelle: BMG. Eigene Zusammenstellung.

Diese ungünstige Versichertenstruktur schlägt sich auch in der Risikostruktur nieder.[652] Aus Tabelle 19 ist zu entnehmen, daß der Risikofaktor nach den RSA-Kriterien nicht nur überdurchschnittlich hoch ist, sondern sich seit dem Jahr 1995 weiter verschlechtert hat. Dagegen hat sich der Finanzkraftindex aus dem Risikostrukturausgleich leicht verbessert, liegt aber immer noch unter dem Durchschnittswert aller Gesetzlichen Krankenkassen. Aus diesen Gründen profitiert gerade die Bundesknappschaft besonders von dem Finanzausgleich zwischen den Kassen. Im Jahr 2000 hat sie eine finanzielle Entlastung in Höhe von 7,9 Beitragssatzpunkten erhalten, im Jahr 1999 waren es sogar 8,3 Punkte. Dies wirkt sich auch in der Entwicklung des Beitragssatzes aus, der von 14,4 % im Jahr 1998 auf 13,1 % im Jahr 2001 gesunken ist und damit unter dem durchschnittlichen Beitragssatz in der GKV liegt (siehe Abbildung 39).

[652] Um ungleiche Ausgangspositionen der Krankenkassen im Kassenwettbewerb, die allein durch die Versichertenstrukturen bedingt sind, zu vermeiden, wurde mit Wirkung zum 01.01.1994 der Risikostrukturausgleich eingeführt. Dieser setzt an der Versichertenstruktur der Krankenkassen an. Die Ausgaben der Krankenkassen werden nach den Kriterien Alter, Geschlecht, Krankengeldansprüche und Bezug von Arbeits- und Erwerbsunfähigkeitsrenten der Versicherten standardisiert errechnet. Dem Beitragsbedarf wird die Finanzkraft der Krankenkassen, die sich als Produkt von durchschnittlichem Beitragssatz und den beitragspflichtigen Einnahmen ergibt, gegenübergestellt. Unterschiede zwischen Beitragsbedarf und Finanzkraft werden ausgeglichen. Vgl. dazu VDAK-AEV [2001], S. 51 ff.

Tabelle 19: Risikostrukturfaktor[i)] und Finanzkraftindex[ii)] der Bundesknappschaft, AOK und GKV in den Jahren 1995 und 1999

	RSA-Risikofaktor		**Finanzkraftindex**	
	1995	**1999**	**1995**	**1999**
Bundesknappschaft	142,98 %	156,55 %	95,51 %	97,51 %
AOK	106,73 %	109,69 %	89,95 %	87,60 %
GKV	100 %	100 %	100 %	100 %

i) Der Risikofaktor drückt die ausgabenseitige Belastung einer Krankenkasse durch ihre Versichertenstruktur aus. Ein Wert über 100 % deutet auf eine überdurchschnittliche Belastung hin.
ii) Der Finanzkraftindex ist ein Maß für die Finanzkraft einer Krankenkasse, die sich aus den durchschnittlichen Beitragseinnahmen ergibt. Werte über 100 % zeugen von einer finanziell starken Krankenkasse.

Quelle: Eigene Berechnung nach VDAK-AEV [2001], S. 153.

Da der RSA nur die ungünstige Altersstruktur der Knappschaftsversicherten ausgleichen kann, nicht jedoch die alters- und arbeitsbedingte Multimorbidität, ist der RSA nicht allein für die positive Beitragssatzentwicklung der Bundesknappschaft ab 1998 verantwortlich. Dies wird schon daran deutlich, daß der RSA im Jahr 1994 eingeführt wurde, der Beitragssatz der Bundesknappschaft jedoch bis zum Jahr 1997 relativ konstant auf einem Niveau *unterhalb* des durchschnittlichen GKV-Beitragssatzes gehalten werden konnte. Der Rückgang des Beitragssatzes hätte also bereits 1994 einsetzen müssen. Statt dessen kam es im Jahr 1998 zu einem starken Beitragssatzanstieg, der in einer Überschreitung des durchschnittlichen GKV-Beitragssatzes resultierte. Hierfür sind mehrere Gründe verantwortlich. Zum einen sorgte die ohnehin „rentnerlastige" Versichertenstruktur für höhere Leistungsausgaben. Zum anderen führte die Kassenwahlfreiheit für alle Pflichtversicherten ab dem Jahr 1997 dazu, daß zwar Knappschaftsversicherte zu günstigeren Gesetzlichen Krankenkassen abwandern, jedoch kaum neue Versicherte die Mitgliedschaft in der Bundesknappschaft beantragen konnten - was angesichts des niedrigen Beitragssatzes der Bundesknappschaft im Vergleich zum Durchschnitt aller Gesetzlichen Krankenkassen in den Jahren 1996/1997 nicht unwahrscheinlich gewesen wäre. Dies lag an der Beschränkung der Mitgliedschaft auf Versicherte, die mindestens 60 Monatsbeiträge zur knappschaftlichen Rentenversicherung eingezahlt hatten, d. h. 60 Monate im Bergbau beschäftigt waren.[653] Erst seit Januar 2002 ist diese Regelungen aufgehoben und an eine nunmehr einmonatige Rentenversicherungsbeitragszahlung gekoppelt.

Abbildung 39: Entwicklung des Beitragssatzes der Bundesknappschaft im Vergleich zum GKV-Durchschnitt (1994 - 2001)

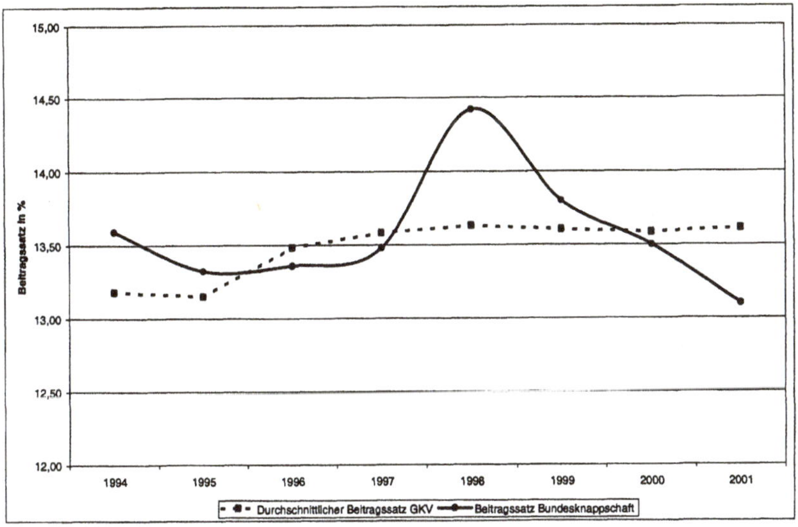

Quelle: BMG. Eigene Darstellung

Infolge dieser ungünstigen Entwicklung der Versichertenzahlen und -struktur und der daraus erwachsenden starken Beitragssatzsteigerung sah sich die Bundesknappschaft gezwungen, ein strenges Controlling-Programm, das im gesamten Leistungsspektrum, v. a. jedoch in der stationären Leistungserbringung ansetzt und zu Kostensenkungen führen soll, durchzuführen. Besonders die Krankenhauspflege ist kritisch begutachtet worden. Ziel war es, die stationäre Pflege in den häuslichen Bereich auszulagern und dadurch die Krankenhausverweildauer zu reduzieren. Auch eine Einkaufsgemeinschaft und weitere Projekte zur Erschließung von Wirtschaftlichkeitspotentialen wurden umgesetzt. Es sind vielmehr diese Bemühungen als der RSA, die seit 1998 zu der positiven Beitragssatzentwicklung, die den Beitragssatzsteigerungen der anderen Krankenkassen deutlich entgegensteht, führen.[654]

---

653 Quelle: Anfrage bei der BUNDESKNAPPSCHAFT am 06.05.2003.

654 Anfrage bei der BUNDESKNAPPSCHAFT am 06.05.2003.

Mitentscheidend für den Erfolg der umgesetzten Controlling-Maßnahmen ist die Funktion der Bundesknappschaft als Träger von Krankenhäusern und Rehabilitationseinrichtungen, weil dies eine Reihe von Synergieeffekten ermöglicht. Dadurch, daß die Bundesknappschaft als Verbundsystem wirken kann, sind Leistungsverlagerungen beispielsweise vom stationären in den ambulanten Sektor leichter durchsetzbar und wirtschaftliche Erfolge gezielter nutzbar. In Ergänzung dazu verfügt die Bundesknappschaft über einen eigenen Sozialmedizinischen Dienst (SMD). Die anderen Krankenkassen können zwar ebenfalls einen solchen Medizinischen Dienst (MDK) in Anspruch nehmen, allerdings ist dieser nicht ausschließlich einer Krankenkasse zugeordnet, sondern allen gemeinsam. Der SMD der Bundesknappschaft kann daher stärker zur Kontrolle der Leistungserbringung eingesetzt werden, als dies bei anderen Krankenkassen der Fall ist und spielt somit bei der Vermeidung von Krankenhausaufenthalten eine wichtige Rolle. Darüber hinaus dient der SMD als Vermittler zwischen den verschiedenen knappschaftlichen Einrichtungen und kann für eine abgestimmte Versorgung der Knappschaftsversicherten sorgen.[655]

4.3.3.2 Modellaufbau und Ziele des Gesundheitsnetzes „prosper"

Aufgrund der günstigen strukturellen Ausgangsbedingungen ist es der Bundesknappschaft als einer der ersten Krankenversicherungen gelungen, ein Modellprojekt zur integrierten Versorgung nach § 63 SGB V i. V. m. § 140 ff. SGB V aufzubauen.

Das Modell „prosper" wurde am 01. Oktober 1999 ins Leben gerufen. Es beschränkte sich zunächst auf die Region Bottrop, wurde aber ab dem Frühjahr 2001 durch ein vom Aufbau her identisches Projekt im Saarland ergänzt. Insgesamt nehmen etwa 9.000 Versicherte in Bottrop und 8.000 Versicherte im Saarland am Modell teil. „Prosper" besteht in der Region Bottrop aus einem Knappschaftskrankenhaus, das von einem Netz aus 48 Knappschaftsärzten umgeben ist. Das Verhältnis von Allgemeinärzten und Internisten zu Fachärzten beträgt etwa 70 zu 30 %.[656] In der Projektregion Saar sind zwei Knappschaftskrankenhäuser sowie 72 Knappschaftsärzte beteiligt. Neu hinzugekommen ist im Jahr 2002 ein „prosper"-Netz in der Region Recklinghausen.[657] In einem Gebiet mit einem Versichertenpotential von 26.000 Knappschaftsversicherten wird damit gerechnet, daß etwa 12.000 Versicherte am Gesundheitsnetz teilnehmen werden.

---

655 Expertengespräch mit Herrn MÜLLER (BUNDESKNAPPSCHAFT) am 01.08.2002.

656 Expertengespräch mit Herrn MÜLLER (BUNDESKNAPPSCHAFT) am 01.08.2002.

657 Allerdings wurde hier der Name des Netzes auf „pro Gesund" geändert, da es in der Region Recklinghausen unabhängig von den Gesundheitsnetzen der BUNDESKNAPPSCHAFT bereits ein Krankenhaus mit dem Namen „Prosper" gibt.

5.000 haben bereits ihr Interesse bekundet. Bislang haben sich 99 der 119 Knappschaftsärzte in der Region Recklinghausen dem Netz angeschlossen.[658]

Für die Versicherten der Bundesknappschaft ist die Teilnahme an „prosper" freiwillig. Sie ist allerdings mit einer Einschreibung in das Netz verbunden. Damit geht auch die Verpflichtung einher, sich möglichst innerhalb des Netzes zu bewegen, wobei ein Case Management angestrebt wird, dies jedoch aufgrund der Arztwahlfreiheit im Netz dem einzelnen Versicherten überlassen bleibt. Das Netz baut jedoch darauf auf, daß aufgrund des hohen Durchschnittsalters der Versicherten in den meisten Fällen bereits eine Bindung zu einem Arzt vorhanden ist. Sollten trotzdem Arztbesuche außerhalb des Netzes vorkommen, so gelten diese dann als innerhalb des Netzes erfolgt, wenn sie in Absprache mit einem Netzarzt durchgeführt werden. Die Netztreue wird mit einem Bonus, der sich durch die Bruttoersparnis des Modellprojekts finanziert und in Form einer Sachprämie vergeben wird, belohnt. Netzuntreue wird nicht sanktioniert.[659] Der Anteil der netztreuen Patienten in Bottrop liegt bei 97 % und damit deutlich höher als beispielsweise beim Praxisnetz Berlin.[660]

Ziel des Modellprojekts ist nicht die Sanktionierung der Teilnehmer und die Budgetierung der Ausgaben, sondern die Intensivierung der Behandlung und der Motivation der Beteiligten. Über eine Vernetzung der Leistungserbringer sollen die Patienten eine abgestimmte und wirtschaftlichere Behandlung erhalten. Schnittstellenprobleme zwischen ambulantem und stationärem Sektor sollen durch eine intensive und nahtlose prä- und post-stationäre Behandlung minimiert werden. Die medizinische und technische Netzwerkkoordination dient der Förderung der Kommunikation und Kooperation der Ärzte untereinander. Ähnlich wie in den anderen Modellprojekten erfolgt dies in den monatlich tagenden Fallkonferenzen (Netzwerkkonferenzen) und Qualitätszirkeln, an denen Ärzte aus dem stationären und dem ambulanten Sektor teilnehmen. Diese Zusammenkünfte fördern den interdisziplinären Austausch und dienen der Erarbeitung von Empfehlungen zu Therapie und Arzneimittelverordnung, aber auch zur Besprechung von Behandlungsfällen mit Komplikationen unter den Netzkollegen.[661]

---

658 Vgl. SCHLINGENSIEPEN, I. [2002].

659 So betrug Wert des Bonus im Jahr 2001 in der Region Bottrop 50 Euro pro Versicherten, Expertengespräch mit Herrn MÜLLER (BUNDESKNAPPSCHAFT) am 01.08.2002.

660 Expertengespräch mit Herrn MÜLLER (BUNDESKNAPPSCHAFT) am 01.08.2002.

661 Für bestimmte Erkrankungen sind bereits Therapieempfehlungen erarbeitet worden, z. B. für Diabetes, Schmerz, Schlaganfall, koronare Herzkrankheiten, Polyneuropathie. In den Klinken bestehen „clinical pathways" (Behandlungsleitlinien) für alle wesentlichen Krankheitsgruppen. Vgl. SCHLINGENSIEPEN, I. [2002].

Ähnlich wie in den Projekten im Ried und in Herdecke erhält jeder teilnehmende Versicherte ein Gesundheitsbuch, in dem Arzneimittelverschreibungen, Arztbesuche und Untersuchungsergebnisse abgeheftet werden. Damit - sowie durch direkte Kommunikation der Netzärzte untereinander - sollen Mehrfachuntersuchungen unterbunden werden. Das Patientenbuch soll längerfristig durch eine elektronische Patientenakte ersetzt werden. Dies ist eine virtuelle Form des Patientenbuchs, die auf dem Intranet des „prosper"-Netzes den behandelnden Ärzten zur Verfügung steht. Die Vorteile der Nutzung des Intranets ist zum einen die ständige Verfügbarkeit der Patientendaten und zum anderen die Aktualität dieser Daten. Der Schutz der Patientendaten wird dadurch gewährleistet, daß nur die Netzärzte Zugang zum „prosper"-Intranet haben und nur mit Einwilligung des Versicherten auf seine Akte zugreifen dürfen. Nicht einmal die Bundesknappschaft hat Einblick in die elektronischen Patientenakten. Der Versicherte kann jederzeit den Kreis der Zugangsberechtigten ändern. Ein weiterer Vorteil des Intranets ist dessen Nutzung für den Informationsaustausch der Leistungserbringer sowie die Möglichkeit zur Hinterlegung von Therapie- und Medikamentempfehlungen der Netzwerkkonferenzen in einer Datenbank.

Im Unterschied zu den bisher beschriebenen Projekten ist die Leistungserbringung nicht budgetiert. Die Kosten der Leistungserstellung werden aber mit den Kosten der Regelversorgung von Knappschaftsversicherten in Nordrhein-Westfalen verglichen, wobei ein Vollkostenvergleich, der alle ärztlich erbrachten und verordneten Leistungen erfaßt, vorgenommen wird. Die 3 % der Patienten, die die höchsten Kosten verursachen, werden aus der Betrachtung ausgeschlossen. Zur Abbildung der Kosten werden unterschiedliche Risikogruppen gebildet, die sich nach den Gesamtausgaben im Vorquartal und im Vorvorquartal sowie nach dem Alter der Versicherten richten.[662] Damit basieren die Ausgaben im Projekt „prosper" auf einer dynamisierten Vergleichsgrundlage, die sich einer wandelnden Risikostruktur anpassen kann. Die Einsparungen, die im Netz im Vergleich zur Kontrollregion entstehen, werden nach Abzug der Netzkosten und der Versichertenprämie jeweils zur Hälfte an die Netzärzte und die Krankenhäuser verteilt. Dies erfolgt keinesfalls als Punktwertstützung, wie in Rendsburg, sondern als Einzelüberweisung an jeden Arzt, wobei sich der Betrag nach einem arztgruppenspezifischen Verteilungsschlüssel zur Abbildung der Abrechnungshäufigkeit von Leistungen richtet. Auch die Netzkosten, die hauptsächlich durch die Teilnahme der Ärzte an den Qualitätszirkeln entstehen, werden nicht pauschal erstattet, sondern nach der einzelnen Teilnahme. Zusätzlich zu diesen Sondervergütungen werden die Knappschaftsärzte nach den gängigen Verfahren und der Punktwertverteilung nach EBM vergütet, die Krankenhäuser nach der BPflV.

---

662 Vgl. KNAPPE, E.; HÖRTER, S. [o. J.], S. 5 f.

Damit ist mit „prosper" ein Netz von Leistungserbringern geschaffen worden, die über finanzielle Anreize zu einer wirtschaftlichen und medizinisch optimalen Versorgung bewegt werden sollen. Auch die Versicherten erhalten Prämien, wenn sie sich nach den Grundprinzipien der Vernetzung richten. Ziel des Netzes ist es, die Beteiligten zu motivieren anstatt zu sanktionieren, und die Behandlung zu intensivieren anstatt zu budgetieren. Aufgrund der versicherungseigenen Einrichtungen können erstmals alle Versorgungsstufen innerhalb eines Netzes integriert werden. Beabsichtigt ist die Einbindung von Rehabilitationseinrichtungen.[663]

4.3.3.3 Kritische Würdigung

Nach einer Laufzeit von drei Jahren in Bottrop und anderthalb Jahren im Saarland kann das Projekt „prosper" erste positive Ergebnisse aufweisen. So lagen die insgesamt erzielten Einsparungen je „prosper"-Versicherten im Vergleich zu einem Patienten der Kontrollgruppe von Knappschaftsversicherten durchschnittlich bei beinahe 8 % in Bottrop und etwa 15 % im Saarland.[664] Der Schwerpunkt der Einsparungen im Vergleich zur Referenzgruppe lag im stationären Bereich und bei den Heilmitteln. Hingegen mußte beim Arzneimittelverbrauch eine Kostensteigerung verzeichnet werden.[665] Dabei ist aber hinzuzufügen, daß dieser Anstieg auch darauf zurückzuführen ist, daß die Krankenhausverweildauer gesenkt werden konnte, und zwar im ersten Projektjahr in Bottrop von 12 auf 8,7 Tage. Teile dieses Effekts sind nach Meinung der Bundesknappschaft in erster Linie auf das Modell „prosper" zurückzuführen und können damit von dem allgemein feststellbaren Trend zu kürzeren Verweildauern in deutschen Krankenhäusern abgegrenzt werden.[666]

Diese Ergebnisse sind bemerkenswert, da das Alter der an „prosper" beteiligten Versicherten fast zehn Jahre über dem Durchschnittsalter der übrigen Knappschaftsversicherten in Bottrop liegt und damit nicht von einem sog. „Yuppie-Netz" ausgegangen werden kann, in dem viele gute Risiken versorgt werden und sich Einsparungen daher aus einer günstigen Risikomischung ergeben und nicht aus einer effizienteren Versorgung.[667]

---

663 Expertengespräch mit Herrn MÜLLER (BUNDESKNAPPSCHAFT) am 01.08.2002.

664 Expertengespräch mit Herrn MÜLLER (BUNDESKNAPPSCHAFT) am 01.08.2002.

665 Vgl. BUNDESKNAPPSCHAFT [o. J.], S. 28.

666 Expertengespräch mit Frau BÜLOW (BUNDESKNAPPSCHAFT) am 09.10.2002.

667 Vgl. KNAPPE, E.; HÖRTER, S. [o. J.], S. 9.

4.3.4 Integrierte Versorgungsgemeinschaft Elbe-Jeetzel

Eine weitere hervorzuhebende Umsetzung der integrierten Versorgung ist in Niedersachsen im Landkreis Lüchow-Dannenberg geplant. An der Integrierten Versorgungsgemeinschaft Elbe-Jeetzel (IVE), die sich um die Elbe-Jeetzel-Klinik in Dannenberg konzentriert, sind neben der Klinik der VdAK und die KV Niedersachsen beteiligt. Der Start für dieses Projekt war für den Beginn des Jahres 2003 vorgesehen. Da allerdings das Krankenhaus zum Verkauf steht, ist die Projektumsetzung noch ungewiß, da sie entscheidend davon abhängt, wie der neue Träger des Krankenhauses dem Projekt gegenüber eingestellt ist. Falls es zur Durchführung kommen sollte, so ist das Hauptziel des Projekts, nämlich den Versicherten eine wirtschaftliche und qualitativ hochwertige Versorgung zu bieten, vergleichbar mit denen bereits bestehender Modelle zur Vernetzung im ambulanten Sektor und zur integrierten Versorgung. [668] Allerdings würde das IVE eine bislang im Gesundheitswesen erstmalig umgesetzte Struktur annehmen und sogar über das Modell „prosper" der Bundesknappschaft hinausgehen.

Im Kern des Projekts steht die Vernetzung von einem Krankenhaus mit einer Reihe von niedergelassenen Ärzten.[669] Doch geht das Netz in zwei wichtigen Aspekten weiter als bisherige Vernetzungsansätze. Zum einen wird hier nicht nur versucht, die Schnittstelle zwischen ambulantem und stationärem Sektor zu verbessern, sondern auch weitere Schnittstellen durch die Einbeziehung aller Gesundheitsberufe. Ziel ist es - ähnlich wie im System der Gesetzlichen Unfallversicherung - eine Versorgung „aus einer Hand" zu bekommen. Zum anderen bildet die Elbe-Jeetzel-Klinik das Zentrum der IVE, indem sie nicht nur die Netzorganisation und -leitung übernimmt, sondern auch die finanzielle Verantwortung für die gesamte medizinische Versorgung aller Ersatzkassenversicherten in der Region Lüchow-Dannenberg. Damit werden erstmals ökonomische und medizinische Gesichtspunkte der Patientenversorgung über alle Sektorengrenzen hinweg miteinander verknüpft.

Mit diesem Modellansatz ist die Hoffnung auf eine Änderung der Anreizstrukturen der Leistungsanbieter, v. a. des Krankenhauses, verbunden. War es bisher für das Krankenhaus von Vorteil, möglichst viele Leistungen am Patienten zu erbringen, so steigt mit der Übernahme des finanziellen Risikos das Interesse an einem möglichst geringen Ausgabenniveau, da Budgetunterschreitungen im Netz verbleiben sollen. Diese sind am größten, wenn die Patienten möglichst schnell genesen und gesund bleiben. Damit widerfährt dem Bereich der Prävention eine

---

[668] Die folgenden Ausführungen beziehen sich - soweit nicht anders ausgewiesen - auf HILDEBRANDT, H.; JANN, A.; BRUNNER, M. [o. J.].

[669] Es wird damit gerechnet, daß 45 der 68 Ärzte in der Region Lüchow-Dannenberg am IVE teilnehmen würden. Vgl. SCHNACK, D. [2002].

deutliche Aufwertung, da nur durch eine verstärkte Gewichtung der Krankheitsvorbeugung und -früherkennung die Behandlungskosten möglichst gering gehalten werden können. Durch die neuen Anreizstrukturen im Modell rückt der Versicherte in den Mittelpunkt des Interesses der Netzakteure. Dadurch werden die rein wirtschaftlichen Eigeninteressen der Leistungsanbieter mit denen der Versicherten verknüpft. Denn nur wenn sich das Krankenhaus - und damit das gesamte Gesundheitsnetz - auf die Bedürfnisse der Versicherten einstellt, wird die IVE erfolgreich bestehen können. Andernfalls würden die Versicherten abwandern, was mit einer Verringerung des Budgetvolumens einherginge.

Die Verbesserung der medizinischen Versorgung soll zum einen über die gesteigerte Koordination der Behandlungsabläufe und durch den intensiveren Informationsaustausch zwischen den beteiligten Leistungserbringern erreicht werden. Dafür werden in einem medizinischen Steuerungsgremium Behandlungspfade bei den häufigsten und aufwendigsten Indikationen sektorübergreifend erarbeitet, aber auch strukturelle Fragestellungen zum Netz, beispielsweise die Dokumentation und Evaluation von Patientenbehandlungen und die Informationstechnik im Netz, erörtert. Auch eine netzinterne Positivliste für Arzneimittel ist beabsichtigt. Zudem wird eine intensivere Betreuung und Lenkung der Patienten angestrebt.

Zu diesem Zweck ist das Modell als Einschreibemodell geplant. Allerdings ist dabei ein „weiches Gatekeeping“[670] beabsichtigt, d. h. die Versicherten wählen selbst ihren Vertrauensarzt, sind aber bei Behandlungsbedarf nicht dazu verpflichtet, sich zuerst an ihn zu wenden. Es ist jedoch beabsichtigt, daß der Vertrauensarzt als Case Manager des Patienten fungiert, so daß er eine wichtige Steuerungs- und Verwaltungsfunktion in der IVE übernimmt. Im Netz soll der Grundsatz „ambulant vor stationär“ verstärkt beachtet werden, was sich in einer Vermeidung von medizinisch nicht notwendigen Krankenhauseinweisungen, der Einholung von Zweitmeinungen in Zweifelsfällen sowie der Förderung ambulanter Operationen und kleiner chirurgischer Eingriffe äußert. Darüber hinaus ist beabsichtigt, die Behandlung eingeschriebener Versicherter soweit wie möglich im Netz erfolgen zu lassen und nur bei Bedarf Patienten in Spezialeinrichtungen außerhalb des Netzes zu überweisen. Für diese Zwecke werden vertragliche Regelungen beispielsweise mit Spezialkliniken für Kardiologie, Orthopädie, Psychiatrie und Psychosomatik vereinbart.

Einer der wesentlichen Unterschiede zu bereits erprobten integrierten Versorgungsansätzen ist - wie bereits erwähnt wurde - die in der IVE hervorgehobene Stellung des Krankenhauses, das nicht nur zuständig für die stationäre Lei-

---

670 AOK BUNDESVERBAND [o. J.], S. 4.

stungserbringung ist, sondern für die gesamte Patientenbetreuung, und zwar im Verbund mit den niedergelassenen Ärzten. Die Elbe-Jeetzel-Klinik soll ein sektorübergreifendes Budget, das - abgesehen von einigen Ausnahmen wie Kuren - das gesamte medizinische Leistungsspektrum abdeckt, verwalten.[671] Für diese Aufgabe sollen langfristig dynamisierte und risikoadjustierte Kopfpauschalen für jeden Versicherten - eingeschrieben und nicht eingeschrieben - in ein Modellbudget eingezahlt werden. Da solche Pauschalen derzeit mangels Datenmaterials nicht ermittelt werden können, orientiert sich deren Höhe vorläufig an den Ist-Ausgaben der Ersatzkassen in der betroffenen Region, um die das Krankenhausbudget dann für jeden eingeschrieben Teilnehmer am Netz bereinigt wird.[672] Die Abrechnung der im Krankenhaus erbrachten Leistungen erfolgt im Projekt nicht mehr nach der Bundespflegesatzverordnung, sondern nach eigenen selbst ermittelten Kostensätzen der Klinik.

Da die Elbe-Jeetzel-Klinik für die gesamte Leistungserbringung - bis auf Hochrisiken - in der IVE die finanzielle Verantwortung übernehmen soll, ist langfristig auch die Vergütung der niedergelassenen Ärzte und der sonstigen Leistungserbringer davon betroffen. Nach Projektbeginn wird jedoch zunächst die KV Niedersachsen diese Aufgabe nach dem gültigen Honorarverteilungsmaßstab weiterführen. Parallel dazu werden die Abrechnungsdaten zur „virtuellen Aufarbeitung“ an das Krankenhaus weitergeleitet, um die vollständige Projektumsetzung simulieren zu können. Zusätzlich zu ihrer „normalen“ Vergütung erhalten die teilnehmenden Netzärzte für ihre Mehrleistungen im Netz, beispielsweise Betreuungsleistungen zur Vermeidung von Krankenhausaufenthalten, ein zusätzliches Honorar aus dem Netzbudget. Darüber hinaus wird eine Vergütungspauschale für sog. Gesundheitsstatusuntersuchungen, die bei der Ersteinschreibung eines Versicherten im Netz vorgenommen und dann in regelmäßigen Abständen wiederholt werden sollen, gezahlt - ebenfalls aus dem Netzbudget. Diese Gesundheitsstatusuntersuchungen sollen ein genaueres Bild über den Gesundheitszustand des eingeschriebenen Versichertenklientels liefern. Dies ist auch bei der Berechnung und Dynamisierung der Kopfpauschalen von Interesse.

Die zentrale Verwaltung der Patientenversorgung im Krankenhaus ist mit dem Aufbau eines sektorübergreifenden Controllingsystems verbunden. Da hier alle Daten von den Zahlungsflüssen und Diagnosedaten bis hin zu den Leistungsdaten zusammenlaufen, wird der Aufbau einer zentralen Datenbasis angestrebt.

---

671 Expertengespräch mit Frau JANN (VDAK-AEV SIEGBURG) am 10.10.2002.

672 Dies ist neben der Ermittlung der Kopfpauschalen eine der großen Hürden bei der Durchführung des Projekts, weil die Budgetbereinigung nach den Vorschriften des SGB V „gemeinsam und einheitlich“ mit allen Krankenkassen erfolgen muß. Expertengespräch mit Frau JANN (VDAK-AEV SIEGBURG) am 10.10.2002.

Dies dient dem Krankenhaus als Grundlage für die Schaffung einer effizienteren Versorgung sowie zur Qualitätssteigerung. Für die Ersatzkassen ist damit das Interesse an einer verbesserten Informationslage v. a. über die Versorgungskosten und deren Entwicklung, verbunden. Darüber hinaus erhoffen sich die beteiligten Krankenkassen Aufschluß über die Wirkung von Steuerungsinstrumenten und die Erschließung von Wirtschaftlichkeitspotentialen. So bietet sich das Netz auch zur Umsetzung von Disease Management Programmen zur Betreuung von chronisch Kranken an.

5 Vernetzung der akutmedizinischen Versorgung mit der rehabilitativen Versorgung

5.1 Vorbemerkungen

In den Modellen zur integrierten Versorgung ist die Einbeziehung von Rehabilitationseinrichtungen beabsichtigt, jedoch noch nicht Realität. Trotzdem gibt es zahlreiche Projekte zur Optimierung der Schnittstelle zwischen der Akutbehandlung im Krankenhaus und der rehabilitativen Anschlußbehandlung. Diese Schnittstelle wird in Zukunft aufgrund des ansteigenden Wirtschaftlichkeitsdrucks in den Krankenhäusern an Bedeutung gewinnen.

Neben dem Problem der mangelnden Bedarfsgerechtigkeit der Rehabilitationsangebote wird eine zu frühe Verlegung von Patienten in eine Rehabilitationseinrichtung bei gleichzeitig fehlender Frührehabilitation im Akutkrankenhaus bemängelt. Hier gibt es zwei Ansätze zur Lösung dieser Problematik. Einerseits können in den Krankenhäusern Rehabilitationsabteilungen aufgebaut werden, andererseits können rehabilitationsdienende Elemente in die Behandlung in den bestehenden Fachabteilungen der Akutkrankenhäuser integriert werden. Im folgenden wird die Umsetzung verschiedener Projekte zur besseren Verzahnung der beiden Versorgungsbereiche beschrieben und gewürdigt.

5.2 Fachübergreifende Rehabilitation am Klinikum Ingolstadt

Das Bundesministerium für Arbeit und Sozialordnung hat vom Frühjahr 1995 bis Ende 1997 die Einrichtung eines organisatorisch eigenständigen Instituts für Physikalische und Rehabilitative Medizin unter fachärztlicher Leitung am Klinikum Ingolstadt wissenschaftlich begleiten lassen.[673] Aufgabe der Abteilung ist

[673] Vgl. KLAES, L. et al. [1998]. Soweit nicht anderweitige Quellenangaben gemacht werden, beziehen sich die folgenden Ausführungen zum Modellprojekt am Klinikum Ingolstadt auf diese Quelle.

die Sicherung der fachübergreifenden Rehabilitation durch ein frühzeitiges Einsetzen der rehabilitativen Behandlung bereits im Akutkrankenhaus, sobald der Gesundheitszustand der Patienten dies erlaubt. Hintergrund des Projekts ist die Einsicht, daß der Erfolg von Rehabilitationsmaßnahmen entscheidend davon abhängt, daß diese so früh wie möglich eingeleitet werden. Auf diesem Wege sollen die Heilergebnisse verbessert und die Behandlungsdauer und Pflegekosten verringert werden. Gleichzeitig steht das Institut für die ambulante und teilstationäre Betreuung nach der Akutbehandlung oder einer externen Rehabilitation zur Verfügung und unterstützt damit gegebenenfalls die Reintegration des Patienten in seine häusliche Gemeinschaft.[674]

Das hinter der fachübergreifenden Rehabilitation stehende Konzept sieht eine enge Verzahnung der akutmedizinischen Fachabteilungen mit der Abteilung für fachübergreifende Rehabilitation vor. Die Krankenhausbehandlung startet mit einer kurativen Behandlung der Patienten in der zuständigen Fachabteilung. Bereits während dieser Phase soll in Absprache mit der Rehabilitationsabteilung geklärt werden, ob und in welchem Umfang der Patient rehabilitationsbedürftig ist. In einem solchen Fall wird ein Rehabilitationsplan aufgestellt, mit dessen Umsetzung möglichst schon während der Akutbehandlung begonnen werden soll. Sobald der Gesundheitszustand des Patienten es ermöglicht und rehabilitative Maßnahmen in den Vordergrund rücken, ist eine Verlegung in das Institut für Physikalische und Rehabilitative Medizin vorgesehen. Der Schwerpunkt der dortigen Versorgung liegt auf Rehabilitationsmaßnahmen, allerdings wird die medizinische Behandlung unter der Kontrolle der zuständigen Fachabteilung(en) weitergeführt. Falls eine Verlegung in eine Rehabilitationsklinik erforderlich wird, soll das Institut für Physikalische und Rehabilitative Medizin diese zusammen mit dem Sozialdienst des Krankenhauses nach Beendigung der akutmedizinischen Versorgung einleiten.

Der Erfolg dieses Modellprojekts wird im wesentlichen von einer intensiveren Zusammenarbeit der Klinikabteilungen untereinander und des Krankenhauses mit externen Anbietern, insbesondere mit spezialisierten Rehabilitationskliniken, gestützt. Als Ergebnis wird eine deutliche Reduzierung der Gesamtkosten der Behandlung hervorgehoben. Es wird von einer Kostensenkung um die Hälfte gesprochen, wobei diese durch Senkung der direkten Kosten durch kürzere Behandlungszeiten und der indirekten Kosten durch eine schnellere Wiederherstellung der Arbeitsfähigkeit herbeigeführt werden.

---

[674] Ein ähnliches Projekt in Meppen wird ebenfalls vom BUNDESMINISTERIUM FÜR ARBEIT UND SOZIALORDNUNG gefördert. Für weitere fachübergreifende Rehabilitationsabteilungen in insgesamt sieben Städten wurden rund 33 Mio. Euro bereitgestellt. Vgl. BUNDESMINISTERIUM FÜR ARBEIT UND SOZIALORDNUNG [1998a], S. 22.

Allerdings sind mit Blick auf die Höhe des Kostensenkungspotentials Zweifel angebracht. Die Kritik beruht auf methodischen Schwächen der Untersuchung, die sich u. a. auf einen Vorher-Nachher-Vergleich bezieht, der in eine Phase einschneidender Veränderungen der Rahmendaten für den Bereich der Rehabilitation fällt. In diesem Zusammenhang wird insbesondere auf die Budgetierung der Rehabilitationsausgaben in der Rentenversicherung ab dem Jahr 1997 hingewiesen. Darüber hinaus wird die Untersuchungsgruppe der Klinikpatienten mit einer Kontrollgruppe, bei der eine deutliche Abweichung des Durchschnittsalters besteht, verglichen. Dadurch, daß Angehörige der Kontrollgruppe im Durchschnitt etwa vier Jahre älter sind als in der Untersuchungsgruppe und bei getrennter Erfassung unterschiedlicher Krankheitsbereiche ein Altersunterschied von bis zu 15 Jahren zu beobachten ist, können Heilerfolge nicht eindeutig auf die Auswirkungen des Modellprojekts zurückgeführt werden, sondern auch mit Unterschieden in der Morbiditätsstruktur der Patienten oder der Dauer der Heilung zusammenhängen.[675]

Als Schlußfolgerungen aus dem Projekt zur fachübergreifenden Rehabilitation kann trotz der methodischen Schwächen der Projektauswertung die Vorteilhaftigkeit der Frührehabilitation im Akutkrankenhaus sowohl aus finanzieller Perspektive als auch unter dem Gesichtspunkt der Behandlungskontinuität festgehalten werden. Letztlich profitiert hiervon der Patient am meisten. Damit geht auch eine verstärkte Kooperation innerhalb des Krankenhauses und mit externen Leistungsanbietern für eine Nachbehandlung einher, was der besseren Lösung von Schnittstellenproblemen dient.

Als Voraussetzung für das Gelingen ähnlicher Projekte ist die Einrichtung organisatorisch selbständiger Abteilungen unter der Leitung eines Chefarztes, der den Tätigkeitsschwerpunkt auf physikalische und rehabilitative Medizin gesetzt hat, anzusehen. Die Zahl der Betten sollte sich nach dem jeweiligen Bedarf richten und nicht mit einem festen Bettenkontingent abgegolten sein. Auch die Angliederung einer Ambulanz und Tagesklinik könnte sinnvoll sein, hängt aber von der Größe des Krankenhauses und dem Patientenaufkommen ab. Darüber hinaus sollte darauf geachtet werden, daß eine der hohen Personalintensität der Rehabilitation entsprechende Anzahl qualifizierter Mitarbeiter in der Rehabilitationsabteilung zur Verfügung steht. Der Verband Deutscher Rentenversicherungsträger sieht die personelle, institutionelle und wirtschaftliche Unabhängigkeit der Rehabilitationsabteilung als Voraussetzung dafür an, daß rehabilitative Ziele zum Tragen kommen.[676] Dies kann auch gewährleistet werden, indem die Akzeptanz der Frührehabilitationsabteilung im Krankenhaus gestärkt wird. Um dies

[675] Vgl. VEREINIGUNG BERUFSGENOSSENSCHAFTLICHER KLINIKEN [1999], S. 15 f.

[676] Vgl. VERBAND DEUTSCHER RENTENVERSICHERUNGSTRÄGER [1992], S. 172.

zu erreichen und um die Kooperation und Kommunikation der verschiedenen Fachbereiche untereinander zu fördern, ist es notwendig, den Austausch zwischen den Abteilungen zu forcieren. Dies kann über Qualitätszirkel und Gruppenbesprechungen sowie gemeinsame Visiten erfolgen. Eine umfassende Information aller Mitarbeiter über Ziele und Zweck der Frührehabilitation ist ebenfalls unerläßlich.

5.3 Verbesserung der Verzahnung der Akutbehandlung mit der Rehabilitation durch leistungsorientierte Komplexpauschalen

Auf die Auswirkungen des DRG-Systems zur Verweildauerverkürzung im Krankenhaus wurde bereits mehrfach hingewiesen. Hier wird ein Ansatz vorgestellt, der eine verbesserte Abstimmung zwischen den Akutkrankenhäusern und den Rehabilitationseinrichtungen auf finanziellem Wege erreichen soll. Letztere sind neben den Patienten die Leidtragenden der Verweildauerverkürzungen im Krankenhaus, denn sie haben zusätzliche Belastungen durch die Aufnahme von Patienten mit hohem Behandlungsbedarf und der (unfreiwilligen) Übernahme eines Teils der Aufgaben der Krankenhäuser zu tragen. Daher wäre eine Verknüpfung der wirtschaftlichen Interessen der Leistungserbringer in beiden Versorgungsbereichen als ein möglicher Ausweg aus dieser „Lastenverschiebung“ anzusehen.

Um dies zu erreichen, müssen Komplexpauschalen geschaffen werden, mit denen die Leistungen der Krankenhäuser und der Rehabilitationseinrichtungen gleichermaßen abgegolten werden. Hierbei werden praktisch die Pauschalen für die Akutbehandlung und die Rehabilitationsleistungen zusammengefaßt. Es liegt dann an den Leistungsanbietern, die Möglichkeiten zur Optimierung der Behandlung an der Schnittstelle vom akutstationären in den rehabilitativen Sektor auszuschöpfen. Für die Krankenkassen ergibt sich hieraus der Vorteil, daß sie nicht nur im Krankenhausbereich mit einer pauschalen Leistungsvergütung den Rationalisierungsdruck erhöhen können. Vielmehr ließen sich Situationen vermeiden, in denen die Vergütung über tagesgleiche Pflegesätze zu steigenden Forderungen der Rehabilitationseinrichtungen gegenüber den Krankenkassen aufgrund des erhöhten Kurationsbedarfs der zu früh aus dem Krankenhaus entlassenen Patienten führen würden.[677]

Voraussetzung für die Ermittlung von Komplexpauschalen sind jedoch indikationsbezogene Pauschalen für die Leistungen im Bereich der Rehabilitationsein-

---

[677] Vgl. SACHVERSTÄNDIGENRAT FÜR DIE KONZERTIERTE AKTION IM GESUNDHEITSWESEN [1997], S. 386f.

richtungen.[678] Während im Krankenhaussektor diese Voraussetzung bereits mit dem DRG-System erfüllt ist, orientiert sich die Vergütung in der Rehabilitation weiterhin überwiegend an der Verweildauer der Patienten. Im Vergleich zu der tagesgleichen Vergütung bietet das Verfahren der Pauschalenbildung den Vorteil, daß die unterschiedlichen Schweregrade und der damit zusammenhängende Leistungsbedarf besser abgebildet und die Behandlungskosten verursachungsgerecht abgerechnet werden können. Analog zum Krankenhaussektor kann es damit im Bereich der Rehabilitation zu einer Kosten- und Nutzentransparenz kommen. Dies ist auch mit Blick auf die Erschließung von Wirtschaftlichkeitspotentialen bedeutsam.

Mit der pauschalierten Vergütung für Rehabilitationsleistungen und der Bildung zugehöriger Rehabilitationsbehandlungsgruppen können allerdings auch Probleme einhergehen. So wird befürchtet, daß die Zuordnung der Patienten zu Behandlungsgruppen manipulationsanfällig ist. Dies ist dann der Fall, wenn die Patientenbehandlung nach einer Pauschale für einen höheren Schweregrad als der Krankheit des Patienten tatsächlich entspricht vergütet wird („Case-Upgrading"). Darüber hinaus besteht - analog zu den DRGs im Krankenhaus - der Anreiz zu einer Reduzierung der Verweildauer in der Rehabilitationseinrichtung. Dadurch soll zwar eine höhere Wirtschaftlichkeit erreicht werden, was jedoch zu Lasten der Qualität der Versorgung gehen kann.

In einem Projekt dreier Ersatzkassen (Barmer Ersatzkasse, Techniker Krankenkasse, Deutsche Angestellten Krankenkasse) und der „Wittgensteiner Kliniken AG", des Krankenhausträgers der Fresenius AG, wurden im Bereich der Kardiologie und der Orthopädie Rehabilitationsfallgruppen nach medizinischen und ökonomischen Kriterien definiert und mit differenzierten Fallpauschalen vergütet.[679] Während der Projektdurchführung (1998-1999) erwiesen sich die obigen Befürchtungen als unbegründet: Eine nachlassende Ergebnisqualität konnte mit Sicherheit ausgeschlossen werden. Statt dessen ergab eine Vergütung über Fallpauschalen gegenüber einer Vergütung nach Tagespflegesätzen tendenziell eine höhere Ergebnisqualität bei der Heilung.[680] Auch das befürchtete „Case-Upgrading" konnte nicht beobachtet werden, da bei einigen Diagnose-

---

678 Vgl. NEUBAUER, G.; NOWY, R. [1998].

679 Zu diesem Projekt vgl. GERDES, N.; JÄCKEL, W.; WEIDEMANN, H. [2000].

680 Dieses Ergebnis ist deshalb bemerkenswert, weil im Jahr 1997 das „Wachstumsförderungs- und Beschäftigungsgesetz", das zu einer Budgetierung der Ausgaben für die Rehabilitation führte, in Kraft trat. Die damit auftretenden Belegungsprobleme zwangen die Rehabilitationseinrichtungen zu Rationalisierungsmaßnahmen, die zu einer höheren Arbeitsbelastung des Personals führten. Allein diese Umstände hätten eine Verschlechterung der Ergebnisqualität - auch ohne Veränderungen im Vergütungsverfahren - erwarten lassen. Vgl. GERDES, N.; JÄCKEL, W.; WEIDEMANN, H. [2000], S. 2.

gruppen die Patienten sogar eher den geringeren Krankheitsschweregraden zugeordnet und damit ihre Versorgung mit niedrigeren Erlösen vergütet wurden. Zusätzlich konnte eine Verkürzung der Verweildauer um bis zu vier Tage erreicht werden. Dementsprechend wurden alle Fallpauschalen mit einer Ausnahme nach unten angepaßt. Ein weiterer Vorteil der neuen Vergütungsform äußert sich darin, daß Verlängerungen der Rehabilitationsmaßnahmen flexibler gehandhabt werden können. Waren vorher nur pauschale Verlängerungen um sieben oder 14 Tage möglich, so konnte durch die Pauschalvergütung auf den medizinischen Bedarf im Einzelfall eingegangen werden, da keine vorgegebene Verweildauer mehr beachtet werden muß. Diese Flexibilisierung ist eine weitere Quelle möglicher Einsparungen.

Das Ergebnis des Projekts zur Bildung von Fallpauschalen im Bereich der Rehabilitation zeigt, daß eine pauschale und leistungsorientierte Vergütung grundsätzlich möglich ist und positive Auswirkungen entfalten kann. Eine Ausweitung der Fallgruppenbildung auf weitere Indikationsbereiche wird als möglich angesehen.[681] Somit steht der Bildung von Komplexpauschalen zur Verknüpfung der ökonomischen Interessen von Akutkrankenhäusern und Rehabilitationseinrichtungen nichts im Wege. Als Beispiel aus dem Bereich der Kardiologie kann hier auf den im Jahr 1999 gestarteten Modellversuch der AOK Baden-Württemberg mit dem Herzzentrum und der Theresienklinik in Bad Krozingen verwiesen werden.[682]

Aufgrund der mangelnden Verbreitung eines Fallpauschalensystems in der Rehabilitation werden die Komplexpauschalen häufig auch ohne weitere Fallgruppendifferenzierungen im Bereich der Rehabilitation gebildet. Hier werden die Rehabilitationsmaßnahmen meistens mit einer Quasi-Pauschale, die sich aus dem Produkt des indikationsspezifischen Tagesatzes und der Regelverweildauer ergibt, abgegolten.[683] Diese Quasi-Pauschalen werden einfach mit den entsprechenden Akutpauschalen und künftig mit den DRGs verknüpft. Die Aufteilung der Pauschalen zwischen Krankenhaus und Rehabilitationseinrichtung wird vertraglich festgelegt. Voraussetzung für die Umsetzung von Komplexpauschalen ist somit, daß sich Leistungserbringer aus beiden Sektoren mit dieser gemeinsamen und einheitlichen Vergütung einverstanden erklären. Es bietet sich daher an, das Verfahren v. a. im Rahmen von integrierten Versorgungsmodellen, in denen die verbesserte Kooperation der Leistungsanbieter ohnehin angestrebt wird, umzusetzen. Für die beteiligten Leistungserbringer ergeben sich Vorteile aus

---

681 Vgl. ebenda, S. 41.

682 Vgl. NEUBAUER, G.; NOWY, R. [2001].

683 Anfrage beim INSTITUT FÜR GESUNDHEITSÖKONOMIK an der Universität der Bundeswehr München (03.06.2003).

dieser Vergütungsform: Die Rehabilitationseinrichtungen erhalten die Patienten nicht mehr vor Abschluß der Akutbehandlungsphase, und für die Krankenhäuser vereinfacht sich die Weiterleitung der Patienten aus organisatorischer Sicht erheblich. Zudem können sie die Kooperation mit der nachgelagerten Rehabilitationseinrichtung zur Stärkung ihrer Wettbewerbsposition nutzen, in dem sie auf die höhere Qualität der Patientenbehandlung verweisen.

Für die Krankenkassen bedeutet die Vereinbarung von Komplexpauschalen trotz ihrer positiven Auswirkungen einen Verlust an Steuerungskompetenzen, da der Übergang von der akutstationären Behandlung in die Rehabilitation außerhalb ihrer Einflußsphäre stattfindet.[684] Vor dem Hintergrund des Kassenwettbewerbs sind diese bestrebt, so wenig Kompetenzen wie möglich abzugeben, um sich möglichst viele der ohnehin nur spärlichen Eingriffsmöglichkeiten in den Behandlungsprozeß zu sichern. Nur dadurch können sie eine gewisse Kontrolle über die Kosten erreichen.

6 Kritische Würdigung der erprobten Versorgungsstrukturen in der Gesetzlichen Krankenversicherung

In einer abschließenden Gesamtbetrachtung lassen sich die im vorigen Abschnitt ausführlich dargestellten Modellvorhaben verschiedener Krankenversicherungen auf einen gemeinsamen Nenner bringen: Ihr Ziel ist eine größere Einflußnahme der Krankenkassen auf das Ärzte- und das Patientenverhalten und die damit verbundene Inanspruchnahme medizinischer Leistungen. Hinsichtlich dieser Zielsetzung unterscheiden sich die Modellvorhaben in der GKV wenig vom Versorgungssystem der GUV.

Allerdings stechen die Unterschiede zwischen den beiden Sozialversicherungszweigen hervor, sobald die Maßnahmen zur verbesserten Patientenlenkung betrachtet werden. Die Krankenkassen konzentrieren ihre Versuche in den meisten Fällen auf die Leistungserbringer. Durch die Stärkung ihrer Anreize zu einer kooperativen und wirtschaftlichen Leistungserbringung sollen die beteiligten Ärzte das Patientenverhalten in der Weise beeinflussen, daß eine Verhaltenssteuerung der Patienten ohne unmittelbare Einschaltung der Krankenkassen möglich wird. Eine direkte Patientenlenkung durch die Krankenkassen stößt an enge Grenzen, da die Schaffung des sog. „gläsernen Patienten" und die damit verbundene Einschränkung des Datenschutzes mit den Vorstellungen der Versicherten und der vorherrschenden Meinung in der Politik unvereinbar sind. Dies ist in der GUV anders, da eine größere Datentransparenz dort als notwendig für die Um-

[684] Auskunft der AOK BADEN-WÜRTTEMBERG vom 04.06.2003.

setzung des Heilauftrags betrachtet wird. Darüber hinaus ist der Personenkreis, der mit der Unfallversicherung in Berührung kommt, erheblich kleiner als in der GKV. Andererseits sorgt die gegenwärtige Ausgestaltung des Systems der Gesetzlichen Krankenversicherung mit dem Finalitätsprinzip bei der Leistungsinanspruchnahme, dem Vollversicherungsschutz für alle Versicherten und dem Prinzip der freien Arztwahl dafür, daß der Zugang zu medizinischen Leistungen kaum wirksam begrenzt werden kann. Somit besteht das Problem der mangelnden Kontrollier- und Steuerbarkeit der Patienten fort.

Die Mehrheit der Modellvorhaben setzt bei einer Vernetzung der niedergelassenen Ärzte an. Damit soll die Kooperation zwischen den Vertragsärzten gefördert werden. Ziel ist es, erstens die Zersplitterung des Gesundheitssystems in Einzelpraxen einzuschränken. Die ist deshalb nachteilig, da die Erzielung von Größenvorteilen verhindert wird. Zweitens ist eine besser abgestimmte Diagnose und Therapie sowie Patientenbetreuung zwischen den Ärzten unterschiedlicher Fachrichtungen zu fördern, was insbesondere für chronisch Kranke relevant ist. Drittens wird angestrebt, die Bedeutung des ambulanten Sektors zu erhöhen, indem der Anteil der Krankenhausbehandlungen an den Leistungsausgaben reduziert wird.

Grundsätzlich ist die Netzbildung dazu geeignet, die Position des Hausarztes im Behandlungsprozeß zu stärken, da hier ein Rahmen für ein koordiniertes Überweisungs- und Einweisungsverhalten der Ärzte und für eine intensivere Kommunikation zwischen den Leistungsanbietern geschaffen wird.[685] Die Vernetzung schafft die Voraussetzungen dafür, daß der Hausarzt als erster Ansprechpartner der Patienten im Krankheitsfall angesehen wird und in seiner Position als Gatekeeper zum Gesundheitswesen die Mit- oder Weiterbehandlung durch Fachärzte oder Krankenhäuser veranlaßt sowie die Betreuung des Patienten vor und nach einem Krankenhausaufenthalt übernimmt.

Als Hauptinstrumente der Vernetzung dient in den in dieser Untersuchung vorgestellten Modellvorhaben die Bildung von Qualitätszirkeln und Arbeitsgruppen zur Förderung der Kommunikation der Leistungserbringer, zur Erarbeitung von Behandlungs- und Pharmakotherapieleitlinien sowie zur Besprechung von Komplikationsfällen. Darüber hinaus ist eine regelmäßige Rückmeldung der Netzorganisation an die teilnehmenden Ärzte über die erbrachten und verordneten Leistungen verbreitet. Unterstützt werden die Vernetzungsansätze durch Veränderungen in der Vergütung der Leistungserbringer. So sollen Netzbudgets eine bessere Steuerung des Punktwerts durch die teilnehmenden Ärzte sicherstellen und einen Ausstieg aus dem „Hamsterrad" bewirken: Die vernetzten Ärzte sollen

---

685 Vgl. dazu ROST, M. [2002].

die Höhe des „Netz-Punktwerts“ unabhängig von den Nicht-Netzärzten durch eine wirtschaftliche Versorgung spürbar beeinflussen können. Netzbedingte Mehraufwendungen werden gesondert - allerdings meist pauschal - vergütet. Dadurch sollen Anreize zur Stärkung der Kooperation im Netz gesetzt werden.

Die Veränderungen der Anreizstrukturen der niedergelassenen Ärzte, die sich v. a. in neuen Regelungen bei der Vergütung niederschlagen, sollen deren Verhalten im Sinne der Krankenkassen beeinflussen. Diese suchen nach Möglichkeiten, die Leistungserbringung effizienter zu gestalten und die Schnittstellen zwischen ambulantem und stationärem Sektor besser zu überbrücken. Zur Erreichung dieser Ziele greift jedoch ein Großteil der Projekte zu kurz. Dies liegt zum einen daran, daß die Anreize der Ärzte zur Vermeidung medizinisch überflüssiger Leistungen nur schwach ausgeprägt sind. In den meisten Vernetzungsansätzen ergibt sich das ärztliche Einkommen aus der Abrechnung erbrachter Leistungen und aus einem Zuschlag aus Einsparungen durch den Verzicht auf unnötige Leistungen. Der Zuschlag errechnet sich entweder indirekt über einen höheren Punktwert oder - wie im Berliner Netz - am Ende der Abrechnungsperiode aus der Differenz der Einnahmen und der Ausgaben. Der Zuschlag macht i. d. R. nicht den Hauptbestandteil des Einkommens der Netzärzte aus und ist umso höher, je weniger das Netzbudget durch die Erbringung unwirtschaftlicher Leistungen geschmälert wird. Somit ist fraglich, ob sich die Netzärzte an den Netzgedanken halten und freiwillig auf die Erbringung von Leistungen verzichten. Falls sie weiterhin unnötige Leistungen erbringen, schmälert dies zwar den in Aussicht gestellten Zuschlag, erhöht aber unmittelbar das Einkommen aus der Einzelleistungsvergütung.[686] Außerdem kann ein Netzarzt nicht überprüfen, ob sich die anderen Netzärzte opportunistisch verhalten und ebenfalls weiterhin unnötige Leistungen erbringen und abrechnen. Unter diesen Bedingungen wirken die Anreize zur Einsparung bei selbst erbrachten ärztlichen Leistungen nicht. Es kann höchstens ein Interesse an der Reduktion der Menge der verordneten Leistungen geschaffen werden, wenn diese aus einem kombinierten Budget finanziert werden müssen, da dies den zu verteilenden Budgetüberschuß verringern würde.[687] Notwendig wäre daher die Übernahme finanzieller Verantwortung durch die Netzärzte. Bei Budgetüberschreitungen könnte dies Einkommenseinbußen bedeuten, die als starker Anreiz wirken.

---

686 Vgl. BARTLING, H. [1983], S. 12 zu den hier als „unnötig“ bezeichneten Leistungen. Es handelt sich dabei um Leistungen, die beim behandelnden Arzt zusätzliches Einkommen generieren, aber medizinisch - wenn überhaupt - nur einen geringen Nutzen erbringen, dem Patienten aber zugleich nicht schaden. Dieser kann jedoch aufgrund der asymmetrischen Informationsverteilung kaum erkennen, ob die zweifelhafte Leistung überhaupt zielführend ist.

687 Vgl. HAUCK, K.; HELBERGER, C. [1998], S. 141f.

Zum anderen kann aufgrund der Konzentration der Vernetzungen auf den ambulanten Sektor die Zusammenarbeit zwischen Leistungserbringern in unterschiedlichen Bereichen, v. a. mit dem Krankenhaussektor nicht zufriedenstellend umgesetzt werden. Die systemimmanente Konkurrenz zwischen diesen beiden Sektoren bleibt weiterhin erhalten, da die getrennten Budgets fortbestehen. Hinzu kommen unterschiedliche Vergütungsmechanismen in den Versorgungsbereichen, die einen direkten Preisvergleich zwischen den Sektoren erschweren, so daß die Leistungserbringung nicht danach ausgerichtet ist, wo sie am effizientesten erbracht werden kann. Statt dessen steht zu befürchten, daß Patienten in ein Krankenhaus eingewiesen werden, obwohl eine ambulante Behandlung möglich wäre, dies allerdings aus finanziellen Gesichtspunkten für den behandelnden Vertragsarzt nicht vorteilhaft ist. Umgekehrt werden Patienten möglichst frühzeitig aus dem Krankenhaus entlassen, ohne daß eine - u. U. auch sehr kostspielige - Nachversorgung mit dafür in Frage kommenden Leistungserbringern abgesprochen wird. Mithin ist nicht gewährleistet, daß die Versorgung auf der adäquaten Leistungsstufe erfolgt. Auch erscheint eine bessere Kontrolle der Kosten bei einer fehlenden Einbindung der Krankenhäuser unrealistisch, da gerade die komplexen und kostenintensiven Krankheiten stationär behandelt werden müssen.

Seit der Einführung der Regelungen zur integrierten Versorgung in den §§ 140a - h SGB V können deshalb auch sektorübergreifende Projekte erprobt werden. Modelle zur integrierten Versorgung bieten Möglichkeiten zu einer konsequenten Weiterentwicklung der Praxisvernetzungen, da sie durch die Einbeziehung von Krankenhäusern die Überbrückung der Sektorengrenzen und eine enge therapeutische Verflechtung der ambulanten und stationären Patientenversorgung verwirklichen können. Durch den intensiven Kontakt zwischen Leistungsanbietern in unterschiedlichen Versorgungsbereichen soll eine umfassende Patientenbetreuung aufgebaut werden. Aus ökonomischer Sicht macht ein solcher Verbund von Leistungserbringern jedoch nur dann Sinn, wenn die ambulanten Leistungserbringer und die Krankenhäuser ein gemeinsames sektorübergreifendes Budget verwalten und auch das finanzielle Risiko für die Versorgung der Versicherten gemeinsam übernehmen. Dadurch werden die Anreizstrukturen der Leistungserbringer vereinheitlicht, so daß eine qualitativ hochwertige und wirtschaftliche Versorgung in den Vordergrund rückt und ein gegenseitiges Interesse an der Vermeidung medizinisch nicht angebrachter Leistungen gestärkt wird. Die Überweisung eines Patienten an einen anderen Leistungsanbieter im Netz mit gemeinsamem Budget ist dann nur noch sinnvoll, wenn dieser die medizinische Leistung effektiver und/oder effizienter erbringen kann. Somit kommt eine Überweisung nur in Betracht, wenn durch sie der gleiche oder ein besserer Behandlungserfolg bei geringeren bzw. gleichen Kosten erreicht werden kann

- wenn die Überweisung also zur Erhöhung der Wirtschaftlichkeit der wirksamen Versorgung zum Vorteil der Patienten und der Leistungsanbieter führt.

Obwohl die Übernahme der finanziellen Verantwortung für ein integriertes Versorgungsnetz unter ökonomischen Gesichtspunkten die Anreize für eine wirtschaftliche Leistungserbringung schafft, kann dies auch mit Problemen verbunden sein. Das Ziel einer wirtschaftlichen Patientenversorgung ist nicht immer mit medizinischen und sozialen Zielen in Übereinstimmung zu bringen. Dies ist auch in einem Versorgungsnetz nicht ausgeschlossen und kann dann auftreten, wenn die Gewinnerzielungsabsicht des Netzes die medizinische Versorgungsqualität überlagert. Damit geht der Anreiz zur Senkung des Leistungsniveaus einher, was sogar auf eine Unterversorgung der Versicherten hinauslaufen kann. Von dieser Gefahr der Unterversorgung wären alle im Netz versicherten Patienten betroffen, v. a. aber solche, die chronisch oder schwer krank und daher auf kostenintensive Leistungen angewiesen sind. Ein zu starker Druck zu einer wirtschaftlichen Versichertenversorgung kann in eine negative Risikoselektion münden, was mit den Grundsätzen einer solidarischen Gesundheitspolitik nicht vereinbar wäre. Zur Vermeidung dieser Fehlanreize muß den Versicherten die Möglichkeit eines Netz- und damit eines Krankenkassenwechsels eingeräumt werden. Die Versicherten könnten sich notfalls gegen eine drohende Unterversorgung wehren, wenn sie zu einer Krankenkasse wechseln, die eine bessere medizinische Betreuung anbietet. Ergänzend müßte ein Kontrahierungszwang für die Kassen gelten, der auch den „schlechten Risiken" eine Mitgliedschaft in der Krankenkasse oder im Versorgungsnetz ihrer Wahl gewährleistet. Die Versicherten müßten über eine höhere Transparenz über die Versicherungsanbieter und deren Leistungsangebote sowie über die Möglichkeit zur Betreuung durch ein unabhängiges Kontroll- und Beschwerdegremiun verfügen. Die konsequente Nutzung der Wahlrechte durch die Versicherten könnte die Neigungen der Leistungsanbieter zu adverser Selektion tendenziell eindämmen, da eine schlechtere Patientenversorgung langfristig zu einer Versichertenabwanderung und damit zu einer Verdrängung aus dem Markt führen würde.

Die Umsetzung von integrierten Versorgungsnetzen in die Praxis bleibt jedoch hinter den Erwartungen zurück. Dies liegt daran, daß die rechtlichen Rahmenbedingungen und die sektorale Budgetierung die Bildung eines übergreifenden Netzbudgets erschweren. Selbst wenn die Ermittlung der Höhe des Projektbudgets kein Problem darstellte, wären die unterschiedlichen Vergütungssysteme im ambulanten und stationären Sektor sowie die daraus resultierenden gegensätzlichen Interessenlagen der Akteure miteinander in Einklang zu bringen.

Darüber hinaus muß festgehalten werden, daß bisher nur der ambulante und der stationäre Sektor im Mittelpunkt stehen, wohingegen weitere Leistungserbringer wie Rehabilitationskliniken, sonstige medizinische Berufe und Pflegedienste noch nicht an Vernetzungsansätzen beteiligt worden sind. Dies ist lediglich bei zwei Ansätzen bisher vorgesehen: (1) Im Modell „prosper" der Bundesknappschaft ist eine enge Zusammenarbeit zwischen den Knappschaftsärzten und weiteren ausgesuchten Vertragsärzten sowie den kasseneigenen Krankenhäusern bereits in drei Modellregionen angelaufen, die Einbindung der kasseneigenen Rehabilitationseinrichtungen ist geplant und aufgrund des besonderen Verhältnisses zwischen der Bundesknappschaft und den Leistungserbringern leichter umzusetzen. (2) Im Rahmen der Integrierten Versorgungsgemeinschaft Elbe-Jeetzel des VdAK/AEV bildet das Krankenhaus in Dannenberg den Mittelpunkt der gesamten ambulanten und stationären medizinischen Versorgung der Region. Auch hier soll bei Projektumsetzung das Versorgungsangebot auf Rehabilitations- und Spezialeinrichtungen ausgedehnt werden.

Das Problem der unter den gegenwärtigen Rahmenbedingungen sowohl in der Regelversorgung als auch in den meisten Modellversuchen kaum miteinander zu vereinbarenden Anreize der Leistungsanbieter wird dadurch verschärft, daß die Krankenkassen nicht in der Lage sind, die Behandlung ihrer Versicherten zu prüfen geschweige denn zu steuern. Einerseits erhalten die Kassen keine patientenbezogenen Daten aus dem ambulanten Sektor. Andererseits bekommen sie zwar patientenbezogene Abrechnungsdaten aus weiteren Versorgungsbereichen, doch dürfen sie diese nicht zusammenführen. Ausnahmen von dieser Situation sind für einzelne Wirtschaftlichkeitsprüfungen erlaubt. Diese werden aber nicht dafür eingesetzt, um die Patienten zu lenken, sondern um die Ärzte zu überwachen. Auch dies ermöglicht keine zeitnahe und effektive Steuerung des Leistungsgeschehens durch die Krankenkassen.

Aus diesem Grunde können die Kassen nach der derzeitigen Rechtslage nur auf eine Selbststeuerung der Leistungserbringer im Gesundheitswesen setzen und auf ein projektkonformes Verhalten der Versicherten hoffen. Dafür müssen die Versicherten über den Sinn und Zweck eines Modellvorhabens aufgeklärt werden. Zudem müssen ihnen entsprechende Anreize gesetzt werden. Diese können sowohl aus einer qualitativ verbesserten ärztlichen Betreuung zusammen mit längeren Sprechstundenzeiten und einer besser organisierten Notfallversorgung als auch aus finanziellen Vorteilen bestehen, soweit die Vorschriften des SGB V solche Regelungen zulassen.[688] Im Berliner Praxisnetz hat sich allerdings

---

[688] Ein finanzieller Bonus für Versicherte kann nach den Vorschriften des SGB V nur gewährt werden, wenn dieser sich aus Einsparungen von Modellen der Integrierten Versorgung ergibt. Alle darüber hinausgehenden Möglichkeiten zur Beitragssatzgestaltung wie z. B. Selbstbehalte oder Beitragsrückzahlungen, die in der PKV durchaus vorhanden sind, sind seit der Verabschiedung des GKV-Solidaritätsstärkungsgesetzes 1999 im Wirkungsbereich der Gesetzlichen Krankenkassen außer Kraft gesetzt worden. Vgl. BUNDESMINISTERIUM FÜR ARBEIT UND SOZIALORDNUNG [2000], S. 123.

gezeigt, daß ein geringer finanzieller Bonus keine Gewähr für netzkonformes Verhalten der Versicherten bietet. Auch bei „prosper" ist zu bezweifeln, ob die hohe Netztreue auf die Sachprämie zurückzuführen ist. Vielmehr wird sie eher mit einer bereits vorhandenen Arztbindung zu begründen sein.

Als ein wesentlicher Mangel der meisten bisher erprobten Versorgungsmodelle in der GKV läßt sich die Konzentration auf die Leistungserbringer festhalten. Ohne Möglichkeiten zur unmittelbaren Beeinflussung und Lenkung der Versicherten wird deren Verhalten ein Unsicherheitsfaktor bleiben. Letztlich funktioniert auch die integrierte Versorgung nur, wenn die Patienten mitmachen. Allerdings können die Krankenkassen nur wenig Einfluß auf das Patientenverhalten nehmen, solange die freie Arztwahl und der direkte Zugang zu den Leistungserbringern über den Hausarzt oder koordinierenden Arzt hinaus nicht eingeschränkt werden können. Dies ist ein grundsätzliches Problem der Krankenkassen, da die Versicherten nicht nur im Krankheitsfall zu einer (fast) unkontrollierten Leistungsinanspruchnahme berechtigt sind, sondern sich auch zwischen den Arztbesuchen dem Einfluß der Krankenkassen gänzlich entziehen können.

Bisher beruhen die Präventionsangebote der Krankenkassen - sofern von wirksamen Angeboten zur Primärprävention gesprochen werden kann - ganz auf dem Prinzip der Freiwilligkeit und sind somit völlig unverbindlich. Darüber hinaus ist der Erfolg der Prävention zu einem Großteil von der persönlichen Lebensweise wie Ernährung, sportlicher Betätigung, Konsum von Genußmitteln, Arbeitsbelastung, etc. abhängig. Somit sind die Krankenkassen dazu verurteilt, ihre Leistungen auf Kranke zu konzentrieren, weil ihr Einfluß kaum an gesunde Versicherte heranreicht.

Daher sind sog. Disease Management Programme zur Betreuung von chronisch Kranken und Patienten mit kostenintensiven Krankheiten grundsätzlich zu begrüßen. Hierbei werden mit Hilfe von Behandlungsleitlinien für bestimmte, meist chronische oder langwierige und teure Krankheiten die verschiedenen Stationen im Behandlungsverlauf aufeinander abgestimmt, um den betroffenen Versicherten eine möglichst hohe Versorgungsqualität zu bieten. Es geht darum, die Patienten, die Anzeichen einer bestimmten Erkrankung aufweisen, durch das Gesundheitswesen zu lotsen und die Entwicklung ihrer Krankheit zu kontrollieren.[689] Besondere Kennzeichen von DMP sind zum einen die Konzentration auf eine abgegrenzte Population (z. B. freiwillige Teilnehmer, Risikogruppe oder Gemeinde), zum anderen der ganzheitliche Ansatz zur Krankheitsbekämpfung, der nicht nur die Kuration, sondern auch die Prävention weiterer Krankheiten

---

[689] Vgl. BRUNNER, H.; LAUTERBACH, K. [1999], S. 121 f.; EICHHORN, S.; SCHMIDT-RETTIG, B. [1998], S. 15 f. und STILLFRIED, D. v. [1998], S. 290 ff.

beinhaltet.[690] Die Standardisierung des Behandlungsverlaufs soll auch zu einer höheren Wirtschaftlichkeit in der Betreuung führen. Diese Programme befinden sich allerdings erst im Aufbau und sind aufgrund verschiedener Probleme bei der Übermittlung und Verwaltung der Patientendaten und des Vorwurfs der Einschränkung der ärztlichen Therapiefreiheit sehr umstritten (Stichwort „Listenmedizin").

Es wird sich zeigen, ob das Nebeneinander von Modellprojekten und DMP erfolgreich ist. Möglich ist aber auch die Durchführung von DMP innerhalb von Modellvorhaben. Es ist naheliegend, daß Vernetzungsansätze, insbesondere sektorübergreifende Netze, bessere Rahmenbedingungen für DMP oder für Behandlungsleitfäden bieten können, da die beteiligten Leistungsanbieter ein gemeinsames Interesse an einer möglichst wirtschaftlichen Patientenbetreuung haben und daher einer Kooperation aufgeschlossen gegenüber stehen müßten.[691]

Trotz einiger positiver Ansätze muß somit konstatiert werden, daß die Umsetzung von Modellvorhaben keine Reform der GKV ersetzt. Das Nebeneinander vieler verschiedener und z. T. temporärer Projekte sowie der Regelversorgung mit ihren derzeitigen Mängeln ist nicht zielführend. Ohne eine Erweiterung der Handlungsspielräume der Gesetzlichen Krankenkassen sowie einer Lockerung der Datenschutzregelungen, verbunden mit der Erlaubnis zur Zusammenführung und Verarbeitung versichertenbezogener Daten durch die Krankenkassen, erscheinen zielführende Veränderungen zum Scheitern verurteilt, d. h. nicht möglich.

Allerdings ist an dieser Stelle hinzuzufügen, daß ein wesentlicher Unterschied zwischen dem GKV- und GUV-System in der Art der von den Patienten benötigten Leistungen liegt. Die medizinischen Leistungen in der GUV zeichnen sich dadurch aus, daß sie stark von einem Fachgebiet, nämlich dem der Unfallchirurgie, geprägt sind. Somit ist dort ein Facharztsystem sinnvoller als ein Gatekeeping durch einen Allgemeinarzt. Der Erfolg in der Leistungserbringung in der GUV hängt wesentlich davon ab, daß eine medizinische Versorgung zügig gewährleistet wird. Die Einschaltung eines Allgemeinmediziners wäre in Anbetracht des damit einhergehenden Zeitverlusts eher kontraproduktiv und würde aufgrund von geringeren Wiedereingliederungsquoten über dauerhaft verbleibende Minderungen der Erwerbsfähigkeit bei den Patienten eine Kostenbelastung der Unfallversicherungsträger hervorrufen. In der GKV hingegen, in der viele Erkrankungen bereits von einem Allgemeinmediziner gut versorgt werden können und in der immer mehr chronische Erkrankungen nach einer dauerhaften

---

690 Vgl. LAUTERBACH, K. [1997], S. 170.

691 Vgl. GLAESKE, G. [2002], S. 17 f.

Betreuung der Patienten im Sinne eines Case Managements verlangen, erscheint eine Vernetzung überfällig. Damit können die Hausärzte ihre Filterfunktion gegenüber den Fachärzten und diese zusammen eine Filterfunktion gegenüber der stationären Versorgung erfüllen, um einer möglichen Über- und Fehlversorgung vorzubeugen.[692]

[692] Vgl. ebenda [2002], S. 8.

Teil IV: Handlungsempfehlungen für Strukturreformen in der Gesetzlichen Krankenversicherung

A Zusammenfassende Gegenüberstellung der Anreizstrukturen in der Gesetzlichen Krankenversicherung und der Gesetzlichen Unfallversicherung

1 Vorbemerkungen

Die bisherige Untersuchung der Gesetzlichen Unfallversicherung und der Gesetzlichen Krankenversicherung nimmt die unterschiedliche Beitragssatzentwicklung in den beiden Sozialversicherungssystemen zum Anlaß für einen Strukturvergleich. Dabei konnten grundlegende Unterschiede zwischen den beiden Versicherungszweigen aufgedeckt werden. Da die Strukturen ausschlaggebend sind für die Beziehungsgeflechte zwischen den vier Gruppen von Akteuren (Versicherungsträger, Leistungserbringer, Arbeitgeber, Versicherte), sollten sie als Adressaten einer nachhaltigen Reform der GKV eine zentrale Rolle spielen. Bevor in den folgenden Abschnitten Handlungsempfehlungen für eine solche Strukturreform abgeleitet werden, sind die grundlegenden Beziehungen zwischen den Parteien in der GKV und in der GUV noch einmal vergleichend zusammengefaßt.

2 Anreize und Strukturen in der Gesetzlichen Krankenversicherung

Für die folgende Argumentation wird zunächst von den unterschiedlichen Leistungssektoren und den Gruppenverbänden (z. B. den Kassenärztlichen Vereinigungen) abstrahiert. Die Leistungserbringer werden pauschal zusammengefaßt, da es hier nicht in erster Linie um die Anreize innerhalb der jeweiligen Gruppenverbände geht. Die Versicherten und die Arbeitgeber führen den Versicherungsbeitrag zu formal gleichen Teilen an die Krankenkasse ab, und diese bietet allen Versicherten einen einheitlichen Leistungskatalog an.[693] Die Krankenkassen übernehmen mit den Interessenverbänden der Leistungserbringer zusammen die Sicherstellung der medizinischen Versorgung der Versicherten.

---

[693] Neben dem einheitlichen Leistungskatalog verbleiben den Krankenkassen Differenzierungsmöglichkeiten bei vereinzelten Satzungsleistungen. Doch ist das Abgrenzungspotential von anderen Kassen sehr gering, da es sich hier um keine grundlegenden Leistungen handelt. Dazu zählen begrenzte Möglichkeiten zur Kostenerstattung (§ 13 Abs. 2 und § 14 Abs. 1 SGB V), der Ausschluß des Anspruchs auf Krankengeld für freiwillig Versicherte (§ 44 Abs. 2 i. V. m. § 243 Abs. 1 SGB V), die Variation von Umfang und Dauer der Gewährung der häuslichen Krankenpflege oder einer Haushaltshilfe (§ 37 Abs. 2 und § 38 Abs. 2 SGB V) sowie die Bezuschussung bei der Inanspruchnahme von Präventionsleistungen (z. B. § 23 Abs. 2 SGB V). Vgl. auch SCHULIN, B. [1994], § 6 RdNr. 84 ff.

Dies geschieht durch den Abschluß von Kollektivverträgen. Daraus resultiert für die Versicherten ein Vollversicherungsschutz bei freier Arztwahl. Selbstbeteiligungen fallen nur in bestimmten Bereichen an und sind in dieser Betrachtung vernachlässigbar, da von ihnen keine nennenswerten Steuerungswirkungen ausgehen.

Abbildung 40: Anreize in der Gesetzlichen Krankenversicherung

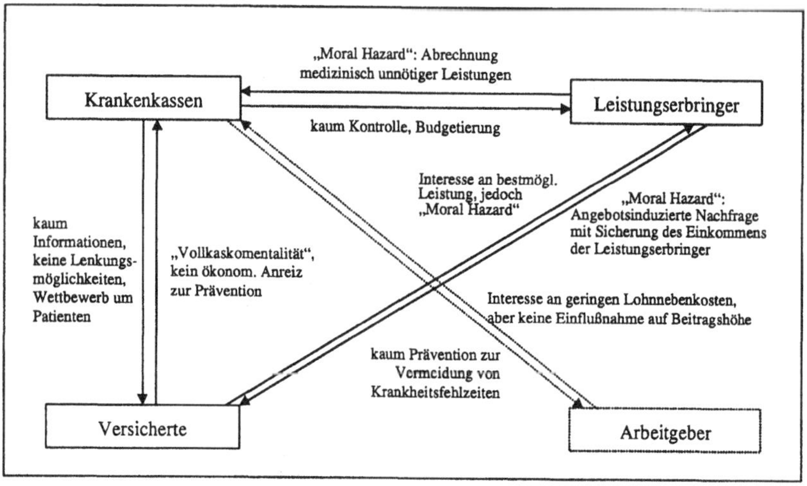

Quelle: Eigene Darstellung.

In dem in Abbildung 40 zum Ausdruck kommenden Beziehungsgeflecht sind - wie im Hauptteil dieser Studie erörtert wurde - mehrere Elemente für das Entstehen von Fehlanreizen verantwortlich. Dabei spielen allerdings die **Arbeitgeber** kaum eine Rolle, obwohl sie in den Selbstverwaltungsgremien der Krankenkassen vertreten sind und ein Interesse an möglichst geringen Beitragssätzen und damit niedrigen Lohnnebenkosten haben. Sie können - wenn überhaupt - durch ihr Verhalten nur einen geringen Einfluß auf die Beitragssätze der Krankenkassen ausüben. Diese sind zudem unabhängig vom Krankheitsrisiko der Versicherten und knüpfen statt dessen an ihre Lohneinkommen an.

Die **Versicherten** sind bestrebt, als Gegenleistung für den aus ihrer Sicht fixen Beitrag ein qualitativ möglichst hochwertiges und umfangreiches Versorgungsniveau zu erhalten. Durch das Sachleistungsprinzip geht dabei jede Information über die Höhe der Kosten der beanspruchten Leistungen verloren. Aufgrund nur geringer Zuzahlungen besteht bei einer rein ökonomischen Betrachtung und mangels wirksamer Kontroll- und Sanktionsmechanismen seitens der Krankenkassen kein pekuniärer Anreiz für die Versicherten zur Gesundheitsvorsorge und

Krankheitsvorbeugung. Vielmehr dominiert bei den Versicherten eine „Vollkaskomentalität".

Einen ähnlichen Anreiz zum „Moral Hazard" haben auch die **Leistungserbringer**. Aufgrund der ausgeprägten asymmetrischen Informationsverteilung zwischen Patienten und Ärzten kann ein Anreiz vorliegen, die Nachfrage der Patienten „künstlich" auszuweiten und Leistungen zu erbringen, die medizinisch nicht notwendig sind - aber dem Patienten nicht schaden. Im Wettbewerb um Patienten werden viele Leistungen auf ausdrücklichen Wunsch des Patienten hin erbracht. Dies wird durch das Vergütungssystem im ambulanten Bereich, das Elemente der Einzelleistungsvergütung enthält, verstärkt. Ein Arzt verhält sich aus seiner Sicht rational, wenn er versucht, möglichst viele Punkte abzurechnen, um dadurch sein Praxiseinkommen zu erhöhen oder angesichts schwindender Punktwerte zumindest konstant zu halten. Ähnlich verhält es sich im stationären Sektor, wo der größte Teil der Leistungen (noch) über tagesgleiche Pflegesätze abgerechnet wird. Dies führt dazu, daß Patienten möglichst lange im Krankenhaus „behalten" werden. Die neu eingeführte pauschalierende Vergütung kann diesen Anreiz in eine Fallzahlerhöhung und eine Verweildauerverkürzung umwandeln, was auch nicht immer im Interesse der Patienten ist.

Gegen diese - in Abbildung 40 erfaßten - Fehlanreize geht der Gesetzgeber tendenziell mit dirigistischen Eingriffen in die GKV-Versorgung vor. Dadurch sollen weitere Ausgabensteigerungen vermieden werden, ohne die Grundstrukturen des Systems auszuhebeln. Die Liste der Eingriffe enthält sektorale Budgetierungen, die Bedarfsplanung im Krankenhausbereich sowie Beschränkungen und Verteuerung des Leistungsangebots (Zuzahlungen bei Arzneimitteln, geplante Positivliste, Kappung der Leistungsdauer z. B. in der Rehabilitation). Mit diesen Instrumenten werden marktliche Koordinierungsprozesse weiter verdrängt, was wiederum Auswirkungen auf das Angebot und die Nachfrage von Gesundheitsleistungen hat: Einerseits bleiben die Anreize zur Überinanspruchnahme von Leistungen, verknüpft mit Überkapazitäten - beispielsweise im stationären Bereich - erhalten. Andererseits kann die Gefahr der Unterversorgung von Patienten - beispielsweise durch die Deckelung der Arzneimittelausgaben - nicht ausgeschlossen werden.

Der Wechsel zu einer stärker disaggregierten Perspektive läßt - über die bereits genannten Aspekte hinaus - die vertikale Versäulung der Versorgungssektoren in organisatorischer und finanzieller Hinsicht als ein problembehaftetes Gestaltungsmerkmal in der GKV erkennen. Getrennte sektorale Budgets und Vergütungssysteme, die auf unterschiedlichen Kalkulationssystemen aufbauen, so daß die Kosten identischer Leistungen in den verschiedenen Sektoren nicht miteinander verglichen werden können, führen dazu, daß Leistungen willkürlich rationiert und Patienten zur Entlastung der eigenen Budgets von Leistungserbringern an den jeweils anderen Sektor verwiesen werden.

Die **Krankenkassen** erfüllen in diesem System lediglich die Funktion von Beitragsmittelverwaltern. Sie haben wenig Möglichkeiten, auf die Präventionsbemühungen der Versicherten sowie auf Behandlungsverläufe Einfluß zu nehmen, da sie aufgrund der asymmetrischen Informationsverteilung nicht nur hinsichtlich der Risiken der Versicherten, sondern auch hinsichtlich der medizinischen Notwendigkeit und der Qualität der von den Ärzten und Krankenhäusern erbrachten Leistungen nicht in der Lage sind, die Behandlungsverläufe nachzuvollziehen. Das liegt v. a. daran, daß ihnen die dazu notwendigen zeitnahen und versichertenbezogenen Daten aus datenschutzrechtlichen Gründen nicht oder nur bruchstückhaft zugestanden werden. Im Kassenwettbewerb ist ihr Interesse auf die Festlegung eines möglichst geringen und damit für die Versicherten attraktiven Beitragssatzes ausgerichtet. Vor dem Hintergrund weiter steigender Leistungsausgaben und der Problematik der angebotsinduzierten Nachfrage sind die Kassen bestrebt, das Kostenrisiko im Krankheitsfall auf die Leistungserbringer abzuwälzen, indem sie die Budgets und die Gesamtvergütung für die ambulante Versorgung nicht weiter erhöhen.

3 Anreize und Strukturen in der Gesetzlichen Unfallversicherung

Im Unterschied zur GKV werden die Beitragszahlungen in der GUV - für die Arbeitnehmer „unsichtbar" - allein von den **Arbeitgebern** geleistet. Die Beiträge sind zu einem bestimmten Grad auch vom Unfallrisiko im Betrieb abhängig und auf die Leistungsinanspruchnahme in der Vergangenheit bezogen. Zusätzlich können wirksame Präventionsbemühungen belohnt und unterlassene Schutzvorkehrungen sanktioniert werden. Die Arbeitgeber haben daher zusätzlich zu ihren primären Interessen an einem unfall- und störungsfreien Arbeitsablauf ein Interesse an einer möglichst geringen Beitragslast, das sie in den Selbstverwaltungsgremien der Unfallversicherungsträger vorbringen. Allerdings sind die Arbeitgeber zur Mitgliedschaft in der Berufsgenossenschaft verpflichtet, so daß sie de facto nur einen geringen Einfluß auf die Beitragssatzhöhe ausüben können.

Abbildung 41: Anreize in der Gesetzlichen Unfallversicherung

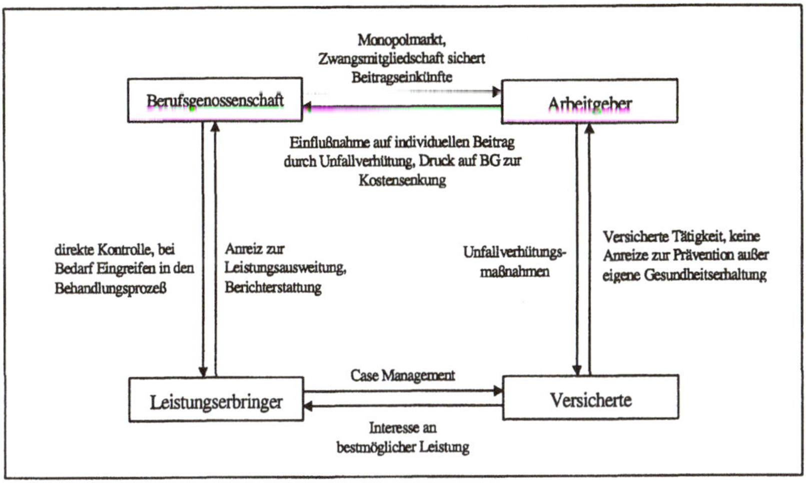

Quelle: Eigene Darstellung.

Anders hingegen bei den **Arbeitnehmern** als Versicherten. Diese tragen nicht zur Finanzierung der Beiträge bei und verlieren nur dann den Unfallversicherungsschutz, wenn sie einen Unfall vorsätzlich oder grob fahrlässig herbeiführen.[694] Während also keinerlei ökonomische Anreize zur Unfallvermeidung vorliegen, ist - wie auch in der GKV - davon auszugehen, daß das persönliche Interesse der Versicherten an der Erhaltung ihrer persönlichen Gesundheit für ihre Präventionsanstrengungen ausschlaggebend ist. Im Falle eines arbeitsbedingten Gesundheitsschadens steht den Versicherten ein umfangreicherer Leistungskatalog als in der Krankenversicherung zur Verfügung: Da die Leistungen der Unfallversicherungsträger Entschädigungscharakter haben, entfallen sämtliche Zuzahlungen und Leistungseinschränkungen. Damit kann es allerdings zu einer tendenziell noch stärkeren Anspruchshaltung der Versicherten als in der Krankenversicherung kommen. Allerdings ist hier ein wesentlicher Unterschied zur GKV zu nennen: Die Arztwahl der Versicherten ist erheblich eingeschränkt und auch der Behandlungsverlauf wird von einem Case Manager, i. d. R. dem Durchgangsarzt, bestimmt und verfolgt.

---

694 Vgl. § 101 SGB VII: Danach sind Leistungen der Unfallversicherungsträger ausgeschlossen, wenn der Arbeitsunfall auf eine vorsätzliche Handlung oder ein Verbrechen zurückzuführen ist. Nach § 110 SGB VII haften die Personen, die einen Arbeitsunfall vorsätzlich oder grob fahrlässig herbeigeführt haben, gegenüber dem Unfallversicherungsträger für die entstandenen Kosten.

Dieses Case Management macht den **Durchgangsarzt** zur zentralen Figur des Berufsgenossenschaftlichen Systems, das aus einem Netz aus ausgewählten Fachärzten, Krankenhäusern und eigenen Spezialkliniken der Berufsgenossenschaften besteht. Aufgrund der fehlenden Budgetierungen und der strikten Einzelleistungsvergütung im ambulanten Bereich gelten Patienten der Unfallversicherung unter finanziellen Aspekten als besonders attraktiv für die Ärzte, die jedoch der unmittelbaren Überwachung durch die Unfallversicherungsträger unterstehen, so daß die Möglichkeiten zur Erbringung medizinisch unnötiger Leistungen begrenzt sind. Die **Unfallversicherungsträger** verfügen in diesem hierarchischen Versorgungssystem über deutlich stärkere Sanktionsmittel als die Krankenkassen und können wirksamer gegen die Leistungserbringer vorgehen, sollte es zu Verstößen gegen das Wirtschaftlichkeitsgebot kommen. Da die Berufsgenossenschaften allein die Verantwortung für die Sicherstellung der Versichertenversorgung tragen, können sie Leistungsanbietern die Zulassung zu der Berufsgenossenschaftlichen Versorgung entziehen.

Aufgrund ihrer finanziellen Verantwortung für die Unfallverletzten während der gesamten Behandlung - und gegebenenfalls auch darüber hinaus in Form von lebenslangen Rentenzahlungen - sowie durch den Druck der Arbeitgeber haben die Unfallversicherungsträger vordergründig den Anreiz, für eine wirtschaftliche und qualitativ hochwertige Leistungserbringung zu sorgen. Allerdings sind sie eher als die Krankenkassen geneigt, Unwirtschaftlichkeiten hinzunehmen, da sie über ein Monopol in dem von ihnen versicherten Wirtschaftszweig verfügen. Die Zwangsmitgliedschaft der versicherten Unternehmen und die geringere öffentliche Aufmerksamkeit bei Beitragssatzerhöhungen im Vergleich zur GKV sichern nicht nur die Finanzierbarkeit möglicher Ineffizienzen im Versorgungssystem, sondern verringern zugleich den Druck auf die Unfallversicherungsträger zur Schaffung einer wirtschaftlichen und effizienten Versorgung.

B Elemente einer Strukturreform in der Gesetzlichen Krankenversicherung

1 Vorbemerkungen

Aus dem Strukturvergleich zwischen der GUV und der GKV lassen sich drei zentrale Elemente ableiten, die bei einer Neugestaltung der GKV-Strukturen Berücksichtigung finden sollten, da sie zu Effizienzverbesserungen führen können. Es handelt sich (1) um ein intensives Case Management des Hausarztes zur bedarfsgerechten Patientenlenkung und Versichertenbetreuung, (2) um einen stärkeren Einfluß der Krankenkassen auf die Auswahl der Leistungserbringer zur

Behandlung der Versicherten sowie (3) um eine Verbesserung der Datentransparenz für die Krankenversicherungsträger.

Dabei stehen v. a. das Case Management und die Vernetzung der Leistungsanbieter im Vordergrund, da diese beiden Elemente an den Wurzeln der strukturimmanenten Probleme der Gesetzlichen Krankenversicherung ansetzen. Sie dienen der besseren Beeinflussung des Patientenverhaltens und fördern die Kooperation der Leistungserbringer über die Sektorengrenzen hinweg. Als Voraussetzung für die Schaffung einer effizienten Versorgung müssen die Krankenkassen über eine höhere Transparenz des Versorgungsgeschehens verfügen. Nur dann ist die Überwachung der Patientenversorgung möglich, da die Transparenzerhöhung die Basis für gegebenenfalls kontrollierende und unterstützende Eingriffe der Krankenkassen zur Vermeidung von Fehlentwicklungen bildet.

Besonderes Kennzeichen dieser Reformelemente ist, daß sie an allen Ebenen des Gesundheitswesens ansetzen. Während das Case Management den einzelnen Versicherten betrifft, knüpft die Netzbildung an den Leistungserbringern in unterschiedlichen Versorgungssektoren an. Auf der nächsten Ebene überwachen die Versicherungsträger mit Hilfe der ihnen zufließenden Informationen das Versorgungsgeschehen. Ergänzend zu diesen Elementen einer Strukturreform werden notwendige Veränderungen der Rahmenbedingungen des Gesundheitssystems benötigt und ebenfalls in den folgenden Ausführungen aufgezeigt. Diese Anregungen finden ihre Begründung jedoch nicht in dem vorangehenden Strukturvergleich zwischen der GKV und der GUV. Sie sind aber für die Entfaltung der effizienzsteigernden Wirkungen des Case Managements, der Vernetzung der Leistungserbringer und der verbesserten Datentransparenz von großer Bedeutung. Dazu gehören neben der Einführung einer Selbstbeteiligung für die Versicherten die Stärkung des Wettbewerbs auf der Ebene der Versicherungen und der Leistungserbringer. Dieser wettbewerbliche Rahmen ist notwendig, damit sich die Anreizstrukturen der Beteiligten den neuen und im folgenden vorgestellten Versorgungsstrukturen anpassen und v. a. die Netzbildung nicht ins Leere läuft. Darüber hinaus sorgt der Wettbewerb dafür, daß die Netzstrukturen weiterentwickelt werden und Innovationen in die Patientenversorgung aufgenommen werden. Zudem werden die Bemühungen der Krankenkassen zur Erzielung einer möglichst effizienten Versorgung gestärkt.

Zentrales Leitbild der im folgenden skizzierten Handlungsempfehlungen ist der selbständige und für seine Gesundheit verantwortliche Versicherte, der frei über seinen Krankenversicherungsschutz bestimmen kann und dabei lediglich an einige Vorgaben gebunden ist. Dazu gehört der Nachweis einer Mindestabsicherung. Durch die Wahl einer Krankenversicherung legt sich der Versicherte auf ein bestimmtes Versorgungsangebot fest. Er bestimmt auch seinen Case Manager, der ihn im Krankheitsfall betreut und sich zu seinem zentralen Ansprechpartner in gesundheitlichen Fragen entwickelt.

Beim Abschluß der Grund- und eventueller Zusatzversicherungsverträge greift der Versicherte auf die Angebote der Krankenversicherungsträger, die untereinander im Wettbewerb stehen, zurück. Diese Versicherungsträger sind gehalten, jedem Bürger einen einheitlichen Grundabsicherungsvertrag anzubieten (Kontrahierungszwang). Die genaue Ausgestaltung der Versorgungsstrukturen und der Versicherungsverträge bleibt ihnen überlassen, es steht ihnen jedoch frei, ein Versorgungsnetz mit ausgewählten Leistungsanbietern zu gründen. Die Rolle der Versicherungen soll sich nicht auf die eines Finanzmittelverwalters beschränken, sondern deutlich weiter reichen. Auf der Grundlage einer hohen Datentransparenz sollen die Krankenkassen in die Lage versetzt werden, das Versorgungsgeschehen mitzuverfolgen und gegebenenfalls auf Probleme reagieren können.

2 Case Management

Durch die Einführung eines Case Managements sollte auch in der GKV eine möglichst intensive und persönliche Patientenbetreuung ermöglicht werden. Dies kann in Anlehnung an das Durchgangsarztverfahren der Unfallversicherungsträger erfolgen, das hier nochmal in Kürze zusammengefaßt wird.

Demnach übernimmt der D-Arzt die Verantwortung für die Patientenbehandlung immer dann, wenn die Behandlungsdauer eine Woche überschreitet oder wenn die Arbeitsunfähigkeit länger als drei Tage anhält. In allen anderen Fällen überläßt der D-Arzt die Behandlung dem Hausarzt des Versicherten, nimmt jedoch Nachschauuntersuchungen vor. Dies ist auch bei der Behandlung durch herangezogene Spezialisten der Fall. Damit obliegt dem Durchgangsarzt eine Kontrollfunktion, die einerseits Polypragmasie verhindern und andererseits garantieren soll, daß der Versicherte Leistungen im benötigten Umfang erhält. Darüber hinaus übernimmt der D-Arzt die entscheidende Rolle beim Zugang zu verordneten Leistungen, da Heil- und der Großteil der Hilfsmittel nur von ihm (und vom H-Arzt) verschrieben werden dürfen und die Einleitung weiterer Maßnahmen wie Übungsbehandlungen (z. B. EAP und BGSW) sowie Maßnahmen zur beruflichen Rehabilitation seiner Zustimmung bedürfen. Bei schwerwiegenden Verletzungen ist die Behandlungsvornahme nicht jedem Durchgangsarzt erlaubt: In den Fällen des Verletzungsartenverfahrens muß der Patient in eine aufgrund ihrer besonderen Ausstattung zugelassene Einrichtung eingewiesen werden.

Trotz der unverkennbaren Vorteile des Durchgangsarztverfahrens sind auch einige Nachteile zu beachten. Hierbei handelt es sich im wesentlichen um den durch die Einzelleistungsvergütung ausgelösten Anreiz zur Ausweitung der Leistungserbringung durch den D-Arzt. Dies kann sich darin äußern, daß der D-Arzt selbst medizinisch nicht indizierte Leistungen abrechnet. Es hat sich aber auch gezeigt, daß Spezialisten zu spät oder zu selten zur Behandlung herangezogen werden und dadurch die Behandlung durch den D-Arzt unnötig in die Länge gezogen wurde.

Dennoch erscheinen - angesichts der Probleme in der GKV - einige der Elemente des D-Arztverfahrens übertragenswert. Durch die Schaffung eines Case Managements könnte mögliches Fehlverhalten der Versicherten - wie das „Ärzte-Hopping" und Doppel- oder Mehrfachuntersuchungen - besser kontrolliert und weitgehend unterbunden werden. Der Case Manager sollte die **erste Anlaufstelle** der Versicherten im Krankheitsfall sein. Dabei übernimmt er die Funktion eines **Gatekeepers**, d. h., er entscheidet, ob der Patient an einen Facharzt überwiesen oder in ein Krankenhaus eingewiesen werden soll, falls er die Behandlung nicht selbst übernehmen kann. Die Gatekeeper-Funktion wird mit der **Lotsenfunktion**, die eine Betreuung während des gesamten Behandlungsprozesses über mehrere Versorgungsstufen hinweg beinhaltet, verbunden. Dies schließt sowohl die Diagnose als auch die Therapie ein und erstreckt sich auf Routinebehandlungen, auf Krankheiten mit einer eindeutigen Diagnose sowie auf Krankheiten, bei denen die Diagnose nicht mit Sicherheit festgestellt werden kann. Ziel ist es, in jedem der zuvor genannten Fälle das Problem einer unkoordinierten Leistungserbringung zu beseitigen.

Der Case Manager soll eine **längerfristige Beziehung** zum Versicherten aufbauen und im Krankheitsfall für die medizinische Versorgung zuständig sein. Bei ernsteren Erkrankungen soll der Case Manager die Diagnostik durchführen oder koordinieren, dabei auch das berufliche und soziale Umfeld des Patienten berücksichtigen und darauf aufbauend einen Behandlungsplan erstellen. Der Case Manager ist für die Einbeziehung der entsprechenden Spezialisten in die Behandlung verantwortlich und erhält von diesen Informationen über Befunde und Behandlungsergebnisse. Darüber hinaus überprüft der Case Manager die Ergebnisse einer auswärtigen Behandlung durch eine Nachschauuntersuchung und stellt gegebenenfalls weiteren Behandlungsbedarf fest. Somit obliegt ihm auch die Aufgabe der **Kontrolle** über die hinzugezogenen Leistungsanbieter. Nicht nur sorgt der Case Manager dafür, daß ein geeigneter Spezialist die Behandlung durchführt, er überprüft auch die Qualität und die Menge der erbrachten Leistungen und beurteilt - u. U. in Absprache mit den Spezialisten oder der Krankenkasse des Versicherten - ob gegebenenfalls weitere Maßnahmen ergriffen werden müssen.

Zweck einer solchen intensiven „Rundum"-Betreuung der Versicherten ist die Sicherung einer koordinierten und abgesprochenen Inanspruchnahme von Gesundheitsleistungen. Damit kann der Case Manager nicht nur zu einer Überwindung der Schnittstellenproblematik beitragen, sondern auch zum einen das Phänomen des „Ärzte-Hoppings" und zum anderen unnötige Mehrfachuntersuchungen und Paralleltherapien - die sich u. U. auch als medizinisch kontraproduktiv erweisen können - vermeiden. Durch den langjährigen Kontakt zum Patienten kennt der Case Manager die Beschwerden seiner Patienten, wodurch das Risiko einer unzutreffenden Diagnosenstellung verringert und die Chance der früh- oder zumindest rechtzeitigen Erkennung schwerer Erkrankungen und die Einleitung einer geeigneten Behandlung erhöht werden können.

Allerdings sollten - analog zu den Ausnahmen von der Vorstellungspflicht beim D-Arzt - Möglichkeiten zur Umgehung des Case Managers erlaubt sein, damit die Zahl der Arztbesuche und damit auch die Kosten der Patientenbetreuung nicht unnötig erhöht werden. Dies sollte an zwei Bedingungen geknüpft sein. Erstens sollte der Arztbesuch ohne Konsultation des Case Managers nur in solchen Fällen möglich sein, in denen davon ausgegangen werden kann, daß die Versicherten selbst in der Lage sind, den richtigen Ansprechpartner auszusuchen. Neben den Zahnärzten ist dies i. d. R. der Fall bei Augen-, HNO-, Frauen- und Hautärzten.[695] Zweitens muß ein Informationsaustausch zwischen dem direkt aufgesuchten Facharzt und dem Case Manager vorgeschrieben sein, damit der Case Manager über die Ergebnisse der ärztlichen Behandlung der ihm zugeordneten Versicherten informiert ist und im Falle von Komplikationen davon in Kenntnis gesetzt wird. Die Einräumung solcher Ausnahmetatbestände soll der Heterogenität der Versicherten gerecht werden. Da i. d. R. zwischen jüngeren, meist gesünderen sowie älteren, oftmals multimorbiden Versicherten unterschieden werden kann, schwankt der Bedarf an einer intensiveren Betreuung durch den Case Manager. Während die erste Gruppe den Case Manager eher seltener in Anspruch nehmen muß, ist für die zweite Patientengruppe ein zentraler Ansprechpartner von größerer Bedeutung, damit bei dieser Gruppe die Aufgabe der Planung des Behandlungsprozesses sinnvoll umgesetzt werden kann. Um jedoch den Kontakt zu Versicherten mit gutem Gesundheitszustand nicht ganz zu verlieren, wäre es denkbar, den Versicherten Anreize zur Inanspruchnahme einer jährlichen Routine-Untersuchung bei ihrem Case Manager zu geben.

Für die Aufgaben des Case Managers ist ein breites medizinisches Wissen erforderlich. Der Arzt muß schnell erkennen, ob er die Behandlung des Patienten

---

[695] Nach dem Jahresgutachten 1992 des Sachverständigenrats für die Konzertierte Aktion im Gesundheitswesen zählt auch die Gruppe der Chirurgen zu den Arztgruppen, die direkt von den Versicherten angesprochen werden sollten. Vgl. SACHVERSTÄNDIGENRAT FÜR DIE KONZERTIERTE AKTION IM GESUNDHEITSWESEN [1992], S. 105.

selbst vornehmen kann, oder ob aufgrund der Art und Schwere der Erkrankung die Hinzuziehung eines Facharztes angezeigt ist. Somit bietet es sich an, einen Allgemeinmediziner oder Internisten für diese Rolle auszuwählen, da diese Arztgruppen bereits jetzt als Hausärzte tätig sein dürfen und daher über langjährige Patientenbindungen verfügen. Bei den übrigen Fachärzten muß aufgrund ihrer fachlichen Spezialisierung davon ausgegangen werden, daß das breitgefächerte medizinische Wissen eher weniger ausgeprägt ist. Hier besteht die Gefahr, daß Zusammenhänge zwischen mehreren Symptomen nicht erkannt werden. Eine wichtige Voraussetzung für die umfassende Betreuung der Versicherten ist eine über die derzeitigen Maßstäbe hinausgehende Ausbildung der Hausärzte, da die Anforderungen an einen Gatekeeper viel höher sind als an einen Hausarzt im gegenwärtigen System der GKV.[696] Neben den medizinischen Kenntnissen, die weniger zur lückenlosen Behandlung der Patienten als vielmehr auf die Abschätzung der Ursachen für vorhandene Gesundheitsstörungen und auf die Entwicklung eines ganzheitlichen Behandlungsplans sowie die Einschätzung der Patienteneignung für bestimmte Therapieverfahren und -methoden ausgerichtet sein sollte, ist eine hohe soziale Kompetenz für den Aufbau eines langjährigen Vertrauensverhältnisses zu den Patienten erforderlich. Darüber hinaus sind kommunikative Fähigkeiten und schließlich auch ökonomische Grundkenntnisse, z. B. zur Abschätzung von Kosten-Nutzen-Verhältnissen unterschiedlicher Behandlungsalternativen, notwendig. Entscheidend ist - ähnlich wie bei der Beantragung der Zulassung zum D-Arzt - der Nachweis einer mehrjährigen Praxiserfahrung des Case Managers. Schließlich ist auf eine hochwertige Weiterbildung der Hausärzte zu achten, die sich auch auf medizinische Fachgebiete erstreckt, die nicht zur Allgemeinmedizin zählen. Dazu gehören Kenntnisse über neuere Entwicklungen im Bereich der Diagnostik und der Therapie schwerer und chronischer Krankheiten.

Aufgrund der hohen Anforderungen an die Qualifikation der Case Manager sollten die Krankenkassen dazu berechtigt sein, die Case Manager zur Betreuung ihrer Versicherten selbst zu bestimmen. Dadurch kann gewährleistet werden, daß die Versicherten von Anfang an einen Case Manager auswählen, der aufgrund seiner Qualifikationen von den Krankenkassen als geeignet eingeschätzt wird.

Das Konzept des Case Managers enthält trotz seiner potentiellen Effizienzverbesserungen auch Probleme, wie bereits bei der Beschreibung des Durchgangsarztverfahrens verdeutlicht wurde. Wie jedes Primärarztsystem muß auch hier eine mögliche Neigung des Case Managers zur Polypragmasie berücksichtigt werden. Dies kann vor dem Hintergrund erfolgen, daß der Arzt bewußt versucht,

---

[696] Vgl. AOK BUNDESVERBAND [o. J.] sowie SACHVERSTÄNDIGENRAT FÜR DIE KONZERTIERTE AKTION IM GESUNDHEITSWESEN [1992], S. 101.

über die Erbringung medizinisch nicht indizierter Leistungen sein Einkommen zu erhöhen. Es kann aber auch zu einer Ausweitung der Leistungserbringung kommen, wenn der Case Manager mit der Betreuung eines Patienten überfordert ist und aufgrund nicht eindeutiger Symptome die notwendigen Maßnahmen zu spät ergreift.

Diese Problematik setzt sich fort, wenn es um die Ausübung der Kontrollfunktion des Case Managers geht: Oftmals hat dieser nicht das notwendige Fachwissen, um die Leistungen der Spezialisten sachgerecht einzustufen. Gerade bei der Hinzuziehung von Spezialisten wird es einem Case Manager mit allgemeinmedizinischem Fachwissen schwerfallen, die Angemessenheit durchgeführter Maßnahmen zu beurteilen. Allerdings soll der Case Manager keine Sanktionierung der herangezogenen Fachärzte einleiten, sondern lediglich den Behandlungsverlauf koordinieren.

Besonders klar stellt sich das Problem der Beurteilung der erbrachten oder zu erbringenden Leistungen bei einem mehrstufigen Überweisungsprozeß heraus. Hierbei wäre zu klären, ob vor jeder neuen Überweisung der Case Manager zu konsultieren ist, oder ob dieser auch übergangen werden kann. Eine ständige Rücküberweisung der Versicherten an den Case Manager würde lediglich die Zahl der Arztbesuche unnötig erhöhen. Hierauf kann verzichtet werden, sofern ein engmaschiges Kommunikationssystem zwischen den Leistungserbringern aufgebaut wird und alle Maßnahmen nach gegenseitiger Abstimmung vorgenommen werden. Ein Kommunikationssystem ist als Voraussetzung für die Durchführung der Aufgaben des Hausarztes in seiner Funktion als zentraler Koordinator der herangezogenen Fachärzte unverzichtbar. Auch eine Nachschauuntersuchung nach Abschluß aller Behandlungsschritte sollte zu den Aufgaben des Case Managers gehören. Es kommt also weniger darauf an, daß der Case Manager jeden Schritt „seines“ Patienten überwachen und gutheißen soll, als vielmehr darauf, daß der Case Manager als zentrale Schaltstelle im Behandlungsprozeß dient, den Heilprozeß überwacht und somit zum einen gegenüber dem Patienten und zum anderen gegenüber der Krankenkasse als informierter Ansprechpartner auftritt.

Fraglich ist auch, ob die Wahl des Case Managers für die Versicherten langfristig verpflichtend sein soll. Häufige Wechsel des betreuenden Arztes wären mit der Zielsetzung des Case Managements nicht zu vereinbaren, da der Aufbau einer langjährigen Arzt-Patienten-Beziehung unmöglich würde. Eine dauerhafte Bindung an einen bestimmten Arzt ist aber nicht zweckmäßig, wenn der Versicherte unzufrieden ist und seine gesundheitlichen Beschwerden trotz ärztlicher Behandlung andauern. Der Wechsel des Case Managers dürfte somit nicht kategorisch ausgeschlossen werden, sollte allerdings nur nach bestimmten Zeiträumen, beispielsweise zum Quartals- oder Jahresende, und nach Rücksprache mit der Krankenkasse gestattet sein. Der Wechsel des Case Managers muß aber mit der Weitergabe der Patientenakten einhergehen. Jedem Versicherten sollte in Zweifelsfällen auch die Möglichkeit zur Einholung einer Zweitmeinung offenstehen. Hierfür könnte die Krankenkasse beispielsweise beratende Ärzte empfehlen.[697] Die Zweitmeinung ist deshalb von Bedeutung, weil nicht nur die mangelnde Lenkung der Versicherten in der GKV ein Problem darstellt. Gerade im Falle nicht eindeutiger Diagnosen kann die Einholung einer Zweitmeinung sinnvoll sein, um Klarheit zu schaffen. In gewisser Weise dient eine Zweitmeinung der Kontrolle des Case Managers, wenn der Patient dies für notwendig erachtet oder Zweifel an der Diagnose oder dem gewählten Therapieverfahren hat. Letztlich kann die Zweitmeinung in einer höheren „compliance" des Patienten resultieren.

Zusammenfassend läßt sich die Schlüsselfunktion des Case Managers als die einer ersten Anlaufstelle für Versicherte im Krankheitsfall darstellen. Er übernimmt einerseits die Behandlung soweit wie möglich selbst und leitet andernfalls die Behandlungsübernahme durch fachkundige Leistungsanbieter in die Wege. Zugleich fungiert er als „verlängerter Arm" der Krankenkasse, da er den Gesundungsprozeß seiner Patienten begleitet und überwacht. Als wichtigster Betreuer seiner Patienten soll der Case Manager die Überwindung der Sektorengrenzen gewährleisten, indem er wichtige Informationen weiterleitet und für Rückfragen zur Verfügung steht. Damit wird das Auftreten beispielsweise von unnötigen Mehrfachuntersuchungen und unkoordinierten Therapiewechseln erschwert. Über die langfristige Patientenbindung sollte der Case Manager in der Lage sein, umfassend auf die Bedürfnisse der Versicherten einzugehen. Auf diese Weise kann die Qualität der Patientenversorgung deutlich verbessert werden.

Als unmittelbare Auswirkung des Case Managements läßt sich eine höhere Leistungsfähigkeit der Patientenlenkung festhalten. Ob es dadurch auch zu Einsparungen kommt, kann allerdings nicht mit Sicherheit beantwortet werden. Es gibt jedoch Indizien aus der Unfallversicherung, die dafür sprechen, daß die kostenintensive Krankenhausbehandlung durch eine ambulante Behandlung ersetzt werden kann, wenn die Patientenbehandlung zentral - im Falle der GUV durch den Durchgangsarzt - koordiniert wird (siehe Abbildung 27). Dem damit zusammenhängenden Anstieg der Ausgaben für ambulante Behandlung steht ein im Vergleich zur GKV schwächerer Ausgabenzuwachs im Krankenhausbereich gegenüber (siehe die Abbildungen 22 f. und 25 f.). Darüber hinaus bietet das Case Management einen guten Ansatzpunkt zur Erschließung von Effizienzpotentialen. Dies haben die Ausführungen zu den Projekten der Unfallversiche-

697 Vgl. hierzu auch den Vorschlag von BARTLING, H. [1983], S. 13f.

rung zur Verkürzung der Behandlungsdauer verdeutlicht (siehe Kapitel B 2.4.5 im Teil III dieser Arbeit). Voraussetzung dafür ist allerdings, daß die Krankenkassen über eine höhere Transparenz über das Versorgungsgeschehen verfügen. Hierauf wird im weiteren Verlauf dieses Kapitels eingegangen.

3 Etablierung geeignet vernetzter Strukturen

Den Ausgangspunkt der nachfolgenden Überlegungen bildet die Auswahl besonders qualifizierter Leistungserbringer zur Teilnahme an den Berufsgenossenschaftlichen Heilverfahren durch die Landesverbände der Unfallversicherungsträger. Dies betrifft insbesondere die zugelassenen Durchgangsärzte und die zum Verletzungsartenverfahren zugelassenen Krankenhäuser und Kliniken. Dazu zählt außerdem eine Reihe von BG-Unfallkliniken, Sonderstationen und Unfallbehandlungsstellen in ihrer Funktion als Leistungserbringer. Die Bildung eines gemeinsamen Versorgungsnetzes durch die Unfallversicherungsträger ist ein deutlicher Beleg dafür, daß die Berufsgenossenschaften eine weitaus größere Rolle bei der Versichertenversorgung spielen als die Krankenkassen. Da in der GUV eine Heilung „mit allen geeigneten Mitteln“ angestrebt wird, sind die Unfallversicherungsträger berechtigt, die Sicherstellung der Versorgung allein vorzunehmen. Sie dürfen daher die Kriterien für die Zulassung der zu beteiligenden Leistungserbringer bestimmen und deren Auswahl nach der Qualifikation und dem vorhandenen Bedarf vornehmen. Darüber hinaus entwickeln die Unfallversicherungsträger auch die Besonderen Heilverfahren und legen fest, wann - d. h. bei welchen Verletzungen bzw. Erkrankungen - welches Verfahren eingeleitet wird.

Im Vergleich zu den Vernetzungen in der GKV bleiben zwei Besonderheiten der Versorgungsnetze in der GUV anzumerken: Erstens handelt es sich beim Berufsgenossenschaftlichen Versorgungsnetz weniger um ein Zusammenschluß von Leistungserbringern mit dem Ziel der verbesserten Kooperation der Beteiligten zum Wohle des Patienten, als um eine Auswahl qualifizierter Ärzte, die nicht dazu verpflichtet sind, die Behandlung innerhalb der Netze vorzunehmen, sondern in der Wahl der zur Diagnose und Therapie heranzuziehenden Ärzte frei sind. Lediglich für ausgewählte Gesundheitsschäden ist die Einlieferung in ein Krankenhaus mit besonderer Ausstattung vorgeschrieben (Verletzungsartenverfahren). Durch diese Einschränkung der freien Arztwahl wird in erster Linie sichergestellt, daß die Versicherten möglichst schnell eine bedarfsgerechte Behandlung erhalten.

Zweitens ist die Auswahl der Leistungsanbieter in der Unfallversicherung im wesentlichen auf Spezialisten im Bereich der Unfallchirurgie beschränkt und daher für eine unmittelbare Übertragung auf die GKV angesichts des wesentlich breiteren Indikationsspektrums in der Krankenversicherung nicht geeignet.

Die Übertragung der Netze in der GUV auf die GKV erscheint zwar aus den beiden zuvor genannten Gründen nicht zweckmäßig. Es sollte jedoch nicht verkannt werden, daß in der GKV eine Vernetzung der Leistungserbringer - unter Vornahme notwendiger Anpassungen an das breitere Indikationsspektrum in der GKV - eine geeignete Möglichkeit ist, um die mit der „vertikalen Versäulung“ verbundenen strukturellen Probleme zu lösen. Die Bildung von Gesundheitsnetzen steht in direktem Zusammenhang mit der Institutionalisierung von Hausärzten als „Case Manager“. Ziel dieser Netzbildung ist die Schaffung integrierter Versorgungsstrukturen, die der fehlenden Gesamtverantwortung der Leistungserbringer für die volle Dauer der Krankheitsbehandlung sowie deren mangelnde Kooperation und Koordination ein Ende bereiten soll. Wie in der GUV wäre eine Netzbildung in der GKV darüber hinaus darauf ausgerichtet, die Möglichkeiten zur Verhaltenslenkung der Versicherten zu stärken.

Mit der Wahl der Krankenkasse würde sich ein Versicherter auf ein entsprechendes Netz festlegen, aus dem er einen Hausarzt als seinen Case Manager auswählt. Diesem kommt eine Schlüsselrolle im Sinne der Lotsung des Versicherten durch das Netz und eventuell darüber hinaus zu. Das Gesundheitsnetz stellt den Rahmen dar, innerhalb dessen der Case Manager die Behandlung des Versicherten vornehmen (lassen) soll.[698] Die ausgewählten Ärzte wären angehalten, die Patienten innerhalb des Netzes zu versorgen, soweit dies der Gesundheit der Patienten nicht schadet.[699] Dafür müßten die Leistungserbringer - v. a. die Case Manager - über das Leistungsangebot innerhalb des Netzes informiert sein. Des weiteren kann eine Vernetzung nur dann zu Effizienzgewinnen führen, wenn alle Beteiligten zusammenarbeiten. Dies verlangt die Schaffung wirksamer Anreize für die Leistungserbringer, die insbesondere über die Vergütung gesetzt werden können. Ein enger Informationsaustausch der im Netz tätigen Leistungserbringer - beispielsweise in Qualitätszirkeln - wäre ebenfalls unabdingbar. Zur Schaffung geeigneter Strukturen müßte jede Krankenkasse die Möglichkeit erhalten, mit ausgewählten Ärzten, Krankenhäusern, Vorsorge- und Rehabilitationseinrichtungen sowie Angehörigen weiterer Gesundheitsberufe ein Netz von Leistungserbringern zu knüpfen. Die Zulassung der Leistungserbringer zum Netz

---

698 Dabei soll es den Krankenkassen freistehen, ob sie den Versicherten eine Behandlung auch außerhalb des Netzes anbieten. Dies könnte beispielsweise über verschiedene Tarifgestaltungen erfolgen, so daß eine Behandlung durch einen externen Arzt mit einer höheren Selbstbeteiligung des Versicherten verbunden wäre.

699 Dies wäre der Fall, wenn eine Notsituation vorliegt oder eine Fachrichtung/Spezialklinik in einem Netz nicht vertreten sein sollte.

bzw. ihr Ausschluß könnte gleichzeitig als wichtigstes Sanktionsinstrument der Krankenkassen dienen.

Grundlegende Voraussetzung ist deshalb sowohl für die Netzbildung als auch für die Auswahl der Leistungserbringer eine weitgehende **Liberalisierung der Kollektivverträge** zwischen den Krankenkassen und den Leistungserbringern bzw. deren Interessenverbänden. Demnach sollte es möglich sein, daß jede Krankenkasse bei der Auswahl der zugelassenen Leistungserbringer frei ist, d. h., es sollte den Kassen überlassen bleiben, bestimmte Ärzte und Krankenhäuser zur Behandlung der Versicherten zuzulassen oder auszuschließen, so wie dies bereits heute in der GUV, nicht jedoch in der GKV, der Fall ist. Die **Kassenzulassung** könnte von festgelegten Kriterien, wie der Qualifikation und Erfahrung der Leistungserbringer, Qualitätsstandards, Spezialisierungsgrad oder - in Anlehnung an die Regelungen der Berufsgenossenschaften - auch von der Praxis- bzw. Klinikausstattung, abhängig gemacht werden. Zu der Schaffung vernetzter Strukturen gehört konsequenterweise auch die Erlaubnis der Krankenkassen zur Führung eigener Einrichtungen. Ob sich dies unter wirtschaftlichen Gesichtspunkten lohnt, sollten die Krankenkassen am besten aufgrund ihres Versichertenstamms, der regionalen Angebotsstruktur und des vorhandenen Bedarfs selbst beurteilen (können). Notwendige Voraussetzung für die Freigabe des Krankenhausmarktes ist allerdings der Übergang zu einer monistischen Finanzierung im Krankenhauswesen.

Darüber hinaus sollte die Gestaltung der Verträge zwischen den Kassen und den Ärzten, Krankenhäusern sowie anderen Gesundheitsberufen und -einrichtungen ausgehandelt werden. Dazu zählt neben dem Umfang und der Qualität des Leistungsangebots auch die Vergütung der erbrachten Leistungen, die über eine direkte Abrechnung zwischen den Krankenkassen und den Leistungserbringern - einschließlich der freiberuflich tätigen niedergelassenen Ärzte - erfolgen sollte.

Für die Leistungsanbieter, insbesondere für die Vertragsärzte, hätte diese Neuausrichtung folgenschwere Konsequenzen, da der Abschluß von Einzelverträgen und die direkte Abrechnung zwischen Ärzten und Krankenkassen unweigerlich mit einem Funktionsverlust der Kassenärztlichen Vereinigungen einherginge. Dabei müßten die Vertragsärzte auf Forderungen der Krankenkassen eingehen und die Qualität ihrer Arbeit überprüfen und bewerten lassen. Hierzu gehört auch die Teilnahme an Weiterbildungsmaßnahmen, wenn die Kassen dies fordern. Aber auch für die Krankenhäuser ergäbe sich die Notwendigkeit, ihr Leistungsangebot gründlich zu überdenken. Sie müßten auf der Grundlage einer Kostenrechnung feststellen, welche Leistungen sie gewinnbringend erbringen können und sich auf diese Kernkompetenzen konzentrieren. Eine Überprüfung der Kapazitäten und ein Abbau eventuell vorhandener Überkapazitäten ist erforderlich, um ihre Wettbewerbsfähigkeit bei den Verhandlungen gegenüber den Krankenversicherungsträgern erhalten zu können.

Parallel zur Einräumung von Möglichkeiten zur zielwirksamen und bedarfsgerechten Gestaltung des Vertragsbereichs zwischen Krankenkassen und Leistungserbringern, womit die Schaffung effizienter Versorgungsstrukturen seitens der Krankenkassen angestrebt wird, sollten die Leistungserbringer ebenfalls über Freiräume verfügen, um entsprechend flexibel auf diese Veränderungen im Vertragsrecht reagieren zu können. Bislang in Deutschland unbekannte Kooperations- oder gar Unternehmensformen der Ärzte und anderer Leistungserbringer müßten zulässig sein. Besonderes Augenmerk gilt dabei den HMO, die in den USA relativ weit verbreitet sind. Denkbar wäre, Elemente aus verschiedenen, im Teil III, Kapitel D 3 vorgestellten Formen einer Managed Care-Organisation, insbesondere von den verschiedenen HMO-Modellen, zu übernehmen. Ob sich Leistungsanbieter von den Kassen nach dem Vorbild der „Staff Models" als Angestellte der Krankenkassen um deren Versicherte kümmern oder ob sich die Leistungserbringer zu einem Versorgungsnetz zusammenschließen und mit einer oder mehreren Kassen Behandlungsverträge abschließen, sollte im Ermessen der Leistungserbringer und der Kassen liegen. Dabei sind die Vor- und Nachteile der verschiedenen Organisationsformen gegeneinander abzuwägen. Während die Angestellten-Modelle für die Ärzte ein Zwangsmodell darstellen, da sie direkt an die Weisungen der Krankenkassen gebunden sind, erschließt sich den Krankenkassen hier ein großes Potential zur Beeinflussung der Patientenversorgung. Es bietet sich an, positive Elemente unterschiedlicher Managed Care-Organisationsformen zu kombinieren. So könnte eine Staff-HMO um ein Netz einzelner Ärzte seltener benötigter Fachrichtungen oder Spezialkliniken erweitert werden. Auch die Wahlfreiheit der Versicherten könnte gegen eine höhere Zuzahlung auf „netzexterne" Leistungserbringer ausgeweitet werden, so daß in dieser Hinsicht eine Annäherung an das BG-Modell, bei dem der D-Arzt auch nicht-zugelassene Ärzte bei Bedarf auf Kosten der BG einschalten darf, sowie an das Point of Service-Konzept möglich wäre.

Eine weitere Form der Kooperation der Leistungserbringer, der im Rahmen einer weitreichenden Vertragsfreiheit stärkere Beachtung gewidmet werden könnte, ist die der Praxisklinik. Hierbei schließen sich mehrere niedergelassene Ärzte zu einer Gemeinschaft zusammen. Neben der Durchführung der ambulanten Versorgung werden auch Kapazitäten für eine stationäre Versorgung aufgebaut. Die Vorteile der Praxisklinik bestehen in der Ermöglichung einer ambulanten Versorgung in Zusammenarbeit mit den beteiligten Ärzten unterschiedlicher Fachrichtungen sowie von kurzen stationären Aufenthalten. Letzteres gilt insbesondere, falls Komplikationen auftreten. Dabei käme es nicht zu einem Bruch in der personellen Betreuung der Versicherten. Gegenwärtig kommt Praxiskliniken allerdings keine große Bedeutung zu, da für sie sowohl Regelungen der ambulanten als auch der stationären Versorgungssektoren zur Anwendung kommen. Ihre Konkurrenz zu den Krankenhäusern erschwert es, den Abschluß des notwendigen Versorgungsvertrags zu erreichen, da nicht nur die Krankenhäuser, sondern auch die Landesregierungen tendenziell gegen die Aufnahme von Praxiskliniken in die Krankenhausinvestitionspläne sind. Darüber hinaus sorgen die strengen Zulassungsregelungen im vertragsärztlichen Bereich für eine langwierige Stellenbesetzung in den Praxiskliniken.[700]

Wichtig sind bei der Netzbildung neben der Aufhebung der Kollektivverträge v. a. drei Aspekte:

(1) Den Versicherten muß im Rahmen des Versorgungsnetzes eine sektorübergreifende **medizinische Grundversorgung mit Zugang zu Spezialversorgungseinrichtungen** für den Bedarfsfall geboten werden. Dieser Aspekt wirft Fragen nach der konkreten Ausgestaltung der Netze auf. Im folgenden soll auf einzelne mögliche Problemfelder hingewiesen werden, die für die Bildung von vernetzten Strukturen einer sachgerechten Bewältigung bedürfen:

- **Anzahl der einbezogenen Leistungserbringer:** Einerseits werden die Krankenkassen bestrebt sein, die Versicherten mit einem möglichst großen Netz anzulocken, damit diese die mit dem Netz verbundene Einschränkung der Arztwahlfreiheit nicht als allzu stark empfinden. Gleichzeitig nimmt jedoch die Notwendigkeit einer intensiven Kontrolle und der Kooperation der Leistungserbringer mit der Größe des Netzes zu, was dafür spricht, nur so viele Netzärzte wie nötig einzubeziehen. Die Größe des Netzes ist aber neben der Zahl der eingeschriebenen Versicherten auch von der Dichte der Anbieter medizinischer Leistungen abhängig.
- **Ausschließlichkeitsverträge mit Leistungserbringern:** Hiermit verbunden ist die Frage, ob Ärzte nur an je einem Netz beteiligt sein sollten oder ob sie gleichzeitig mit mehreren Krankenkassen kooperieren dürfen. Dabei liegen unterschiedliche Bedingungen für unterschiedliche Einrichtungsarten und Fachgruppen vor. Bei Hausärzten und Fachärzten, die häufig aufgesucht werden, wären Ausschließlichkeitsverträge vorstellbar. Davon wären all diejenigen Arztgruppen betroffen, die direkt von den Versicherten aufgesucht werden können, wie Zahnärzte, Augenärzte, Frauenärzte, aber auch u. U. Laborärzte und Röntgenärzte, die regelmäßig bei einer Patientenbehandlung eingeschaltet werden. Problematisch werden Ausschließlichkeitsverträge bei seltener in Anspruch genommenen Fachärzten, die dem-

[700] Vgl. OBERENDER, P.; HEBBORN, A.; ZERTH, J. [2002], S. 180 ff.

entsprechend nur in geringerer Anzahl in einzelnen Regionen vertreten sind. Ausschließlichkeitsverträge könnten hier einerseits zu einer Gefährdung der medizinischen Versorgung für Versicherte, die gerade diese Fachärzte aufsuchen müßten, führen. Sie könnten andererseits in eine schlechte Auslastung der Arztpraxen münden und damit den Ärzten die Existenzgrundlage entziehen. Gleiches gilt für die Einbeziehung von Krankenhäusern der Grundversorgung und Spezialkliniken sowie bei Rehabilitationseinrichtungen insgesamt.

Eine denkbare Lösung für dieses Problem - auch mit Blick auf die Frage nach der richtigen Größe des Netzes - bestünde darin, nur z. T. Ausschließlichkeitsverträge einzuführen, so daß den Versicherten eine Grundversorgung in einem Netz geboten wird, die Hinzuziehung von Nicht-Netzärzten im Bedarfsfall aber nicht ausgeschlossen wird.

- **Konzentration der Netze auf bestimmte Krankheitsbilder:** Es ist denkbar, daß Versorgungsnetze auch auf bestimmte Krankheitsbilder ausgerichtet sind und die Krankenkassen dafür Verträge mit Spezialisten abschließen. Inwiefern die Grundversorgung innerhalb solcher Netze gesichert werden kann, ist offen und hängt von den einbezogenen Fachrichtungen ab. Solche Netze sind allerdings nur als Ergänzung zu einem „Grundnetz“ für die allgemeine Versorgung denkbar. Sie bieten eine Möglichkeit, sich im Wettbewerb durch eine bessere Versorgung bestimmter Krankheitsbilder von den Konkurrenten abzuheben.

- **Ausschluß von Leistungsanbietern:** Mit der Bildung von Netzen und der gezielten Auswahl von Leistungsanbietern ist auch die Möglichkeit des Ausschlusses von Leistungserbringern verbunden. Dies ist als problematisch anzusehen, wenn im Regelfall Ausschließlichkeitsverträge abgeschlossen werden. Ärzten, die keinem Netz angehören, wird unter diesen Umständen die Existenzgrundlage entzogen, sofern es sich nicht um hochspezialisierte Leistungserbringer handelt, die von mehreren Netzen gleichzeitig zur Behandlung herangezogen werden.

Diese Problematik tritt in dieser Form in der GUV nicht auf, weil es sich dort zum einen um ein im wesentlichen auf die Unfallchirurgie spezialisiertes Netz handelt. Zum anderen behandeln die von den Landesverbänden der Unfallversicherungsträger zugelassenen Leistungserbringer die Patienten der Unfallversicherungsträger ergänzend zu denen der GKV (und der PKV). Da die Anzahl der GUV-Versicherungsfälle deutlich hinter der Zahl der GKV-Versicherungsfälle zurückbleibt, sind Unfallchirurgen ohne Zulassung zu den BG-Heilverfahren gegenüber Ärzten mit einer solchen Zulassung nicht besonders stark benachteiligt.

- **Versorgungsnetze in ländlichen Regionen und in Ballungsräumen:** Ähnlichkeit mit der Problematik der zu geringen Ärztedichte bei spezialisierten Leistungserbringern hat die Problematik der Netzbildung in ländlichen Regionen. Während in Städten und Ballungsgebieten mehrere Krankenkassen ihre (Grund-) Versorgungsnetze nebeneinander betreiben können, ist in ländlichen Regionen die Dichte der Einwohner als auch die der Leistungserbringer deutlich geringer. Daher dürfte die Bildung mehrerer Netze, die alle eine umfassende Versorgung anbieten können, schwierig sein. Im ländlichen Raum wird dies dazu führen, daß die Krankenkassen entweder auf die Netzbildung verzichten, oder sich bis auf eine oder einige wenige Krankenkassen aus der Versorgung zurückziehen, da mangels Nachfrage nach medizinischen Leistungen die Sicherstellung mehrerer paralleler Netze nicht gewährleistet werden kann. Dabei besteht die Gefahr, daß in solchen Regionen die Krankenkasse mit dem einzigen Netz eine Monopolstellung aufbauen kann und der Wettbewerb sowohl zwischen den Kassen als auch den Leistungserbringern geschwächt würde. Um die daraus erwachsenden Nachteile für die Versicherten zu vermeiden, sollte in Regionen mit geringer Arztdichte der Abschluß von Ausschließlichkeitsverträgen untersagt werden, um keine unnötigen Markteintrittsschranken für die Krankenkassen zu schaffen.

  Unabhängig von der Ausgestaltung der Netze in ländlichen und in kleinstädtischen Regionen muß die Grundversorgung gesichert sein. Darüber hinaus ist dafür Sorge zu tragen, daß Patienten in Notfällen eine Erstversorgung auch von Ärzten erhalten dürfen, die nicht dem Netz des Notfallpatienten angehören.

(2) Bei der Vernetzung wäre der **Ausgestaltung der Anreizstrukturen** der Leistungserbringer besondere Beachtung zu schenken. Beteiligte Leistungserbringer sollen miteinander kooperieren, damit die Schnittstellenproblematik verringert und eine bessere Vereinbarkeit der momentan vielfach entgegengesetzten Interessen der Angehörigen der unterschiedlichen Versorgungssektoren erreicht wird. Der Schlüssel zur Beeinflussung des Verhaltens der Leistungserbringer liegt in der **Vergütung der Leistungen**. Dabei reicht die in den Modellvorhaben des vorigen Kapitels beobachtete Beschränkung der kooperationsfördernden Maßnahmen auf die Honorierung beispielsweise von Überweisungsbriefen nicht aus, um eine enge und effektive Zusammenarbeit der Leistungserbringer zu fördern. Vielmehr lassen sich in den Netzen die finanzielle Trennung zwischen den verschiedenen Versorgungsbereichen und die daraus erwachsenden Probleme dadurch abmildern, daß die Budgets der einzelnen Sektoren im Netzbereich miteinander zu einem **kombinierten Budget** verknüpft werden. Das gemeinsame Budget dient dann der Deckung der Kosten der gesam-

ten medizinischen Versorgung der Netzversicherten, so daß alle erbrachten und verordneten Leistungen aus dem Budget vergütet würden. Budgetunterschreitungen würden den dem Netz angeschlossenen Leistungsanbietern zugute kommen, bei Budgetüberschreitungen müßten alle Leistungserbringer mit Einkommenseinbußen rechnen. Dadurch würde der Anreiz zu einer wirtschaftlichen Leistungserbringung innerhalb eines Netzes sektorübergreifend gefördert, da weder die beteiligten Ärzte, Krankenhäuser noch andere Leistungsanbieter von einer „Abschiebung" des Patienten in einen anderen Sektor profitierten.

Zusätzlich können auch Vergütungsmodelle mit Fall- oder Kopfpauschalen nach dem Vorbild des Gruppen- oder Netzwerk-Modells oder mit festen Gehältern, ergänzt um Erfolgskomponenten nach dem Vorbild des Angestellten-Modells, durchgesetzt werden. Angestrebt wird eine wirtschaftliche Versorgung, von der auch die Leistungserbringer profitieren sollen und die nicht in eine Tendenz zur Unterversorgung der Versicherten münden darf.

Daher wäre eine **erfolgsorientierte Vergütung** der Leistungserbringer wünschenswert. Dies kann in Form eines Rationalisierungseffekts erfolgen - d. h. die Ärzte werden an den von ihnen verursachten Einsparungen beteiligt - kann aber auch am Erfolg der medizinischen Maßnahmen ansetzen.[701] Die ergebnisorientierte Vergütung sollte aber nur eine Teilkomponente der ärztlichen Vergütung sein, da nicht immer ein kausaler Zusammenhang zwischen der ärztlichen Behandlung und den erzielten Ergebnissen erkennbar bzw. nachweisbar ist. Die Einführung einer ergebnisorientierten Vergütungskomponente wird aber wohl erst mittel- bis langfristig umsetzbar sein. Dies ist darin begründet, daß zunächst Maßstäbe für die Ergebnisorientierung festgelegt werden müssen. Es müßten Daten zur Ergebnismessung in geeigneter Form zur Verfügung stehen, die nicht nur eine ergebnisorientierte Vergütung ermöglichen, sondern gleichzeitig für alle Beteiligten die Transparenz im Gesundheitswesen erhöhen würden. Dies ist gerade für die Krankenkassen vor dem Hintergrund der Vernetzung und des Abschlusses selektiver Verträge von Bedeutung. Auch für die Versicherten und potentiellen Patienten ergeben sich aus der Verfügbarkeit von Ergebnisdaten bessere Möglichkeiten zur Beurteilung der Leistungsqualität der zur Auswahl stehenden Leistungserbringer und Krankenkassen. Dies könnte den Wettbewerb unter den Leistungsanbietern stärken, da derjenige, der die besten medizinischen Ergebnisse vorweisen kann, auch die höchste Patientenbindung hat. Die Ausrichtung der Leistungsvergütung an Ergebnisdaten könnte auch an die Anwendung von Behandlungsleitlinien gekoppelt werden. Das Ziel einer ergebnis- oder leitlinienorientierten Leistungsvergütung ist die Erhöhung der Versorgungsqualität

---

[701] Zur ergebnis- und leitlinienorientierten Vergütung vgl. SACHVERSTÄNDIGENRAT FÜR DIE KONZERTIERTE AKTION IM GESUNDHEITSWESEN [1997], S. 355 ff.

und die Vermeidung einer Unterversorgung bzw. die gezielte Förderung der Einhaltung von Leitlinien.

(3) Um eine Unterversorgung der Versicherten, die durch eine zu starke Betonung der Wirtschaftlichkeit der Versorgung ausgelöst werden könnte, zu verhindern, muß eine Vernetzung mit dem Aufbau eines dichten **Regelwerks an Kontroll- und Überwachungsmechanismen** sowohl innerhalb als auch außerhalb des Netzes verbunden werden. Dazu zählen zum einen Behandlungsleitlinien, zum anderen Qualitätssicherungsmaßnahmen, mit denen das Leistungsgeschehen innerhalb des Netzes überwacht wird. Dabei werden sowohl die ambulanten als auch die stationären Leistungen hinsichtlich ihrer Qualität, ihres Umfangs und ihrer Notwendigkeit einer Überprüfung unterzogen. Ergänzend ließe sich das Verordnungsverhalten der niedergelassenen Ärzte in die Überwachung des Leistungsgeschehens einbeziehen. Regelmäßige Evaluierungen der Behandlungsergebnisse runden diese Kontrollverfahren ab.[702]

Da allerdings auch die Krankenkassen ein Interesse an einer kostengünstigen Versorgung ihrer Versicherten haben, könnten die Instrumente zur Überwachung der Leistungserbringer dazu eingesetzt werden, daß den Versicherten benötigte Leistungen vorenthalten werden. Daher sind unabhängige Überwachungsinstanzen, Leistungsbewertungen und Beschwerdestellen zur Sicherung einer externen Qualitätsüberprüfung notwendig.

Zusammenfassend läßt sich festhalten, daß unter den gegenwärtigen Bedingungen eine Netzbildung durch die Krankenkassen zielführend ist, um eine bessere und sektorübergreifende Abstimmung der Leistungserbringer zu fördern. Dazu gehört auch eine Neugestaltung der Vergütung im Sinne einer Vereinheitlichung der Vergütungsmechanismen und der Verknüpfung der sektoralen Budgets und/oder im Sinne einer Orientierung der Vergütung am Erfolg der Behandlung. Auf eine Netzbildung könnte ganz verzichtet werden, wenn der Case Manager die Effizienzvorteile der Vernetzung dadurch auffangen kann, daß er die Patientenbehandlung durchgehend überwacht und kontrolliert. Es ist jedoch generell nicht auszuschließen, daß zwischen dem Hausarzt als Case Manager und einem Facharzt oder Krankenhausarzt, der zur Behandlung herangezogen wird, die Problematik der asymmetrischen Informationsverteilung vorliegt und der Case Manager somit eine angebotsinduzierte Nachfrage nicht vollständig verhindern kann. Diese Problematik besteht auch im Verhältnis zwischen einer Krankenkasse und dem Case Manager sowie zwischen der Kasse und den anderen Leistungserbringern - allen Berichtspflichten und Überwachungsmechanismen zum Trotz.

---

[702] Vgl. EICHHORN, S.; SCHMIDT-RETTIG, B. [1998], S. 14f.

Die endgültige Ausgestaltung der Netze ist aber vom Wettbewerb der Krankenkassen untereinander und von der Vertragsgestaltung zwischen den Krankenkassen und den Leistungserbringern abhängig. Wie im weiteren Verlauf dieses Kapitels erläutert wird, kann sich der Wettbewerb nur entfalten, wenn den Krankenkassen Handlungsspielräume sowohl im Bereich der Vertragsgestaltung mit den Versicherten als auch mit den Leistungsanbietern eingeräumt werden. Dazu gehören Möglichkeiten zur Differenzierung der Versicherungstarife und des Leistungsangebots gegenüber den Versicherten. Aber auch die Schaffung innovativer Versorgungsstrukturen sollte den Krankenkassen erlaubt sein, was flexible Vertragsabschlüsse mit den Leistungsanbietern voraussetzt. Diese Gestaltungsfreiheiten ermöglichen es den Krankenkassen, auf die Bedürfnisse und Wünsche der Versicherten einzugehen und auf Änderungen der Versichertenstrukturen bedarfsgerecht reagieren zu können. Viele der oben angesprochenen Problemfelder würden sich im Rahmen des Krankenkassenwettbewerbs lösen lassen. Dies betrifft beispielsweise die Frage nach der konkreten Ausgestaltung der Netze oder die Versorgung im ländlichen Raum, die über eine Kooperation von Krankenkassen geregelt werden könnte, allerdings sollte dabei der Wettbewerb zwischen den Krankenkassen nicht ausgeschaltet werden. Dieser soll als „Entdeckungsverfahren"[703] zum Einsatz kommen und als wesentlicher Bestandteil des Gesundheitswesens die kontinuierliche Weiterentwicklung der Versorgungsformen unter Berücksichtigung der Wirtschaftlichkeit und der Präferenzen der Versicherten garantieren.

4 Mehr Datentransparenz innerhalb der Netze

Eine grundlegende Voraussetzung dafür, daß das Case Management und die Auswahl von Leistungserbringern zur Bildung von Gesundheitsnetzen die Effizienz der medizinischen Versorgung erhöhen, ist die Verbesserung der Datentransparenz innerhalb der Netze. Dies ist einerseits für die Leistungserbringer selbst relevant, wenn sie Einsparungen im Netz erzielen wollen. Andererseits ist die Schaffung von Datentransparenz die Basis für eine wirksame Kontrolle und Überwachung der Versorgung der Patienten durch die Gesetzlichen Krankenkassen.

Wie schon in den beiden vorherigen Abschnitten lassen sich auch hier Elemente für eine Strukturreform der GKV aus dem System der GUV ableiten. Das Berichts- und Meldewesen der Unfallversicherungsträger spielt dort eine wichtige Rolle in der Versorgung der Versicherten. Dadurch werden die zuständigen Berufsgenossenschaften zeitnah und umfassend über jeden Versicherungsfall

703 Vgl. HAYEK, F. A. v. [1969].

informiert. Sie haben auch die Möglichkeit, in den Heilprozeß einzugreifen und den Durchgangsarzt bei seinen Entscheidungen zu unterstützen. In diesem Zusammenhang ist aber darauf hinzuweisen, daß die Unfallversicherungsträger im Gegensatz zu den Krankenversicherungsträgern schon immer eine weitaus aktivere Rolle im Leistungsgeschehen einnehmen. Sie sind nicht nur für die Sicherstellung der Leistungserbringung zuständig, sondern auch „Herr des Heilverfahrens". Damit können die Berufsgenossenschaften den Heilprozeß nach ihren Vorstellungen auch gegen Entscheidungen des D-Arztes korrigieren.

Das Berichts- und Kontrollwesen in der GUV ermöglicht darüber hinaus auch die Kontrolle der behandelnden Ärzte. Gerade das aus der Schlüsselstellung des Durchgangsarztes resultierende Mißbrauchspotential erfordert eine Kontrolle durch die Unfallversicherungsträger. Während das Patientenverhalten durch die eingeschränkte Arztwahl und die Festlegung des Behandlungsverlaufs durch den Durchgangsarzt beeinflußt wird, überprüfen die Berufsgenossenschaften den D-Arzt wiederum mit Blick auf seine Berichterstattung und die direkte Leistungsabrechnung. Dadurch wird nicht nur die Qualität der Behandlung des einzelnen Arztes transparent, sondern auch die Wirksamkeit von Therapien bei ausgewählten Verletzungen und Berufskrankheiten. Das Berichtswesen ermöglicht somit einerseits eine kritische Untersuchung der Behandlungsverfahren und kann andererseits die für die Kostenanalysen benötigten Daten liefern. Zu guter Letzt können aufgrund des Behandlungsbedarfs der Versicherten Rückschlüsse auf eventuell vorhandene Lücken im Präventionsbereich gezogen werden, deren Schließung das Auftreten neuer Versicherungsfälle vermeiden hilft.

Im Gegensatz dazu gelten für die Krankenkassen ungleich restriktivere Datenschutzregelungen. Infolgedessen ist es ihnen nicht möglich, ein lückenloses Bild der medizinischen Versorgung der Versicherten zu erhalten - weder bezogen auf die Leistungsinanspruchnahme, noch bezogen auf die Leistungserbringung der niedergelassenen Ärzte. Lediglich im Bereich der stationären Versorgung werden neuerdings Transparenzzuwächse durch die Einführung des neuen Vergütungssystems erwartet. Da für die Krankenkassen jede Einschränkung der Datentransparenz ein schwerwiegendes Hindernis für die Schaffung einer effizienten Versorgung mit Gesundheitsleistungen darstellt, stehen sie der medizinisch nicht gerechtfertigten Ausweitung der Leistungsinanspruchnahme machtlos gegenüber.

Der Aufbau eines effizienten Versorgungssystems setzt die Transparenz der Behandlungsvorgänge auf zwei Ebenen voraus. Zum einen geht es darum, daß die *Leistungserbringer im Netz selbst* genauere Kenntnisse über den Gesundheitszustand und Vorerkrankungen oder -behandlungen des einzelnen Versicherten haben. Dieses Wissen wird eingesetzt, um eine bedarfsgerechte Behandlung erbringen zu können. Verantwortlich für diese Transparenz ist der Case Manager des Versicherten, der eine langjährige Beziehung zu den Patienten aufbaut und im Idealfall alle Berührungen mit dem Gesundheitswesen dokumentiert. Der Case Manager ist auch für die Weitergabe der erforderlichen Patienteninformationen im Falle einer Überweisung an einen Facharzt oder ein Krankenhaus verantwortlich. Wie im vorherigen Kapitel deutlich wurde, gibt es mehrere Ansätze, den Ärzten Patienteninformationen zugänglich zu machen. Beispielhaft seien hier das Patientenbuch (eingesetzt in der Ärztlichen Qualitätsgemeinschaft Ried) und die elektronische Patientenakte der Bundesknappschaft erwähnt, wobei die zweite Variante deutlich umfangreichere Datenübermittlungen zwischen den behandelnden Ärzten ermöglicht. Zwar ist der Zugriff auf die elektronische Patientenakte nur mit dem Einverständnis des Patienten möglich, doch kann über diese Form der Aktenführung der Zugriff auf die Daten jederzeit und in vollem Umfang gewährleistet werden.

Zum anderen geht es darum, die Datentransparenz *zwischen den Netzen und den Krankenkassen* zu erhöhen. Hier steht die Überwachungsfunktion der Versicherungsträger über die Leistungserbringer im Vordergrund. Die Bildung von Versorgungsnetzen und die gezielte Auswahl der Leistungsanbieter, die direkt mit den Krankenkassen abrechnen, sind geeignete Mittel, um die Datentransparenz auf der Ebene Krankenkasse zum Netz zu verbessern. Gleichzeitig ist eine höhere Transparenz des Versorgungsgeschehens die Hauptvoraussetzung zur Schaffung einer effizienteren Leistungserbringung.

Durch die direkte Leistungsabrechnung mit den Krankenkassen könnten diese die Leistungserbringung besser überwachen als bisher, da es zu einer Verringerung der Informationsasymmetrie sowohl zwischen den Krankenkassen und den Leistungserbringern als auch zwischen den Kassen und den Versicherten käme. Somit sollten die Versicherungsträger nach dem Vorbild des Berichtswesens zwischen den Durchgangsärzten und den Unfallversicherungsträgern in die Lage versetzt werden, anhand von versichertenbezogenen Daten aus unterschiedlichen Versorgungsbereichen das Behandlungsgeschehen verfolgen und überprüfen zu können. Ähnlich wie in der Unfallversicherung ließen sich dann problematische Behandlungsfälle identifizieren und gezielt untersuchen. Darüber hinaus könnten erkrankungsbezogene Analysen durchgeführt und Leitlinien zur Verbesserung der Behandlungsergebnisse zusammen mit den Leistungsanbietern erarbeitet werden. Gleichzeitig wird damit die Kontrolle der Ärzte und weiterer Leistungserbringer erhöht, so daß die direkte Leistungsabrechnung mit den Krankenkassen auch das Interesse an einer angemessenen und wirtschaftlichen Leistungserbringung fördern könnte. Schließlich sind die Krankenkassen bei einer höheren Transparenz des Versorgungsgeschehens in der Lage, sowohl Tendenzen zur

Über- als auch zur Unterversorgung mittels Sanktionen, im Grenzfall mit dem Entzug der Kassenzulassung der Leistungserbringer, entgegenzuwirken.

Doch ist die Schaffung von Datentransparenz in der GKV nach dem Vorbild der GUV mit zwei Problemen behaftet. Zum einen erlauben die gegenwärtigen Datenschutzregelungen nur eine sehr eingeschränkte Verwendung versichertenbezogener Daten durch die Krankenkassen. Die Umsetzung des sog. „gläsernen Patienten" ist nach heutiger Gesetzeslage nicht möglich, da das Individuum vor dem Mißbrauch der Sozialdaten - beispielsweise zur Risikoselektion durch die Krankenkassen - geschützt werden soll. Um die nachteiligen Auswirkungen einer vollständigen Datentransparenz für die Versicherten abzuwenden, müßte den Kassen ein Kontrahierungszwang mit allen potentiellen Versicherungsmitgliedern auferlegt werden.

Ein weiteres Problem stellt die Praktikabilität des Berichtswesens in der Krankenversicherung dar. Aufgrund des breiteren Indikationsspektrums und der höheren Fallzahlen in der GKV sowie dem damit verbundenen hohen Aufwand der Datenverarbeitung erscheint es nicht unbedingt sinnvoll, das Berichtswesen aus der GUV uneingeschränkt zu übertragen. Vielmehr könnte es in der GKV auf besonders problematische Fälle beschränkt werden. Mögliche Kriterien für eine Meldung des Case Managers an die Krankenkassen könnten Versicherungsfälle mit bestimmten Diagnosen sein, die einen Heilprozeß mit mehreren Behandlungsstufen in verschiedenen Versorgungssektoren erwarten lassen oder bei denen erfahrungsgemäß häufig mit Komplikationen gerechnet werden muß. Denkbar wäre aber auch, daß eine Berichtspflicht nur bei der Überschreitung eines Grenzwerts, beispielsweise einer vorgegebenen Kostengrenze und/oder Behandlungsdauer, einsetzt.

5 Wichtige Rahmenbedingungen für eine effizienzfördernde Strukturreform

5.1 Vorbemerkungen

Die drei soeben beschriebenen Reformelemente, die beim Vergleich der GUV mit der GKV als effizienzerhöhend identifiziert werden konnten, reichen für sich genommen nicht aus, um das Gesundheitswesen effektiv und effizient zu gestalten. Vielmehr gilt es, ergänzend dazu ordnungspolitische Rahmenbedingungen zu schaffen, um die Auswirkungen von Fehlanreizen bei den Versicherten, den Kassen und den Leistungserbringern abzumildern, damit die positiven Wirkungen von Case Management, Leistungserbringerauswahl und Datentransparenz besser zum Tragen kommen können. Daher werden im folgenden weitere Elemente behandelt, die jeweils bei den drei Hauptakteuren im Gesundheitswesen ansetzen: Für die Versicherten müssen erstens eine (Mindest-)Versicherungspflicht sowie eine spürbare Selbstbeteiligung gelten. Zweitens bedarf es eines wirksamen Wettbewerbs zwischen den Krankenkassen um die Versicherten (Versicherungsebene) sowie drittens zwischen den Krankenkassen um die Leistungserbringer und zwischen den Leistungsanbietern untereinander (Leistungsebene). Viertens ist eine weitgehende Qualitätstransparenz unabdingbar.

5.2 *Versicherungspflicht und Selbstbeteiligungen für die Versicherten*

Um eine unzureichende Absicherung der Versicherten gegen Krankheitsrisiken zu vermeiden, muß allgemein aus der Pflichtversicherung in der GKV eine Versicherungspflicht werden: Jeder Versicherte muß seine Mitgliedschaft bei einer Krankenkasse nachweisen. Diese Versicherungspflicht sollte zudem mit einem einheitlichen Mindestleistungsumfang verbunden sein, um eine Unterversorgung der Versicherten auszuschließen.

Zusätzlich ist darauf zu achten, daß von allen Versicherten eine Beteiligung an den Kosten der Leistungsinanspruchnahme verlangt wird.[704] Die derzeitigen Zuzahlungsregelungen in der GKV können nicht mit einer umfassenden Eigenbeteiligung der Versicherten gleichgesetzt werden. Diese Zuzahlungen sind nicht aus Systemgründen in die GKV eingeführt worden, sondern ausschließlich um die Ausgaben zu reduzieren. Dies wirkt der mit einer Selbstbeteiligung verfolgten Intention entgegen.

Der positive Effekt der Selbstbeteiligung beruht primär auf einer Stärkung der Steuerungswirkung des Preises. Die Patienten müssen sich an den Kosten der erhaltenen medizinischen Leistungen beteiligen, womit das Interesse nicht nur am Preis der Leistung, sondern auch an der Art und dem zu erwartenden Nutzen der Leistung - auch im Vergleich zu eventuell vorhandenen Alternativen - wächst. Darüber hinaus setzen Selbstbeteiligungen zusätzlich zum individuell vorhandenen Streben nach Gesunderhaltung einen ökonomischen Anreiz zur Krankheitsprävention.[705] Somit kann eine Selbstbeteiligung in mehrfacher Hinsicht zu einer Entlastung der Krankenkassen führen: Erstens durch den unmittelbaren Spareffekt aus einer teilweisen Kostenübernahme durch die Versicherten und zweitens mittelbar durch die sparsamere Leistungsnachfrage oder die ver-

---

704 An dieser Stelle wird nicht auf die unterschiedlichen Variationen der Eigenbeteiligung eingegangen. Eine Übersicht dazu findet sich in KLOSE, J.; SCHELLSCHMIDT, H. [2001], S. 123f. Vgl. auch PIFFL, S. [1990], S. 56 ff.

705 Zur theoretischen Wirkung von Eigenbeteiligungen vgl. SCHNEIDER, U. [2002], S. 453 ff. Siehe auch KRONBERGER KREIS [1987], S. 30.

stärkte Nachfrage nach günstigeren Produkten bzw. Leistungen.[706] Drittens kann auch ein stärkerer Antrieb zu gesundheitsbewußtem Verhalten die Inanspruchnahme ärztlicher Leistungen verringern.

Der Nachweis der Wirkung von Selbstbeteiligungen ist schwierig und daher nicht unumstritten. Zwar liefern empirische Ergebnisse aus den USA, Frankreich und - mit Einschränkungen - aus der Schweiz eindeutige Belege für die positive Wirkung von Selbstbehalten.[707] Diese lassen sich nur erzielen, wenn keine Wahlmöglichkeiten zwischen einer Krankheitskostenvollversicherung und verschiedenen Abstufungen in der Höhe der Selbstbeteiligung bestehen.[708] Unter diesen Umständen könnten die festgestellten Veränderungen in der Leistungsinanspruchnahme auf eine Selbstselektion der Versicherten zurückzuführen sein. Diese Entwicklung tritt dann ein, wenn sich die Versicherten mit einem geringeren Krankheitsrisiko und dementsprechend selteneren Behandlungsbedarf für einen Tarif mit höherer Selbstbeteiligung und geringerer Prämie entscheiden. Ein beobachteter Rückgang der Leistungsinanspruchnahme bei höherer Eigenbeteiligung kann daher nicht immer ausschließlich auf die gewünschten Steuerungswirkungen der Patientenzuzahlungen zurückgeführt werden.[709] Aus diesem Grund sollte eine einheitliche Eigenbeteiligung ohne Ausweichmöglichkeiten für alle Versicherten gleichermaßen eingeführt werden. Dies bedeutet allerdings nicht, daß für chronisch kranke oder einkommensschwache Versicherte Härtefallklauseln ausgeschlossen werden sollten.[710]

In der Gegenüberstellung zur Gesetzlichen Unfallversicherung kann die Selbstbeteiligung der Versicherten in gewisser Weise mit dem Kausalitätsprinzip verglichen werden. Durch das Kausalitätsprinzip wird die Zuständigkeit der Unfallversicherungsträger auf solche Gesundheitsbeeinträchtigungen beschränkt,

---

706 Vgl. KNAPPE, E.; HÖRTER, S. [2002], S. 12. Empirische Studien haben ergeben, daß die Preiselastizitäten zwar gering sind, aber meist über Null liegen. Daraus folgt, daß die Erhöhung des vom Patienten zu zahlenden Anteils am Preis der Gesundheitsleistungen zu einer Dämpfung der Nachfrage führt. Vgl. BARTLING, H. [1983], S. 5.

707 In den USA wurde in den siebziger Jahren ein kontrolliertes Experiment (sog. „Rand Health Insurance Experiment") zum Einfluß von Selbstbeteiligungen auf die Nachfrage nach Gesundheitsleistungen durchgeführt. Als Ergebnis wurde eine negative Nachfrageelastizität festgestellt, so daß die These einer rückläufigen Leistungsinanspruchnahme durch Selbstbehalte bestätigt werden konnte (vgl. MANNING, W. et al. [1987]). Neuere Untersuchungen während der neunziger Jahre in Frankreich und der Schweiz konnten einen durch die Einführung von Eigenbeteiligungen bedingten Rückgang der Anzahl der Erstkontakte mit Ärzten verzeichnen. Vgl. dazu CHIAPPORI, P.-A.; DURAND, F.; GEOFFARD, P.-Y. [1998] und WERBLOW, A. [2002].

708 Vgl. SCHELLBORN, M. [2002], S. 418f.

709 Vgl. WERBLOW, A. [2002], S. 430 ff.

710 Damit sich jedoch die Anreize zur sparsamen Leistungsinanspruchnahme auch auf diese Sondergruppen auswirken, sollte eine geringfügige Selbstbeteiligung auch bei Härtefallregelungen gelten. Vgl. KRONBERGER KREIS [2002], S. 88f.

die auf Arbeitsunfälle und Berufskrankheiten zurückzuführen sind. In der GKV gibt es keine solche Regelung. Zumindest könnten mit der Einführung einer spürbaren obligatorischen Selbstbeteiligung die Gesetzlichen Krankenkassen um Fälle, in denen ein Arztbesuch eigentlich vermeidbar wäre, entlastet werden. Ob es dadurch zu nennenswerten Einsparungen kommt, kann nicht eindeutig geklärt werden. Da in der GKV nach Schätzungen des Bundesgesundheitsministeriums etwa 10 % der Versicherten rund 80 % der Leistungsausgaben verursachen, beschränken sich die Einsparungen durch die Steuerungswirkungen der Selbstbeteiligung im wesentlichen auf die verbleibenden 20 %.[711] Der fiskalische Effekt einer Selbstbeteiligung hält sich somit in Grenzen. Die Chancen einer solchen Regelung sollten aber wegen der zu erwartenden positiven Lenkungswirkungen und angesichts der finanziellen Engpässe in der GKV trotzdem ausgeschöpft werden.

5.3 Wettbewerb auf der Versicherungsebene

Grundsätzlich sind derzeit mit dem Kündigungsrecht der Versicherten nach einer Versicherungsdauer von 18 Monaten - oder bereits vorher nach einer Beitragssatzerhöhung - die Voraussetzungen für einen Kassenwettbewerb gegeben, doch beschränkt sich dieser Wettbewerb auf die Höhe des Beitragssatzes, da dieser der einzige steuerbare Wettbewerbsparameter der Krankenkassen ist (**Preiswettbewerb**). Allerdings sind die Gestaltungsspielräume der Krankenkassen sehr begrenzt, da für sie die lohnbezogene Beitragserhebung verpflichtend ist und sämtliche Gestaltungsleistungen zur Stärkung des Beitragswettbewerbs mit dem GKV-Solidaritätsstärkungsgesetz zum Jahr 1999 gestrichen wurden.[712] Seit ihrer Wiedereinführung zum Jahr 2004 ist ihre Anwendung weitgehend auf freiwillig Versicherte beschränkt.

Zusätzlich zum Preiswettbewerb wäre daher ein **Leistungswettbewerb** wünschenswert, um den Krankenkassen Anreize zur Ausschöpfung von Effizienzpotentialen zu geben. Dieser scheidet aufgrund der derzeitigen gesetzlichen Regelungen zum Leistungskatalog aus. Eine Profilierung über unterschiedliche Versicherungstarife - beispielsweise über unterschiedlich hohe Selbstbeteiligungen (zusätzlich zu dem für alle gleichermaßen zu tragenden Eigenanteil an den Behandlungskosten), verbunden mit Variationen im Leistungskatalog über Zusatzleistungen und Leistungsausklammerungen, ist kaum möglich. Dies liegt daran, daß einerseits die Versicherungen - wie bereits diskutiert - an die lohnbezogene Beitragserhebung gebunden sind und andererseits der Leistungskatalog

---

711 Vgl. KORF, C. [2002], S. 444.

712 Vgl. BUNDESMINISTERIUM FÜR ARBEIT UND SOZIALORDNUNG [2000], S. 123.

weitestgehend vorgeschrieben ist und nur punktuell um Satzungsleistungen der Kassen erweitert werden darf.[713]

Die Ausgestaltung des Versicherungsschutzes sollte allerdings an gewisse Mindestbedingungen gebunden sein. Dazu zählen ein Kontrahierungszwang und ein Diskriminierungsverbot für Krankenkassen gegenüber den Versicherten, um das Bestreben der Versicherungen zur Risikoselektion abzuschwächen. Darüber hinaus sollte auch bei der Erweiterung der Handlungsspielräume auf dem Gebiet der angebotenen Versicherungsleistungen ein Mindestversicherungsumfang zur Vermeidung einer Unterversicherung verbindlich vorgegeben sein. Bei der Ausgestaltung der einzelnen Versicherungsverträge ist zu beachten, daß diese nicht mit einer zu hohen Selbstbeteiligung der Versicherten verknüpft sein dürfen, so daß sich diese im Ernstfall übernehmen würden. Außerdem müssen Entsolidarisierungstendenzen vermieden werden, die z. B. aus einem Wechsel von einem Tarif mit stark reduziertem Versicherungsumfang, verbunden mit einer hohen Selbstbeteiligung in jungen Jahren, zu einem Tarif mit erweitertem Versicherungsschutz bei geringerer Selbstbeteiligung im Alter, resultieren.[714] Diese Problematik ließe sich durch die Bildung von Altersrückstellungen abmildern.

Im Interesse des freien Wettbewerbs zwischen den Krankenversicherungen um die Versicherten wäre schließlich die sog. „Friedensgrenze" zwischen der Gesetzlichen und der Privaten Krankenversicherung (PKV) aufzuheben. Mit dieser Maßnahme würde sich die Zielgruppe der privaten Krankenversicherungsunternehmen, die momentan in erster Linie auf junge Neuzugänge zur PKV und einkommensstarke potentielle Mitglieder begrenzt ist, auf alle Versicherten ausweiten.[715] Da die meisten potentiellen Privatversicherten jüngere und gutverdienende Versicherte sind und mithin als „gute Risiken" angesehen werden, könnten allerdings Entsolidarisierungstendenzen entstehen, wenn sich diese potentiellen Versicherten der Versicherungspflicht in der GKV entziehen.[716] Die Aufhebung der „Friedensgrenze" zwischen der GKV und der PKV würde dieses Problem verhindern.

Deshalb müssen mehrere Voraussetzungen erfüllt sein, bevor es zu einem wirksamen Wettbewerb zwischen der GKV und der PKV kommen kann. Zu-

[713] Die Ausweitung des Leistungskatalogs um Zusatzleistungen wird im Rahmen der aktuellen Gesundheitsreformdiskussion aufgegriffen, nicht jedoch die freiwillige Kürzung des Versicherungsumfangs. Vgl. MIHM, A. [2003a].

[714] Vgl. KNAPPE, E., HÖRTER, S. [2002], S. 14.

[715] Vgl. DEUTSCHER BUNDESTAG [1996], S. 42.

[716] Gegen diese Entsolidarisierungstendenzen spricht allerdings, daß die GKV gleichzeitig auch von der beitragsfreien Mitversicherung der Familienangehörigen der privat Versicherten entlastet wird. Der Grund hierfür liegt darin, daß die Wahrscheinlichkeit der Familiengründung bei privat und gesetzlich Versicherten identisch ist. Vgl. dazu PIMPERTZ, J. [2002b].

nächst wären die gesetzlichen Vorgaben für die privaten Versicherungsunternehmen und die Gesetzlichen Krankenkassen einander anzugleichen, so daß alle Anbieter mit den gleichen Handlungsspielräumen ausgestattet sind. Sodann sind die unterschiedlichen Finanzierungsgrundlagen in den beiden Versicherungszweigen einander anzupassen. Zusätzlich muß die Mobilität der Versicherten in der PKV gestärkt werden, indem die Portabilität der Altersrückstellungen sichergestellt wird. Diese Rückstellungen werden für jeden Versicherten gebildet, um die Beitragsbelastung über die Lebens- und Versicherungsdauer vor dem Hintergrund des erhöhten Morbiditätsrisikos mit zunehmendem Alter hinweg konstant zu halten. Unter den gegenwärtigen Bedingungen schränkt die mangelnde Übertragbarkeit der Rückstellungen in der PKV die Wechselmöglichkeiten der Versicherten ein: Da der Versicherungswechsel nach längerer Vertragslaufzeit den Verlust der Rückstellung bedeutet, muß bei der neuen Versicherung eine neue Rückstellung aufgebaut werden, was für den Versicherungsnehmer mit hohen zusätzlichen Kosten verbunden ist. Der freie Versicherungswettbewerb kann nur erreicht werden, indem die Rückstellungen auf den einzelnen Versicherten bezogen sind und entsprechend dessen Morbiditätsstatus angepaßt werden. Ziel ist es, die Altersrückstellung so zu bemessen, daß sie dem erwarteten Überschuß der Gesundheitsausgaben des Versicherten über seine Prämienzahlungen entspricht. Dadurch werden die Anreize der Versicherungsunternehmen zur Risikoselektion geschwächt. [717]

5.4 Wettbewerb auf der Ebene der Leistungserbringer

Ein zusätzliches Wettbewerbshemmnis über den verbindlichen Leistungskatalog hinaus stellen für die Gesetzlichen Krankenkassen die vorgeschriebenen Versorgungsstrukturen im gegenwärtigen System der GKV dar. Da die Kassen „gemeinsam und einheitlich" Versorgungsverträge mit den Leistungserbringern bzw. deren Verbänden abschließen, wird den Leistungsanbietern der Druck zu einer effizienten Leistungserbringung genommen. Die Krankenkassen verfügen nur sehr eingeschränkt über Sanktionsmöglichkeiten gegen unwirtschaftlich arbeitende Leistungserbringer, da sie diese nicht aus den Kollektivverträgen ausschließen können. Gleichzeitig ist es den Krankenkassen kaum möglich, ihren Versicherten differenzierte Versorgungsstrukturen anzubieten. Eine Ausnahme bildet die Erprobung innovativer Versorgungsstrukturen nach dem SGB V im Rahmen von Modellvorhaben.

Es würde jedoch wenig bringen, Variationsmöglichkeiten im Versicherungsschutz zu erlauben, ohne den Krankenkassen Gestaltungsspielräume bei den

[717] Vgl. ausführlich hierzu KRONBERGER KREIS [2002], S. 47 ff.

Versorgungsstrukturen einzuräumen. Hier bietet sich generell der Übergang zu wettbewerblichen Strukturen an. Dazu muß den einzelnen Krankenkassen die Möglichkeit zur selektiven Kontrahierung mit Leistungsanbietern ihrer Wahl eingeräumt werden. Die Ausgestaltung der Verträge sollte den Vertragspartnern überlassen bleiben, d. h. zusätzlich zur Liberalisierung der Kollektivverträge sollten beispielsweise auch die Vergütung der Leistungserbringer oder die Möglichkeit zur Befristung der Zulassungsverträge Verhandlungsgegenstände sein können.

Diese Vertragsfreiheit kann zu einem ausgeprägten Wettbewerb zwischen den Anbietern medizinischer Leistungen führen. Um die Zulassung einer Krankenkasse zu erhalten, ist es für den einzelnen Arzt oder für das einzelne Krankenhaus von Vorteil, eine möglichst hohe Wirtschaftlichkeit und Qualität der Leistungserbringung nachweisen zu können. Auch neue Formen der Kooperation zwischen den Kassen, Ärzten und Einrichtungen im Gesundheitswesen können daraus entstehen. Voraussetzung für eine Auswahl der Leistungserbringer nach bestimmten für die Krankenkassen relevanten Kriterien ist aber eine verbesserte Informationsbasis, wie sie oben bereits beschrieben wurde.[718]

Unter den Bedingungen des dezentralisierten Wettbewerbs könnten sich die Kassen gegenüber ihren Konkurrenten mit individuellen Angeboten profilieren. Das ließe sich auf unterschiedlichen Wegen erreichen - beispielsweise über Konzentration auf bestimmte Zielgruppen durch die Einrichtung von „Spezialnetzen" für ausgewählte Krankheitsbilder, Behandlung durch besonders qualifizierte Leistungserbringer oder die Zusicherung einer Behandlung innerhalb bestimmter Fristen.

5.5 Qualitätstransparenz

Der Preis-Leistungswettbewerb kann sich nur entfalten, wenn den Versicherten genügend echte Alternativen zur Auswahl stehen, um gegebenenfalls einen Anbieterwechsel vorzunehmen, falls sie mit dem Angebot ihrer Krankenkasse unzufrieden sind. Dadurch kann erreicht werden, daß die Präferenzen der Versicherten stärkere Berücksichtigung finden als bisher und zugleich Anreizen zur Unterversorgung von Patienten entgegengewirkt wird.[719]

Dies setzt voraus, daß eine deutlich höhere Transparenz über Krankenkassen, ihre Tarife und die zugelassenen Leistungserbringer vorhanden ist. Es bleibt

[718] Vgl. KNAPPE, E.; HÖRTER, S. [2002], S. 17f.

[719] Für eine stärkere Berücksichtigung der Präferenzen der Versicherten als Ausgangspunkt jeglicher Reformbemühungen plädieren z. B. ZWEIFEL, P.; BREUER, M. [2002b], S. 30f.

Aufgabe des Staates, gesetzliche Mindestanforderungen an die Ausbildung der Leistungserbringer und die Qualität medizinischer Produkte zu stellen und zu überwachen. Auch die Beurteilung von Behandlungsmethoden und -leitlinien muß von unabhängigen Dritten vorgenommen werden. Die Versicherten sollen sich nicht nur genau und verständlich über die unterschiedlichen Angebote der Krankenkassen und Teilnehmer in den einzelnen Versorgungssystemen informieren, sondern auch auf zuverlässige und unabhängige Bewertungen der Qualität der für sie in Frage kommenden Leistungserbringer und Einrichtungen zurückgreifen können. Dabei müssen zunächst die institutionellen Hemmnisse für eine höhere Qualitätstransparenz beseitigt werden. Eine positive Entwicklung ist bereits über eine Förderung von Verbraucherzentralen und Patientenberatungen im Rahmen der Gesundheitsreform 2000 angestoßen worden. Weitere Möglichkeiten zur Bereitstellung von Qualitätstransparenz ergeben sich aus der Veröffentlichung von Zertifizierungen von Gesundheitseinrichtungen und weiteren Untersuchungen zur Leistungserbringung im Gesundheitswesen (z. B. Hygienekontrollen, Ärzte-„Ranking" etc.).[720] Die Schaffung einer erhöhten Qualitätstransparenz im Gesundheitswesen durch unabhängige Gutachter trägt nicht nur zur Stimulierung des Wettbewerbs zwischen den Krankenkassen, sondern auch zur Sicherung eines hohen Versorgungsniveaus bei.

An dieser Stelle sei noch einmal wiederholt, daß sich der in den vorangehenden Abschnitten vorgestellte **„Preis-Leistungs-Qualitätswettbewerb"**[721] zwischen den Versicherungsträgern und Leistungserbringern um die Versicherten im „Entdeckungsverfahren" konkretisieren soll. Somit sind die in dieser Studie gemachten Vorschläge insbesondere zur Struktur der Krankenversorgung (Case Management und konkrete Ausgestaltung der Vernetzung) nicht als endgültiges Lösungskonzept zur Effizienzsteigerung in der GKV anzusehen, da die Versicherungsträger vielmehr ihre Freiräume nutzen sollen, um innovative Versorgungsstrukturen und Versicherungsverträge zu entwickeln.[722]

6 Abgrenzung zu aktuellen Reformmaßnahmen

Im folgenden wird das in den vorigen Abschnitten erarbeitete Konzept den in der aktuellen Diskussion zur Reform des Gesundheitswesens erörterten Ansätzen gegenübergestellt. Vor dem Hintergrund der Fragestellung dieser Studie sind in

---

720 Vgl. MÖRSCH, M. [2002], S. 159.

721 KNAPPE, E.; HORTER, S. [2002], S. 21.

722 Dazu bieten sich viele bislang nicht durchführbare Möglichkeiten. Manche Projektionen stellen das gesamte gegenwärtige System der Sozialversicherung in Frage, indem vorgeschlagen wird, Altersrente und Krankenversicherung miteinander zu verknüpfen, vgl. ZWEIFEL, P.; BREUER, M. [2002b], S. 35.

erster Linie die strukturellen Veränderungen, die Umfinanzierungen der Leistungen und die Veränderungen bei den Zuzahlungen der Versicherten von Interesse.[723]

Als eine wichtige strukturelle Veränderung ist die Einführung eines Hausarztsystems wiederholt kontrovers diskutiert worden. Dabei stellt die Einführung des Hausarztmodells in der GKV keine Neuigkeit dar. Tatsächlich ist es bereits seit der Verabschiedung des Gesetzes zur Gesundheitsreform 2000 nach § 65a SGB V den Krankenkassen erlaubt, ihren Versicherten einen Bonus einzuräumen, wenn sie sich verpflichten, nur auf Überweisung ihres Hausarztes fachärztliche Leistungen in Anspruch zu nehmen. Der Bonus richtet sich nach den durch die hausärztliche Primärversorgung erzielten Einsparungen. Diese Abwandlung der Regelversorgung ist aber bislang von keiner Krankenkasse umgesetzt worden, weil die Attraktivität solcher Modelle für die Versicherten aufgrund der Vermutung ausbleibender Einsparungen offenbar als zu gering eingestuft wird. Ein Hausarztbonus, der zudem nicht mit Sicherheit ausgezahlt werden kann, reicht allein nicht aus, um weitreichende Veränderungen im Patientenverhalten zu erreichen.[724] De facto käme ein solches Modell einer Einschränkung der freien Arztwahl gleich und ist daher parallel zur bestehenden Ordnung in der GKV für die Versicherten nicht besonders verlockend. Darüber hinaus ist zweifelhalft, ob die Versicherten genügend über die Vorteilhaftigkeit von Hausarztmodellen informiert sind.

Aufgrund der mangelnden Resonanz der Gesetzlichen Krankenkassen auf die Option zur Einführung eines Hausarztmodells sollen diese jetzt zur Stärkung der Position der Hausärzte verpflichtet werden. Ein weitreichendes Konzept, das sehr nahe an das Case Management der Durchgangsärzte in der GUV heranreicht, besteht darin, den Hausärzten die Rolle eines Gatekeepers und Lotsen zu

---

723 Darüber hinaus werden Verbesserungen in der Qualität der Patientenversorgung angestrebt. Zu diesem Zweck soll von der gemeinsamen Selbstverwaltung ein „Institut für die Qualität und Wirtschaftlichkeit im Gesundheitswesen" gegründet werden. Das unabhängige Institut soll ausgewählte Diagnose- und Therapieverfahren kritisch untersuchen und Nutzen-Bewertungen bei Arzneimitteln vornehmen sowie die Versicherten über die Ergebnisse informieren. Auch eine Fortbildungspflicht für die Vertragsärzte ist vorgesehen.

Von Bedeutung sind auch die Veränderungen im Arzneimittelbereich. Neben der Einführung des Versandhandels betreffen die Maßnahmen zum einen die Zuzahlungen der Versicherten und zum anderen die Festbetragsregelungen. Zusätzlich wird der Herstellerrabatt von 6 auf 16 % erhöht. Dafür entfallen allerdings die Positiv- und Negativlisten. Das Mehrbesitzverbot bei Apotheken wird gleichfalls aufgehoben.

Weitere Maßnahmen betreffen die Einführung einer neuen erweiterten Gesundheitskarte, die Genehmigung von Bonuszahlungen bei Präventionsprogrammen etc. Vgl. BUNDESMINISTERIUM FÜR GESUNDHEIT UND SOZIALE SICHERUNG [2003a] und BUNDESMINISTERIUM FÜR GESUNDHEIT UND SOZIALE SICHERUNG [2003c].

724 Vgl. o. V. [2003b].

übertragen. Dies soll für die Fachärzte mit einer Berichtspflicht an den Hausarzt gekoppelt werden. Augen-, Frauen- und Kinderärzte unterliegen jedoch nicht dem Überweisungsvorbehalt und können weiterhin direkt aufgesucht werden.[725] Die Versicherten sollen sich für die Dauer eines Jahres an einen Hausarzt ihrer Wahl binden. Dafür leisten sie geringere Zuzahlungen bei Arzneimittelverordnungen und Krankenhausaufenthalten und werden von der Praxisgebühr bei Facharztbesuchen befreit.[726] Das Hausarztmodell ist jedoch für die Versicherten nicht verpflichtend - sie dürfen weiterhin von der freien Arztwahl Gebrauch machen, „sollen aber auch für rationale Wahlentscheidungen belohnt werden“[727].

Diese Stärkung der Stellung der Hausärzte konnte bislang nicht umgesetzt werden. Zwar sind die Krankenkassen nach den Reformplänen des Gesetzgebers verpflichtet, ihren Versicherten ein Hausarztsystem anzubieten. Dafür soll der Abschluß von Einzelverträgen mit Hausärzten erlaubt werden. Dadurch kann gewährleistet werden, daß qualifizierte Hausärzte an den Hausarztmodellen teilnehmen. Für eine konsequente Umsetzung eines Case Managements fehlt allerdings die Einbeziehung von Fachärzten in die Versorgungsnetze und die Einführung einer Informationspflicht der Fachärtzte gegenüber den Hausärzten, damit diese ihrer Rolle als Case Manager gerecht werden können. Da jedoch der Abschluß von Einzelverträgen mit Fachärzten auch in Zukunft nicht erlaubt ist, werden weitergehende strukturelle Veränderungen ausbleiben. Nach wie vor sind die Krankenkassen gehalten, alle zur vertragsärztlichen Versorgung zugelassenen Fachärzte als Vertragspartner zu akzeptieren. Obwohl in dieser Frage ursprünglich eine Auflockerung der Kollektivverträge durch die Einführung von Einzelverträgen zwischen den Krankenkassen und bestimmten Fachgruppen - ohne Einbeziehung der Kassenärztlichen Vereinigungen - vorgesehen war, wurde dieser Ansatz jedoch verworfen.[728]

Auch die Krankenhäuser sollen sich für eine ambulante Versorgung öffnen dürfen, allerdings nur in Regionen, in denen eine anderweitige Versorgung nicht

---

725 Vgl. BUNDESMINISTERIUM FÜR GESUNDHEIT UND SOZIALE SICHERUNG [2003b].

726 Vgl. LASCHET, H. [2003]. Die Höhe der Praxisgebühr sollte bei 15 Euro pro Arztbesuch liegen.

727 SCHMIDT, U. [2003]. Dieser ursprünglich weitreichende Vorschlag im Rahmen des sog. Gesundheitssystemmodernisierungsgesetzes (GMG) ist jedoch in den Konsensgesprächen zur Gesundheitsreform deutlich abgeschwächt worden. Danach werden die Krankenkassen zwar zur Einführung eines Hausarztsystems verpflichtet, stärkere Anreize für die Versicherten werden jedoch nicht geschaffen, da auch Hausarztbesuche nicht von den Zuzahlungen ausgenommen werden sollen. Lediglich Überweisungen sind von den Zuzahlungen befreit. Darüber hinaus ist kein Hinweis auf einen verpflichtenden Informationsaustausch zwischen Fach- und Hausärzten im Reformkonzept enthalten. Vgl. BUNDESMINISTERIUM FÜR GESUNDHEIT UND SOZIALE SICHERUNG [2003c].

728 Auch hier haben die Konsensgespräche zu einer Abschwächung der ursprünglichen Vorhaben im GMG geführt.

sichergestellt werden kann oder wenn es sich um spezialisierte Leistungen handelt. Darüber hinaus soll eine ambulante Krankenhausbehandlung im Rahmen von integrierten Versorgungsmodellen und Disease Management Programmen ermöglicht werden.[729]

Ergänzend dazu soll der Abschluß von Verträgen zur integrierten Versorgung deutlich vereinfacht werden. Die Reformpläne des Gesetzgebers sehen die Beseitigung von rechtlichen und ökonomischen Hürden - v. a. bei der Bereinigung der Gesamtvergütungen - vor. Darüber hinaus soll für die Jahre 2004 bis 2006 ein Prozent der Gesamt- und der Krankenhausvergütungen für die Integrationsversorgung zur Verfügung gestellt werden. Auch Apotheken sollen an solchen Projekten teilnehmen können. Als weitere Strukturverbesserung wird die Bildung von medizinischen Versorgungszentren hevorgehoben. Diese können - zumindest im ambulanten Bereich - eine umfassende Versorgung „aus einer Hand" bieten.[730]

Zudem ist die Weiterentwicklung der Vergütung der Vertragsärzte beabsichtigt. Dabei sollen die Gesamtvergütungen abgeschafft und ab dem Jahr 2007 durch arztgruppenspezifische Regelleistungsvolumina ersetzt werden. Demnach wird eine bestimmte Leistungsmenge, die mit einem festen Preis vergütet wird, vereinbart. Die Fortschreibung der Regelleistungsvolumina richtet sich nach der Krankheitsentwicklung in der Bevölkerung, so daß die Krankenkassen zwar das finanzielle Risiko der Krankheitsentwicklung tragen, nicht jedoch das Risiko steigender Arztzahlen. Für den einzelnen Vertragsarzt geht die Neuordnung der Vergütung mit einer Abschaffung der Praxisbudgets einher. Auch für ihn gelten dann Regelleistungsvolumina, deren Überschreitung mit einem starken Absinken des Punktwerts verbunden ist. Geplant ist außerdem, die Einführung eines kombinierten Budgets für die Honorare der Hausärzte und verordnete Arznei- und Heilmittel in der Regelversorgung zu ermöglichen, um die Ärzte zu einer wirtschaftlichen Verschreibungspraxis anzuregen. Die Vergütung der Ärzte soll stärker auf pauschalierte Entgelte - insbesondere auf Leistungskomplexe und Fallpauschalen - umgestellt werden und sich damit der Krankenhausvergütung annähern.[731]

Auch beim Leistungskatalog und der Finanzierung sind Veränderungen geplant: Versicherungsfremde Leistungen ohne Krankheitsbezug und gesamtgesellschaftliche Aufgaben werden z. T. aus Steuermitteln (aus einer Anhebung der

---

729 Vgl. BUNDESMINISTERIUM FÜR GESUNDHEIT UND SOZIALE SICHERUNG [2003c].

730 Bei einem medizinischen Versorgungszentrum handelt es sich um „Einrichtungen für eine interdisziplinäre Zusammenarbeit von ärztlichen und nichtärztlichen Heilberufen" (BUNDESMINISTERIUM FÜR GESUNDHEIT UND SOZIALE SICHERUNG [2003c].)

731 Vgl. ebenda und SCHMIDT, U. [2003].

Tabaksteuer) finanziert oder aus dem Leistungskatalog gestrichen. Der Zahnersatz soll ab dem Jahr 2005 ebenfalls gestrichen werden, allerdings sind dann die Versicherten gehalten, eine Zusatzversicherung nachzuweisen. Diese kann sowohl bei einer Gesetzlichen Krankenkasse als auch bei einem privaten Versicherungsanbieter abgeschlossen werden, sofern der Leistungsumfang bei der privaten Versicherung mit den Leistungen einer Gesetzlichen Krankenkasse vergleichbar ist. Während die privaten Krankenversicherer ihre Versicherungsprämien für die Zahnersatzversicherung frei gestalten können, ist vorgesehen, die Gesetzlichen Krankenkassen an bundesweit einheitliche und einkommensunabhängige Pauschalbeiträge zu binden.[732] Obwohl die Ausgliederung des Zahnersatzes die Tendenz zur Stärkung der Eigenverantwortung der Versicherten erhöht und grundsätzlich ein freier Wettbewerb zwischen der GKV und der PKV im Bereich des Zahnersatzes ermöglicht werden soll, besteht die Gefahr von Wettbewerbsverzerrungen. Diese könnten durch einen unverhältnismäßig niedrigen Pauschalbeitrag der Gesetzlichen Krankenkassen hervorgerufen werden, der die privaten Krankenversicherer längerfristig aus dem Markt für Zahnersatz-Pflichtversicherungen drängen würde. Dadurch würde der Wettbewerb allerdings geschwächt.

Das Krankengeld soll ab 2006 von den Arbeitnehmern allein getragen werden. Die Regelungen zu den Zuzahlungen der Versicherten werden vereinfacht. Grundsätzlich sind 10 % bei allen beanspruchten Leistungen vom Versicherten zu übernehmen, jedoch höchstens 10 Euro je Leistung und 2 % des Bruttoeinkommens jährlich, für chronisch Kranke nur 1 % des jährlichen Bruttoeinkommens. In der ambulanten Versorgung sollen 10 Euro pro Behandlungsfall je Quartal entrichtet werden; bei Überweisungen entfällt die Zuzahlung. Im Krankenhaus werden ebenfalls 10 Euro für höchstens 28 Tage fällig.

Im Vergleich zu den auf der Gegenüberstellung von GUV und GKV basierenden und hier skizzierten Handlungsempfehlungen reichen die aktuellen Reformpläne bei weitem nicht aus, um nachhaltige Verbesserungen im Gesundheitswesen zu schaffen. Die strukturellen Mängel werden nicht beseitigt, da die Aspekte der Überwindung der Schnittstellenprobleme und der entgegengesetzten Interessenlagen zwischen den Versorgungsbereichen nicht ausreichend berücksichtigt werden. Darüber hinaus werden den Krankenkassen keine nennenswerten Möglichkeiten zur Überwachung und Kontrolle der Leistungserbringer und der Versicherten eingeräumt.

Zwar ist die Stärkung des Hausarztes grundsätzlich mit dem in dieser Studie enthaltenen Vorschlag zur Schaffung eines Case Managements vereinbar, da in

---

[732] Vgl. o. V. [2003g].

beiden Modellen dem Hausarzt eine zentrale Funktion zugewiesen werden soll. Es wird sich jedoch zeigen, ob sich die Lotsenfunktion der Hausärzte trotz fehlender Informationspflicht für Fachärzte durchsetzen kann und inwiefern die Versicherten vom Hausarztmodell Gebrauch machen, wenn sie weiterhin die Möglichkeit haben, auch einen Facharzt direkt aufzusuchen. Trotz des Wegfalls der Praxisgebühr bei Überweisungen besteht die Gefahr, daß sich die Versicherten - wie schon im Berliner Praxisnetz - nicht längerfristig an das Hausarztmodell halten. Dafür sind die Zuzahlungen wohl zu gering. Gleichzeitig kann aber auch davon ausgegangen werden, daß v. a. diejenigen, die auf häufige Arztbesuche und Arzneimittelverschreibungen angewiesen sind, ein Hausarztmodell akzeptieren werden, sofern diese Patientengruppe nicht ohnehin schon über eine mehrjährige Bindung an einen individuellen Hausarzt verfügt.

Zwar ist die Ausweitung der Selbstbeteiligungen der Versicherten positiv zu beurteilen, doch ist fraglich, ob die Eigenbeteiligungen Steuerungswirkungen entfalten können und nicht primär der Generierung zusätzlicher Einnahmen für die Krankenkassen dienen. Diese Zweifel sind in der quartalsweisen Begrenzung der Zuzahlungen sowie in ihrer Struktur und Höhe begründet. Da nur 10 Euro je Arztbesuch fällig werden, ist nicht davon auszugehen, daß die Versicherten verstärkt auf den „Preis" der ärztlichen Leistungen achten und diesem somit eine Lenkungsfunktion zugesprochen werden kann. Wie bereits erläutert wurde, können Selbstbeteiligungen ihre Steuerungswirkungen am besten entfalten, wenn sie für alle Patienten gleichermaßen gelten und substantiell sind.[733] Eine Konstellation, bei der sich die Versicherten ihre freie Arztwahl über eine höhere Prämie zusätzlich zu einer allgemeinen Selbstbeteiligung „erkaufen" sollen - wie dies im Rahmen eines Krankenkassenwettbewerbs durchaus möglich ist - wäre einer partiellen Befreiung von der Selbstbeteiligung vorzuziehen. Dadurch kann das Umgehen der Selbstbeteiligung verhindert werden.

Zudem werden die entsprechenden Rahmenbedingungen zur Stärkung des Preises als Steuerungsinstrument nicht gesetzt: Erstens soll die Kostenerstattung nicht allgemein eingeführt werden, sondern nur auf Wunsch des Versicherten. Zweitens stehen Wahlmöglichkeiten bei den Versicherungskonditionen (z. B. Tarife mit Beitragsrückgewähr oder Selbstbehalte verbunden mit Beitragsminderungen) nur freiwillig Versicherten offen.

---

[733] Eine entsprechend negative Erfahrung wurde im Jahr 1996 im niederländischen Gesundheitssystem gemacht: Dort wurden Selbstbeteiligungen eingeführt, allerdings waren sie zu gering und schlossen u. a. die hausärztliche Versorgung aus. Allerdings ist die Gesundheitsversorgung in den Niederlanden sehr stark am Hausarztsystem orientiert, so daß die Erwartungen an die neue Selbstbeteiligung ohnehin zu hoch gesetzt waren. Insgesamt führte die Eigenbeteiligung zu einer Kostenzunahme, so daß sie nach kurzer Zeit wieder aufgehoben wurde. Vgl. DELNOIJ, D.; GROENEWEGEN, P. [1999].

Deutlichere Abweichungen zwischen den aktuellen Reformplänen und den in dieser Arbeit vorgeschlagenen Handlungsempfehlungen lassen sich im Bereich der Auswahl der Leistungsanbieter feststellen. Obwohl die Bildung von Versorgungsnetzen eine Liberalisierung der Kollektivverträge in allen Versorgungsbereichen voraussetzt, erteilt das Reformkonzept des Gesetzgebers dem weitgehenden Abschluß von Einzelverträgen eine Absage. Auch stellen die Erleichterungen beim Abschluß von Verträgen zur integrierten Versorgung keine echte Alternative zu einer durchgängigen Neuordnung der Regelversorgung dar.

Dabei wäre die Vernetzung eine wichtige Ergänzung zum Case Management und zum Hausarztmodell, da die vernetzten Leistungserbringer eine intensivere Kommunikation und Kooperation miteinander aufrechterhalten müßten und gemeinsam eine effektive und effiziente Gesundheitsversorgung zum eigenen und zum Vorteil der Versicherten aufbauen könnten. Das bekannte Nebeneinander von verpflichtenden Kollektivverträgen und freiwilligen Einzelverträgen zur integrierten Versorgung oder Disease Management Programmen hilft hier wenig, da damit die zentralen Schwierigkeiten der getrennten Budgets nicht überwunden und divergierende Vergütungssysteme nicht systemübergreifend miteinander verknüpft werden. Ohne eine Vernetzung kann nicht gewährleistet werden, daß die Lotsenfunktion des Hausarztes effektiv umgesetzt wird, weil sich die zur Behandlung herangezogenen Ärzte u. U. nicht an die Empfehlungen des Hausarztes gebunden fühlen. Möglichen Anreizen zur Leistungsausweitung kann zwar durch die beabsichtigte Einführung einer pauschalierten Vergütung entgegengewirkt werden, doch kann dies wiederum andere Fehlanreize, beispielsweise solche zur Unterversorgung der Versicherten, hervorrufen.

Des weiteren greift die Teilöffnung von Krankenhäusern zur ambulanten Versorgung, die grundsätzlich positiv einzuschätzen ist, weil sie den Wettbewerb zwischen den niedergelassenen Fachärzten und den Krankenhäusern stimulieren könnte, zu kurz. Dies liegt daran, daß die Krankenhäuser nur dann zur ambulanten Patientenbehandlung herangezogen werden, wenn die vertragsärztliche Versorgung nicht ausreicht. Somit ist die ambulante Krankenhausversorgung nicht als Konkurrenz, sondern unter bestimmten Bedingungen als Substitut zur fachärztlichen Versorgung gedacht. Außerdem sorgen hier erneut die unterschiedlichen Vergütungssysteme für Verzerrungen. Selbst wenn eine Vergütung nach Fallpauschalen im vertragsärztlichen Bereich eingeführt würde, heißt dies nicht, daß deren Kalkulation auf einer einheitlichen - und damit vergleichbaren - Basis beruht.

Die schlechte Datenlage der Krankenkassen bleibt auch in der aktuellen Reformdiskussion unerwähnt. Dabei können mögliche Fehlanreize zur Unterversorgung ohne eine weitreichende Datentransparenz nicht verhindert werden.

An der Benachteiligung der Gesetzlichen Krankenkassen im Vergleich zu den Unfallversicherungsträgern ändert sich durch diese Reformgesetzgebung nichts. Grundlegende Voraussetzungen zur Erhöhung der Effizienz der Versorgung werden nicht geschaffen. Die ursprünglich vorgesehene Kontrolle der Leistungserbringer durch die Vorgabe von Richtlinien durch das „Institut für Qualität und Wirtschaftlichkeit im Gesundheitswesen" konnte nicht umgesetzt werden.

Zusammenfassend kann festgestellt werden, daß die diskutierten Reformmaßnahmen - trotz mehrerer positiver Ansätze - keine nachhaltigen Verbesserungen im Gesundheitswesen schaffen werden. Auch der Wettbewerb der Krankenkassen untereinander bleibt letztlich auf die Höhe der Beitragssätze beschränkt. Der Einsatz weiterer Parameter, mittels derer sich die Gesetzlichen Krankenkassen voneinander abheben könnten, ist den Krankenversicherungsträgern weiterhin verwehrt. Im wesentlichen beschränken sich die Maßnahmen auf Kostenverlagerungen und die Erzielung von Einsparungen durch Leistungskürzungen.

7 Weiterer Reformbedarf

Das Ziel dieser Arbeit war es, Ansatzpunkte für eine strukturelle Reform des Gesundheitswesens zu erarbeiten. Eine nachhaltige Reform dieses Sozialversicherungssystems verlangt aber mehr als eine Neuregelung der Strukturen, wie den vorangehenden Ausführungen in Ansätzen entnommen werden konnte. Da jedoch die vorliegende Arbeit eine weitgehend auf die Ausgabenseite der Krankenversicherung fokussierte Strukturanalyse darstellt, bleibt die Einnahmenseite der Krankenkassen außer Betracht. Die damit einhergehenden Probleme werden im folgenden daher nur zur Verdeutlichung der Reichweite des Reformbedarfs abschließend kurz angesprochen.

Spätestens mit der Forderung nach einer Liberalisierung der Beitragssatz- und der Leistungsgestaltung stellt sich die Frage, ob die bisherigen Finanzierungsregelungen beibehalten werden können. Während nach geltendem Recht alle Mitglieder einer Gesetzlichen Kasse einen einheitlichen lohnbezogenen Beitragssatz abführen und damit Anspruch auf einen einheitlichen Versicherungsschutz erhalten, ist nach der hier vorgestellten Reform des Systems mit seinen dezentralisierten Wettbewerbsprozessen davon auszugehen, daß die Krankenkassen leistungsbezogene Tarife anbieten werden, die sich hinsichtlich der Beitragshöhe und des Leistungsumfangs voneinander unterscheiden. Problematisch wird in diesem Zusammenhang die - zumindest formal gegebene - paritätische Beitragszahlung durch die Arbeitnehmer und Arbeitgeber, da unterschiedliche Tarife für unterschiedliche Versorgungsstrukturen und Leistungen zur Auswahl stehen werden und die Arbeitgeber den Anreiz verspüren können, ihre Arbeitnehmer zum Ab-

Abschluß einer günstigeren Versicherung zu bewegen.[734] Umgekehrt werden die Versicherten versuchen, einen möglichst umfassenden Versicherungsschutz zu erhalten, der zur Hälfte vom Arbeitgeber finanziert wird. Insgesamt droht eine uneinheitliche Beteiligung der Arbeitgeber an den Krankenversicherungsbeiträgen, so daß sich die Grundsatzfrage stellt, ob der Arbeitgeberanteil auf einem bestimmten absoluten oder relativen Niveau festgeschrieben werden, oder ob er ganz entfallen sollte. Dies würde einer Umwandlung des Arbeitgeberanteils zur Sozialversicherung in Lohneinkommen gleichkommen.[735] Da der Arbeitnehmer dann alleine für seine Sozialversicherungsbeiträge aufkommen müßte, würde die Problematik der paritätischen Finanzierung hinfällig.

Angesichts der zuvorgenannten Probleme macht es wenig Sinn, das gegenwärtige Finanzierungssystem mit seinen Schwächen beizubehalten. Vorschläge wie die Aufhebung der Beitragsbemessungsgrenze oder die Hinzuziehung weiterer Einkünfte zur Beitragsbemessungsgrundlage sowie die Einbeziehung zusätzlicher Bevölkerungsgruppen in die Versicherungspflicht (Stichwort: „Bürgerversicherung") führen in erster Linie dazu, daß der finanzielle Engpaß im Gesundheitswesen zumindest kurzfristig abgemildert werden könnte. Die Erweiterung der Bemessungsgrundlage würde zusätzlich die einseitige Belastung der Lohneinkünfte beseitigen. Grundsätzlich werden aber die Schwächen des Finanzierungssystems, nämlich die ungenauen Umverteilungswirkungen zwischen den Versicherten und die mangelnde Leistungsäquivalenz nicht überwunden, so daß ein Systemwechsel geboten scheint. Als mögliche Lösungsansätze werden in der aktuellen Diskussion die Alternativen Kopfprämien sowie risikoäquivalente Beiträge gegeneinander abgewogen.[736]

Kopfprämien bieten den Vorteil, daß sie mit einer Loslösung der Lohnnebenkosten von den GKV-Beiträgen verbunden sind, da der Arbeitgeberbeitrag nur noch für Beschäftigte entrichtet werden kann, nicht jedoch für nicht beschäftigte Familienmitglieder, für die auch eine Kopfprämie zu zahlen wäre. Allerdings ist es leicht möglich, die beitragsfreie Mitversicherung von Kindern weiterhin zu ermöglichen. Um eine Überforderung von einkommensschwachen Versicherten und v. a. von Familien zu verhindern, wäre ein direktes Steuer- und Transfersystem mit einem geschätzten Volumen von jährlich 25 Mrd. Euro aufzubauen,

---

[734] Dieser Anreiz ist auch im gegenwärtigen System in der Form gegeben, daß die Arbeitgeber ihre Arbeitnehmer dazu bewegen, in eine Krankenkasse mit günstigerem Beitragssatz zu wechseln.

[735] Vgl. dazu beispielsweise NEUBAUER, G. [2002], S. 4f.

[736] In der Diskussion zur Reform der Einnahmenseite der GKV tauchen diese beiden Alternativen immer wieder auf. Zu den Kopfprämien vgl. SACHVERSTÄNDIGENRAT ZUR BEGUTACHTUNG DER GESAMTWIRTSCHAFTLICHEN ENTWICKLUNG [2002], S. 453 ff. und SCHMITZ, H.; THELEN, P. [2002]. Ein prominenter Befürworter der risikoäquivalenten Beitragsgestaltung ist der KRONBERGER KREIS, vgl. KRONBERGER KREIS [2002], S. 28 ff.

aus dem Versicherte finanzielle Zuwendungen bekommen, um die Belastung durch Krankenversicherungsbeiträge in vertretbaren Grenzen zu halten.[737] Damit würde die implizite Umverteilung, die aus der Gewährleistung eines einheitlichen Leistungsumfangs unabhängig von der Höhe des lohnbezogenen Beitrags resultiert, in eine direkte und zielgerichtete Umverteilung in Form einer Subjektförderung umgewandelt.

Dennoch weisen auch einheitliche Kopfprämien Nachteile auf. Der einem lohnbezogenen Beitragserhebungsverfahren immanente Anreiz zur Risikoselektion wird zwar vermindert, aber nicht ganz beseitigt. Zwar würde es ausreichen, wenn sich der fortbestehende Risikostrukturausgleich lediglich auf die Unterschiede in der Morbidität der Versicherten konzentrieren würde; denn die Risiken, die durch die Familienversicherung und geringe Einkommen entstehen, werden direkt über das Steuer-Transfersystem außerhalb der GKV ausgeglichen. Dennoch führt jeder Risikostrukturausgleich aufgrund unvermeidlicher Ungenauigkeiten zu gegensätzlichen Selektionsanreizen. Dies gilt umso mehr, je stärker der RSA an Morbiditätskriterien ausgerichtet ist. So kann er aus der Sicht von „Empfängerkassen" mit überwiegend schlechten Risiken dazu führen, daß der Anreiz zur Schaffung einer effizienten Versorgung geschwächt wird, da dies neue Versichertengruppen anlocken und damit in eine Senkung der Ausgleichsmittel münden könnte. Mithin wird eine ineffiziente Versorgung durch den RSA quasi subventioniert, so daß von einem „Rent-Seeking im RSA-Verfahren"[738] gesprochen werden kann. Auf der anderen Seite werden die „Geberkassen" davon abgehalten, ihre Risikostruktur weiter zu verbessern, wenn sie befürchten müssen, dadurch zur Abführung eines höheren Beitrags zum Strukturausgleich gezwungen zu werden. Insgesamt läßt sich festhalten, daß der Risikostrukturausgleich nicht nur innovative Entwicklungen in den Versorgungsstrukturen hemmt, sondern auch eine Risikodurchmischung verhindert.[739]

Die Problematik der Risikoauslese würde mit der Einführung **risikoäquivalenter Beiträge** entfallen, da die Krankenkassen für jeden Versicherten eine dem individuellen Krankheitsrisiko entsprechende Prämie einfordern würden. Damit wäre auch der Finanzausgleich zwischen den Kassen überflüssig. Das Morbiditätsrisiko kann über eine Risikoprüfung oder aber durch eine Erfahrungstarifie-

---

[737] Vgl. SACHVERSTÄNDIGENRAT ZUR BEGUTACHTUNG DER GESAMTWIRTSCHAFTLICHEN ENTWICKLUNG [2002], S. 455. Es gibt jedoch auch Autoren, die von einer geringeren Belastung ausgehen, da die Einnahmen aus der Besteuerung des auf die Lohneinkommen aufgeschlagenen Arbeitgeberanteils zur Krankenversicherung in diesen Ausgleich fließen können. Vgl. dazu KNAPPE, E.; ARNOLD, R. [2002], S. 19f.

[738] KNAPPE, E.; HÖRTER, S. [2002], S. 22.

[739] Vgl. ZWEIFEL, P.; BREUER, M. [2002b], S. 21 ff. und OBERENDER, P.; FLEISCHMANN, J. [2001], S. 604 ff.

rung, die heute bereits in der PKV praktiziert wird, ermittelt werden. Auch hier ist allerdings eine direkte Umverteilung über das Steuer- und Transfersystem erforderlich, damit kranke und einkommensschwache Versicherte einen Mindestschutz in Anspruch nehmen können.

Ein weiterer Vorteil der risikoäquivalenten Beiträge besteht darin, daß sie - anders als die Umlageverfahren - geeignet sind, die mit der demographischen Entwicklung verbundenen Probleme zu bewältigen. Über den Aufbau von Altersrückstellungen könnte die Beitragsbelastung der Versicherten im Alter konstant gehalten werden.[740] Doch auch in diesem Zusammenhang können Probleme auftauchen: Nach ZWEIFEL und BREUER ist nicht genau vorhersehbar, wie sich der medizinisch-technische Fortschritt in Verbindung mit dem demographischen Wandel auf die Höhe der Altersrückstellungen auswirkt. Da sich - anders als in der Rentenversicherung, wo eine Kapitalansammlung mit einem konkreten erwarteten Leistungsversprechen verbunden ist - der Leistungskatalog in der Krankenversicherung mit dem technischen Fortschritt ausweitet, die Altersrückstellungen aber nicht für zwischenzeitlich neue Leistungen kalkuliert wurden, ist denkbar, daß trotz Kapitaldeckung Finanzierungslücken auftreten und höhere Prämienbelastungen der Versicherten unumgänglich werden. Gerade letzteres sollte aber mit dem Instrument der Kapitalanlage vermieden werden.[741] Aus diesen Gründen sollte die Bildung einer Altersrückstellung im Rahmen der Vertragsfreiheit zwischen Versicherungsanbietern und Versicherungsnehmern optional bleiben. Bei drohender finanzieller Überforderung kranker und einkommensschwacher Versicherter durch Prämienerhöhungen aufgrund der demographischen Entwicklung oder einer Zunahme der Morbiditätsrisiken könnte der Ausgleich steigender Prämienbelastungen über eine höhere Subjektförderung im Rahmen des Steuer- und Transfersystems erfolgen.[742]

Bei einer risikoäquivalenten Beitragsgestaltung ist darauf zu achten, daß die Beitragssatzanpassung nur bei einem Versicherungswechsel stattfinden darf. Würde eine Beitragssatzerhöhung bei jeder Erkrankung vorgenommen, steht zu befürchten, daß das Versicherungsprinzip kaum noch gewahrt würde. Gleiches gilt auch vor dem Hintergrund der Fortschritte in der Genforschung, die eine Verfeinerung der Risikogruppen erlaubt. Eine Möglichkeit zur Umgehung dieser Schwierigkeiten ergäbe sich bei einer Beitragsberechnung auf der Basis von

---

740 Vgl. beispielsweise KRONBERGER KREIS [2002], S. 45.

741 Vgl. ZWEIFEL, P.; BREUER, M. [2002b], S. 47 ff.

742 Aus dieser Konstellation eines freiwilligen Aufbaus einer Altersrückstellung und einer Subjektförderung im Bedarfsfall erwachsen allerdings Anreizprobleme: Wenn für die Versicherten absehbar ist, daß das Steuer- und Transfersystem bei zu hoher Beitragsbelastung im Alter greift, kann es sich lohnen, auf den Aufbau einer Altersrückstellung ganz zu verzichten und die staatliche Unterstützung in Anspruch zu nehmen.

Kopfprämien, die jedoch weiter differenziert würden. Dabei würden statistische Risikoabweichungen von unterschiedlichen Versichertengruppen zugelassen, die an den Kriterien Alter, Geschlecht, Berufsgruppe etc. anknüpfen. Eine wichtige Rolle spielt bei dieser Form der Prämiengestaltung der Kontrahierungszwang der Krankenkassen. Bei freiem Kassenwettbewerb wird dadurch ein Ausgleich der Risikostrukturen und damit der Beitragssätze erwartet. Letztlich handelt es sich hierbei um eine weniger ausdifferenzierte Form der risikogerechten Beitragssatzgestaltung.

Zum Abschluß kann festgehalten werden, daß in der Frage der optimalen Beitragssatzgestaltung noch erheblicher Forschungsbedarf besteht. Insbesondere eine Lösung der mit der demographischen Entwicklung verbundenen Probleme der Umlagefinanzierung sowie die Verteilung der dadurch entstehenden zusätzlichen Lasten auf die Versicherten steht noch aus. Es ist jedoch sicher, daß mit lohnbezogenen Versicherungsprämien eine flexible Gestaltung der Verträge zwischen den Versicherern und den Leistungserbringern einerseits und den Versicherten andererseits nicht erreicht werden kann, weil so Tendenzen zur Risikoentmischung nicht verhindert werden. Ohne risikoäquivalente Beiträge würde jede Vertragsveränderung bestimmte Versichertengruppen anlocken und die Position einer Versicherung im dann notwendigen Risikostrukturausgleich beeinflussen. Dies könnte wiederum die Anreize zur Umsetzung struktureller Innovationen im Bereich der GKV, wie sie in dieser Arbeit präsentiert wurden, schwächen. Somit muß eine weitreichende Strukturreform mit einer Loslösung der GKV-Finanzierung von der lohnbezogenen Beitragserhebung verknüpft werden, damit das Gesundheitswesen den Herausforderungen der nächsten Jahrzehnte gewachsen ist.

Literaturverzeichnis

ACKERMANN, T.; SCHMITHAUSEN, D. [2001]: Zum Konzept einer Gewichtskalkulation, in: ARNOLD, M.; LITSCH, M.; SCHELLSCHMIDT, H. (Hrsg.): Krankenhaus-Report 2000, Schwerpunkt: Vergütungsreform mit DRG's, Stuttgart, New York.

ALBECK, H. [1997]: Abnehmende Finanzierungsmöglichkeiten und alternative Verwendungsnotwendigkeiten knapper Mittel, in: ARNOLD, M.; LAUTERBACH, K.; PREUß, K.-J. (Hrsg.): Managed Care: Ursachen, Prinzipien, Formen und Effekte, Stuttgart, New York, S. 93-104.

AMELUNG, V. [1999]: Managed Care: Organisationen im Wandel - Produktdifferenzierung und Mehr-Produkt-Unternehmen, in: ZfB-Ergänzungsheft 5, S. 51-79.

AOK BUNDESVERBAND [o. J.]: Positionspapier „Patientensteuerung: Gatekeeping", Bonn.

AOK HESSEN (Hrsg.) [1999]: Das Hausarztmodell in Frankfurt/Main - Bericht zur Pilotphase 1997/98, Bad Homburg et al.

ARROW, K. [1963]: Uncertainty and the Welfare Economics of Medical Care, in: American Economic Review, Vol. 53, No. 5, S. 941-973.

ASMUTH, M.; BLUM, K. [1996]: Ambulantes Operieren im Krankenhaus - Chancen, Risiken, Handlungsempfehlungen. Erfahrungen und Ergebnisse aus Fallstudien in ausgewählten Krankenhäusern, Düsseldorf.

BARTLING, H. [1983]: Bedürfnis und Bedarf im Gesundheitswesen, in: VOGEL, H. R. (Hrsg.): Bedarf und Bedarfsplanung im Gesundheitswesen, Symposium der INTERNATIONALEN GESELLSCHAFT FÜR GESUNDHEITSÖKONOMIE E.V. in Mainz am 18. Dezember 1982, Stuttgart, New York, S. 2-14.

BAUER, T.; RIPHAHN, R. [1998]: Employment Effects of Payroll Taxes - an Empirical Test for Germany, IZA-Discussion Paper No. 11.

BAUKMANN, D. [2000]: Die Kosten- und Erlösrechnung im Krankenhaus und ihre Planung - ein Steuerungsinstrument des Krankenhaus-Managements: Anforderungen und Ausgestaltung sowie Möglichkeiten und Probleme der Prüfung, Düsseldorf.

BELLWINKEL, M. [1998]: Kooperation von Krankenversicherungen und Unfallversicherungsträgern. Ein erster Erfahrungsbericht, in: MÜLLER, R.; ROSENBROCK, R. (Hrsg.): Betriebliches Gesundheitsmanagement, Arbeitsschutz und Gesundheitsförderung - Bilanz und Perspektiven, Sankt Augustin, S. 265-284.

BERNER, B. [2001]: Einführung in das Vertragsarztrecht (Stand: Januar 2001), KBV-Fortbildungsheft Nr. 3, URL: http://www.kbv.de/publikationen/ hefte.htm, Stand: 14.12.2001.

BENZ, M. [1995]: Zuschläge, Nachlässe und Prämien beim Beitrag für die gesetzliche Unfallversicherung, in: Betriebs-Berater, 50. Jg., Heft 37, S. 1901-1905.

BERNING, R.; ROSENOW, C. [2002]: Statistische Krankenhausdaten: Grund- und Kostendaten der Krankenhäuser, in: ARNOLD, M.; KLAUBER, J.; SCHELLSCHMIDT, H: (Hrsg.): Krankenhaus-Report 2001, Schwerpunkt: Personal, Stuttgart, New York, S. 225-239.

BESKE, F.; DRABINSKI, T.; WOLF, J. [2002]: Sicherstellungsauftrag in der vertragsärztlichen Versorgung - Standpunkte und Perspektiven -, Bd. 94 der Schriftenreihe Fritz Beske Institut für Gesundheits-System-Forschung, Kiel.

BESKE, F.; HALLAUER, J. F. [1999]: Das Gesundheitswesen in Deutschland, Struktur - Leistung - Weiterentwicklung, 3., völlig neu bearb. und erw. Auflage, Köln.

BINDZIUS, F. [1998]: Zusammenarbeit von Unfall- und Krankenversicherung bei der Verhütung arbeitsbedingter Gesundheitsgefahren, in: MÜLLER, R.; ROSENBROCK, R. (Hrsg.): Betriebliches Gesundheitsmanagement, Arbeitsschutz und Gesundheitsförderung - Bilanz und Perspektiven, Sankt Augustin, S. 284-297.

BONVIE, H.; HILDEBRANDT, H. [1997]: Managed Care Elemente im berufsgenossenschaftlichen Heilverfahren, in: Sozialer Fortschritt, 46. Jg., Heft 6-7, S. 150-156.

BOßMANN, A.; ZALEWSKI, T. [2000]: Die Gesamtverträge einschließlich der Gesamtvergütung, KBV-Fortbildungsheft Nr. 6 (Stand: August), URL: http://www.kbv.de/ publikationen/hefte.htm, Stand: 14.12.2001.

BRACKMANN, K. [2001]: Handbuch der Sozialversicherung, 12. Auflage, 109. Ergänzungslieferung (Stand: Mai), Band 1: Gesetzliche Krankenversicherung, Sankt Augustin.

BRACKMANN, K. [2001]: Handbuch der Sozialversicherung, 12. Auflage, 109. Ergänzungslieferung (Stand: Mai), Band 3: Gesetzliche Unfallversicherung, Sankt Augustin.

BREYER, F. [1984a]: Anbieterinduzierte Nachfrage nach ärztlichen Leistungen und die Zieleinkommens-Hypothese, in: Jahrbuch für Nationalökonomie und Statistik, Band 199, S. 415-432.

BREYER, F. [1984b]: Moral Hazard und der optimale Krankenversicherungsvertrag. Eine Übersicht, in: Zeitschrift für die gesamte Staatswissenschaft, 140. Band, S. 288-307.

BREYER, F. et al. [2001]: Wirtschaftliche Aspekte der Märkte für Gesundheitsleistungen: Ökonomische Chancen unter sich verändernden demographischen und wettbewerblichen Bedingungen in der Europäischen Union, Gutachten des DEUTSCHEN INSTITUTS FÜR WIRTSCHAFTSFORSCHUNG im Auftrag des Bundesministeriums für Wirtschaft und Technologie, Berlin.

BREYER, F.; ZWEIFEL, P.; KIFMANN, M. [2003]: Gesundheitsökonomie, 4., neubearb. und erw. Auflage, Berlin et al.

BROCK, G. [1995]: Unfallversicherung im Überblick - Erläuterungen für Praktiker, Neuwied, Kriftel, Berlin.

BRUNNER, H.; LAUTERBACH, K. [1999]: Managed Care in den USA - Konzepte und Bedeutung für Krankenhäuser, in: BRAUN, G. (Hrsg.): Handbuch Krankenhausmanagement: Bausteine für eine moderne Krankenhausführung, Stuttgart, S. 109-130.

BRUNNER, W. [1997]: Heilbehandlung, Eigenverlag des Hauptverbandes der gewerblichen Berufsgenossenschaften (Stand: Juli), Sankt Augustin.

BUNDESKNAPPSCHAFT (Hrsg.) [o. J.]: Gesund im Verbund und rundum versorgt! Die Bundesknappschaft informiert über das Modellprojekt zur Integrierten Versorgung, Bochum.

BUNDESMINISTERIUM DER FINANZEN [2002]: Monatsbericht Dezember, URL: http://www.bundesfinanzministerium.de/Anlage15839/Teil-3-Monatsbericht-Dezember-2002-Statistik-und-Dokumente.pdf, Stand: 20.12.2002.

BUNDESMINISTERIUM FÜR ARBEIT UND SOZIALORDNUNG (Hrsg.) [1998a]: Die Lage der Behinderten und die Entwicklung der Rehabilitation, Vierter Bericht der Bundesregierung, Bonn.

BUNDESMINISTERIUM FÜR ARBEIT UND SOZIALORDNUNG (Hrsg.) [1998b]: Übersicht über das Sozialrecht, 5., neubearb. und erw. Auflage (Stand: 01. Januar), Bonn.

BUNDESMINISTERIUM FÜR ARBEIT UND SOZIALORDNUNG (Hrsg.) [2000]: Übersicht über das Sozialrecht, 6., neubearb. und erw. Auflage (Stand: 01. Januar), Bonn.

BUNDESMINISTERIUM FÜR ARBEIT UND SOZIALORDNUNG (Hrsg.) [2001a]: Sicherheit und Gesundheit bei der Arbeit 2000 - Unfallverhütungsbericht Arbeit (Stand: Dezember), Bonn.

BUNDESMINISTERIUM FÜR ARBEIT UND SOZIALORDNUNG (Hrsg.) [2001b]: Statistisches Taschenbuch 2001 (Stand: Juni), Bonn.

BUNDESMINISTERIUM FÜR ARBEIT UND SOZIALORDNUNG [BMA] (Hrsg.): Die gesetzliche Unfallversicherung in der Bundesrepublik Deutschland im Jahre 2000 - Statistischer und finanzieller Bericht, Bonn 2002, sowie für die Jahre 1970, 1975, 1980, 1985-1999.

BUNDESMINISTERIUM FÜR GESUNDHEIT [BMG] (Hrsg.): Die gesetzliche Krankenversicherung in der Bundesrepublik Deutschland im Jahre 1999 - Statistischer und finanzieller Bericht, Bonn 1999, sowie für die Jahre 1970, 1975, 1980, 1985-1998.

BUNDESMINISTERIUM FÜR GESUNDHEIT UND SOZIALE SICHERUNG [2003a]: Eckpunkte zur Modernisierung des Gesundheitswesens (Stand: 05.02.2003), URL: http://www.bmgs.bund.de/downloads/gesreform_Eckpunkte.pdf, Stand: 12.05.2003.

BUNDESMINISTERIUM FÜR GESUNDHEIT UND SOZIALE SICHERUNG [2003b]: Komprimierte Fassung des Entwurfs eines Gesetzes zur Modernisierung des Gesundheitssystems und Erläuterung der wesentlichen Regelungen vom 8. Mai 2003, URL: http://www.kvsh.de/presse/news/referentenentwurf_kurz.pdf, Stand: 14.05.2003.

BUNDESMINISTERIUM FÜR GESUNDHEIT UND SOZIALE SICHERUNG [2003c]: Eckpunkte der Konsensverhandlungen zur Gesundheitsreform (Stand: 22.07.2003), URL: http://www.bmgs.bund.de/downloads/Eckpunktepapier.pdf, Stand: 25.07.2003.

BUNDESVERBAND AMBULANTES OPERIEREN [o. J.]: Neubauer: DRG bringen ambulante Operateure an die Krankenhäuser, URL: http://www.operieren.de/content/bao.otx/ 417/16570/, Stand: 26.05.2003.

BUNDESVERBAND DER UNFALLKASSEN [2001]: Jahresbericht 2000, URL: http://www.unfallkassen.de/index2.html, Stand: 06.11.2001.

BÜRGER, W. et al. [2002]: Ambulante und stationäre orthopädische Rehabilitation - Ergebnisse einer Studie zum Vergleich der Behandlungsergebnisse und Kosten, in: Die Rehabilitation, 41. Jg., S. 92-102.

BÜRGER, W.; KOCH, U. [1999a]: Differentielle Indikationen für ambulante und stationäre medizinische Rehabilitation - Ergebnisse einer Expertenbefragung, in: Die Rehabilitation, 38. Jg., Supplement 1, S. S24-S36.

BÜRGER, W.; KOCH, U. [1999b]: Wie groß ist der Bedarf für ambulante Formen der Rehabilitation im Bereich der Orthopädie? - Ergebnisse eines Mehrperspektivenansatzes, in: Die Rehabilitation, 38. Jg., Supplement 1, S. S12-S23.

BUSCHMANN-STEINHAGE, R. [1998]: Einrichtungen der Rehabilitation und ihre Aufgaben, in: DELBRÜCK, H. (Hrsg.): Rehabilitationsmedizin: ambulant, teilstationär, stationär, 2., überarb. u. erw. Auflage, München et al., S. 93-108.

CASSEL, D. [1999]: Gesundheitspolitische Eckpunkte: Gut gemeint, aber (noch) nicht gut gemacht, in: Wirtschaftsdienst, 79. Jg., Nr. 4, S. 216-220.

CASSEL, D. [2000]: Ordnungspolitische Gestaltung des Gesundheitswesens, in: Hamburger Jahrbuch für Wirtschafts- und Gesellschaftspolitik, 45. Jahr, S. 123-143.

CASSEL, D. [2001]: Demographischer Wandel - Folgen für die Gesetzliche Krankenversicherung, in: Wirtschaftsdienst - Zeitschrift für Wirtschaftspolitik, 81. Jg., Heft 2 (Februar), S. 87-91.

CHIAPPORI, P.-A., DURAND, F.; GEOFFARD, P.-Y. [1998]: Moral hazard and the demand for physician services: First lessons from a French natural experiment, in: European Economic Review, Vol. 42, S. 499-511.

COENEN, W.; MEFFERT, H. [1996]: The Preventive Approaches of the Statutory Accident Insurance System and Their Effectiveness, in: International Journal of Occupational Safety and Ergonomics, Vol. 2, No. 1, S. 47-59.

DELNOIJ, D. et al. [2000]: Does general practitioner gatekeeping curb health care expenditure?, in: Journal of Health Services Research & Policy, Vol. 5, No.1, S. 22-26.

DELNOIJ, D.; GROENEWEGEN, P. [1999]: Sachstand und neue Entwicklungen der Zuzahlungsregelungen in den Niederlanden - Beispiel für Deutschland?, in: VOGEL, H. R.; HÄßNER, K. (Hrsg.): Selbstbeteiligung im deutschen Gesundheitswesen: Sachstand, Ausblick und internationaler Vergleich, Symposium der INTERNATIONALEN GESELLSCHAFT FÜR GESUNDHEITSÖKONOMIE E.V. in Mainz am 18. März 1999, Stuttgart, New York, S. 39-45.

DEUTSCHE KRANKENHAUSGESELLSCHAFT (Hrsg.) [2002]: Krankenhausplanung und Investitionsfinanzierung in den Bundesländern, URL: http://www.dkgev.de/pub/newpdf/pdf-2002/RS154-02_Anlage_KHplanung.pdf, Stand: 04.04.2003.

DEUTSCHER BUNDESTAG (Hrsg.) [1996]: Unterrichtung durch die Bundesregierung: Gutachten der Unabhängigen Expertenkommission zur Untersuchung der Problematik steigender Beiträge der privat Krankenversicherten im Alter, Bundestagsdrucksache 13/4945 vom 18.06.1996, URL: http://dip.bundestag.de/btd/13/049/1304945.asc, Stand: 11.06.2002.

DIETSCHE, S. et al. [2002]: Struktur- und Prozessqualität im Vergleich verschiedener Versorgungsformen in der orthopädischen Rehabilitation, in: Die Rehabilitation, 41. Jg., S. 103-111.

DRUPP, M. [1998]: Gesundheitsförderung von Krankenversicherungen - Auslaufmodell oder Ansätze zur qualitativen Weiterentwicklung?, in: MÜLLER, R.; ROSENBROCK, R. (Hrsg.): Betriebliches Gesundheitsmanagement, Arbeitsschutz und Gesundheitsförderung - Bilanz und Perspektiven, Sankt Augustin, S. 43-61.

DRUPP, M. [2001]: Betriebliches Gesundheitsmanagement - ein erfolgreicher Weg, in: Dokumentation des DGB Bildungswerks zum 5. Workshop Betriebliche Gesundheitsförderung, Düsseldorf.

DRUPP, M.; OSTERHOLZ, U. [1998]: „Prospektiver Beitragsbonus" - Ein Projekt der AOK-Niedersachsen zur Förderung von integrativen Gesundheitsmaßnahmen in der Arbeitswelt, in: MÜLLER, R.; ROSENBROCK, R. (Hrsg.): Betriebliches Gesundheitsmanagement, Arbeitsschutz und Gesundheitsförderung - Bilanz und Perspektiven, Sankt Augustin, S. 349-371.

DRUPP, M.; OSTERHOLZ, U. [2001]: Das „Bonusprojekt" der AOK Niedersachsen: Kontext, Grundzüge, Möglichkeiten und Grenzen, in: PFAFF, H.; SLESINA, W. (Hrsg.): Effektive betriebliche Gesundheitsförderung: Konzepte und methodische Ansätze zur Evaluation und Qualitätssicherung, Weinheim, München, S. 145-160.

EGNER, U.; VERBARG, A. [2001]: Das DRG-System im Krankenhaus und seine Auswirkungen auf die Rehabilitation, in: Die Angestelltenversicherung, 48. Jg., Heft 11, URL: http://www.bfa.de, Stand: 13.11.2002.

EICHHORN, S.; SCHMIDT-RETTIG, B. [1998]: Managed Care-Strategien zur Verbesserung der Effektivität, der Wirtschaftlichkeit und der Qualität der Gesundheitsversorgung, insbesondere der Krankenhausversorgung, in: EICHHORN, S.; SCHMIDT-RETTIG, B. (Hrsg.): Chancen und Risiken von Managed Care: Perspektiven der Vernetzung des Krankenhauses mit Arztpraxen, Rehabilitationskliniken und Krankenkassen, Stuttgart, Berlin, Köln, S. 3-40.

EISENSCHENK, A. et al. [2001]: Qualitätsmanagement zur optimierten Steuerung des berufsgenossenschaftlichen Heilverfahrens für Handverletzungen, in: Trauma und Berufskrankheit, 3. Jg., Heft 1, S. 65-69.

EMANUEL, E.; GOLDMAN, L. [1997]: Wie das Wohl des Patienten im Managed-Care-Umfeld geschützt wird: Die Notwendigkeit kollektiven Handelns, in: ARNOLD, M.; LAUTERBACH, K.; PREUß, K.-J. (Hrsg.): Managed Care: Ursachen, Prinzipien, Formen und Effekte, Stuttgart, New York, S. 187-203.

EMMERICH, N. [1996]: Rehabilitation „mit allen geeigneten Mitteln": Ist der Erfolg meßbar?, in: HAUPTVERBAND DER GEWERBLICHEN BERUFSGENOSSENSCHAFTEN (Hrsg.): Das berufsgenossenschaftliche Heilverfahren: ein altes Konzept im neuen Europa, Sankt Augustin, S. 17-26.

FINK, O. [1998]: Die Bedeutung der Lohnnebenkosten für die Entwicklung der Arbeitskosten in Deutschland: Empirische Befunde und wirtschaftspolitische Handlungsempfehlungen, Studien des Forschungsinstituts für Wirtschaftspolitik an der Universität Mainz Bd. 61, Mainz.

FIRNKORN, H.-J. [1997]: Die Verbindung von stationärer und ambulanter Versorgung, in: ARNOLD, M.; PAFFRATH, D.: Krankenhaus-Report 97: Aktuelle Beiträge, Trends und Statistiken, Stuttgart et al., S. 127-140.

FISCHER, W. [2001]: Grundzüge von DRG-Systemen, in: ARNOLD, M.; LITSCH, M.; SCHELLSCHMIDT, H. (Hrsg.): Krankenhaus-Report 2000, Schwerpunkt: Vergütungsreform mit DRG´s, Stuttgart, New York.

FOCUS (Hrsg.) [2001]: Die große Ärzte-Liste: 1200 Spezialisten aus 69 Fachgebieten, München.

FROESE, E. [2002]: Dialogisches Reha-Management - Ausdruck eines zeitgemäßen Selbstverständnisses eines Unfallversicherungsträgers, in: Die Berufsgenossenschaft, Heft 3 (März), S. 122-127.

FROESE, E.; WENZEL, G. [2003]: Kosten- und Qualitätseffekte des dialogischen Reha-Managements, in: Die Berufsgenossenschaft, Heft 5 (Mai), S. 203-207.

GEMEINSCHAFT FACHÄRZTLICHER BERUFSVERBÄNDE (Hrsg.) [2001]: Inanspruchnahme von Fachärzten - Studie zum Patientenverhalten unter besonderer Berücksichtigung des Überweisungsverhaltens von Hausärzten, Bremen et al.

GERDES, N.; JÄCKEL, W.; WEIDEMANN, H. (Hrsg.) [2000]: PROTOS-II: Evaluation der Einführung von Fallpauschalen in den kardiologischen und orthopädischen Rehabilitationskliniken der Wittgensteiner Kliniken Allianz, Darmstadt.

GERSTE, B. [2001]: Operationshäufigkeit in Krankenhäusern von 1996 bis 1999, in: ARNOLD, M.; LITSCH, M.; SCHELLSCHMIDT, H. (Hrsg.): Krankenhaus-Report 2000, Schwerpunkt: Vergütungsreform mit DRG´s, Stuttgart, New York.

GERSTER, F. [2001]: Revolution im Krankenhaus? Einstieg in das neue Entgeltsystem (AR-DRG's), Dokumentation der Veranstaltung am 30. November 2000, Eigenverlag des Ministerium für Arbeit, Soziales und Gesundheit des Landes Rheinland-Pfalz, Mainz.

GLAESKE, G. [1997]: Einheitlicher Bewertungsmaßstab (EBM) versus Vergütung primärärztlicher Tätigkeit durch eine differenzierte Pauschale, in: HELMICH, P. (Hrsg.): Primärärztliche Patientenbetreuung: Lehre, Forschung, Praxis, Stuttgart, New York, S. 321-331.

GLAESKE, G. [2002]: Integrierte Versorgung in Deutschland - Rahmenbedingungen für mehr Effektivität und Effizienz?, in: PREUß, K.-J.; RÄBIGER, J.; SOMMER, J. (Hrsg.): Managed Care - Evaluation und Performance - Measurement integrierter Versorgungsmodelle. Stand der Entwicklung in der EU, der Schweiz und den USA, Stuttgart, New York, S. 3-19.

GOEDEREIS, K. [1999]: Finanzierung, Planung und Steuerung des Krankenhaussektors: Dualistik und Monistik im Strukturvergleich, Lohmar, Köln.

GRIGOLEIT, H. [1998]: Ambulante und teilstationäre Rehabilitation im Netzwerk der rehabilitativen Einrichtungen und Funktionen, in: DELBRÜCK, H. (Hrsg.): Rehabilitationsmedizin: ambulant, teilstationär, stationär, 2., überarb. u. erw. Auflage, München et al., S. 109-116.

GRIGOLEIT, H.; SCHLIEHE, F.; WENIG, M. (Hrsg.) [1998]: Handbuch Rehabilitation und Vorsorge: Rechtsgrundlagen, Definitionen, Inhalt und Konzepte, Modelle, Verfahren, Vereinbarungen, Stand: Dezember 1998, Sankt Augustin.

GÜNSTER, C. [2001]: Ausreißerregelungen im DRG-Systemen, in: ARNOLD, M.; LITSCH, M.; SCHELLSCHMIDT, H. (Hrsg.): Krankenhaus-Report 2000, Schwerpunkt: Vergütungsreform mit DRG´s, Stuttgart, New York.

HABERMANN, G. [2001]: Eines der letzten Monopole, in: Frankfurter Allgemeine Zeitung, Nr. 173 (28.07.), S. 13.

HAMM, W. [1982]: Wettbewerb in der Krankenhauswirtschaft, Aufsätze zur Wirtschaftspolitik Nr. 2, Eigenverlag des Forschungsinstituts für Wirtschaftspolitik an der Universität Mainz.

HANSIS, M. [1988]: Die Überwachung des Heilverfahrens aus ärztlicher Sicht, in: Schriftenreihe Unfallmedizinische Tagungen der Landesverbände der gewerblichen Unfallversicherungen, Bd. 66, S. 105-109.

HAUCK, K.; HELBERGER, C. [1998]: Erprobungsmodelle zur Effizienzsteigerung im deutschen Gesundheitswesen - Das BKK-Praxisnetz in Berlin, in: Sozialer Fortschritt, 47. Jg., Heft 6, S. 139-143.

HAUCK, K.; NOFTZ, W. [2001]: Sozialgesetzbuch, Gesetzliche Unfallversicherung, 12. Ergänzungslieferung (Stand: April), Berlin.

HAUPT, E.; DELBRÜCK, H. [1998]: Grundlagen der Rehabilitation, in: DELBRÜCK, H. (Hrsg.): Rehabilitationsmedizin: ambulant, teilstationär, stationär, 2., überarb. u. erw. Auflage, München et al., S. 35-45.

HAUPTVERBAND DER GEWERBLICHEN BERUFSGENOSSENSCHAFTEN (Hrsg.) [1993]: Die Kosten der Leistungsfälle im Berufskrankheiten-Geschehen, 2., erg. Auflage, St. Augustin.

HAUPTVERBAND DER GEWERBLICHEN BERUFSGENOSSENSCHAFTEN (Hrsg.) [2001]: BG-Statistiken für die Praxis, Paderborn.

HAUPTVERBAND DER GEWERBLICHEN BERUFSGENOSSENSCHAFTEN (Hrsg.) [2002]: Geschäfts- und Rechnungsergebnisse der gewerblichen Berufsgenossenschaften 2001, Paderborn.

HAX, P.-M.; RÖMER, W. [1995]: Moderne Formen der Steuerung und Überwachung des Heilverfahrens, in: HIERHOLZER, G. (Hrsg.): Bildgebende Untersuchungsverfahren, Gutachtenkolloquium 11, Berlin, Heidelberg et al., S. 179-184.

HAYEK, F. A. V. [1969]: Der Wettbewerb als Entdeckungsverfahren, in: derselbe: Freiburger Studien, Gesammelte Aufsätze, Tübingen, S. 249ff.

HERDER-DORNEICH, P. [1994]: Ökonomische Theorie des Gesundheitswesens: Problemgeschichte, Problembereiche, Theoretische Grundlagen, Baden-Baden.

HIERHOLZER, G.; ERBEN, L. [1996]: Hat das Berufsgenossenschaftliche Heilverfahren noch seine Berechtigung?, in: HAUPTVERBAND DER GEWERBLICHEN BERUFSGENOSSENSCHAFTEN (Hrsg.): Die soziale Unfallversicherung - Beiträge zur Standortbestimmung - Dr. Friedrich Watermann zum 75. Geburtstag, Bielefeld, S. 67-79.

HIERHOLZER, G., GRODZKI, T. [1995]: Geschichtliche Entwicklung und Bedeutung der Berufsgenossenschaftlichen Unfallkliniken in Deutschland, in: Die Berufsgenossenschaft, Heft 9 (September), S. 490-493.

HILDEBRANDT, H.; JANN, A.; BRUNNER, M. [o. J.]: Exposé zum Projekt „Integrierte Versorgungsgemeinschaft Elbe-Jeetzel" - Pilotprojekt zur integrierten Versorgung gemäß § 140b SGB V, Siegburg.

HOBERG, R. [2001]: Ambulante Vergütung - Erwartungen der GKV, in: ALBRING, M.; WILLE, E. (Hrsg.): Qualitätsorientierte Vergütungssysteme in der ambulanten und stationären Behandlung, Frankfurt am Main et al., S. 143-153.

HOPPE, J. [1997]: Modell für eine personell integrierte ärztliche Versorgung: Die Erweiterung des Sicherstellungsauftrags für die ambulante ärztliche Versorgung auf den stationären Versorgungssektor, in: ARNOLD, M.; PAFFRATH, D.: Krankenhaus-Report '97: Aktuelle Beiträge, Trends und Statistiken, Stuttgart et al., S. 149-156.

INSTITUT DER DEUTSCHEN WIRTSCHAFT KÖLN (Hrsg.) [2003]: Deutschland in Zahlen, Ausgabe 2003, Köln.

JACOBS, K.; SCHELLSCHMIDT, H. [2002]: Äquivalenz, Leistungsfähigkeit und Solidarität - Konturen einer GKV-Finanzierungsreform, in: G+G Wissenschaft - Das Wissenschaftsforum in Gesundheit und Gesellschaft, 2. Jg., Heft 3, S. 15-22.

JANSSEN, D. [1999]: Wirtschaftlichkeitsbewertung von Krankenhäusern - Konzepte und Analysen von Betriebsvergleichen, Stuttgart, Berlin, Köln.

KAISER, V.; BILOW, H. [1997]: Begutachtung der ärztlichen Sorgfalt im BG-Verfahren, in: HIERHOLZER, G. (Hrsg.): HWS-Beschleunigungsverletzung, Gutachtenkolloquium 12, Berlin, Heidelberg et al., S. 199-216.

KASSENÄRZTLICHE BUNDESVEREINIGUNG [2001]: Grunddaten zur Vertragsärztlichen Versorgung in der Bundesrepublik Deutschland, URL: http://daris.kbv.de/daris/ daris.asp, Stand: 16.11.2001.

KATER, H.; LEUBE, K. [1997]: Gesetzliche Unfallversicherung SGB VII, München.

KELLER, W. [2000]: „Mit allen geeigneten Mitteln" - Der umfassende Heilbehandlungsbedarf in der gesetzlichen Unfallversicherung, in: Sozialgerichtsbarkeit Nr. 10, S. 459-465.

KEUN, F. [2001]: Einführung in die Krankenhaus-Kostenrechnung: Anpassungen an neue Rahmenbedingungen, 4., überarb. Auflage, Wiesbaden.

KLAES, L. et al. [1998]: Fachübergreifende Rehabilitation im Akutkrankenhaus - durchgeführt im Klinikum Ingolstadt, Abschlußbericht der wissenschaftlichen Begleitung des Wissenschaftlichen Instituts der Ärzte Deutschlands - WIAD e.V. und Prognos im Auftrag des Bundesministeriums für Arbeit und Sozialordnung, Köln, Bonn.

KLEMM, H. [2000]: Ambulante Dienstleistungszentren als Substitute stationärer Einrichtungen, in: WILLE, E.; ALBRING, M. (Hrsg.): Rationalisierungsreserven im deutschen Gesundheitswesen, Frankfurt am Main et al. S. 97-106.

KLOSE, J.; SCHELLSCHMIDT, H. [2001]: Finanzierung und Leistungen der Gesetzlichen Krankenversicherung: Einnahmen- und ausgabenbezogene Gestaltungsvorschläge im Überblick (WidO Materialien 45), Bonn.

KNAPPE, E.; ARNOLD, R. [2002]: Pauschalprämie in der Krankenversicherung: Ein Weg zu mehr Effizienz und mehr Gerechtigkeit, Gutachten für die Vereinigung der Bayerischen Wirtschaft, München, URL: http://www.vbw-bayern.de/pdf/021213_Meiser_Pauschalpraemie_Broschuere_Endfassung.pdf, Stand: 23.04.2003.

KNAPPE, E.; HÖRTER, S. [2002]: Effiziente Versorgung, präferenzgerechte Versicherung und gerechte Lastenverteilung in der Krankenversicherung, in: Zeitschrift für Wirtschaftspolitik, 51. Jg., Heft 1, S. 3-27.

KNAPPE, E.; HÖRTER, S. [o. J.]: Evaluation der Messmethodik zur Bestimmung der Erfolge des Pilotprojekts prosper der Bundesknappschaft, Executive Summary, Bochum.

KÖHLER, A. [2000]: Zukunftssicherung für die vertragsärztliche Versorgung. Neuordnung des vertragsärztlichen Vergütungssystems auf der Grundlage der Reform des Einheitlichen Bewertungsmaßstabes (EBM), in: Deutsches Ärzteblatt, 97. Jg., Heft 50.

KÖHLER, A.; CASSER, U. [2000]: Neue Gebührenordnung nach Schweizer Vorbild, in: Deutsches Ärzteblatt, 97. Jg., Heft 17 (28.04.).

KÖHLER, T. [2001]: Flexibilisierung - Fortschritte für die Rehabilitation, in: Die Angestelltenversicherung, 48. Jg., Heft 3, URL: http://www.bfa.de, Stand: 13.11.2002.

KORF, C. [2002]: Wählbare Selbstbehalttarife für die GKV, in: DEUTSCHES INSTITUT FÜR WIRTSCHAFTSFORSCHUNG (Hrsg.): Grundlagen einer Gesundheitsreform: Zur Bedeutung von Selbstbehalten, Kassenwettbewerb und Beitragsbemessung, Vierteljahreshefte zur Wirtschaftsforschung 71. Jg., Heft 4, S. 442-446.

KRANIG, A. [1998]: Sozialdatenschutz bei Behandlung, Untersuchung und Begutachtung, in: HIERHOLZER, G.; KUNZE, G.; PETERS, D. (Hrsg.): Gutachtenkolloquium 13, Berlin, Heidelberg et al., S. 35-47.

KRONBERGER KREIS (Hrsg.) [1987]: Mehr Markt im Gesundheitswesen, Band 13 der Schriftenreihe des FRANKFURTER INSTITUTS FÜR WIRTSCHAFTSPOLITISCHE FORSCHUNG e.V., Bad Homburg.

KRONBERGER KREIS (Hrsg.) [2002]: Mehr Eigenverantwortung und Wettbewerb im Gesundheitswesen, Band 39 der Schriftenreihe der STIFTUNG MARKTWIRTSCHAFT, Berlin.

LAMPERT, H.; ALTHAMMER, J. [2001]: Lehrbuch der Sozialpolitik, 6., überarb. Auflage, Berlin et al.

LASCHET, H. [2001]: Reform der ambulanten Vergütungssysteme, in: ALBRING, M.; WILLE, E. (Hrsg.): Qualitätsorientierte Vergütungssysteme in der ambulanten und stationären Behandlung, Frankfurt am Main et al., S. 75-78.

LASCHET, H. [2003]: Lotse im Schilderwald - der Hausarzt nach der Reform, in: Ärzte Zeitung vom 13.05., URL: http://www.aerzte-zeitung.de/docs/2003/05/13/088a0601.asp, Stand: 13.05.2003.

LAUTERBACH, K. [1997]: Zum Verhältnis von Disease Management und Managed Care, in: ARNOLD, M.; LAUTERBACH, K.; PREUß, K.-J. (Hrsg.): Managed Care: Ursachen, Prinzipien, Formen und Effekte, Stuttgart, New York, S. 169-178.

LEBER, W.-D. [2003]: Krankenhausplanung in Zeiten des Wettbewerbs, in: Führen und Wirtschaften im Krankenhaus, 20. Jg., Nr. 2, S. 187-189.

LEBER, W.-D.; SCHLOTTMANN, N.; V. STACKELBERG, J.-M. [2001]: Die Einführung von DRGs in Deutschland - Erste Vereinbarungen der gemeinsamen Selbstverwaltung, in: ARNOLD, M.; LITSCH, M.; SCHELLSCHMIDT, H. (Hrsg.): Krankenhaus-Report 2000, Schwerpunkt: Vergütungsreform mit DRG's, Stuttgart, New York.

LEUFTINK, D. [1991]: Überwachung und Steuerung des Heilverfahrens aus der Sicht der Verwaltung, in: Schriftenreihe Unfallmedizinische Tagungen der Landesverbände der gewerblichen Berufsgenossenschaften, Bd. 76, S. 87-92.

LEUFTINK, D.; WENTZENSEN, A. [1999]: Ergebnisse des Modellprojekts „Körperferne Speichenbrüche" und deren Bedeutung für die Praxis aus der Sicht des Projektträgers und aus ärztlicher Sicht, in: Trauma und Berufskrankheit, 1. Jg., Suppl.1, S. S13-S21.

LINGENFELDER, M.; KRONHARDT, M.: Marketing für vernetzte Systeme, in: KREYHER, V. (Hrsg.): Handbuch Gesundheits- und Medizinmarketing: Chancen, Strategien und Erfolgsfaktoren, Heidelberg 2001, S. 313-338.

LIST, R. [1999]: Das Honorarsystem der vertragsärztlichen Versorgung in der Gesetzlichen Krankenversicherung: Eine sozialpolitische Untersuchung vor dem Hintergrund der Ausgestaltung sozialer Ordnungspolitik, Erlangen-Nürnberg.

LÜNGEN, M.; LAUTERBACH, K. (Hrsg.) [2002]: Ergebnisorientierte Vergütung bei DRG: Qualitätssicherung bei pauschalierender Vergütung stationärer Krankenhausleistungen, Berlin et al.

MANNING, W. et al. [1987]: Health Insurance and the Demand for Medical Care: Evidence from a Randomized Experiment, in: American Economic Review, Vol. 77, Nr. 3, S. 251-277.

MARSCHNER, A. [1996]: Die Neuregelung der Haftungsfreistellung in der gesetzlichen Unfallversicherung, in: Betriebs-Berater, 51. Jg., Heft 40, S. 2090-2093.

MEHRHOFF, F.; WEBER-FALKENSAMMER, H. [2000]: Qualität und Wirtschaftlichkeit der Leistungen zur Heilbehandlung und Rehabilitation in der gesetzlichen Unfallversicherung, in: Die Berufsgenossenschaft, Heft 2 (Januar), S. 104-111.

MEINHARDT, V.; SCHULZ, E. [2003]: Kostenexplosion im Gesundheitswesen?, in: Wochenbericht DEUTSCHES INSTITUT FÜR WIRTSCHAFTSFORSCHUNG, 70. Jg., Nr. 7 (13.02.), S. 105 - 109.

MEYER-LUTTERLOH, K. [2001]: Netzmanagement - Aufbau von Praxisnetzen, in: KREYHER, V. (Hrsg.): Handbuch Gesundheits- und Medizinmarketing: Chancen, Strategien und Erfolgsfaktoren, Heidelberg, S. 299-312.

MIHM, A. [2002]: Das Sparpaket der Gesundheitsministerin wird noch leichter, in: Frankfurter Allgemeine Zeitung, Nr. 46 (23.02.), S. 11.

MIHM, A. [2003a]: Mehr Spielraum für gesetzliche Kassen, in: Frankfurter Allgemeine Zeitung, Nr. 2 (03.01.), S. 9.

MIHM, A. [2003b]: Krankenkassenbeiträge steigen weiter, in: Frankfurter Allgemeine Zeitung, Nr. 123 (28.05.), S. 11.

MOLSEN, C. [2001]: Gesetzliche Unfallversicherung: Bedarf und Potenzial für Reformen, in: Der Arbeitgeber, 53. Jg., Heft 5 (Mai), S. 20-24.

MÖRSCH, M. [2002]: Die ökonomischen Funktionen des Wettbewerbs im Gesundheitswesen: Anspruch, Realität und wirtschaftspolitischer Handlungsbedarf, in: Gesundheitsökonomisches Qualitätsmanagement, 7. Jg., Heft 3, S. 155-160.

MÜHLENKAMP, H. [2000]: Die Rolle von Managed Care im US-amerikanischen Gesundheitswesen: Aktuelle Entwicklungen und gegenwärtige Erkenntnisse, Arbeitsbericht Nr. 3/2000 des Instituts für Haushalts- und Konsumökonomik der Universität Hohenheim, Stuttgart.

MÜLLER, K. H. [1997]: Die Bedeutung des Berichtswesens im BG-Heilverfahren, in: Schriftenreihe Unfallmedizinische Tagungen der Landesverbände der gewerblichen Unfallversicherungen, Bd. 97, S. 265-281.

MUNTE, A.; POPP, W. [2001]: Zukünftige gebietsärztliche Versorgung, in: ALBRING, M.; WILLE, E. (Hrsg.): Qualitätsorientierte Vergütungssysteme in der ambulanten und stationären Behandlung, Frankfurt am Main, S. 107-127.

NEHLS, J. [2000]: Frühzeitige Vernetzung der Rehabilitation, in: Trauma und Berufskrankheit, 2. Jg., Supplement 2, S. S278-S282.

NEUBAUER, G. [1999]: Formen und Vergütung von Krankenhäusern und deren Weiterentwicklung, in: BRAUN, G. (Hrsg.): Handbuch Krankenhausmanagement: Bausteine für eine moderne Krankenhausführung, Stuttgart, S. 19-34.

NEUBAUER, G. [2002]: Generelle Marktfähigkeit von Gesundheitsleistungen, in: NEUBAUER, G.; ZWEIFEL, P.; BREUER, M.; HENKE, K.-D.: Zur Diskussion gestellt: Wie viel Marktwirtschaft für das deutsche Gesundheitswesen?, ifo Schnelldienst, 55. Jg., Nr. 17, S. 3-14.

NEUBAUER, G.; NOWY, R. [1998]: Konzepte zur Kosten- und Nutzentransparenz in der Rehabilitation, in: Führen und Wirtschaften im Krankenhaus, 15. Jg., Heft 4, S. 341-345.

NEUBAUER, G.; NOWY, R. [2001]: Komplexpauschalen für die Akut- und Rehabilitationsbehandlung in der Herzchirurgie, Abschlußbericht zum Modellversuch zwischen der AOK Baden-Württemberg, dem Herzzentrum Bad Krozingen und der Theresienklinik Bad Krozingen, München (unveröffentlichter Abschlußbericht).

NEUMANN, L.; SCHAPER, K. [1998]: Die Sozialordnung der Bundesrepublik Deutschland, 4., überarb. und aktualisierte Auflage, Bonn.

o. V. [2001]: Ulla Schmidt schafft die Arzneibudgets ab, in: Frankfurter Allgemeine Zeitung, Nr. 108 (10.05.), S. 17.

o. V. [2002a]: Berufsgenossenschaften - Ein Fall für die Monopolkommission, in: Der Steuerzahler, Nr. 1 (Januar), S. 3.

o. V. [2002b]: Das Gesundheitsministerium legt den dritten Entwurf von „Eckpunkten für ein Datentransparenzgesetz" vor, in: Der Gelbe Dienst, 20. Jg., Ausgabe 9 (10. Mai), S. 13-18.

o. V. [2003a]: Berufsgenossenschaften vor dem Kadi, in: Der Steuerzahler, Nr. 3 (März), S. 52.

o. V. [2003b]: Bonusmodelle sind längst erlaubt, Einsparungen aber fraglich, in: Ärzte Zeitung vom 13.01., URL: http://www.aerzte-zeitung.de/docs/2003/01/13/005a0501.asp, Stand: 13.01.2003.

o. V. [2003c]: Ärzte schicken ihre Rechnungen online an die BG, in: Ärzte Zeitung vom 25.02., URL: http://www.aerzte-zeitung.de/docs/2003/02/25/036a0403.asp, Stand: 25.02.2003.

o. V. [2003d]: Fallpauschalen können zu Zwei-Klassen-System führen, in: Ärzte Zeitung vom 03.03., URL: http://www.aerzte-zeitung.de/docs/2003/03/03/040a0701. asp, Stand: 03.03.2003.

o. V. [2003e]: DRGs konterkarieren Sparbemühungen, in: Ärzte Zeitung vom 13.03., URL: http://www.aerzte-zeitung.de/docs/2003/03/13/048a0802.asp, Stand: 13.03.2003.

o. V. [2003f]: KV Trier und Kassen sind einig über Vertrag zum ambulanten Operieren, in: Ärzte Zeitung vom 21.03., URL: http://www.aerzte-zeitung.de/docs/2003/03/21/054a0901.asp, Stand: 21.03.2003.

O. V. [2003g]: Die Pläne zur Gesundheitsreform - Überblick über die wichtigsten Punkte im Gesetzentwurf, in: Frankfurter Allgemeine Zeitung, Nr. 195 (23.08.), S. 12.

OBERENDER, P.; FIBELKORN-BECHERT, A. [1998]: Krankenversicherung, in: KNAPPE, E.; BERTHOLD, N. (Hrsg.): Ökonomische Theorie der Sozialpolitik: Bernhard Külp zum 65. Geburtstag, Heidelberg, S. 90-123.

OBERENDER, P.; FLEISCHMANN, J. [2001]: Der Risikostrukturausgleich zwischen den Gesetzlichen Krankenkassen - Notwendiger Garant der Solidarität oder Bestandsschutz für leistungsschwache Krankenkassen?, in: Wirtschaftswissenschaftliches Studium, 30. Jg., Heft 11, S. 599 - 606.

OBERENDER, P.; FLEISCHMANN, J. [2002]: Gesundheitspolitik in der sozialen Marktwirtschaft: Analyse der Schwachstellen und Perspektiven einer Reform, Stuttgart.

OBERENDER, P.; HEBBORN, A.; ZERTH, J. [2002]: Wachstumsmarkt Gesundheit, Stuttgart.

OXLEY, H.; MACFARLAN, M. [1994]: Health Care Reform: Controlling Spending and Increasing Efficiency, OECD Working Paper No. 149, Paris.

PAQUET, R. [2001]: Ausgabensteigerungen sicher - RSA-Reform: Verbesserungen für chronisch Kranke zweifelhaft, in: Gesellschaftspolitische Kommentare, 42. Jg., Nr. 12, S. 12-14.

PFAFF, M.; WASSENER, D. [1995]: Das Krankenhaus im Gefolge des Gesundheits-Struktur-Gesetzes 1993: Finanzierung, Leistungsgeschehen, Vernetzung, Baden-Baden.

PIFFL, S. [1990]: Eigenbeteiligung in der ambulanten Gesundheitsversorgung - Möglichkeiten gesundheitsökonomischer Ausgestaltung, Studien des Forschungsinstituts für Wirtschaftspolitik an der Universität Mainz Bd. 37, München.

PIMPERTZ, J. [2001]: Marktwirtschaftliche Ordnung der sozialen Krankenversicherung, Untersuchungen zur Wirtschaftspolitik Nr. 121, Köln.

PIMPERTZ, J. [2002a]: Leitlinien zur Reform der gesetzlichen Krankenversicherung: Von der fiskalischen Reaktion zur Ordnungspolitik des Gesundheitswesens, Beiträge zur Wirtschafts- und Sozialpolitik Nr. 271 (2/2002), INSTITUT DER DEUTSCHEN WIRTSCHAFT KÖLN.

PIMPERTZ, J. [2002b]: Zur Rolle der Versicherungspflicht- und Beitragsbemessungsgrenze bei einer Reform der gesetzlichen Krankenversicherung - eine ordnungspolitische Beurteilung, Wissenschaftliche Studie des INSTITUTS DER DEUTSCHEN WIRTSCHAFT KÖLN im Auftrag der DKV Deutsche Krankenversicherung AG, Köln.

PLATZ, A. [1991]: Das Beitrags- und Finanzierungssystem der gewerblichen Berufsgenossenschaften, in: Betriebs-Berater, 46. Jg., Heft 34, S. 2437-2441.

PLATZ, R.; GEIBERGER, H. [1990]: Berufsgenossenschaftliche Zuständigkeit - eine feste Größe in der gesetzlichen Unfallversicherung, in: Betriebs-Berater, 45. Jg., Heft 23, S. 1621-1625.

POTTHOFF, P. et al. [1994]: Bedarfsgerechte Inanspruchnahme der medizinischen Rehabilitation - Strategien zur Reduzierung der Unter- und Über-Inanspruchnahme, in: MÜLLER-FAHRNOW, W. (Hrsg.): Medizinische Rehabilitation: Versorgungsstrukturen, Bedarf, Qualitätssicherung, München, S. 37-68.

PREUß, K.-J. [1997]: Informations-, Kommunikations-Technologien und Vernetzung im Gesundheitssektor als Basis für Managed-Care-Konzepte, in: ARNOLD, M.; LAUTERBACH, K.; PREUß, K.-J. (Hrsg.): Managed Care: Ursachen, Prinzipien, Formen und Effekte, Stuttgart, New York, S. 259-300.

PRINZ, A.; VOGEL, A. [2001]: Medizin mit Management, in: Frankfurter Allgemeine Zeitung, Nr. 268 (17.11.), S. 15.

PROBST, J. [1991]: Grenzen der ärztlichen Zuständigkeit, Überweisung und Rücküberweisung von Patienten, Zusammenarbeit mit niedergelassenen D- und H-Ärzten, in: Schriftenreihe Unfallmedizinische Tagungen der Landesverbände der gewerblichen Berufsgenossenschaften, Bd. 39, S. 73-80.

RADEK, E.; WENTZENSEN, A.; LEUFTINK, D. [1998]: Externe Qualitätssicherung am Beispiel der distalen Speichenbrüche, in: Trauma und Berufskrankheit, 1. Jg., Heft 1, S. 49-56.

RAFFELHÜSCHEN, B.; FETZER, S.; MOOG, S. [2001]: Zur Nachhaltigkeit der Generationenverträge: Eine Diagnose der Kranken- und Pflegeversicherung, Diskussionsbeitrag 99/01 des Instituts für Finanzwissenschaft der Albert-Ludwigs-Universität Freiburg im Breisgau.

REISTER, M. [2000]: Entwicklung der Versorgungsstrukturen der Vorsorge- oder Rehabilitationseinrichtungen von 1991 bis 1997 - inklusive vorläufigen Ergebnissen 1998, in: ARNOLD, M.; LITSCH, M.; SCHWARTZ, F. W. (Hrsg.) : Krankenhaus-Report '99, Schwerpunkt: Versorgung chronisch Kranker, Stuttgart, New York, S. 273-288.

RICHTER-REICHHELM, M. [2000]: Erste Erfahrungen mit kombinierten Budgets, in: WILLE, E.; ALBRING, M. (Hrsg.): Rationalisierungsreserven im deutschen Gesundheitswesen, Frankfurt am Main, S. 219-223.

ROBRA, B.-P.; WILLE, E. [2002]: Evaluationskonzept für das Praxisnetz Berlin, in: PREUß, K.-J.; RÄBIGER, J.; SOMMER, J. (Hrsg.): Managed Care - Evaluation und Performance - Measurement integrierter Versorgungsmodelle. Stand der Entwicklung in der EU, der Schweiz und den USA, Stuttgart, New York, S. 108-115.

RÖMER, W. [1990]: Die Grenzen des Monopols der gesetzlichen Unfallversicherung, Berlin.

ROSENBROCK, R. [1999]: Versorgungsqualität - Solidarität - Wirtschaftlichkeit: Anforderungen an eine Strukturreform der Gesetzlichen Krankenversicherung, Discussion paper P99-205 des Wissenschaftszentrum Berlin für Sozialforschung, URL: http://www.wz-berlin.de/publikation/discussion_papers/discussion_papers_ ag.de.htm#1999ph, Stand: 20.10.2002.

ROSENBROCK, R. [2002]: Für eine bessere Versorgung: Chronisch Kranke - die Verlierer des Systems?, in: WZB-Mitteilungen Nr. 96 (Juni), S. 15-18.

RÖSLER, J.; WOITOWITZ, H.-J.; RÖDELSPERGER, K. [1994]: Tumorrisiken durch Asbest in Deutschland im internationalen Vergleich, in: Arbeitsmedizin, Sozialmedizin, Umweltmedizin, 29. Jg., Heft 11, S. 458-463.

ROST, M. [2002]: Zur Effizienz des Einweisungsverhaltens niedergelassener Ärzte unter besonderer Berücksichtigung vernetzter Praxen, Baden-Baden.

RÜSCHMANN, H.-H. et al. [2000]: Krankenhausplanung für Wettbewerbssysteme: Leistungssicherung statt Kapazitätsplanung, Berlin et al.

RÜSCHMANN, H.-H.; ROTH, A.; KRAUSS, C. [2000]: Vernetzte Praxen auf dem Weg zu managed care? Aufbau - Ergebnisse - Zukunftsvision, Berlin, Heidelberg et al.

SACHVERSTÄNDIGENRAT FÜR DIE KONZERTIERTE AKTION IM GESUNDHEITSWESEN [1992]: Ausbau in Deutschland und Aufbruch nach Europa, Jahresgutachten 1992, Baden-Baden

SACHVERSTÄNDIGENRAT FÜR DIE KONZERTIERTE AKTION IM GESUNDHEITSWESEN [1994]: Gesundheitsversorgung und Krankenversicherung 2000: Eigenverantwortung, Subsidiarität und Solidarität bei sich ändernden Rahmenbedingungen, Sachstandsbericht 1994, Baden-Baden.

SACHVERSTÄNDIGENRAT FÜR DIE KONZERTIERTE AKTION IM GESUNDHEITSWESEN [1995]: Gesundheitsversorgung und Krankenversicherung 2000: Mehr Ergebnisorientierung, mehr Qualität und mehr Wirtschaftlichkeit, Sondergutachten 1995, Baden-Baden.

SACHVERSTÄNDIGENRAT FÜR DIE KONZERTIERTE AKTION IM GESUNDHEITSWESEN [1996]: Gesundheitswesen in Deutschland – Kostenfaktor und Zukunftsbranche, Band I: Demographie, Morbidität, Wirtschaftlichkeitsreserven und Beschäftigung, Sondergutachten 1996, Baden-Baden.

SACHVERSTÄNDIGENRAT FÜR DIE KONZERTIERTE AKTION IM GESUNDHEITSWESEN [1997]: Gesundheitswesen in Deutschland: Kostenfaktor und Zukunftsbranche, Band II: Fortschritt und Wachstumsmärkte, Finanzierung und Vergütung, Sondergutachten 1997, Baden-Baden.

SACHVERSTÄNDIGENRAT FÜR DIE KONZERTIERTE AKTION IM GESUNDHEITSWESEN [2001a]: Bedarfsgerechtigkeit und Wirtschaftlichkeit, Gutachten 2000/2001, Band I: Zielbildung, Prävention, Nutzerorientierung und Partizipation, URL: http://www.svr-gesundheit.de/gutacht/gutalt/gutaltle.htm, Stand: 20.01.2002.

SACHVERSTÄNDIGENRAT FÜR DIE KONZERTIERTE AKTION IM GESUNDHEITSWESEN [2001b]: Bedarfsgerechtigkeit und Wirtschaftlichkeit, Gutachten 2000/2001, Band III: Über-, Unter- und Fehlversorgung, Bundestags-Drucksache 14/6871, URL: http://dip.bundestag.de/parfors/parfors.htm, Stand: 20.01.2002.

SACHVERSTÄNDIGENRAT ZUR BEGUTACHTUNG DER GESAMTWIRTSCHAFTLICHEN ENTWICKLUNG [1997]: Reformen voranbringen, Jahresgutachten 1996/97, Stuttgart.

SACHVERSTÄNDIGENRAT ZUR BEGUTACHTUNG DER GESAMTWIRTSCHAFTLICHEN ENTWICKLUNG [2002]: Zwanzig Punkte für Beschäftigung und Wachstum, Jahresbericht 2002/03, Stuttgart.

SAUERBREY, G. [2002]: Verschiebebahnhöfe beenden - Gesundheitsreform muss Prinzip der Solidarität und der Versicherung beachten, in: Gesellschaftspolitische Kommentare, 43. Jg., Nr. 6, S. 5-8.

SAUERLAND, D. [1999]: Zur Notwendigkeit einer anreizorientierten Gesundheitspolitik, in: Zeitschrift für Wirtschaftspolitik, 48. Jg., Heft 3, S. 265-294.

SCHELLBORN, M. [2002]: Auswirkungen wählbarer Selbstbeteiligungen in der Krankenversicherung: Lehren aus der Schweiz? in: DEUTSCHES INSTITUT FÜR WIRTSCHAFTSFORSCHUNG (Hrsg.): Grundlagen einer Gesundheitsreform: Zur Bedeutung von Selbstbehalten, Kassenwettbewerb und Beitragsbemessung, Vierteljahreshefte zur Wirtschaftsforschung 71. Jg., Heft 4, S. 411-426.

SCHLIEHE, F.; RÖCKELEIN, E. [1998]: Einleitung und Durchführung der Rehabilitation, in: DELBRÜCK, H. (Hrsg.): Rehabilitationsmedizin: ambulant, teilstationär, stationär, 2., überarb. u. erw. Auflage, München et al., S. 68-92.

SCHLIEHE, F.; ZOLLMANN, P. [1994]: Versorgungsstrukturen in der medizinischen Rehabilitation der Rentenversicherung, in: MÜLLER-FAHRNOW, W. (Hrsg.): Medizinische Rehabilitation: Versorgungsstrukturen, Bedarf, Qualitätssicherung, München, Weinheim, S. 71-85.

SCHLINGENSIEPEN, I. [2002]: Knappschaft weitet ihr Netzangebot auf eine neue Region aus, in: Ärzte Zeitung vom 10.10., URL: http://www.aerzte-zeitung.de/docs/2002/10/10/182a0701.asp, Stand: 10.10.2002.

SCHMEINCK, W. [1997]: Modellvorhaben und Strukturverträge, in: Brennpunkt Gesundheit, Heft 8, S. 17-22, URL: http://www.brennpunkt-gesundheit.de/inde2.html, Stand: 28.01.2002.

SCHMEINCK, W. [1999]: Integrierte Versorgungsformen im Rahmen der solidarischen Wettbewerbsordnung stärken, in: Wirtschaftsdienst, 79. Jg., Nr. 4, S. 213-216.

SCHMIDT, U. [2003]: Der Hausarzt als Lotse für den Patienten, URL: http://www.bmgs.bund.de/deu/gra/aktuelles/art/bma/1913_3023.cfm, Stand: 13.05.2003.

SCHMITT, J. [1990]: Leistungserbringung durch Dritte im Sozialrecht, Köln et al.

SCHMITT, K.-H. [1990]: Berufsgenossenschaftliche Stationäre Weiterbehandlung (BGSW) - eine neue Heilverfahrensart in der gesetzlichen Unfallversicherung, in: Die Berufsgenossenschaft, Heft 10, S. 623 - 632.

SCHMITZ, H.; THELEN, P. [2002]: Rürup nimmt Lohnnebenkosten aufs Korn, in: Handelsblatt, Nr. 221 (15./16.11.), S. 4.

SCHNACK, D. [2002]: Im niedersächsischen Landkreis Lüchow-Dannenberg soll die integrierte Versorgung getestet werden, in: Ärzte Zeitung vom 29.07., URL: http://www.aerzte-zeitung.de/docs/2002/07/29/140a0204.asp, Stand: 29.07.2003.

SCHNEIDER, M. [1998]: Primary and non-primary health care expenditures in Canada, Germany, the Netherlands, and the United States. The Future of the Hospital, 4th Country Conference, Yale University, New Haven, Con. July 9-11th.

SCHNEIDER, U. [2002]: Beidseitige Informationsasymmetrien in der Arzt-Patient-Beziehung: Implikationen für die GKV, in: DEUTSCHES INSTITUT FÜR WIRTSCHAFTSFORSCHUNG (Hrsg.): Grundlagen einer Gesundheitsreform: Zur Bedeutung von Selbstbehalten, Kassenwettbewerb und Beitragsbemessung, Vierteljahreshefte zur Wirtschaftsforschung 71. Jg., Heft 4, S. 447-458.

SCHOLZ, H. [2001]: Datenmanagement im Gesundheitswesen: Transparente Zukunft?, in: Arbeit und Sozialpolitik, Nr. 5-6, S. 22-27.

SCHÖNBACH, K.-H. [2000]: Erste Erfahrungen mit kombinierten Budgets, in: WILLE, E.; ALBRING, M. (Hrsg.): Rationalisierungsreserven im deutschen Gesundheitswesen, Frankfurt am Main, S. 225-234.

SCHOTT, O. et al. [o. J.]: Die Qualität der kardiologischen Rehabilitation: Ein Vergleich stationärer und ambulanter Versorgungsformen, URL: http://www.uni-bielefeld.de/gesundhw/ag1/index.html, Stand: 18.10.2002.

SCHRÄDER, W.; DUDEY, S. [2001]: Instrumente zur Sicherstellung der stationären Versorgung nach Einführung von DRGs, in: ARNOLD, M.; LITSCH, M.; SCHELLSCHMIDT, H. (Hrsg.): Krankenhaus-Report 2000, Schwerpunkt: Vergütungsreform mit DRG´s, Stuttgart, New York.

SCHRÖDER, C. [2002]: Personalzusatzkosten in der deutschen Wirtschaft, in: IW-Trends, 29. Jg., Heft 1.

SCHULENBURG, J. V. D.; GREINER, W. [2000]: Gesundheitsökonomik, Tübingen.

SCHULIN, B. (Hrsg.) [1994]: Handbuch des Sozialversicherungsrechts, Band 1: Krankenversicherungsrecht, München.

SCHULIN, B. (Hrsg.) [1996]: Handbuch des Sozialversicherungsrechts, Band 2: Unfallversicherungsrecht, München.

SCHULIN, B. (Hrsg.) [1999]: Handbuch des Sozialversicherungsrechts, Band 3: Rentenversicherungsrecht, München.

SCHULZ, U. [1996]: Risikogerechte Finanzierung als Gestaltungsfaktor in der Prävention der gewerblichen Berufsgenossenschaften, in: HAUPTVERBAND DER GEWERBLICHEN BERUFSGENOSSENSCHAFTEN (Hrsg.): Die soziale Unfallversicherung - Beiträge zur Standortbestimmung - Dr. Friedrich Watermann zum 75. Geburtstag, Bielefeld, S. 149-160.

SCHWARTZ, F. W. et al. [1999]: Gesundheitsausgaben für chronische Krankheiten in Deutschland - Krankheitskostenlast und Reduktionspotentiale durch verhaltensbezogene Risikomodifikation, Gutachten erstellt im Auftrag der AHG Allgemeine Hospitalgesellschaft, Lengerich et al.

SCHWARTZ, F. W.; HELOU, A. [2000]: Welche Behandlungsansätze und Verfahren sind verzichtbar?, in: ARNOLD, M.; LITSCH, M.; SCHWARTZ, F. W. (Hrsg.): Krankenhaus-Report '99, Schwerpunkt: Versorgung chronisch Kranker, Stuttgart, New York, S. 133-147.

SCHWERDTFEGER, U. [1996]: BG-Heilverfahren: Zulassung und Aberkennung - Eine Frage der Qualitätssicherung, in: Schriftenreihe Unfallmedizinische Tagungen der Landesverbände der gewerblichen Berufsgenossenschaften, Bd. 98, S. 23-35.

SCHWOERER, P.; JELASTOPULU, E. [1998]: Mit vernetzten Praxen und weiteren innovativen Versorgungsstrukturen zu mehr Effizienz im Versorgungssystem?, in: EICHHORN, S.; SCHMIDT-RETTIG, B. (Hrsg.): Chancen und Risiken von Managed Care: Perspektiven der Vernetzung des Krankenhauses mit Arztpraxen, Rehabilitationskliniken und Krankenkassen, Stuttgart, Berlin, Köln, S. 86-95.

SEITZ, R.; JELASTOPULU, E.; KÖNIG, H.-H. [1997]: Einschätzung von Managed Care aus der Sicht der Politik und Rechtsprechung, in: ARNOLD, M.; LAUTERBACH, K.; PREUß, K.-J. (Hrsg.): Managed Care: Ursachen, Prinzipien, Formen und Effekte, Stuttgart, New York, S. 343-350.

SEITZ, R.; KÖNIG, H.-H.; STILLFRIED, D. V. [1997]: Grundlagen von Managed Care, in: ARNOLD, M.; LAUTERBACH, K.; PREUß, K.-J. (Hrsg.): Managed Care: Ursachen, Prinzipien, Formen und Effekte, Stuttgart, New York, S. 3-23.

SPIER, R.; LEUFTINK, D.; JAPTOK, H.-J. [2001]: Arzt & BG: Begriffe, Definitionen, Problemlösungen, Zusammenarbeit, aus der Praxis, für die Praxis, 2. Auflage, Eppingen.

SPYRA, K.; HANSMEIER, T.; MÜLLER-FAHRNOW, W. [2002]: Auf dem Wege zur Integration von Prävention, Rehabilitation und Kuration, in: RON, A.; SCHEIL-ADLUNG, X. (Hrsg.): Gesundheitspolitische Innovationen in der sozialen Sicherheit, Frankfurt am Main et al., S. 169-196.

STATISTISCHES BUNDESAMT (Hrsg.) [1995]: Rehabilitationsmaßnahmen: Bundes- und Ländererergebnisse, Fachserie 13, Reihe 5.2, Stuttgart.

STATISTISCHES BUNDESAMT (Hrsg.) [1998]: Gesundheitsbericht für Deutschland: Gesundheitsberichterstattung des Bundes, Stuttgart.

STATISTISCHES BUNDESAMT (Hrsg.) [2000]: Grunddaten der Krankenhäuser und Vorsorge- oder Rehabilitationseinrichtungen, Fachserie 12, Reihe 6.1, Stuttgart.

STATISTISCHES BUNDESAMT (Hrsg.) [2001]: Statistisches Jahrbuch 2001 für die Bundesrepublik Deutschland, Stuttgart.

STATISTISCHES BUNDESAMT (Hrsg.) [2002]: Statistisches Jahrbuch 2002 für die Bundesrepublik Deutschland, Stuttgart.

STATISTISCHES BUNDESAMT (Hrsg.) [2003]: Statistisches Jahrbuch 2003 für die Bundesrepublik Deutschland, Stuttgart.

STEINKE, B.; SCHÄFER, G. [1992]: Frührehabilitation im Krankenhaus, in: Die Krankenversicherung, 44. Jg., S. 168-171.

STILLFRIED, D. V. [1998]: Disease-Management: Ein Angebot der Krankenkassen, in: EICHHORN, S.; SCHMIDT-RETTIG, B. (Hrsg.): Chancen und Risiken von Managed Care: Perspektiven der Vernetzung des Krankenhauses mit Arztpraxen, Rehabilitationskliniken und Krankenkassen, Stuttgart, Berlin, Köln, S. 290-309.

STILLFRIED, D. V. [2001]: Leistungsvergütung in der integrierten Versorgung als Sonderfall des Grundsatzes „Geld folgt Leistung", in: ARNOLD, M.; LITSCH, M.; SCHELLSCHMIDT, H. (Hrsg.): Krankenhaus-Report 2000, Schwerpunkt: Vergütungsreform mit DRG´s, Stuttgart, New York.

SYDOW, U. [2001]: Die vertragsärztliche Abrechnung einschliesslich des Fremdkassenzahlungsausgleichs und der Honorarverteilung (Stand: Mai), KBV-Fortbildungsheft Nr. 12, URL: http://www.kbv.de/publikationen/hefte.htm, Stand: 14.12.2001.

SZECSENYI, J. et al. (Hrsg.) [1999]: Ein Praxisnetz erfolgreich gestalten: Erfahrungen und Ergebnisse aus zwei Jahren „Ärztliche Qualitätsgemeinschaft Ried", Göttingen.

TIEDT, G. [1998]: Rechtliche Grundlagen der Rehabilitation, in: DELBRÜCK, H. (Hrsg.): Rehabilitationsmedizin: ambulant, teilstationär, stationär, 2., überarb. u. erw. Auflage, München et al., S. 45-67.

TSCHEULIN, D.; ROST, M. [2001]: Versorgungsnetze als Weg zu marktwirtschaftlicher Entwicklungsdynamik, in: KREYHER, V. (Hrsg.): Handbuch Gesundheits- und Medizinmarketing: Chancen, Strategien und Erfolgsfaktoren, Heidelberg, S. 339-363.

TUSCHEN, K. H.; QUAAS, M. [1998]: Bundespflegesatzverordnung: Kommentar mit einer umfassenden Einführung in das Recht der Krankenhausfinanzierung, 4., überarb. u. erw. Auflage, Stuttgart, Berlin, Köln.

VDAK-AEV (Hrsg.) [2001]: Risikostrukturausgleich - Zahlen, Fakten, Hintergründe 1999/2000, Siegburg.

VERA, A.; LÜNGEN, M. [2002]: Die Reform der Krankenhausfinanzierung in Deutschland und die Auswirkungen auf das Krankenhausmanagement, in: Wirtschaftswissenschaftliches Studium, 31. Jg., Heft 11, S. 638-643.

VERBAND DEUTSCHER RENTENVERSICHERUNGSTRÄGER (Hrsg.) [1992]: Bericht der Reha-Kommission des Verbandes Deutscher Rentenversicherungsträger - Empfehlungen zur Weiterentwicklung der medizinischen Rehabilitation in der gesetzlichen Rentenversicherung, Frankfurt am Main.

VERBAND DEUTSCHER RENTENVERSICHERUNGSTRÄGER (Hrsg.) [2001]: Grundsätze und Anwendungsempfehlungen der gesetzlichen Rentenversicherung zur ambulanten medizinischen Rehabilitation, URL: http://www.vdr.de/internet/vdr/reha.nsf/webpagesflat/4E375E17FB29F6D3C1256B02004753DE/$FILE/grundsaetze-gueltigeVersion.pdf, Stand: 28.03.2003.

VERBAND DEUTSCHER RENTENVERSICHERUNGSTRÄGER (Hrsg.) [2002]: Statistik Rehabilitation des Jahres 2001, Bd. 142, Frankfurt am Main.

VEREINIGUNG BERUFSGENOSSENSCHAFTLICHER KLINIKEN (Hrsg.) [1999]: Der Abschlußbericht „Fachübergreifende Rehabilitation im Akutkrankenhaus - durchgeführt am Klinikum Ingolstadt" aus der Sicht der Vereinigung Berufsgenossenschaftlicher Kliniken - VBGK -, München.

VEREINIGUNG BERUFSGENOSSENSCHAFTLICHER KLINIKEN (Hrsg.) [2000]: Wir sind für Sie da - Die Berufsgenossenschaftlichen Kliniken, Frankfurt am Main.

WAGNER, K.-P. [1995]: Probleme der gesetzlichen Unfallversicherung, in: Arbeits- und Sozialrecht, 49. Jg., Heft 21, S. 769-775.

WALTER, J. [2002]: Qualität und Prävention im Gesundheitswesen, in: Wirtschaftsdienst, 82. Jg., Heft 3, S. 160-166.

WARRING, V.; WESKOTT, V. [1997]: Novellierung des BG-Heilverfahrens in Klinik und Praxis, Zusammenarbeit zwischen Ärzten und berufsgenossenschaftlicher Verwaltung - Steuerung des Heilverfahrens aus der Sicht der Verwaltung, ein Modellvorschlag, in: Schriftenreihe Unfallmedizinische Tagungen der Landesverbände der gewerblichen Berufsgenossenschaften, Bd. 97, S. 245-264.

WASEM, J.; VINCENTI, A. [2001]: Strukturbezogene Zuschlagselemente in einem kompletten Fallpauschalensystem, in: ARNOLD, M.; LITSCH, M.; SCHELLSCHMIDT, H. (Hrsg.): Krankenhaus-Report 2000, Schwerpunkt: Vergütungsreform mit DRG's, Stuttgart, New York.

WEIS, N. [1995]: Kostensenkung durch Heilverfahrens- und Qualitätskontrollen, in: Schriftenreihe Unfallmedizinische Tagungen der Landesverbände der gewerblichen Berufsgenossenschaften, Bd. 92, S. 173-185.

WELLER, S. [1991]: Die Überwachung des Heilverfahrens aus ärztlicher Sicht, in: Schriftenreihe Unfallmedizinische Tagungen der Landesverbände der gewerblichen Berufsgenossenschaften, Bd. 76, S. 81-85.

WERBLOW, A. [2002]: Alles nur Selektion? Der Einfluss von Selbstbehalten in der Gesetzlichen Krankenversicherung, in: DEUTSCHES INSTITUT FÜR WIRTSCHAFTSFORSCHUNG (Hrsg.): Grundlagen einer Gesundheitsreform: Zur Bedeutung von Selbstbehalten, Kassenwettbewerb und Beitragsbemessung, Vierteljahreshefte zur Wirtschaftsforschung 71. Jg., Heft 4, S. 427-436.

WESKOTT, V. [1997]: Beurteilungskriterien für den Ablauf des Heilverfahrens aus der Sicht der Verwaltung, in: HIERHOLZER, G. (Hrsg.): HWS-Beschleunigungsverletzung, Gutachtenkolloquium 12, Berlin, Heidelberg et al., S. 175-181.

WILLE, E. [1999]: Auswirkungen des Wettbewerbs auf die gesetzliche Krankenversicherung, in: WILLE, E. (Hrsg.): Zur Rolle des Wettbewerbs in der gesetzlichen Krankenversicherung: Gesundheitsversorgung zwischen staatlicher Administration, korporativer Koordination und marktwirtschaftlicher Steuerung, Baden-Baden, S. 95-156.

WINDTHORST, K. [2002]: Die integrierte Versorgung in der gesetzlichen Krankenversicherung: Gefahr oder Chance für die Gesundheitsversorgung?, Baden-Baden.

WITTEMANN, M. et al. [1994]: Die sog. „kleine Handverletzung" und ihre sozioökonomischen Folgen, in: Der Chirug, 65. Jg., S. 1004-1007.

WOITOWITZ, H.-J. [1986]: Berufskrankheitenproblematik aus ärztlicher Sicht, in: Der medizinische Sachverständige, 82. Jg., Heft 6, S. 142-146.

WOITOWITZ, H.-J. [1989]: Berufskrebserkrankungen: Sozialmedizinische Aspekte, in: Deutsche Rentenversicherung, Heft 3, S. 137-169.

WOITOWITZ, H.-J. [2000]: Klinische Arbeitsmedizin in Deutschland seit E.-W. Baader - Zukünftige Entwicklung, in: Arbeitsmedizin, Sozialmedizin, Umweltmedizin, 35. Jg., Nr. 8, S. 363-370.

WOITOWITZ, H.-J. [2001]: Anerkennung von Berufskrankheiten aus der Sicht der Arbeitsmedizin, in: Zentralblatt für Arbeitsmedizin, 51. Jg., S. 262-268.

WOITOWITZ, H.-J. [2002a]: Die Erkrankung durch K2-Stoffe im Spektrum möglicher zukünftiger Berufskrankheiten, in: JUNG, D.; THOMANN, K.-D. (Hrsg.): Berufskrankheitenrecht - Beiträge zur Geschichte und Gegenwart der Berufskrankheiten und des Berufskrankheitenrechts, Stuttgart, S. 311-321.

WOITOWITZ, H.-J. [2002b]: Ermittlung der Exposition als Grundlage der Begutachtung - Quantifizierung der Exposition aus arbeitsmedizinischer Sicht, in: Der medizinische Sachverständige, 98. Jg., Heft 3, S. 86-92.

ZIEGELMAYER, U. [2000]: § 301 SGB V: sektorale oder sektorenübergreifende Transparenz im Gesundheitswesen?, Trier.

ZIMMERMANN, P. [2001]: Medizinische Qualitätsgemeinschaft Modell Herdecke. Erfahrungen bei der Entwicklung eines Netzes mit Krankenhaus und niedergelassenen Ärzten, in: HELLMANN, W. (Hrsg.): Management von Gesundheitsnetzen. Theoretische und praktische Grundlagen für ein neues Berufsfeld, Stuttgart, S. 207-212.

ZIMMERMANN, P. [o. J.]: Projektinformation „Modell Herdecke“, URL: http://www.cmknet.de/forum/downloads.html, Stand: 15.09.2002.

ZWEIFEL, P.; BREUER, M. [2002a]: Mehr Markt im Gesundheitswesen tut Not in: NEUBAUER, G.; ZWEIFEL, P.; BREUER, M.; HENKE, K.-D.: Zur Diskussion gestellt: Wie viel Marktwirtschaft für das deutsche Gesundheitswesen?, ifo Schnelldienst, 55. Jg., Nr. 17, S. 3-14.

ZWEIFEL, P.; BREUER, M. [2002b]: Weiterentwicklung des deutschen Gesundheitswesens, Gutachten im Auftrag des Verbands Forschender Arzneimittelhersteller e.V., Zürich.

ZWINGMANN, B. [1998]: Arbeitsschutz und Gesundheitsförderung. Aufgaben der Sozialversicherungsträger aus gewerkschaftlicher Sicht, in: MÜLLER, R.; ROSENBROCK, R. (Hrsg.): Betriebliches Gesundheitsmanagement, Arbeitsschutz und Gesundheitsförderung - Bilanz und Perspektiven, Sankt Augustin, S. 117-133.

ZOHLNHÖFER, W.; SCHMIDT, P.-G. [1984]: Die Preisbildung für ambulante kassenärztliche Leistungen in der Bundesrepublik Deutschland, Aufsätze zur Wirtschaftspolitik Nr. 8, Eigenverlag des Forschungsinstituts für Wirtschaftspolitik an der Universität Mainz.

Verzeichnis der Expertengespräche

- Herr GÖRRES, AOK Institut für Gesundheitsconsulting, Hannover, am 18.07.2002.
- Herr BRUST, AOK Bundesverband, Bonn, am 01.08.2002.
- Herr MÜLLER, Abteilungsleiter Gesundheitsmanagement, Bundesknappschaft, Bochum, am 01.08.2002.
- Herr LANBY, Abteilungsleiter Wirtschaftlichkeitsprüfungen, KV Rheinhessen, Mainz, am 16.08.2002.
- Frau DREYKLUFT, Leiterin Netz Büro, Berliner Praxisnetz, Berlin, am 26.08.2002.
- Herr BÄDER, Herr WIRTHL und Herr GÖRG, Landesverband Hessen-Mittelrhein und Thüringen der gewerblichen Berufsgenossenschaften, Mainz, am 09.09.2002.
- Herr LEUFTINK, Geschäftsstellenleiter des Landesverbands Südwestdeutschland der gewerblichen Berufsgenossenschaften, Heidelberg, am 02.10.2002.
- Herr HAMACHER, VdAK-AEV, Landesbereichsvertretung Westfalen-Lippe, Dortmund, am 02.10.2002.
- Herr Dr. ZIMMERMANN, Gemeinschaftskrankenhaus Herdecke, am 07.10.2002.
- Frau JANN, Abteilung Versorgungsoptimierung/Controlling, VdAK-AEV, Siegburg, am 10.10.2002.
- Herr FROESE, Verwaltungs-Berufsgenossenschaft, Hamburg, am 17.06.2003.
- TECHNIKER KRANKENKASSE, Hamburg, am 02.07.2002.
- BKK BUNDESVERBAND, Essen, am 15.08.2002.
- BUNDESKNAPPSCHAFT, Bochum, am 06.05.2003.
- VDAK-AEV, Siegburg, am 02.06.2003.
- AOK BADEN-WÜRTTEMBERG, Stuttgart, am 04.06.2003.

Anhang 1:

Verzeichnis der Indikationen zur Einleitung der Besonderen Heilbehandlung im Rahmen des H-Arztverfahrens und des Verletzungsartenverfahrens

A 1.1: Auszug aus dem Abkommen Ärzte/Unfallversicherungsträger gem. § 34 Abs. 3 SGB VII (in der Fassung vom 01. Mai 2001):

§ 35 Besondere Heilbehandlung durch den H-Arzt

Der H-Arzt ist berechtigt, in den Fällen, in denen eine der folgenden Verletzungen vorliegt, eine besondere Heilbehandlung durchzuführen, soweit es sich nicht um eine im Verletzungsartenverzeichnis aufgeführte Verletzung handelt:

1. Offene, scharfrandige bis in die Muskulatur hineinreichende Weichteilverletzungen ohne Nerven- und Sehnenbeteiligung
2. Lokalisierte, oberflächennahe, einschmelzende Entzündungen nach Unfallverletzungen, ohne Gelenkbeteiligung
3. Ausgedehnte Verbrennungen zweiten Grades oder kleinflächige Verbrennungen dritten Grades
4. Muskelrisse, die keine operative Behandlung erfordern
5. Schwere Prellungen, Quetschungen, Stauchungen und Zerrungen von Gelenken mit intraartikulärer oder stark periartikulärer Blutung mit Ausnahme von Schulter- und Kniegelenk
6. Knochenbrüche mit Ausnahme von Gelenkfrakturen und gelenknahen Frakturen bei Kindern
7. Verrenkungen mit Ausnahme von Verrenkungen des Schulter- und Kniegelenkes

Quelle: Vertrag Ärzte/Unfallversicherungstäger.

A 1.2: Anhang 1 zum Vertrag Ärzte/Unfallversicherungsträger in der ab Mai 2001 gültigen Fassung:

Verletzungsartenverzeichnis

1. Ausgedehnte oder tief gehende Weichteilverletzungen (offen oder geschlossen), Amputationsverletzungen, Muskelkompressionssyndrome
2. Akute oder drohende Ernährungsstörungen
3. Verletzungen der großen Gefäße
4. Verletzungen der großen Nerven oder Nervengeflechte
5. Offene oder gedeckte Schädel-Hirn-Verletzungen, ausgenommen Commotio (Schädel-Hirn-Trauma I)
6. Brustkorbverletzungen mit Organbeteiligung
7. Stumpfe oder offene Bauchverletzungen
8. Verletzungen der Nieren oder Harnwege
9. Verletzungen der Wirbelsäule mit neurologischer Symptomatik
10. Offene Verletzungen großer Gelenke
11. Operationsbedürftige Verrenkungen der Gelenke
12. Gelenkbinnenverletzungen, mit Stabilitätsverlust verbundene Bandverletzungen mit Ausnahme der isolierten Bandverletzungen des oberen Sprunggelenks
13. Durchtrennende Verletzungen von Sehnen, ausgenommen Strecksehnenverletzungen der Finger und Zehen
14. Ausgedehnte und tief gehende Verbrennungen oder Verätzungen, Inhalationstraumen
15. Folgende Verletzungen der Hand

    15.1 Amputationsverletzungen (ausgenommen Fingerendgliedknochen)

    15.2 Brüche mehrerer Finger

15.3 Stark verschobene Frakturen oder Luxationen von Mittelhandknochen, Bennetsche Fraktur am 1. Mittelhandknochen in jeder Form, stark verschobene Langfingergrundgliedfrakturen oder solche mit Grundgelenksbeteiligung

15.4 Kahnbeinbrüche und perilunäre Luxationen

15.5 Verletzungen von mehreren Fingernerven

15.6 Verletzungen mit akuten oder drohenden Ernährungsstörungen

15.7 Beugesehnenverletzungen

15.8 Verbrennungen der Hand mit drohender Funktionsstörung

16. Folgende Knochenbrüche

16.1 Offene oder geschlossene Brüche des Hirn- oder Gesichtsschädels

16.2 Brüche mehrerer Röhrenknochen oder mehrfache Brüche eines Röhrenknochens

16.3 Wirbelbrüche, ausgenommen Dorn- oder Querfortsätze

16.4 Verletzungen offener Wachstumsfugen

16.5 Offene Brüche des Ober- oder Unterarms

16.6 Geschlossene Brüche des Ober- oder Unterarms mit starker Verschiebung oder Splitterung oder Gelenkbeteiligung

16.7 Beckenbrüche, ausgenommen Beckenschaufelbrüche und unverschobene Scham- und Sitzbeinbrüche

16.8 Brüche des Oberschenkels

16.9 Stückbrüche der Kniescheibe oder Brüche des Schienbeines mit Verschiebung

16.10 Brüche des Unterschenkels oder Brüche des Schienbeins (mit Verschiebung) sowie mit offenen oder geschlossenen Weichteilschäden

16.11 Brüche der Knöchelgabel mit Verschiebung

16.12 Brüche des Sprungbeins oder verschobene Brüche des Fersenbeins und der Fußwurzel

16.13 Stark verschobene Brüche eines Mittelfußknochens oder Brüche mehrerer Mittelfußknochen ausgenommen die isolierte Basisfraktur am 5. Mittelfußknochen

17. Verletzungen oder Verletzungsfolgen mit tief gehenden, ausgedehnten oder fortschreitenden Entzündungen

18. Fehlender Heilungsfortschritt oder Komplikationen bei nicht im Verzeichnis enthaltenen Verletzungen

19. Behandlungs- oder korrekturbedürftige Unfallfolgezustände

Quelle: Vertrag Ärzte/Unfallversicherungsträger

Anhang 2:

Tabellenteil Gesetzliche Krankenversicherung (1970 - 2000)

Anhang 2: Tabellenteil Gesetzliche Krankenversicherung (1970 - 2000)* **

Tabelle A2.1: Versicherte und Mitglieder in der GKV

	Versicherte am 1.10.des Jahres	**Mitglieder insgesamt (im Jahresdurchschnitt)**	davon AKV-Mitglieder	Anteil AKV an Gesamtheit der Mitglieder (%)	Davon KVdR-Mitglieder	Anteil KVdR an Gesamtheit der Mitglieder (%)
1970	k. A.	30.646.000	22.638.000	73,87	8.009.000	26,13
1975	k. A.	33.493.000	23.861.000	71,24	9.632.000	28,76
1980	55.565.000	33.395.000	25.092.000	70,89	10.303.000	29,11
1985	55.954.000	35.209.000	25.586.000	72,67	10.623.000	30,17
1990	55.832.000	37.939.000	26.929.000	70,98	11.011.000	29,02
1991	71.282.000	50.270.000	36.101.000	71,81	14.169.000	28,19
1992	71.979.000	50.834.000	36.530.000	71,86	14.304.000	28,14
1993	72.165.000	50.759.000	36.292.000	71,50	14.467.000	28,50
1994	71.714.000	50.607.000	35.945.000	71,03	14.662.000	28,97
1995	71.886.000	50.702.000	35.818.000	70,64	14.884.000	29,36
1996	72.173.000	50.824.000	35.774.000	70,39	15.050.000	29,61
1997	71.596.000	50.847.000	35.692.000	70,20	15.155.000	29,80
1998	71.659.000	50.686.000	35.470.000	69,98	15.215.000	30,02
1999	71.460.000	50.980.000	35.654.000	69,94	15.326.100	30,06
2000	71.261.000	51.034.400	35.733.500	70,02	15.300.900	29,98

* Quelle: Bundesministerium für Gesundheit.

** Alle Angaben gelten ab dem Jahr 1991 für das gesamte Bundesgebiet, zuvor nur für die alten Länder.

Tabelle A2.2: Beitragseinnahmen in der GKV

	Beitrags-einnahmen (Mio. Euro)	1975 = 100	1991 = 100	Veränderung in %***	Beitrags-einnahmen von AKV-Mitgliedern (Mio. Euro)	1975 = 100	1991 = 100	Veränderung in %***	Anteil an Beitragseinnahmen	Beitrags-einnahmen von KVdR-Mitgliedern (Mio. Euro)	1975 = 100	1975 = 100	Veränderung in %***	Anteil an Beitragseinnahmen
1970	**1[illegible].769,96**			-	10.201,85			-	79,89	2.568,11			-	20,11
1975	**2[illegible].737,96**	100		18,42	22.983,35	100		17,64	77,29	6.754,61	100		21,[illegible]4	22,71
1980	**4[illegible].706,86**	144		7,51	35.359,32	154		9,00	82,80	7.347,55	109		1,[illegible]	17,20
1985	**5[illegible].659,68**	184		5,06	45.321,32	197		5,09	82,92	9.338,36	138		4,9[illegible]	17,08
1990	**7[illegible].533,73**	244		5,82	59.520,76	259		5,60	82,06	13.012,97	193		6,8[illegible]	17,94
1991	**8[illegible].534,73**	298	100	22,06	73.308,17	319	100	23,16	82,80	15.226,56	225	100	17,[illegible]1	17,20
1992	**9[illegible].124,72**	333	112	11,96	82.973,36	361	113	13,18	83,71	16.151,36	239	106	6,0[illegible]	16,29
1993	**10[illegible].805,98**	369	124	10,78	91.513,77	398	125	10,29	83,34	18.292,21	271	120	13,[illegible]5	16,66
1994	**11[illegible].835,53**	386	130	4,58	94.202,36	410	129	2,94	82,03	20.633,17	305	136	12,[illegible]0	17,97
1995	**11[illegible].852,19**	390	131	0,89	94.356,36	411	129	0,16	81,45	21.496,03	318	141	4,1[illegible]	18,55
1996	**11[illegible].997,41**	404	136	3,58	98.092,59	427	134	3,96	81,75	21.904,82	324	144	1,9[illegible]	18,25
1997	**12[illegible].392,33**	412	138	2,00	99.527,90	433	136	1,46	81,32	22.864,43	339	150	4,3[illegible]	18,68
1998	**12[illegible].279,13**	418	140	1,54	100.643,11	438	137	1,12	80,98	23.636,02	350	155	3,3[illegible]	19,02
1999	**12[illegible].497,95**	429	144	2,59	130.261,61	449	141	2,60	80,99	24.236,34	359	159	2,5[illegible]	19,01
2000	**13[illegible].052,82**	437	147	2,00	105.426,19	459	144	2,10	81,06	24.626,62	365	162	1,6[illegible]	18,94

***** Gemeint ist die mittlere jährliche Veränderungsrate.**

Tabelle A2.3: Übersicht über Gesamtaufwendungen, Vermögensausgaben, Verwaltungs- und Verfahrenskosten (GKV)

	Gesamtaufwendungen ohne RSA (Mio. Euro)	1975 = 100	1991 = 100	Veränderung in %***	**Verwaltungs- und Verfahrenskosten (Mio. Euro)**	1975 = 100	1991 = 100	Veränderung in %***
1970	**12.873,87**			-	**630,17**			-
1975	**31.183,49**	100		19,36	**1.390,84**	100		17,16
1980	**45.931,26**	147		8,05	**1.918,36**	138		6,64
1985	**58.342,49**	187		4,90	**2.689,52**	193		6,99
1990	**72.426,59**	232		4,42	**3.720,10**	267		6,70
1991	**93.588,53**	300	100	29,22	**4.712,23**	339	100	26,67
1992	**107.625,01**	345	115	15,00	**5.397,37**	388	115	14,54
1993	**108.281,94**	347	116	0,61	**5.680,79**	408	121	5,25
1994	**117.391,54**	384	128	10,62	**5.994,29**	431	127	5,52
1995	**124.005,49**	431	144	12,19	**6.137,22**	441	130	2,38
1996	**127.921,24**	447	149	3,73	**6.545,57**	471	139	6,65
1997	**125.293,39**	439	146	-1,72	**6.454,55**	464	137	-1,39
1998	**127.480,22**	448	149	1,96	**6.817,72**	490	145	5,63
1999	**130.918,48**	463	154	3,37	**7.170,99**	516	152	5,18
2000	**k. A.**	k. A.	k. A.	k. A.	**k. A.**	k. A.	k. A.	k. A.

*** Gemeint ist die mittlere jährliche Veränderungsrate.

Tabelle A2.3 (Fortsetzung): Übersicht über Vermögensausgaben (GKV)

	Vermögens- und sonstige Aufwendungen (Mio. Euro)	1975 = 100	1991 = 100	Veränderung in %***	davon für den Risikostrukturausgleich (Mio. Euro)	Veränderung in %	Vermögens- und sonstige Aufwendungen ohne RSA-Ausgaben (Mio. Euro)
1970	**49,78**			-			49,78
1975	**50,56**	100		0,31			50,56
1980	**64,44**	127		4,97			64,44
1985	**73,61**	146		2,70			73,61
1990	**71,83**	142		-0,49			71,83
1991	**132,82**	263	100	84,92			132,82
1992	**194,37**	384	146	46,34			194,37
1993	**275,15**	544	207	41,56			275,15
1994	**2.717,77**	5.375	2.046	887,73	2.390,73	-	327,03
1995	**11.251,50**	22.254	8.471	314,00	10.374,83	333,96	876,67
1996	**11.967,31**	23.669	9.010	6,36	11.472,47	10,58	494,83
1997	**12.248,72**	24.226	9.222	2,35	11.697,14	1,96	551,58
1998	**12.737,45**	25.193	9.590	3,99	12.195,34	4,26	542,11
1999	**13.998,37**	27.687	10.539	9,90	13.459,39	10,36	538,98
2000	**k. A.**	k. A.	k. A.	k. A.	13.911,26	0,34	k. A.

*** Gemeint ist die mittlere jährliche Veränderungsrate.

Tabelle A2.4: Übersicht über die Leistungsausgaben in der GKV

	Leistungs-ausgaben insgesamt (Mio. Euro)	1975 = 100	1991 = 100	Veränderung in %***	davon für AKV-Mitglieder (Mio. Euro)	Anteil an Beitrags-einnahmen	1975 = 100	1991 = 100	Veränderung in %***	davon für KVdR-Mitglieder (Mio. Euro)	Anteil an Beitrags-einnahmen	1975 = 100	1975 = 100	Veränderung in %***
1970	**12.193,93**			-	8.831,56	69,16			-	3.362,37	26,33			-
1975	**29.742,08**	100		19,52	20.288,58	68,22	100		18,10	9.453,50	31,79	100		22,97
1980	**43.948,46**	148		8,12	28.890,47	67,65	142		7,32	15.057,99	35,26	159		9,76
1985	**55.579,36**	187		4,81	33.450,76	61,20	165		2,97	22.128,60	40,48	234		3,00
1990	**68.634,67**	231		4,31	40.426,20	55,73	199		3,86	28.208,47	38,89	298		4,97
1991	**88.743,47**	298	100	29,30	51.988,92	58,72	256	100	28,60	36.754,55	41,51	389	100	30,30
1992	**102.033,28**	343	115	14,98	59.587,05	60,11	294	115	14,61	42.446,25	42,82	449	115	15,49
1993	**102.326,00**	344	115	0,29	59.158,49	53,88	292	114	-0,72	43.167,50	39,31	457	117	1,70
1994	**111.070,22**	373	125	8,55	63.351,39	55,17	312	122	7,09	47.718,83	41,55	505	130	10,54
1995	**116.991,60**	393	132	5,33	67.303,60	58,09	332	129	6,24	49.688,00	42,89	526	135	4,13
1996	**120.880,83**	406	136	3,32	69.399,66	57,83	342	133	3,11	51.481,16	42,90	545	140	3,61
1997	**113.287,27**	398	133	-2,15	66.793,29	54,57	329	128	-3,76	51.493,98	42,07	545	140	0,02
1998	**120.120,39**	404	135	1,55	67.217,58	54,09	331	129	0,64	52.902,81	42,57	560	144	2,74
1999	**123.208,51**	414	139	2,57	68.484,83	53,71	338	132	1,89	54.723,69	42,92	579	149	3,44
2000	**125.942,69**	423	142	2,22	69.483,81	53,43	342	134	1,27	56.458,88	43,41	597	154	3,17

*** Gemeint ist die mittlere jährliche Veränderungsrate.

Tabelle A2.5: Untergliederung der Behandlungskosten in der GKV – ambulante Behandlung

	Ambulante ärztliche Behandlung (Mio. Euro)	1975 = 100	1991 = 100	Veränderung in %***	davon für AKV-Mitglieder (Mio. Euro)	1975 = 100	1991 = 100	davon für KVdR-Mitglieder (Mio. Euro)	1975 = 100	1975 = 100
1970	**2.790,58**			-	2.042,47			748,12		
1975	**5.756,39**	100		15,58	4.006,42	100		1.749,97	100	
1980	**7.852,38**	136		6,41	5.187,65	123		2.664,73	142	
1985	**10.052,02**	175		5,06	6.434,39	150		3.617,64	187	
1990	**12.460,64**	216		4,39	8.051,89	178		4.408,74	220	
1991	**15.375,28**	267	100	23,39	9.925,63	164	100	5.449,64	212	100
1992	**17.068,17**	297	111	11,01	10.991,99	179	109	6.076,18	234	110
1993	**17.927,46**	311	117	5,03	11.543,61	189	116	6.383,85	243	115
1994	**18.880,73**	328	123	5,32	12.133,17	201	123	6.747,57	253	120
1995	**19.669,81**	342	128	4,18	12.603,54	210	128	7.066,27	261	123
1996	**20.111,13**	349	131	2,24	12.723,59	212	129	7.387,54	270	128
1997	**20.494,22**	356	133	1,90	12.804,77	214	130	7.689,44	279	132
1998	**20.780,15**	361	135	1,40	13.072,70	220	134	7.707,45	279	132
1999	**21.191,40**	368	138	1,98	13.416,99	224	137	7.774,41	280	132
2000	**21.503,18**	374	140	1,47	13.569,09	226	138	7.934,09	285	135

*** Gemeint ist die mittlere jährliche Veränderungsrate.

Tabelle A2.5 (Fortsetzung): Unterglіederung der Behandlungskosten in der GKV – zahnärztliche Behandlung

	Zahnärztl. Behandlung inkl. Zahnersatz (Mio. Euro)	1975 = 100	1991 = 100	Veränderung in %***	davon für AKV-Mitglieder (Mio. Euro)	1975 = 100	1991 = 100	davon für KVdR-Mitglieder (Mio. Euro)	1975 = 100	1975 = 100
1970	**1.296,81**			-	1.094,82			201,99		
1975	**4.248,60**	100		26,79	3.539,62	100		708,98	100	
1980	**6.579,76**	155		9,14	5.569,70	147		1.010,06	133	
1985	**7.322,76**	172		2,16	6.033,82	161		1.288,94	165	
1990	**6.547,80**	156		-1,92	5.733,46	139		1.183,18	146	
1991	**8.955,58**	211	100	34,71	7.054,45	139	100	1.637,40	157	100
1992	**11.282,59**	266	126	25,98	9.195,16	173	125	2.087,43	198	126
1993	**9.727,31**	229	109	-13,78	8.071,93	151	108	1.655,38	155	99
1994	**10.533,34**	248	118	8,29	8.580,90	165	118	1.952,44	181	115
1995	**10.842,28**	255	121	2,93	8.768,72	170	122	2.073,56	189	121
1996	**11.772,09**	277	131	8,58	9.470,84	185	133	2.301,29	208	132
1997	**11.917,75**	281	133	1,24	9.590,42	188	135	2.327,34	209	133
1998	**10.843,85**	255	121	-9,01	8.817,32	172	123	2.026,53	181	115
1999	**10.966,06**	258	122	1,13	8.791,03	173	124	2.175,02	193	123
2000	**11.230,55**	264	125	2,19	8.915,03	177	127	2.315,52	206	131

*** Gemeint ist die mittlere jährliche Veränderungsrate.

Tabelle A2.5 (Fortsetzung): Untergliederung der Behandlungskosten in der GKV – Arznei-, Heil- und Hilfsmittel

	Aufwendungen für Arznei-, Verband-, Heil- und Hilfsmittel (Mio. Euro)	1975 = 100	1991 = 100	Veränderung in %***	davon für AKV-Mitglieder (Mio. Euro)	1975 = 100	1991 = 100	davon für KVdR-Mitglieder (Mio. Euro)	1975 = 100	1991 = 100	**Amb. Behandlung inkl. amb. Reha, zahnärztl. Behand. und Arzneimittel (Mio. Euro)**	1975 = 100	1991 = 100	Veränderung in %***
1970	**2.500,91**			-	1.453,88			1.047,03			**6.184,84**			-
1975	**5.871,35**	100		18,61	3.225,61	100		2.645,75	100		**13.739,10**	100		17,38
1980	**8.923,72**	152		8,73	4.752,98	147		4.156,93	157		**19.597,25**	143		7,36
1985	**11.875,62**	202		5,88	5.650,02	175		6.225,60	235		**25.330,83**	184		5,27
1990	**15.591,61**	266		5,60	7.437,86	231		8.153,75	308		**32.376,96**	236		18,70
1991	**20.209,71**	344	100	29,62	9.642,65	299	100	10.567,07	399	100	**41.239,00**	300	100	27,37
1992	**23.304,68**	397	115	15,31	11.059,56	343	115	12.245,12	463	116	**46.937,19**	342	114	13,82
1993	**20.925,32**	356	103	-10,21	9.941,79	308	103	10.983,53	415	104	**45.610,32**	332	111	-2,83
1994	**22.743,04**	387	113	8,69	10.760,51	334	112	11.982,53	453	113	**48.726,91**	355	118	6,83
1995	**24.665,22**	420	122	8,45	11.758,92	365	122	12.906,30	488	122	**51.553,39**	375	125	5,80
1996	**26.527,41**	452	131	7,55	12.667,78	393	131	13.859,64	524	131	**54.370,41**	396	132	5,46
1997	**25.392,47**	432	126	9,57	11.931,19	370	124	13.461,27	509	127	**53.564,55**	390	130	-1,48
1998	**26.663,03**	454	132	5,00	12.561,44	389	130	14.101,59	533	133	**55.371,26**	403	134	3,37
1999	**28.363,20**	483	140	6,38	13.126,41	407	136	15.236,78	576	144	**57.343,28**	417	139	3,40
2000	**29.551,56**	503	146	4,19	13.529,60	419	140	16.021,96	606	152	**k. A.**	k. A.	k. A.	k. A.

*** Gemeint ist die mittlere jährliche Veränderungsrate.

Tabelle A2.5 (Fortsetzung): Untergliederung der Behandlungskosten in der GKV – stationäre Behandlung und Krankengeld

	Krankenhausbehandlung (Mio. Euro)	1975 = 100	1991 = 100	Veränderung in %***	davon für AKV-Mitglieder (Mio. Euro)	1975 = 100	1991 = 100	Veränderung in %***	davon für KVdR-Mitglieder (Mio. Euro)	1975 = 100	1975 = 100	Veränderung in %***	Krankengeld (Mio. Euro)	Veränderung in %***
1970	**3.072,57**			-	1.978,22			-	1.094,35			-	**1.261,57**	-
1975	**8.965,10**	100		23,88	5.380,03	100		22,15	3.585,07	100		26,79	**2.384,75**	13,58
1980	**13.020,20**	145		7,74	7.039,61	131		5,52	5.980,59	167		10,78	**3.402,08**	7,36
1985	**17.508,46**	195		6,10	8.714,44	162		4,36	8.794,02	245		8,02	**3.402,08**	0,00
1990	**22.801,27**	254		5,42	10.931,93	203		4,64	11.869,34	331		6,18	**4.987,61**	7,95
1991	**29.191,37**	326	100	28,03	14.262,81	265	100	30,47	14.928,56	416	100	25,77	**6.353,04**	27,38
1992	**32.853,26**	366	113	12,54	15.903,90	296	112	11,51	16.949,37	473	114	13,54	**7.211,34**	13,51
1993	**35.024,93**	391	120	6,61	16.607,47	309	116	4,42	18.417,46	514	123	8,66	**7.446,58**	3,26
1994	**38.114,36**	425	131	8,82	17.741,40	325	124	6,83	20.372,95	568	136	10,62	**8.138,57**	9,29
1995	**39.731,38**	443	136	4,24	18.341,33	341	129	3,38	21.390,06	597	143	4,99	**9.411,04**	15,63
1996	**40.001,69**	446	137	0,68	18.185,60	338	128	-0,85	21.816,09	609	146	1,99	**9.304,35**	-1,13
1997	**10.934,66**	457	140	2,33	18.423,23	342	129	1,31	22.511,43	628	151	3,19	**7.384,89**	-20,63
1998	**42.194,41**	471	145	3,08	18.745,27	348	131	1,75	23.449,14	654	157	4,17	**7.047,55**	-4,57
1999	**42.371,16**	473	145	0,42	18.803,51	350	132	0,31	23.567,64	657	158	0,51	**7.146,06**	1,40
2000	**43.145,18**	481	148	1,83	19.076,01	355	134	1,45	24.069,17	671	161	2,13	**7.058,23**	-1,23

*** Gemeint ist die mittlere jährliche Veränderungsrate.

Tabelle A2.5 (Fortsetzung): Untergliederung der Behandlungskosten in der GKV – Rehabilitation

	Rehabilitation (Mio. Euro)	Veränderung in %***	davon Anschluß-rehabilitation (Mio. Euro)	davon ambulante Rehabilitation (Mio. Euro)	davon stationäre Rehabilitation (ohne AHB) (Mio. Euro)	davon für AKV-Mitglieder (Mio. Euro)	davon für KVdR-Mitglieder (Mio. Euro)	Ergänzende Leistungen zur Rehabilitation (Mio. Euro)	Veränderung in %***
1970	**k. A.**		k. A.	k. A.	k. A.	k. A.	k. A.	k. A.	
1975	**k. A.**		k. A.	k. A.	k. A.	k. A.	k. A.	k. A.	
1980	**k. A.**		k. A.	k. A.	k. A.	k. A.	k. A.	k. A.	
1985	**k. A.**		k. A.	k. A.	k. A.	k. A.	k. A.	k. A.	
1990	**1.021,13**	-	120,75	151,38	120,75	323,80	697,33	40,57	-
1991	**1.271,81**	24,55	339,82	175,40	368,84	388,66	883,14	48,35	19,17
1992	**1.445,90**	13,69	427,06	161,89	856,95	429,82	1.016,08	64,62	33,65
1993	**1.480,74**	2,41	503,25	152,90	824,59	411,31	1.069,43	79,88	23,63
1994	**1.776,42**	19,97	657,88	162,99	955,55	466,41	1.310,01	86,61	8,43
1995	**2.087,24**	17,50	796,42	169,11	1.121,72	541,25	1.545,99	140,43	62,13
1996	**2.117,86**	1,47	939,21	158,51	1.020,13	550,36	1.567,50	199,96	42,39
1997	**1.744,00**	-17,65	1.074,50	71,14	598,35	434,95	1.309,04	211,88	5,96
1998	**1.953,99**	12,04	1.182,52	74,84	696,63	493,89	1.460,11	327,85	54,74
1999	**2.110,71**	8,02	1.278,72	89,19	742,81	529,31	1.581,40	382,59	16,70
2000	**1.021,13**	k. A.	k. A.	k. A.	k. A.	k. A.	k. A.	k. A.	k. A.

*** Gemeint ist die mittlere jährliche Veränderungsrate.

Tabelle A2.6: Ausgaben für Prävention in der GKV

	Prävention (Mio. Euro)	1975 = 100	1991 = 100	Veränderung in %***	**Primär-prävention (Mio. Euro)**	1975 = 100	1991 = 100	Veränderung in %***
1970	**126,83**			-	-			-
1975	**192,70**	100		51,94	-			-
1980	**219,84**	114		14,08	-			-
1985	**446,29**	232		103,00	-			-
1990	**724,51**	376		62,34	**173,11**	100		-
1991	**877,80**	456	100	21,16	**247,46**	143	100	42,95
1992	**1.134,14**	589	129	29,20	**397,47**	230	161	60,62
1993	**1.678,69**	871	191	48,01	**897,21**	518	363	125,73
1994	**1.588,85**	825	181	-5,35	**699,57**	404	283	-22,03
1995	**1.883,88**	978	215	18,57	**889,66**	514	360	27,17
1996	**1.943,49**	1009	221	3,16	**992,48**	573	401	11,56
1997	**1.308,32**	679	149	-32,68	**516,59**	298	209	-47,95
1998	**1.281,59**	665	146	-2,04	**599,88**	347	242	16,12
1999	**1.464,68**	760	167	14,29	**626,01**	362	253	4,36
2000	**k. A.**	k. A.	k. A.	k. A.	**k. A.**	k. A.	k. A.	k. A.

*** Gemeint ist die mittlere jährliche Veränderungsrate.

Anhang 3:

Tabellenteil Gesetzliche Unfallversicherung (1970 - 2000)

Anhang 3: Tabellenteil Gesetzliche Unfallversicherung (1970 – 2000)* **

Tabelle A3.1: Übersicht über Arbeits- und Wegeunfälle sowie Berufskrankheiten in der GUV

	Melde-pflichtige Arbeitsunfälle	Veränderung in %***	Arbeitsunfälle je 1.000 Vollarbeiter	**Wegeunfälle**	Veränderung in %***	Wegeunfälle je 1.000 Versicherungs-verhältnisse	**Summe melde-pflichtiger Unfälle**	Veränderung in %***	**Anzeigen auf Verdacht einer Berufs-krankheit**	Veränderung in %***	Im Berichtsjahr anerkannte Berufskrankheiten	Veränderung in %***
1970	**2.391.757**	-	94,84	**255.480**	-	10,13	**2.647.237**	-	**25.951**	-		
1975	**1.760.713**	-5,94	75,56	**171.520**	-7,66	7,36	**1.932.233**	-6,10	**38.296**	8,09		
1980	**1.917.211**	1,72	74,90	**195.595**	2,66	7,64	**2.112.806**	1,80	**45.114**	3,33		
1985	**1.536.090**	-4,34	59,97	**178.538**	-1,81	6,97	**1.714.628**	-4,09	**37.457**	-3,65		
1990	**1.672.480**	1,71	54,45	**187.835**	1,02	5,45	**1.860.315**	1,64	**44.708**	3,60		
1991	**2.016.153**	20,55	54,31	**245.127**	30,50	5,58	**2.261.280**	21,55	**47.265**	5,72		
1992	**2.059.422**	2,64	55,25	**262.196**	6,96	5,88	**2.331.618**	3,11	**51.747**	9,48		
1993	**1.932.407**	-6,62	52,06	**266.949**	1,81	6,10	**2.199.356**	-5,67	**54.467**	5,26		
1994	**1.903.557**	-1,49	51,43	**246.414**	-7,69	5,64	**2.149.971**	-2,25	**57.751**	6,03		
1995	**1.813.982**	-4,71	48,22	**268.732**	9,06	6,14	**2.082.714**	-3,13	**68.858**	19,23	24.298	-
1996	**1.657.556**	-8,62	43,12	**260.192**	-3,18	5,97	**1.917.748**	-7,92	**85.680**	24,43	24.274	-0,10
1997	**1.598.972**	-3,53	42,00	**239.970**	-7,77	5,41	**1.838.942**	-4,11	**108.989**	27,20	23.432	-3,47
1998	**1.585.364**	-0,85	42,18	**249.484**	3,96	5,65	**1.834.848**	-0,22	**97.923**	-10,15	20.734	-11,51
1999	**1.560.063**	-1,60	41,32	**248.324**	-0,46	5,62	**1.808.387**	-1,44	**91.561**	-6,50	19.402	-6,42
2000	**1.513.723**	-2,97	40,04	**235.117**	-5,32	5,26	**1.748.840**	-3,29	**81.542**	-2,62	18.689	-3,67

* Quelle: Bundesministerium für Arbeit.
** Alle Angaben gelten ab dem Jahr 1991 für das gesamte Bundesgebiet, zuvor nur für die alten Länder.
*** Gemeint ist die mittlere jährliche Veränderungsrate.

Tabelle A3.1 (Fortsetzung): Übersicht über Arbeits- und Wegeunfälle sowie Berufskrankheiten in der GUV – Todesfälle

	Tödliche Arbeitsunfälle	Tödliche Wegeunfälle	Todesfälle Berufserkrankter****
1970	4.263	1.851	k. A.
1975	3.137	1.400	k. A.
1980	2.597	1.197	1.932
1985	1.795	831	1.299
1990	1.558	714	1.440
1991	1.496	730	1.382
1992	1.752	910	1.702
1993	1.867	973	2.192
1994	1.712	956	2.398
1995	1.596	942	2.489
1996	1.523	842	2.396
1997	1.403	885	2.185
1998	1.287	810	2.040
1999	1.293	855	2.043
2000	1.153	820	1.886

**** Bis einschließlich 1985 werden nur die durch Berufskrankheiten bedingte Todesfälle in der gewerblichen Wirtschaft erfaßt.

Tabelle A3.2: Übersicht über Gesamtaufwendungen, Vermögensausgaben, Verwaltungs- und Verfahrenskosten (GUV)

	Gesamt-aufwendungen (Mio. Euro)	1975 = 100	1991 = 100	Veränderung in %***	Vermögens-aufwendungen und sonstige Ausgaben (Mio. Euro)	1975 = 100	1991 = 100	Veränderung in %***	Verwaltungs- u. Verfahrens-kosten (Mio. Euro)	1975 = 100	1975 = 100	Veränderung in %***
1970	**2.766,84**			-	**606,38**			-	**204,03**			-
1975	**4.581,31**	100		10,61	**1.018,14**	100		10,92	**327,78**	100		9,95
1980	**6.283,08**	137		6,52	**1.338,31**	131		5,62	**428,90**	131		5,52
1985	**7.160,91**	156		2,65	**1.438,35**	141		1,45	**539,50**	165		4,70
1990	**8.590,54**	188		3,71	**1.831,52**	180		4,95	**736,03**	225		6,41
1991	**10.234,10**	223	100	19,13	**2.434,59**	239	100	32,93	**896,54**	274	100	21,81
1992	**11.327,74**	247	111	10,69	**2.456,35**	241	101	0,89	**1.017,45**	310	113	13,49
1993	**12.402,48**	271	121	9,49	**2.813,32**	276	116	14,53	**1.140,12**	348	127	12,06
1994	**12.893,02**	281	126	3,96	**2.849,42**	280	117	1,28	**1.163,70**	355	130	2,07
1995	**13.516,65**	295	132	4,84	**3.130,35**	307	129	9,86	**1.199,04**	366	134	3,04
1996	**13.855,96**	302	135	2,51	**3.340,88**	328	137	6,73	**1.220,14**	372	136	1,76
1997	**13.769,49**	301	135	-0,62	**3.063,02**	301	126	-8,32	**1.235,85**	377	138	1,29
1998	**13.571,31**	296	133	-1,44	**2.783,19**	274	114	-9,04	**1.247,22**	381	139	0,92
1999	**13.536,24**	295	132	-0,26	**2.656,24**	261	109	-4,66	**1.268,39**	387	141	1,70
2000	**13.728,87**	300	134	1,42	**2.743,07**	269	113	3,27	**1.304,74**	398	146	2,87

*** Gemeint ist die mittlere jährliche Veränderungsrate.

Tabelle A3.3: Übersicht über Leistungsausgaben in der GUV – Kosten der Heilbehandlung (insgesamt)

	Leistungs-ausgaben (Mio. Euro)	1975 = 100	1991 = 100	Veränderung in %***	**Kosten der Heil-behandlung (Mio. Euro)**	1975 = 100	1991 = 100	Veränderung in %***	Anteil der Ausgaben für Heilbehand-lung an Leistungs-ausgaben in %
1970	**1.956,42**			-	**290,19**			-	14,83
1975	**3.235,39**	100		10,58	**503,16**	100		11,64	15,55
1980	**4.515,87**	140		6,90	**777,82**	155		9310	17,22
1985	**5.183,06**	160		2,79	**917,77**	182		3,36	17,71
1990	**6.023,00**	186		3,05	**1.183,58**	235		5,22	19,65
1991	**6.902,97**	213	100	14,61	**1.372,02**	273	100	15,92	19,88
1992	**7.853,95**	243	114	13,78	**1.671,01**	332	122	21,79	21,28
1993	**8.449,04**	261	122	7,58	**1.794,97**	357	131	7,42	21,24
1994	**8.879,90**	274	129	5,10	**1.895,85**	377	138	5,62	21,35
1995	**9.187,26**	284	133	3,46	**2.016,53**	401	147	6,36	21,95
1996	**9.294,95**	287	135	1,17	**2.000,21**	398	146	-0,81	21,52
1997	**9.470,61**	293	137	1,89	**2.074,25**	412	151	3,70	21,90
1998	**9.537,90**	295	138	0,71	**2.121,47**	422	155	2,28	22,24
1999	**9.611,61**	297	139	0,77	**2.186,33**	435	159	3,06	22,75
2000	**9.681,05**	299	140	0,72	**2.217,45**	441	162	1,42	22,91

*** Gemeint ist die mittlere jährliche Veränderungsrate.

Tabelle A3.3 (Fortsetzung): Übersicht über Leistungsausgaben in der GUV – Kosten der Heilbehandlung (ambulant und stationär), Verletztengeld

	davon für ambulante Heilbehandlung (Mio. Euro)	1975 = 100	1991 = 100	Veränderung in %***	Anteil der amb. Heilbehandlungskosten an den med. Leistungsausgaben	**davon für Zahnersatz (Mio. Euro)**	**davon für stationäre Behandlung (Mio. Euro)**	1975 = 100	1991 = 100	Veränderung in %***	Anteil der stat. Behandlungskosten an medizin. Leistungsausgaben	**Sonstige Heilbehandlungskosten (Mio. Euro)**	**Verletztengeld/bes. Unterstützung (Mio.. Euro)**	Veränderung in %***
1970	**127,83**			-	20,25	**3,05**	**133,25**			-	21,11	**26,06**	**225,69**	-
1975	**166,94**	100		5,48	17,94	**4,01**	**272,53**	100		15,39	29,29	**59,68**	**236,74**	0,96
1980	**230,84**	138		6,70	16,79	**7,75**	**398,37**	146		7,89	28,97	**140,85**	**331,35**	6,96
1985	**254,17**	152		1,94	15,80	**8,71**	**494,44**	181		4,42	30,73	**160,44**	**334,39**	0,18
1990	**380,88**	228		8,43	18,53	**8,62**	**562,17**	206		2,60	27,35	**231,92**	**409,98**	4,16
1991	**441,18**	264	100	15,83	18,34	**9,44**	**647,11**	237	100	15,11	26,90	**274,29**	**481,50**	17,44
1992	**529,54**	317	120	20,03	18,58	**11,45**	**792,15**	291	122	22,41	27,79	**337,87**	**559,03**	16,10
1993	**583,72**	350	132	10,23	18,99	**12,05**	**821,14**	301	127	3,66	26,72	**378,07**	**591,11**	5,74
1994	**624,24**	374	141	6,94	19,46	**12,89**	**843,74**	310	130	2,75	26,31	**414,99**	**596,72**	0,95
1995	**677,68**	406	154	8,56	20,06	**13,22**	**865,14**	317	134	2,54	25,61	**460,50**	**601,07**	0,73
1996	**693,06**	415	157	2,27	20,32	**13,02**	**805,76**	296	125	-6,86	23,62	**488,35**	**606,82**	0,96
1997	**726,52**	435	165	4,84	20,67	**14,10**	**839,26**	308	130	4,16	23,88	**494,27**	**581,79**	-4,12
1998	**743,37**	446	169	2,37	20,70	**14,41**	**851,37**	312	132	1,44	23,70	**511,82**	**582,89**	0,19
1999	**786,34**	471	178	5,71	21,40	**14,16**	**858,39**	315	133	0,82	23,37	**527,44**	**590,80**	1,36
2000	**809,46**	485	183	2,94	21,60	**13,62**	**854,52**	314	132	-0,45	22,80	**539,85**	**595,34**	0,77

*** Gemeint ist die mittlere jährliche Veränderungsrate.

Tabelle A3.3 (Fortsetzung): Übersicht über Leistungsausgaben in der GUV – Berufliche Rehabilitation, Präventionsleistungen

	Leistungen zur Teilhabe am Arbeitsleben (Mio. Euro)	1975 = 100	1991 = 100	Veränderung in %***	**Prävention (Mio. Euro)**	1975 = 100	1991 = 100	Veränderung in %***	Anteil der Ausgaben für Heilbehandlung an Leistungsausgaben in %
1970	**13,26**			-	**5,58**			-	0,29
1975	**88,62**	100		46,21	**115,92**	100		83,44	3,58
1980	**69,95**	79		-4362	**181,71**	157		9,41	4,02
1985	**77,96**	88		2,19	**254,33**	219		6,96	4,91
1990	**159,00**	179		15,32	**360,17**	311		7,21	5,98
1991	**186,66**	211	100	17,40	**447,70**	386	100	24,30	3,49
1992	**227,31**	257	122	21,78	**509,40**	439	114	13,78	6,49
1993	**270,36**	305	124	18,94	**572,32**	494	128	12,35	6,77
1994	**295,33**	333	158	9,24	**569,52**	515	133	4,23	6,72
1995	**305,35**	345	164	3,39	**643,32**	555	144	7,85	7,00
1996	**313,48**	354	168	2,66	**666,36**	575	149	3,58	7,17
1997	**321,42**	363	172	2,53	**682,94**	589	153	2,49	7,21
1998	**300,09**	339	161	-6,63	**701,24**	605	157	2,68	7,35
1999	**278,09**	314	149	-7,33	**724,19**	625	162	3,27	7,53
2000	**266,39**	301	143	-4,21	**759,97**	656	170	4,94	7,85

*** Gemeint ist die mittlere jährliche Veränderungsrate.

Tabelle A3.4: Übersicht über die Rentenzugänge und Rentenleistungen in der GUV

	Neue Unfallrenten (Arbeitsunfälle)	Veränderung in %***	Neue Unfallrenten (Wegeunfälle)	Veränderung in %***	Summe neuer Unfallrenten	Veränderung in %***	Neue Berufskrank-heitenrenten	Veränderung in %***	Rentenzahlungen (Mio. Euro)	1975 = 100	1991 = 100	Veränderung in %***	Anteil der Rentenausgaben an Leistungsausgaben in %
1970	76.384	-	15.713	-	92.097	-	5.005	-	1.311,92			-	67,06
1975	61.590	-4,21	11.896	-5,41	73.486	-4,41	5.917	3,40	2.216,34	100		11,06	68,50
1980	57.373	-1,24	12.253	0,59	70.126	-0,93	6.031	0,38	3.070,91	139		6,74	68,00
1985	49.581	-3,01	11.168	-1,84	60.849	-2,80	3.763	-9,00	3.496,36	158		2,63	67,46
1990	43.027	-2,83	8.410	5,51	51.437	3,30	4.177	2,11	3.808,57	172		1,73	63,23
1991	43.791	1,78	9.077	7,93	52.868	2,78	4.716	12,90	4.310,98	195	100	13,19	62,45
1992	45.619	4,17	10.515	15,84	56.134	6,18	5.369	13,85	4.776,27	216	111	10,79	60,81
1993	48.424	6,15	11.727	11,53	60.151	7,16	5.613	4,54	5.105,14	230	118	6,89	60,42
1994	47.896	-1,09	12.162	3,71	60.058	-0,15	7.237	28,93	5.377,12	243	125	5,33	60,55
1995	46.338	-3,25	12.162	0,00	58.500	-2,59	7.587	4,84	5.504,09	248	128	2,36	59,91
1996	46.341	0,01	12.172	0,08	58.513	0,02	8.005	5,51	5.570,38	251	129	1,20	59,93
1997	38.393	-17,15	10.148	-16,63	48.541	-17,04	7.867	-1,72	5.634,56	254	131	1,15	59,50
1998	34.811	-9,33	9.234	-9,01	44.045	-9,26	6.379	-18,91	5.644,90	255	131	0,18	59,18
1999	33.001	-5,20	8.836	-4,31	41.837	-5,01	5.993	-6,05	5.659,79	255	131	0,26	58,88
2000	30.834	-6,57	8.254	-6,59	39.088	-6,57	5.570	-7,06	5.666,77	256	131	0,12	58,53

*** Gemeint ist die mittlere jährliche Veränderungsrate.

Anhang 4:

Tabellenteil Bundesknappschaft (1990 - 1999)

Tabelle A4: Übersicht über die Mitgliederentwicklung in der Bundesknappschaft*

	AKV-Mitglieder West	AKV-Mitglieder Ost	Summe	Veränderung zum Vorjahr in %	KVdR-Mitglieder West	KVdR-Mitglieder Ost	Summe	Veränderung zum Vorjahr in %	Mitglieder insgesamt	Veränderung zum Vorjahr in %
1990	525.918		**525.918**	-	852.780		**852.780**	-	**1.380.688**	-
1991	504.793	290.327	**797.111**	50,99	846.432	212.453	**1.058.885**	24,17	**1.855.996**	34,43
1992	482.592	242.111	**726.695**	-8,83	834.579	216.929	**1.051.508**	-0,70	**1.778.203**	-4,19
1993	462.169	200.432	**664.594**	-8,55	827.672	219.089	**1.046.761**	-0,45	**1.711.355**	-3,76
1994	433.197	164.369	**599.560**	-9,79	815.716	227.843	**1.043.559**	-0,31	**1.643.119**	-3,99
1995	414.278	133.830	**550.103**	-8,25	812.420	238.180	**1.050.600**	0,67	**1.600.703**	-2,58
1996	389.410	110.836	**502.242**	-8,70	799.684	243.719	**1.043.403**	-0,69	**1.545.645**	-3,44
1997	372.480	101.193	**475.670**	-5,29	783.659	247.039	**1.030.698**	-1,22	**1.506.368**	-2,54
1998	359.132	89.104	**450.234**	-5,35	776.383	253.160	**1.029.543**	-0,11	**1.479.777**	-1,77
1999	332.849	78.031	**412.879**	-8,30	758.351	253.970	**1.012.321**	-1,67	**1.425.200**	-3,69

* Quelle: Bundesministerium für Gesundheit.

Studien zur Wirtschaftspolitik

Herausgeber:
Forschungsinstitut für Wirtschaftspolitik an der Universität Mainz e.V.
55099 Mainz

Band 1 bis 34 im Selbstverlag, Band 35 bis 44 im Verlag Minerva Publikation, München, Band 45 bis 63 im Selbstverlag. Die Bände 45 bis 63 sind noch über das Institut zu beziehen.

Band 78 Effizienzfördernde Reformen im Gesundheitswesen. Analytischer Vergleich der gesetzlichen Unfall- und Krankenversicherung von *Dominik Wallau* (2004)

Band 77 Konflikte im Steuerrecht. Empirische Analyse von Streitpotenzialen im Einkommen-, Körperschaft- und Gewerbesteuerrecht mit Vorschlägen zur Konfliktreduzierung von *Bernhard G. Funck* (2004)

Band 76 Erfolgsfaktoren des Stadtmarketing. Eine theoretische und empirische Analyse mit wirtschaftspolitischen Schlußfolgerungen von *Urban Mauer* (2003)

Band 75 Regionalentwicklung durch Konversionspolitik von *Bernd Werner* (2002)

Band 74 Die Umsatzbesteuerung des elektronischen Handels mit digitalen Produkten von *Anja Altmann* (2002)

Band 73 Wirtschaftsräumliche Dezentralisierungstendenzen und ihre Ursachen. Eine Untersuchung unter besonderer Berücksichtigung der wirtschaftlichen Entwicklung ländlicher Räume in der Bundesrepublik Deutschland von *Ralf Stahl* (2002)

Band 72 Strukturwandel im Einzelhandel: Herausforderung für die Raumordnungspolitik von *Stefan Linz* (2002)

Band 71 Nachhaltige Entwicklung. Grenzen monetärer Operationalisierung und konzeptionelle Folgerungen von *Andreas A. Busch* (2001)

Band 70 Entwicklungs- und Beschäftigungsperspektiven für den mittelständischen Einzelhandel. Analyse rechtlicher Rahmensetzungen und wirtschaftspolitische Schlußfolgerungen von *Margarete Keßler* (2001)

Band 69 Abbau der Langzeitarbeitslosigkeit. Auswertung praktischer Erfahrungen von Einrichtungen außerhalb der öffentlichen Arbeitsvermittlung von *Christine M. Helbig* (2001)

Band 68 Verbesserung der Motivation und Wissensvermittlung zur Selbständigkeit. Möglichkeiten der Förderung von unternehmerischem Interesse und unternehmerischem Handeln bei Jugendlichen von *Vera Döring* (2001)

Band 67 Der Dienstleistungsstandort Rheinland-Pfalz. Bestandsanalyse, Perspektiven und wirtschaftspolitische Handlungsempfehlungen von *Claus Bauer* (2001)

Band 66 Mittlere Kommunen als Dienstleistungsstandorte. Empirische Bestandsanalyse, Entwicklungspotentiale und wirtschaftspolitische Handlungsmöglichkeiten von *Alexander Klein* (2001)

Band 65 Die Liberalisierung vergleichender Werbung in Deutschland. Erste empirische Befunde und wettbewerbspolitische Beurteilung von *Dorothea Varlam* (2000)

Band 64 Risikokapital und Neuer Markt. Die Aktie als Instrument der Risikokapitalbeschaffung für junge Wachstumsunternehmen von *Susanne Knips* (2000)

Band 63 Hindernisse für Teilzeitarbeit und flexible Arbeitsorganisation in der Bundesrepublik Deutschland von *Kerstin Altendorf* (1999)

Band 62 Wandel des Verhaltens von Frauen und Männern in Führungspositionen – Ökonomische Analyse empirischer Daten und eigener Befragungsergebnisse von *Birgit Mohneck* (1998)

Band 61 Die Bedeutung der Lohnnebenkosten für die Entwicklung der Arbeitskosten in Deutschland – Empirische Befunde und wirtschaftspolitische Handlungsempfehlungen von *Oliver Fink* (1998)

Band 60 Mittelstandsentwicklung im Transformationsprozeß der Reformstaaten Polen, Ungarn und Tschechien – Bestandsaufnahme, Finanzierungsprobleme und wirtschaftspolitischer Handlungsbedarf von *Arina Freitag* (1998)

Band 59 Lage und Perspektiven der Textil- und Bekleidungsindustrie von *Roman Riesch* (1998)

Band 58 Transfomation der Wirtschaftsordnung und politisches System – Anspruch und Wirklichkeit der Wirtschaftsreformen in Ungarn 1968 – 1996 von *Martin Hock* (1998)

Band 57 Die Glasindustrie in der Bundesrepublik Deutschland von *Peter Willett* (1998)

Band 56 Die Rolle des Mittelstandes beim Aufbau der Marktwirtschaft in der Tschechischen Republik – Eine empirische Analyse im Vergleich mit entwickelten Industrieländern unter besonderer Berücksichtigung des sektoralen Strukturwandels von *Christian Franckenstein* (1997)

Band 55 Aufbau von Altersversorgungssystemen im Transformationsprozeß der Reformstaaten Polen, Ungarn und Tschechien von *Eberhard Boller* (1997)

Band 54 Indikatoren der Systemtransformation – Kritische Analyse unter besonderer Berücksichtigung der Privatisierung in 26 Staaten von *Gunther Quidde* (1997)

Band 53 Arbeitsmarktpolitik in der Systemtransformation – Kritische Analyse für Polen, die Tschechische Republik und Ungarn von *Eckhard Schulte* (1997)

Band 52 Umweltpolitik im Transformationsprozeß der Reformstaaten Tschechien, Polen und Ungarn von *Bettina Naß* (1996)

Band 51 Die Zukunft der deutschen Textil- und Bekleidungsindustrie – Auswirkungen der Integration des Welttextilabkommens in die allgemeinen GATT-Regeln von *Kay M. Rathke* (1996)

Band 50 Lohnpolitik in der Systemtransformation – Kritische Analyse für Polen, die Tschechische Republik und Ungarn von *Mario Müller* (1996)

Band 49 Innerstädtische Standortprobleme von Einzelhandelsbetrieben – Situationsalalyse und wirtschaftspolitischer Handlungsbedarf von *Gabriele Speth* (1994)

Band 48 Die Schaffung wettbewerblicher Strutkuren im Transformationsprozeß – Eine vergleichende Analyse für die Visegrád-Staaten von *Jörg Henzler* (1994)

Band 47 Duales System, Rücknahmepflicht und Pfandregelung – Eine vergleichende Untersuchung unter besonderer Berücksichtigung des Einzelhandels von *Andrea Philipp* (1993)

Band 46 Gesamtwirtschaftliche Wirkungen staatlicher Ausfuhrgewährleistungen – Das Beispiel der Hermes-Deckungen von *Bernd Halfen* (1991)

Band 45 Das Zonenrandgebiet nach der deutschen Einigung – Wirtschaftliche Entwicklung und regionalpolitische Implikationen von *Michael Offer* (1991)

Band 44 Marktwirtschaftliche Innovationspolitik durch Outputorientierung staatlicher Förderung von *Dieter Kern* (1991)

Band 43 Tarifpolitik in strukturschwachen Branchen – Eine empirische Untersuchung der Druckerei- und der Textilindustrie in der Bundesrepublik Deutschland von *Andrea Beyer* (1991)

Band 42 Quantitative und qualitative Beschäftigungswirkungen neuer Technologien – Eine Analyse für Rheinland-Pfalz von *Florian Cantzler* (1991)

Band 41 Die deutsche Rundfunkordnung nach der Zulassung privater Anbieter – Absehbare Entwicklungen und medienpolitischer Handlungsbedarf von *Lukas Weber* (1990)

Band 40 Realisierungschancen einer Privatisierung öffentlicher Dienstleistungen von *Michaela Metzger* (1990)

Band 39 Die Bankdienste der Deutschen Bundespost in ordnungspolitischer Sicht von *Stefan Beckers* (1990)

Band 38 Der Markt für Übertragungseinrichtungen der Telekommunikation – Struktur, Entwicklung, Perspektiven von *Wolfgang Kopp* (1990)

Band 37 Eigenbeteiligung in der ambulanten Gesundheitsvorsorge – Möglichkeiten gesundheitsökonomischer Ausgestaltung von *Stefan Piffl* (1990)

Band 36 Deregulierung im Verkehr als politische Aufgabe von *Walter Hamm* (1989)

Band 35 Strukturwandel ohne Staatshilfe – Das Beispiel der Holzverarbeitenden Industrie in der Bundesrepublik Deutschland (1976-1985) von *Berthold Morschhäuser* (1988)

Band 34 Mitanbieterschaft der Deutschen Bundespost auf Endgerätemärkten von *Harry Rendel* (1988)

Band 33 Staatliche Eingriffe in den Mietwohnungsmarkt – Erfolgskontrolle und Reformvorschläge von *Waltraud Eucker-Herresthal* (1986)

Band 32 Die Gebührenpolitik der Deutschen Bundespost im Kleingut- und Fernmeldebereich – Analyse und kritische Würdigung ihrer Marktgerechtigkeit von *Jörg Rohde* (1986)

Band 31 Wettbewerb und Strukturwandel bei internationaler Marktverflechtung – Das Beispiel der Papier erzeugenden Industrie der Bundesrepublik Deutschland 1970-1983 von *Bernhard Neef* (1985)

Band 30 Die gruppenspezifische Be- und Entlastung von Klein-, Mittel- und Großunternehmen durch staatliche Abgaben und Transferzahlungen von *Gerhard Kern* (1984)

Band 29 Auswirkungen der 1977 neugefaßten Baunutzungsverordnung auf die Ansiedlung von Handelsbetrieben und die räumliche Struktur des Handels von *Kurt Hoffmann* (1984)

Band 28 Markttransparenz in der Lebensversicherung – Analyse bisheriger Erfahrungen und Empfehlungen für die Weiterentwicklung sektorspezifischer Regelungen aus wettbewerbs- und verbraucherpolitischer Sicht von *Michael Stöffler* (1983)

Band 27 Wettbewerbsregeln für den Luftverkehr in der EG von *Michael Hammes* (1982)

Band 26 Wettbewerbliche Wirkungen publizierter Jahresabschlüsse von *Klaus Höflich* (1981)

Band 25 Staatliche Ausbildungsplatzpolitik – Angebots- und Nachfrageanalyse, Überlegungen zum ordnungspolitischen Rahmen, Vorschläge zum Abbau eines Lehrstellenmangels von *Martin Weiblen* (1981)

Band 24 Währungszuschläge in der Seeschiffahrt und ihre Auswirkungen auf die Exportwirtschaft von *Helmut Reitze* (1981)

Band 23 Prämienanpassungsklauseln in der privaten Versicherungswirtschaft – Eine Analyse ihrer gesamtwirtschaftlichen Wirkungen von *Waltraud Eucker* (1980)

Band 22 Auslandsinvestitionspolitik und Außenhandelspolitik im Konflikt – Eine wirtschaftspolitische Studie auf Branchenebene von *Wolfgang Koch* (1980)

Band 21 Die Wettbewerbsverhältnisse auf dem Markt für Papier und Pappe in der Bundesrepublik Deutschland von *Paul Bernhard Mohr* (1977)

Band 20 Schwierigkeiten internationaler Vergleiche von Preisen und Kosten im Post- und Fernmeldebereich von *Bodo Fuchs* (1976)

Band 19 Branchenbezogene Investitionsplanung als Alternative zur unternehmerischen Kapazitätspolitik von *Ulrich Rosenkranz* (1975)

Band 18 Preis- und wettbewerbspolitische Problematik staatlicher Gebührenordnungen für freie Berufe von *Michael Knümann* (1975)

Band 17 Frankostationspreise der deutschen Zementindustrie in wettbewerbspolitischer Sicht von *Rolf Dieter Kretzer* (1969)

Band 16 Kann man mit "armen" Ländern Handel treiben? von *Hans Haupt* (1969)

Band 15 Subventionswirkungen: Ein Beitrag zur Systematisierung und wirtschaftspolitischen Beurteilung von Hilfen aus dem Staatshaushalt von *Rolf Schorn* (1967)

Band 14 Die deutsche Notenbank als Instrument sowjetzonaler Wirtschaftspolitik von *Hans-Joachim Schroeter* (1967)

Band 13 Spannen und Wettbewerb auf den Absatzwegen landwirtschaftlicher Erzeugnisse von *Horst Dohm* (1967)

Band 12 Der Wettbewerb zwischen der Deutschen Bundesbahn und den Luftfahrtunternehmen im innerdeutschen Eisenbahn- und Flugreiseverkehr von *Gerd Müller* (1967)

Band 11 Sachliche Lohnbestimmung – Das Ordnungsproblem auf dem Arbeitsmarkt von *Hans Georg Kloos* (1966)

Band 10 Staatliche Einkaufsmethoden in den Vereinigten Staaten von Amerika von *Sigurd Dülz* (1958)

Band 9 Vom Teilauftrag zum Vollauftrag von *Erich Welter* (1958)

Band 8 Rheinland-Pfalz: Eine Analyse seiner wirtschaftlichen Struktur von *Werner Bosch* (1957)

Band 7 Öffentliche Beteiligung an wirtschaftlichen Unternehmen. Ein Verzeichnis der Beteiligungen der öffentlichen Hand in der Bundesrepublik (1957)

Band 6 Die amerikanische Post als Auftraggeber von *Margaret Berry* (1956)

Band 5 Eifel – Hunsrück – Oberwesterwald: Analyse der Wirtschaftsstruktur, Möglichkeiten der wirtschaftlichen Intensivierung von *Werner Bosch* (1955)

Band 4 Einige Gedanken zum Thema der Preis-Kosten-Schere im Verkehrswesen von *Werner Fricke* (1954)

Band 3 Die Carl-Zeiss-Stiftung im Lichte der Wettbewerbsordnung von *Helmut Troeger* (1954)

Band 2 Mainz – Wiesbaden und das Mainmündungsgebiet – Eine Betrachtung über die wirtschaftliche Struktur und die Möglichkeiten einer engeren Zusammenarbeit von *Werner Bosch* (1954)

Band 1 Kreditorganisation und industrielle Kapitalversorgung von *Max Bliesener* (1953)

www.peterlang.de

Josef Sebastian Oswald

Kostenkalkulation für Leistungen im Krankenhaus

Dargestellt am Beispiel der Behandlung chronischer Wunden (Ulcus cruris und Ulcus decubitus)

Frankfurt am Main, Berlin, Bern, Bruxelles, New York, Oxford, Wien, 2003.
245 S., zahlr. Tab.
Europäische Hochschulschriften: Reihe 5, Volks- und Betriebswirtschaft.
Bd. 2959
ISBN 3-631-50589-2 · br. € 42.50*

Die ökonomische Bewertung von medizinischen Behandlungsverfahren gewinnt aufgrund des Kostendrucks im Gesundheitswesen erheblich an Bedeutung. Die Behandlung chronischer Wunden ist nicht nur eine medizinische Herausforderung, sondern wegen ihres Ressourcenverbrauchs auch in den Brennpunkt der gesundheitsökonomischen Diskussion geraten. Nach einer Darstellung der theoretischen Grundlagen und einer Auswertung der bisher vorliegenden kostenbezogenen Arbeiten zu diesem Themenkreis wird in dieser Studie erstmals der tatsächliche Ressourcenverbrauch von über 4000 Einzelbehandlungen aus Sicht von Kliniken analysiert und diskutiert. Schätzungen müssen danach im Hinblick auf Genauigkeit und Differenziertheit kritisch gesehen werden. Vor allem aber unterstützt die Studie die Ermittlung pauschaler Entgelte für Leistungen im Krankenhaus. Im Rahmen von Disease Management Programmen lassen sich aus der Arbeit wichtige Erkenntnisse über erforderliche Ressourcen für den Behandlungsprozess chronischer Wunden gewinnen.

Aus dem Inhalt: Gesundheitsökonomische Grundlagen und Qualitätsmanagement · Kostenrechnungssysteme im Krankenhaus · Epidemiologische und ökonomische Aspekte chronischer Wunden · Empirische Studie zur Ermittlung der Behandlungskosten

FSC
www.fsc.org
MIX
Papier | Fördert gute Waldnutzung
FSC® C083411

Kolibri 360 GmbH
Ferdinand-Jühlke-Straße 7
99095 Erfurt, Deutschland
produktsicherheit@kolibri360.de

Druck:
CPI Druckdienstleistungen GmbH
im Auftrag der
Kolibri 360 GmbH
Ferdinand-Jühlke-Str. 7
99095 Erfurt